전자무역실무

이제현

博 英 社

머 리 말

인터넷은 우리의 일상생활에 없어서는 안 될 중요한 필수품으로 등장하였다. 우리는 매일매일 인터넷을 이용하여 의사전달을 하고 있다. 인터넷은 우리의 삶과 제도, 법률, 경제, 경영 등 많은 부분을 짧은 시간에 상상할 수 없을 정도로 바꾸어 놓았다. 영화를 보다가 마음에 드는 물품이 있어서 이 물품을 사려고 클릭하면 국적에 관계없이 물품의 매입과 결제가 자동으로 이루어지고 수일 이내에 물품을 받아 볼 수 있는 시대에 살고 있다.

하나님이 인간에게 인터넷이란 선물을 주신 것이다. 인터넷은 인간생활과 경제활동에 커다란 변화를 가져왔다. 언제, 어디서나 자기가 원하는 제품을 구매할 수 있는 전자무역시대를 활짝 열어 놓았다. 인터넷을 통한 전자무역이 활성화됨에 따라 법규, 제도 및 상관행이 변화되어 무역의 새로운 영역을 구축하였다.

무역업계에서는 기존의 무역과 다른 새로운 전자무역 전문지식과 전자무역실무능력을 겸비한 무역전문인력을 요구하고 있다.

대학이 어떻게 하면 무역업계의 요구를 충족시켜 줄 수 있는 인재를 양성할 수 있는가를 고민하는 과정에서 「전자무역실무」를 집필하게 되었다. 본서는 On-Line으로 전자무역을 실습할 수 있도록 구성하여 전자무역실무능력을 향상시키는 데 중점을 두어 총 15개 장으로 구성하였다.

제 1 장에서는 준비과정으로서 전자무역의 구체적인 내용을 이해하는 데 필요한 전자무역의 개념, 전자무역의 현황과 전망, 전자무역의 거래절차로 구성하였다. 제 2 장에서는 전자무역과 관련된 관계법규를 대외무역법, 관세법, 외국환거래법, 전자무역촉진에 관한 법률, 전자선하증권 규정의 시행에 관한 규정, 전자거래기본법, 전자서명법, 전자어음법을 기술하여 전자무역과 관련된 법률관계를 정확히 분석하여 활용할 수 있는 능력을 배양시키는 데 목적을 두었다. 제 3 장에서는 전자무역의 시발점인 해외시장조사를 Off-Line과 On-Line으로 조사할 수 있는 방법으로 구성하여 두 가지 방법을 적절히 활용할 수 있는 안목을 키우는 데 목적을 두었다. 제 4 장에서는 가격협상력을 높이고, 수출입원가 구성요인을 철저히

분석함으로써 경영마인드를 높이기 위해서 전자무역원가 구성요인과 원가산정방법 및 실습으로 구성하였다.

제 5 장에서는 전자방식으로 전송된 전자기록을 중심으로 전자무역계약이 체결되는 시점과 전자무역의 체결단계, 전자무역의 기본조건, 전자무역계약서 작성 실습으로 구성하였으며, 제 6 장에서는 전자선하증권의 법적 성격과 볼레로선하증권에 관해서 살펴보았다. 제 7 장에서는 전자무역결제방식과 전자신용장, eUCP에 관해서 살펴보았고, 제 8 장에서는 정보처리시스템을 이용하여 전자무역문서로 된 거래제의서를 작성하여 거래상대방에게 전송하고 상대방이 다시 전송한 전자무역문서 내용을 검토하여 전자무역계약을 체결할 수 있도록 실습으로 구성하여 전자무역실무능력을 향상시킬 수 있도록 하였다.

제 9 장에서는 수출입전자무역문서를 작성할 수 있는 능력을 향상시킬 수 있도록 실습으로 구성하였으며, 제10장에서는 수출물품생산에 필요한 물품매도확약서, 내국신용장, 외화획득용 원료 구매승인서의 전자무역문서의 작성 능력을 향상시킬 수 있도록 실습으로 구성하였다. 그리고 제11장에서는 수출통관에 필요한 업무의 흐름을 살펴보고 전자무역문서로 수출신고서를 작성하도록 하였으며, 제12장에서는 전자신용장거래에서 전자무역문서를 신용장거래조건과 일치하게 전자매입서류를 만들 수 있는 능력을 향상시킬 수 있도록 하였다. 제13장에서는 수입통관에 필요한 업무의 흐름을 살펴보고 전자무역문서로 수입신고서, 관세환급 등을 작성하도록 하였다.

마지막으로, 제14장과 제15장에서는 지금까지 학습한 전자무역 수출입거래단계를 On-Line으로 각각 실습할 수 있도록 구성하였다.

전자무역실무능력을 향상시킬 목적으로 출간되는 본서가 무역업과 은행, 해상운송 및 해상보험의 종사자, 한국무역을 이끌어갈 젊은이들에게 도움이 되었으면 하는 바람이다.

끝으로 본서의 발간을 위한 자료수집에 도움을 준 무역업체, 비투비인터넷 김연동 사장님, EC21 문동환 팀장님께 감사드리며, 책의 출간이라는 결실을 맺게 해 준 박영사의 안종만 회장님, 편집 등을 맡아 주신 심양형 위원님께 심심한 사의를 표하고 싶다.

2010년 2월

저자 씀

차 례

제1장 전자무역의 이해

제1절 전자무역의 개념 ······ 3
1. 전자무역의 정의 3
2. 전자무역의 특징 4

제2절 전자무역의 현황과 전망 ······ 8
1. 전자무역의 국내외 현황 8

제3절 전자무역의 이행 ······ 10
1. 인 터 넷 10
2. 무역EDI 12
3. 인터넷 무역EDI 21

제4절 전자무역의 거래절차 ······ 22
1. 전자무역거래의 수출절차 22
2. 전자무역거래의 수출절차 해설 27
3. 전자무역거래의 수입절차 31
4. 전자무역거래의 수입절차 해설 35

제2장 전자무역 관계법규

제1절 대외무역법 ······ 41
1. 무역의 정의 41
2. 과학적 무역업무의 처리기반 구축 43
3. 전자적 형태의 무체물의 수출입확인 및 실적인정 43

4. 전자상거래 물품의 수입승인면제 44

제 2 절 외국환거래법 45
1. 전자문서를 이용한 외환업무 45
2. 전자방식 외상매출채권담보대출 46
3. 전자적 형태의 무체물의 무역금융 47
4. 전자교환방식 내국신용장의 어음결제 47

제 3 절 관 세 법 48
1. 구매대행인터넷쇼핑몰 48
2. 컴퓨터소프트웨어의 과세가격 51
3. 국가관세종합정보망을 이용한 수출입 통관업무 57
4. 전자문서중계사업자의 지정 58
5. 통관절차의 특례 60

제 4 절 전자무역촉진에 관한 법률 60
1. 총 칙 60
2. 용어의 정의와 적용범위 61
3. 전자무역촉진 추진체계 62
4. 전자무역기반사업자 63
5. 전자무역기반시설의 이용 등 65
6. 전자무역문서의 보관 및 증명 66
7. 전자무역문서의 이용 촉진 67
8. 전자무역문서의 보안 및 관리 68
9. 전자무역전문서비스업자 69
10. 전자무역 기술개발의 추진 70
11. 벌 칙 71

제 5 절 전자선하증권 규정의 시행에 관한 규정 72
1. 목 적 72
2. 정 의 73
3. 등록기관의 지정과 취소 74
4. 전자선하증권의 발행과 양도 76
5. 전자선하증권에 의한 운송물 인도 청구 77
6. 서면선하증권으로의 전환 78

7. 전자선하증권의 보존　78

제 6 절　전자거래기본법 78

1. 총　　칙　78
2. 정　　의　79
3. 전자문서　79
4. 전자거래의 안전성 확보 및 소비자보호　81
5. 전자거래기본정책의 수립 및 추진체계　82
6. 전자거래의 촉진 및 기반조성　82
7. 공인전자문서보관　83

제 7 절　전자서명법 84

1. 목　　적　84
2. 정　　의　85
3. 전자서명의 효력　85
4. 공인인증기관　86
5. 공인인증서　89
6. 인증업무의 안전 및 신뢰성 확보　91

제 8 절　전자어음법 93

1. 목　　적　93
2. 정　　의　93
3. 전자어음의 등록 및 어음행위　93
4. 전자어음거래의 안전성 확보 및 이용자 보호　96

제 3 장　인터넷 해외시장조사와 홍보

제 1 절　해외시장조사 101

1. 해외시장조사의 의의　101
2. 해외시장조사의 내용　102

제 2 절　인터넷을 이용한 해외시장조사와 홍보 106

1. 무역통계정보를 이용한 해외시장조사　106

2. 검색엔진을 이용한 해외시장조사 107
3. 전자무역거래 알선 사이트를 활용한 해외시장조사 108

제 4 장 전자무역의 원가분석

제 1 절 전자무역의 원가계산 123
1. 전자무역 원가와 협상 123
2. 전자무역 원가계산의 목적 124
3. 전자무역의 원가분석 124

제 2 절 전자무역의 원가산정방법 134
1. 전자무역 원가산정방법 134
2. 수출물품의 원가계산 134
3. 수입물품의 원가계산 137

제 3 절 전자무역의 원가계산 실습 141
1. 수출원가계산 실습 141
2. 수입원가계산 실습 155

제 5 장 전자무역계약

제 1 절 전자무역계약의 체결 163
1. 전자무역계약의 의의 163
2. 무역정보통신시스템 사용계약 172
3. 전자무역계약과 무역정보통신시스템 사용계약과의 관계 173

제 2 절 전자무역계약의 기본조건 175
1. 품질조건 175
2. 수량조건 180
3. 가격조건 181
4. 선적조건 182

5. 보험조건　184
6. 대금결제조건　184
7. 무역정보처리시스템의 사용조건　186
8. 포장조건　187
9. 분쟁해결조건　188

제 6 장　전자선하증권

제 1 절　전자선하증권의 정의 ………… 191
1. 전자선하증권의 개념　191
2. 선하증권의 전자화　191

제 2 절　전자선하증권의 기능 ………… 194
1. 운송계약체결의 증거　194
2. 물품의 수취증　194
3. 권리증권　194

제 3 절　볼레로선하증권 ………… 195
1. 볼레로선하증권의 운영체계　195
2. 볼레로선하증권의 운영　196

제 7 장　전자무역결제방식

제 1 절　전자무역결제방식 ………… 203
1. TradeCard　203
2. boleroSURF　210

제 2 절　전자신용장 ………… 214
1. 전자신용장의 특성　214
2. 전자신용장과 전자무역계약, 무역정보통신시스템
사용계약과의 법률관계　216

3. 전자신용장 거래당사자간의 법률관계　219
4. 전자무역문서의 심사기준　227

제 3 절　eUCP ········· 235
1. eUCP의 내용　235
2. eUCP의 보완사항　252

제 8 장　전자거래제의 전자무역문서 및 수출계약서 작성

제 1 절　전자거래제의 전자무역문서 ········· 261
1. 전자거래제의 전자무역문서의 정의와 작성방법　261
2. 전자거래제의 전자무역문서의 작성방법과 실습　262

제 2 절　전자조회 전자무역문서 ········· 263
1. 전자조회 전자무역문서　263
2. 전자조회 전자무역문서의 작성방법과 실습　264

제 3 절　전자오퍼 전자무역문서 ········· 265
1. 전자오퍼 전자무역문서　265
2. 전자오퍼 전자무역문서의 작성방법과 실습　265

제 4 절　수출보험청약 전자무역문서 ········· 266
1. 수출보험의 정의　266
2. 수출보험청약 전자무역문서의 작성방법과 실습　267

제 5 절　수출계약 전자무역문서 ········· 271
1. 문서설명　271
2. 조회화면　271

제 9 장 수출입승인 전자무역문서

제 1 절 수입승인신청서 ······ 277
1. 수입승인의 개요 277
2. 업무흐름도 277
3. 입력화면 및 설명 278
4. 출력서식 280

제 2 절 신용장개설신청서 ······ 281
1. 신용장개설 281
2. 입력화면 및 설명 281
3. 출력서식 290

제 3 절 신용장 통지 ······ 291
1. 신용장 통지의무 291
2. 조회화면 291
3. 출력화면 292

제 4 절 수출승인신청서 ······ 292
1. 수출입의 의의 292
2. 수출입승인기관 293
3. 입력화면 및 설명 294
4. 출력서식 297

제 5 절 전략물자포괄 수출허가신청서 ······ 298
1. 전략물자포괄 수출허가의 개요 298
2. 입력화면 및 설명 298
3. 출력서식 302

제10장 수출물품 생산에 필요한 전자무역문서

제 1 절 물품매도확약서 ··· 305

1. 물품매도확약서 305
2. 물품매도확약 전자무역문서 작성방법 305

제 2 절 내국신용장 ··· 311

1. 내국신용장의 정의 311
2. 내국신용장개설신청서 311
3. 내국신용장 통지 314

제 3 절 외화획득용 원료 구매승인서 ··· 322

1. 외화획득용 원료 구매승인서의 개념 322
2. 외화획득용 원료 구매승인신청서 작성방법 323

제11장 수출통관 전자무역문서

제 1 절 인터넷 수출통관의 개요 ··· 329

1. 인터넷과 무역EDI의 수출통관 개요 329
2. 무역EDI의 수출통관절차 330

제 2 절 무역EDI를 이용한 수출통관업무 ··· 332

1. 수출신고신청 332
2. 수출신고서 응답 341
3. 수출신고 수리 정정신청 343
4. 수출신고 수리 정정응답 348
5. 처리결과 통보 349
6. 수출신고 미선적 현황 351
7. 수출신고의뢰응답 352
8. 귀책사유 오류통보 353

제 3 절 수출신고 전자무역문서 작성 실습 ······ 356
1. 입력화면 및 설명 356
2. 출력서식 366

제12장 매입 전자무역문서

제 1 절 수출환어음 매입(추심)신청서 ······ 369
1. 수출환어음 매입 369
2. 입력화면 및 설명 369
3. 출력서식 374

제 2 절 전자선하증권 ······ 375
1. 선적요청서 작성 375
2. 입력화면 및 설명 376
3. 출력서식 381

제 3 절 상업송장과 포장명세서 ······ 382
1. 상업송장의 정의 382
2. 포장명세서의 정의 383
3. 입력화면 및 설명 383
4. 출력서식 386

제 4 절 원산지증명서 ······ 386
1. 원산지증명서의 정의 386
2. 입력화면 및 설명 387
3. 출력서식 393

제 5 절 적하보험청약서 ······ 394
1. 적하보험증권의 정의 394
2. 입력화면 및 설명 394
3. 출력서식 399

제 6 절 지급지시 전자무역문서 400
1. 지급지시 전자무역문서 400
2. 지급지시 전자무역문서의 작성방법 400

제13장 수입통관 전자무역문서

제 1 절 인터넷 수입통관관리의 개요 405
1. 무역EDI의 수입통관개요 405
2. 무역EDI의 수입통관절차 406
제 2 절 무역EDI를 이용한 수입신고 413
1. 수입신고 413
2. 무역EDI를 이용한 수입통관업무 416
3. 관세 등의 납부 442
4. 관세감면 및 분할납부 450
5. 수입통관제도 455
6. 관세환급제도 469
7. 수입비용 처리업무 483

제14장 전자무역수출 종합시뮬레이션

제 1 절 수출단가산정과 전자오퍼 작성 493
1. 수출단가산정 493
2. 전자오퍼와 전자반대오퍼 작성 496
제 2 절 전자무역계약서 작성과 전자신용장 내용검토 498
1. 전자무역계약서 작성 498
2. 전자신용장 개설지시서 발행 500
3. 전자신용장 내용검토 500
4. 수출승인 501

제 3 절 수출품생산과 수출통관 501
1. 생산관리 501
2. 선적관리 502
제 4 절 매입서류 작성과 사후관리 503
1. 매입서류 작성 503
2. 사후관리 504

제15장 전자무역수입 종합시뮬레이션

제 1 절 거래제의 및 오퍼확정 507
1. 종합실습상황 507
2. Inquiry Letter발송 및 Offer확정 508
제 2 절 수입계약서 작성 509
1. 수입원가계산서와 발주품의서 작성 509
2. BUYER'S CONTRACT 512
제 3 절 국제물류관리 512
1. 용선 및 부보 512
2. 수입승인신청 및 신용장개설 513
3. 수입대금지급 514
4. 수입통관 514
국문색인 519
영문색인 522

제 1 장

전자무역의 이해

제 1 절 전자무역의 개념
제 2 절 전자무역의 현황과 전망
제 3 절 전자무역의 이행
제 4 절 전자무역의 거래절차

전자무역은 서로 다른 국가에 거주하는 상인들이 인터넷과 무역EDI를 이용하여 상품을 매매하는 상거래이다. 전자무역거래에서 새롭게 형성된 상관습과 전자무역 거래절차를 배우는 것이 전자무역이다. 전자무역에 대한 이해를 돕기 위해 먼저 전자무역의 개념과 전자무역 거래절차에 대해서 각 단계별로 분석하고, 전자무역이 어떻게 이행되는지 인터넷과 무역EDI로 나누어 살펴보고자 한다.

제1절 전자무역의 개념

1. 전자무역의 정의

정보통신기술이 빠르게 발전함에 따라 세계 무역은 인터넷 기반의 전자무역시대로 접어들고 있으며, 인터넷 사용이 급격히 확산됨으로써 무역거래방식과 관행이 근본적으로 변화하고 있다. 무역거래에 인터넷이 사용됨에 따라 인터넷을 이용한 상거래가 급격히 증가하고 있으며, 해외시장조사, 거래선발굴, 상품홍보 등과 같은 기존의 무역업무가 인터넷으로 대체되어 처리되고 있다. 최근에 개방형 네트워크인 웹을 통해 서비스가 가능해짐에 따라 대부분 무역업무가 인터넷으로 처리되고 있다.

무역업무가 무역정보처리시스템을 이용하여 처리됨에 따라 종이서류가 표준화된 전자문서로 컴퓨터를 통하여 주고받은 전자문서교환(Electronic Date Interchange: EDI)방식이 무역거래에 등장하였다. 무역정보처리시스템은 무역업무의 처리과정을 크게 변화시켰다. 무역업체는 무역정보처리시스템을 이용하여 언제, 어디서나 무역업무를 효율적으로 처리할 수 있게 되었다.

이와 같이 무역거래가 인터넷이나 무역정보처리시스템 및 무역정보통신망을 이용하여 전자무역문서로 처리되는 것을 전자무역(e-Trade)이라고 한다. 전자무역은 서로 다른 국가에 거주하는 무역상이 무역거래의 전부 또는 일부를 인터넷, 전자문서교환방식 등 각종 정보통신기술을 이용하여 전자무역문서로 처리함으로써 언제, 어디서나 무역업무를 보다 편리하고 신속하게 효율적으로 할 수 있는 무역거래방식을 말한다.

전자무역은 무역이 인터넷 및 정보통신기술과 만난 것이라고 볼 수 있다. 전자무역은 그 용어가 사용되기 훨씬 이전부터 인터넷무역, 사이버무역 등의 다양한 개념을 가지고 출발하였으며, 인터넷의 사용이 급격히 증가함에 따라 2000년 12월에 전자무역의 개념과 촉진에 관한 규정을 대외무역법에 명시하게 되었다. 대외무역법 제2조에서 무역은 물품, 대통령령이 정하는 용역, 대통령령이 정하는 전자적 형태의 무체물을 수출입하는 것을 말한다고 전자무역을 정의하였다. 전자무역촉진에 관한 법률 제2조에서 전자무역은 물품, 대통령령이 정하는 용역, 대통령령이 정하는 전자적 형태의 무체물에 대한 무역이 일부 또는 전부가 전자무역문서에 의해 처리되는 거래를 말한다고 정의하였다.

오늘날 무역업체들은 인터넷과 무역정보처리시스템 및 무역정보통신망을 이용하여 거래선발굴, 상담, 계약, 원자재조달, 운송, 통관, 보험, 대금결제에 이르는 제반 무역업무를 가장 효율적으로 처리할 수 있게 되었다. 또한 무역업무에 필요한 각종 종이서식이 전자문서로 표준화됨에 따라 무역업무를 처리하는 절차와 시간이 크게 단축되어 무역거래비용을 획기적으로 감소시킬 수 있게 되었다. 기존의 무역거래과정이 <그림 1-1>에서와 같이 전자무역으로 빠르게 변화되어가고 있다.

그림 1-1 전통무역과 전자무역의 비교

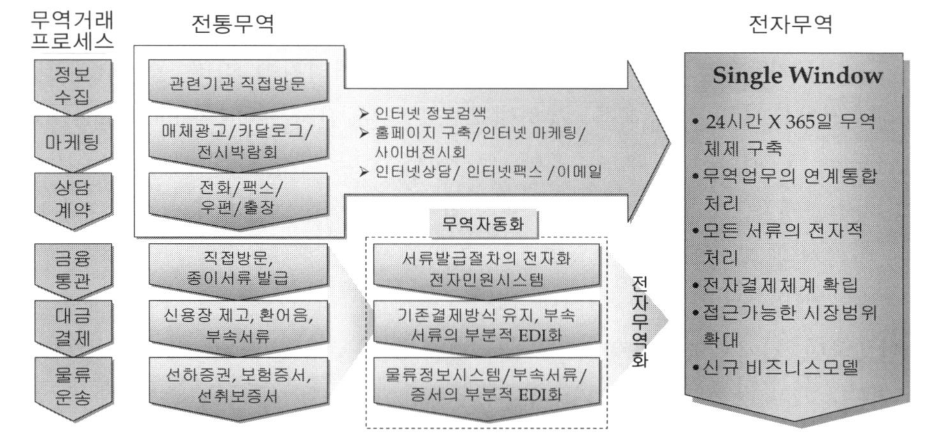

자료: 한국무역협회.

2. 전자무역의 특징

1) 범세계 단일전자거래시장의 출현

전자무역은 국가별로 독립되어 운영되던 세계시장을 하나의 전자거래시장으로 통합시켰다. 세계 여러 지역에서 열리는 시장이 인터넷과 무역정보처리시스템을 통하여 전자방식으로 통합됨에 따라 범세계 단일전자거래시장이 출현하게 되었다. 지구촌에 살고 있는 사람들은 집에서 컴퓨터로 범세계 단일전자거래

그림 1-2 전자무역의 미래상

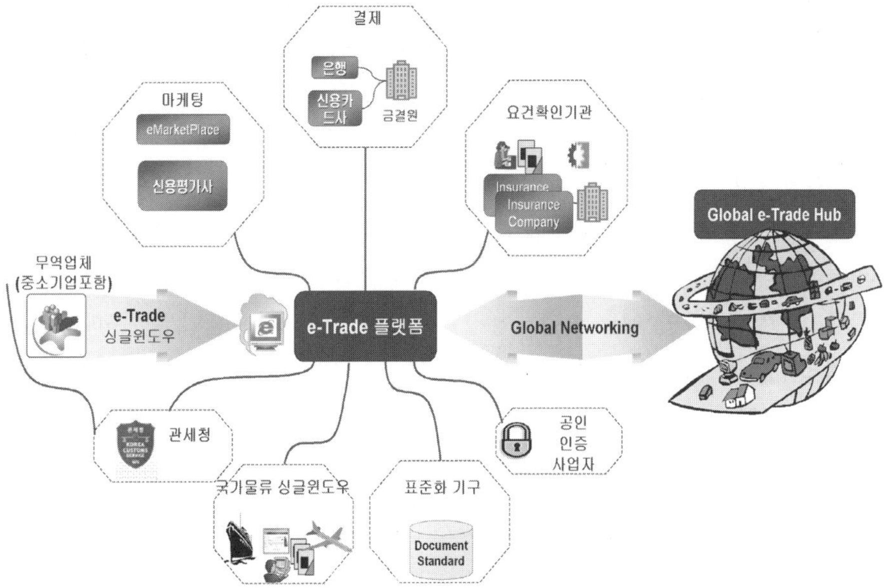

자료: 한국무역협회.

시장에 가서 전 세계에서 생산된 상품을 사고 팔 수 있게 되었다.

무역상들은 범세계 단일전자거래시장을 이용하여 최소비용으로 시간과 공간의 제약 없이 전 세계에 있는 고객들에게 상품을 홍보할 수 있고 언제, 어디서나 지구촌에 있는 어느 곳의 누구와도 무역거래를 할 수 있게 되었다.

2) 전자무역정보통신망을 이용한 무역업무처리

박람회, 전시회, 해외홍보자료, 전문서적 등을 통해서 이루어졌던 해외시장조사, 수출입상품의 발굴, 거래선 발굴 등의 무역업무가 대부분 인터넷과 병행되어 이루어지고 있다. 인터넷상에서 국가별, 지역별, 해외시장정보, 무역통계정보, 산업정보, 국가정보, 상품정보, 기업체정보, 수출입업체정보, 통상정보 등 무역에 관련된 정보를 전문적으로 제공하는 무역사이트가 급격히 증가하고 있으며, 이러한 전문무역사이트를 이용하여 무역에 관련된 제반정보를 저렴한 비용으로 이용할 수 있게 되었다.

무역거래는 일반 상거래와 다르게 수출입매매계약의 당사자인 수출상과 수입상 이외에 은행, 운송회사, 보험회사, 세관, 수출입대행자 등 여러 당사자가 참여하게 된다. 무역거래가 성공적으로 끝나기 위해서는 무역거래에 참여한 여러 당사자들이 그들의 역할을 충분히 이행했을 때 가능하다. 무역거래에 참여한 당사자들은 기존 무역거래와는 다르게 전자무역정보통신망을 이용하여 그들의 역할을 수행하고 있다.

전자무역정보통신망의 무역업무는 상역업무, 외환업무, 통관업무, 운송업무로 나누어지며 상역업무에는 수출입승인업무, 원산지증명서업무, 의약품수입업무 등이 있고, 외환업무는 수출신용장통지업무, 내국신용장업무, 구매승인서업무, 매입업무, 구매결제업무, 각종 통지업무, 수입신용장개설업무, 수입화물선취업무 등이 있으며, 통관업무는 수출자가통관업무, 수출통관의뢰업무, 수입통관의뢰업무, 관세환급업무 등이 있고, 운송업무에는 보세화물운송업무, 내륙운송업무, 해상운송업무, 적하보험업무, 수출보험업무가 있다.

3) 무역거래비용의 절감

무역거래는 국내 상거래와 다르게 매우 복잡한 절차를 거쳐야 하므로 그만큼 시간과 비용이 많이 발생하였다. 수출입상이 수출입매매계약을 체결하고 물품을 최종적으로 인도하고 수출대금을 회수하기까지 여러 단계의 절차와 많은 종류의 서류가 필요하여 무역거래비용이 증가하게 되었고, 이러한 무역거래비용의 증가는 국가간 무역을 저해하는 원인이 되었다. 그러나 전자무역거래는 이러한 복잡한 무역거래절차를 매우 간단하고 신속하게 처리하고 종이서류 없는 무역(paperless trade)을 가능하게 하여 무역거래에서 발생하는 비용을 크게 절감시킨다.

2006년에 LG전자는 전자무역서비스를 도입하여 무역업무에 적용한 결과 인건비와 서류처리비용 등 연간 300억원의 비용을 절감시켰고, 삼성전자는 통관부서의 인력을 50% 줄이고 업무처리기간을 25일에서 5일로 단축시켰으며 업무절차도 55단계에서 17단계로 단축시켰다.

[표 1-1] 전자무역의 효과

<table>
<tr><th colspan="2">구 분</th><th>산정요소</th><th>화폐가치(억원)</th></tr>
<tr><td rowspan="8">직접 효과</td><td rowspan="4">전자무역문서보관소 이용으로 서류의 중복제출 해소에 따른 비용개선 효과</td><td>프로세스 개선 및 온라인 연계에 따른 무역업체 업무처리시간 감축 환산액</td><td>3,303</td></tr>
<tr><td>오프라인 문서의 온라인화로 인한 전달비용 절감액</td><td>1,949</td></tr>
<tr><td>전자문서화로 보관, 검색, 활용 등에 따른 비용개선 환산액</td><td>1,855</td></tr>
<tr><td>소 계</td><td>7,107</td></tr>
<tr><td rowspan="4">서비스단일창구 구축으로 인한 무역업체의 투자비용 절감 및 생산성 강화 효과</td><td>전자무역 플랫폼 사용에 따른 무역업체의 자체구축비용 절감액</td><td>1,623</td></tr>
<tr><td>무역관련 주요 관리업무의 자동화로 인한 생산성 향상 효과</td><td>945</td></tr>
<tr><td>정보화로 인한 거래 문서건수 처리능력 증가로 인한 비용개선 효과</td><td>260</td></tr>
<tr><td>소 계</td><td>2,828</td></tr>
<tr><td>간접 효과</td><td>수출증대효과</td><td>전자무역플랫폼 구축 및 이용으로 인한 수출증대효과</td><td>8,254</td></tr>
<tr><td colspan="3">합 계</td><td>1조 8,189억원</td></tr>
</table>

자료: (주)지머스정보통신, 2007년 전자정부지원사업 용역보고서.

4) 인터넷 마케팅

인터넷은 전 세계를 하나로 묶어주기 때문에 전 세계에서 일어나고 있는 사건을 실시간으로 알 수 있다. 인터넷은 정보를 전달하는 매우 중요한 수단으로 자리매김하고 있어서 인터넷을 이용한 마케팅전략이 기업경영에서 중요한 역할을 담당하고 있다. 전자무역의 인터넷 마케팅전략은 인터넷과 전자무역정보통신망을 이용하여 범세계 단일전자거래시장에 있는 고객을 대상으로 한다는 점에 있어서 기존의 마케팅전략과 근본적으로 다르다. 따라서 무역상은 인터넷 마케팅전략을 수립해야 한다.

제 2 절 전자무역의 현황과 전망

1. 전자무역의 국내외 현황

1) 국내전자무역현황

정보통신기술이 급격히 발전함에 따라 국제무역량의 급격한 증가와 함께 국가간 상거래 형태에도 많은 변화가 일고 있다. 전자무역을 통한 B2B, B2C, B2G 등의 무역거래방식의 이용이 큰 폭으로 증가하여 국가간 무역거래 방식도 크게 바뀌고 있다.

국가간 상거래에서 전자무역이 차지하는 비중이 증가함에 따라 우리나라 기업들도 자체 홈페이지를 구축하거나 전문무역사이트에 자사 상품을 홍보하고 더 나아가 자체 홍보관을 구축하는 등 국가간 전자상거래에 적극적으로 참여하고 있다.

현재 많은 무역업체들이 무역네트워크를 이용하여 각종 무역업무를 처리하고 있으며, 전자상거래 수입물품의 통관현황을 보면 2005년에 89,192건으로 22,475천 달러에서 2009년에는 918,790건으로 70,912천 달러로 급격히 증가하여 전자상거래가 매년 큰 폭으로 증가하는 추세를 보이고 있다.

[표1-2] 전자상거래 수입현황 (단위: 건, 천 달러)

연 도	수입건수	수입금액
2005	89,192	22,475
2006	125,995	29,545
2007	197,592	48,864
2008	253,183	50,265
2009(1~11월)	918,790	70,912

자료: 관세청.

전자무역은 국가간 상거래에 중요한 무역거래방식으로 등장하였고, 앞으로도 국제무역거래에서 전자무역이 차지하는 비중이 매우 커질 것으로 전망된다.

온라인게임 수출이 매년 큰 폭으로 증가하였다. 2008년 109,386천 달러에서

2009년에는 35%가 증가한 147,671천 달러를 차지하였다.

[표 1-3] 온라인게임 수출현황 (단위: 천 달러)

연 도	금 액
2007	78,100
2008	109,386
2009	147,671

자료: 문화체육관광부.

2002년 8월까지의 온라인 수출입금액은 총 2,185만 885달러를 차지하였고 그 중 수출은 총 2,158만 8,905달러를 차지하였으며 수입은 26만 9,946달러를 차지하였다.

[표 1-4] 온라인 수출통계 (단위: 달러)

연 도	금 액
2001	11,445,686
2002	21,588,905

자료: 무역일보, 2002. 9. 3.

품목별로는 디지털 콘텐츠 개발서비스가 1,203만 8,485달러로 가장 많은 실적을 올린 가운데 컴퓨터 관련 서비스가 512만 5,304달러, 패키지 소프트웨어가 426만 1,518달러였으며 테이터베이스 제작, 검색대행 부문은 16만 3,598달러를 차지하였다.

국가별로는 일본으로 588만 3,569달러로 가장 많이 수출했으며, 그 뒤로 미국이 443만 7,817달러, 프랑스가 355만 8,736달러, 캐나다가 269만 8,709달러, 대만이 212만 6,144달러를 차지하여 온라인 수출이 특정국가에 편중되어 있는 것으로 나타났다.

거래형태별로는 단순송금방식(T/T, M/T)이 2,053만 3,523달러로 전체의 95.1%를 차지했으며, 임가공료 지급방식의 위탁(수탁)가공무역이 44만 9,142달러로 그 뒤를 이었으며, 신용장방식의 수출은 36만 달러로 D/A방식은 24만 6,240달러를 차지하였다.

2) 해외전자무역의 현황과 전망

전자무역은 국가간 상거래의 중요한 무역거래방식으로 등장하였고 앞으로도 국제무역거래에서 전자무역이 차지하는 비중이 매우 클 것으로 전망된다. 와튼 계량경제연구소는 세계의 전자무역규모가 2000년 기준으로 3천 400억 달러에 달했고, 2003년에 전체 무역량의 5%인 1조 700억 달러에 육박할 것으로 예상했다.

한국무역협회의 조사결과 자료를 보면 전자무역이 2000년에 전체무역에서 4.6%을 차지하고, 2005년에는 30.4%로 증가할 것으로 예측하였다. 전 세계적으로 보면 2020년에 세계무역량의 30%가 전자무역을 통해 이루어질 것으로 전망하였다.

[표 1-5] 전자무역 규모의 전망 (단위: 백만 달러)

구 분	1998년	2000년	2003년
전 세계	77,000	340,000	1,070,000

자료: WEFA.

세계 최대 전자무역시장인 알리바바닷컴을 통해 이루어지는 중국 중소기업의 전체 전자무역거래비율은 7%로 미국 16.6%, 인도 11%에 이어 세계 3위를 기록하였다. 중국시장조사기관 아이리서치의 인터넷 거래시장 규모에 대한 조사결과 2008년 중국의 전자거래규모는 2007년보다 125.1% 증가하여 거래액이 1,263위안(약 22조 6,000만원)에 달한 것으로 나타났다. 2011년 말까지 거래규모는 5,690위안(약 102조원)에 달할 것으로 전만하였다.[1] 글로벌 전자무역시장규모가 이용자 수를 기준으로 매년 10~25%씩 커질 것으로 전망된다.[2]

제 3 절 전자무역의 이행

1. 인 터 넷

인터넷(Internet)은 "Internet"과 "Network"의 합성어로서 지구촌에 있는 모든 컴퓨터가 통신망을 통하여 하나로 연결된 거대한 통신네트워크를 말한다. 지

1) 문화일보 2010년 1월 6일 기사내용.
2) 중소기업전자무역지원센터 기사내용.

구촌에 있는 컴퓨터가 통신망으로 서로 연결되어 있어 컴퓨터가 가지고 있는 수많은 정보를 누구나 이용할 수 있다. 세계는 로마로 통한다는 말이 있듯이 이제는 세계는 인터넷으로 통한다고 말할 수 있다. 인터넷은 사람과 사람을 연결시켜 주는 중요한 수단이 되고 있다. 사람들은 인터넷을 이용하여 언제, 어디서나 자기가 원하는 정보를 찾을 수 있고 상대방에게 전자우편(E-Mail)을 보낼 수 있으며, 전자문서뿐만 아니라 그림, 이미지, 음성, 음향 등 각종 멀티미디어까지 전송할 수 있게 되었다.

오늘날 인터넷은 전자상거래, 전자서적, 사이버교육, 전자결제 등 기업의 경영활동에도 많은 변화를 가져왔으며, 물리적 공간에서 이루어지고 있는 기업의 경영활동을 가상세계로 옮기는 플랫폼이 되고 있다.

인터넷은 1960년대 미국과 소련의 냉전체제하에서 군사목적을 달성하기 위해서 각 기관에 있는 컴퓨터를 하나로 연결시키는 과정에서 탄생하였다. 미국 국방성은 1969년 소련의 핵 공격으로 국가통신망이 마비될 것에 대비하기 위하여 산하단체인 알파(Advanced Research Project Agency)를 통해서 연구소, 대학, 정부기관의 컴퓨터를 하나로 연결시키는 과제를 수행하였다.

이러한 과제를 수행하는 과정에서 서로 다른 컴퓨터를 하나의 네트워크 시스템으로 통합할 수 있는지에 대한 연구가 시작되었다. 연구진은 서로 다른 컴퓨터가 인터넷상으로 연결되기 위해서는 표준화된 통신규약이 필요하다는 것을 발견하였으며, 이러한 표준화된 통신규약을 바탕으로 하나의 거대한 컴퓨터 네트워크를 구축하였다.

1990년대에 들어서 인터넷의 편리성과 성공가능성을 알게 된 정부와 기업들이 인터넷을 사용할 수 있는 인프라를 구축하기 시작하였으며, 1990년대 중반에 들어서 비로소 일반인도 인터넷을 사용하기 시작하였다. 저렴한 비용으로 언제, 누구와도 대화를 할 수 있다는 장점 때문에 인터넷은 폭발적으로 성장하였다. 오늘날 인터넷은 기업경영활동을 전자결제, 전자상거래, 전사적 자원관리, 공급망관리, 고객관리 등 새로운 e-비즈니스라는 형태로 변화시키고 있으며, 국가간 상거래에도 접목되어 전자무역(e-Trade)을 탄생시켰다.

2. 무역EDI

1) 무역EDI의 정의

EDI(Electronic Data Interchange)는 정보통신망을 이용하여 컴퓨터로 정보를 전달하는 전자문서교환을 의미한다. EDI는 각종 종이서류를 컴퓨터가 수용할 수 있는 전자문서의 형태로 표준화시키고 이를 상호 합의된 통신망을 이용하여 컴퓨터로 주고받음으로써 무역업무를 보다 효율적으로 추진할 수 있는 전자문서의 전달방식을 말한다.

전통적으로 상거래는 종이서류에 의해서 처리되었다. 사람이 종이서류를 작성하여 우편이나 팩스로 상대방에게 보냈으며, 사람이 손으로 같은 내용의 종이서류를 여러 장 작성하는 과정에서 오탈자가 발생하였다. 그에 따라 종이서류의 신빙성에 의구심이 나타났으며, 작성된 종이서류를 상대방에게 전달하는 데 많은 시간이 소요되어 업무의 효율성이 크게 떨어졌다.

오늘날에는 여러 분야에서 EDI가 사용되고 있으며, 특히 서류가 많이 사용되고 있는 무역거래에서 가장 많이 사용되고 있다. 무역EDI는 국가간 상거래에 필요한 각종 종이서류를 표준화된 전자문서로 변환시켜 정보처리능력을 가진 장치(컴퓨터)와 정보통신망을 통하여 표준화된 형식에 따라 전자적으로 교환하는 것을 말한다. 무역거래당사자들은 무역EDI를 이용하여 무역업무를 처리함에 따라 무역업무 처리시간을 크게 단축시킬 수 있고, 무역업무 처리비용을 큰 폭으로 절감시킬 수 있게 되었다. 무역EDI는 1960년대 국제물류회사들이 각종 종이서류를 신속하게 전달할 목적으로 전자문서를 표준화시켜 사용한 것에서부터 시작되었다.

현재 우리나라의 경우 정부의 정책에 따라 관세청의 수출입통관 업무는 100% 무역EDI로만 처리할 수 있도록 하였다. 무역EDI의 효과를 구체적으로 살펴보면 다음과 같다.

첫째, 무역EDI의 직접효과는 무역업무를 신속하고 정확하게 처리할 수 있다는 점이다. 대부분 무역업무를 무역EDI로 처리할 수 있기 때문에 무역업무의 처리시간과 비용을 크게 단축시킬 수 있으며, 무역업무를 처리하는 과정에서 발생할 수 있는 오류를 줄일 수 있다.

둘째, 무역EDI는 종이서류를 전자문서로 변환시켜서 무역정보통신망을 이용하여 컴퓨터로 주고받기 때문에 불필요한 인력을 절감시킬 수 있어서 관리의 효율성을 증대시킬 수 있는 간접효과를 가져올 수 있다. 또한 무역EDI는 전사적 자원관리(ERP), 공급망관리(SCM)와 연결되어 무역업무와 부대비용을 효과적으로 관리할 수 있는 부수적인 효과를 제공할 수 있다.

마지막으로, 무역EDI는 무역거래당사자에게 양질의 서비스를 제공하여 타 기업과의 경쟁에서 유리한 위치에 설 수 있게 한다.

그림 1-3 무역EDI 개요

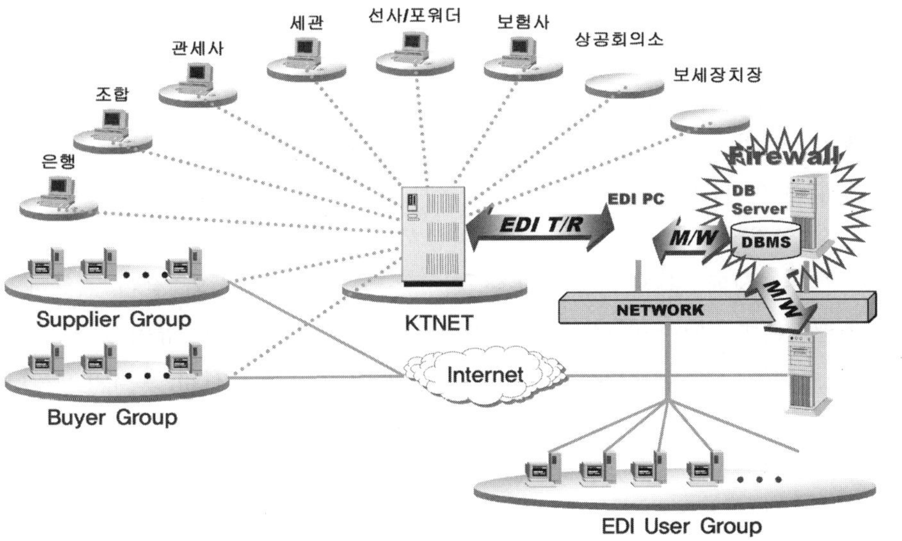

자료: 한국무역협회.

2) 전자무역문서와 전자서명

(1) 전자무역문서

① 전자무역문서의 정의

전자거래기본법 제 2 조 제 1 항에서 전자문서는 정보처리시스템에 의하여 전자적 형태로 작성, 송신 · 수신 또는 저장된 정보를 의미한다고 규정하였고, 동법 제 2 조 제 2 항에서 정보처리시스템은 전자문서의 작성, 송신 · 수신 또는 저장을 위하여 이용되는 정보처리능력을 가진 전자적 장치 또는 체계를 말한다고 규정하여 전자메일, 무역사이트, 무역정보통신망, 인터넷쇼핑몰 등도 정보처리시스템으로 해석할 수 있는 근거를 제공하였다.

eUCP에서 전자문서(electronic record)는 전자수단에 의해서 생성되고, 만들어지고, 발송되고, 저장되고, 수취되거나 저장된 자료를 의미한다고 규정하였고 유엔국제거래법위원회 UNCITRAL 제 6 조 제 1 항은 전자메시지는 전자문서교환방식, 전자우편, 전보, 전신, 텔레카피를 등을 비롯하여 광학적 또는 이와 유사한 전신수단으로 생성되고 송・수신 및 저장된 정보를 의미한다고 정의하였다.

전자무역촉진에 관한 법률 제 2 조 제 4 항에서 전자무역문서는 전자무역에 사용되는 전자문서로써 정보처리시스템에 의하여 전자적 형태로 작성, 송신・수신 또는 저장된 정보를 말한다고 정의하여 무역업무에 관련된 전자문서만 전자무역문서로 간주한다고 보았다.

② 전자무역문서의 효력

전자문서의 효력에 관하여 유엔국제거래법위원회의 UNCITRAL 제 6 조 제 1 항에서 차후의 참조를 위해 사용될 수 있도록 접근 가능하다면 전자문서의 문서성을 인정하는 입장을 취하여 전자문서의 효력에 관하여 별도의 규정을 두지 않고 문서성에 관한 규정을 두어 전자문서도 일반 문서와 같이 취급하였다. 전자거래기본법 제 5 조에서 전자문서는 다른 법률에 특별한 규정이 있는 경우를 제외하고는 전자적 형태로 되어 있다는 이유로 문서로서의 효력이 부인되지 아니한다고 규정하여 전자문서의 효력을 인정하고 있다.

전자무역촉진에 관한 법률 제15조에서 무역업자 또는 무역유관기관이 전자무역기반시설을 통하여 신청 등 또는 승인 등을 전자무역문서로 처리한 경우에는 무역관련 법령 등에서 정한 각종 절차에 의하여 처리된 것으로 본다고 규정하여 전자무역문서로 신청과 승인이 이루어질 경우 그 효력을 인정하였다. 동법 제16조에서 무역업자 또는 무역유관기관이 전자무역기반시설을 통하여 신청 등 또는 승인 등을 한 전자무역문서는 무역관련 법령 등이 정한 문서로 본다고 규정하여 전자무역문서가 효력을 인정받기 위해서는 반드시 전자무역기반시설을 통해서 송・수신되어야 한다.

전자무역기반시설은 무역유관기관과 체계적으로 연계하여 정보통신망을 통한 전자무역문서의 중계, 보관, 증명 등의 업무를 수행하는 정보시스템을 말한다. 전자무역기반사업자가 보관하고 있는 전자무역문서의 효력도 인정한다고 규정하여3) 무역업자가 전자무역문서를 별도로 보관하지 않아도 되도록 하였다.

③ 전자무역문서의 증거효력

전자문서의 증거효력에 관하여 유엔국제거래위원회의 UNCITRAL 제9조에서 데이터 메시지를 증거로 허용할 것인지의 판단은 그것이 오직 데이터 메시지라는 이유만으로 또한 원본의 형태가 아니라는 이유로 증거로서의 효용성을 부정하기 위한 어떠한 증거법적 원칙도 적용되어서는 아니 된다고 하였고, 증거력과 관련하여 제2항에서는 데이터 메시지가 생성되고, 저장되어 전달되는 방법이 믿을 만한가, 내용의 무결성을 보장하는 방법이 믿을 만한가, 발신자의 신원을 확인하는 방법이 믿을 만한가의 여부와 기타 관련사항을 참작하여 결정하도록 규정하였다. 전자무역촉진에 관한 법률 제18조 전자무역기반사업자가 전자무역문서의 송·수신 일시 및 그 당사자 등에 관한 증명서를 발급하는 경우 그 증명서에 기재된 사항은 진정한 것으로 추정한다고 규정하여 전자무역문서의 증거력을 인정하였다.

(2) 전자서명

전자무역거래 당사자들은 제시된 전자문서에 기재된 내용을 믿을 수 있어야 한다. 제시된 전자문서가 원본인지 확인하기 위해서 여러 가지 기술적 수단이 사용될 수 있다.4) 이러한 기술적 수단은 전자문서의 원본성을 확인하기 위한 방법과 이러한 방법을 수행하기 위해서 준수해야만 하는 제반절차를 포함해야 한다. 전자문서가 원본임을 입증할 수 있는 기술적 수단으로 전자서명을 제시할 수 있다.5)

서명은 문서를 작성한 당사자가 문서를 자기가 정당하게 작성했음을 확인하기 위한 표시를 의미하며 계약체결 기능, 동일성 기능, 진정성 기능, 경고적 기능을 가진다.

---

3) 전자무역촉진에 관한 법률 제16조(전자무역문서 보관의 효력)
① 무역업자 등이 기반사업자에게 의뢰하여 전자무역문서의 보관을 하게 한 경우에는 자신이 별도로 보관하지 않더라도 전자거래기본법 제5조에 의한 전자문서 보관의 효력이 있는 것으로 본다.
② 기반사업자는 전자무역문서의 보관을 위하여 전자서명을 사용하는 경우, 전자서명법 제2조 제3호의 규정에 의한 공인전자서명을 이용하여야 한다.

4) J.G. Barnes & J.E.Byrne, "E-Commerce and Letter of Credit Law and Practice," *International Lawyer,*(vol.35), 2001.3.

5) Dan Taylor and Jim Byrne, *op. cit.*, p.11.

전자서명에 관하여 eUCP 제 4 조에서 전자서명(electronic signature)은 전자문서에 첨부되거나 이와 논리적으로 관련되고 어떤 사람을 확인하기 위해서 그리고 전자문서에 어떤 사람의 확인을 나타내기 위하여 어떤 사람에 의해서 실행되거나 채택된 자료처리를 의미한다고 규정하였다. 유엔국제거래법위원회의 UNCITRAL 제 7 조에서 서명자 자신의 동일성을 확인하고, 데이터 메시지의 내용에 관하여 동의한다는 표시가 있으며 그 표시가 메시지의 생성 및 송신목적에 맞고 믿을 수 있는 방법으로 이루어졌다면 서명성을 인정한다고 규정하였다.

전자서명법 제 3 조에서 다른 법령에서 문서 또는 서면에 서명, 서면날인 또는 기명날인을 요하는 경우 전자문서에 공인전자서명이 있는 때에는 이를 충족한 것으로 보며, 공인전자서명이 있는 경우에는 당해 전자서명이 된 후 그 내용이 변경되지 아니한 것으로 추정한다고 명시하여 공인전자서명의 법적 효력을 인정하였다.

(3) 전자인증

모든 정보와 문서가 정보처리시스템을 통하여 주고받기 때문에 정보와 문서의 진위여부를 판단할 수 있는 방법이 필요하게 되었다. 전자인증은 기술적으

그림 1-4 전자인증절차

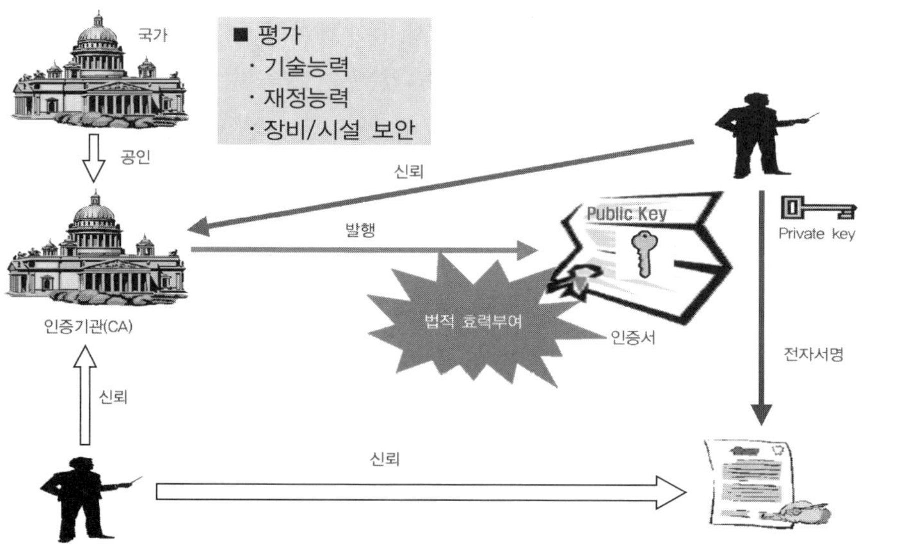

로 어떤 사람의 전자서명검증키가 그 사람의 것임을 신뢰받는 제 3 자의 기관이 증명해 주는 것을 의미한다. 믿을 수 있는 인증기관(certificate authority: CA)을 설립하여 그 기관이 사용자들의 전자서명키를 공식적으로 인증하는 전자인증서(certificate)를 발급하여 전자서명키의 사용가능 여부를 공식적으로 증명해 줌으로써 전자문서의 진정성을 확보할 수 있다.

공인인증기관은 전자서명에 명시된 기준과 정부에서 실시하는 엄격한 심사과정을 통하여 지정되고 있다. 국내인증기관은 한국정보인증, 한국증권전산, 금융결제원, 한국전자인증, 한국전산원, 한국무역정보통신 등이 있다.

3) 무역EDI 표준

무역업자 상호간, 무역업자와 무역유관기관 상호간, 무역유관기관 상호간에 전자무역문서를 주고받는 데 있어서 가장 중요한 것은 반드시 표준 전자무역문서를 사용해야 한다. 전자무역문서는 정보처리시스템에 의해서 처리되기 때문에 전자무역문서를 주고받는 당사자들이 서로 약속된 표준을 따르지 않고 임의로 전자무역문서를 작성하게 되면 그 의미를 파악할 수 없게 된다.

무역EDI 표준(Standard)은 무역거래당사자간에 전자방식으로 교환되는 전자문서의 구조, 내용, 통신방법 등에 관한 표준양식 및 구문(Syntax)을 정한 규칙을 말한다. 문서, 언어, 컴퓨터 시스템이 서로 다른 무역거래당사자들은 이 규칙에 따라 전자문서를 정해진 양식과 절차에 맞게 표준화시켜 자유롭게 주고받을 수 있다. 즉 무역거래당사자들은 무역EDI 표준에 따라 정해진 양식과 절차로 전자문서를 서로 주고받을 수 있다.

과거에 무역거래당사자들은 문서를 서로 다른 양식을 사용하여 작성하였지만 무역EDI시스템에서는 모든 전자문서를 표준화된 양식에 따라 작성하여야 한다. 무역EDI 표준은 무역거래당사자와 무역업무를 관리하는 내부관리시스템이 다름에도 불구하고 전자문서가 서로 교환될 수 있게 하는 가장 핵심적인 역할을 하게 한다.

(1) 전자문서의 표준과 통신표준

전자문서를 보내는 사람이 받은 사람에게 전송하면 전자문서는 받은 사람의 컴퓨터에 자동적으로 입력되어야 한다. 그러기 위해서는 보내는 사람이 받은 사람에게 전송한 전자문서가 받은 사람의 컴퓨터에 의해서 읽히고 해석될 수 있는 표준양식에 맞게 작성되어야 한다. 따라서 전자문서의 표준은 전자적으로 전송될 수 있는 전자문서의 구조, 자료, 정보, 형태 등이 규격화된 양식에 맞춰 작성되어야만 되는 지침을 말한다. 통신표준은 전자문서가 컴퓨터로 주고받은 규약으로 전자문서를 어떤 방법을 사용하여 전송할 것인가를 사용자들이 합의한 것을 말한다.

(2) 전용표준과 공통표준

무역EDI표준은 적용범위에 따라 전용표준과 공통표준으로 나눌 수 있다. 전용표준은 특정기업이 자기만 사용하기 위해서 표준화시킨 것으로 사설표준이라고 한다. 초기 무역EDI는 개별기업차원에서 전자문서를 표준화시켜 컴퓨터로 전송하였다. 개별기업에서 사용한 전자문서는 다른 기업, 정부기관, 은행 등에서 사용될 수 없기 때문에 모든 기관에서 자유롭게 사용할 수 있는 전자문서의 표준화를 추진하게 되었으며, 이러한 노력으로 공통표준이 개발되었다.

그림 1-5 전자무역문서의 표준화 절차

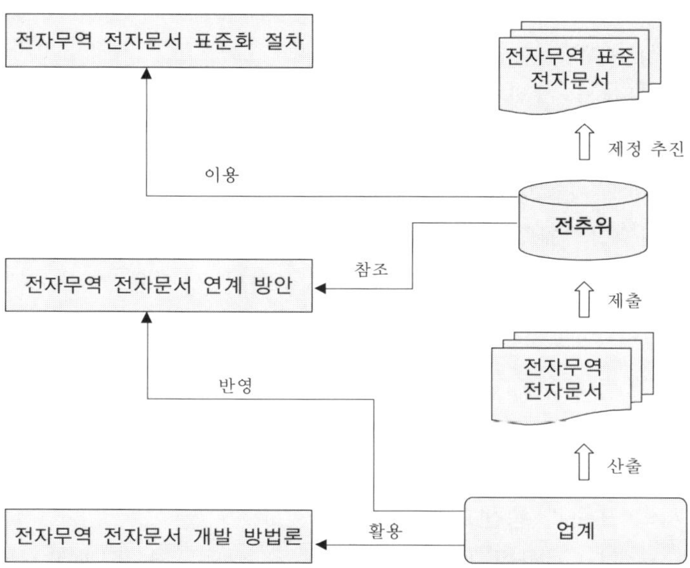

공통표준은 개발단계에 따라 기업표준, 산업표준, 국가표준 및 국제표준으로 세분화될 수 있다. 전자무역이 활성화되기 위해서는 전자무역거래에 참여하게 되는 모든 당사자들이 자유롭게 사용할 수 있는 국제표준이 필요하게 되었다. UN산하 유럽경제위원회는 행정, 무역 및 운송에 관한 EDI국제표준(Electronic Data Interchange for Administration, Commerce and Transport: UN/EDIFACT)을 개발하였다. UN/EDIFACT는 국제상업회의소, 각국의 EDI관련 기관으로부터 전폭적인 지지를 받아 1987년 국제표준화기구에 의해서 국제표준으로 승인되었다. 현재 세계 각국은 UN/EDIFACT를 기준으로 전자문서를 표준화시키고 있다.

(3) 전자무역XML 전자문서 표준화 지침

전자무역추진위원회가 전자무역의 인프라를 구축하기 위하여 전자거래 표준화 주관기관인 한국전자거래진흥원에 의뢰하여 전자무역 전자문서 개발 및 표준화 지침을 마련하였다.

본 지침은 4개의 장과 부록으로 구성하여 전자무역이 가능하기 위해 필수 불가결한 요소인 전자문서 개발에 표준화된 방법을 제시하였다.

4) 무역EDI 사용자시스템

전자문서가 무역정보통신망을 이용하여 전송되기 위해서는 컴퓨터하드웨어, 소프트웨어 및 통신장비가 설치되어 있어야 가능하다. 무역EDI 사용자시스템은 전자문서가 무역정보통신망을 통하여 전송되는 데 필요한 컴퓨터하드웨어, 소프트웨어 및 통신장비를 말한다. 무역거래당사자들이 무역EDI를 이용하기 위해서는 컴퓨터와 상이한 전자문서를 EDI표준으로 변화시킬 수 있는 변환소프트웨어와 모뎀 등과 같은 통신장비를 갖추어야 한다. EDI변환소프트웨어는 무역EDI에서 매우 중요한 역할을 한다. 무역업체 내부에서 작성된 전자문서를 EDI표준으로 표준화시켜 상대방에게 전송시키거나 상대방으로부터 받은 EDI표준 전자문서를 기업내부 자료로 바꾸어 주는 역할을 한다.

5) 무역EDI 네트워크

전자문서가 컴퓨터에서 다른 컴퓨터로 전송되기 위해서는 전자문서가 전송될 수 있는 전용회선이나 공중회선이 연결된 네트워크가 필요하다.

(1) 직접 네트워크

직접 네트워크는 보통 모뎀을 통하여 무역거래상대방의 컴퓨터와 직접 연결된다. 그러나 사용자가 증가할수록 처리속도가 떨어지고, 기밀과 보안을 유지하기가 어렵다는 문제가 발생하였다. 따라서 초기에는 직접 네트워크를 이용하였으나 현재에는 대부분 제 3 자 네트워크를 이용하고 있다.

(2) 제 3 자 네트워크

제 3 자 네트워크는 전자문서뿐만 아니라 전자문서의 보관, 정보의 축적, 가공, 변화처리 등과 같은 부가가치 서비스를 제공하는 부가가치통신망(value added network: VAN)을 말한다. 전자문서가 법률적・사실적・상징적 기능을 수행할 수 있어야 되기 때문에 전자문서를 전달하는 시스템이 매우 중요하다.

부가가치통신망은 이러한 기능을 제공하며, 부가가치통신망을 이용한 사용자간에 분쟁이 발생하면 부가가치통신망에 기록된 전자문서로 분쟁을 해결할 수 있다. 부가가치통신망은 관세청, 은행, 정부기관, 항만, 해상운송회사, 해상보험회사 등의 시스템과 연결되어 있어 무역업체는 저렴한 비용으로 단 한번의 접속을 통해 여러 가지 전자문서를 전송할 수 있다.

현재 우리나라에서는 한국무역정보통신(KTNET), DACOM 등이 VAN사업자로 지정되었으며, 한국무역정보통신이 개발한 VAN DEI가 대부분 사용되고 있다.

(3) 인터넷 네트워크

인터넷이 도입된 초기에는 인터넷으로 전달되는 전자문서의 안정성과 호환성, 보안성, 시스템의 안정성 등이 검증되지 않아서 안정성과 보안성을 갖춘 VAN EDI를 개발하였다. 오늘날 인터넷의 안정성과 보안성이 검증되어 인터넷을 이용한 시스템이 개발되고 있다. 인터넷EDI시스템은 VAN EDI시스템과 비교해서 별도의 전용시스템을 구축하지 않고도 인터넷을 이용하여 전자문서를 상대방에게 전송할 수 있기 때문에 인터넷EDI의 설치비용이 없고 언제, 어디서나 자유롭게 사용할 수 있으며 사용료가 VAN EDI보다 훨씬 저렴하다.

6) 무역EDI 시스템 사용약정

무역EDI는 무역업체의 무역업무처리를 단순히 전자화시키는 것이 아니라 전혀 다른 무역업무처리 전산시스템을 가진 거래상대방과 전자문서를 주고받는 것이므로 무역EDI로 무역업무를 처리하기 위해서는 관련 당사자간에 무역EDI 시스템 사용약정을 체결하여야 한다. 무역EDI시스템 사용약정은 네트워크약정(network agreement: N/A)과 거래약정(interchange agreement)으로 나누어진다.

(1) 네트워크 약정

네트워크약정은 사용자가 한국무역정보통신회사와 한국무역정보통신회사가 제공한 종합무역자동화 서비스의 이용조건과 절차에 관하여 약정한 것을 말한다. 무역자동화 시스템에서는 무역업체, 해상운송회사, 보험회사, 관세청, 정부기관, 은행 등이 한국무역정보통신회사와 종합무역자동화 서비스 이용약정을 체결한다.

KTNET 종합무역자동화 서비스 표준약정서는 총칙, 약정, 이용자설비의 설치, 권리와 의무, 요금, 손해배상, 기타로 구성되어 있다.

(2) 거래약정

거래약정은 무역거래에 참여한 당사자들이 무역EDI 사용에 따른 제반 사항을 약정하는 것을 말하는데, 우리나라에서는 한국EDIFACT위원회(KEC)가 제정한 표준약정서와 은행들이 공동으로 사용중인 거래약정이 있다. 거래약정서에는 전자문서와 표준에 대한 합의사항, 해당업무별 사용자의 준수사항, 수신 및 발신의 확정, 무역EDI 서비스 제공자 및 데이터 통신망 합의사항 등이 들어 있다.

무역업체가 무역EDI로 관련 은행업무를 처리하고자 할 때는 무역자동화이용신청서를 작성하여 은행에 제출해야 한다. 무역자동화신청서 뒷면에 무역자동화처리약관이 인쇄되어 있다.

3. 인터넷 무역EDI

무역EDI가 도입되어 전자무역의 발전에 중요한 역할을 하였지만 무역업체가 전용선을 구축하고, 새로운 소프트웨어를 설치하여야만 무역EDI를 이용할 수 있기 때문에 추가비용이 발생하였고, 무역업체가 실시간으로 무역업무를 처리하는 데 어려움을 발생시켰다. 또한 무역EDI는 전자문서를 전송하는 것 위주로 운영되기 때문에 멀티미디어로 작성된 자료를 전송하는 데 한계가 있고, 국내에서만 이용되고 해외에서는 접속이 어렵다는 문제점을 노출시켰다.

인터넷 기술이 급격히 발전함에 따라 무역EDI가 가지고 있는 문제점을 해결할 수 있는 새로운 인터넷 무역EDI가 개발되었다. 인터넷 무역EDI는 인터넷으로 전자문서를 비롯한 멀티미디어로 제작된 자료를 저렴한 비용으로 언제, 어디서, 누구와도 실시간으로 교환할 수 있는 시스템이다.

인터넷 무역EDI의 장점은 첫째, 사용비용이 저렴하다. 인터넷 무역EDI는 인터넷으로 구현되기 때문에 별도의 전용회선과 소프트웨어 설치비용, 송신료 등이 발생하지 않는다. 둘째, 사용하기가 편리하다. 무역EDI는 부가가치통신망을 통하여 운영되기 때문에 부가가치통신망에 가입한 무역업체만이 이용할 수 있다. 그러나 인터넷 무역EDI는 개방형이기 때문에 사용자와 장소에 아무런 제한이 없다. 마지막으로, 호환성이 높다. 무역EDI는 변환프로그램을 설치해야만 다른 업무프로그램과 호환이 될 수 있다. 인터넷 무역EDI는 사용자가 특정 전자문서의 구조를 만들어서 사용할 수 있도록 구성되어 있기 때문에 다른 업무프로그램과의 호환성이 매우 높다.

인터넷 무역EDI가 가지고 있는 이러한 장점 때문에 관세청은 인터넷 무역EDI 통관시스템을 개발하여 2006년에 상용화시켰다.

제 4 절 전자무역의 거래절차

1. 전자무역거래의 수출절차

다음 사례를 읽어보고 전자무역수출의 각 단계별 절차가 어떻게 진행되는지 배포된 카드로 전자무역수출절차의 맵을 작성한다.

사 례

미래공업의 수출부서에 근무하는 박원열 부장은 해외시장개척을 위해 동분서주하고 있다. 미래공업은 펌프와 전동기가 일체형으로 되어 수중에서 작동되는 수중 모터펌프를 전문적으로 생산하는 업체이다.

본 제품은 각종 공사현장에서 가설용 펌프, 하수처리장 및 오수처리장의 유량조정 및 원수이송펌프 또는 관개용 및 홍수방지 대책용 펌프로 사용된다. 미래공업은 내수위주의 전략을 추구하고 일부 제품을 유럽에 수출하였다. 그러나 내수시장이 극심한 침체에서 벗어나지 못하자 세계시장을 목표로 하는 적극적이고 진취적인 해외시장개척전략을 수립하였다. 이에 따라 사장님의 지시사항이 수출부서에 많이 떨어졌다.

수출부서에서 15년간 근무한 베테랑인 박원열 부장은 요즘 고민이 많다. 어떻게 하면 수출물량을 급격히 신장시킬 수 있을까? 이러한 고민을 해결하기 위해 머리를 쥐어짜고 있다. 박 부장은 본 제품에 대한 세계시장규모가 연간 150억 달러 정도이고 미국, 일본, 유럽의 다국적기업들이 대부분의 세계시장을 점유하고 있다는 사실을 너무나 잘 알고 있기 때문에 자체 웹사이트를 제작하여 무역전문사이트에 등록하고 무역네트워크를 이용한 홍보전략을 강화시켰다.

박 부장은 유럽, 미국, 일본 등 선진국 시장의 경우는 전체시장으로 연간 성장률이 5% 이내이며 저개발 개도국의 경우는 시장이 형성되어 있지 않다는 정보를 접하고 동남아, 중남미, 동구라파 시장에 관심을 갖고 무역전문사이트를 통해 자료를 모았다.

관련자료를 분석한 결과 동 지역은 정부의 강력한 개발정책에 힘입어 시장의 규모가 매년 20% 이상 신장하는 이머징마켓의 성격을 띠고 있어 세계 유수메이커의 대결장이 되고 있다는 결론을 내리게 되었다. 또한 자사제품은 제품의 특성상 기술적인 사항을 확인시키고 시제품을 선택하여 일정기간 사용한 후 본격적으로 수출물량을 증가시키는 특성 때문에 불특정국가를 공략하기보다는 목표시장과 고객을 선정해서 공략하는 것이 보다 효과적이라는 사실을 알게 되었다.

박 부장은 여러 가지 정보를 종합 분석하여 동남아지역을 일차 공략 대상으로 선정하여 EC21 무역사이트를 통해 동남아 각국의 펌프 유통망을 철저하게 조사하였고 동남아시장에 승부를 걸면 성공할 가능성이 매우 높다는 결론을 내렸다. EC Korea, KOBO 등 무역전문 사이트를 통해 현지 유통망과 거래선을 더 철저히 조사하여 King Company사를 찾아냈다.

King Company사는 일본업체와 결별하고 새로운 파트너를 물색하고 있으며 무역전문사이트에 소개된 미래공업에 대해 깊은 관심을 갖고 있다는 사실도 알게 되었다. 박 부장은 유통전문사이트를 통해 King Company사의 유통현황과 경쟁제품가격, 연간 수입량 등에 대한 상세한 정보를 받았다. 또한 태국과 인도네시아 정부가 경제개발정책을 강력히 추구함에 따라 개발현장에서 펌프에 대한 수요가 폭발적으로 증가하고 있다는 사실과 태국 펌프시장에서는 독일, 일본, 미국의 제품이 치열한 경쟁을 하고 있는데, 품질과 가격을 동시에 검토하는 계약이행보증 입찰이 주류를 이루고 있다는 사실도 발견하였다.

박 부장은 무역네트워크를 이용하여 한국수출보험공사에 King Company사에 대한 신용조사를 의뢰하였고 동 신용조사를 의뢰받은 한국수출보험공사는 무역네트워크를 이용하여 신용도가 매우 높다는 신용조사결과를 보내 왔다.

박 부장은 태국의 경우 메콩강 지역의 공장지대에 수중축류펌프를 이용한 관개시설을 설치하였기 때문에 농업용 펌프의 수요가 증가하고 있으며, 방콕 저지대 침수방지를 위한 홍수방지시설설치에 따라 수중모터 펌프의 수요가 증가할 것이라는 결과와 수입거래선으로 King Company사를 선정했다는 최종보고서를 작성하였다.

박 부장은 무역네트워크를 이용하여 미래공업의 납품실적과 Lloyd Register Quality Associate라는 세계의 유수한 품질검사기관이 발행한 검사증명서를 첨부하여 전자오퍼(Electronic offer)를 발송하여 거래제의를 하였다. 거래제의를 받은 King Company사는 미래공업이 생산한 제품에 대해 무역사이트를 통해 알고 있으며 동 제품의 성능을 검사하기 위해서 견본을 보내 달라는 요청을 무역네트워크를 통해 전달받았다.

박 부장은 견본을 항공기로 즉시 King Company사로 송부하였다. King Company사는 도착된 견본 상품을 현지 작업장에 설치하여 성능검사를 실시하였고 성능검사결과 품질에는 아무런 하자가 없으나 가격을 조정하여 줄 것을 요구하는 Electronic Counter Offer를 작성하여 무역네트워크로 박 부장에게 송부하였다. 박 부장은 EDI시스템을 이용하여 운송단가와 수출부대비용을 정확히 산출하여 수출단가를 다시 산정하였고 산정결과 King Company사가 요구한 단가로 수출해도 15% 이상 수익이 발생하여 King Company사가 요구한 내용을 수락한다는 내용을 무역네트워크를 통해 King Company사로 송부했다.

미래공업과 King Company사는 수출대금의 지급은 일람불신용장으로 한다는 내용이 포함된 전자계약서에 서명하였고 계약조건에 따라 King Company사는 신용장개설신청서를 작성하여 미래공업을 수익자로 된 취소불능신용장을 개설해 줄 것을 개설은행에 요청하였다. 신용장은 미래공업의 주거래 은행을 통해 EDI로 전달되었다. 박 부장은 신용장에 명시된 모든 내용이 전자계약에서 합의한 내용과 일치하는지 철저히 검토를 하였으나 불일치 내용이 발견되지 않았다.

미래공업이 생산한 제품은 수출승인대상품목으로 분류되었기 때문에 박 부장은 EDI시스템을 이용하여 수출승인신청서와 전자계약서, 수출신용장을 한국기계공업협동조합에 송부하고 동 협회로부터 수출승인(export license)을 받았다. 박 부장은 생산일정과 발주서를 작성하여 협력회사와 생산부로 넘기고 생산일정에 맞춰 생산부서로 내려가 생산일정을 조사하고 생산된 부품에 결함이 없는지 수시로 조사하였다.

박 부장은 EDI로 현대상선과 한진해운, 조양상선의 운임견적과 운항일정, 제반비용내역을 검토한 후 현대상선과 해상운송계약을 체결하였다. 박 부장은 EDI시스템을 이용하여 수출통관을 끝내고 생산된 제품을 현대상선 다래호에 선적하고 선적의뢰서를 작성하여 EDI시스템으로 현대상선에 송부하고 선하증권을 발급받았다.

박 부장은 신용장에서 요구한 제반서류를 EDI시스템을 이용하여 신한은행 남대문 지점에 매입을 의뢰하여 수출대금 전액을 지급받았고 수출대금이 개설은행에서 매입은행으로 지정된 날짜에 입금되었는지 확인하면서 관세청으로부터 원자재 수입시 납부한 관세를 환급받았다. 수출대금이 개설은행에서 매입은행으로 입금된 것을 확인하고 나서 두 다리를 쭉 뻗고 잠을 잘 수가 있었다.

박 부장은 King Company사에 선적일자와 도착예정일이 상세히 기재된 제반서류를 송부하고 나서 수출물품이 지정된 날짜에 선적항에 도착했는지 다른 필요한 사항은 없는지 수시로 체크하였다.

박 부장은 자사 제품이 현지에서 설치되는 시간에 맞추어 현지출장을 갔다. 현지에서 박 부장은 자사 제품에 문제가 없는지 확인하였고 현지 요구조건이 다양하기 때문에 현지 조건을 정확하게 파악하여 이를 설계단계에 반영하여 현지조건에 가장 적합한 모델을 생산할 경우 다음 수출주문도 수주할 수 있다는 자신감을 갖게 되었다.

그림 1-6 **전자무역거래의 수출절차**

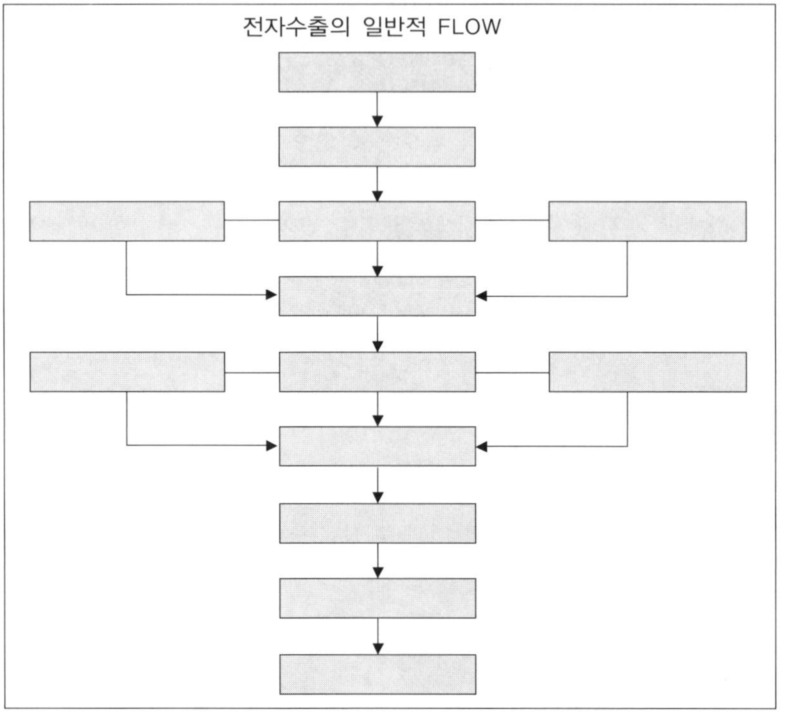

그림 1-7 **무역EDI를 이용한 수출절차**

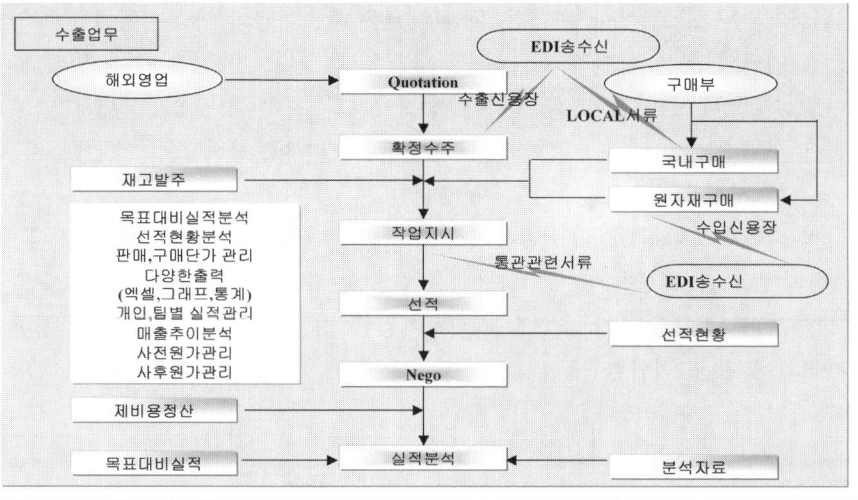

2. 전자무역거래의 수출절차 해설[6)]

1) 시장조사

전자무역 수출에서의 시장조사는 크게 국내시장조사와 해외시장조사로 구분할 수 있다. 이것은 지역에 따른 분류이며 둘 다 정보를 획득하고 활용해서 잠재 바이어를 찾아내고 바이어와 밀착된 가치를 창조해 나가는 상예술행위이다. 따라서 우리의 가치와 상대의 가치가 동시에 창조된다고 생각한다면 전자무역 수출에서의 시장조사는 중요한 요소가 된다.

2) 전자오퍼 발송

수출상이 수입상에게 일정한 조건으로 계약을 체결하고 싶다는 의사표시를 전자방식으로 발송한 Electronic offer를 offer를 받은 측이 Electronic offer의 조건을 수용할 수 없는 경우 Electronic counter offer를 발송하여 절충안을 제시하고 수입상이 제시한 Electronic counter offer의 조건을 수출상이 Acceptance하면 최종적 조건이 수락되게 된다.

3) 전자무역 원가계산

최종수출계약을 체결하기 전에 수출원가를 정확히 파악하여 수출단가를 산정해야 한다. 전자무역의 수출원가는 물품대금, 국제물류비용, 은행비용, 행정비용, 수출상 이익으로 구성되어 있다.

4) 전자무역계약의 체결

전자무역계약은 전자오퍼를 발송한 당사자와 이러한 전자오퍼를 받고 동 전자오퍼의 내용을 수정하여 다시 전자오퍼를 발송하여 당사자들이 서로 전자무역거래 조건에 대해서 협의하여 거래조건에 필요한 사항들을 결정하고 상호간에 전자서명을 함으로써 전자무역계약이 체결된다.

---

6) 교수는 학생들이 사례를 분석하게 한 다음 CD에 있는 전자무역수출절차에 사용될 카드를 학생들에게 보여주고 카드를 사례에서 분석한 수출절차에 맞게 구성하게 한다.

5) 전자신용장의 접수와 전자무역계약서의 대조

수출상은 전자신용장을 접수하고 나서 반드시 전자무역계약서에 명시된 내용과 일치하는지, 조건부신용장인지, 대금결제에 불리한 내용은 없는지 확인하여 그런 내용이 있으면 전자신용장 조건변경을 요구하여 정상적인 전자신용장을 받아야 한다.

6) 수출승인

수출입공고, 수출입별도공고, 통합공고상에 수출승인제한 품목은 관련조합에서 수출승인을 받아야 한다.

7) 생산관리

생산관리의 개념은 수출자 입장에서 수입자가 보낸 신용장을 받은 후에 아니면 계약이 체결됨과 동시에 수출물건의 제조에 들어가게 되는데, 여기서부터 생산되는 물건에 대한 관리를 시작해야 된다. 생산관리는 제조업이 수출을 하더라도 생산에 직접 관여하는 부서가 있기 때문에 수출 담당자는 공정을 체크하는 역할이 중요하다.

발주서의 체크는 생산업체에 투입하는 물건생산 주문서라고 볼 수 있는데, 이것이 제대로 전달이 되고 계획대로 일이 진행되고 있는지 확인을 하는 것이 상당히 필요하다.

납기관리의 중요성은 "납기" 라는 말은 "주어진 기간 내에 물건을 들인다" 라는 말이고 납기관리는 수출자가 바이어와 계약(약속)한 날짜에 선적을 하고 계약한 날짜에 물건을 인도한다는 개념을 모두 포함하는 말인데, 이러한 두 가지를 관리한다는 말이라고 볼 수 있다.

사 례

이삼성은 입사를 해서 상용차 수출영업을 시작한지 1년이 되었다. 어느날 외국 수입상으로부터 트럭 10만 대의 주문을 받고서 계약을 체결하고 수입상으로부터 신용장을 받고서 계약된 내용과 같은지 확인을 한 다음, 상용차 생산부에 발주서를 투입했다. 머리가 비상한 이삼성은 오래 전부터 상용차 생산부와 신용을 쌓아온 터라 "알아서 잘 만들어 내겠지"라고 전적으로 믿으며 다른 일을 열심히 했다. 어느 날 수입상으로부터 "예정된 일자에 배에 물건을 실을 수 있겠죠?"라는 확인전화가 왔다. 이삼성은 주저할 것도 없이 "OK, DON'T WORRY"라고 간단히 대답을 하고서 수화기를 놓았다. 선적일이 며칠 남지 않자 비상한 이삼성은 확인하는 셈치고 상용차 생산부에 전화를 걸어 "예정대로 생산이 잘 되어가는 거죠?"라고 물었는데 이것이 무슨 날벼락인가! 전화를 받은 생산담당자는 "주문제품 생산은 다음주에 하기로 되어 있다고 무책임한 말을 하는 것이 아닌가! 그 결과로 과거부터 거래해 온 수입상과의 관계가 무너져 버렸고, 회사의 전체 얼굴에 먹칠하는 과실을 범하게 되었다.

8) 선적관리

선적관리라는 것은 화물을 적절한 운송수단(주로 해상운송)을 활용하여 바이어에게 안전하게 운송하는 것을 말한다. 이렇게 하기 위해서 화주는 선박회사의 신용도를 정확히 파악해야 하며 운송상에서 일어날 수 있는 위험에 대해서 보험을 들어야 한다. 따라서 수출화물을 선적하고서 전자선하증권을 수취할 때까지의 모든 단계를 선적관리의 범위로 본다. 선적관리는 수출영업에 있어서 원가를 낮추고, 영업의 이익을 창출할 수 있는 중요한 부분이다.

9) 수출통관

수출통관이란 내국물품을 외국으로 반출하는 것을 세관장으로부터 승인을 받는 것을 의미한다. 수출물품의 통관을 위해서는 해당 수출물품에 대한 수출신고를 필하고 신고필증을 교부받아야 한다.

10) NEGO서류작성

전자신용장거래에서 수출대금을 회수하기 위해서는 전자신용장에 명시된 서류를 전자신용장에 명시된 대로 작성해야 한다. 매입은행은 선적서류를 매입할 때 전자신용장조건과 제시된 서류가 일치하는가를 심사하여 아무런 하자가 없는 경우 매입을 하게 된다.

11) 수출대금회수

매입은행은 선적서류를 매입할 때 신용장조건과 제시된 서류가 일치하는가를 심사하여 아무런 하자가 없는 경우 수출대금을 수출기업에게 지급하게 된다.

12) 사후관리

통관을 해서 선적을 하고 난 이후에 일어나는 활동들을 수출에서는 통상 사후관리라고 말하는데, 사후관리에는 입금관리, 관세환급, 수수료지급 등이 있다.

13) 해외고객관리

해외고객관리란 국내나 해외에 있는 관련 거래선을 관리한다는 것을 말하는데, 기존의 고객을 잘 관리함으로써 새로운 영업을 창출할 수 있기 때문에 해외고객관리는 매우 중요하다. 해외고객관리의 범주는 크게 세 가지로 구분되는데, BEFORE SERVICE, IN SERVICE, AFTER SERVICE가 있다.

사 례

* BEFORE SERVICE는 영업이 진행되기 전에 고객에 대해서 어떤 서비스를 통해서 관리하느냐에 초점이 맞추어진다.

여러분은 현재 수출주식회사에 근무하고 있는 수출영업사원입니다. 국내 M(Maker)이라는 회사는 모시옷을 제조하는 회사인데 생산능력은 한 달에 5만 벌 정도이고, 품질이 매우 좋다고 알려져 있다. 현재 일본에 B(Buyer)회사에서는 M회사의 모시옷이 좋다는 소문을 듣고 품질이 확인된다면 10만 벌 정도를 수입하려고 하는데 지금에 와서는 망설이고 있다는 정보를 얻어내었다. 이 상황에서 여러분은 어떻게 거래를 성사시키겠습니까?

* IN SERVICE는 영업활동중에 고객을 어떻게 관리하느냐에 초점이 맞추어진다.

위의 상황을 잘 대처해서 거래가 성사되었다고 하자. 이제는 좋은 물건을 만들어서 계약한 기간 내에 배에 실어 잘 도착하게 하는 일만 남았다. 그렇다면 여러분은 이렇게 하기 위해서 무슨 활동을 하시겠습니까?

* AFTER SERVICE는 영업활동이 끝난 후에 계속해서 고객과의 관계를

강화시키고, 영업의 확장을 꾀한다는 데 초점이 맞추어진다.

위의 상황이 계속 전개가 되어 좋은 품질의 물건이 제때에 일본의 바이어에게 도착했다고 하자. 이제 여러분은 이 일본의 B회사나 국내의 M회사와의 좋은 관계를 유지·발전시키고자 마음을 먹고 있습니다. 이러한 상황에서 여러분은 고객과의 유지·발전을 위해서 무엇을 해야 하겠습니까?

3. 전자무역거래의 수입절차

다음 사례를 읽어보고 전자수입의 각 단계별 절차가 어떻게 진행되는지 배포된 카드로 전자수입절차의 맵을 작성한다.

사 례

한남상사 수입부서에 근무하는 조 대리는 최근에 수 년간 구리를 거래해 오고 있던 김포상사의 차 부장으로부터 중국산 밀을 수입해 보는 것이 어떻겠느냐는 이야기를 들었다. 당시는 별로 관심이 없었던 조 대리는 매스컴에서 수 년 전부터 국내에서는 밀 농사가 채산이 맞지 않아서 경작하는 농민이 없으며 시간이 없은 신세대들은 밥보다는 빵을 주식으로 먹는 풍조가 유행하여 수입상들이 밀을 많이 수입하고 있다는 정보를 입수하자 무역전문사이트를 통해 국내 밀 유통에 관한 자료를 수집했다.

현재 국내에는 농협상사와 축협상사에서 주로 중국산 밀을 수입하고 있고 연간 총수입량은 2,000/MT톤으로 중국산이 1,000/MT, 미국산 500/MT, 캐나다산 500/MT이었다. 조 대리는 농산물유통 사이트를 통해 국내유통 현황을 자세히 분석하고 북경지점, 뉴욕지점, 몬트리올지점에 연락하여 수출업체 수와 제반 필요한 정보를 요청한 다음 농협상사와 축협상사를 직접 방문하여 다음과 같은 결과를 얻었다.

* 농협상사: 중국산 취급 $300/MT FOB XINGKANG PORT
* 축협상사: 중국산 및 미국산 취급 $320/MT FOB XINGKANG PORT
  $340/MT FOB LA PORT
* 북경지점회신: CHINA FOOD CO., $260/MT FOB XINGKANG PORT

* 뉴욕지점회신: LA CO., $290/MT FOB LA PORT
* 몬트리올지점회신: 4개의 수출회사가 있으나 한국에 수출할 수 없다.

무역사이트를 통해 해외시장조사를 구체적으로 하고 농산물유통전문사이트를 이용하여 국내시장조사를 실시하여 국내유통체계는 수입상에서 주요 곡물대리점을 통해 소규모 도·소매상을 거쳐 소비자에게 유통되고 있다는 것을 알았다. 판매처로 서울과 지방의 주요 곡물대리점을 선정한 조 대리는 그중 KMP상사와 서강상사를 접촉하여 현재 자기들이 구입하고 있는 가격보다 저렴하거나 품질이 우수할 경우 구매할 수 있다는 사장의 언질을 받았다.

운임 및 신속하고 원활한 공급선 등을 고려하여 조 대리는 중국의 CHINA FOOD CO.을 공급선으로 결정하여 CHINA FOOD CO.의 수출과장 앞으로 무역네트워크를 이용하여 Inquiry Letter를 발송하였다. 무역네트워크로 몇 차례의 Counter Offer가 오고 간 후에 다음과 같은 조건으로 전자무역계약을 체결하기에 앞서 수입원가계산을 해 보니(환율 1,200원/$, 관세 5%) 당사 재고 및 여신이자를 감안하여도 385,000/MT 정도의 이익이 예상되어 발주품의서를 작성하여 사내 결재를 받은 후 서둘러 수입매매계약을 체결하였다.

1. QUANTITY: 1000/MT
2. PRICE: $260/MT FOB XINGKANG PORT
3. PAYMENT: L/C AT SIGHT
4. S/D: NOV 10 2010
5. E/D: NOV 21 2010

수출상과 수입계약을 체결한 조 대리는 EDI시스템으로 한진해운과 현대상선으로부터 운임견적을 받아본 결과 다음과 같다.

1. 한진해운: $20/MT(ONLY BUSAN PORT CALLING)
2. 현대상선: $65/MT(INCHON & BUSAN PORT CALLING)

판매지역의 위치와 부산에서 서울까지의 내륙운송비를 감안하여 현대상선으로 결정하고 현대상선의 문 대리에게 본 사업의 향후 전망과 한남상사에 대해 잘 설명하여 $60/MT로 협상하여 $5/MT을 할인받는 데 성공하였고 삼성화재에 WA 3% 조건으로 적하보험 계약을 체결하였다.

한남상사가 수입하고자 하는 품목은 수입승인대상품목에 분류되어 조 대리는 수입승인신청서(Import License Application)를 작성하여 계약서와 기타 서류를 무역EDI를 이용하여 농림수산식품부 식품과로 전송하여 수입승인(Import

Licence)을 받았다.

조 대리는 수입승인서와 계약서, 신용장개설신청서를 작성하여 EDI시스템으로 신한은행 마포지점을 개설은행으로 하고 중국의 Bank of China를 통지은행으로 하여 신용장(Letter of Credit)을 개설하였다. 10월 중순이 되어 조 대리는 수출상으로부터 무역네트워크를 통해 10월 29일이 선적예정이라는 통보를 받았다. 조 대리는 즉시 현대상선에 연락하여 선적기일에 착오 없이 선박을 접안시킬 것을 지시한 후 수출상 및 선사를 통해서 계속 체크하였다.

10월 29일 선적일에 맞춰 물품을 선적한 선박이 정확하게 인천항에 입항하자 조 대리는 수출상으로부터 선적서류 사본을 입수하여 10월 30일에 화물선취보증서(Letter of Guarantee)를 받았다. 은행으로부터 화물선취보증서 원본을 받은 조 대리는 KMP상사와 서강상사에 몇 일 후면 물건공급이 가능함을 통보하고 통관에 필요한 제반서류를 EDI시스템으로 인천세관에 제출하고 인천세관으로부터 접수 후 2일 정도면 통관될 수 있다는 통보를 받았다. 조 대리는 서강상사를 방문하여 구체적인 가격협상과 판매상담을 하였다.

조 대리는 당사가 밀 시장에 처음 진출하였지만 당사의 업계에서 차지하는 위치와 향후 서강상사와의 다른 상품거래 가능성을 설득하여 첫 번째 주문을 11월에 60MT를 800,000원/MT으로 판매하기로 합의하고 결제조건은 첫 거래이니만큼 계산서 발행 후 1개월 후, 60일 이내 어음으로 결제하기로 하였다.

인천세관으로부터 물건이 통관되었음을 확인한 조 대리는 인천의 운수회사인 대한통운에 연락하여 서강상사의 창고까지 15,000원/MT에 운송하기로 합의하고 이를 서강상사에 지체 없이 통보하였다. 인천보세창고에서 서강상사로 출고된 양을 기준으로 하여 세금계산서를 발행하여 서강상사에 전달하고 당사가 수입한 밀의 품질이 기존의 타 거래선에서 수입한 것과 비교하여 전혀 손색이 없음을 통보받은 조 대리는 기분 좋게 KMP상사로 향했다.

KMP상사는 업체의 규모나 업력을 고려할 때 서강상사보다 다소 떨어지므로 현금판매를 원칙으로 하고 김 사장과 접촉한 결과 당사와 거래하기를 원하는 듯하였다. 김 사장으로부터 흔쾌히 50원/MT씩을 선 현금 입금 후 출고하여 주고 가격은 도착기준으로 750,000원/MT에 하기로 결정하였다. KMP상사로부터 입금을 확인한 조 대리는 대한통운에 연락하여 같은 조건으로 KMP상사 창고까지 입고해 줄 것을 의뢰하고 세금계산서를 발행하였다. 모든 일이 순조롭게 잘 진행되고 있다고 생각한 조 대리는 서강상사가 약속한 1개월 후에 수금하려고 방문하고서부터 일이 심상치 않게 꼬이고 있다는 것을 느끼게 되었다.

서강상사의 사장은 기존 거래처인 A상사가 당사가 판매한 가격보다 5,000원/MT를 저렴하게 공급하여 주겠다고 제안하면서 여신기일도 자·타수 어음을 가리지 않고 120일까지 줄 수 있다고 하면서 능률상사도 120일짜리 어음을 받아가든지 아니면 말든지 마음대로 하라고 일방적으로 통보하였다. 이 사실을 즉시 팀장에게 보고하여 협의한 다음 이미 계산서를 발행한 후 1개월 반이 지난 시점에서 자수 120일짜리 약속어음을 받기로 합의하였다.

자수어음을 받아든 조 대리는 사후 원가계산을 해 본 결과 선하증권 결제 시점의 환율 1,280원/$로 변동하여 원가에 지대한 영향을 미쳤고 출고일로부터 155일까지의 여신이자를 감안하면 30,000원/MT씩 손해를 보게 되었고 자수어음의 만기일이 되어 현금화될 때까지 스트레스에 시달리게 되어 위장병이 발생하였다.

그림 1-8 전자무역거래의 수입절차

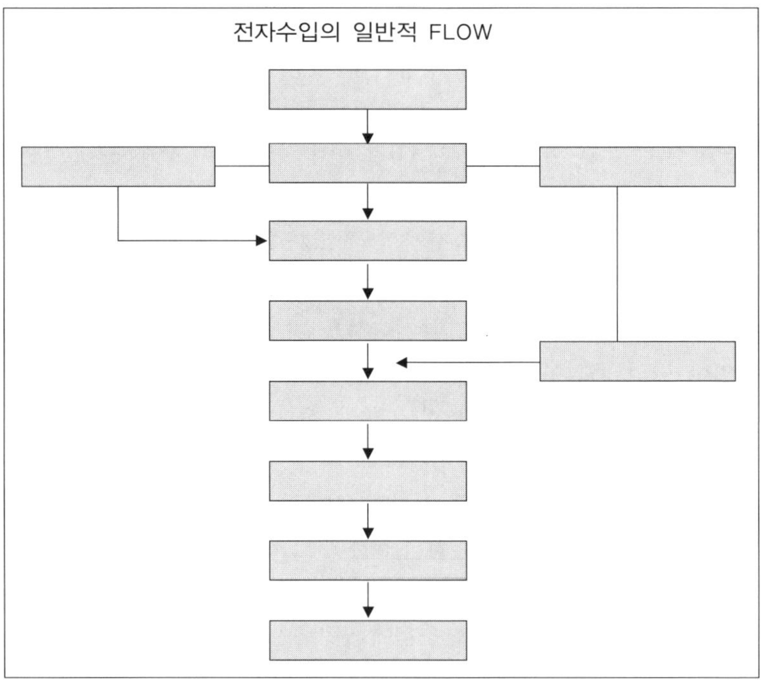

그림 1-9 무역EDI를 이용한 수입절차

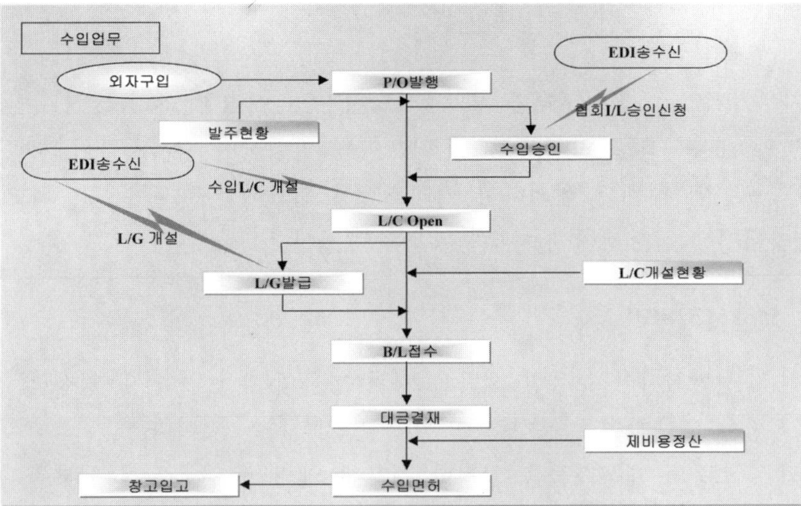

4. 전자무역거래의 수입절차 해설[7)]

1) 시장조사

수입상은 수입하고자 하는 상품을 공급할 수 있는 믿을 만한 공급선을 사전에 조사하여 언제, 어느 지역, 어느 공급선으로부터 가장 유리한 조건으로 수입할 수 있는가를 파악하는 한편 수입상품을 국내에서 다시 판매하기 위해 상품을 구매하는 국내 판매상에 대한 조사와 수입상품의 유통구조, 경쟁상품 및 판매가격에 대한 조사를 철저히 해야 최대의 이윤을 남길 수 있다. 시장조사방법으로는 전문무역사이트와 각종 사이트를 중심으로 하면 더욱 효율적이다.

2) 전자수입 원가계산

발주품의서는 발주의 타당성에 대해 사내결재를 얻기 위해서 필요하며 수입 전에 수입원가를 파악하여 수입의 타당성을 결정하기 위해서 수입원가계산이 반드시 필요하다. 원가구성요소로는 물품대금, 국제물류비용, 은행비용, 행정

7) 교수는 학생들이 사례를 분석하게 한 다음 CD에 있는 전자무역수입절차에 사용될 카드를 학생들에게 보여주고 카드를 사례에서 분석한 수입절차에 맞게 구성하게 한다.

비용, 수입상판매이익 등이 있다.

3) 계 약

전자무역계약은 전자오퍼를 발송한 당사자와 이러한 전자오퍼를 받고 동 전자오퍼의 내용을 수정하여 다시 전자오퍼를 발송하여 당사자들이 서로 전자무역거래 조건에 대해서 협의하여 거래조건에 필요한 사항들을 결정하고 상호간에 전자서명을 함으로써 전자무역계약이 체결된다.

4) 용선선적관리

용선은 선박회사가 보유한 선박을 자기 화물의 수송을 위해 일정한 계약조건으로 선박을 임대하여 사용하고 그 비용을 지불하는 것이다.

선적은 소량의 개품화물을 일정한 계약에 의해 정기선 선적 일부를 이용하여 운송하는 것이다.

화물을 선적했거나 선적을 위하여 수취했음을 증명하는 선박회사가 발생하는 서류를 선하증권이라 하며 매매계약을 정당하게 이행했음을 매도인이 매수인에게 증명하는 선적서류를 송장이라 한다.

5) 수입승인

수입대상 승인품목으로 분류된 물품을 수입하고자 하는 자는 관련 조합의 수입승인을 받아야 한다.

6) 전자신용장개설

수입상은 전자무역매매계약에서 합의한 전자신용장을 약정된 기간에 수출상 앞으로 개설해야 한다. 전자신용장은 수입상이 전자신용장 개설신청서를 작성하여 개설은행에 송부하여 전자신용장을 개설하여 줄 것을 요청하고 이러한 요청을 받은 개설은행은 전자신용장 개설요청서에 작성된 내용에 따라 수출상을 수익자로 한 전자신용장을 개설한다.

7) 전자선하증권의 결제

수출상이 선적요청서를 작성하여 전신으로 선박회사에 송부하면 선박회사는 전자선하증권을 선적요청서에 작성된 내용대로 작성하여 전신으로 수출상에게 보내면 운송계약이 체결된 것으로 간주한다.

8) 수입통관

입항통보, 입항검사 및 절차는 공급선이나 선박회사로부터 물품의 입항여부를 검사하는 것을 말한다. 선박입항, 적하목록신고는 물품이 입항한 후 선사는 부산세관 보세과에 물품의 목록을 신고해야 한다는 것을 의미하며, 보세구역배정은 입항신고 후 선사는 보세구역담당자가 물품의 종류별로 보세구역을 배정한다. 하선은 본선 적재물품을 인력과 기력으로 육상까지 양륙 후 배정된 보세구역으로 운송하여 하차 및 입고까지의 모든 작업을 말한다. 장치확인은 관세사가 미리 작성한 보세화물 출입신고서상의 장치확인란에 보세장치 설영주에게 입고확인 작업을 받는 것을 의미한다. 수입신고는 수입신고서류 일체를 서류와 현품의 일치여부를 확인하는 절차를 말한다. 세율확정, 관세납부, 수입면허는 확정된 세율에 따라 관세를 납부하면 외국물품이 내국물품이 되는 것으로 이때부터 수입상은 수입물품을 보세구역에서 반출할 수 있게 된다.

9) 판　매

재고관리는 발주시점의 결정과 적정재고를 유지하기 위한 것으로 신용장이 개설되었으나 미입항된 화물를 발주재고라 하며, 입항되었으나 통관되지 않은 화물은 미통관재고, 면허가 완료되어 내국 물품이 된 화물은 통관재고라 한다. 재고관리를 철저히 하기 위해서는 첫째, 실물재고와 전산 및 장부재고를 최소한 1개월에 2회씩 검사하여 일치여부를 확인한다. 둘째, 매 분기마다 감량발생여부를 보관창고로부터 확인하여 품의서를 득한 후 감량을 회계상으로 정리한다. 셋째, 담당자의 철저한 관심이 필요하며 부실재고를 찾아내어 조기에 처분한다. 넷째, 특별한 사유가 없는 한 선입매출에 의하여 판매한다. 거래선 상담과 출고관리가 있다. 출고관리는 주문서접수, 출고의뢰서 작성, 업무와 심사, 출고증 출고, 창고연락, 출고 순으로 이루어진다.

10) 여신 및 채권관리

여신의 개념은 거래선의 위험을 관리하기 위하여 각각의 업체에 대하여 거래한도를 정하는 것을 의미한다. 여신한도의 설정은 담보한도, 신용한도, 타수한도 등이 있으며 담보한도는 근저당권을 설정한 후에 제공하는 것을 의미하고 신용한도는 순수 신용거래로 부여하는 여신을 의미하며 타수한도는 타수징수조건으로 부여하는 여신을 말한다. 업체에 여신한도를 정하기 위하여 사전에 조사하는 것을 업체신용조사라고 한다. 신용조사방법은 부동산조사, 회사조사, 은행조회, 전문조사기관에 의뢰 등이 있다.

채권보전은 판매대금의 미회수를 대비하여 현금화되기까지 채권회수를 강구하는 수단을 의미한다. 채권보전의 목적은 사고발생시 당사 매출금액을 회수하기 위함이다. 부실채권발생시 회수 담당자를 정하고 회수와 관련된 제반 사항을 전담케 하고 심사팀 등 관련 부서와 협조한다. 심사팀은 부실회수와 관련된 모든 사항에 대하여 영업부서를 지원하고 법적 조치와 관련된 사항은 영업부서의 의뢰를 받아서 심사팀에서 처리한다.

제 2 장
전자무역 관계법규

제 1 절 대외무역법
제 2 절 외국환거래법
제 3 절 관 세 법
제 4 절 전자무역촉진에 관한 법률
제 5 절 전자선하증권 규정의 시행에 관한 규정
제 6 절 전자거래기본법
제 7 절 전자서명법
제 8 절 전자어음법

정보통신기술의 발전으로 전자무역이 급격히 증가함에 따라 전자무역을 체계적으로 지원 및 육성할 수 있는 제도를 시급히 도입하여 경쟁력 있는 국제무역거래환경을 조성하고자 무역에 관계된 법률을 대폭 개정하였다. 본 장에서는 전자무역에 관련되어 개정된 법령을 중심으로 살펴보고자 한다.

제1절 대외무역법

1. 무역의 정의

1) 전자적 형태의 무체물의 정의

대외무역법 제2조에서 무역은 물품, 대통령령이 정하는 용역, 대통령령이 정하는 전자적 형태의 무체물을 수출입하는 것을 말한다고 규정하여 상품뿐만 아니라 용역과 전자적 형태의 무체물도 무역거래의 대상이 된다고 보았다.

전자적 형태의 무체물은 컴퓨터·통신·자동화 등의 장비와 그 주변장치에 대하여 명령·제어·입력·처리·저장·출력·상호작용이 가능하도록 하게 하는 지시·명령(음성이나 영상정보 등을 포함)의 집합과 이를 작성하기 위하여 사용된 기술서 기타 관련 자료를 의미하고,[1] 부호·문자·음성·음향·이미지·영상 등을 디지털방식으로 제작하거나 처리한 자료 또는 정보 등으로서[2] 영상물(영화, 게임, 애니메이션, 만화, 캐릭터를 포함), 음향·음성물, 전자서적, 데이터베이스를 의미한다.[3]

2) 물품과 무체물 수출입의 정의

물품의 수출입은 물품이 국내에서 외국으로 반드시 이동해야만 되는 것을 전제로 하고 있다. 물품이 국내의 국경을 넘어 외국의 국경으로 이동해야만 수출입으로 본다는 것이다. 따라서 물품의 수출입은 국경의 개념을 기준으로 정의된 것이다. 그러나 전자적 형태의 무체물의 수출입은 국경을 초월한 정보통신망으로 거래되는 것으로 거주자와 비거주자간에 전자적 형태의 무체물을 정보통신망을 통한 전송[4] 또는 컴퓨터 등 정보처리능력을 가진 장치에 내장한 상태로 반출·반입한 후 인도·인수하는 것을 말한다[5]고 정의하여 거래주체를 기준으로 수출입의 개념을 정의하였다.

---

1) 소프트웨어산업진흥법 제2조 제1호의 규정에 의한 소프트웨어.
2) 대외무역법 시행령 제4조.
3) 대외무역관리규정 제4조.
4) 대외무역법 시행령 제2조 3, 4.
5) 대외무역관리규정 제5조.

국내에서 물품을 매매하는 것은 물품이 국내에서 이동하기 때문에 대외무역법에 의한 수출입의 범위에 포함되지 않는다. 그러나 국내에서 국내서버와 같은 정보통신망을 통하여 거주자와 비거주자간에 전자적 형태의 무체물을 인도, 인수하는 것은 대외무역법에 의한 수출입의 범위에 포함된다. 또한 정보통신망으로 하지 않고 국내거주자가 비거주자에게 소프트웨어 프로그램 등을 인도할 목적으로 노트북컴퓨터 등에 내장한 상태로 휴대하여 반출하는 경우에도 소프트웨어는 수출의 범위에 포함된다.

3) 외화획득용 원료

전자적 형태의 무체물을 생산하여 해외로 수출하는 데 필요한 원료·기재는 외화획득용으로 인정한다고 규정하여 정부의 지원을 받을 수 있도록 법제화시켰다. 외화획득용 원료·기재는 외화획득용 원료, 외화획득용 시설기재, 외화획득용 제품, 외화획득용 용역 및 외화획득용 전자적 형태의 무체물을 말하고, 외화획득용 원료는 외화획득에 제공되는 물품과 제 3 조에 따른 용역 및 제 4 조에 따른 전자적 형태의 무체물(이하 "물품 등"이라 한다)을 생산(제조·가공·조립·수리·재생 또는 개조하는 것을 말한다. 이하 같다)하는 데에 필요한 원자재·부자재·부품 및 구성품을 말하며, 외화획득용 전자적 형태의 무체물이란 외화획득에 제공되는 물품 등을 생산하는 데에 필요한 제 4 조에 따른 전자적 형태의 무체물을 말한다고 정의하였다.

구매확인서를 발급받으려는 자는 외화획득용 원료(물품 등) 구매(공급)확인신청서를 작성하여 외국환은행의 장 또는 전자무역기반사업자에게 신청하여야 한다. 외화획득의 범위에 해당하는지의 확인이란 외국환은행의 장 또는 전자무역기반사업자가 구매확인서 발급 신청인으로부터 수출신용장, 수출계약서(품목·수량·가격 등에 합의하여 서명한 수출계약 입증서류), 외화매입(예치)증명서(외화획득 이행 관련 대금임이 관계 서류에 의해 확인되는 경우만 해당한다), 내국신용장, 구매확인서, 수출신고필증(제36조의 단서에 따라 구매한 자가 신청한 경우만 해당한다), 외화획득에 제공되는 물품 등을 생산하기 위한 경우임을 입증할 수 있는 서류를 확인하는 것을 말한다. 전자무역문서 발급에 대한 특례로 외국환은행의 장 또는 전자무역기반사업자는 구매확인서를 전자무역문서(이하 EDI에 의한 발급을 포함한다)로 재발급할 경우에는 이미 전자무역문서로 발급된 구매확인서를 회수하지 아니할 수 있고, 외국환은행의 장 또는 전자무역기반사업자는 구매확인서를 전자무역문서로 발급하는 경우 구매확인서 발급을 전자무역문서로 신청한 자에게 발급 사실을 알릴 때 승인번호, 개설 및 통지일자, 발신기관 전자서명 등 최소한의 사항만 알릴 수 있다.

2. 과학적 무역업무의 처리기반 구축

대외무역법 제18조에서 지식경제부장관은 물품 등의 수출입거래가 질서 있고 효율적으로 이루어질 수 있도록 전자문서교환체제 등 과학적 무역업무의 처리기반을 구축하기 위하여 노력하여야 하며 과학적 무역업무의 처리기반을 구축하기 위하여 필요하다고 인정되는 경우에는 관계 행정기관의 장에게 통관기록 등 물품 등의 수출입거래에 관한 정보의 제공을 요청할 수 있고, 이 경우 관계 행정기관의 장은 이에 협조하여야 한다. 또한 관계 행정기관의 장은 이 법의 목적의 범위 내에서 필요하다고 인정되는 경우 제 1 항 및 제 2 항의 규정에 의하여 구축된 물품 등의 수출입거래관련 정보의 제공을 요청할 수 있고 이 경우 지식경제부장관은 이에 협조하여야 한다고 규정하여 전자문서교환 시스템을 구축하는 데 관계 행정기관이 협조하고 정보를 제공하도록 하였다.

3. 전자적 형태의 무체물의 수출입확인 및 실적인정

대외무역법에서 전자적 형태의 무체물을 수출입 범위에 포함시킨 목적은 물품의 수출입과 동일한 무역금융 및 세제 등의 지원제도를 통하여 전자무역을 활성화시키는 데 있다. 일반적인 물품의 수출입은 통관절차를 거치므로 수출입 확인과 실적인정이 용이하다. 그러나 정보통신망으로 거래되는 전자적 형태의 무체물에 대한 수출입확인은 컴퓨터에 저장된 파일을 검색해야 되기 때문에 전문기술이 필요하다. 따라서 은행에서 수출입대금을 받고 주는 경우 실제로 수출입과 관련된 대금인지 확인하기가 매우 어렵다.

이와 같은 이유로 전자무역의 수출입실적 확인업무는 전문기술을 가지고 있는 한국무역협회와 한국소프트웨어산업협회에서 하도록 위탁 규정하였다. 용역 또는 전자적 형태의 무체물의 수출입확인은 영 제23조에 따른 용역의 수출입 사실의 확인을 받으려는 자는 별지 제23호 서식에 의한 수출입확인신청서에 거래 사실을 증명할 수 있는 서류를 첨부하여 한국무역협회장, 한국선주협회장(해운업의 경우만 해당한다), 한국관광협회중앙회장 및 문화체육관광부장관이 지정하는 업종별 관광협회장(관광사업의 경우만 해당한다)에게 신청하여야 한다. 전자적 형태의 무체물의 수출입 사실의 확인을 받으려는 자는 별지 제26호 서식에 의한 수출입확인신청서에 거래 사실을 증명할 수 있는 서류를 첨부하여 한국무역협회장 또는 한국소프트웨어산업협회장에게 신청하여야 한다.

전자적 형태의 무체물을 수출로 인정하는 금액은 한국무역협회장 또는 한국소프트웨어산업협회장이 발급한 수출입확인서에 의해 외국환은행장이 입금확인한 금액으로 하며, 수입금액은 외국환은행이 지급한 금액으로 한다. 확인을 받는 무역업체는 이를 외국환은행에게 제출하고 외국환은행이 입금을 확인하면 입금된 금액이 수출실적으로 인정되어 무역금융지원을 받을 수 있다. 전자적 형태의 무체물을 수출로 인정하는 시점은 수출대금이 외국환은행에 입금된 입금일이 되며, 수입의 경우에는 지급일이 된다. 한국무역협회장 또는 한국소프트웨어산업협회장은 수출입확인서를 발급하는 데 필요한 모든 자료의 제출을 요구할 수 있고 수출입사실의 확인이 가능하고 신청사실에 하자가 없다고 인정하는 경우에 한하여 별지 제10-2호 서식에 의한 수출입확인서를 발급하여야 한다. 한국무역협회장 또는 한국소프트웨어산업협회장은 제 1 항 및 제 2 항의 규정에 의한 수출입확인서를 발급한 경우에는 수출입확인서의 발급현황 등을 매월 20일까지 지식경제부장관과 관세청장에게 보고하여야 한다.

4. 전자상거래 물품의 수입승인면제

대외무역법관리규정 별표 4의 규정에 따라 수입승인을 면제하도록 되어 있어 국내거주자가 외국으로부터 기증받는 물품은 세관장이 자가 사용으로 인정하면 수입승인이 면제된다.

최근 전자상거래가 활성화됨에 따라 국내거주자가 해외인터넷쇼핑몰에서 상품을 구매하여 국내로 반입하는 거래가 매년 큰 폭으로 증가하고 있다. 전자상거래의 구매목적은 대부분 자가 사용목적으로 소액, 소량을 반입하는 것으로 수입승인을 면제하여야 하지만 전자상거래와 같이 외국환거래가 수반되는 물품의 경우 대외무역관리규정 및 개별 수입법령에서 수입승인을 면제하는 정확한 규정이 없어 통관업무에 많은 어려움이 발생하였다.

따라서 정부는 국내거주자가 전자상거래 등 정보통신망을 이용하여 수입하는 물품으로 세관장이 자가 사용으로 인정하는 경우에는 기증(선물)받는 물품과 동일하게 수입승인을 면제하도록 대외무역관리규정 별표 4를 신설하였다.

제 2 절 외국환거래법

1. 전자문서를 이용한 외환업무

외국환거래법은 외국환거래와 기타 대외거래의 자유를 보장하고 시장기능을 활성화하여 대외거래의 원활화 및 국제수지의 균형과 통화가치의 안정을 도모함으로써 국민경제의 건전한 발전에 이바지함을 목적으로 제정되었다.

외국환거래법에 기획재정부장관은 외국환거래법에 의한 허가·인가·통지·통보를 전자문서를 이용하여 할 수 있다고 명시하여 외국환거래법을 전자방식으로 집행할 수 있는 길을 열어 놓았다. 기획재정부장관은 외국환거래법을 집행하는 데 필요한 전자문서의 표준서식, 방법, 절차 등에 관한 사항을 정할 수 있고 전자문서의 효력과 도달 시기는 전산망보급확장과 이용촉진에 관한 법률이 정하는 바에 따라 결정되도록 하였다. 동법에 따라 외국환거래에 참여하는 모든 당사자는 전자문서를 이용하여 신고·신청·보고·자료의 통보 및 제출을 할 수 있고 외국환업무를 전자방식으로 처리할 수 있다.

외국환거래법 제24조(전자문서에 의한 허가 등)에서 기획재정부장관은 이 법에 따른 허가·인가·통지·통보를 대통령령으로 정하는 바에 따라 전자문서(전산망 또는 전산처리설비를 이용한 자료의 제출을 포함한다. 이하 이 조에서 같다)의 방법으로 할 수 있도록 하였고, 이 법의 실효성을 확보하기 위하여 필요하다고 인정되는 경우에는 외국환업무취급기관 등이나 그 밖에 이 법을 적용받는 거래당사자 또는 관계인으로 하여금 신고, 신청, 보고, 자료의 통보 및 제출을 전자문서의 방법으로 하도록 명할 수 있도록 하였다. 기획재정부장관의 명령을 위반하여 신고, 신청, 보고, 자료의 통보 및 제출을 전자문서의 방법으로 하지 아니한 자에게 과태료를 부과하도록 하였다.

외국환거래법 시행령 제38조(전자문서에 의한 허가 등)에서 기획재정부장관은 법 제24조 제 1 항에 따라 허가・인가・통지・통보를 외환정보집중기관의 전산망이나 그 밖에 기획재정부장관이 지정하는 전산망을 이용하여 전자문서의 방법으로 할 수 있으며, 법 제24조 제 2 항에 따라 신고, 신청, 보고, 자료의 통보 및 제출을 전자문서의 방법으로 하도록 명할 수 있고, 제 1 항에 따른 서류 또는 자료를 전자문서의 방법으로 제출할 때 필요한 표준서식, 방법, 절차 등에 관한 사항을 정할 수 있으며, 제 1 항에 따라 허가 등의 서류 또는 자료가 전자문서의 방법으로 제출된 경우 그 전자문서의 효력, 도달시기 등에 관한 사항은 정보통신망 이용촉진 및 정보보호 등에 관한 법률에서 정하는 바에 따르도록 하였다.

2. 전자방식 외상매출채권담보대출

기업은 상품을 다른 기업에게 판매하고 판매채권을 담보로 금융기관에서 자금을 대출받을 수 있다. 금융기관의 업무가 전자화되어감에 따라 금융기관은 외상매출채권을 담보로 대출신청, 확인 및 대출실행 등 모든 절차가 어음발행 없이 컴퓨터 등에 의하여 전자방식으로 대출할 수 있도록 하였다.

전자방식 외상매출채권담보대출의 융자금액은 판매업체가 재화 및 용역을 판매하고 발생한 외상매출채권 금액 범위 내로 하고, 금융기관은 판매업체가 판매대금을 회수하기 위하여 컴퓨터 등에 의하여 전자적 형태로 작성하여 전송한 대출신청서가 대출취급 점포에 도달한 날로부터 7일 이내에 전자방식 외상매출채권담보대출금을 융자하여야 한다. 융자기간은 자금소요기간 등을 감안하여 금융기관이 정한다.[6] 금융기관은 판매업체에 대하여 전자방식 외상매출채권담보대출을 실행할 경우 판매업체로부터 대출신청서, 판매업체 발행세금계산서, 다만 부가가치세법에 따라 세금계산서가 발급되지 않는 경우에는 재화 및 용역거래관련 영수증과 구매업체로부터 물품구매내역 등을 전송받아야 한다.[7]

6) 한국은행 총액한도대출관련 전자방식 외상매출채권담보대출 취급세칙.
7) 한국은행 총액한도대출관련 전자방식 외상매출채권담보대출 취급절차.

3. 전자적 형태의 무체물의 무역금융

우리나라는 무역업체의 자금난을 완화시켜 주기 위해서 무역금융제도를 운영하고 있다. 외국환은행은 무역금융융자신청업체의 수출실적과 수출능력, 수출 또는 국내공급에 필요한 실제 소요금액과 기간 및 기타 수출관련 금융, 융자현황 등을 종합적으로 심사하여 적정수준의 무역금융이 융자되도록 하고 있으며 대외무역법에서 정하는 전자적 형태의 무체물도 융자대상에 포함시켰다.

4. 전자교환방식 내국신용장의 어음결제

외국환은행은 수출용 수입원자재와 국내에서 생산된 수출용원자재 또는 수출용완제품을 구매하고자 하는 업체의 신청에 의하여 내국신용장을 전자무역촉진에 관한 법률에서 정하는 전자문서교환방식에 의하여 전자교환방식 내국신용장을 개설할 수 있다.

전자교환방식 내국신용장을 개설한 개설은행은 수혜자의 요청에 의해 개설의뢰인이 교부받은 전자문서교환방식 내국신용장에 의하여 발행된 어음을 결제할 때에는 물품수령증명서상의 수령인의 인감 또는 서명이 내국신용장(사본 포함) 및 물품매도확약서(사본 포함)상의 인감 또는 서명과 일치한 경우와 물품수령증명서상의 물품명세가 물품매도확약서(사본 포함)상의 물품명세와 일치한 경우에는 지급제시를 받는 날로부터 3영업일 이내에 어음을 결제하여야 한다.

개설은행은 전자문서교환 내국신용장을 개설한 경우는 판매대금 추심의뢰서의 추심의뢰일이 전자교환방식 내국신용장의 유효기일을 경과한 경우, 전자문서교환방식 물품수령증명서상의 물품명세가 전자문서교환방식 내국신용장의 대표 물품명세와 불일치한 경우, 판매대금 추심의뢰서와 전자문서교환방식 물품수령증명서가 전자문서교환방식 내국신용장의 기타조건 등과 불일치한 경우 등과 같은 지급거절 사유가 있는 경우를 제외하고는 지급제시를 받은 날로부터 3영업일 이내에 판매대금 추심의뢰서를 결제하여야 한다.

제 3 절 관 세 법

1. 구매대행인터넷쇼핑몰

1) 납세의무자

납세의무자는 관세법상 국가에 대하여 관세를 납부할 의무를 부담하는 자를 말하는 것으로 국내소비자가 해외에 있는 인터넷쇼핑몰에서 물품을 구매하는 경우에 납세의무자는 국내소비자가 된다. 최근에 국내소비자를 대신하여 물품을 해외인터넷쇼핑몰에서 구매하여, 운송, 통관 및 인도에 이르기까지 전 과정을 대행해 주고, 물품의 하자를 보증하는 전문적인 구매대행인터넷쇼핑몰이 등장하였다.

구매대행인터넷쇼핑몰은 인터넷쇼핑몰사업자가 국내에서 개설한 인터넷쇼핑몰로 해외인터넷쇼핑몰에서 판매하고 있는 물품정보를 안내하는 방법을 통해 국내소비자로부터 물품판매주문과 대금을 받아 해외인터넷쇼핑몰사업자로부터 물품을 구매하고 대금을 송금하여 주면 해외인터넷쇼핑몰사업자는 주문받는 물품을 국제택배나 우편으로 직접 국내소비자에게 인도하는 거래형태이다.

구매대행인터넷쇼핑몰을 통해 주문한 국제전자상거래물품을 수입통관을 함에 있어서 처음에 주문한 국내소비자가 관세법상 납세의무자인지 아니면 구매대행쇼핑몰사업자가 납세의무자인지 정확하게 나와 있지 않아서 논란이 발생하였다. 따라서 관세법 제19조 제 1 항 제 9 호에서 구매대행인터넷쇼핑몰을 통해 수입되는 국제전자상거래물품에 대한 납세의무자는 우편물을 수취하는 국내소비자임을 규정하였다.

구매대행인터넷쇼핑몰사업자가 해외인터넷쇼핑몰사업자에게 지급하는 물품대금은 실질적으로 국내소비자가 지불한 것으로 구매대행인터넷쇼핑몰사업자는 물품주문과 대금송금을 대행하는 서비스를 제공하고 그에 따른 수수료와 사이트 이용료를 국내소비자로부터 받는 것이다. 해외인터넷쇼핑몰사업자가 상업송장에 수하인을 국내소비자로 기재하여 물품을 직접 국내소비자에게 인도한 것이기 때문에 물품의 소유권은 국내소비자에게 있다. 수입을 대행하는 측면에서

보면 위탁자(국내소비자)가 납세의무자로서 해외인터넷쇼핑몰사업자가 우편으로 물품을 국내소비자에게 직접 인도하는 경우 국내소비자가 납세의무자가 된다.

2) 소액면세물품의 합산과세 처리기준

관세법 제94조 제4호[8]규정에 의거 국내거주자가 외국에서 물품을 수입한 가격이 15만원 이하이고 자가사용을 하는 경우에는 관세가 면제된다. 그러나 소액면세기준을 초과하는 경우에는 총 과세가격을 기준으로 품목별로 관세 등이 부과된다. 국내소비자가 해외인터넷쇼핑몰에서 직접 물품을 구매하는 거래가 큰 폭으로 증가함에 따라 소액면세제도를 악용하는 사례가 빈번하게 발생하였다.

국내소비자가 해외인터넷쇼핑몰에서 물품을 15만원 이하로 분할하여 수입하거나 특정기간에 여러 물품을 15만원 이하로 구입하고 또한 동일날짜에 반복하여 수입한 거래가 급증하였다. 따라서 분할 또는 반복하여 수입하는 소액면세물품에 대하여 합산하여 과세를 부과할 필요성이 제기되었다.

관세청은 국내거주자가 해외로부터 국내로 반입한 소액면세물품에 대해서 과세대상물품을 15만원 이하로 분할하여 시차를 두고 수입하거나, 동일한 날짜에 동일 해외인터넷쇼핑몰에서 15만원 이하의 물품을 2건 이상 수입하는 경우와 동일한 날짜에 두개 이상의 해외인터넷쇼핑몰에서 동일물품을 수입하는 경우에는 전체 수입 건을 합산하여 소액면세범위를 초과하면 과세하도록 관세법 시행규칙 제45조 제2항 및 수입통관사무처리에 관한 고시를 개정하였다.

수입물품을 통관한 후에 전산자료 등을 분석하여 상용물품으로 인정되거나 과세대상물품을 분할하여 부당하게 면세해서 통관한 사실이 확인되면 관세 등을 추징하거나 조사를 의뢰하도록 관련규정을 개정하였다.[9]

3) 특송물품 통관처리시스템의 혁신과 통관의 전자화

(1) 선반출 후세금납부제

해외인터넷쇼핑몰에서 구매하는 거래량이 큰 폭으로 증가함에 따라 국제택

8) 관세법 제94조(소액물품 등의 면세) 제4호: 우리나라 거주자가 수취하는 소액물품으로서 기획재정부령이 정하는 물품.

9) 이재홍, "전자상거래통관실태와 관세행정상의 대응방안," 「관세와 무역」, 한국관세무역연구원, 2003. 9, pp.21-23.

배물품의 반입 건수도 크게 증가하였다.[10] 국제택배업체는 관세법상 납세의무자가 아니기 때문에 수입물품에 대한 포괄담보를 제공할 수 없다. 그래서 국제특송물품에 대한 관세납부는 일반수입물품과 동일하게 적용하여 개별 수입신고건별로 국제택배업체에서 먼저 납부하거나 화주로부터 입금받아 이루어졌다. 이로 인해 국제특송물품을 신속하게 통관할 수 없고, 국제택배업체에게 추가비용을 발생시켜 관세납부방법을 개선시킬 필요성이 제기되었다.

정부는 관세법 제24조[11]를 개정하여 선반출 후세금납부제도를 시행하였다. 따라서 국제택배업체가 자기 명의로 운송한 특송물품에 대하여 포괄담보를 제공하는 경우, 물품을 먼저 반출하고 통관을 한 후에 관세를 납부할 수 있게 되었다.

국제택배업체는 납세보증서와 담보를 세관장에게 제출해야 하며, 납세의무자는 국제택배업체의 납세보증으로 수입신고를 필한 물품에 대하여 15일 이내에 관세를 납부해야 한다.

(2) 특송물품을 분리하여 먼저 처리하는 화물처리시스템 운영

관세법 제135조 제2항[12]의 규정에 따라 항공사는 항공기에 적재된 화물의 적하목록을 반드시 세관에 제출하여야만 수입통관을 할 수 있다. 국제택배업체는 자사의 전산시스템으로 외국에서 항공기가 이륙하면 적하목록을 수입국세관에 제출이 가능하지만 항공사가 항공기가 공항에 도착한 후에 특송물품과 일반물품을 구분하지 않고 일괄적으로 세관에 제시하기 때문에 긴급특송물품의 처리가 지연되었다.

관세청은 항공사 국제택배업체 및 한국무역정보통신과 협의하여 특송물품

---

10) 국제특송물품의 수입통관 건수를 살펴보면 2008년에는 6,598천 건을 차지하여 2007년(5,985천 건)보다 10.2%가 증가하였으나 2009년에는 5,329천 건을 차지하여 19.2%가 감소하였다.

11) 관세법 제24조(담보의 종류)

④ 납세의무자(관세의 납부를 보증하는 자를 포함한다)는 이 법의 규정에 의하여 계속하여 담보를 제공하여야 하는 사유가 있는 때에는 관세청장이 정하는 바에 의하여 일정기간에 제공하여야 하는 담보를 포함하여 미리 세관장에게 제공할 수 있다.

12) 관세법 제135조(입항절차)

② 세관장은 신속한 입항 및 통관절차의 이행과 효율적인 감시·단속을 위하여 필요한 때에는 관세청장이 정하는 바에 의하여 입항하는 당해 선박 또는 항공기가 소속된 선박회사 또는 항공사(그 업무를 대행하는 자를 포함한다. 이하 같다)로 하여금 제1항에 규정된 여객명부·적하목록 등을 입항하기 전에 제출하게 할 수 있다.

에 대한 적하목록을 일반수입물품과 구분하여 항공기가 공항에 도착하기 전에 전송할 수 있는 화물처리시스템을 운영함으로써 특송물품의 처리가 지연되는 문제를 해결하여 신속한 통관처리가 가능하도록 하였다.

(3) 간이신고기준의 확대 및 검사대상선별 시스템운영

국제택배업체를 통하여 반입되는 미화 60달러에서 600달러 이하의 물품 중 관세법 제226조의 규정에 의한 세관장 확인대상이 아닌 물품은 간이신고물품에 해당되어 관세사가 신고자료를 EDI통관시스템으로 전송한 후 상업송장, 가격신고서 등 관련서류를 첨부하지 않고 수입신고서만 세관에 제출하여 간이하게 처리된다. 또한 간이신고물품은 수입 C/S(cargo selectivity system)의 적용대상물품에서 제외되어 세관직원이 결재·심사등록을 하지 않고 자동으로 수리되어 세관에서는 수입신고서를 제출받아 수작업으로 검사대상을 선별하였다.

관세청은 간이신고기준을 미화 600달러 이하에서 미화 2,000달러 이하로 변경하였고, 검사대상물품을 효율적으로 선별하고 통관처리를 위해 간이신고대상선별시스템을 운영하여 통관관리업무를 획기적으로 개선하였다. 또한 검사대상으로 선별된 물품만 수입신고서를 제출하고 검사가 생략된 물품은 수입신고서를 제출하지 않고 전산에서 자동으로 수리하게 하였다.

2. 컴퓨터소프트웨어의 과세가격

1) 컴퓨터소프트웨어의 정의

정보통신기술이 서로 융합되어 새로운 기술을 창조하기 때문에 소프트웨어를 기술적으로 정의하기가 매우 어렵다. 본서에서는 법에서 소프트웨어를 어떻게 정의하는지 살펴보기로 한다.

관세법에서는 소프트웨어를 관세법 제30조 제 1 항 제 4 호의 특허권, 실용신안권, 의장권, 상표권 및 이와 유사한 권리에 포함된 것으로 정의하였다. 소프트웨어개발촉진법 제 2 조 제 2 호에서 소프트웨어라고 함은 프로그램과 이를 작성하기 위하여 사용된 설계서, 기술서, 기타 관련 자료를 말한다고 규정하였다. 컴퓨터프로그램보호법 제 8 조에서는 컴퓨터프로그램을 저작권에 의하여 보호되고 있는 저작물로 규정하였으며, 제16조 제 1 항에서 프로그램 제작권자는 다른 사람에게 그 프로그램의 사용을 허락할 수 있도록 하였고, 제 2 항에서는 프로그램의 사용을 허락받는 자는 허락된 사용방법 및 조건의 범위에서 당해 프로그램을 사용할 수 있으며, 프로그램저작권자의 동의 없이는 사용할 권리를 제 3 자에게 양도할 수 없도록 하였다.

부가가치세법에서는 소프트웨어를 제 1 조 제 2 항에서 무체물에 동력·열 기타 관리할 수 있는 자연력 및 권리 등으로서 재산적 가치가 있는 권리로 정의하였다. 법인세법에서는 소프트웨어의 거래형태 및 대가의 성격에 따라 패키지라이선스는 상품거래로 인정하여 사업소득으로, 저작권 사용료는 사용료로 인정하여 원천징수로, 개발자가 소스코드를 제공하는 경우는 기술용역계약으로 인한 기술소득으로 인정하여 원천징수로 구분하였다.

WCO관세평가기술위원회는 소프트웨어는 데이터처리장치에 사용하기 위한 데이터(data) 또는 명령어(instruction)로 정의하였으며, 직접회로(IC), 반도체(semiconductor) 및 유사장치 또는 회로(circuit)와 장치(devices)에 결합된 물품과 음향(sound), 영상(cinematic) 비디오기록(video recordings)은 포함하지 않는 것으로 보았다.

OECD재무위원회는 컴퓨터소프트웨어의 거래에서 받는 대가는 사용자(transferee)가 프로그램사용과 실행에 관하여 취득한 계약상 권리의 성격에 따라 결정되는 것으로 컴퓨터프로그램에 대한 권리를 지적재산권의 한 형태로 정의하였다.

2) 과세가격의 결정원칙

GATT협정 제 7 조 제 2 항 (a) 및 (b)에서 수입상품의 관세상 가액은 관세가 부과되는 수입상품 또는 동종상품의 실제가액에 따라야 하며, 실제가액이 수입국의 법령에서 정한 시간과 장소에서 동 상품 또는 동종 상품이 통상적인 상거래에 있어서 완전한 경쟁적 조건하에서 판매되거나 판매를 위하여 제공된 가격을 말한다고 규정하였다. 협약 제 1 조 제 1 항에서 수입물품의 과세가격은 거래가격이어야 하고, 이는 수입국에 수출되는 물품에 대하여 실제로 지불되었거나 지불되어야 할 가격을 제 8 조 규정에 따라 조정한 가격으로 한다고 명시하였다.

과세가격의 결정은 기본적으로 실제 지불했거나 지불할 수출상품의 가격을 근거로 결정된다. 과세가격을 결정함에 있어서 다음은 수입물품에 대하여 실제 지불했거나 지불해야 할 가격에 부가해야 한다. 부가금액은 평가물품에 관련되는 로얄티 및 라이센스료 중 구매자가 평가물품의 거래조건으로 직접 또는 간접적으로 지불하도록 되어 있지만 실제 지불했거나 지불할 가격에 포함되지 않는 부분이다.

관세법 제30조에서 수입물품의 과세가격은 우리나라에 수출하기 위하여 판매되는 물품에 대하여 구매자가 실제로 지급했거나 지급하여야 할 가격에 특허권·실용신안권·의장권·상표권 및 이와 유사한 권리를 사용하는 대가로 지급하는 것으로 대통령령이 정하는 바에 의하여 산출된 금액을 과세가격에 포함하여 조정한 거래가격으로 한다.

3) 컴퓨터소프트웨어의 과세가격 결정원칙

과세를 대물세(對物稅)라고 할 때 물은 유체재를 의미한다. 과세부과대상, 즉 과세물품은 HS분류체계에 의하여 분류되어야만 한다. 물품의 거래는 소유권과 대가의 교환을 의미하기 때문에 당해 물품의 대가를 지불하고 소유권을 이전받아야만 한다. 물품거래에 대해서 이와 같이 말할 수 있는 것은 개개 물품의 소유권이 대금지급으로 거래상대방에게 이전되기 때문이다.

최근에 들어 정보통신기술의 발전으로 컴퓨터소프트웨어의 거래가 증가하고 있다. 컴퓨터소프트웨어는 소유권과 대가의 교환이라는 측면에서 보면 거래가 아니고 무체재이기 때문에 관세법상 과세물품이 아니다. 컴퓨터소프트웨어에 대한 소유권(지적재산권)이 원래 창설자(개발자)에게 전속되고 최종 사용자에게는 컴퓨터소프트웨어를 사용할 수 있는 권리만 주어진 권리사용료에 해당될 경우 관세를 부과할 수 없지만 컴퓨터소프트웨어가 수입물품과 관련성이 있고 수입물품의 거래조건으로 지급이 되면 관세를 부과할 수 있도록 하였다. 이에 관하여 WTO관세평가협정과 관세법을 중심으로 살펴보고자 한다.

(1) WTO관세평가협정

관세평가위원회는 데이터 처리장치를 위한 소프트웨어 전달매체에 대한 평가와 관련하여 다음과 같이 결정하였다. 제1항에서 "협약하에서 거래가격이 가장 원칙적인 평가의 기초임을 재확인하여 데이터 처리장치를 위한 전달매체에 기록된 자료나 지침(소프트웨어)과 관련하여(가격을 포함하여) 거래가격을 결정하는 것은 협약내용과 잘 부합되는 것이다"고 하였고, 제 2 항에서 "데이터 처리장치를 위한 전달매체에 기록된 소프트웨어의 특수한 상황으로 인해 많은 체약국들이 또 다른 접근방법을 모색하고 있는바, 다음 관행을 채택하기를 원하는 체약국인 경우 이 또한 협약내용과 잘 부합된다고 할 수 있는 것이다. 데이터나 지침을 기록한 수입 전달매체의 과세가격을 결정함에 있어서는 단지 전달매체 자체의 내용이나 가격만이 고려되어야 한다. 따라서 전달매체에 대한 과세가격에는 소프트웨어 내용이나 가격이 전달매체의 그것과 구분이 가능하다면 소프트웨어 내용이나 가격을 공제한 금액으로 결정되어야 하는 것이다"고 규정하였다.

제 3 항에서는, "본 결정 제 2 항에서 언급한 관례를 채택하고 있는 체약국은 관세평가위원회에 그 시행일자를 통보해야 한다"고 규정하고 있다. 제 4 항에서는 "본 결정 제 2 항의 관례를 채택하는 당사국은 최혜국 기초 위에서 거래가격 관행을 계속 유지해 오고 있는 어떤 체약국에 대한 차별대우 없이 실시하게 될 것이다"고 규정했다.

데이터 처리장치에 사용하기 위한 데이터 지침을 담고 있는 수입물품인 전달매체의 경우 관세부과대상은 본질적으로 전달매체 그 자체(예를 들면 테이프, 자기디스크 등)이다. 그러나 수입자는 데이터나 지침을 사용하는 데 관심이 있는 것이며 전달매체는 부수적인 것이다. 사실 기술설비가 거래당사자국간에 이용가능하면 소프트웨어는 전신이나 인공위성 등으로 전달이 가능하며 이런 경우에는 관세문제가 발생되지 않을 것이다. 또한 전달매체는 보통 데이터나 지침을 저장하기 위한 일시적인 수단에 불과하며 그것을 사용하기 위해 구매자는 자기 자신의 기억장치나 데이터베이스에 입력시키거나 재현 생산하는 것이다.

GATT 제 7 조 시행을 위한 협정에 의해 대체된 기존 국제 관세평가 관행하에서는 전달매체를 평가할 때 소프트웨어의 가격은 일반적으로 포함되지 않았었다. 신평가협정을 채택함에 따라 종전의 국제관례를 따랐던 체약국들은 소프트웨어 전달매체를 평가하는 관행을 바꾸기도 하고 그대로 유지하기도 하였다.

데이터 처리장치를 위한 소프트웨어를 담고 있는 전달매체의 평가에 대한 관세평가위원회의 제안에서는 거래가격이 협정하에서의 가장 기본적인 평가원칙이며 전달매체에 기록된 소프트웨어의 가격을 고려하여 거래가격을 적용하는 것이 협정내용과 일치하고 있다는 사실과 함께 특수한 사정을 고려하여 여러 체약국에서 이와 다른 접근방법을 모색하고 있는 바와 같이 전달매체 자체의 내용과 가격만이 과세대상이라는 관행 또한 협정내용과 일치한다는 사실을 포함하고 있다.

(2) 관세법에서의 과세가격 결정

특허권 등의 권리사용료를 과세가격에 가산하기 위해서는 권리사용료가 당해 수입물품과 관련되어야 하고, 당해 물품의 거래조건으로 구매자가 직접 또는 간접으로 금액을 지급해야만 되는 두 가지 조건이 충족되어야 한다. 관세법 시행령 제19조(권리사용료의 산출)에서 법 제30조 제 1 항의 규정에 의하여 당해 물품에 대해서 구매자가 실제로 지급했거나 지급하여야 할 가격에 가산하여야 하는 특허권·실용신안권·의장권·상표권 및 이와 유사한 권리를 사용하는 대가(특정한 고안이나 창안이 구현되어 있는 수입물품을 이용하여 우리나라에서 그 고안이나 창안을 다른 물품에 재현하는 권리를 사용하는 대가를 제외하며, 이하 "권리사용료"라 한다)는 당해 물품에 관련되고 당해 물품의 거래조건으로 구매자가 직접 또는 간접으로 지급하는 금액으로 한다고 규정하였다.

따라서 특허권 등의 권리를 사용하는 대가가 수입물품과 관련이 있고 수입물품의 거래조건으로 지급될 경우 수입물품의 과세가격에는 수입물품의 실제 지급가격에 권리사용료를 가산한다.[13] 컴퓨터소프트웨어의 권리사용료가 수입물품과 관련이 되어 있는지는 관세법 시행령 제19조 제 3 항 4에서 명시된 사항에 따라 결정된다. 동 시행령에서는 권리사용료가 저작권에 대하여 지급되는 때에는 수입물품에 가사·선율·영상·컴퓨터소프트웨어 등이 수록되어 있는 경우에는 권리사용료가 당해 수입물품과 관련되어 있는 것으로 본다. 따라서 관련물품의 거래조건으로 권리사용료를 지급하는 때에는 관세의 과세가격에 해당하는 것이다.

그러나 관세법 시행령 제19조 제 4 항에서 제 2 항을 규정함에 있어서 컴퓨터소프트웨어에 대하여 지급되는 권리사용료는 컴퓨터소프트웨어가 수록된 마그네틱테이프·마그네틱디스크·시디롬 및 이와 유사한 물품(관세율표 중 세법 제8524에 속하는 것에 한한다)과 관련되지 아니한 것으로 본다고 규정하여 전달매체와 소프트웨어의 권리사용료간의 관련을 배제하였다.

13) 대법원 1992.7.14. 선고 91누 10763 판결; 1993.12.7. 선고 93누 500 판결 참조.

관세법 시행령 제19조 제 4 항의 시행으로 소프트웨어의 거래가격 중 권리사용료에 대하여는 부가가치세를 면제할 수 있게 하였다. 따라서 전달매체의 가격을 제외한 소프트웨어의 가격이 권리사용료인 경우 부가가치세가 관세의 과세가격에서 제외되었다.

컴퓨터소프트웨어는 저작물로서 그에 대한 권리는 저작권 유사의 권리로 보호되는 것이므로 소프트웨어가 기록된 전달매체의 가격은 전달매체의 가격 이외에 소프트웨어의 가치를 가산하여 조정한 거래가격으로 보고 소프트웨어가 수록된 전달매체의 과세가격에는 소프트웨어의 가격이 포함된 것으로 보지만[14] 특정한 고안이나 창안이 구현되어 있는 수입물품을 이용하여 그 고안이나 창안을 다른 물품에 재현하는 권리를 사용하는 사용료는 당해 물품에 관련되고 당해 물품의 거래조건으로 구매자가 직접 또는 간접으로 지급하는 금액과 관련이 없는 것으로 본다.[15]

권리사용료가 수입물품의 거래조건으로 지급되는 것인지의 판단은 관세법 시행령 제19조 제 5 항에 따라 결정된다. 동 시행령에서 구매자가 수입물품을 구매하기 위하여 판매자에게 권리사용료를 지급하는 경우, 수입물품의 구매자와 판매자간의 약정에 따라 구매자가 수입물품을 구매하기 위하여 당해 판매자가 아닌 자에게 권리사용료를 지급하는 경우, 구매자가 수입물품을 구매하기 위하여 판매자가 아닌 자로부터 특허권 등의 사용에 대한 허락을 받아 판매자에게 그 특허권 등을 사용하게 하고 당해 판매자가 아닌 자에게 권리사용료를 지급하는 경우로 구분하여 명시하였다.

현재 컴퓨터소프트웨어는 크게 네 가지 유형으로 거래되고 있다. 컴퓨터소프트웨어를 불특정 다수인에게 판매할 목적으로 패키지 상품으로 거래를 하고 있으며, 이런 경우 부가가치세를 부과하고 있다. 계약에 의하여 사용 또는 재판매권리를 보유하고 소스코드를 제공하는 라이선스 및 노우하우의 경우, 개발계약 등 주문자의 요구에 의하여 개발된 일체의 권리를 인도하는 경우, 인터넷포털 사이트를 이용하여 이루어지는 전자상거래의 경우, 하드웨어와 같이 수입되는 혼합거래의 경우 등은 부가가치과세가격에서 제외된다.

---

14) 대법원 1998.9.4. 선고 98두 1512 판결 참조.
15) 대법원 1998.8.21. 선고 97누13115 판결 참조.

3. 국가관세종합정보망을 이용한 수출입 통관업무

1) 국가관세종합정보망의 구축과 운영

수출입업무가 전자화됨에 따라 수출입업무를 종합적으로 추진할 수 있는 국가관세종합정보망의 구축이 필요하게 되어 관세법에서 관세청장이 국가관세종합정보통신망을 구축하여 운영할 수 있도록 하였다. 관세법 제327조(국가관세종합정보망의 구축 및 운영)에서 관세청장은 전자통관의 편의를 증진하고, 외국세관과의 세관정보 교환을 통하여 수출입의 원활화와 교역안전을 도모하기 위하여 전산처리설비와 데이터베이스에 관한 국가관세종합정보망(이하 "국가관세종합정보망"이라 한다)을 구축·운영할 수 있고, 세관장은 관세청장이 정하는 바에 따라 국가관세종합정보망의 전산처리설비를 이용하여 이 법에 따른 신고·신청·보고·납부 등과 법령에 따른 허가·승인 또는 그 밖의 조건의 구비를 요하는 물품의 증명 및 확인신청 등(이하 "전자신고 등"이라 한다)을 하게 할 수 있으며, 세관장은 관세청장이 정하는 바에 따라 국가관세종합정보망의 전산처리설비를 이용하여 전자신고 등의 승인·허가·수리 등에 대한 교부·통지·통고 등(이하 "전자송달"이라 한다)을 할 수 있도록 하였다.

전자신고 등을 행하는 때에는 관세청장이 정하는 바에 의하여 관계서류를 국가관세종합정보망의 전산처리설비를 이용하여 제출하게 하거나 그 제출을 생략 또는 간이한 방법으로 하게 할 수 있고, 제2항에 따라 이행된 전자신고 등은 관세청장이 정하는 국가관세종합정보망의 전산처리설비에 저장된 때에 세관에 접수된 것으로 보고, 전자송달은 송달받을 자가 지정한 컴퓨터에 입력된 때(관세청장이 정하는 국가관세종합정보망의 전산처리설비에 저장하는 경우에는 저장된 때)에 그 송달을 받아야 할 자에게 도달된 것으로 보며, 전자송달은 대통령령이 정하는 바에 따라 송달을 받아야 할 자가 신청하는 경우에 한하여 이를 행하며, 제6항에도 불구하고 국가관세종합정보망의 전산처리설비의 장애로 인하여 전자송달이 불가능한 경우 그 밖에 대통령령이 정하는 사유가 있는 경우에는 교부·인편 또는 우편에 의하여 송달할 수 있고, 제6항에 따라 전자송달할 수 있는 대상의 구체적 범위·송달방법 등에 관하여 필요한 사항은 대통령령으로 정하도록 하였다.

관세청장은 제255조의3에 따른 국가간 세관정보의 원활한 상호교환을 위하여 세계관세기구 등 국제기구에서 정하는 사항을 고려하여 전자신고 등 및 전자송달에 관한 전자문서의 표준을 정할 수 있다.

2) 국가관세종합정보망 운영사업자의 지정

관세청장은 국가관세종합정보망을 효율적으로 운영하기 위해서 국가관세종합정보망을 운영할 수 있는 운영사업자를 지정할 수 있도록 하였다. 관세청장은 국가관세종합정보망의 효율적인 운영을 위하여 민법 제32조에 따라 설립된 비영리법인 또는 정부출연연구기관 등의 설립·운영 및 육성에 관한 법률에 따른 정부출연연구기관일 것, 전산정보처리시스템의 구축 및 운영에 관한 경험을 보유할 것, 그 밖에 관세청장이 정하는 설비 및 기술인력 등의 기준을 보유하고 있는 사업자를 국가관세종합정보망의 전부 또는 일부를 운영하는 자(이하 "국가관세종합정보망 운영사업자"라 한다)로 지정할 수 있도록 하였다.

4. 전자문서중계사업자의 지정

1) 전자문서중계사업자의 지정기준

전기통신사업법 제 2 조 제 1 항 제 1 호의 규정에 의한 전기통신사업자로서 전자신고 등 및 전자송달을 중계하는 업무(이하 "전자문서중계업무"라 한다)를 수행하고자 하는 자는 대통령령이 정하는 기준과 절차에 따라 관세청장의 지정을 받도록 하였으며, 전자문서중계사업자의 지정기준을 상법상 주식회사로서 납입자본금이 10억원 이상일 것, 공공기관의 운영에 관한 법률 제 5 조에 따른 공기업 및 비영리법인을 제외한 동일인이 의결권 있는 주식총수의 100분의 15를 초과하여 소유하거나 사실상 지배하지 아니할 것, 법 제327조의3 제 1 항에 따른 전자문서중계사업을 영위하기 위한 설비와 기술인력을 보유할 것으로 정하였다.

진자문서 등 관련징보에 관한 보안에 관하여 누구든지 국가관세종합정보망 또는 전자문서중계사업자의 전산처리설비에 기록된 전자문서 등 관련정보를 위조 또는 변조하거나 위조 또는 변조된 정보를 행사하여서는 아니 되고, 누구든지 국가관세종합정보망 또는 전자문서중계사업자의 전산처리설비에 기록된 전자문서 등 관련정보를 훼손하거나 그 비밀을 침해하여서는 아니 되며, 국가관세종합정보망 운영사업자 또는 전자문서중계사업자의 임원·직원이거나 임원 또는 직원이었던 자는 업무상 지득한 전자문서상의 비밀과 관련정보에 관한 비밀을 누설하거나 도용하여서는 아니 된다고 규정하였다. 국가관세종합정보망 운영사업자 또는 전자문서중계사업자의 임원 또는 직원은 형법 그 밖의 법률에 의한 벌칙의 적용에 있어서 이를 공무원으로 본다고 규정하였다.

2) 전자문서중계사업자의 지정절차

전자문서중계사업을 하려면 관세청장에게 신청하여 지정증을 교부받아야 하고 그 사실을 관계행정기관장 및 관세무역 관련기관의 장에게 통지하여야 한다. 전자문서중계사업을 하기 위해서는 전자문서중계사업을 안정적으로 수행할 수 있는 전산설비, 소프트웨어, 통신설비와 통신망, 전문인력을 갖추고 있어야 한다.

법 제327조의3 제1항에 따른 전자문서중계사업자의 지정을 받고자 하는 자는 관세청장이 정하는 서류를 갖추어 관세청장에게 신청하여야 하고, 지정을 받은 전자문서중계사업자가 지정받은 사항을 변경하고자 할 때에도 또한 같이 하여야 한다. 관세청장은 법 제327조의3 제1항에 따라 지정을 한 때에는 당해 신청인에게 지정증을 교부하고, 그 사실을 관계행정기관의 장 및 관세업무 관련기관의 장에게 통지하도록 하였다.

3) 전자문서의 보안과 처벌

전자문서의 중계사업자는 전산처리설비에 저장된 전자문서를 위조 또는 변조해서는 아니 되고, 관련정보를 누설해서도 아니 된다. 관세법에 의하여 정해진 전자문서중계사업자의 전산시스템에 저장된 전자문서를 위조하거나 변경시켜 손해를 발생시키면 그에 대한 상응한 벌을 받아야 마땅할 것이다.

관세법 제327조의4(전자문서 등 관련정보에 관한 보안)에서 누구든지 국가관세종합정보망 또는 전자문서중계사업자의 전산처리설비에 기록된 전자문서 등 관련정보를 위조 또는 변조하거나 위조 또는 변조된 정보를 행사하여서는 아니 되고, 누구든지 국가관세종합정보망 또는 전자문서중계사업자의 전산처리설비에 기록된 전자문서 등 관련정보를 훼손하거나 그 비밀을 침해하여서는 아니 되며. 국가관세종합정보망 운영사업자 또는 전자문서중계사업자의 임원·직원이거나 임원 또는 직원이었던 자는 업무상 지득한 전자문서상의 비밀과 관련정보에 관한 비밀을 누설하거나 도용하여서는 아니 되도록 하였다. 국가관세종합정보망 운영사업자 또는 전자문서중계사업자의 임원 또는 직원은 형법 그 밖의 법률에 의한 벌칙의 적용에 있어서 이를 공무원으로 본다고 규정하였다.

국가관세종합정보망이나 전자문서중계사업자의 전산처리설비에 기록된 전자문서 등 관련정보를 위조 또는 변조하거나 위조 또는 변조된 정보를 행사한 자는 1년 이상 10년 이하의 징역에 처하거나 또는 1억원 이하의 벌금에 처하고, 제327조의2 제 1 항에 따른 지정을 받지 아니하고 국가관세종합정보망을 운영하거나 제327조의3 제 1 항을 위반하여 관세청장의 지정을 받지 아니하고 전자문서중계업무를 행한 자, 제327조의4 제 2 항을 위반하여 국가관세종합정보망 또는 전자문서중계사업자의 전산처리설비에 기록된 전자문서 등 관련정보를 훼손하거나 그 비밀을 침해한 자, 제327조의4 제 3 항을 위반하여 업무상 지득한 전자문서 등 관련정보에 관한 비밀을 누설하거나 도용한 국가관세종합정보망 운영사업자 또는 전자문서중계사업자의 임원·직원이거나 임원 또는 직원이었던 자는 5년 이하의 징역에 처하거나 또는 5천만원 이하의 벌금에 처한다.

5. 통관절차의 특례

전자문서로 거래되는 수출입물품의 통관은 별도로 정할 수 있도록 하였다. 관세청장은 전자문서로 거래되는 수입물품에 대하여 특별통관 대상 거래물품 또는 업체, 수출입신고 및 절차, 관세 등에 대한 납부방법, 물품검사방법, 기타 관세청장이 필요하다고 인정하는 사항을 따로 정할 수 있도록 하였다.

제 4 절 전자무역촉진에 관한 법률

1. 총 칙

본 법은 전자무역의 기반을 조성하고 그 활용을 촉진하여 무역절차의 간소화와 무역정보의 신속한 유통을 실현하고 무역업무의 처리시간과 비용을 절감

함으로써 산업의 국제경쟁력을 높이고, 국민경제의 발전에 이바지함을 목적으로 한다고 규정하였다.

2. 용어의 정의와 적용범위

전자무역촉진에 관한 법률에서 사용하는 전자무역 용어를 정확하게 정의하였다. 전자무역은 물품, 대통령령으로 정하는 용역, 대통령령으로 정하는 전자적 형태의 무체물에 대한 무역의 일부 또는 전부가 전자무역문서에 의해 처리되는 거래를 말하며, 무역업자는 대외무역법 제 2 조 제 3 호의 규정에 의한 무역거래자로서[16] 무역유관기관에게 대외무역법령 · 외국환거래법령 · 관세법령, 그 밖에 대통령령이 정하는 법령 및 운송, 보험 등 당사자간의 계약(이하 "무역관련 법령 등"[17]이라 한다)에 의해 신청 · 신고 · 보고 등(이하 "신청 등"이라 한다)을 하는 자를 말한다고 규정하였다.

무역유관기관은 무역업자에게 무역관련 법령 등이 정하는 역무를 제공하거나 승인 · 면허 · 인증 · 신고의 수리 등(이하 "승인 등"이라 한다)을 하는 기관을 말하며, 전자무역문서는 전자무역에 사용되는 전자거래기본법 제 2 조 제 1 호의 규정에[18] 의한 전자문서를 말하고, 전자무역기반시설은 정보통신망을 통하여 무역업자와 무역유관기관을 체계적으로 연계하여 전자무역문서의 중계 · 보관 및 증명 등의 업무를 수행하는 정보시스템을 말한다고 규정하였다.

본 법률은 다른 법률에 특별한 규정이 있는 경우를 제외하고 모든 전자무역에 적용하도록 적용범위를 명확히 하였다.

---

16) 무역거래자는 수출 또는 수입을 하는 자, 외국의 수입자 또는 수출자에게서 위임을 받은 자 및 수출과 수입을 위임하는 자 등 물품 등의 수출행위와 수입행위의 전부 또는 일부를 위임하거나 행하는 자를 말한다.

17) 전자무역촉진에 관한 법률 시행령 제 2 조에서 무역관련 법령의 범위를 관세법(제248조에 한한다), 상공회의소법, 상법, 수출보험법, 중재법, 대외무역법 제12조 제 2 항에 따른 수출, 수입요령에 관한 통합공고에 포함된 수출입절차 등을 규정한 법률로 한정하였다.

18) "전자문서"라 함은 정보처리시스템에 의하여 전자적 형태로 작성, 송신 · 수신 또는 저장된 정보를 말한다.

3. 전자무역촉진 추진체계

지난 10년간 정부와 무역유관기관 및 민간기업의 노력으로 전자무역이 추진될 수 있는 기반이 구축되었다. 1992년부터 추진된 무역자동화 사업으로 상역, 외환, 통관, 물류 등이 연결되는 무역자동화 네트워크가 구축되어 수출입통관은 100% 자동화가 가능하게 되었다. 그러나 서로 다른 정부기관에서[19] 전자무역을 추진하였기 때문에 정부 및 관련 기관과의 유기적인 협조체제가 미흡하였고, 이것은 전자무역을 추진하는 데 상당한 장애요인이 되었다.

따라서 전자무역을 효율적으로 추진할 수 있는 추진체계를 법제화시켰다. 지식경제부장관은 법령에 따라 촉진시책의 기본 방향에 관한 사항, 전자무역기반시설의 구축과 운영에 관한 사항, 전자무역의 환경조성에 관한 사항, 전자무역과 관련된 국제협력에 관한 사항, 전자무역과 관련된 통계자료의 수집·분석 및 활용방안, 전자무역 거래자간의 분쟁해결을 위한 중재 등에 관한 사항, 전자무역촉진을 위한 재원 확보 및 배분에 관한 사항, 기타 전자무역의 촉진을 위하여 필요한 사항이 포함된 전자무역촉진 시책을 수립·시행하도록 하였다. 지식경제부장관이 촉진시책을 수립함에 있어 국가정보화기본법 제 3 조 제 3 호에 따른 국가정보화와 관련된 사항은 같은 법 제 9 조 제 1 항에 따라 국가정보화전략위원회의 심의를 거친 후 확정하여야 하고, 변경하고자 하는 경우에도 동일한 절차를 수행토록 하였으며, 촉진시책을 시행하기 위하여 대통령령이 정하는 바에 의하여 전자무역에 관한 업무를 수행하는 기관 또는 단체에 대하여 필요한 지원을 할 수 있도록 하였다.

촉진시책에 관한 사항, 전자무역추진과 관련된 각 부처간 업무의 협조에 관한 사항, 전자무역관련 법·제도 정비 및 개선에 관한 사항, 그 밖에 전자무역추진에 관한 주요사항을 협의·조정하기 위하여 국무총리 소속하에 국가전자무역위원회(이하 "위원회"라 한다)를 두도록 했으며, 위원회는 위원장을 포함히여 20인 이내로 구성하되, 위원은 당연직위원과 위촉위원으로 구성하고, 위원장은 지식경제부장관이 되고, 당연직 위원은 대통령령으로 정하는 관계 중앙행정기관의

19) 지식경제부(무역일반), 한국은행(결제), 국토해양부(물류), 행정안전부(전자인증), 관세청(통관).

차관급 이상의 공무원과 유관기관의 장이 되며, 위촉 위원은 전자무역에 관한 학식과 경험이 풍부한 자 중에서 위원장이 위촉한 자가 되도록 하였다.

위원회의 효율적인 운영을 위하여 위원회에 실무위원회를 두고, 위원회 및 실무위원회의 구성·운영 등에 관하여 필요한 사항은 대통령령으로 정하도록 하였다.

4. 전자무역기반사업자

전자무역에서 가장 중요한 것은 무역정보처리 시스템이다. 무역정보처리 시스템을 개발하고 운영하는 데 있어서 막대한 자본과 기술 전문인력이 필요하다. 지식경제부장관은 대통령령이 정하는 바에 의하여 전기통신사업법 제 2 조 제 1 항 제 1 호[20]에 따라 전기통신사업자로서 자본금·인력·기술력 등 대통령령이 정하는 기준에 적합한 자를 전자무역기반업무를 수행할 자로 지정할 수 있도록 하였다.

전자무역기반사업자로 지정된 자는 전자무역기반시설의 운영업무, 전자무역기반시설과 외국의 전자무역망간의 연계업무, 제12조 제 1 항 각호의 규정에 의한 무역관련 업무의 전자무역기반시설을 통한 중계·보관 및 증명 등의 업무, 전자무역문서의 중계사업, 제 2 호의 규정에 의한 연계를 활용한 사업, 전자무역기반시설을 활용한 전자무역서비스 관련 사업, 전자무역문서의 표준화에 관한 연구사업, 전자무역문서 및 무역화물유통정보 등 무역관련 정보(이하 "무역정보"

20) "전기통신사업자"라 함은 이 법에 의한 허가를 받거나 등록 또는 신고를 하고 전기통신역무를 제공하는 자를 말한다.

제13조(사업의 양수 및 법인의 합병)

① 기간통신사업자의 사업의 전부 또는 일부를 양수하거나 기간통신사업자인 법인을 합병하고자 하는 자는 대통령령이 정하는 바에 따라 방송통신위원회의 인가를 받아야 한다.

② 기간통신사업자가 허가받은 복수의 기간통신역무 중 일부의 기간통신역무를 제공하기 위하여 법인을 설립하고자 하는 경우에는 대통령령이 정하는 바에 의하여 방송통신위원회의 승인을 얻어야 한다.

③ 방송통신위원회는 제 1 항 또는 제 2 항의 규정에 의한 인가 또는 승인을 하고자 하는 경우에는 다음 각호의 사항을 종합적으로 심사하여야 한다.

1. 재정 및 기술적 능력과 사업운용 능력의 적정성
2. 주파수 및 전기통신번호 등 정보통신자원 관리의 적정성
3. 기간통신사업의 경쟁에 미치는 영향
4. 이용자 보호 및 공익에 미치는 영향.

라 한다)를 체계적으로 처리·보관하여 검색 등에 활용할 수 있는 집합체(이하 "데이터베이스"라 한다)의 제작·보급과 이를 활용한 사업, 무역업자 및 무역유관기관에 대한 전자무역문서 중계 등에 관련된 기술의 보급 및 보급한 기술에 대한 사후관리사업, 그 밖에 전자무역의 촉진을 위한 교육·홍보 등 대통령령이 정하는 사업[21] 등을 할 수 있다.

지식경제부장관은 법 제13조 제 1 항에 따라 전자무역문서의 표준을 정하려는 때에는 미리 전자거래기본법 시행령 제 9 조에 따른 한국전자문서표준위원회의 심의를 거쳐야 하고, 전자무역문서 표준화의 대상은 전자무역기반시설에서 사용되는 전자무역문서로 한다. 다만, 다른 법령에 따라 이미 표준화된 경우에는 다른 법령에서 정한 바에 따르도록 하였다. 전자무역의 촉진을 위하여 관계 중앙행정기관의 장과 협의하여 대통령령이 정하는 바에 따라 전자무역문서의 표준을 정하여 고시하여야 하며, 이 경우 고시한 사항을 변경하는 때에도 또한 같은 절차를 따르도록 하였다. 전자무역문서 표준화의 내용·대상 및 절차 등에 관한 사항은 대통령령으로 정하도록 하였다.

전자무역기반사업자의 지정기준을 정하였다. 지시경제부장관은 상법에 따른 주식회사일 것, 납입자본금이 300억원 이상일 것, 공공기관의 운영에 관한 법률 제 4 조에 따른 공공기관 및 비영리법인을 제외한 동일한 자가 의결권 있는 주식총수의 100분의 15를 초과하여 소유하거나 사실상 지배하지 아니할 것, 전자무역기반시설의 운영업무를 수행할 수 있는 자로서 국가기술자격법에 따른 정보통신기사·정보처리기사 또는 전자계산기조직응용기사 이상의 국가기술자격이나 이와 동등한 자격이 있다고 지식경제부장관이 정하여 고시하는 자격, 국가기술자격법에 따른 통신분야 또는 정보처리분야에서 2년 이상 근무한 경력 등을 모두 갖춘 인력을 15인 이상 채용할 것과 같은 기준과 전자무역문서 송신·수신의 중계설비 및 보관설비, 전자무역기반시설을 안전하게 운영하기 위한 보호설비, 전자무역기반시설의 시스템 관리 및 복제·저장설비, 전자무역기반시설에 보관된 전자문서의 송신·수신의 일자·시각 및 증적을 기록·관리하는 설비, 전자무역문서의 증명서 발급을 위한 설비, 전자무역기반시설과 외국의 전자무역망과의 연계에 필요한 설비와 같은 설비에 대한 기준을 근거로 전자무역기

21) 전자무역기반시설의 이용에 관한 교육자료의 발간, 전자무역 관련 온라인 교육콘텐츠의 개발 및 보급 등 전자무역의 촉진과 확산을 위한 교육사업, 전자무역의 촉진과 확산을 위한 홍보사업.

반사업자를 지정하여야 한다.

전자무역기반사업자는 전자무역문서의 중계, 보관, 증명 등 업무와 관련하여 업무준칙을 작성하여 지식경제부장관에게 보고하고 업무준칙을 성실히 이행하여야 한다. 지식경제부장관은 전자무역문서의 중계, 보관, 증명에 필요한 모든 시설, 장비, 서류, 기타 물건을 검사할 수 있다.

5. 전자무역기반시설의 이용 등

무역업자와 무역유관기관은 전자무역문서를 이용하여 전자무역 업무를 처리하고자 할 경우에는 전자무역기반시설을 이용할 수 있고, 무역업무를 행하고자 하는 경우에는 제13조의 규정에 의한 표준화된 전자무역문서를 사용하도록 하였으며, 무역업자 또는 무역유관기관이 신청 등 또는 승인 등을 전자무역기반시설을 통하여 전자무역문서로 처리한 경우에는 무역관련법령 등이 정한 절차에 따라 처리된 것으로 본다고 규정하여 전자무역문서로 이루어진 업무는 무역관련 법령의 제 요건을 충족시킨 것으로 인정하였다.

관세청은 관세법 제248조 제 1 항의 규정에 의한 신고필증, 대외무역법 제37조 및 같은 법 제52조 제 1 항에 따라 세관장이 발급하는 원산지증명서와 제 1 항 제 4 호 단서의 규정에 의하여 확인하는 문서를 전자문서의 방식으로 전자무역기반시설에 전송하여 전자무역기반사업자의 업무와 연계될 수 있도록 하여 무역업자와 무역유관기관간에 처리되는 업무의 효율성을 극대화시키도록 하였다.

전자무역기반시설을 이용하여 이루어지는 업무를 구체적으로 명시하였다. 외국환업무취급기관의 신용장 통지업무, 외국환업무취급기관의 수입화물선취보증서 발급업무, 외국환업무취급기관의 내국신용장 개설업무, 대외무역법 제12조 제 2 항에 따른 통합공고상의 수출입요건확인기관의 요건확인서 발급업무(다만, 관세법 제226조의 규정에 의하여 세관장이 확인하는 경우를 제외한다), 대외무역법 제18조에 따른 구매확인서 발급업무, 대외무역법 제37조에 따른 원산지증명서 발급업무(다만, 대외무역법 제37조 및 같은 법 제52조 제 1 항에 따라 세관장이 발급한 원산지증명서를 제외한다), 상법 제695조 제 2 호의 규정에 의한 해상적하보험증권 발급업무, 해운법 제24조 제 2 항의 규정에 의한 외항화물운송사업자와 같은 법 제26조의 규정에 의한 국내지사 설치신고를 한 자의 수하인에 대한 화물인도지시서 발급업무 등은 전자무역기반시설을 이용하여 이루어지도록 하였다.

전자무역기반사업자는 무역업자의 위탁을 받아 전자무역문서의 송·수신을 하고자 하는 자에 대하여 전자무역기반시설의 접속을 제공할 수 있도록 하였다.

6. 전자무역문서의 보관 및 증명

전자무역기반사업자가 보관하고 있는 전자무역문서는 전자거래기본법 제5조 제1항[22]의 규정에 의한 전자문서의 보관이 행하여진 것으로 본다고 규정하여 전자무역기반사업자가 보관하고 있는 전자무역문서의 법률적 효력을 인정하였다. 전자무역기반사업자가 전자무역문서를 보관하기 위하여 서명을 하는 경우에는 전자서명법[23] 제2조 제3호의 규정에 의한 공인전자서명을 이용하도록 하였고, 전자무역기반사업자가 전자무역기반시설을 이용하여 전송하거나 수신한 전자무역문서의 내용은 사실대로 작성된 것으로 간주하며, 전자무역기반사업자가 전자무역문서의 증명을 위하여 전자서명을 사용하는 경우에는 전자서명법 제2조 제3호의 규정에 의한 공인전자서명을 이용하여야 하고, 전자무역문서의 송·수신 시점을 확인하는 경우에는 동법 제20조의 규정에 따라 전자서명을 하여야 하고, 서명과 시점확인은 전자서명법의 규정에 따라야만 유효하다는 것을 명확히 하였다. 즉 전자서명법의 규정에 따르지 않은 서명과 확인 시점은 유효한 것으로 간주하지 않는다는 것이다.

전자무역기반사업자는 법 제17조 제1항에 따른 증명서를 종이문서로 발급하는 경우에는 그 증명서에 전자무역기반사업자의 기명날인을 하여야 하며, 전자무역문서의 내용이 첨부되어야 하는 경우 이를 출력하여 증명서와 함께 묶어 간인을 하여야 한다고 규정하여 종이문서와 전자무역문서가 사용될 수 있도록

---

22) 제5조(전자문서의 보관)

① 전자문서가 다음 각호의 요건을 갖춘 경우에는 그 전자문서의 보관으로 관계 법령이 정하는 문서의 보관에 갈음할 수 있다.

1. 전자문서의 내용을 열람할 수 있을 것
2. 전자문서가 작성 및 송신·수신된 때의 형태 또는 그와 같이 재현될 수 있는 형태로 보존되어 있을 것
3. 전자문서의 작성자, 수신자 및 송신·수신일시에 관한 사항이 포함되어 있는 경우에는 그 부분이 보존되어 있을 것

② 제1항의 규정을 적용함에 있어서 전자문서의 송신 또는 수신만을 위하여 필요한 부분에 관하여는 이를 전자문서로 보지 아니할 수 있다.

23) "전자서명생성키"라 함은 전자서명을 생성하기 위하여 이용하는 전자적 정보를 말한다.

하였다. 발급된 종이문서에는 발급신청자의 성명(법인인 경우 상호를 말한다), 발급신청자의 주민등록번호(법인의 경우에는 법인등록번호를 말한다), 증명서의 일련번호·유효기간 및 사용용도, 증명서의 발급신청일 및 발급일시, 전자무역기반사업자의 명칭 등 전자무역기반사업자임을 확인할 수 있는 정보 등을 기재토록 하였다.

전자무역기반사업자가 제 1 항에 따라 증명서를 발급하는 경우 신청자의 신원, 신청인이 전자무역문서의 송신자 또는 수신자, 전자무역문서의 송신자 또는 수신자가 지명한 자에 해당하는 정당한 발급신청권한이 있는 자인지 여부 및 증명서의 발급대상인 전자무역문서의 진위 여부를 확인하도록 하여 전자무역문서의 발행을 관리하도록 하였으며, 전자무역기반사업자가 증명서를 발급한 경우에는 그 증명서의 발급신청일시·발급일시 및 신청자 성명에 대한 자료를 기록·관리하도록 하여 전자무역의 안정성을 강화시켰다.

7. 전자무역문서의 이용 촉진

전자무역문서의 이용을 활성화시키기 위하여 정부는 관련 법령을 정비하고 필요한 정책을 수립하여 시행하여야 한다. 전자무역기반시설에 보관된 전자무역문서의 경우 관계행정기관에 제출을 면제하도록 하였으며 보관되지 않은 서류는 표준화된 전자문서로 전자서명을 하여 제출하도록 하였다. 지식경제부장관은 무역관련법령 등에서 정한 신청 등에 필요한 첨부서류가 전자무역기반시설에 보관되어 있는 경우 첨부서류의 제출을 면제할 수 있으며, 전자무역기반시설에 보관되어 있지 아니한 경우에는 첨부서류가 제13조의 규정에 의하여 표준화된 전자무역문서로 작성된 경우에는 전자서명법 제 2 조 제 3 호의 규정[24]에 의한 신청인의 공인전자서명을 하여 제출할 수 있고, 첨부서류가 종이문서로 작성된 경우에는 당해 서류의 전자사본(대통령령이 정하는 바에 따라 전자무역문서로 제작한 사본을 말한다)[25]에 전자서명법 제 2 조 제 3 호의 규정에 의한 신청인의 공인

24) "공인전자서명"이라 함은 다음 각목의 요건을 갖추고 공인인증서에 기초한 전자서명을 말한다. 가. 전자서명생성정보가 가입자에게 유일하게 속할 것, 나. 서명 당시 가입자가 전자서명생성정보를 지배·관리하고 있을 것, 다. 전자서명이 있은 후에 당해 전자서명에 대한 변경여부를 확인할 수 있을 것, 라. 전자서명이 있은 후에 당해 전자문서의 변경여부를 확인할 수 있을 것.

25) "전자사본"이라 함은 원본인 종이문서를 스캐너로 전자복사하여 컴퓨터 등 정보처리장치에

전자서명을 하여 제출할 수 있도록 하였다. 제1항의 규정에 의하여 첨부서류의 제출을 면제하는 때에는 먼저 관계 중앙행정기관의 장과 협의한 후 그 범위를 고시(인터넷 게재를 포함한다)하여야 한다고 규정하였다.

8. 전자무역문서의 보안 및 관리

전자무역기반시설에 저장된 전자무역문서와 무역정보는 훼손되지 않고 잘 보관되어 있어야 한다. 또한 전자무역기반시설에 허위정보를 입력하여 부정하게 증명서가 발급되지 않도록 하고 전자무역문서상의 비밀과 정보가 누설하거나 도용하여서는 아니 된다는 규정을 법에 명문화시켰다.

전자무역기반사업자와 제22조의 규정에 의한 전자무역전문서비스업자는 무역업자와 무역유관기관의 컴퓨터파일에 기록된 전자무역문서 또는 데이터베이스에 입력된 무역정보를 위조 또는 변조하거나 위조 또는 변조된 전자무역문서 또는 무역정보를 행사하여서는 아니 되고, 전자무역기반사업자의 컴퓨터 등 정보처리장치에 거짓정보 또는 부정한 명령을 입력하여 정보처리가 되게 하는 등의 방법으로 제17조 제1항의 증명서를 발급되게 하여서는 아니 되며, 전자무역기반사업자, 제22조의 규정에 의한 전자무역전문서비스업자, 무역업자와 무역유관기관의 컴퓨터파일에 기록된 전자무역문서 또는 데이터베이스에 입력된 무역정보를 훼손하거나 그 비밀을 침해하여서는 아니 된다고 규정하였다.

전자무역기반사업자의 임원 또는 직원이거나 임원 또는 직원이었던 자는 업무상 알게 된 전자무역문서 또는 무역정보에 관한 비밀을 누설하거나 도용하여서는 아니 되고, 전자무역기반사업자는 전자무역문서 및 데이터베이스를 3년 동안 보관하도록 규정하였다. 전자무역기반사업자는 컴퓨터파일에 기록된 전자무역문서 및 데이터베이스에 입력된 무역정보를 공개하여서는 아니 되지만, 국가의 안전보장에 위해가 없고 기업의 영업비밀을 침해하지 아니하는 경우로서 대통령령[26]이 정하는 경우에는 공개할 수 있도록 하였다.

원본과 동일한 내용 및 형태로 복제·저장한 것으로 재현이 가능한 형태의 전자문서를 말한다.

26) 법 제21조 제1항 단서에서 "대통령령이 정하는 경우"라 함은 다음 각호의 어느 하나에 해당하는 경우를 말한다. 1. 전자무역문서의 송신인 또는 수신인이 신청한 경우, 2. 중앙행정기관 또는 지방자치단체가 행정목적에 필요하여 신청한 경우, 3. 수사기관이 수사목적상 필요하여 신청한 경우, 4. 법원의 제출명령이 있는 경우, 5. 그 밖에 전자무역기반사업자의 요청에 따라

전자무역기반사업자는 제16조 제 2 호 내지 제 4 호에 따라 신청 또는 제출명령을 받은 정보가 국가의 안전보장에 위해가 없고 기업의 영업비밀을 침해하지 아니하는 정보에 해당하는지 여부를 결정하려는 경우에는 미리 지식경제부장관과 협의하여야 하고, 제 1 항 단서의 규정에 의하여 전자무역문서 및 무역정보를 공개하고자 하는 때에는 이해관계인의 의견을 들어야 하고 이해관계인의 의견을 들으려는 때에는 정보공개의 신청을 받은 날부터 20일 이내에 서면 또는 전자문서로 그 의견을 듣도록 하여 전자무역기반사업자가 임의로 정보를 공개하지 못하게 하였다.

9. 전자무역전문서비스업자

전자무역전문서비스업자의 등록요건을 명시하여 전자무역의 신뢰성을 높이고자 하였다. 전자무역전문서비스업자로 등록신청을 하기 위해서는 첫째, 정보통신망을 통한 무역거래의 알선 및 대행사업, 정보통신망을 통한 무역업자의 해외마케팅 지원사업, 전자무역문서의 중계사업, 제 6 조 제 2 항 제 2 호의 규정에 의한 연계를 활용한 사업, 전자무역기반시설을 활용한 전자무역서비스 관련 사업, 전자무역문서 및 무역정보의 데이터베이스 제작·보급 및 이를 활용한 사업, 그 밖에 전자무역의 촉진을 위한 사업으로서 대통령령이 정하는 사업 등을 등록신청일 현재 6개월 이상 수행하고 있어야 하고, 둘째, 상기 업무를 수행하기에 적합한 운영시스템·자본금 및 인력을 갖추어야 하며, 셋째 법 제22조 제 1 항 제 3 호 내지 제 5 호의 어느 하나에 해당하는 업무를 주된 업무로 수행하는 경우에는 전자무역기반사업자와 협정을 체결하여 전자무역기반시설에 접속할 수 있는 상태이고, 넷째, 법 제13조에 따라 표준화된 전자문서를 사용하여야 한다.

전자무역전문서비스업자로 등록하려는 자는 지식경제부령이 정하는 바에 따라 전자무역전문서비스업자 등록신청서에 제18조에 따른 등록요건을 갖추었음을 증명하는 서류를 첨부하여 지식경제부장관에게 제출하면 지시경제부장관은 그 신청인이 제18조에 따른 등록요건을 갖춘 때에는 전자무역전문서비스업자로 등록하고, 전자무역전문서비스업자 등록증을 교부하여야 하며, 그 사실을

지식경제부장관이 공개할 필요가 있다고 인정한 경우.

지체 없이 공고하고, 전자무역전문서비스업자의 명단을 비치하여 누구든지 열람할 수 있게 하여야 한다.

지식경제부장관이 무역업자의 전자무역을 효율적으로 지원하고 이를 확산시키기 위하여 전자무역전문서비스업자로 등록한 자(이하 "전자무역전문서비스업자"라고 한다)에게 필요한 지원을 할 수 있도록 하였고, 전자무역전문서비스업자가 거짓 그 밖에 부정한 방법으로 제22조의 규정에 의하여 등록한 경우에는 그 등록을 취소하여야 하고, 제22조 제 1 항의 규정에 의한 등록의 요건에 적합하지 아니하게 된 경우에는 그 등록을 취소할 수 있도록 하여 전자무역의 안정성을 확보하도록 하였다.

10. 전자무역 기술개발의 추진

전자무역이 꾸준히 발전하기 위해서는 전자무역과 관련된 기술을 개발하여 적극적으로 활용하여야 한다. 전자무역의 촉진에 필요한 기술의 개발과 기술수준의 향상을 위하여 여러 가지 필요한 사항 등을 추진할 수 있도록 하였다. 정부는 전자무역의 촉진에 필요한 기술의 개발과 기술수준의 향상을 위하여 전자무역에 관한 기술의 조사·연구개발 및 개발된 기술의 활용에 관한 사항, 전자무역에 관한 기술협력·기술지도 및 기술이전에 관한 사항, 전자무역에 관한 기술정보의 원활한 유통과 산업계·학계·연구기관 등과의 협력에 관한 사항, 그 밖에 전자무역에 관한 기술개발과 관련하여 필요한 사항을 추진하도록 하였다.

전자무역의 발전은 전자무역인력의 양성에 따라 좌우된다. 따라서 정부는 전자무역 전문인력을 양성하는 교육기관에게 필요한 경비를 지원하도록 규정하였다. 정부는 전자무역의 촉진을 위하여 필요한 전자무역 분야의 전문인력을 양성하는 데 노력하고, 전문인력의 양성을 위하여 정부출연연구기관 등의 설립·운영 및 육성에 관한 법률에 따른 정부출연연구기관, 과학기술분야 정부출연연구기관 등의 설립·운영 및 육성에 관한 법률에 따른 과학기술분야 정부출연연구기관, 고등교육법에 따른 학교, 평생교육법에 따른 원격대학 형태의 평생교육시설, 민간 교육기관 그 밖의 관련 기관에 대하여 그 사업 수행에 필요한 경비의 전부 또는 일부를 지원할 수 있도록 하였고, 경비의 지원에 관하여 필요한 사항은 대통령령으로 정하도록 하였다.

11. 벌 칙

전자무역은 정보처리시스템으로 처리되기 때문에 전자무역문서에 기재된 내용은 엄격히 관리되어야 하며 이러한 정보를 불법적으로 유출하거나 허위로 관련 서류를 발송한 당사자들은 마땅히 벌을 받아야만 된다. 전자무역에서는 정보보호와 관리가 매우 중요하기 때문에 매우 엄격한 벌칙 조항을 두고 있다.

제20조 제 1 항의 규정을 위반하여 전자무역기반사업자 · 전자무역전문서비스업자 · 무역업자 · 무역유관기관의 컴퓨터파일에 기록된 전자무역문서 또는 데이터베이스에 입력된 무역정보를 위조 또는 변조하거나 위조 또는 변조된 전자무역문서 또는 무역정보를 행사한 자와 제20조 제 2 항의 규정을 위반하여 전자무역기반사업자의 컴퓨터 등 정보처리장치에 거짓 정보 또는 부정한 명령을 입력하여 정보처리가 되게 하는 등의 방법으로 제17조 제 1 항의 증명서가 발급되게 한 자는 1년 이상 10년 이하의 징역에 처하거나 1억원 이하의 벌금에 처하도록 하였고 미수범도 처벌을 받도록 하였다.

제 6 조 제 3 항의 규정을 위반하여 전자무역기반사업자로 지정을 받지 아니하고 제 6 조 제 2 항 제 1 호 내지 제 3 호의 규정에 의한 업무를 행한 자, 제20조 제 3 항의 규정을 위반하여 전자무역기반사업자 · 전자무역전문서비스업자 · 무역업자 · 무역유관기관의 컴퓨터파일에 기록된 전자무역문서 또는 데이터베이스에 입력된 무역정보를 훼손하거나 그 비밀을 침해한 자, 제20조 제 4 항의 규정을 위반하여 업무상 알게 된 전자무역문서 또는 무역정보에 관한 비밀을 누설하거나 도용한 자, 제20조 제 5 항의 규정을 위반하여 전자무역문서 또는 데이터베이스를 3년 동안 보관하지 아니한 전자무역기반사업자 등은 5년 이하의 징역에 처하거나 5천만원 이하의 벌금에 처하도록 하였다.

제12조 제 1 항 단서의 규정을 위반하여 전자무역기반시설을 통하지 아니하고 전자문서의 방식으로 제12조 제 1 항 각호의 어느 하나에 해당하는 업무를 행한 자는 2천만원 이하의 벌금에 처하도록 하였고, 법인의 대표자나 법인 또는 개인의 대리인, 사용인, 그 밖의 종업원이 그 법인 또는 개인의 업무에 관하여 제30조부터 제32조까지의 어느 하나에 해당하는 위반행위를 하면 그 행위자를 벌하는 외에 그 법인 또는 개인에게도 해당 조문의 벌금형을 과한다. 다만,

법인 또는 개인이 그 위반행위를 방지하기 위하여 해당 업무에 관하여 상당한 주의와 감독을 게을리 하지 아니한 경우에는 그러하지 아니하다고 규정하여 양벌규정을 도입하였다.

제 5 절 전자선하증권 규정의 시행에 관한 규정

1. 목 적

이 영은 상법 제862조에서 위임된 사항과 그 시행에 필요한 사항을 규정함을 목적으로 한다고 명시하였다. 상법 제862조(전자선하증권)에서 운송인은 제852조[27] 또는 제855조[28]의 선하증권을 발행하는 대신에 송하인 또는 용선자의 동의를 받아 법무부장관이 지정하는 등록기관에 등록을 하는 방식으로 전자선하증권을 발행할 수 있다. 이 경우 전자선하증권은 제852조 및 제855조의 선하증권과 동일한 법적 효력을 갖는다고 규정하였다.

유가증권을 전자화하는 방식에는 전자문서방식과 전자등록방식이 있다. 전자문서방식은 개개 전자문서의 권리관계를 기초하여 유가증권을 전자화하는 방

27) 제852조(선하증권의 발행)
① 운송인은 운송물을 수령한 후 송하인의 청구에 의하여 1통 또는 수통의 선하증권을 교부하여야 한다.
② 운송인은 운송물을 선적한 후 송하인의 청구에 의하여 1통 또는 수통의 선적선하증권을 교부하거나 제 1 항의 선하증권에 선적의 뜻을 표시하여야 한다.
③ 운송인은 선장 또는 그 밖의 대리인에게 선하증권의 교부 또는 제 2 항의 표시를 위임할 수 있다.

28) 제855조(용선계약과 선하증권)
① 용선자의 청구가 있는 경우 선박소유자는 운송물을 수령한 후에 제852조 및 제853조에 따라 선하증권을 발행한다.
② 제 1 항에 따라 선하증권이 발행된 경우 선박소유자는 선하증권에 기재된 대로 운송물을 수령 또는 선적한 것으로 추정한다.
③ 제 3 자가 선의로 제 1 항의 선하증권을 취득한 경우 선박소유자는 제854조 제 2 항에 따라 운송인으로서 권리와 의무가 있다. 용선자의 청구에 따라 선박소유자가 제 3 자에게 선하증권을 발행한 경우에도 또한 같다.
④ 제 3 항의 경우에 그 제 3 자는 제833조부터 제835조까지 및 제837조에 따른 송하인으로 본다.
⑤ 제 3 항의 경우 제799조를 위반하여 운송인으로서의 의무와 책임을 감경 또는 면제하는 특약을 하지 못한다.

식이다. 권리의 발생, 양도, 행사 등이 증권과 동일한 법적 효력을 갖는 전자문서의 작성, 송수신 등으로 이루어진다. 이 방식은 전자등록기관을 사용함이 없이 유가증권을 전자문서화함으로써 유가증권의 법적 효력을 전자문서에 부여하는 방법이다. 전자등록방식은 전자등록기관에 유가증권의 권리내용을 전자적으로 등록하고 이를 근거로 유가증권의 권리발생, 양도, 행사, 소멸 등이 이루어지도록 하는 방식이다. 상법의 전자선하증권은 후자의 방법을 따르도록 하였다.

전자선하증권에는 선박의 명칭·국적 및 톤수, 송하인이 서면으로 통지한 운송물의 종류, 중량 또는 용적, 포장의 종별, 개수와 기호, 운송물의 외관상태, 용선자 또는 송하인의 성명·상호, 수하인 또는 통지수령인의 성명·상호, 선적항, 양륙항, 운임, 발행지와 그 발행연월일, 수통의 선하증권을 발행한 때에는 그 수, 운송인의 성명 또는 상호 운송인의 주된 영업소 소재지 등이 포함되어야 하며, 운송인이 전자서명을 하여 송신하고 용선자 또는 송하인이 이를 수신하여야 그 효력이 생긴다.

전자선하증권의 권리자는 배서의 뜻을 기재한 전자문서를 작성한 다음 전자선하증권을 첨부하여 지정된 등록기관을 통하여 상대방에게 송신하는 방식으로 그 권리를 양도할 수 있고, 배서의 뜻을 기재한 전자문서를 상대방이 수신하면 제852조 및 제855조의 선하증권을 배서하여 교부한 것과 동일한 효력이 있고, 제 2 항 및 제 3 항의 전자문서를 수신한 권리자는 제852조 및 제855조의 선하증권을 교부받은 소지인과 동일한 권리를 취득한다. 전자선하증권의 등록기관의 지정요건, 발행 및 배서의 전자적인 방식, 운송물의 구체적인 수령절차와 그 밖에 필요한 사항은 대통령령으로 정하도록 하였다.

2. 정　　의

전자선하증권이란 전자문서로 작성되고 상법(이하 "법"이라 한다) 제862조 제 1 항에 따라 전자선하증권의 등록기관에 등록된 선하증권을 말하며, 전자선하증권 등록기관(이하 "등록기관"이라 한다)이란 법무부장관의 지정을 받아 전자선하증권의 발행등록, 양도, 서면선하증권으로의 전환 및 관련 전자기록의 보존 등의 업무를 처리하는 자를 말한다. 전자선하증권 권리등록부(이하 "전자등록부"라 한다)란 전자선하증권의 발행등록, 양도 및 서면선하증권으로의 전환에 관한 기재 등을 위하여 등록기관이 전자적 방식으로 관리하는 장부를 말하고, 공인 전자서명이란 전자서명법 제2조 제3호에 따른 전자서명을 말한다고 규정하였다.

전자선하증권의 권리자란 등록기관으로부터 최초로 전자선하증권을 발행받은 자 또는 전자선하증권의 양수인을 말하고, 전자선하증권의 발행등록(이하 "발행등록"이라 한다)이란 등록기관이 운송인의 신청에 따라 전자선하증권의 발행을 목적으로 전자등록부에 등록하는 것을 말하며, 전자등록부의 폐쇄란 등록기관이 전자등록부의 기재사항을 삭제·변경·추가 등을 할 수 없도록 하는 조치를 말한다.

3. 등록기관의 지정과 취소

등록기관의 지정요건을 법인일 것, 기술능력에 관하여 아래의 기술인력을 합한 수가 12명 이상일 것으로 정하였다. 기술인력에 관하여 국가기술자격법에 따른 정보통신기사, 정보처리기사 및 전자계산기조직응용기사 이상의 국가기술자격이나 이와 동등한 자격이 있다고 법무부장관이 정하여 고시하는 자격을 갖춘 사람과 법무부장관이 정하여 고시하는 정보보호 또는 정보통신 운영·관리 분야에서 2년 이상 근무한 경력이 있는 사람, 정보통신망 이용촉진 및 정보보호 등에 관한 법률 제52조의 한국정보보호진흥원에서 실시하는 인증업무에 관한 시설 및 장비의 운영·비상복구대책 및 침해사고의 대응 등에 관한 교육과정을 이수한 사람, 무역관련 금융업무나 해운물류업무에 3년 이상 종사한 사람이 각각 1명 이상 있어야 한다고 명시하여 기술인력이 뒷받침되어야만 등록기관으로 지정받을 수 있도록 하였다.

등록기관의 재정능력에 관한 규정을 두었다. 등록기관으로 지정받으려면, 200억원 이상의 순자산[총자산에서 부채를 뺀 가액을 말한다]을 보유하고, 업무와 관련하여 고의 또는 과실로 이용사에게 손해를 발생시키는 경우에 그 손해를 배상하는 보험에 가입하고 있어야 한다.

등록기관의 시설 및 장비에 대한 규정도 두었다. 등록기관으로 지정받으려는 자는 운송인, 송하인 또는 수하인 등 등록기관의 이용자가 전자선하증권의 등록, 배서, 양도, 제시 등 권리행사를 할 수 있는 시설 및 장비와 전자선하증권의 송·수신 일시를 확인하고, 전자선하증권 관련 기록을 작성하고 보존할 수 있는 시설 및 장비, 전자선하증권의 발행·유통 관련 시설 및 장비를 안전하게 운영하기 위하여 필요한 보호시설 및 장비, 그 밖에 전자선하증권의 발행과 유통을 원활하고 안전하게 하기 위하여 필요한 시설 및 장비를 소유하고 있어야 한다.

시설 및 장비의 관리·운영절차와 방법, 전자선하증권 및 관련 전자기록의 보존에 관한 사항 등 업무수행에 관련된 전반적인 사항을 규정한 등록기관의 업무준칙을 갖추고 있어야 하고, 적용함에 있어 기술적 이유나 권리 사용상의 이유로 필요한 경우에 시설 또는 장비를 보유하고 있거나 그에 관한 권리를 가진 자와 3년 이상의 기간을 정하여 시설 및 장비 사용계약을 체결한 경우에는 시설 및 장비를 갖춘 것으로 본다.

등록기관으로 지정받으려는 자는 법인의 정관, 제 3 조 제 1 항 각호에 따른 기술능력, 재정능력, 시설 및 장비, 업무준칙, 그 밖의 필요한 사항을 갖추었음을 확인할 수 있는 증빙서류, 사업계획서를 법무부장관에게 제출하고 지정 신청을 하여야 한다. 이 경우 법무부장관은 전자정부법 제21조 제 1 항에 따른 행정정보의 공동이용을 통하여 법인등기부 등본과 법인의 대표자 및 임원의 주민등록표 등본을 확인하여야 하며, 신청인이 이에 동의하지 아니하면 이를 첨부하도록 하여야 한다.

법무부장관은 등록기관이 거짓이나 그 밖의 부정한 방법으로 지정을 받은 경우, 제 3 조 제 1 항 각호의 지정요건을 중대하게 위반한 경우, 법인의 합병·파산·폐업 등으로 사실상 영업을 종료한 경우에 해당하는 경우에는 지정을 취소할 수 있다. 제 1 항에 따른 지정취소를 하면 지체 없이 그 내용을 관보에 게재하고 법무부 인터넷 홈페이지에 게시하는 방법으로 고시하여야 하며, 제 1 항에 따라 지정취소된 등록기관에 대하여 그 취소 전에 이미 발행등록된 전자선하증권의 양도 등 관련 업무를 계속하게 하거나, 관련 전자기록 보존 업무를 다른 등록기관 등에 이관하게 하거나, 제12조에 따른 서면선하증권으로 전환하게 하는 등 필요한 조치를 할 수 있다.

4. 전자선하증권의 발행과 양도

운송인이 전자선하증권을 발행하려면 선박의 명칭·국적 및 톤수, 송하인이 서면으로 통지한 운송물의 종류, 중량 또는 용적, 포장의 종별, 개수와 기호, 운송물의 외관상태, 용선자 또는 송하인의 성명·상호, 수하인 또는 통지수령인의 성명·상호, 선적항, 양륙항, 운임, 발행지와 그 발행연월일, 수통의 선하증권을 발행한 때에는 그 수, 운송인의 성명 또는 상호, 운송인의 주된 영업소 소재지가 포함된 발행등록 신청 전자문서에 운송인의 공인전자서명과 송하인이 전자선하증권 발행에 동의했음을 확인할 수 있는 문서(전자문서를 포함한다)를 첨부하여 등록기관에 송신하여야 한다. 운송인은 제 1 항에 따라 발행등록을 신청하는 경우에 등록기관에 그 전자선하증권의 약관 내용을 송신하여야 한다. 다만, 약관이 사전에 등록기관에 등록되어 있는 경우에는 생략할 수 있다.

등록기관은 제 1 항의 발행등록 신청을 수신하면 전자등록부에 제 1 항 각 호의 정보와 약관의 내용이 포함된 발행등록을 한 후 즉시 이를 송하인에게 전자문서로 송신하여야 한다. 전자선하증권이 발행된 경우에는 법 제852조, 제855조 및 제863조[29]의 운송증서를 발행할 수 없다. 용선계약과 전자선하증권에 관하여 법 제855조 제 1 항에 따라 전자선하증권이 발행된 경우에는 운송인은 선박소유자로 보고, 송하인은 용선자로 본다.

전자선하증권의 권리자가 전자선하증권을 양도하는 경우에는 배서의 뜻을 기재한 전자문서를 작성한 후 전자선하증권을 첨부하여 등록기관에 대하여 양수인에게 송신하여 줄 것을 신청하여야 한다. 양도신청전자문서에는 전자선하증권의 동일성을 표시하는 정보, 양수인에 관한 정보, 양도인의 공인전자서명 등이 포함되어야 한다. 양도신청을 수신한 등록기관은 전자등록부에 전자선하증권의 동일성을 표시하는 정보, 양수인에 관한 정보, 양도인의 공인전자서명을 포

29) 제863조(해상화물운송장의 발행)

① 운송인은 용선자 또는 송하인의 청구가 있으면 제852조 또는 제855조의 선하증권을 발행하는 대신 해상화물운송장을 발행할 수 있다. 해상화물운송장은 당사자 사이의 합의에 따라 전자식으로도 발행할 수 있다.

② 해상화물운송장에는 해상화물운송장임을 표시하는 외에 제853조 제 1 항 각호 사항을 기재하고 운송인이 기명날인 또는 서명하여야 한다.

③ 제853조 제 2 항 및 제 4 항은 해상화물운송장에 준용한다.

함하여 양도에 관한 기재를 한 후 즉시 양수인에게 전자문서로 송신하여야 한다. 등록기관은 양수인에게 제3항의 송신을 한 경우에는 그 사실을 즉시 양도인에게 전자문서로 통지하여야 하고, 전자선하증권을 양수하려는 양수인은 미리 등록기관에 성명, 주민등록번호 또는 사업자등록번호, 주소 등 자신에 관한 정보를 등록하여야 한다.

전자선하증권의 권리자가 전자선하증권 기재 내용을 변경하려는 경우에는 등록기관에 전자문서로 변경 신청을 하여야 하고, 등록기관은 변경 신청을 받으면 운송인에게 즉시 전자문서로 통지하여야 하며, 운송인은 제2항의 통지를 받으면 등록기관에 그 승낙 여부를 전자문서로 통지하여야 한다. 등록기관은 운송인으로부터 제3항의 승낙 여부에 관한 통지를 받으면 즉시 그 내용을 전자선하증권의 권리자에게 전자문서로 통지하여야 한다. 이 경우 운송인이 기재 내용의 변경을 승낙하였으면 전자등록부 기재사항을 변경한 후 통지하여야 한다.

5. 전자선하증권에 의한 운송물 인도 청구

전자선하증권의 권리자가 운송물을 인도받으려는 경우에는 운송물 인도 청구의 뜻이 기재된 전자문서를 작성한 후 전자선하증권을 첨부하여 등록기관에 송신하여야 하고, 등록기관은 이를 운송인에게 즉시 전자문서로 송신하여야 한다. 운송물 인도 청구가 있으면 등록기관은 전자등록부에 해당 전자선하증권이 더 이상 양도될 수 없다는 뜻을 기재하여야 하고, 운송물 인도 청구를 받은 운송인이 인도를 거절하려는 경우에는 그 뜻과 사유를 기재한 전자문서를 등록기관에 송신하여야 하고, 등록기관은 이를 즉시 운송물 인도 청구를 한 전자선하증권의 권리자에게 송신하여야 한다.

등록기관을 통하여 운송물 인도 청구를 받은 운송인은 청구인이 전자등록부상 전자선하증권의 권리자가 맞는지 확인한 후 운송물을 인도하여야 하며, 운송인은 운송물을 인도하면 수령인 및 인도 날짜를 등록기관에 전자문서로 통지하여야 하며, 통지를 받은 등록기관은 즉시 전자등록부에 기재한 후 전자등록부를 폐쇄하고 운송인과 수령인에게 전자문서로 통지하여야 한다. 제1항과 제2항에 따라 운송물이 인도된 때에는 운송인에게 전자선하증권이 상환된 것으로 본다.

6. 서면선하증권으로의 전환

등록기관은 전자선하증권의 권리자로부터 전자선하증권을 서면선하증권으로 전환하여 줄 것을 요청받은 경우에는 그에게 서면선하증권을 교부하여야 한다. 이 경우 전자적 방식으로 재현된 기명날인 또는 서명은 법 제853조 제 1 항의 기명날인 또는 서명으로 본다. 등록기관은 제 1 항의 서면선하증권의 뒷면에 전자선하증권의 양도에 관한 기록을 기재하여야 하며, 제 2 항의 서면선하증권의 뒷면에 기재된 양도에 관한 기록은 배서와 동일한 효력이 있다. 등록기관은 제 1 항에 따라 서면선하증권을 교부한 경우에는 전자등록부에 서면선하증권으로의 전환 사실을 기재하여야 하며, 그 전자선하증권의 전자등록부를 폐쇄하고 그 사실을 운송인에게 전자문서로 통지하여야 한다. 제 1 항에 따라 전환·교부된 서면선하증권의 기재사항에 대하여는 등록기관이 그 정확성을 담보한 것으로 본다.

7. 전자선하증권의 보존

제 3 조 제 1 항 제 5 호에 따른 등록기관의 업무준칙에는 전자선하증권 및 그 발행·양도와 양수·전환·변경 등에 관련된 전자기록을 운송물의 인도가 이루어진 경우 인도한 날부터 10년, 운송물의 인도가 이루어지지 아니한 경우에는 전자선하증권기록이 작성된 날부터 10년, 서면선하증권으로 전환된 경우에는 해당 전자선하증권의 전자등록부를 폐쇄한 날부터 10년간 보존하여야 한다.

제 6 절 전자거래기본법

1. 총 칙

전자거래의 기본법은 전자거래의 법률관계를 명확히 하고 전자거래의 안전성과 신뢰성을 확보하며 전자거래의 촉진을 위한 기반을 조성함으로써 국민경제의 발전에 이바지함을 목적으로 한다고 규정하였다.

2. 정 의

전자거래에 관련된 용어의 정의를 정확히 규정하였다. 전자문서는 정보처리시스템에 의하여 전자적 형태로 작성, 송신·수신 또는 저장된 정보를 말하고, 정보처리시스템은 전자문서의 작성, 송신·수신 또는 저장을 위하여 이용되는 정보처리능력을 가진 전자적 장치 또는 체계를 말한다고 규정하여 정보처리시스템의 범위를 광범위하게 인정하였다. 작성자는 전자문서를 작성하여 송신하는 자를 말하며, 수신자는 작성자가 전자문서를 송신하는 상대방을 말한다고 규정하여 전자문서를 작성하는 당사자와 수신하는 당사자를 정확히 구분하였다.

전자거래는 재화나 용역을 거래함에 있어서 그 전부 또는 일부가 전자문서에 의하여 처리되는 거래를 말한다고 규정하여 종이문서에 의한 거래는 전자거래로 인정하지 않았다. 전자거래사업자는 전자거래를 업으로 하는 자를 말하고 전자거래이용자는 전자거래를 이용하는 자로서 전자거래사업자 외의 자를 말한다고 규정하여 사업자와 이용자를 명확히 구분하였다. 공인전자문서보관소는 제31조의2 제 1 항의 규정에 의하여 지정을 받아 타인을 위하여 전자문서를 보관 또는 증명하거나 그 밖에 전자문서와 관련된 업무(이하 "전자문서보관 등"이라 한다)를 수행하는 법인을 말한다고 규정하여 그 자격을 명시하였다.

3. 전자문서

제 4 조 제 1 항에서 전자문서는 다른 법률에 특별한 규정이 있는 경우를 제외하고는 전자적 형태로 되어 있다는 이유로 문서로서의 효력이 부인되지 아니하고 제 2 항에서는 별표에서 정하고 있는 법률의 규정에 의한 기록·보고·보관·비치 또는 작성 등의 행위가 전자문서로 행하여진 경우 당해 법률에 의한 행위가 이루어진 것으로 본다고 규정하여 전자문서의 효력을 인정하였다.

전자문서의 보관에 관한 요건을 다음과 같이 명시하였다. 전자문서의 내용을 열람할 수 있을 것, 전자문서가 작성 및 송신·수신된 때의 형태 또는 그와 같이 재현될 수 있는 형태로 보존되어 있을 것, 전자문서의 작성자, 수신자 및 송신·수신일시에 관한 사항이 포함되어 있는 경우에는 그 부분이 보존되어 있을 경우에는 그 전자문서의 보관으로 관계 법령이 정하는 문서의 보관에 갈음할 수 있다. 종이문서 그 밖에 전자적 형태로 작성되지 아니한 문서(이하 "전자화대상문서"라 한다)를 정보처리시스템이 처리할 수 있는 형태로 변환한 문서(이하 "전자화문서"라 한다)가 전자화문서가 전자화대상문서와 그 내용 및 형태가 동일할 것, 제 1 항 각호의 요건을 모두 갖추면 그 전자화문서를 보관하는 것으로 관계 법령으로 정하는 문서의 보관에 갈음할 수 있다. 다만, 다른 법령에 특별한 규정이 있는 경우에는 그러하지 아니하다. 제 2 항에 따른 전자화대상문서와 전자화문서의 내용 및 형태의 동일성에 관한 요건, 전자화문서의 작성 방법 및 절차 그 밖에 필요한 사항은 지식경제부장관이 정하여 고시하며, 제 1 항 및 제 2 항을 적용함에 있어서 송신 또는 수신만을 위하여 필요한 부분은 전자문서 또는 전자화문서로 보지 아니할 수 있다.

전자문서(전자화문서를 포함한다. 이하 같다)는 수신자 또는 그 대리인이 당해 전자문서를 수신할 수 있는 정보처리시스템에 입력된 때에 송신된 것으로 보고, 수신자가 전자문서를 수신할 정보처리시스템을 지정한 경우에는 지정된 정보처리시스템에 입력된 때, 다만 전자문서가 지정된 정보처리시스템이 아닌 정보처리시스템에 입력된 경우에는 수신자가 이를 출력한 때에 수신된 것으로 보며, 수신자가 전자문서를 수신할 정보처리시스템을 지정하지 아니한 경우에는 수신자가 관리하는 정보처리시스템에 입력된 때에 수신된 것으로 본다. 전자문서는 작성자 또는 수신자의 영업소 소재지에서 각각 송신 또는 수신된 것으로 본다. 이 경우 영업소가 2 이상인 때에는 당해 전자문서의 주된 관리가 이루어지는 영업소 소재지에서 송신·수신된 것으로 본다. 다만, 작성자 또는 수신자가 영업소를 가지고 있지 아니한 경우에는 그의 상거소에서 송신·수신된 것으로 본다.

작성자의 대리인 또는 자동으로 전자문서를 송신·수신하도록 구성된 컴퓨터프로그램 그 밖의 전자적 수단에 의하여 송신된 전자문서에 포함된 의사표시는 작성자가 송신한 것으로 보며, 전자문서의 수신자는 전자문서가 작성자의 것이었는지를 확인하기 위하여 수신자가 미리 작성자와 합의한 절차를 따른 경우, 수신된 전자문서가 작성자 또는 그 대리인과의 관계에 의하여 수신자가 그것이 작성자 또는 그 대리인의 의사에 기한 것이라고 믿을 만한 정당한 이유가 있는 자에 의하여 송신된 경우에는 전자문서에 포함된 의사표시를 작성자의 것으로 보아 행위할 수 있다. 상기 규정은 수신자가 작성자로부터 전자문서가 작성자의 것이 아님을 통지받고 그에 따라 필요한 조치를 취할 상당한 시간이 있었던 경우, 제 2 항 제 2 호의 경우에 전자문서가 작성자의 것이 아님을 수신자가 알았던 경우 또는 상당한 주의를 하였거나 작성자와 합의된 절차를 따랐으면 알 수 있었을 경우에는 이를 적용하지 아니한다. 수신한 전자문서는 문서마다 독립된 것으로 본다. 다만, 수신자가 작성자와 합의된 확인절차를 따르거나 상당한 주의를 하였더라면 동일한 전자문서가 반복되어 송신된 것임을 알 수 있었을 경우에는 그러하지 아니하고, 작성자가 수신확인을 조건으로 하여 전자문서를 송신한 경우 작성자가 수신확인통지를 받기 전까지는 그 전자문서는 송신되지 아니한 것으로 본다. 이 경우 민법 제534조의 규정은 적용하지 아니한다. 작성자가 수신확인을 조건으로 명시하지 아니하고 수신확인통지를 요구한 경우 상당한 기간(작성자가 지정한 기간 또는 작성자와 수신자간에 약정한 기간이 있는 경우에는 그 기간을 말한다) 내에 작성자가 수신확인통지를 받지 못한 때에는 작성자는 그 전자문서의 송신을 철회할 수 있다.

4. 전자거래의 안전성 확보 및 소비자보호

정부는 전자거래의 안전성 및 신뢰성을 확보하기 위하여 전자거래이용자의 개인정보를 보호하기 위한 시책을 수립·시행하여야 하고, 전자거래사업자는 전자거래이용자의 개인정보를 수집·이용·제공 및 관리함에 있어서 정보통신망 이용촉진 및 정보보호 등에 관한 법률 등 관련 규정을 준수하여야 한다.

정부는 전자거래의 안전성 및 신뢰성을 확보하기 위하여 전자거래이용자의 영업비밀을 보호하기 위한 시책을 수립하여 시행하여야 하고, 전자거래사업자(정보처리시스템의 운영을 위탁받은 자를 포함한다. 이하 이 조에서 같다)는 전자거래이용자의 영업비밀을 보호하기 위한 조치를 강구하여야 하며, 전자거래사업자는 전자거래이용자의 동의를 얻지 아니하고는 당해 이용자의 영업비밀을 타인에게 제공하거나 누설하여서는 아니 된다.

정부는 소비자기본법, 방문판매 등에 관한 법률 등 관계 법령의 규정에 따라 전자거래와 관련되는 소비자의 기본권익을 보호하고 전자거래에 관한 소비자의 신뢰성을 확보하기 위한 시책을 수립·시행하여야 한다.

전자거래사업자는 전자거래와 관련되는 소비자를 보호하고 전자거래의 안전성 및 신뢰성을 확보하기 위하여 상호(법인의 경우에는 대표자의 성명을 포함한다) 그 밖에 자신에 관한 정보와 재화·용역·계약 조건 등에 관한 정확한 정보의 제공, 소비자가 쉽게 접근·인지할 수 있도록 약관의 제공 및 보존, 소비자가 자신의 주문을 취소 또는 변경할 수 있는 절차의 마련, 청약의 철회, 계약의 해제 또는 해지, 교환, 반품 및 대금환급 등을 쉽게 할 수 있는 절차의 마련, 소비자의 불만과 요구사항을 신속하고 공정하게 처리하기 위한 절차의 마련, 거래의 증명 등에 필요한 거래기록의 일정기간 보존을 준수하여야 한다.

5. 전자거래기본정책의 수립 및 추진체계

정부가 전자거래의 촉진을 위하여 민간주도에 의한 추진, 규제의 최소화, 전자거래의 안전성·신뢰성 확보, 국제협력의 강화 등의 원칙에 따라 전자거래에 관한 기본정책을 수립·시행하여야 하도록 하였다.

전자거래촉진계획의 기본방향, 전자거래와 관련된 국제규범에 관한 사항, 전자결제제도에 관한 사항, 지적재산권의 보호에 관한 사항, 전자거래당사자의 권익보호에 관한 사항, 전자거래의 안전성 및 신뢰성의 확보에 관한 사항, 전자거래에 관한 기술의 개발 및 표준화에 관한 사항, 전자거래의 촉진에 필요한 환경조성 및 수요창출에 관한 사항, 전자거래와 관련된 국제협력에 관한 사항, 전자거래의 촉진에 필요한 기반조성의 지원에 관한 사항, 초고속정보통신망의 구축 및 이용활성화에 관한 사항, 그 밖에 전자거래를 촉진하기 위하여 필요한 사항 등이 포함된 전자거래촉진계획을 정부가 수립하여 실행토록 하였다.

6. 전자거래의 촉진 및 기반조성

정부는 전자문서의 이용을 촉진하기 위하여 각종 법령의 정비 등 필요한 시책을 수립·시행하여야 하고, 지식경제부장관은 전지문서의 이용을 촉진하기 위하여 전자문서의 보관에 필요한 요건·방법·절차에 관한 표준지침을 정하여 고시할 수 있으며, 전자화문서의 신뢰성을 확보하기 위하여 전자화문서의 작성에 사용되는 시설 또는 장비에 대하여 인증을 부여할 수 있다고 규정하였다. 제3항에 따른 시설 또는 장비에 대한 인증과 관련하여 인증 대상·기준·절차 및 관리방법 그 밖에 필요한 사항은 지식경제부령으로 정하며, 제 3 항에 따라 인증을 부여한 시설 또는 장비에 대하여 그 운영실태와 사후관리상태를 조사하여야 하며, 조사결과 인증기준에 부적합하다고 인정하는 때에는 시정명령 등 필요한 조치를 취하도록 하였다. 제 3 항에 따라 인증을 부여한 시설 또는 장비가 거짓 그 밖의 부정한 방법으로 인증을 받은 때, 시설 또는 장비가 인증기준에 현저히 미달하여 전자화문서의 신뢰성을 훼손할 우려가 있는 때, 제 5 항에 따른 시정명령을 이행하지 아니한 때에는 인증을 취소하여야 한다.

정부는 전자거래의 효율적 운용과 관련기술의 호환성 확보를 위하여 전자문서 등 전자거래와 관련된 표준의 제정・개정 및 폐지와 그 보급, 전자거래와 관련된 국내외 표준의 조사・연구・개발, 그 밖에 전자거래와 관련된 표준화에 관하여 필요한 사항을 추진하도록 하였다.

7. 공인전자문서보관

전자문서의 보관은 매우 중요하기 때문에 공인된 전자문서보관 사업자의 자격요건을 규정하였다. 지식경제부장관은 전자문서보관 등의 안전성 및 정확성을 확보하기 위하여 전자문서보관 등에 관하여 전문성이 있는 자를 공인전자문서보관소로 지정하여 전자문서보관 등을 하게 할 수 있고, 공인전자문서보관소로 지정받을 수 있는 자는 법인에 한하며, 공인전자문서보관소로 지정을 받고자 하는 자는 전자문서보관 등에 필요한 인력・기술능력・재정능력 그 밖의 시설・장비 등을 확보하여 지식경제부장관에게 지정을 신청하여야 한다.

공인전자문서보관소의 지정기준을 인력과 기술능력, 재정능력, 시설 및 장비로 나누어 규정하였다. 인력・기술능력에 관하여 전자문서의 보관・증명 그 밖에 관련된 업무(이하 "전자문서보관 등"이라 한다)에 필요한 시설 및 장비를 운영하는 자로서 정보통신기사・정보처리기사 및 전자계산기조직응용기사 이상의 국가기술자격 또는 이와 동등한 자격이 있다고 지식경제부장관이 정하여 고시하는 자격을 갖출 것, 상기에 정하는 자격별로 지식경제부장관이 정하여 고시하는 분야에서 2년 이상의 경력이 있는 인력 12인 이상이 신청일 현재 근무하고 있어야 한다. 재정능력으로는 자본금 또는 기본재산 80억원 이상이 있어야 하고, 시설 및 장비에 관하여는 전자문서 송신・수신 및 보관설비, 공인전자문서

보관소에 보관된 전자문서의 일자·시각 및 증적을 기록·관리하는 설비, 전자문서보관 등에 관한 시설·장비 및 정보를 안전하게 운영하기 위한 보호설비, 전자문서의 증명서 발급을 위한 설비, 공인전자문서보관소의 시스템 관리 및 복제·저장 설비를 소유하고 있어야 한다.

공인전자문서보관소가 전자문서를 보관하는 경우에는 제 5 조 제 1 항 또는 제 2 항의 규정에 의한 전자문서의 보관이 행하여진 것으로 보며, 공인전자문서보관소에 보관된 전자문서는 보관기간 중에는 그 내용이 변경되지 아니한 것으로 추정하며, 공인전자문서보관소가 당해 공인전자문서보관소에 보관된 전자문서의 보관사실, 작성자, 수신자 및 송신·수신일시 등에 관한 사항에 대한 증명서를 대통령령이 정하는 방법 및 절차에 따라 발급한 경우에 그 증명서에 기재된 사항은 진정한 것으로 추정한다.

누구든지 공인전자문서보관소에 보관된 전자문서 그 밖의 관련 정보를 위조 또는 변조하거나 위조 또는 변조된 정보를 행사하여서는 아니 되고, 공인전자문서보관소의 정보처리시스템에 거짓정보나 부정한 명령을 입력하는 등의 방법으로 제31조의7 제 2 항의 규정에 의한 증명서가 거짓으로 발급되게 하여서는 아니 되며, 공인전자문서보관소에 보관된 전자문서 그 밖의 관련 정보를 멸실 또는 훼손하거나 그 비밀을 침해하여서는 아니 된다. 공인전자문서보관소의 임원 또는 직원이거나 임원 또는 직원이었던 자는 직무상 알게 된 전자문서 그 밖의 관련 정보의 내용을 누설하거나 자신 또는 제 3 자로 하여금 이용하게 하여서는 아니 된다고 규정하여 공인전자문서보관소의 기밀유지의무를 부담하도록 하였다.

제 7 절 전자서명법

1. 목 적

이 법은 전자문서의 안전성과 신뢰성을 확보하고 그 이용을 활성화하기 위하여 전자서명에 관한 기본적인 사항을 정함으로써 국가사회의 정보화를 촉진하고 국민생활의 편익을 증진함을 목적으로 한다고 규정하였다.

2. 정 의

전자문서는 정보처리시스템에 의하여 전자적 형태로 작성되어 송신 또는 수신되거나 저장된 정보를 말하고, 전자서명은 서명자를 확인하고 서명자가 당해 전자문서에 서명하였음을 나타내는 데 이용하기 위하여 당해 전자문서에 첨부되거나 논리적으로 결합된 전자적 형태의 정보를 말한다. 공인전자서명은 전자서명생성정보가 가입자에게 유일하게 속하고, 서명 당시 가입자가 전자서명생성정보를 지배·관리하고 있고, 전자서명이 있은 후에 당해 전자서명에 대한 변경여부를 확인할 수 있어야 하고, 전자서명이 있은 후에 당해 전자문서의 변경여부를 확인할 수 있어야만 되는 요건을 갖추고 공인인증서에 기초한 전자서명을 말한다. 전자서명생성정보는 전자서명을 생성하기 위하여 이용하는 전자적 정보를 의미하고, 전자서명검증정보는 전자서명을 검증하기 위하여 이용하는 전자적 정보를 말하며, 인증은 전자서명생성정보가 가입자에게 유일하게 속한다는 사실을 확인하고 이를 증명하는 행위를 말한다. 인증서는 전자서명생성정보가 가입자에게 유일하게 속한다는 사실 등을 확인하고 이를 증명하는 전자적 정보를 말한다. 공인인증서는 제15조의 규정에 따라 공인인증기관이 발급하는 인증서를 말한다. 공인인증업무는 공인인증서의 발급, 인증관련 기록의 관리 등 공인인증역무를 제공하는 업무를 말한다. 공인인증기관은 공인인증역무를 제공하기 위하여 제 4 조의 규정에 의하여 지정된 자를 말하며, 가입자는 공인인증기관으로부터 전자서명생성정보를 인증받은 자를 말한다. 서명자는 전자서명생성정보를 보유하고 자신이 직접 또는 타인을 대리하여 서명을 하는 자를 말한다. 개인정보는 생존하고 있는 개인에 관한 정보로서 성명·주민등록번호 등에 의하여 당해 개인을 알아볼 수 있는 부호·문자·음성·음향·영상 및 생체특성 등에 관한 정보(당해 정보만으로는 특정 개인을 알아볼 수 없는 경우에도 다른 정보와 용이하게 결합하여 알아볼 수 있는 것을 포함한다)를 말한다.

3. 전자서명의 효력

다른 법령에서 문서 또는 서면에 서명, 서명날인 또는 기명날인을 요하는 경우 전자문서에 공인전자서명이 있는 때에는 이를 충족한 것으로 보고, 공인전자서명이 있는 경우에는 당해 전자서명이 서명자의 서명, 서명날인 또는 기명날인이고, 당해 전자문서가 전자서명된 후 그 내용이 변경되지 아니하였다고 추정하며, 공인전자서명은 당사자간의 약정에 따른 서명, 서명날인 또는 기명날인으로서의 효력을 가진다고 규정하여 전자서명의 효력을 법적으로 인정하였다.

4. 공인인증기관

믿을 만한 공인기관이 인증서를 발급해야만 전자거래가 활성화될 수 있기 때문에 행정안전부장관은 인증업무를 안전하고 신뢰성 있게 수행할 능력이 있다고 인정되는 자를 공인인증기관으로 지정하도록 하였다. 공인인증기관으로 지정받을 수 있는 자는 국가기관·지방자치단체 또는 법인에 한하며, 공인인증기관으로 지정받고자 하는 자는 대통령령이 정하는 기술능력·재정능력·시설 및 장비 기타 필요한 사항을 갖추어야 하고 공인인증기관의 지정절차 기타 필요한 사항은 대통령령으로 정하도록 하였다.30)

공인인증기관의 지정요건을 기술능력·재정능력·시설 및 장비로 나누어 규정하였다. 기술능력에 관하여 공인인증업무(이하 "인증업무"라 한다)에 필요한 시설 및 장비의 운영인력으로서 정보통신기사·정보처리기사 및 전자계산기조직응용기사 이상의 국가기술자격 또는 이와 동등 이상의 자격이 있다고 행정안전부장관이 인정하는 자격을 갖추고, 행정안전부장관이 정하여 고시하는 정보보호 또는 정보통신운영·관리 분야에서 2년 이상 근무한 경력이 있고 정보통신망 이용촉진 및 정보보호 등에 관한 법률 제52조의 규정에 의한 한국정보보호진흥원에서 실시하는 인증업무에 관한 시설 및 장비의 운영·비상복구대책 및 침해사고의 대응 등에 관한 교육과정을 이수한 12인 이상의 인력이 신청일 현재 근무하고 있어야 한다. 재정능력에 관하여 자본금 80억원 이상을 가지고 있이야 하고, 시설 및 장비에 관하어 가입자의 등록정보를 관리하기 위한 설비, 전자서명생성정보 및 전자서명검증정보를 생성·관리하기 위한 설비, 공인인증서를 생성·발급·관리하기 위한 설비, 전자문서가 공인인증기관에 제시된 시점을 확인하기 위한 설비, 인증업무에 관한 시설 및 장비를 안전하게 운영하기

30) 전자서명법 제4조(공인인증기관의 지정).

위한 보호설비, 공인인증기관이 공인인증역무와 관련하여 가입자에게 제공하는 설비를 소유하고 있어야 한다.

공인인증기관은 인증업무를 개시하기 전에 인증업무의 종류, 인증업무의 수행방법 및 절차, 인증역무의 이용조건 및 이용요금, 기타 인증업무의 수행에 관하여 필요한 사항 등이 포함된 인증업무준칙을 작성하여 행정안전부장관에게 신고하여야 한다. 신고한 사항을 변경하는 경우에도 또한 같다. 행정안전부장관은 제 1 항의 규정에 의하여 신고한 인증업무준칙의 내용이 인증업무의 안전과 신뢰성의 확보에 지장을 초래하거나 가입자의 이익을 저해할 우려가 있다고 판단하는 경우에는 상당한 기간을 정하여 당해 공인인증기관에 인증업무준칙의 변경을 명할 수 있다.[31]

공인인증기관은 정당한 사유 없이 인증역무의 제공을 거부하여서는 아니 되고 가입자 또는 인증역무 이용자를 부당하게 차별하여서는 아니 된다고 제 7 조에서 규정하여 공인인증기관의 공공성을 강조하였고,[32] 인증업무를 개시하기 전에 정보화촉진기본법 제14조의2의 규정에 의한 한국정보보호센터(이하 "보호센터"라 한다)로부터 전자서명검증키를 인증받고 제 1 항의 규정에 의하여 인증받은 전자서명검증키에 합치하는 전자서명생성키를 이용하여 인증업무를 수행하여야 한다.[33] 다른 공인인증기관의 인증업무를 양수하거나 다른 공인인증기관인 법인을 합병하고자 하는 경우에는 행정안전부령이 정하는 바에 따라 행정안전부장관에게 신고하여야 하며, 제 1 항의 규정에 의하여 인증업무를 양수한 공인인증기관 또는 합병한 경우의 합병 후 존속하는 법인이나 합병으로 설립된 법인은 종전의 공인인증기관의 지위를 승계한다고 규정하였다.[34]

공인인증기관이 인증업무의 전부 또는 일부를 휴지하고자 하는 때에는 휴지기간을 정하여 휴지하고자 하는 날의 30일 전까지 이를 가입자에게 통보하고 행정안전부장관에게 신고하여야 한다. 이 경우 휴지기간은 6월을 초과할 수 없고 인증업무를 폐지하고자 하는 때에는 폐지하고자 하는 날의 60일 전까지 이를 가입자에게 통보하고 행정안전부장관에게 신고하여야 하며 제 2 항의 규정에 의하여 신고한 공인인증기관은 가입자의 인증서와 인증서의 효력정지 및 폐지

31) 전자서명법 제 6 조(인증업무준칙).
32) 전자서명법 제 7 조(인증역무의 제공).
33) 전자서명법 제 8 조(공인인증기관의 업무수행).
34) 전자서명법 제 9 조(인증업무의 양수 등).

에 관한 기록(이하 "가입자인증서 등"이라 한다)을 다른 공인인증기관에게 인계하여야 한다. 다만, 부득이한 사유로 인하여 가입자인증서 등을 인계할 수 없는 경우에는 그 사실을 행정안전부장관에게 지체 없이 신고하여야 한다.

공인인증기관이 인증업무의 전부 또는 일부를 휴지하고자 하는 때에는 휴지기간을 정하여 휴지하고자 하는 날의 30일 전까지 이를 가입자에게 통보하고 행정안전부장관에게 신고하여야 한다. 이 경우 휴지기간은 6월을 초과할 수 없으며, 인증업무를 폐지하고자 하는 때에는 폐지하고자 하는 날의 60일 전까지 이를 가입자에게 통보하고 행정안전부장관에게 신고하여야 한다. 제 2 항의 규정에 의하여 신고한 공인인증기관은 가입자의 공인인증서와 그 효력정지 및 폐지에 관한 기록(이하 "가입자인증서 등"이라 한다)을 다른 공인인증기관에게 인계하여야 한다. 다만, 부득이한 사유로 인하여 가입자인증서 등을 인계할 수 없는 경우에는 그 사실을 행정안전부장관에게 지체 없이 신고하여야 한다. 행정안전부장관은 제 3 항 단서의 규정에 의하여 신고를 받은 때에는 정보통신망 이용촉진 및 정보보호 등에 관한 법률 제52조의 규정에 의한 한국정보보호진흥원(이하 "보호진흥원"이라 한다)에 대하여 당해 공인인증기관의 가입자인증서 등을 인수하도록 명할 수 있고, 제 1 항 내지 제 4 항의 규정에 의한 인증업무의 휴지 또는 폐지의 신고 및 가입자인증서 등의 인계·인수 등에 관하여 필요한 사항은 행정안전부령으로 정한다.[35)]

행정안전부장관은 공인인증기관이 공인인증기관의 업무수행방법이 부적합하여 전자서명의 안전과 신뢰성 확보에 지장을 줄 우려가 있는 경우, 공인인증기관으로 지정을 받은 후 제 4 조 제 3 항의 규정에 의하여 공인인증기관이 갖추어야 할 사항을 갖추지 아니한 경우, 임원이 제 5 조 제 1 호 각목에 해당하게 된 경우, 제 6 조의 규정에 의한 신고 또는 변경신고를 하지 아니하거나 신고한 인증업무준칙을 준수하지 아니한 경우, 제 7 조의 규정에 위반하여 인증업무의 제공을 거부하거나 가입자 또는 인증역무 이용자를 부당하게 차별한 경우, 제 9 조 제 1 항의 규정에 위반하여 인증업무의 양수나 공인인증기관합병의 신고를 하지 아니한 경우, 제10조의 규정에 위반하여 인증업무휴지 또는 폐지의 통보나 신고를 하지 아니하거나 인증업무폐지시 가입자인증서 등을 인계하지 아니한 경우, 제12조 제 2 항의 규정에 위반하여 지정이 취소된 공인인증기관이 가

35) 전자서명법 제10조(인증업무의 휴지·폐지 등).

입자인증서 등을 인계하지 아니하거나 신고하지 아니한 경우, 제14조 제1항의 규정에 의한 자료를 제출하지 아니한 경우, 제17조의 규정에 위반하여 인증서의 효력을 정지 또는 회복하지 아니하거나 그 사실을 확인할 수 있는 조치를 취하지 아니한 경우, 제18조의 규정에 위반하여 인증서를 폐지하지 아니하거나 그 사실을 확인할 수 있는 조치를 취하지 아니한 경우, 제24조 제3항의 규정에 위반하여 가입자의 개인정보 열람 또는 오류 정정에 필요한 조치를 취하지 아니한 경우 등에 해당하는 경우에는 기간을 정하여 시정조치를 명할 수 있도록 하였다.36)

인증업무를 정지하거나 폐지시키는 사유에 해당하는 조건을 명시하였다. 행정안전부장관은 공인인증기관이 사위 기타 부정한 방법으로 제4조의 규정에 의한 지정을 받은 경우, 인증업무의 정지명령을 받은 자가 그 명령에 위반하여 인증업무를 정지하지 아니한 경우, 제4조의 규정에 의한 지정을 받은 날로부터 6월 이내에 인증업무를 개시하지 아니하거나 6월 이상 계속하여 인증업무를 휴지한 경우, 제6조 제2항의 규정에 의한 인증업무준칙 변경명령에 위반한 경우, 제11조의 규정에 의한 시정명령을 정당한 사유 없이 이행하지 아니한 경우에 해당하는 경우에는 6월 이내의 기간을 정하여 인증업무의 전부 또는 일부의 정지를 명하거나 지정을 취소할 수 있다. 다만, 제1호 및 제2호의 경우에는 지정을 취소하여야 한다.

제1항의 규정에 의하여 지정이 취소된 공인인증기관은 가입자인증서 등을 다른 공인인증기관에게 인계하여야 한다. 다만, 부득이한 사유로 인하여 가입자인증서 등을 인계할 수 없는 때에는 그 사실을 행정안전부장관에게 지체 없이 신고하여야 한다.37)

5. 공인인증서

공인인증기관은 인증서를 발급받고자 하는 자에게 인증서를 발급하며 이 경우 공인인증기관은 인증서의 이용범위 및 용도 등을 고려하여 그 신원을 확인하여야 한다. 공인인증기관이 발급하는 인증서에는 가입자의 이름, 가입자의

---

36) 전자서명법 제11조(시정명령).

37) 전자서명법 제12조(인증업무의 정지 및 지정취소 등).

전자서명검증정보, 가입자와 공인인증기관이 이용하는 전자서명 방식, 인증서의 일련번호, 인증서의 유효기간, 공인인증기관의 명칭, 인증서의 이용범위 또는 용도를 제한하는 경우 이에 관한 사항, 가입자가 제 3 자를 위한 대리권 등을 갖는 경우 이에 관한 사항 등이 포함되어 있어야 인증서의 효력을 인정한다는 것이다.

인증서를 발급받고자 하는 자의 신청이 있는 경우에는 인증서의 이용범위 또는 용도를 제한하는 인증서를 발급할 수 있고, 인증서의 이용범위 및 용도, 이용된 기술의 안전과 신뢰성 등을 고려하여 인증서의 유효기간을 적정하게 정하도록 하였다.

인증서의 효력에 관하여는 제16조에서 규정하였다. 공인인증기관이 발급한 인증서는 인증서의 유효기간이 경과한 경우, 제12조 제 1 항의 규정에 의하여 공인인증기관의 지정이 취소된 경우, 제17조의 규정에 의하여 인증서의 효력이 정지된 경우, 제18조의 규정에 의하여 인증서가 폐지된 경우, 제21조 제 4 항의 규정에 의하여 보호센터가 공인인증기관에게 발급한 인증서가 폐지된 경우에 해당하는 사유가 발생한 경우에는 그 사유가 발생한 때에 그 효력이 소멸된다.

행정안전부장관은 인증업무의 안전과 신뢰성 확보를 위하여 필요한 경우에는 제10조의 규정에 의하여 인증업무를 휴지 또는 폐지하였거나 제12조의 규정에 의하여 인증업무가 정지된 공인인증기관이 발급한 인증서의 효력을 정지할 수 있고, 제 2 항의 규정에 의하여 인증서의 효력을 정지한 때에는 보호센터로 하여금 인증관리체계에 의하여 누구든지 그 사실을 항상 확인할 수 있도록 지체 없이 필요한 조치를 취하여야 한다. 제 1 항 제 2 호의 규정에 의하여 인증서의 효력이 소멸된 경우에도 또한 같다.

제17조에서는 인증서의 효력정지에 관하여 규정하였다. 공인인증기관은 가입자 또는 그 대리인의 신청이 있는 경우에는 인증서의 효력을 정지하거나 정지된 인증서의 효력을 회복하여야 한다. 이 경우 인증서 효력회복의 신청은 인증서의 효력이 정지된 날부터 6월 이내에 하여야 하고, 제 1 항의 규정에 의하여 인증서의 효력을 정지하거나 회복한 경우에는 인증관리체계에 의하여 누구든지 그 사실을 항상 확인할 수 있도록 지체 없이 필요한 조치를 취하여야 한다.

제18조에서는 인증서의 폐지에 관하여 규정하였다. 공인인증기관은 인증서에 관하여 가입자 또는 그 대리인이 인증서의 폐지를 신청한 경우, 가입자가

사위 기타 부정한 방법으로 인증서를 발급받은 사실을 인지한 경우, 가입자의 사망·실종선고 또는 해산 사실을 인지한 경우, 가입자의 전자서명생성키가 분실·훼손 또는 도난·유출된 사실을 인지한 경우에 해당하는 사유가 발생한 때에는 당해 인증서를 폐지하여야 하고, 제 1 항의 규정에 의하여 인증서를 폐지한 경우에는 인증관리체계에 의하여 누구든지 그 사실을 항상 확인할 수 있도록 지체 없이 필요한 조치를 취하여야 한다.

6. 인증업무의 안전 및 신뢰성 확보

공인인증기관은 자신이 발급한 인증서가 유효한지의 여부를 누구든지 정보통신망을 통하여 항상 확인할 수 있도록 인증관리체계를 안전하게 운영하여야 하고, 가입자 또는 인증서를 이용하는 자의 신청이 있는 경우에는 전자문서가 당해 공인인증기관에 제시된 시점을 전자서명하여 확인할 수 있도록 하여야 한다. 제21조에서는 가입자가 전자서명생성키를 안전하게 관리하도록 하였다. 가입자는 자신의 전자서명생성키를 안전하게 보관·관리하여야 하며, 이를 분실 또는 훼손한 때에는 공인인증기관에 통보하여야 하고 공인인증기관은 가입자의 신청이 있는 경우 외에는 가입자의 전자서명생성키를 보관하여서는 아니 되며, 가입자의 신청에 의하여 그의 전자서명생성키를 보관하는 경우에도 당해 가입자의 승낙 없이 이를 이용하거나 유출하여서는 아니 된다.

공인인증기관은 자신이 이용하는 전자서명생성정보를 안전하게 보관·관리하여야 하며, 당해 전자서명생성정보가 분실·훼손 또는 도난·유출되거나 훼손될 수 있는 위험을 인지한 때에는 지체 없이 그 사실을 보호진흥원에 통보하고 인증업무의 안전성과 신뢰성을 확보할 수 있는 대책을 마련하여야 한다.

제22조에서는 공인인증기관이 인증업무에 관한 기록을 안전하게 관리하도록 하는 규정을 두었다. 공인인증기관은 가입자의 인증서와 인증업무에 관한 기록을 안전하게 보관·관리하여야 하고 가입자인증서 등을 당해 인증서의 효력이 소멸된 날로부터 10년 동안 보관하여야 한다.

공인인증기관 및 가입자는 공인인증서의 유효기간 이내에 당해 공인인증서의 기재사항 또는 공인인증서와 결부된 정보가 정확하고 완전하게 유지되도록 상당한 주의를 기울여야 하며, 이용자가 공인인증서에 의하여 공인인증기관의 명칭 등 공인인증기관임을 확인할 수 있는 정보, 가입자가 당해 공인인증서가 발행된 당시에 전자서명생성정보를 지배·관리하고 있는 사실, 공인인증서의 발행 전에 전자서명생성정보가 유효한 사실 등의 사항을 확인할 수 있도록 쉬운 수단을 제공하여야 하고, 이용자가 서명자의 신원을 확인할 수 있는 방법, 전자서명생성정보 또는 공인인증서의 사용목적이나 사용금액에 대한 제한, 공인인증기관이 부담하는 책임의 범위 또는 정도를 확인할 수 있도록 쉬운 수단을 제공하여야 한다.

공인인증기관은 인증업무를 제공하는 정보처리시스템에 장애가 발생한 경우에는 지체 없이 그 사실을 행정안전부장관 또는 보호진흥원장에게 신고하고 신속히 장애를 복구할 수 있는 대책을 마련하여야 하며, 행정안전부장관 또는 보호진흥원장은 제 1 항의 규정에 의하여 인증업무의 장애를 신고받은 때에는 장애에 관한 정보수집과 전파, 장애복구에 관한 기술지원과 협력을 받도록 조치를 취하여야 한다.

공인인증기관은 인증업무 수행에 필요한 최소한의 개인정보만을 수집하여야 하며, 본인의 동의 없이 개인정보를 수집하여서는 아니 되며 수집된 개인정보를 인증업무 외의 목적으로 이용하거나 유출하여서는 아니 된다. 다만, 다른 법률에 특별한 규정이 있거나 본인의 동의가 있는 경우에는 그러하지 아니하고 가입자가 자신의 개인정보에 대한 열람을 신청하거나 당해 개인정보의 오류에 대하여 정정을 요구하는 때에는 지체 없이 필요한 조치를 취하여야 한다. 또한 인증업무에 종사하거나 종사하였던 자는 직무상 알게 된 타인의 개인정보를 누설하거나 타인에게 제공하여서는 아니 된다고 규정하여 개인의 정보를 보호하기 위하여 최선을 다하여야 한다. 제25조 제 1 항은 전자서명인증관리 업무에 관한 조항이다. 보호센터는 전자서명을 안전하고 신뢰성 있게 이용할 수 있는 환경을 조성하고 공인인증기관을 효율적으로 관리하기 위하여 공인인증기관의 전자서명검증키에 대한 인증, 전자서명인증기술의 개발 및 보급 기타 전자서명인증과 관련된 업무를 수행하고 제 3 조, 제 6 조, 제 7 조, 제15조 내지 제19조, 제22조 및 제28조의 규정은 제 1 항의 규정에 의한 공인인증기관의 전자서명검증키에 대한 인증에 관하여 이를 준용한다. 이 경우 “공인인증기관”은 “보호센터”로, “가입자”는 “공인인증기관”으로 본다.

제 8 절 전자어음법

1. 목 적

이 법은 전자적 방식으로 약속어음을 발행·유통하고 어음상의 권리를 행사할 수 있도록 함으로써 국민경제의 향상에 이바지함을 목적으로 한다고 규정하였다.

2. 정 의

전자문서라 함은 전자거래기본법 제 2 조 제 1 호에 따라 정보처리시스템에 의하여 전자적 형태로 작성, 송신·수신 또는 저장된 정보를 말하고, 전자어음은 전자문서로 작성되고 제 5 조 제 1 항에 따라 전자어음관리기관에 등록된 약속어음을 말하며, 공인전자서명은 전자서명법 제 2 조 제 3 호에 따른 정보를 말한다. 전자어음관리기관은 제 3 조 제 1 항에 따라 법무부장관의 지정을 받은 기관을 의미하고, 사업자고유정보는 전자어음과 관련된 당사자의 상호나 사업자등록번호, 회원번호, 법인등록번호 또는 주민등록번호 등 사업자를 식별할 수 있는 정보를 말한다.

금융기관은 은행법에 따른 금융기관 및 이에 준하는 업무를 수행하는 금융기관으로 대통령령으로 정하는 기관을 말한다. 이용자는 전자어음거래를 위하여 전자어음관리기관에 등록하고 전자어음관리기관의 시스템을 이용하여 전자어음거래를 하는 자를 말한다.

3. 전자어음의 등록 및 어음행위

전자어음관리기관은 법무부장관이 지정하며, 전자어음관리기관으로 지정받으려는 자는 민법 제32조에 따라 설립된 법인 또는 상법에 따라 설립된 주식회사이고, 대통령령으로 정하는 기술능력·재정능력·시설 및 장비 등을 갖추어야 한다. 전자어음관리기관의 지정절차와 그 밖에 필요한 사항은 대통령령으로 정한다.

전자어음에 관하여 이 법에서 정한 것 외에는 어음법에서 정하는 바에 따른다. 전자어음을 발행하려는 자는 그 전자어음을 전자어음관리기관에 등록하여야 하며, 전자어음관리기관은 해당 전자어음의 지급을 청구할 금융기관이나 신용조사기관 등의 의견을 참고하여 전자어음의 등록을 거부하거나 전자어음의 연간 총발행금액 등을 제한할 수 있고, 전자어음관리기관의 전자어음 등록에 관한 절차와 방법, 그 밖에 필요한 사항은 대통령령으로 정하고, 전자어음에 배서(背書) 또는 보증을 하거나 전자어음의 권리를 행사하는 것은 이 법에 따른 전자문서로만 할 수 있다. 전자어음에는 어음법 제75조 제1호·제2호·제3호·제5호 및 제6호에서 정하는 사항, 전자어음의 지급을 청구할 금융기관, 전자어음의 동일성을 표시하는 정보, 사업자고유정보 등의 사항을 기재하여야 한다.

제1항 제2호에 따른 금융기관이 있는 지역은 어음법 제75조 제4호에 따른 지급지(支給地)로 보며, 발행인이 제1항의 전자어음에 공인전자서명을 한 경우에는 어음법 제75조 제7호에 따른 기명날인 또는 서명을 한 것으로 본다. 발행인이 타인에게 전자거래기본법 제6조 제1항에 따라 전자어음을 송신하고 그 타인이 같은 조 제2항에 따라 수신한 때에 전자어음을 발행한 것으로 본다. 전자어음의 만기는 발행일부터 1년을 초과할 수 없고 어음법 제10조(같은 법 제77조에서 인용하는 경우의 해당 조항을 말한다)에 따른 백지어음은 전자어음으로 발행할 수 없다.

주식회사의 외부감사에 관한 법률 제2조에 따른 외부감사대상 주식회사는 약속어음을 발행할 경우 전자어음으로 발행하여야 한다. 전자어음에 배서를 하는 경우에는 전자어음에 배서의 뜻을 기재한 전자문서(이하 "배서전자문서"라 한다)를 첨부하여야 하며, 배서전자문서에는 전자어음의 동일성을 표시하는 정보를 기재하여야 하고, 배서인이 타인에게 전자거래기본법 제6조 제1항에 따라 전자어음과 배서전자문서를 송신하고 그 타인이 같은 조 제2항에 따라 수신한 때에는 어음법 제13조 제1항에 따른 배서 및 교부를 한 것으로 본다. 피배서인(被背書人)이 다시 배서를 하는 경우에는 이전에 작성된 배서전자문서를 전자어음에 전부 첨부하고 제1항에 따른 배서를 하여야 하고, 전자어음의 총배서횟수는 20회를 초과할 수 없으며, 전자어음의 배서에 관하여는 제6조 제3

항을 준용한다. 이 경우 “발행인”은 “배서인”으로 본다.

전자어음을 보증하는 자는 보증의 뜻을 기재한 전자문서를 그 전자어음에 첨부하여야 한다. 전자어음의 보증에 관하여는 제 6 조 제 3 항·제 4 항 및 제 7 조 제 2 항을 준용한다. 이 경우 “발행인”은 “보증인”으로, “발행”은 “보증”으로 본다.

전자어음의 소지인이 전자어음 및 전자어음의 배서에 관한 전자문서를 첨부하여 지급청구의 뜻이 기재된 전자문서를 제 6 조 제 1 항 제 2 호의 지급을 청구할 금융기관에 송신하고 그 금융기관이 수신한 때에는 어음법 제38조 제 1 항에서 규정한 지급을 위한 제시를 한 것으로 본다. 다만, 전자어음관리기관에 대한 전자어음의 제시는 지급을 위한 제시와 같은 효력이 있으며 전자어음관리기관이 운영하는 정보처리 조직에 의하여 전자어음의 만기일 이전에 자동으로 지급 제시되도록 할 수 있다. 지급 제시를 위한 송신과 수신의 시기는 전자거래기본법 제 6 조 제 1 항 및 제 2 항에 따르고, 지급 제시를 하는 소지인은 제 1 항에 따른 지급청구의 뜻이 기재된 전자문서에 어음금을 수령할 금융기관의 계좌를 기재하여야 하며, 제 1 항에 따른 지급 제시를 받은 금융기관이 어음금을 지급할 때에는 전자어음관리기관에 지급사실을 통지하여야 한다. 다만, 전자어음관리기관에서 운영하는 정보처리 조직에 의하여 지급이 완료된 경우에는 그러하지 아니하다.

제 9 조 제 4 항에 따른 통지가 있거나 전자어음관리기관의 정보처리 조직에 의하여 지급이 완료된 경우 어음 채무자가 해당 어음을 환수한 것으로 본다. 제 9 조 제 1 항에 따른 지급 제시를 받은 금융기관이 지급을 거절할 때에는 전자문서(이하 “지급거절 전자문서”라 한다)로 하여야 하고, 지급거절 전자문서를 전자어음관리기관에 통보하고 그 기관이 문서 내용을 확인한 경우에는 그 전자문서를 어음법 제44조 제 1 항에 따른 공정증서로 본다. 전자어음의 소지인이 제 1 항에 따른 전자문서를 수신한 날을 공정증서의 작성일로 보며, 제 2 항에 따른 지급거절 전자문서의 확인 방법 및 절차, 그 밖에 필요한 사항은 대통령령으로 정한다.

전자어음의 소지인이 상환청구를 할 때에는 전자어음, 배서전자문서, 지급거절 전자문서를 첨부하여 상환청구의 뜻을 기재한 전자문서를 상환의무자에게 송신하여야 하고, 상환의무자가 상환금액을 지급한 경우에는 전자어음관리기관에 지급사실을 통지하여야 하며, 제2항의 통지를 하면 상환의무자가 전자어음을 환수한 것으로 본다. 전자어음의 상환청구에 관하여는 제9조 제3항을 준용한다. 이 경우 "지급청구"는 "상환청구"로 본다.

전자어음을 발행하거나 배서한 자가 착오 등을 이유로 전자어음을 반환받으려면 그 소지인으로 하여금 전자어음관리기관에 반환 의사를 통지하게 하여야 하고, 제1항의 통지를 하면 전자어음은 발행되거나 배서되지 아니한 것으로 보며, 전자어음관리기관은 그 전자어음의 발행 또는 배서에 관한 기록을 말소하여야 하며, 전자어음의 수신자는 전자어음의 수령을 거부하려면 전자어음관리기관에 수령거부 의사를 통지하여야 한다. 수령거부 의사를 통지한 경우에는 수신자가 전자어음을 수령하지 아니한 것으로 보며, 전자어음관리기관은 수신자가 청구할 경우 그 수신자가 전자어음의 수령을 거부한 사실을 증명하는 문서를 발급하여야 한다.

4. 전자어음거래의 안전성 확보 및 이용자 보호

전자어음관리기관은 전자어음 거래의 안전을 확보하고 지급의 확실성을 보장할 수 있도록 전자어음거래의 전자적 전송·처리를 위한 인력, 시설, 전자적 장치 등에 관하여 대통령령으로 정하는 기준을 준수하여야 한다. 전자어음관리기관은 전자어음의 발행, 배서, 보증 및 권리행사 등을 할 때에 그 기관의 전자정보처리 조직을 통하여 이루어지도록 하는 조치, 전자어음별로 발행인과 배서인에 관한 기록, 전자어음 소지인의 변동사항 및 그 전자어음의 권리행사에 관한 기록의 보존, 전자어음거래를 추적·검색하고 오류가 발생할 경우 그 오류를 확인·정정할 수 있는 기록의 생성 및 보존 등의 업무를 수행하여야 한다. 제1항에 따라 전자어음관리기관이 보존하여야 하는 기록의 종류와 방법 및 보존기간은 대통령령으로 정한다.

전자어음관리기관은 이용자가 신청한 경우에는 대통령령으로 정하는 바에 따라 해당 전자어음 관련 발행 상황 및 잔액 등의 결제 정보를 제공하여야 하고, 전자어음거래와 관련하여 업무상 이용자의 신상에 관한 사항, 이용자의 거래계좌 및 전자어음거래의 내용과 실적에 관한 정보 또는 자료, 다음 각호에 해당하는 사항을 알게 된 자는 이용자의 동의를 받지 아니하고 타인에게 제공하거나 누설하여서는 아니 된다. 다만, 금융실명거래 및 비밀보장에 관한 법률 제 4 조 제 1 항 단서에 따른 경우와 그 밖의 법률에서 정한 경우에는 그러하지 아니하다. 전자어음관리기관은 건전한 전자어음 발행·유통과 선의의 거래자 보호를 위하여 대통령령으로 정하는 경우에는 법무부장관의 사전승인을 받아 제 1 항과 제 2 항에 규정된 사항 등을 공개할 수 있다.

제 3 장
인터넷 해외시장조사와 홍보

제 1 절 해외시장조사
제 2 절 인터넷을 이용한 해외시장조사와 홍보

무역거래에서 가장 먼저 해야 할 일은 생산된 상품을 해외시장에서 어떻게 판매할 것인가에 대한 구체적인 판매전략을 수립하는 것이다. 전략수립의 첫 단계는 해외시장조사를 통해서 믿을 만한 거래선을 발굴하고 그 거래선이 원하는 상품이 무엇인지 파악하는 것이다. 선정된 거래선에 수출상의 상품을 소개하거나 무역전문사이트를 통해서 상품을 홍보하고 거래선이 구체적인 거래조건을 타진해 오면 전자오퍼를 발송하여 전자무역계약체결을 준비한다.

제1절 해외시장조사

1. 해외시장조사의 의의

무역거래는 국내거래와는 달리 많은 위험에 노출되어 있다. 본래 수입상은 무역계약에서 명시된 상품을 약정된 기간에 입수하는 것이 가장 큰 관심사항이고 반면에 수출상은 수출대금을 안전하게 회수하는 것이 주된 목적이다. 그러나 수출입거래가 서로 다른 국가에 거주하는 기업간에 이루어지는 상품거래라는 점과 국내상거래에 비해 상품의 운송기간이 길고 수출입거래 당사자간의 언어, 법률, 종교, 경제제도, 상관습 등이 서로 다르며 재무상태 파악도 어려워 수출입거래에 따르는 위험발생소지가 많고 그 성격 또한 훨씬 복잡하고 다양하다.

무역거래를 통한 이익을 극대화시키고 무역거래의 위험을 최소화시키기 위해서는 정확한 해외시장조사가 선행되어야 한다. 해외시장조사는 해외시장의 개척과 마케팅 활동을 효율적으로 수행하는 데 필요한 정보를 수집하는 것으로 수출상과 수입상의 입장에서 살펴보면 다음과 같다.

수출상은 수출상품을 먼저 개발하고 해외시장조사를 통해 판매시장과 잠재구매력을 지닌 수입상을 발견하고 수입상이 원하는 상품의 특성을 파악하여 가장 적합한 수출전략을 수립해야 한다. 또한 대상시장을 선정한 후 잠재수요가 있는 상품을 발굴하고 외국 고객의 기호에 맞는 상품을 개발해야 한다.

수입상은 수입하고자 하는 상품을 제공할 수 있는 믿을 만한 수출상을 사전에 조사하여 언제, 어느 지역, 어느 수출상으로부터 가장 유리한 조건으로 수입할 수 있는가를 파악하는 한편 수입상품을 국내에서 다시 판매하기 위해 상품을 구매하는 국내판매상에 대한 조사와 수입상품의 유통구조, 경쟁상품 및 판매가격에 대한 조사를 철저히 하여 수입전략을 세워야 한다.

해외시장조사는 해외시장의 개척과 해외마케팅활동을 효율적으로 수행하는 데 필요한 정보획득 작업이다. 자기가 생산한 물품을 어떻게 하면 가장 많이 팔 수 있는지, 가장 비싸게 팔 수 있는지, 국제물류비용을 가장 적게 할 수 있으며, 어느 때 판매할 것이며, 어디에다가 판매할 것인가에 관한 정보를 과학적으로 수집하고 분석하여 그 결과를 해석하는 데 주된 목적이 있다.

2. 해외시장조사의 내용

해외시장조사를 일반적인 항목, 거래선, 대상품목으로 구분하여 살펴보면 다음과 같다.

1) 일반적인 항목조사

지리적 조건과 사회적 조건으로 나누어 일반적인 항목을 조사해야 하며 사회적 조건은 인구 및 인구증가율, 종교 및 인종, 언어 및 교육정도, 국민총생산 및 1인당 국민소득, 생산구조 및 유통질서, 통신 및 교통시설, 운송수단, 무역량, 관세 및 정부간여도, 금융기관 및 결제방법, 일반 상도덕 및 관습, 해당상품 국내공업의 발전정도 및 우리 제품과의 가격비교, 경쟁품목을 수출하는 나라 및 경쟁품목을 수출하는 한국업자의 판매정책 및 그 가격, 해당국에서 정책적으로 보호를 받고 있는 상품 및 그 수입정책, 상품의 선전·광고의 정도 및 그 시행과정, 해당상품의 소비층의 소비구조와 잠재수요의 유무, 해당국 국민의 한국에 대한 인상 및 한국상품 일반에 대한 인식도, 해당국의 해당소비층의 품질위주 선택문제, 해당국 국민들의 일반적인 색상 선호문제, 적절한 라벨 및 상표 부착문제 등이 있다.[1)]

2) 거래선조사

(1) 수입상에 관한 조사

수출상품을 실제 소비하는 소비자에 대해서는 소비자의 소득별 분포, 구매능력, 취향, 상품에 대한 만족도, 생산자에 대한 이미지(image) 등을 조사·분석한다. 소비자에 대한 종합적 분석에 따라 수출제품을 차별화·다양화하여 새로운 모델을 계속 개발함으로써 해외시장을 유지·확대할 수 있다.

(2) 수출상에 관한 조사

수입업자가 상품을 구매하기 위해서 해외시장을 조사할 경우에는 원하는

---

1) 해외시장조사 7C: character: 상도덕, capital: 거래능력, capacity: 대금지불능력, condition: 거래조건, collateral: 담보능력, currency: 거래통화, country: 거래국가.

상품을 적기에 공급할 수 있는 공급선(수출업자)에 대한 조사가 이루어져야 한다. 이와 관련하여 조사할 사항은 공급선의 성실성, 영업태도, 업계에서의 평판, 재무상태, 생산능력, 선적시기 등이다.

무역거래에서는 생면부지의 당사자들이 현품을 직접 확인하지 않은 상태에서 서신을 통해 거래를 시작하기 때문에 성실성, 영업태도 등 거래 상대방의 성격을 분석하는 것이 매우 중요한 일이다. 공급선의 재무상태는 장차 발생할 지도 모르는 채무를 이행할 수 있는지를 분석하는 자료가 된다. 그리고 수입규모와 수입시기를 결정하기 위해서는 공급선의 생산능력과 선적가능시기를 조사해야 한다.

(3) 대상품목에 관한 조사

수출상은 수출하고자 하는 상품의 품종, 품질, 디자인, 상표, 포장, 가격 등을 현지 생산품이나 기타 경쟁품·대체품의 가격, 시장점유율을 비교·분석하여 해외시장에서의 경쟁력을 측정하고 수출상품의 판매가격전략을 수립해야 한다. 이러한 경쟁력 측정과 가격전략을 통해서만이 시장에 적합한 상품을 수출할 수 있다. 그러나 특정시장에서 경쟁력이 있는 상품이라 하더라도 현지의 공업 소유권에 저촉된다든지, 할당(quota) 품목에 해당되면 수출자체가 불가능하므로 수입제도에 대한 조사도 병행되어야 한다.

수출상품의 적절한 생산계획을 세우기 위해서는 수요량 분석이 뒤따라야 한다. 특히 미래의 수요량, 계절적 수요량을 정확히 예측하여 생산량을 조절하고, 자체 내의 생산이 불가능할 경우에 대비해서 대체품의 공급계획을 수립하여 수출시장을 상실하지 않도록 한다.

사 례 1

여러분이 PC 영업을 5년간 해 오다가 최근 추가기능(절전, 환경오염방지)이 부가된 그린컴퓨터를 수출하려고 한다. 어떤 내용과 방법으로 조사해야 하는가?

사 례 2

해외시장 개척부서가 아프리카시장에서 거래 가능한 품목을 선정하려고 한다. 어떻게 하는 것이 가장 효율적이겠는가?

[표 3-1] 시장조사 항목표

국가개황	1. 역사	민족기원, 역사, 현 국가명 유래
	2. 지리	주요 산, 주요 하천, 주요 도로, 지진발생 여부, 홍수지역
	3. 인구	인구수, 증감률, 인구구성(연령별), 인구밀도와 집중도, 인구정책
	4. 인종구성	주요 인종비율, 인종유래, 인종갈등, 주의점
	5. 종교	종교특징, 종교행사, 생활과 종교, 주의점
	6. 언어	언어의 유래, 언어의 특징, 주의점
	7. 기후	계절의 특징, 기온/습도, 강우/강설, 기후와 복장
	8. 화폐와 환율	화폐의 종류, 환전과 환율, 암시장, 주의점
	9. 국경일	주요 국경일과 유래, 근무공휴일
	10. 주요 도시	주요 도시의 특징, 주요 사업
	11. 주요 현안	국가적 현안(정치, 경제, 사회, 문화 전반)
정치	1. 정치상황	정치체계, 주요 정당, 정치참여도, 주요 쟁점, 정치안정성
	2. 중요 인사	행정, 군부, 의회, 언론, 기타
	3. 행정제도	행정구역, 지방자치제도, 관료의 특징, 주의점
	4. 사법제도	재판제도, 사법부 위상, 외국인에 대한 태도, 주의점
	5. 외교	외교노선, 친선/반목국가, 우리나라와의 관계
	6. 군사	군사력, 국방비, 사업기회
사회	1. 교통	철도사정, 도로사정, 항공사정, 해상교통, 물류와 교통
	2. 통신	전화사정, 정보통신시설, 인터넷사용수준, 대중정보서비스
	3. 매스컴	언론청탁, 신문, 방송, 잡지
	4. 교육	교육의 특징, 학년제, 진학률, 교육비
	5. 사회보장제도	기본정책, 연금의 종류, 사회보험의 종류, 관련기관
	6. 치안	범죄유형, 정치테러, 치안상태, 경찰태도, 우범지역, 출장자 주의점
	7. 주택	주택형태, 보급률, 가격(임대료), 임대특징, 주의점
	8. 의료상식	응급대처 요령, 의료보험, 풍토병과 예방법
	9. 출입국	입국절차, 입국시 주의점, 세관통관
	10. 은행거래	주요 은행, 거래형태, 신용카드, 주의점
	11. 견학명소	주요 관광명소, 주요 견학명소, 주요 유적지
	12. 출장자가이드	교통, 호텔, 음식, 현지법인
경제	1. 경제의 특징	경제규모, 경제구조, 정부의 역할
	2. 경제정책	기본정책, 경제개발정책
	3. 주요 산업	
	4. 주요 자원	
	5. 주요 수출입상품	
	6. 수출입제도	
	7. 외환관리	
	8. 물가수준	

경제	9. 국제수지	수출입규모, 외채사정, 국제수지
	10. 환경보존	
	11. 주요 경제단체	
	12. 주요 공업지역	
	13. 지방경제 특징	
	14. 투자환경	
	15. 에너지사정	
	16. 금융사정	
	17. 노동사정	
	18. 외자도입제도	
	19. 원자재 부품조달	
	20. 상권	
	21. 유통구조	
	22. 소비성향	
	23. 상관습	
	24. 상담 주의점	
	25. 기업특징	
	26. 대표적 기업	
	27. 주재원의 조건	
	28. 현지인과의 관계	
	29. 현지인 근무태도	직업관, 근무강도, 상사복종성, 시간관념, 자기희생, 근태
문화	1. 국민성	특징적 기질, 질서의식, 시간관념, 정직성, 도덕성
	2. 직업관	근무태도, 이직률, 직업선택의 기준, 상사에 대한 태도
	3. 외국인관	외국인에 대한 기본인식, 국가별 차이, 주의점
	4. 남녀평등	여성의 사회활동, 가사분담, 자녀선호도
	5. 생활스타일	직장인, 공무원, 사업가, 전문직업자, 주부, 학생, 기타
	6. 의복문화	전통복장, 기후와 복장, 상황별 복장, 비즈니스 주의점
	7. 음식문화	전통음식, 식사예절
	8. 음주문화	전통주와 음주법, 음주예절, 주의점
	9. 제스처	특징적 제스처, 주의점
	10. 자동차문화	차량관리, 운전면허, 경찰의 태도, 교통법규
	11. 파티문화	파티의 종류, 초대방법, 참석시 주의점
	12. 흡연문화	흡연예절, 금연장소, 주의점
	13. 쇼핑	출장자의 쇼핑방법, 주재원의 쇼핑방법, 주의점, A/S
	14. 방문예절	시간, 복장, 선물, 기타
	15. 선물문화	거래선 선물, 관청선물, 기타
	16. 팁문화	팁지급 대상, 지급규모와 방법
	17. 여가생활	오락의 형태, 프로스포츠, 취미생활
	18. 이웃관계	주인과 관계, 이웃과 교류, 주의점
	19. 관혼상제	결혼식, 장례식, 생일, 기타 경조사
	20. 명절	주요 명절별 특징, 주재원의 주의점

제 2 절 인터넷을 이용한 해외시장조사와 홍보

1. 무역통계정보를 이용한 해외시장조사

1) 관세청무역통계(www.customs.go.kr)

관세청에서 작성한 주요 통계자료를 인터넷을 통해서 검색할 수 있다. 관세청 초기화면에서 수출입통계를 클릭하면 수출입통계에 관련된 상세한 자료가 화면에 나타난다. 수출입통계안내, 주요 수출입통계, 연도별 무역수지, 국가별 무역수지, 주(대륙)별 무역수지, 경제권별 무역수지, 지역별(통관지별) 수출실적, 국가별 · 품목별 수출화물, 수입화물, 수출입동향, 품목별 수출입 업체조회 등 다양한 수출입통계정보를 검색할 수 있다.

2) 한국무역협회(www.kotis.net)

한국무역협회에서 운영하는 kotis는 품목별 시장정보, 국가별 지식정보, 주요 수출국별 무역통계정보, 무역지원 DB, 카탈로그제작, 무역커뮤니티 등으로 구성되어 있어 해외시장조사에 필요한 자료를 제공하고 있다.[2)]

3) 지식경제부 수출통계정보(www.mocie.go.kr)

지식경제부의 주요 통계 및 관련 자료를 분기별로 종합 정리한 것으로 수출입관련 통계는 물론 산업에 관한 다양한 정보를 제공하고 있다. 지식경제부 홈페이지에서 자료실을 클릭하면 통계자료가 화면에 나타난다.

기본통계는 주요 국민계정추이, 국제수지, 수출입실적 등 14개 항목에 대한 정보가 있다. 무역/투자/국제협력을 클릭하면 지역별 무역수지, 연도별 교역조건, 수출실적, 수입실적 등 12개 항목의 정보가 있다. 수출실적을 클릭하면 품목별 수출실적, 지역별 수출실적, 주요 품목별 · 월별 수출실적, 주요 지역별 · 품목별 수출실적에 관한 정보가 수록되어 있다.

산업별 동향을 클릭하면 산업별 수출입통계에 관한 자료가 있고 섬유산업

2) 관세청과 한국무역협회 사이트의 사용방법을 CD에 있는 교수파일에 수록하였다.

을 클릭하면 수급동향, 국내산업상 비중, 세계시장에서의 위치, 수입량, 화학섬유 생산능력, 섬유소재별 1인당 소비량 등에 관한 정보가 있다.

4) 통계바다(www.stat.go.kr)

우리나라의 모든 통계정보를 한눈에 검색할 수 있는 사이트로 107개 정부기관에서 내놓은 399종의 각종 통계정보를 해당부처의 웹사이트에 일일이 접속할 필요없이 한 곳에서 검색할 수 있도록 해 놓았다.

5) 세계통계정보(www.lib.umich.edu)

전 세계에 흩어져 있는 경제, 무역, 산업은 물론 정치, 교육, 환경 등 다양한 분야의 통계정보 사이트의 Know-Where 정보를 12가지 상위 디렉토리로 분류하여 일일이 접속할 필요없이 한 곳에서 검색할 수 있도록 했다.

6) 미국통계청 데이터베이스(www.census.gov)

미국으로 수입된 제품을 국가별 · 연도별 · 품목별로 분류된 정보를 제공하는 사이트로 미국으로 수출하고자 하는 품목이 미국에서 얼마나 수입되며 주된 수입국가가 어느 국가인지 검색할 수 있어 본 제품이 미국에서의 경쟁정도, 시장성, 가격산정, 고객의 기호 등을 파악할 수 있다.

2. 검색엔진을 이용한 해외시장조사

정보통신망이 연결된 정보통신고속도로에 들어서면 무수히 많은 길이 있기 때문에 이정표를 제대로 볼 수 있는 사람은 손쉽게 목적지까지 도달할 수 있는 반면에 그렇지 못한 사람은 방향감각을 상실해서 목적지는 고사하고 원위치로 돌아올 수 없다. 여기서 이정표는 검색엔진을 말하며 검색엔진을 잘 활용할 줄 아는 사람은 경제적으로 자기가 원하는 정보를 쉽게 얻을 수 있다. 전자무역에서 수출입상사들은 해외시장조사에 필요한 정보를 얻기 위해서 자기가 원하는 검색어를 가지고 원하는 사이트를 검색해 주는 검색엔진(search engine)을 적극적으로 이용하고 있다.

1) 검색엔진의 종류

(1) 국내정보검색엔진

인터넷 사용자들이 급격히 증가함에 따라 정보를 효과적으로 검색할 수 있는 한글 검색사이트가 1994년에 개발되었다. 대표적인 사이트로는 심마니, 야후코리아, 정보탐정, 와키노, 까치네, 다찾니, 코시크, 유즈넷검색네플 등이 있으며 그 후 계속해서 검색엔진이 개발되어 현재 20여 개에 이르고 있다.

최근 개발된 검색엔진은 다양한 검색기능을 제공할 수 있도록 만들어져 기능과 성능면에서 외국에서 개발된 검색엔진과 비교해 볼 때 결코 뒤지지 않는다. 따라서 해외시장조사를 할 때 수출입상사들은 각 검색엔진이 갖고 있는 특성을 잘 활용하면 필요한 정보를 경제적으로 획득할 수 있다.

(2) 해외정보검색엔진

해외에서 개발된 검색엔진은 야후(yahoo), 노란집(theyellowpage), 인포시크(Infoseek), 알타비스타(Altavista), 익사이트(Excite) 등과 같이 많이 있으며 이들 검색엔진은 기능과 성능면에서 상당한 차이가 있기 때문에 적합한 검색엔진을 선택하는 것이 무엇보다도 중요하다.

특정 수출품목에 대하여 주요 검색엔진을 통해 키워드 검색을 하였을 때 검색결과로써 수만 개 또는 수십만 개의 웹 페이지가 검색결과로 도출될 수 있다.

3. 전자무역거래 알선 사이트를 활용한 해외시장조사

전자무역거래 알선 사이트는 인터넷을 이용하여 국가간 상거래를 중재 및 알선해 주는 무역사이트를 국가간 상거래를 촉진하기 위해 세계의 수출입상에게 모든 정보를 제공해 주고 있다. 전 세계를 대상으로 물품을 팔고자 하는 수출상과 물품을 매입하고자 하는 수입상이 등록되어 있어서 거래선을 발굴하기가 용이하며 인터넷을 이용하여 자사상품을 홍보하고 상품소개서를 정보통신망에 등록하여 전 세계의 가망고객에게 상품과 수출상을 소개해 줌으로써 국가간 상거래를 활성화시켜 주는 사이트이다.

1) 전자무역거래 알선 사이트의 특징

전자무역거래 알선 사이트는 수출입상이 인터넷으로 상호간 의사를 전달할 수 있다는 특징을 갖고 있다. 수출상이 판매하고자 하는 상품에 대한 소개와 오퍼의 발송 그리고 오퍼를 받아본 수입상이 오퍼내용에 대한 수정을 인터넷상에서 자율적으로 할 수 있다는 점에서 전자무역거래 알선 사이트는 시간과 공간을 초월하여 정보의 활용성을 제공하고 있다.

기존에 수출상은 해외시장조사와 거래선의 명단을 입수하기 위해 무역통계자료와 무역유관기관에서 발행한 간행물과 해외기관에서 발간한 간행물을 일일이 찾아서 분석한 후에 거래선을 선정하는 방법을 사용하여 시간과 비용이 많이 소요되었지만 전자무역거래 알선 사이트를 이용하면 경제적으로 원하는 정보와 거래선을 발굴할 수 있기 때문에 이러한 전자무역거래 알선 사이트를 적극적으로 활용해야 한다.

무역거래 알선 사이트를 통한 중소기업의 수출총액을 합산한 결과 업체당 총 1,000~2,000만 달러 규모의 수출실적을 달성한 것으로 나타났다. 중소기업들은 무역전문사이트를 이용하여 해외시장을 효과적으로 개척하고 있는 것으로 볼 수 있다. 결국 해외시장 개척을 원하나 인력 및 비용 부족으로 어려움을 겪는 국내 중소기업체들에게 전자무역은 세계시장으로 나가기 위한 관문으로써 유용함을 보여준다.

2) 전자무역거래 알선 사이트 소개

(1) 국내무역거래 알선 사이트

① EC21(www.ec21.com)

각 카테고리별로 검색이 가능하고 오퍼정보, 업체 디렉토리, 상품 카탈로그 등을 제공하고, 국내정보와 국외정보로 크게 분류되어 있다. EC21은 2009년 말 현재 200개 업체 300건의 수출대행을 통해 9,184만 9,447달러의 계약을 성사시켜 국내에서 처음으로 단일 무역 e마켓을 통한 수출거래액이 연간 1,000억 달러에 이르고 있다.[3)]

3) EC21 사이트를 활용할 수 있는 방법을 CD에 있는 교수파일에 수록하였다.

② ECPLaza(www.ecplaza.net)

카테고리의 오퍼 검색 및 등록, 오퍼자동등록, 유명 검색엔진 및 디렉토리 홈페이지 자동등록, 트레이드, 비즈니스 관련 뉴스그룹 오퍼 자동 포스팅 등의 무료 트레이드 프로모션 서비스를 제공하고 있다. ECPLaza를 통해 수출된 금액이 1,500만 달러에 이르고 있다.

③ SILKroad21(www.silkroad21.com)

SILKroad21은 전자무역을 활성화시키기 위한 우리나라의 국가인프라로 중소기업의 전자상거래를 지원하는 무역전문 사이트이다. 해외수입상 검색과 관련하여 여러 무역유관기관에 흩어져 있는 오퍼를 이곳 사이트에서 통합하여 검색할 수 있는 기능을 제공하고 있다. 즉 자체 내의 데이터베이스뿐만 아니라 "EC21," "KOBO," "Trade Page" 등 기타 국내의 다른 무역거래 알선 사이트들을 검색한 결과도 함께 제공해 주는 사이트이다.

④ 티페이지글로벌(www.tpage.com)

오퍼보드에 등록된 거래희망금액만 22억 달러에 달하는 국내의 대표적인 무역 e마켓 중 하나에 속한다. 최근 마이티페이지라는 통합관리솔루션을 통해 무역서신교환, 협상, 제품정보 및 거래선 관리, 해외수입상 발굴 등을 유료로 통합서비스하고 있다. 티페이지글로벌은 자사 사이트 해외회원수 비중이 80%인 점을 이용해 국내 IT제품을 중심으로 글로벌 마케팅을 벌인 결과 1,000만 달러 이상의 수출성과를 거두었다.

⑤ 이트레이더

이트레이더는 B2B마케팅 시스템인 마이 바이어(My Buyer) 제품을 개발하여 1,000만 달러의 수출성과를 거두었다. 최근 5년간 전 세계 주요 무역기관으로부터 수집한 19,740여 만 수입상 정보가 655개 업체로 분류되어 12개 업종별 CD로 되어 마이 바이어를 통해 업체가 원하는 개별 수출업체들에 대한 데이터베이스를 구축할 수 있을 뿐만 아니라 수출업체는 이 데이터베이스를 이용하여 관련 수입상에게 지속적인 수출상품정보를 제공함으로써 해외시장을 효과적으로 개척할 수 있을 것이다.

⑥ KOBO(www.kobo.net)

KOBO는 대한무역투자진흥공사에서 제공하는 한국상품 수출거래 알선 전용시스템이다. 해외시장조사, 개척, 수출입거래의 알선 등을 통해 우리나라의 무역진흥을 도모하기 위하여 1962년에 설립되었다. 한국상품에 대한 정보와 구매 등에 따른 제반 사항을 해외의 수입상에게 제공하고 동시에 해외 수입상의 수입정보를 신속하게 국내의 수출상에게 제공하고 있다.

(2) 해외 무역거래 알선 사이트

① kompass(www.kompass.com)

kompass는 전 세계 70개 국 170만 개 기업체의 제품, 중개 및 기타 관련 정보를 무료 및 유료로 제공한다. 각각의 기업체는 kompass의 지사로부터 매년 점검을 받고 있다. 모든 기업체와 5만 개에 이르는 상품 및 서비스는 kompass 자체의 상품분류시스템에서 company, trader, executives, product category 등으로 빠르고 다양한 검색이 가능하다. 유료 구독 이후에 자세한 정보를 받아 볼 수 있다. 대부분의 적합한 기업체는 무료로 자사명 등록이 가능하며, 소매업의 경우는 제조자와 중개인, 유통업자의 직접적인 거래가 가능하므로 kompass 등록 자격에서 제외된다. 취급 품목은 농산품에서부터 자동차, 화학, 정보통신, 건강관련 산업, 뷰티, 운송, 호텔 및 기업경영 서비스까지 굉장히 폭넓다.

② EUROPAGES(www.europages.lu)

EUROPAGE에서는 유럽 내의 상품, 기업체 및 무역거래를 주 내용으로 하지만 유럽 외 지역에 관한 정보도 찾아볼 수 있다. 상품과 회사로 분류되어 정보검색이 이루어지고, 농업, 원료, 운송, 화학, 건설 및 공공산업, 컴퓨터장비, 정보, 피혁, 의류, 출판, 다양한 서비스에 이르기까지 제한이 없다. 카테고리로 들어가면 하부 카테고리가 다시 열리고 기업에 대한 간략한 정보와 함께 기업 웹사이트에 바로 연결될 수 있도록 시스템화되어 있다.

③ Thomas Register

북미지역, 즉 미국과 캐나다 제조업체가 카테고리로 분류되어 있고 각 제조업체의 웹사이트를 클릭하여 들어가면 기업 및 상품에 대한 정보를 얻을 수 있다. company/product category별로 구분되어 있으며, 키워드를 입력하여 검색해야 한다.

④ AsianNet(www.asiannet.com)

성장하는 경제국가들에 대한 상세한 정보를 제공하고 있다. 국가별로 분류하였고 수출입오퍼에 대한 정확한 분류와 자세한 정보가 이 사이트를 중심으로 현재 많은 거래가 이루어지고 있다고 볼 수 있다. 이 사이트의 특징으로는 새로 시작한 기업과 새로 출시하여 아직 검증받지 않은 아이디어 상품들이 많다는 점이다.

⑤ USITC(http://dataweb.usitc.gov)

United States International Trade Commission는 미국의 수출입과 관련된 통계정보를 제공하는 사이트를 운영하고 있다. 각 품목별 관세율과 연도별·국가별 수출입현황을 조회할 수 있고 미국의 수출입관련 규정의 변동사항도 파악할 수 있다.

⑥ Alibaba(www.alibaba.com)

중국관련 거래알선 사이트로 주로 중국업체들과 거래를 희망하는 외국 수입상을 위해서 중국의 제조, 무역업체들에 대한 정보와 상품 및 오퍼정보를 담고 있는 중국 최대의 거래알선 사이트이다.

[표 3-2] 주요 무역사이트

사이트 명	내 용	홈페이지 주소
100Sell.com	Free trade lead listings	http://www.100sell.com
1st World Trade Portal	Free trade lead listings	http://www.1stworldtrade portal.com
20un	Free trade lead company listings. Knowing Devide of industry in under directory.	www.20un.com/
대한무역투자진흥공사		http://www.kotra.co.kr
무역일보		http://www.tradenews.net
산업정보망		http://www.iin.co.kr
수출보험공사		http://www.keic.or.kr
신용보증기금		http://www.shinbo.co.kr
외교통상부		www.mofat.go.kr
한국신용정보		http://www.nice.co.kr
AA Tradenet	Free trade lead listings, Product, company serch, 체코, 영어서비스 제공	http://wwwtradenet.cz
AAAOE.COM	For fee trade lead system	http://aaaoe.com

사이트 명	내 용	홈페이지 주소
Afaceri Online	B2B marketplace with free Trade Leads, Showrooms and Directory - target Romanian, European and International companies.	http://afacerionline.com
Africa Import Export Forum	Africa Trade Forum is dedicated to trade and import export opportunities from Africa towards America, Asia Pacific & Euroup. Africa Trade Forum is a major marketplace for African companies to seek new suppliers of manufactured goods, services and foodstuf	http://www.export-forum.com/
Alibaba	Free trade lead listings. Search engine format.	http://www.alibaba.com
Allactiontrade	Free trade lead listings	http://www.allactiontrade.com
AsiaTradeMart.com	Trade leads from Asia	http://www.asiatrademart.com
asiaville	Free trade lead listings. 싱가폴중심 서비스 망	www.asiaville.com/
Berlinkauf Trade Leads	Free trade lead listings	http://www.berlinkauf.com
Bidmix.com	Searchable database of import, export, and business opportunity trade leads for international businesses.	http://www.Bidmix.com
Biz Online Classified	Free trade lead listings	http://www.mcsmarketing.westhost.com/cgi-bin/classifieds/classifieds.cgi
BizBB	Free trade lead listings	http://www.bizbb.com
Biz-Channel-Free Trade Leads	Chinese based site offering free posting of offers to Buy/Sell and maintains a database of trade leads.	http://www.biz-channel.com/leads.htm
Business Contact Forum	Free trade lead listings	http://www.lengua.com/wwwboard/wwwboard.html
Business Link	Free trade lead listings	http://www.bazar-az.com/products.php
Business-World-Promotion.com	Website for posting classified leads for a variety of products and services.	http://www.business-world-promotion.com/cgi-bin/classified/classified.cgi
California Trade Network	Free trade lead listings from California	http://www.caltrade.com
Centre for International Trade	Free trade lead system	http://centretrade.com/cgi-local/forum.cgi
China Inc Trade Leads	Free trade lead listings	http://www.china-inc.com/cgi-bin/yabb/yabb.cgi
China Vista	Free trade lead listings	http://trade.chinavista.com/home.html

사이트 명	내 용	홈페이지 주소
CIA		http://www.cia.gov
Cosmetic Market Research		http://databases.cosmetics business.com
DoubleTrade	An international trading hub dedicated to the management of public and private I invitations to tender in European and international markets, via the internet.	http://www.doubletrade.com/siteuk/Accueil.htm
Duns & Radstreet		http://www.dnb.com
ec21	세계 2위의 전자무역 포털 사이트로 영어 이외에 한글과 중문으로도 검색 가능, 아이템별·거래 유형별·기업별 검색이 가능하며, 전 세계 한국업체와 거래하고자 하는 회사들이 많이 이용하므로 상대적으로 거래 성사 가능성이 높다.	http://www.ec21.net
ecplaza	다양한 언어 지원, 최신 자료 많음, 무료 회원 가입도 가능, 195개 회원국의 50만 Buyerlist&유수 무역사이트 buying offer제공	http://www.ecplaza.net
ECROBOT.Com	Trade lead search engine and company product listings.	http://www.ecrobot.com
eMarket Services		http://www.emarketservices.com
E-net		http://www.enet.co.kr
E-Netbuy	Free trade lead listings. B2B기능과 온라인기능 확장, 신뢰도는 떨어짐.	http://www.e-netbuy.com
E-WorldTrade.com	International trade portal providing trade leads and a business directory.	http://www.e-worldtrade.com
Export Consulting	Free trade lead listings and links to consultants in several countries. 가입비 무료, 무료 회원제이므로 회원들의 컬러티는 보장 못함. 메인 아이템: 국가별 올리브 오일, 기계부품, 원목, 귀금속	http://www.exportconsulting.nl
ExportBureau	Free trade leads and directories	http://www.exportbureau.com
ExportersUS	Trade leads for import and export wth the USA	http://www.exportersus.com
ExportLeads.com/ Importleads.com	Website offering trade leads for importers and exporters.	http://www.exportleads.com
ExportPymes	Free trade leads in Spanish	http://www.exportapymes.com
Exprot-Leads Online	Fee-based trade leads. Also sells international directory of importers	http://www.export-leads.com/enter.htm

사이트 명	내 용	홈페이지 주소
Extrade.net	Free trade lead listings	http://www.extrade.net
Feedback Research Service.		http://www.feed-back.com
FITA/Alibaba Marketplace	The FITA/Alibaba Marketplace is a partnership between FITA and Alibaba.com, the world's largest marketplace for global trade and the leading provider of online marketing services for importers and exporters. Click here to take a look!	http://fita.alibaba.com
Foreign Trade online	Free trade leads and other resources	http://www.foreign-trade.com
FreeTradeFront.Com	Classified listing of trade leads. 연회비 US$199, 한국어 지원 매우 엉망, 사기 보도 기록, 아프리카 은행 이동 사기, 이주사기, 나이지리아인 사기 등 사례 게시	http://www.freetradefront.com
Fuzing	Free trade lead listings	http://www.fuzing.com
Global Importers List	Subscription based trade portal opertaed by Eurotrade Market Network providing a global importers directory and newsfeeds.	http://www.export-import-companies.com/
Global Information Inc.		http://www.giikorea.co.kr
Global Information Inc.		http://www.the-infoshop.com
Global Trade & Technology Network	GTN, a marketplace sponsored by th US Agency for international Development (USAID) facilitates the transfer of technology and services through the identification, dissemination and matching of industry specific requests for quotations (RFQs) for our member companies located in the United States, developing countries and transition economies.	http://www.usgtn.net
Global Trade Village	Free trade lead listings	http://www.globaltradevillage.com
Global Trade Zone	Free trade lead listings	http://www.tradezone.com
go4WorldBusiness.com	무료 거래 알선 사이트, 사이트 운영회사는 인도, 전 세계를 대상으로 함, 생활용품, 컴퓨터 및 전자기기, 원자재, 식품, 의약품 등 1,200개의 카테고리에 걸쳐 23,651 이상의 제품 거래를 연결시키고 있다.	http://go4worldbusiness.com

사이트 명	내 용	홈페이지 주소
Go4WorldBusiness.com	Subscription based trade lead and catalog system	http://www.Go4worldbusiness.com/
Golden Trade	Paid subscription based trade lead system	http://www.golden-trade.com/
HighBeam Research		http://www.highbeam.com
Import Export Companies on Internet	Free trade lead listings	http://www.shinestar.com/newera/links.htm
Importerlist.com	Databases of importers worldwide	http://importerlist.com
Importers.com	Free trade lead listings. 무료 회원제와 유료 회원제로 이용, 정보의 이용여부에 따라 비용이 다름, 물품의 목록에 따라 수출입 회사들의 목록이 알기쉽게 나타나 있고 수출업자·수입업자·국가별 검색도 가능	http://www.importers.com
International Business Forum Trade Opportunities	Free trade lead listings	http://www.ibf.com/bo/ibbo02po.htm
International Business Opportunities Centre	Free trade leads listings and international government tender listings. 캐나다 국제무역 사이트. 캐나다 수출 전략이 어떤지, 어떤 품목을 주 수출 대상으로 하는지에 대한 정보를 알수 있으나, Offer를 보내는 입장에서 별로 쓸모 없는 사이트이다.	http://www.e-leads.ca/menu-e.asp
itradeboard.com	Free trade lead listings	http://www.itradeboard.com
J.P. Morgan	Databases of investment/asset management/market research	http://www.jpmorgan.com
Japan Credit Rating Agency	Database of foreign financial market/foreign political and economic condition	http://www.jcr.co.jp
Keidanren	Database of Japan economic/indusrial/labor	http://www.keidanren.or.jp
Liquidation.com	Online marketplace for buyers and sellers of surplus goods worldwide. Services include payment collection, warehousing, inspection and shipping. 무료 회원, 옷, 액세서리, 가전제품, 자동차 등 거의 모든 품목 취급, seller가 물품의 사진과 수량을 게시, buyer가 경매를 통해 물품을 구입	http://www.liquidation.com

사이트 명	내 용	홈페이지 주소
MalaysiaExports.com-Free international Buyers-sellers Listing	무료 회원 가입, 총 56개의 품목으로 나누어져 있음, Seller가 제시한 물품의 사진이 나와 있지 않는 등 상품에 관한 세세한 정보가 기재되어 있지 않기 때문에 나와 있는 연락처로 구매자와 판매자가 개별 연락을 취해야 하는 불편한 점이 다소 있다.	http://www.malaysiaexports.com
Market Research	Free trade lead list	http://www.marketresearch.com
Mediterranean Trade Board	Free trade lead listings	http://www.eidinet.com/tb/
Moodys	Database of investment/investigation of credit standing	http://www.moodys.com
Newasiatrade	Trade lead from Asia	http://www.newasiatrade.com
NuDeal	Free trade lead listings Search engine format. This site is focus on Canada and Australia's marketplace. Membership is free for a limited time.	http://www.nudeal.com/
Offer21	Free trade lead listings. 품목별로 나누어져 있어 상품파악에 유리함, 도매상과 접촉하는 것과 회사를 포스팅하는 것이 무료, 복잡한 홈페이지 구성으로 검색에 어려움이 있음.	http://www.offer21.com
One Point Commerce	A system that enables trading between buyers and suppliers even if parties to transactions are not connected to the Internet. Parties can 'Negotiate' transactions. Parties connected to the Internet can post their product(s)/service(s), negotiate, counter	http://www.onepointcommerce.com/
One TO World	Free trade lead listings. 무료 회원 가입, 전 세계 한인정보, 한인거래 무역사이트, 한인 B2B	http://www.onetoworld.com
OrbTrade	Free trade lead listings, Emphasis on Mexico opportunities	http://www.orbtrade.net
Post Your Offer	Free trade lead listings	http://www.postyouroffer.com
Premier Business Club	Free trade lead system. buyer와 seller의 포스팅이 가능하며 가입비는 무료, 주로 buying offer가 올라온다.	http://www.premierbc.com

사이트 명	내 용	홈페이지 주소
Real-Time Taiwan Trade Exchange	Free trade lead listings	http://manufacture.com.tw
REMexport	Free trade lead listings	http://remexport.com
Researchandmarkets.		http://www.researchandmarkets.com
Schedule Bank		http://www.schedulebank.com
securetenders.com	Trade lead and government tender listings. Free trial period	http://www.securetenders.com/
Seekgoods.com	Free trade lead listings. 가입비는 유/무료, 메인 아이템은 거의 모든 종류가 다 있지만 그 중에 예술 문화창작에 가장 많은 아이템을 보유하고 있다.	http://www.seekgoods.com
Sell2Arabia.Com	Fee based trade system for doing business in the Middle East.	http://sell2arabia.com/
Silkroad21	Free international trade leads and tender notification service. Search products and companies worldwide.	http://www.silkroad21.com
Skali Import-Export Trade Leads	Free trade lead listings	http://www.skali.com.my/index.php?ch=13
Terrecom.com	Free trade lead listings	http://terrecom.com
Tpage Trade Leads	전 세계 수출입 오퍼정보, 영어/한국어 포함 7개 언어로 변환 가능, 준회원/정회원(개인, 기업) 등의 무료 회원과 비즈회원의 유료 회원, Auto Multi Posting System과 offer meta search기능과 인터넷 폰 서비스, 홈페이지 제작, 웹 프로모션서비스 제공	http://offer.tpage.com/
Trade Asia	Free trade leads listings	http://www.tradeasia.net/
Trade Channel	Listing of products. For sale from companies all over the world.	http://www.tradechannel.com/html/1/frame_is.html
Trade Engine	Free trade lead listings. 영어와 중국어 지원 소프트웨어, 사용자간의 네트워크	http://www.extrade.net
Trade Opportunities	Free trade leads listings. 회원가입 및 배너광고 등의 서비스를 무료로 이용할 수 있다. B2B방식으로 원하는 지역의 buyer와 seller를 검색해 준다.	http://www.trade-opportunities.com/
TradeAgent	Free trade leads listings	http://tradeagent.com/
Tradeboard	Free trade leads listings	http://exportconsulting.nl/

사이트 명	내 용	홈페이지 주소
TradeBoss.com	A B2B trade portal offering free trade leads and posting of offers to buy and sell. 가입비 무료, 단 가격에 따라 회원에 대한 정보검색과 카달로그 등록기간이 다름, 기본적인 정보는 무료, 온라인상에서 B2B방식으로 수출업자와 수입업자 검색가능, offer to sell과 offer to buy 포스팅 가능	http://www.tradeboss.com/?source=fita.org/
TradeBusiness.com Global Trade Board	Free trade leads listings and business directory	http://www.tradebusiness.com/
TradeGet	Free trade lead odd lot listings	http://www.tradeget.com/
TradeIndia BBS	Free trade leads listings. 인도시장의 수출업자, 제조업자 정보와 수입업자의 정보뿐만 아니라 전 세계 buyer검색 가능, 무료 사이트, seller 오퍼 검색가능, 무역 박람회 및 최근 경향들에 대한 정보를 제공	http://www.trade-india.com/bbsnew/bbsindex.html/
Twaynet.com	Trade leads from around the world	http://www.twaynet.com/index.asp
Ultra Concepts	Qualified trade leads and a directory of more than 500,000 companies worldwide.	http://www.ultraconcepts.biz
UN		http://www.unctad.org
United Nations World Trade Point Federation ETO System	Trade leads from the world Trade Point Ferderation	http://www.wtpfed.org/newsite/index.php
UniversalPartners.com	Free trade lead listings. Register, Search, Forum, Contact 4가지 카테고리가 있고, 회사에 관한 정보 외에 중요 포럼들에 대한 정보가 있다. 가입비는 무료	http://universalpartners.com/cgi-bin/upclassads.cgi?category=all
Vorras	Free trade lead listings in English, French and Spanish. 무료 회원 가입, offer를 보고 바로 reply를 달 수 있는 게시판 형식, 영어·불어·서반아어를 지원하며 회사 사이트 링크는 필수로 되어 있다.	http://www.vorras.net/
Wbiz.net - World Marketplace	A trade portal for trade leads, tenders, agent locator and product samples for importers and exporters. 분류가 잘 되어 있어 검색이 쉽다. 샘플·제품별 검색이 가능하다는 점이 특징, 다양한 언어로 검색 가능, 무료 가입 혜택, 오퍼·상품·회사별 키워드 검색 가능	http://www.wbiz.net/
WebBusinessDataBank	Website for posting offers to buy and sell on the web	http://www.wbdb.net/

사이트 명	내 용	홈페이지 주소
Wisben	Free trade lead listings	http://www.wisben.com
World Access Network Direct (WAND)	Free trade lead listings and company directory organized by HS Code. Entry page in 11 languages	http://www.wand.com/
World Chambers Network-Global Business Exchange	A fee based service providing trade leads.	http://www.worldchambers.com/ITO/index.htm
World Exchange	가입은 매달 19.95$로 유료, 가입 후 30일 이내에 마음에 안들면 환불가능, 중소기업이 세계적으로 거래가 가능하도록 되어 있음, 이메일로 최근의 offer들을 알려줌, 디렉토리 구분이 잘 되어 있다.	http://www.world-exchange.biz
World Trade Database		http://www.wtdb.com
World Trade Link Trader's Board	Fere trade lead listings	http://www.worldtradelink.net/wwwboard/
World Trade Way	Free trade lead listings	http://www.worldtradeway.com/
Worldbid.Com	Worldbid.com is an international, business-to-business marketplace that facilitates international trade by providing qualified import/export trade leads and catalog posting. Paid registered to enhance imports and exports across borders as well as national	http://www.worldbid.com/
WorldTrade	무료로 이용, 베트남어 지원, 각국의 거래 알선 사이트 링크	www.worldtradeb2b.com
WorldTradeAA	Trade leads search engine. Free registration. Fee to see lead details	http://www.worldtradeaa.com
Yesco Marketplace	44개 카테고리의 전 세계 대형 도소매장, 유통업자들에게 내구성상품 위주로 소개, Buying offer는 많지 않고 Selling offer가 많다. 가입은 무료	http://www.yescoltd.com/mp/

제 4 장
전자무역의 원가분석

제 1 절 전자무역의 원가계산

제 2 절 전자무역의 원가산정방법

제 3 절 전자무역의 원가계산 실습

상인들이 전자무역거래에 혼신의 노력을 기울이는 것은 돈을 벌기 위해서이다. 전자무역거래의 원가구조는 복잡하고 원가변동이 자주 일어나기 때문에 정확하게 모든 원가항목을 세밀하게 분석하여 수출입판매 단가를 산정하지 않으면 예상치 못한 손실이 발생하게 된다. 따라서 전자무역의 원가항목과 원가계산에 대해서 구체적으로 살펴본다.

제1절 전자무역의 원가계산

1. 전자무역 원가와 협상

국내외를 불문하고 상인들이 혼신의 힘을 다하여 상거래를 하는 것은 돈을 벌기 위해서이다. 무역상은 전 세계시장을 대상으로 상품을 가장 싸게 사서 비싸게 팔아 그 차액을 이윤으로 남기는 것을 목적으로 밤과 낮을 가리지 않고 동분서주하고 있다. 무역상이 마케팅이나 협상을 잘하기 위해서는 수출입 원가 항목을 정확히 파악하고 있어야 한다. 수출상과 수입상의 협상은 결국 가격 싸움으로 가격에서 시작하여 가격으로 끝난다.

수출상은 원·부자재의 가격, 제조공정, 제조원가, 디자인, 국제물류비용, 경쟁사의 가격, 경쟁상품의 현지 판매가격 등을 종합적으로 분석하여 상품가격을 결정하게 되고 반면에 수입상은 수출상이 제시한 상품가격에 국제물류비용, 현지유통비용, 수입상의 마진 등을 고려하여 구매가격을 결정하게 된다. 즉 수출상의 판매가격과 수입상의 구매가격은 수입국 판매시장의 가격과 현지에서 생산된 동종 상품의 판매가격, 현지에 수입된 동종 외국상품의 판매가격 등에 의해서 결정된다.

수출상과 수입상이 상담에 들어가기 전에 그들이 수용할 수 있는 판매가격과 구매가격을 가지고 서로에게 적정한 마진을 허용하는 자세로 협상을 시작하여야 함에도 불구하고 수입상이 계속해서 수출가격을 깎아서 더 이상 수출가격을 깎아 줄 수 없는 경우, 수출상은 어느 부분에서 원가절감이 가능한지를 판단하여 수입상이 요구한 가격에 판매할 것인지를 결정하여야 한다.

수출상이 수출단가를 낮출 수 있는 방법은 저가의 원·부자재를 쓰거나 디자인 변경을 통한 제조비용 절감, 국제물류비용 절감 등이 있다. 수출상은 원·부자재의 원가, 원·부자재의 소요량, 제조공정과 제조경비, 기타 부대비용은 물론 국제물류비용을 정확히 파악하고 있어야 협상과정에서 즉시 가격을 제시할 수 있고, 이것은 협상을 수출상에게 유리하게 이끌 수 있도록 한다. 따라서 수출상은 제조공정을 변경함에 따른 제조비용의 절감 폭을 정확히 파악하고 있어야 하고 국제물류비용의 절감요인에 대한 안목도 갖추고 있어야 한다.

2. 전자무역 원가계산의 목적

전자무역 원가계산은 수출입상이 물품을 수출입할 때 발생하는 원가항목을 분석하여 수출단가를 산출하는 것을 의미하는 것으로 회사이익실현에 저해되는 물품 및 불합리한 원가사항을 제거하고 매출에 따른 예상이익과 판매계획수립을 정확히 수립하는 데 필요한 정보를 제공한다. 따라서 어느 비용항목 하나도 빠짐없이 정확하게 계산해야 한다. 환율 등 어떤 기준치가 필요한 경우 정확하고 객관적 타당성이 있어야 한다. 무역원가 분석을 통하여 어느 비용항목에서 원가절감이 가능한지 어느 항목에서 원가에 영향을 미치는지 자세히 분석하여 개선해야 한다. 무역원가계산은 포괄적인 계산이므로 상대편 국가의 전반적인 상황, 관세, 부대비용, 보험료계산, 운송 등 국제물류비용을 알아야 한다.

전자무역 원가계산의 목적을 살펴보면 다음과 같다.

첫째, 수출입상품의 판매단가를 산정함에 있어서 필요한 모든 원가항목을 산정하는 기본자료를 제공하고 정확한 수출단가를 산정하는 데 있다.

둘째, 수출입원가항목의 분석을 통하여 어느 원가항목에서 원가절감이 가능한지 어느 원가항목이 원가에 영향을 미치는지 분석하여 원가개선의 여지를 제공하여 준다.

셋째, 수출입상품별 수익성을 정확하게 파악할 수 있게 한다. 수익성이 높은 수출입상품은 판매노력을 강화시키고 수익성이 적은 수출입상품은 그 원인을 규명하여 수익성이 높은 수출입상품으로 수출입방향을 전환시켜 수출입상품 전체의 수익성을 제고시킬 수 있다.

3. 전자무역의 원가분석

1) 수출원가의 구성요소

수출원가의 구성항목에는 여러 가지가 있으나 수출단가를 산정함에 있어서 그 어느 쪽의 항목을 계상할 것인가는 수출입상이 합의한 무역가격조건에 따라 다르다. 왜냐하면 무역가격조건에 따라 수출입상이 부담해야 할 비용의 분기점이 결정되기 때문이다. 수출단가는 원가(cost)에 희망이익(expected profit)을 가산한 것으로 원가는 수출상품의 매입단가 또는 생산비와 매입에 따른 경비로 구성된다.

원가는 직접원가(direct cost)와 간접원가(indirect cost)로 나누어지며 직접원가는 수출상품의 원가임이 분명한 항목이고 간접원가는 수출상품의 구입비용 또는 생산비용이지만 전 수출상품이 공동으로 부담해야 할 항목이다. 직접원가는 기본원가와 부대원가로 구분된다.

(1) 기본원가(prime cost; first cost)

① 물품대금비용

기본원가는 수출상이 국내의 제조업체 또는 기타 제조 가공업자에게 지급해야 할 수출물품대금으로 내국신용장 및 구매승인서에 의한 물품대금비용을 말하며 발행일자 전신환매입률(TT/B)이 적용되고 영세율, 세금계산서를 첨부하여 외상매입대금으로 계상한다.

② 원·부자재 매입비용

수출상이 수출상품을 제조하는 데 필요한 원·부자재를 매입할 때 발생하는 원·부자재 대금을 말한다.

③ 임가공료

수출상이 수출상품을 제 3 자에게 가공을 의뢰한 경우에 발생한 임가공 비용을 의미한다.

(2) 부대원가

① 매입비용(buying charge)

수출상이 수출상품을 구매하는 데 발생한 비용으로 대리인의 수수료, 사원의 출장 여행경비 등이 있다.

② 국내인수운송비(carriage-in)

수출상이 국내의 제조업체 또는 제공자로부터 매입한 수출상품을 수출상의 창고까지 운반하는 데 발생한 운송비용을 말한다.

③ 포장비(packing charge)

수출물품은 수출포장이 된 상태에서 수출입매매계약이 체결되는 경우가 일반적이지만 수출되는 물품의 특성에 따라 수출상이 재포장해야 하는 경우도 있다.

④ 국내내륙운송비(carriage out)

수출상이 수출상품을 수출상의 창고에서 수출항창고나 부두까지 운반하는 데 발생한 운송비용을 말한다.

⑤ 국내내륙운송보험료(inland insurance premium)

수출하기 위해서 국내의 제조업체와 제조업체로부터 매입한 수출상품을 수출상의 창고에서 수출항창고까지 운송구간에 대한 보험료로 무역거래조건이 FOB, FAS 가격조건의 경우는 본선적재까지 또는 본선선측까지의 보험료를 말하며 무역거래조건이 CIF 가격조건의 경우는 수출항창고에서 반출된 이후부터 물품이 선박의 난간을 통과할 때까지의 위험은 내륙운송위험에 속하여 별도로 국내내륙운송보험에 들어야 하나 통상적으로 해상보험에서 추가보험료를 내고 담보한다.

⑥ 보관 및 터미널 화물취급비용(keeping and terminal handling charge)

수출물품을 선적할 때까지 영업보관창고에 보관하는 데 발생하는 보관료(storage)를 말한다. 통상 이 보관료 중에는 창고보관중의 화재보험료도 포함된다. 그리고 하분비(sorting or lotting), 검량비(weighing), 정선비(garbling), 견본적출비(sampling), 출비차비(in and out charge) 등이 물품취급비용에 포함된다.

⑦ 하차비 및 선적비용(cartage and shipping charges)

하차비는 수출상 또는 수출상의 영업창고에서 부두 또는 기타 선박회사의 화물인수장소까지의 운반비를 의미하고 선적비용은 선박회사의 화물인수장소에서 본선선측까지 운반하는 데 소요되는 비용을 의미한다. 유선을 사용하는 경우 유선 임대비용과 중량화물을 선적하는 데 드는 기중기사용료(cranage)와 통관료(clearing)도 이 비용에 포함된다.

⑧ 해상운임(ocean freight)

전자수출원가항목 중에서 가장 중요한 원가항목이다. 무역거래조건이 CIF, CFR인 경우 수출상이 목적항까지 해상운송비용을 부담해야 한다. 해상운임은 용적, 중량, 가격 등으로 결정된다. CBM은 Cubic Meter의 약자로 보통 수출용 화물의 포장 상태에서 부피를 의미하는 것으로 가로(M)×세로(M)×높이로 계산하면 된다. Box 규격이 가로 49CM, 세로 73CM, 높이 59CM일 경우 CBM으로 환산하면 0.49×0.73×0.59=0.211CBM이 된다. 20FT 컨테이너에 최대적재가 가능한 것은 30CBM이기 때문에 142BOX에 29.97CBM을 적재할 수 있고, 40FT 컨테이너에 최대적재가 가능한 것은 63CBM이기 때문에 299Box에 63.08CBM이 될 수 있다. 이와 같이 컨테이너에 실제 적재된 것과 최대적재량과의 차이는 컨테이너에 화물을 적재할 때 빈 공간이 생기기 때문이다. 화물의 외장규격에 따라 적재시 빈 공간이 발생한다.

⑨ 해상보험료(marine insurance premium)

무역거래조건이 CIF인 경우 수출상은 수출물품이 선적항에서 최종 목적항까지 운송하는 도중에 발생할 수 있는 위험에 대비하여 보험회사에 보험료를 지불하고 적하보험을 체결한다.

⑩ 검사비(inspection fee)

공공기관이 발행하는 성분검사증명서나 품질검사증명서를 필요로 하는 물품인 경우에는 수출상은 본 증명서를 발급받기 위해서 이에 대한 성분분석(analysis)이나 품질시험(testing)을 의뢰하고 검사료를 지불한다.

⑪ 통화할증료(CAF: currency adjustment factor)

선박회사가 해상운임을 외국통화로 받을 경우 환율변동으로 환차손이 발생할 것에 대비하여 해상운임의 일정비율을 추가로 수출상에게 징수하게 된다.

⑫ 유류할증료(BAF: bunker adjustment factor)

국제유가가 변동하여 손실이 발생할 것에 대비하여 선박회사가 해상운임에 일정비율을 추가로 수출상에게 징수한다.

⑬ 체선할증료(port congestation surcharge)

선적항에 선적할 물품이 너무 많아 약정된 선적시기에 선적이 불가능할 경우 선적 지체에 따른 일정비용을 수출상으로부터 징수한다.

⑭ 체선료(detention charge)

수출상사는 선박회사로부터 일정기간 컨테이너를 임대하여 사용하고 임대기간이 종료하면 임대한 컨테이너를 반납해야 한다. 임대기간을 경과한 경우 경과기간에 대해서 수출상은 비용을 부담해야 한다.

⑮ 컨테이너세(tax)

수출상은 부산항에서 수출상품을 선적할 경우 부산시에 컨테이너 세금을 납부하여야 한다. 20피트 컨테이너는 20,000원이고 40피트 컨테이너는 40,000원이다.

⑯ 선하증권 또는 화물인도지시서 발급비용

수출상은 선박회사로부터 선하증권과 화물인도지시서 발급비용을 납부하고 동 서류를 발급받는다.

⑰ CFS(container freight station)비용

소량의 수출상품은 container freight station에서 집하되어 목적지별로 분류된 다음 한 컨테이너에 적입되어 목적지항으로 운송된다. 동 시설을 이용할 경우 동 시설사용료를 수출상이 부담해야 한다.

⑱ 항만이용료(wharfage)

수출항이용료를 수출상이 부담한다.

⑲ 환 가 료

수출입상이 수출대금을 신용장으로 지급할 것에 합의한 경우 수출상은 신용장에서 요구한 서류를 매입은행을 통해 개설은행으로 송부해야 한다. 서류가 매입은행에서 개설은행으로 송부되는 기간까지의 비용을 환가료라고 하며, 우편일수만큼의 이자는 수출상이 부담한다(수출금액 × 연 환가요율 × 장부가격 × 10/360).

⑳ 하자 수수료

신용장거래에서 수출상은 신용장에서 명시한 서류를 매입은행에 제시해야 한다. 제시된 서류가 신용장에 명시된 것과 다를 경우 수출상은 서류검토 비용을 매입은행에게 지급해야 되는데, 이것을 하자 수수료라고 한다.

㉑ 인수 수수료 및 통지비용

수출상이 외상으로 물품을 수출할 경우 외상기간에 대해 은행이 여신을 제공하고 동 기간의 이자를 수출상이 부담하며 신용장이 통지은행을 통해서 수출상에게 전달될 경우 통지은행의 수수료를 부담한다(Banker's Usance인 경우 Usance 이자는 수출금액 × 이자율 × 기간/360 × TT/S으로 산출된다. Shipper's Usance의 경우 수출금액 × 0.4% × 장부가격 × 개월수 / 3).

㉒ 상환 수수료

신용장거래에서 통상적인 경우 매입은행은 개설은행으로부터 수출대금을 송금받는다. 그러나 개설은행이 아닌 개설은행이 지정한 제 3 의 은행으로부터 수출대금을 매입은행이 송금받는 경우 제 3 은행이 제공한 서비스에 대한 대가의 비용을 수출상이 부담한다.

㉓ Delay Charge

수출상이 신용장에서 요구한 서류를 매입은행에 매입을 하면 동 서류는 개설은행으로 송부되고 약정된 기간에 개설은행은 매입은행에 수출대금을 송금한

다. 수출대금이 약정기간 내에 매입은행에 입금되지 않을 경우 연장된 기간만큼 지연이자가 발생한다(수출금액 × 환가요율 × TT/S × 지연일수 × 360).

㉔ Less Charge

수출상이 매입을 의뢰한 서류를 매입은행이 매입하여 동 서류를 개설은행에게 송부하면 개설은행은 매입은행이 매입한 대금을 매입은행에게 송금을 해야 한다. 개설은행이 송금금액에서 수수료나 기타 비용을 공제하고 대금을 입금하면 매입은행이 수출상에게 지급한 금액과 차이가 발생할 수 있다. 즉 매입은행이 수출상에게 지급한 금액과 개설은행으로부터 받은 금액과의 차액이 Less Charge에 해당된다.

㉕ Renego Delay Charge

매입제한신용장거래에서 수출상은 자기 주거래은행에게 1차 매입을 의뢰하고 자기 주거래은행은 매입이 제한된 은행에 2차 매입을 의뢰하게 된다. 2차 매입을 의뢰받은 은행은 약정된 기간 내에 대금을 매입의뢰한 은행에게 송금해야 한다. 2차 매입은행이 약정된 기간 내에 매입의뢰은행에게 대금을 입금하지 못함으로써 발생되는 지연이자가 이에 해당된다.

㉖ 수출보험료

수출상은 수입상을 믿지 못할 경우 한국수출보험공사에 수출보험계약을 체결하여 수출대금미회수위험을 관리할 수 있는데, 수출상은 반드시 수출보험료를 납부하여야 한다.

㉗ 수출추천비용

수출상은 수출하고자 하는 상품이 관련조합의 추천을 받아야만 수출이 가능한 품목으로 분류된 경우 동 관련조합에서 수출승인을 받아야 한다.

㉘ 영사사증료(consular fee)

수입국 영사에 지불하는 서류검사료이다.

㉙ 무역통신망 사용료

무역통신망을 이용하는 경우 무역통신 서비스를 제공하는 회사에 통신망 사용료를 수출상이 지불해야 한다.

㉚ 인터넷 홍보비용

인터넷으로 자사수출상품을 홍보하는 데 발생한 비용을 말한다.

㉛ 무역사이트 사용료

무역사이트를 이용하여 수출상품, 수출지역 등의 정보를 수집하는 데 발생한 비용을 말한다.

㉜ 금리(interest)

수출상이 국내의 제조업체에게 물품구입대금을 지급하고 동 물품을 선적하고 수입상으로부터 수출대금을 회수하기까지의 기간에 대한 금리를 말한다.

㉝ 희망이익

수출상이 원하는 기대수익이다. 수출단가 산정시 수출상의 이익은 모두 예상한 것이므로 이 예상률은 수출거래가격에 영향을 미치기 때문에 막연하게 원가의 10% 또는 15%로 산정하기보다는 수출시장의 동향, 동종제품의 가격현황, 경쟁사의 동향 등을 충분히 고려하여 예상수익률을 산정하는 것이 바람직하다.

2) 수입원가의 구성

수입원가의 구성항목에는 여러 가지가 있으나 수입단가를 산정함에 있어서 그 어느 쪽의 항목을 계상할 것인가는 수출입상이 합의한 무역가격조건에 따라 다르다. 왜냐하면 무역가격조건에 따라 수출입상이 부담해야 할 비용의 분기점이 결정되기 때문이다. 수입단가는 원가(cost)에 희망이익(expected profit)을 가산한 것으로 원가는 수입상품의 결제금액에 그 매입에 따른 경비로 구성된다. 원가는 직접원가(direct cost)와 간접원가(indirect cost)로 나누어지며 직접원가는 수입상품의 원가임이 분명한 항목이고 간접원가는 수입상품의 결제비용이지만 전 수입상품이 공동으로 부담해야 할 항목이다. 직접원가는 기본원가와 부대원가로 구분된다.

(1) 기본원가

기본원가는 수입상이 해외의 수출상에게 지급해야 할 비용으로 선하증권 결제비용을 말한다.

(2) 부대원가

① 매입비용(buying charge)

수입상이 수입상품을 구매하는 데 발생한 비용으로 대리인의 수수료, 사원의 출장비 등이 있다.

② 국내내륙운송비(carriage out)

수입상이 수입상품을 수입항의 부두나 창고에서 수입상의 창고까지 운반하는 데 발생한 운송비용을 말한다.

③ 국내내륙운송보험료(inland insurance premium)

수입하기 위해서 해외의 수출상으로부터 수입한 수입상품을 수입항 창고에서 수입상 창고까지 운송구간에 대한 보험료를 말한다.

④ 보관 및 터미널 화물취급비용(keeping and terminal handling charge)

수입물품을 하역하여 영업보관창고에 보관하기 위해서 요하는 보관료(storage)를 말한다. 통상 이 보관료 중에는 창고보관중의 화재보험료도 포함된다. 그리고 하분비(sorting or lotting), 검량비(weighing), 정선비(garbling), 견본적출비(sampling), 출비차비(in and out charge) 등이 물품취급비용에 포함된다.

⑤ 선적비용(free in)

수출상품을 본선에 적재하는 비용은 화주가 부담하고 목적항에서 상품의 하역비는 선박회사가 부담한다.

⑥ 통화할증료(CAF: currency adjustment factor)

선박회사가 해상운임을 외국통화로 받을 경우 환율변동으로 환차손이 발생할 것에 대비하여 해상운임의 일정비율을 수출입상으로부터 추가로 징수하게 된다.

⑦ 유류할증료(BAF: bunker adjustment factor)

국제유가가 변동하여 손실이 발생할 것에 대비하여 선박회사가 해상운임에 일정비율을 수출입상으로부터 추가로 징수한다.

⑧ 체선할증료(port congestation surcharge)

선적항에 선적할 물품이 너무 많아 약정된 선적시기에 선적이 불가능할 경우 선적 지체에 따른 일정비용을 수출입상으로부터 징수한다.

⑨ 체선료(detention charge)

수출입상사는 선박회사로부터 일정기간 컨테이너를 임대하여 사용하고 임대기간이 종료하면 임대한 컨테이너를 반납해야 한다. 임대기간을 경과한 경우 경과기간에 대해서 수출입상은 비용을 부담해야 한다.

⑩ 하역비용(free out)

수출상품을 본선에 적재하는 비용은 선박회사가 부담하고 목적항에서 상품의 하역비는 화주가 부담한다.

⑪ 선적 하역비용(free in and out)

수출상품을 본선에 적재하는 비용과 목적항에서 동 상품을 하역하는 비용 모두를 화주가 부담한다.

⑫ Berth Term

수출상품을 본선에 적재하는 비용과 목적항에서 동 상품을 하역하는 비용 모두를 선박회사가 부담한다.

⑬ 해상운임(ocean freight)

해상운임은 전자수입원항목 중에서 가장 중요한 원가항목이다. 무역거래조건이 FOB조건인 경우 수입상은 선적항에서 목적항까지 해상운송비용을 부담해야 한다.

⑭ 해상보험료(marine insurance premium)

무역거래조건이 CFR, FOB 가격조건인 경우 수입상은 수입물품이 선적항에서 최종 목적항까지 운송하는 도중에 발생할 수 있는 위험에 대비하여 보험회사에 보험료를 지불하고 적하보험계약을 체결한다.

⑮ 컨테이너세(tax)

수입상이 부산항에서 수입상품을 수입할 경우 부산시에 컨테이너 세금을 납부하여야 한다. 20피트 컨테이너는 20,000원이고 40피트 컨테이너는 40,000원이다.

⑯ CFS(container freight station)비용

소량의 수입상품은 container freight station에서 분류되어 각각의 화주에게 인도된다. 동 시설을 이용할 경우 동 시설사용료를 수입상이 부담해야 한다.

⑰ Cable Charge

신용장이 전신으로 개설은행에서 통지은행으로 전달되는 경우에 발생한 비용을 말한다.

⑱ 신용장개설수수료

수입상은 신용장개설신청서를 작성하여 개설은행에게 신용장개설신청을 하고 동 요청을 받은 은행은 신용장개설수수료를 수입상으로부터 징수하고 수출상 앞으로 신용장을 개설한다. 신용장개설일로부터 신용장유효기일까지 개설은

행이 신용장을 보증하는 비용을 말한다.

⑲ 내국신용장 개설수수료

수출상이 수출상품을 생산하기 위해 국내 제조업체 앞으로 내국신용장을 개설해 줄 것을 요청받은 은행은 수출상으로부터 보증수수료를 징수하고 내국신용장을 발행한다.

⑳ L/G Charge

수입상품이 서류보다 수입항에 먼저 도착한 경우 수입상은 자기주거래 은행에 화물선취보증장의 발급을 요청하고 동 요청을 받은 은행은 수수료를 수입상으로부터 징수하고 화물선취보증장을 발급한다.

㉑ 무역통신망 사용료

무역통신망을 이용하는 경우 무역통신 서비스를 제공하는 회사에 통신망 사용료를 수입상이 지불해야 한다.

㉒ 인터넷 비용

인터넷을 이용하여 수입상품을 입수한 경우 인터넷 사용료를 수입상이 지불해야 한다.

㉓ 무역사이트 사용료

무역사이트를 이용하여 수입상품, 수출상 등의 정보를 수집하는 데 발생한 비용을 말한다.

㉔ 금리(interest)

수입상이 해외의 수출상에게 수입대금을 지급하고 국내에 동 물품을 판매하여 수입대금을 회수하기까지의 기간에 대한 금리를 말하며 재고금리와 여신금리가 있다. 재고금리는 수입상이 선하증권을 결제한 날로부터 수입상품을 현금을 받고 판매한 날까지의 기간에 대한 이자를 말한다. 여신금리는 수입상이 선하증권을 결제하고 수입물품을 어음을 받고 판매한 경우 동 어음의 만기일까지의 기간에 대한 금리을 말한다.

㉕ 희망이익

수입상이 원하는 기대수익이다. 수입판매단가 산정시 수입상의 이익은 모두 예상한 것이므로 이 예상률은 수입판매가격에 영향을 미치기 때문에 막연하게 원가의 10% 또는 15%로 산정하기보다는 수입시장의 동향, 동종제품의 가격현황, 경쟁사의 동향 등을 충분히 고려하여 예상수익률을 산정하는 것이 바람직하다.

제 2 절 전자무역의 원가산정방법

1. 전자무역 원가산정방법

1) 전자무역 비용의 기장방법

국제무역거래에서 발생한 비용을 정확하게 작성하기 위해서는 비용항목을 정확히 분류할 수 있는 전산화된 서식을 활용하는 것이다. 전산화된 서식에는 기본원가 항목과 부대원가, 판매비 배분, 영업외수지로 구분되어 제반 비용항목을 기입하는 것이다. 기본원가 항목에는 수출입 상품별 계정항목을 두고 각 상품 종류별 관련된 직접비용을 기입하고 부대비 항목에는 물류비용, 은행비용, 행정비용 등을 기재하고 판매관리비 배분항목에는 기업의 배부기준에 따라 배부하며 영업외수지는 환차이익과 환차손, 지급이자, 기타 손실을 기재하면 된다.

2) 전자무역 원가계산서 작성요령

전자무역 원가계산서를 작성할 때 전자무역 원가분류 서식을 기본원가 항목과 부대원가항목으로 구분하여 사용하는 것이 좋다. 전자무역 원가분류 서식의 기재요령은 물품대금 결제비용, 원·부자재 비용, 임가공비용 등을 기본원가 항목에 기재하고 부대원가 항목에는 무역사이트 이용료, 무역통신망 이용료 및 인터넷 홍보비용, 무역사이트 사용료, 내륙운송비, 통관비, 해상운임, 해상보험료, 선적비, 포장비 등 제반 비용항목을 빠짐없이 기재한다. 판매관리비는 배부기준에 따라 기입하여 합산한 다음 전자무역 원가계산서에 기재된 선적 1회분 총원가를 산출하고 그것을 총수로 나누어 단위당 평균원가를 결정하게 된다.

2. 수출물품의 원가계산

1) 수출물품의 매출원가계산

매출원가계산은 Master L/C별로 원가계산을 하고 매출액에 대한 내국신용장 결제금액 및 제비용을 산출하여 계산한다. 분할선적의 경우 내국신용장의 분할매입은 해당 건별로 원가를 투입하여 계산하고 일괄매입의 경우 선적수량만큼 내국신용장에서 안분하여 수량대비 금액의 원가를 투입하여 계산한다. 추가 발생소지가 있는 추가원가는 사전에 작성한 발생내역을 첨부하여 해당 매출계상 월에 원가가 반영될 수 있도록 사전 미지급비용으로 계상처리한다. 매출에 대한 원가계산 전에 내국신용장 매입수량 및 각 단가를 정확히 산출하여 원가의 과다·과소투입을 사전에 방지하고 신용장별 손익을 정확하게 산출한다.

2) 수출물품의 원가구성과 산출방법

(1) 기본원가

내국신용장 결제금액은 수출물품의 물품대금으로 구매수량에 매입단가를 곱하면 내국신용장 결제금액이 산출된다(수량 × 매입단가, 매출액: 매출수량 × 매출단가).

① 원·부자재

수출물품을 제조하는 데 소요된 원·부자재 대금으로 투입 원·부자재 소요량에 요소당 단가를 곱하면 원·부자재 총액이 산출된다.

② 임가공료

수출물품을 제 3 자가 가공임을 받고 가공하는 데 발생한 비용으로 임가공의뢰 수량에 임가공 단가를 곱하면 총액이 산출된다.

(2) 부대원가

① 무역사이트 이용료

무역통신망 사용료를 기재한다.

② 인터넷 홍보비용

인터넷으로 수출상품을 홍보한 경우 그 비용을 기재한다.

③ 전자문서교환방식(EDI) 사용료

EDI 사용료를 기재한다.

④ 포 장 비

포장비용에서 부가가치세(1.1)를 공제한 다음 수량을 곱하면 포장비용이 산출된다(포장비용 나누기(부가가치세 1.1) × 포장수량).

⑤ 내륙운송비

내륙운송비용에서 부가가치세(1.1)를 공제한 다음 컨테이너 수를 곱하면 내륙운송비용이 산출된다(내륙운송비 나누기(부가가치세 1.1)×컨테이너 수량).

⑥ 통관비용

항만청에서 고시한 비용을 기재한다.

⑦ 적재비용

적재단가에 컨테이너 수를 곱하면 적재비용이 산출된다.

⑧ 해상운임

무역거래조건에 따른 선임으로 해당 지역에서 선임요율을 곱하여 산출된 금액에 수량을 곱하면 해상운임이 산출된다.

⑨ 해상보험료

해당 지역에서 보험부보율을 곱하여 산출된 금액에 송장금액을 곱하면 보험료가 산출된다.

⑩ 통화할증료

해상운임에다 선박회사가 요구한 요율표를 적용하여 산출한다.

⑪ 유가할증료

해상운임에다 선박회사가 요구한 요율표를 적용하여 산출한다.

⑫ 터미널 화물처리비용

선박회사가 요구한 비용에 컨테이너 수를 곱하면 터미널 화물처리비용이 산출된다.

⑬ 대리인 수수료

수출에 따른 알선수수료로 수수료 대상금액에 수수료율을 곱하여 산출된 금액에 기준 환율을 곱하면 대리점 수수료가 산출된다. 수출과 관련된 대리인 수수료는 통상 1~3%이며 외상매출의 경우 말일자 TT/S가 적용되고 Nego매출의 경우 Nego일자 TT/S가 적용된다(수출량 × 수수료율 × 기준환율).

⑭ 환 가 료

수출금액에 환가요율을 곱하면 환가료가 산출된다(수출금액 × 연환가요율 × 장부가격 × 10/360).

⑮ 통 관 료

수출금액에 통관요율을 곱하면 통관비가 산출된다.

⑯ 판매관리비

인건비, 감가상각비, 접대비 등이며 '전년도 판매관리비 집행실적/전년도 매

출액 × 예상매출액'

⑰ 영업외수익

외환차익, 기여이자

⑱ 영업외비용

외환차손, 지급이자

(3) 사전원가에 의한 물품의 매출총이익 및 경상이익 산출

① 매출총이익 산출

예상매출액－(기본원가＋부대원가)＝예상매출총이익

② 경상이익 산출

매출총이익－판매관리비＋영업외수익－영업외비용＝경상이익

(4) 예상기여도 추정

해당 수출상품의 사전원가 계산에 의하여 산출된 경상이익으로 당해연도 사업계획에 각 상품의 이익기여도를 추정한다.

예상기여도＝(상품경상이익/사업계획의 경상이익) × 100

(5) 사전원가의 순환계산에 의한 적정한 수출상품 단가산출

① 예상기여도가 목표이익보다 적은 경우에는 기본원가 및 부대원가의 구성요소별 점검 및 수출단가를 책정하는 기준으로 사용한다.

② 예상기여도가 목표이익보다 큰 경우에는 기본원가 및 부대원가의 구성요소를 점검하여 불필요한 원가요소를 제거해야 한다.

3. 수입물품의 원가계산

1) 수입물품의 매출원가계산

통관시점을 기준으로 각 수입신용장별로 미착상품 중 통관된 물품에 해당되는 원가금액만을 수입물품으로 대체시킨다. 미착물품을 수입물품으로 대체시킬 경우 산출액은 신용장별로 전량통관시에는 신용장별 금액을 전액 대체시키

고 신용장별로 부분 통관할 때에 선하증권자금 해당수량이 전량인 경우 (통관전 발생비용 총액(B/L자금 포함)/수량)×통관수량+통관제비용(관세 및 부대비용)으로 산출하고 선하증권 해당수량이 부분적인 경우 통관수량과 일치할 때 (신용장개설 제비용/신용장개설 수량)×통관수량+B/L자금+통관제비용(관세 및 부대비용)으로 산출하고 통관수량과 불일치할 때는 (신용장개설 제비용/신용장개설 수량)×통관수량+(B/L자금/B/L수량)×통관수량+통관제비용으로 산출한다.

각 신용장별로 확인된 수입물품의 금액을 합산하여 통관된 수량으로 나누어 물품당 평균단가를 구한다. 산출된 평균단가에 매출수량을 곱하여 매출원가를 산출하는 것으로 신용장별 전량매출시 신용장 금액을 전액 대체시키고 신용장별 부문매출시에 신규 매출이 발생한 경우 (당월 현재까지의 매입액/당월 현재까지의 매입수량)×판매수량=매출원가로 산출하고 매출액이 지속적으로 발생한 경우에는 (전월재고액+당월매입액)/(전월수량+당월매입수량)×판매수량=매출원가로 산출한다.

2) 수입물품의 원가구성과 산출방법

(1) 기본원가

선하증권 결제금액(물품대)은 수입물품의 물품대금으로 구매수량에 단가를 곱하여 산출된 금액에 적용환율을 곱하면 선하증권 결제금액이 산출된다. 일람출급(at sight)의 경우 개설은행으로부터 선하증권, 상업송장 등을 입수한 후 7영업일 이내에 수입대금을 결제해야 한다. 3영업일 이내 결제시에는 환가료만 발생하고 4영업일 후에는 지연이자를 추가로 부담해야 한다. 물품대금은 수출금액에 전신환 매도율의 환율을 곱하면 산출된다. 환가료는 수입금액×연 환가요율×장부가격×3/360으로 산출된다. 지연이자는 수입금액×연 환가요율×TT/S×지연일수/360으로 산출된다.

(2) 부대원가

① 전자문서교환방식(EDI) 사용료

EDI 사용료를 기재한다.

② 무역사이트 사용료

무역사이트 사용료를 기재한다.

③ 인터넷 사용료

인터네 사용료를 기재한다.

④ 보 관 료

수입물품 평균 판매회전 기간 동안 보관하는 데 발생한 비용으로 보관수량에 보관요율과 보관기간을 곱하면 보관료가 산출된다.

⑤ 내륙운송비

내륙운송비용에다 컨테이너 수를 곱하면 내륙운송비용이 산출된다.

⑥ 통관비용

항만청에서 고시한 비용을 기재한다.

⑦ 적재비용

적재단가에 컨테이너 수를 곱하면 적재비용이 산출된다.

⑧ 해상운임

무역거래조건에 따른 선임으로 해당지역에서 선임요율을 곱하여 산출된 금액에 수량을 곱하면 해상운임이 산출된다.

⑨ 해상보험료

해당지역에서 보험부보율을 곱하여 산출된 금액에 송장금액을 곱하면 보험료가 산출된다.

⑩ 통화할증료

해상운임에다 선박회사가 요구한 요율표를 적용하여 산출한다.

⑪ 유가할증료

해상운임에다 선박회사가 요구한 요율표를 적용하여 산출한다.

⑫ 터미널 화물처리비용

선박회사가 요구한 비용에 컨테이너 수를 곱하면 터미널 화물 처리비용이 산출된다.

⑬ 대리인 수수료

수입에 따른 알선 수수료로 대상금액에 수수료율을 곱하여 산출된 금액에 기준환율을 곱하면 대리점 수수료가 산출된다.

⑭ 통 관 료

수입금액(CIF환산금액)에 통관요율을 곱하면 통관비가 산출된다.

⑮ 관　　세

수입금액(CIF환산금액)에 관세율을 곱하면 된다.

⑯ 재고이자

선하증권 결제일부터 판매일까지의 기간에 사내금리 기준을 적용하여 산출한다.

⑰ 여신이자

매출원가는 현금도 판매기준으로 산출하고 업체의 여신공여기간에 어음만기일 해당분의 이자금액을 가산하여 매출을 계상한다.

⑱ Usance 이자

수입금액에 이자율과 차입기간을 곱하면 이자비용이 산출된다.

⑲ 판매관리비

인건비, 감가상각비, 접대비 등이며 (전년도 판매관리비 집행실적/전년도 매출액) × 예상매출액)으로 산출한다.

⑳ 영업외수익

외환차익, 기여이자

㉑ 영업외비용

외환차손, 지급이자

3) 사전원가에 의한 물품의 예상매출총이익 및 경상이익 산출

매출총이익은 다음과 같이 산출된다.

① 예상매출총이익

예상매출액－(기본원가＋부대원가)＝예상매출총이익

② 경상이익

경상이익의 산출＋영업외수익－영업외비용＝경상이익

4) 예상기여도 추정

해당 수출상품의 사전원가계산에 의하여 산출된 경상이익으로 당해연도 사업계획에 대한 각 물품의 이익기여도를 추정한다.

예상기여도=(물품 경상이익/사업계획의 경상이익)×100

5) 사전원가의 순환계산에 의한 적정한 수입상품 단가산출

예상기여도가 목표이익보다 적은 경우에는 기본원가 및 부대원가의 구성요소별 점검 및 수출단가를 책정하는 기준이 된다.

예상기여도가 목표이익보다 큰 경우에는 기본원가 및 부대원가의 구성요소를 점검하여 불필요한 원가요소를 제거해야 한다.

제 3 절 전자무역의 원가계산 실습

1. 수출원가계산 실습

1) 여성용 의류의 수출단가 산정

미국의 바이어에게 여성용 의류 6,000장을 오퍼하는 경우로 조건은 다음과 같다.

- 수출상은 원·부자재를 구매하여 임가공으로 제조
- 선 적 항: 부산항
- 계약조건: CIF New York in USD/PC
- 컨테이너 수량: FCL 40″ container
- Stuffing quantity: 40″ container : 6,000pcs
- 결제조건: at sight L/C
- 임가공비: US$5.90/PC for 6,000pcs
- 환 율: 1,000원
- Ocean Freight(other charge 포함): US$3,321.70 for 40″ FCL
- 컨테이너 내륙운송(부산-대전): US$431.30(496,000) for 40″ container
- 원단단가: US$ 9.50/Yard
- 원단소요량: 1.9 Yard/pc
- 부자재 비용: US$ 2.22/pc

· 포장 Flat(box) 개당 소요비용: 600원, 한 박스에 10장의 의류를 포장함.
· 해상운임: US$3,321.70/40″
· 보 험 료: US$0.03/pc
· 환 가 료: US$0.05/pc
· 당사마진: 2.80US$/pc

2) 장뇌삼 수출단가 산정

베트남의 바이어에게 장뇌삼 1,200개를 오퍼하는 경우로 조건은 다음과 같다.
· 수출상은 장뇌삼을 구매하여 베트남으로 수출
· 모 델 명: KL-890MK
· 구매단가: US$0.25/pc
· 수량: 1,200개
· 선 적 항: 인천공항
· 계약조건: CIF Noi Bai Airport
· 항공운임: CBM당 107.36US$
· 총 5CBM
· 포장비 포함 기타 부대비용 총액 700US$
· 중개상 수수료 총 금액의 2%
· 보험료 US$0.03/pc
· 환가료 US$0.05/pc

3) 안경닦이 수건 수출단가 산정

다음과 같은 조건으로 안경닦이 수건의 개당 수출가격을 산정한다. 야드당 3,000원에 원단을 구매하였다. 1야드의 규격은 폭이 52인치이고 세로는 91cm이며 가로, 세로 각각 41cm의 안경닦이 수건을 수출하고자 한다. 재단은 23원이고, 미싱은 60원이며 로스는 원단, 재단, 미싱 비용의 3%이며 포장은 인건비를 포함하여 20원이다. 박스는 5,000원이며 한 박스에 1,650개가 들어간다. 일반관리비는 총원가에 5%이고, 수출상 마진은 15%이다.

4) SYNTHECTIC FABRIC 44의 수출단가 산정

매출이익 15%, 선적항 BUSAN, TERMS CFR DUBAI에서 아래 제시된 원가만 고려하고 환율 1,300원으로 하여 최저 US$단가를 산정한다.

EXCHANGE RATE: CASH B 1,200원/US$ CASH S 1,500원/US$
TT/ B 1,300원/US$ TT/ S 1,400원/US$

- PAYMENT: 30% BY T/T IN ADV & 70% BY L/C A/S
- Q'TY: 8,000YARDS
- ITEM: SYNTHECTIC FABRIC 44
- SHIPMENT: PARTICAL AND TRANSHIPMENT NOT ALLOWED
- PURCHASED BY: 10,000원
- PACKING: IN TWO TEU EACH 100YARDS IN A ROLL, EA 5ROLL IN A CTN
- PACKING CHARGE: 121,000원(원/VAT)/CTN
- LOCAL TRUCKING CHARGE: 60,500원/TEU(원/VAT)
- STUFFING: 110,000원/TEU
- CUSTOMS CLEARANCE: 12,000원
- CONTAINER FREIGHT US$ 1,000/TEU
- 가격조건: CFR DUBAI
- THC
- CAF(CURRENCY ADJUSTMENT FACTOR)/TEU
- BAF(BUNKER ADJUSTMENT FACTOR)/TEU
- 환 가 료: 800,000원
- 보 험 료: 23,000원
- L/C ADVICING: 25,000원
- B/L DOC: 9,000원
- 네고시 우편료: 8,000원
- CNTR TAX: 20,000원/TEU

전자수출 사전원가 계산서

오더번호/BUYER 도착지
작성일 가격조건
부서 결제조건
담당자 통관일자
수출단가 총수량 선적일자
CBM(선적전) CBM(선적후)

· 기타 필요한 사항은 하단에 명기 T/T BUYING:
T/T SELLING:
선 사:
국내 운송회사:

내역		사 전 원 계				실 제 원 계			
		단가US$	수 량	금액US$	금액(원)	단가US$	수 량	금액US$	금액(원)
기본원가									
기본원가합계									
구 분		비율	수 량	금액US$	금액(원)	비율	수 량	금액US$	금액(원)
부대원가									
부대원가합계									
총원가 합계									
판매비배분									
영업외수지									

5) TMSM100-1500 Auto On의 수출단가 산정

아래 제시된 원가만 고려하여 매출이익 20%와 환율 1,300원으로 최저 US$ 단가를 산정한다.

EXCHANGE RATE: CASH B 1,200원/US$ CASH S 1,500원/US$
TT/ B 1,300원/US$ TT/ S 1,400원/US$

- PAYMENT: 30% BY ADVANCE T/T AND 70% BY D/P
- Q'ty: 100,000PERS
- ITEMS: TMSM100-1500 Auto On
- PURCHASED BY: 30,000원/PER EXE
- LOADING PORT: INCHON PORT
- DESTINATION: CALLAO PORT
- SHIPMENT: BY 2 TEU, PARTIAL AND TRANSHIPMENT NOT ALLOWED
- PACKING: EA 100 PER IN A BOX, EA 500 BOX IN A CONTAINER
- PACKING CHARGE: 132,000원(원/VAT)/BOX
- LOCAL TRUCKING: 600,000원/TEU(원/VAT) & 800,000원(원/VAT)/FEU
- STUFFING: 110,000원/TEU & 200,000원/FEU
- CUSTOMS CLEARANCE: 12,000원
- CONTAINER FREIGHT: US$1,000/TEU & US$ 1,900/FEU
- 가격조건: FOB INCHON
- THC
- B/L DOC: 9,000원
- INSURANCE: 23,000원
- L/C ADVISING: 25,000원, 네고시 우편료 8,000원
- CNTR TAX: 40,000원/FEU
- 수출통관수수료: 200,000원/FEU
- 환 가 료: 2,700,000원

전자수출 사전원가 계산서

오더번호/BUYER　　　　　　　　　　　도착지
작성일　　　　　　　　　　　　　　　가격조건
부서　　　　　　　　　　　　　　　　결제조건
담당자　　　　　　　　　　　　　　　통관일자
수출단가　　　　총수량　　　　　　　선적일자
CBM(선적전)　　　　　　　　　　　　CBM(선적후)

· 기타 필요한 사항은 하단에 명기 T/T BUYING:
T/T SELLING:
선　　　사:
국내 운송회사:

내역		사전원계				실제원계			
		단가US$	수 량	금액US$	금액(원)	단가US$	수 량	금액US$	금액(원)
기본원가									
기본원가합계									
구 분		비율	수 량	금액US$	금액(원)	비율	수 량	금액US$	금액(원)
부대원가									
부대원가합계									
총원가 합계									
판매비배분									
영업외수지									

6) PLAIN DYED POLYESTER JACQUARD WOMEN FABRIC 의 수출단가 산정

아래 제시된 원가만 고려하여 매출이익 15%와 환율 1/10은 1,100원, 9/10는 1,200원으로, US$로 된 비용항목은 1,200원으로 하여 최저 US$단가를 산정한다.

EXCHANGE RATE: CASH B 1,200원/US$ CASH S 1,500원/US$
TT/B 1,300원/US$ TT/S 1,400원/US$

- PAYMENT: 10% BY CWO, 70% BY L/C A/S & 20% BY T/T WITHIN 10 CALENDAR DAYS AFTER RECEIPT OF CARGOES
- Q'ty: 10,000 YARDS
- ITEMS: PLAIN DYED POLYESTER JACQUARD WOMEN FABRIC
- PURCHASED BY: 10,000원 /YD EXE
- LOADING PORT: INCHON PORT
- DESTINATION: SYDNEY PORT
- SHIPMEN: BY TWO FEU PARTIAL AND TRANSHIPMENT NOT ALLOWED
- PACKING: EA 200 YDS IN A ROLL, EA 5 ROLLS IN A CTN
- PACKING CHARGE 144,000원(원/VAT)/CTN
- LOCAL TRUCKING: 77,000원/TEU(원/VAT) & 169,000원(원/VAT)/FEU
- CUSTOMS CLEARANCE: 12,000원
- STUFFING 110,000원/TEU & 200,000원/FEU
- CONTAINER FREIGHT: US$1,000/TEU & US$ 1,800/FEU
- 가격조건: CIF SYDNEY
- THC
- 통화할증료와 유가할증료
- B/L DOC: 9,000원
- INSURANCE: 23,000원
- L/C ADVISING: 25,000원
- 네고시 우편료: 8,000원

전자수출 사전원가 계산서

오더번호/BUYER	도착지
작성일	가격조건
부서	결제조건
담당자	통관일자
수출단가 　　　　총수량	선적일자
CBM(선적전)	CBM(선적후)

· 기타 필요한 사항은 하단에 명기 T/T BUYING:
T/T SELLING:
선 사:
국내 운송회사:

내역		사전원계				실제원계			
		단가US$	수량	금액US$	금액(원)	단가US$	수량	금액US$	금액(원)
기본원가									
기본원가합계									
구 분		비율	수량	금액US$	금액(원)	비율	수량	금액US$	금액(원)
부대원가									
부대원가합계									
총원가 합계									
판매비배분									
영업외수지									

· CTNR TAX 20,000원/TEU & 40,000원/FEU
· 환 가 료: 1,000,000원

7) COLOR TV 수출단가 산정

아래 제시된 원가만 고려하여 매출이익 20%와 환율 2/10은 1,100원으로, 8/10은 1,200원, 비용항목은 1,200원으로 하여 최저 US$단가를 산정한다.

EXCHANGE RATE: CASH B 1,100원/US$ CASH S 1,500원/US$
TT/ B 1,200원/US$ TT/ S 1,300원/US$

· PAYMENT: 20% BY CWO, 80%
· Q'ty: 10,000SETS
· ITEMS: COLOR TV
· LOADING PORT: BUSAN PORT
· DESTINATION: DUBAI PORT
· SHIPMENT: BY 50 FEU, PARTIAL AND TRANSHIPMENT ALLOWED
· PACKING: EACH 1 SET IN A CASE, EACH 400 CASE IN CONTAINER
· PURCHASED BY: 300,000원/SET EXE
· PACKING CHARGE: 220,000원(원/VAT)/CONTAINER
· LOCAL TRUCKING: 580,000원/TEU(원/VAT) & 900,000원(원/VAT) FEU
· CUSTOMS CLEARANCE: 500,000원
· STUFFING: 220,000원/TEU & 360,000원/FEU
· CONTAINER FREIGHT: US$2,900/TEU & US$3,800/FEU
· 가격조건: DES DUBAI
· THC 136,000원/FEU
· CAF: 50US$/FEU, BAF: 25US$/FEU
· 대사관 인증수수료: 173US$
· ALL FCL CONTAINER HANDLING CHARGE AT THE PORT OF DESTINATION: 1,000US$/FEU

- 수출항CY-부두까지 운임: 47,000원/FEU
- 수출항 부두사용료: 5,000원/FEU
- FREE IN 900US$/FEU, FREE OUT 1,000US$/FEU
- B/L DOC: 15,000원
- INSURANCE: 3,000,000원
- L/C ADVISING: 25,000원
- LOCAL DELIVERY ORDER CHARGE AT THE PORT OF DESTINATION: 450US$ /FEU
- 환 가 료: 2,700,000원
- 수입항에서 수입상창고까지의 운송비용 700,000원/FEU
- 네고시 우편료: 8,000원
- CTNR TAX: 20,000원/TEU & 40,000원/FEU
- 수입항에서 목적지까지 내륙운송보험료: 50,000원
- 수입항-CY까지 운임: 200,000원/FEU
- 선적항 검사비: 300,000원
- 수출지역에 있는 수입국대사관 LEGALIZATION FEE: 290US$
- 수입항 부두사용료: 500,000원/FEU
- 무역사이트 사용료: 200,000원
- EDI FEE: 50,000원
- 인터넷 홍보비용: 350,000원

전자수출 사전원가 계산서

오더번호/BUYER		도착지
작성일		가격조건
부서		결제조건
담당자		통관일자
수출단가	총수량	선적일자
CBM(선적전)		CBM(선적후)

· 기타 필요한 사항은 하단에 명기 T/T BUYING:
T/T SELLING:
선 사:
국내 운송회사:

내역		사전원계				실제원계			
		단가US$	수 량	금액US$	금액(원)	단가US$	수 량	금액US$	금액(원)
기본원가									
기본원가합계									
구 분		비율	수 량	금액US$	금액(원)	비율	수 량	금액US$	금액(원)
부대원가									
부대원가합계									
총원가 합계									
판매비배분									
영업외수지									

8) HN-1064GD 0.64T GRAY ACRYLIC FOAM TAPE 수출단가

아래 제시된 원가만 고려하여 매출이익 20%와 환율 2/10은 1,100원으로, 8/10은 1,200원, 비용항목은 1,200원으로 하여 최저 US$단가를 산정한다.

EXCHANGE RATE: CASH B 1,100원/US$ CASH S 1,500원/US$
TT/ B 1,200원/US$ TT/ S 1,300원/US$

- PAYMENT: 20% BY CWO, 80%
- Q'ty: 200,000PERS
- ITEMS: HN-1064GD 0.64T GRAY ACRYLIC FOAM TAPE
- LOADING PORT: BUSAN PORT
- DESTINATION: HNOCHIMINH CITY PORT
- SHIPMENT: BY 4 FEU, PARTIAL AND TRANSHIPMENT ALLOWED
- PACKING: EA 50 PERS IN A BOX, EA 1000BOX IN A CONTAINER
- PURCHASED BY: 5,000원/PER EXE
- PACKING CHARGE: 20,000원(원/VAT)/BOX
- LOCAL TRUCKING: 600,000원/TEU(원/VAT) & 800,000원(원/VAT) FEU
- CUSTOMS CLEARANCE: 12,000원
- STUFFING 220,000원/TEU & 280,000원/FEU
- CONTAINER FREIGHT: US$1,900/TEU & US$2,800/FEU
- 가격조건: CIF HNOCHIMINH CITY PORT
- THC: 136,000원/FEU
- CAF: 50US$/FEU, BAF: 25US$/FEU
- 대사관 인증수수료: 173US$
- 수출항CY-부두까지 운임: 47,000원/FEU
- FREE IN: 900US$/FEU, FREE OUT: 1,000US$/FEU
- B/L DOC: 9,000원
- INSURANCE: 23,000원
- L/C ADVISING: 25,000원
- 환 가 료: 2,700,000원
- 네고시 우편료: 8,000원
- CTNR TAX 20,000원/TEU & 40,000원/FEU

전자수출 사전원가 계산서

오더번호/BUYER 도착지
작성일 가격조건
부서 결제조건
담당자 통관일자
수출단가 총수량 선적일자
CBM(선적전) CBM(선적후)

· 기타 필요한 사항은 하단에 명기 T/T BUYING:
T/T SELLING:
선 사:
국내 운송회사:

내역		사전원계				실제원계			
		단가US$	수 량	금액US$	금액(원)	단가US$	수 량	금액US$	금액(원)
기본원가									
기본원가합계									
구 분		비율	수 량	금액US$	금액(원)	비율	수 량	금액US$	금액(원)
부대원가									
부대원가합계									
총원가 합계									
판매비배분									
영업외수지									

전자수출 사전원가 계산서

오더번호/BUYER 도착지
작성일 가격조건
부서 결제조건
담당자 통관일자
수출단가 총수량 선적일자
CBM(선적전) CBM(선적후)

· 기타 필요한 사항은 하단에 명기 T/T BUYING:
T/T SELLING:
선 사:
국내 운송회사:

내역		사전원계				실제원계			
		단가US$	수 량	금액US$	금액(원)	단가US$	수 량	금액US$	금액(원)
기본원가									
기본원가합계									
구 분		비율	수 량	금액US$	금액(원)	비율	수 량	금액US$	금액(원)
부대원가									
부대원가합계									
총원가 합계									
판매비배분									
영업외수지									

· 수출지역 내륙운송보험료: 50,000원
· 검 사 비: 300,000원
· 부두사용료: 500,000원
· 무역사이트 사용료: 200,000원
· EDI FEE: 50,000원
· 인터넷홍보비용: 350,000원

2. 수입원가계산 실습

1) SODIUM TRIPOLYPHOPHATE 수입단가 산정

다음의 조건을 참조하여 사전 원가계산서를 작성한다.

· 환 율: 815원
· 매출단가: 600,000원/MT
· OPEN CHARGE: KTA FEE(CIF 0.14%), CIF=CFR×1.0075 OPEN COMM: 율 0.17%(OPEN DATE: 040113, E/D: 040320)
· CABLE CHARGE: 38,500원
· 관세비용: 율 8%
· 하 역 료: 150,000원/CONTAINER, 17MT/CONTAINER
· 해상보험료: WA 3%, 요율 0.13%
· 운용이자: 사내이자율 13%

2) 구연산 수입단가 산정

다음의 조건을 참조하여 사전 원가계산서를 작성한다.

· 환 율: 1,300원
· 매출단가: 1,900,000원/MT
· OPEN CHARGE: KTA FEE(CIF 0.14%)
· CIF=C.F.R×1.0075
· OPEN COMM: 율 0.273%(OPEN DATE: 050113, E/D: 050220)
· CABLE CHARGE: 45,800원
· 관 세 율: 율 8%
· 하 역 료: 250,000원/CONTAINER, 20MT/COMTAINER
· 해상 보험료: 0.19%
· 운용이자, 사내이자율: 13%

3) VINYL ACETATE MONOMER의 수입단가 산정

다음의 조건을 참조하여 사전 원가계산서를 작성한다.

· 환 율: 1,200원

· 매출단가: 2,500,000원/MT

· OPEN CHARGE: KTA FEE(CIF 0.14%)

· CIF=CFR×1.0075

· OPEN COMM: 0.25%(OPEN DATE: 050912, E/D: 051014)

· CABLE CHARGE: 50,000원

· 관 세 율: 8%

· 해상보험료: 0.18%

· 하 역 료: 400,000원/CONTAINER, 20MT/COMTAINER

· 운용이자, 사내 이자율: 13%

· 로 열 티: 10,000$

· 중개수수료: 9,000$

· 특수포장비용: 800$

전자수입원가계산서

ITEM	S.T.P.P.	관리번호	GI401CK013
Quantity (MT)	68.00	적용환율	815
U/PRICE(OPEN)	515.00	예상환율	815
AMOUNT (U$)	35,020.00		
구입조건	C.F.R	사내금리	13

원가내역			계산내역			비 고
매 출 액						
	매출단가		원 / MT	600,000		
	OPEN CHARGE	KTA FEE	%	0.14		
		OPEN COMM.	%	0.17		
		CABLE CHG.			38,500	
	B/L/ 결제금액					
	관세		%	8.0		
	해상운송료		U$ / MT	0		
	CY - 보세창고 운송료		CONT	150,000		WA 3%
	해상보험료		%	0.13		
	기타 비용					
		입항료	TON 당	173		
		THC	20 "당	30,000		
		지역개발세	20 "당	20,000		
		파출수수료			4,000	
		통관수수료			15,000	
		창고화재보험료	감가의	0.1%	28,755	
		보세창고보관료			195,957	
		입출고료	TON 당	4,000		
		경부운송료	TON 당	25,000		
매출원가						
한계이익						
			이익율 (%)			
운용이자						
	재고이자		(일)	30		
	여신이자		(일)	90		
N. M. P (1)			NMP (%)			

전자수입원가계산서

ITEM	구연산	관리번호	
QUANTITY(MT)	80.00	적용환율	1,300
U/PRICE(OPEN)	990.00	예상환율	1,300
AMOUNT (U$)	79.200		
구입조건	C.F.R	사내금리	13

원가내역		계산내역			비 고
매 출 액					
	매출단가	원 / MT	1,900,000		
	OPEN CHARGE	%	0.27		
	KTA FEE	%			
	관세	%	8.0		
	해상운송료	U$ / MT	0	0	
	CY - 보세창고 운송료	CONT	4		
	해상보험료	%	0.19%		
	B/L 결제금액				
	기타비용				
	입항료	TON 당	300		
	파출수수료			9,000원	
	통관수수료	감가의	0.9/1000	110,000원	
	보세창고보험료	감가의	0.1%	32,000원	
	THC	20"당	40,000원		
	지역개발세	20"당	40,000원		
	보세창고보관료	감가의		234,000원	
	입출고료	TON 당	8,000원		
	경부운송료	CONT 당	600,000원		
	CABLE CHARGE			45,800원	
매출원가					
한계이익		이익율 (%)			
운용이자					
	재고이자	(일)	30		
	여신이자	(일)	100		
N. M. P					
		NMP (%)			

수입원가 계산서

ITEM	VAM	관 리 번 호	
Q UANTITY (MT)	120	적 용 환 율	1,200 원
U/PRICE(OPEN)	870.00	예 상 환 율	1,200 원
AMOUNT (U$)	104,400		
구 입 조 건	C.F.R	사 내 금 리	13%

원 가 내 역			계 산 내 역			비 고
매 출 액						
	매 출 단 가		원 / MT	2,500,000원		
	OPEN CHARGE		%	0.25		
	KTA FEE		%	0.14		
	CABLE CHARGE				50,000원	
	B/L/ 결제금액					
	관세		%	8.0		
	로열티,중개수수료,특수포장비					
	CY - 보세창고 운송료		CONT	400,000		
	해상보험료 및 해상운임		%	0.18		
	기타 비용					
		입항료	TON 당	500원		
		THC	20 “	120,000원		
		지역개발세	20 “	20,000원		
		파출수수료			10,000원	
		통관수수료			250,000원	
		창고화재보험료			50,000원	
		보세창고보관료			1,000,000원	
		입출고료	TON 당	8,000원		
		경부운송료	CONT 당	580,000원		
		인출료	CONT당	120,000원		
		검사비용	TON당	6,000원		
		CONT 내장검사료	CONT	55,000원		
매 출 원 가						
한 계 이 익			이익율 (%)			
운 용 이 자						
	재고이자		(일)	60일		
	여신이자		(일)	120일		
N. M. P			NMP (%)			

[표 4-1] 주요 항로별 부대비용 현황

항로(동맹)	THC 20(냉동선 40(냉동선)	CFS Charge	CAF 20 40 LCL	BAF 20 40 LCL
북미수출 (ANERA) (미국/캐나다)	101,000원(217,000원) 137,000원(289,000원)	9,500원 (THC 포함)	-	US$ 70 95 1.5
북미수입 (TWRA) (미국/캐나다)	137,000원(217,000원) 154,000원(289,000원)	9,500원 (THC 포함)	-	US$ 80 100 5
유럽 (FEFC)	100,000원(192,000원) 136,000원(287,000원)	9,500원 (THC 포함)	7%	2.23%
한·일	101,000원(135,000원) 137,000원(180,000원)	4,000원	4,500원	19.9%
동남아/한·중 (IADA)	101,000원(77,000원) 137,000원(110,000원)	4,500원	4,000원	-
호주 (ANZESC)	100,000원(192,000원) 136,000원(278,000원)	5,500원	8% (뉴질랜드 23%)	0.5% (뉴질랜드 1.5%)
중동 (IRA)	100,000원(198,000원) 136,000원(278,000원)	US$ 12 (THC 포함)	US$ 50 100 2.5	US$ 25 50 1.25

제 5 장

전자무역계약

제 1 절 전자무역계약의 체결
제 2 절 전자무역계약의 기본조건

전자무역계약은 전자무역의 시작이자 마무리이다. 수 차례의 협상을 통해서 합의된 내용을 전자무역문서로 정리한다는 측면에서 마무리에 해당되지만 이것을 토대로 수출상품이 생산되고 국제운송을 통해서 수입상에게 상품이 전달되고 무역대금결제가 이루어진다는 측면에서 전자무역계약은 전자무역의 시발점이다. 무역거래에서 전자무역이 차지하는 비중이 점점 증가하는 추세를 보이고 있다. 전자무역계약서를 어떻게 사용하는가에 따라 고정 거래선을 육성할 수 있고 무역분쟁을 방지할 수 있다는 긍정적인 측면이 있는가 하면 핵심조항과 상품특성에 따라 필수조항이 전자무역계약서에 명시되지 않기 때문에 낭패를 보는 경우도 전자무역실무에서 종종 발생하고 있다. 전자무역계약은 매매 당사자들을 법으로 묶는 절차이므로 그 만큼 신중하고 정확하게 다루어져야 한다. 이 장에서는 전자무역계약의 의의와 주요 약정 사항에 관하여 알아보기로 한다.

제 1 절 전자무역계약의 체결

1. 전자무역계약의 의의

1) 전자무역계약의 개념

전자무역계약은 거래당사자가 거래조건을 전자방식으로 합의하여 매매계약을 체결하는 것으로 거래당사자가 컴퓨터와 컴퓨터로 연결된 정보통신망을 통해서 거래상대방에게 전자오퍼를 전송하고, 거래상대방은 발송된 전자오퍼 내용에 대해 승낙을 하면 전자승낙을 전자오퍼의 발송자에게 전송함으로써 계약이 체결되는 과정을 말한다.

이와 같이 전자무역계약은 체결되는 모든 과정이 전자방식으로 이루어지기 때문에 계약체결 과정에서 발생한 과실, 계약조항에 대한 해석상의 오류 등은 종이서류로 계약이 체결되는 과정에서 발생한 것과 근본적으로 다른 법적 성격을 갖고 있기 때문에 기존의 물품매매계약(contract of sale of goods)과 근본적으로 다르다.

2) 전자무역계약의 성립

(1) 전자청약과 승낙

전자적 의사표시는 사람의 의사가 컴퓨터와 같은 정보처리장치와 특정프로그램에 의하여 전자방식으로 직접 표시되거나 정보통신망을 통해서 제 3 자에게 전달되는 의사표시를 말한다. 현대무역은 대부분 인터넷, 정보처리시스템, 무역정보통신망과 같은 전자수단에 의해서 이루어지고 있으며 무역상은 모든 무역거래절차를 전자 의사표시로 처리하고 있다.

전자무역계약은 거래당사자들의 합의에 의해서 성립된다. 합의는 일방당사자의 전자청약과 상대방의 전자승낙이라는 과정을 통해서 이루어진다. 전자청약(electronic offer)은 피청약자(offeree)와 일정한 거래조건으로 계약을 체결하고 싶다는 전자 의사표시이고, 전자승낙(electronic acceptance)은 상대방의 전자청약에 대한 수락의 전자 의사표시를 말한다. 전자승낙은 원칙적으로 전자청약에 명시된 모든 내용을 아무 조건 없이 수락하는 것이어야 하며, 새로운 사항을 추가하거나 전자청약의 내용을 제한하거나 변경하는 것은 승낙으로 간주되지 않는다.

(2) 전자청약과 전자승낙의 효력발생시기

① 전자청약의 효력발생시기

전자청약과 전자승낙의 발신과 도달시점을 어느 시점으로 볼 것인가에 관련하여 전자청약은 민법 제11조 제1항에 따라 도달주의를 채택하고 있다. 전자거래법 제10조에서 작성자의 대리인 또는 작성자를 대신하여 자동으로 전자문서를 송·수신하도록 구성된 컴퓨터프로그램 기타 전자적 수단에 의하여 송신된 전자문서는 작성자가 송신한 것으로 본다. 다만 수신자가 작성자의 의사에 반하여 그 전자문서가 송신되었음을 당해 전자문서의 수신과 동시 또는 상당시간 내에 통지받은 경우와 수신자가 소정의 확인절차에 따르거나 상당한 주의를 하였더라면 전자문서가 작성자의 의사에 반하여 송신되었음을 알 수 있었던 경우에는 작성자가 송신한 것으로 보지 않는다고 규정하였다.

작성자는 직접 또는 대리인을 통하여 전자문서를 작성하여 전송하는 자를 말하고, 수신자는 작성자가 전자문서를 전송하는 상대방을 말한다.

② 전자승낙의 효력발생시기

전자승낙의 효력발생시기와 관련하여 크게 발신주의와 도달주의 입장이 있다. 발신주의는 피청약자가 전자승낙의 의사표시를 발신한 시점에서 계약이 체결되는 것이고, 도달주의는 피청약자의 전자승낙의사표시가 청약자에게 도달한 시점에서 계약이 성립된다는 것이다.

[표 5-1] 전자승낙의 효력발생시기

통신수단 \ 준거법			한국법	일본법	영미법	독일법	유엔협약
의사표시에 관한 일반원칙			도달주의	도달주의	도달주의	도달주의	도달주의
승낙의 의사 표시	대화 자간	대 화	도달주의	도달주의	도달주의	도달주의	도달주의
		전 화	도달주의	도달주의	도달주의	도달주의	도달주의
		텔렉스	도달주의	도달주의	도달주의	도달주의	도달주의
	격지 자간	우 편	발신주의	발신주의	발신주의	도달주의	도달주의
		전 보	발신주의	발신주의	발신주의	도달주의	도달주의

③ 전자청약과 승낙의 송·수신 시기와 장소

가. 전자상거래 UNCITRAL 모델법

유엔 ECE 권고서 제31호 모델전자거래 협정서는 청약문서(instrument of offer)와 승낙문서(instrument of acceptance)로 구성되어 있고 이러한 청약문서와 승낙문서의 교환을 통해서 전자무역계약이 체결된다고 규정하였다. 전자상거래 모델법 제15조 제 1 항에서 데이터메시지의 송신은 작성자와 수신자간의 별도의 합의가 없는 한 데이터메시지가 정보시스템에 입력되어 작성자 또는 그를 대리하여 데이터메시지를 전송하는 자의 능력에서 벗어난 때에 발생한다고 규정하였다. 데이터메시지의 발송은 전자무역거래 당사자가 합의한 정보시스템이나 합의가 없는 경우 기타 정보시스템에 입력되어 발송되고 이러한 정보시스템이 이러한 정보를 전달하기에 충분한 요건을 갖추고 있을 때 이루어진 것으로 보고 있다.

동법 제15조 제 2 항에서는 데이터메시지의 수신시기는 작성자와 수신자간의 별도 합의가 없는 한 수신자가 데이터메시지를 수신할 목적으로 정보시스템을 지정한 경우에 수신은 데이터메시지가 지정된 정보시스템에 입력된 때 또는 데이터메시지가 지정된 정보시스템이 아닌 수신자의 정보시스템으로 송신된 경우에는 데이터메시지가 수신자에 의하여 검색된 때 발생한다. 그리고 수신자가 정보시스템을 지정하지 않은 경우에는 수신은 데이터메시지가 수신자의 정보시스템에 입력된 때에 발생한다고 규정하였다.

전자무역거래당사자가 사전에 정보시스템을 지정한 경우 수신시기는 지정된 정보시스템으로, 전자문서가 도착된 경우에는 전자문서가 지정된 정보시스템에 입력된 순간 이루어지고 지정된 정보시스템 이외의 수신자 자신의 정보시스템으로 도착된 경우에는 전자문서가 수신자 자신의 정보시스템으로 입력되어 수신자가 전자문서를 검색하여 확인한 순간에 수신이 이루어진 것으로 보고 있다. 전자무역계약 당사자가 사전에 이용할 정보시스템을 지정하지 않은 경우에 수신시기는 전자문서가 수신자의 정보시스템에 입력된 순간에 이루어진 것으로 간주한다는 것이다.

전자상거래 모델법 제15조 제 4 항에서 송·수신 장소와 관련하여 규정하고 있는데 그 내용을 구체적으로 살펴보면 데이터메시지는 작성자와 수신자 사이에 특약이 있는 경우를 제외하고는 작성자의 영업소와 수신자의 영업소가 전송장소와 수신장소가 된다고 규정하였다. 본 조항을 적용함에 있어서 작성자와 수신자가 여러 영업소를 운영하고 있는 경우 전송장소와 수신장소가 되는 영업소는 전자무역거래와 가장 밀접한 관련이 있는 곳이 되며 가장 밀접한 관련이 없는 경우에는 주된 영업소가 전송장소와 수신장소가 된다. 또한 작성자와 수신자가 영업소를 가지고 있지 않은 경우에는 그 거주지를 참조하여야 한다고 규정하였다.

나. 미국통일전자거래법

미국주법통일위원회전국회의(UCCUSL: National Conference of Commissioners on Uniform State Laws)가 1999년 7월 29일에 채택하여 만들어진 통일전자거래법(Uniform Electronic Transactions Act) 제15조를 보면 송신시기는 송신자와 수신자간에 별도의 합의를 한 경우를 제외하고 전자문서(Electronic Record)가 수신자가 송신된 형태의 전자문서 또는 정보를 받을 목적으로 지정하거나 사용하는 정보처리시스템과 수신자가 전자문서를 검색할 수 있는 정보처리시스템에 정당하게 입력된 때, 그 시스템에 의해서 처리 가능한 형태일 때, 송신자 또는 그 대리인이 통제할 수 없는 정보처리시스템에 입력되거나 수신자의 통제하에 있고 수신자에 의해 지정되거나 사용하고 있는 정보처리시스템에 입력된 때에 이루어진 것으로 규정한다고 명시하였다.

제15조에서 수신시기는 송신자와 수신자간의 특약이 있는 경우를 제외하고 전자문서가 송신된 형태의 전자문서 또는 정보를 받을 목적으로 지정하거나 사용하는 정보처리시스템과 수신자가 전자문서를 검색할 수 있는 정보처리시스템에 정당하게 입력된 때, 그 시스템에 의해서 처리 가능한 형태일 때에 이루어진다고 규정하였고 정보시스템이 있는 장소와 전자문서가 수신되었다고 간주되는 장소가 다르더라도 수신시기는 동일한 것으로 간주하였다.

제15조에서 송·수신 장소는 송신자와 수신자간의 특약이 있는 경우를 제외하고는 송신자의 영업소와 수신자의 영업소가 된다고 규정하였고 송신자와 수신자가 여러 영업소를 갖고 있는 경우 송·수신 장소는 해당거래와 가장 밀접한 관련이 있는 영업소가 되며, 송신자와 수신자가 영업소를 가지고 있지 않는 경우에는 송·수신 장소가 되는 영업소는 송신자와 수신자의 거주지가 된다고 규정하였다.

다. 전자거래기본법

우리나라 전자거래기본법 제6조 제1항에 따르면 전자문서는 수신자 또는 그 대리인이 당해 전자문서를 수신할 수 있는 정보처리시스템에 입력된 때에 송신된 것으로 본다고 규정하여 송신시점을 정확히 하였다. 작성자의 대리인 또는 자동으로 전자문서를 송신·수신하도록 구성된 컴퓨터프로그램 그 밖의 전자적 수단에 의하여 송신된 전자문서에 포함된 의사표시는 작성자가 송신한 것으로 본다고 규정하여 작성자가 송신한 것으로 본다.1)

수신시기와 관련하여 수신자가 전자문서를 수신할 정보처리시스템을 지정한 경우에는 지정된 정보처리시스템에 입력된 때에 수신된 것으로 보며, 다만 전자문서가 지정된 정보처리시스템이 아닌 정보처리시스템에 입력된 경우에는 수신자가 이를 출력한 때에 수신이 이루어진 것으로 본다. 수신자가 전자문서를 수신할 정보처리시스템을 지정하지 아니한 경우에는 수신자가 관리하는 정보처리시스템에 입력된 때에 수신이 이루어진 것으로 본다.2)

송·수신 장소와 관련하여 전자문서는 작성자 또는 수신자의 영업소 소재지에서 각각 송신 또는 수신된 것으로 본다고 규정하였다. 이 경우 영업소가 2 이상인 때에는 당해 전자문서의 주된 관리가 이루어지는 영업소 소재지에서 송신·수신된 것으로 본다. 다만, 작성자 또는 수신자가 영업소를 가지고 있지 아니한 경우에는 그의 상거소(常居所)에서 송신·수신된 것으로 본다.3)

전자문서의 수신자는 전자문서가 작성자의 것이었는지를 확인하기 위하여 수신자가 미리 작성자와 합의한 절차를 따른 경우와 수신된 전자문서가 작성자 또는 그 대리인과의 관계에 의하여 수신자가 그것이 작성자 또는 그 대리인의 의사에 기한 것이라고 믿을 만한 정당한 이유가 있는 자에 의하여 송신된 경우에 전자문서에 포함된 의사표시를 작성자의 것으로 보아 행위할 수 있다.4)

그러나 수신자가 작성자로부터 전자문서가 작성자의 것이 아님을 통지받고 그에 따라 필요한 조치를 취할 상당한 시간이 있었던 경우와 제 2 항 제 2 호의 경우에 전자문서가 작성자의 것이 아님을 수신자가 알았던 경우 또는 상당한 주의를 하였거나 작성자와 합의된 절차를 따랐으면 알 수 있었을 경우에는 이를 적용할 수 없다.5)

---

1) 전자거래법 제 7 조 제 1 항.
2) 전자거래법 제 6 조 제 2 항.
3) 전자거래법 제 6 조 제 3 항.
4) 전자거래법 제 7 조 제 2 항.
5) 전자거래법 제 7 조 제 3 항.

동법 제 8 조에서 수신한 전자문서는 문서마다 독립된 것으로 본다. 다만, 수신자가 작성자와 합의된 확인절차를 따르거나 상당한 주의를 하였더라면 동일한 전자문서가 반복되어 송신된 것임을 알 수 있었을 경우에는 그러하지 아니하다고 규정하여 수신한 전자문서의 독립성을 인정하였다.

④ 전자문서의 수신확인

전자문서의 수신확인은 전자문서가 발신자의 컴퓨터를 통해서 수신자의 컴퓨터로 전송이 되었다고 해서 반드시 전자문서가 수신자의 컴퓨터에 입력되었다고 보증할 수는 없다. 즉 송·수신 과정에서 전자문서가 통신회선의 장애와 전자문서의 전달업무 등의 요인으로 제때에 전달되지 않을 수도 있기 때문에 수신확인을 요구하고 있으며 수신확인은 거래의 청약에 대한 승낙을 의미하지 않으며 송·수신 단계에서 사용하는 용어에 불과하다. 따라서 관련법규에서 규정한 내용을 살펴본다.

가. 전자상거래 UNCITRAL 모델법

동법 제14조 제 3 항에서 작성자가 수신조건을 데이터메시지의 확인으로 명시한 경우 데이터메시지는 확인이 수신될 때까지 전송되지 않은 것으로 간주한다고 규정하였다. 동법 제14조 제 4 항에서는 작성자가 수신조건을 데이터메시지의 확인으로 명시하지 않고 작성자가 명시 또는 합의한 시기나 그 시기가 특정 또는 합의되지 아니한 때에는 상당한 기간 내에 확인을 수신하지 못한 경우에 작성자는 확인을 수신하지 못하였다는 것을 기재하고 확인을 받을 수 있는 상당한 기간이 명시된 통지를 할 수 있고, 상기조항에서 명시된 기간 내에 확인을 수신하지 못한 경우에는 수신자에 대한 통지와 동시에 데이터메시지가 전송되지 않는 것으로 간주하거나 또는 그가 가진 기타의 권리를 행사할 수 있다고 규정하고 있다.

제14조에서는 작성자가 수신자의 수신확인을 수신한 경우에는 수신자가 관련 데이터메시지를 받은 것으로 추정하며 이 추정은 데이터메시지가 수신된 메시지와 일치한다는 것을 의미하지는 아니한다고 규정하였다.

나. EDI교환협정서모델

EDI교환협정서모델(UN/ECE Recommendation No.26 The Commercial Use of Interchange Agreements for Electronic Data Interchange) 제3.2조에서 수신확인은 확실한 증거(prima facie evidence)로 간주하지 않으며 확증적 증거가 되기 위해

서는 수신자는 수신확인을 송신하기까지는 당해 메시지에 기초해서 행동하여서는 안 되며 수신확인을 송신할 수 없는 경우에는 그 취지를 작성자에게 알려야 하고 수신자가 수신확인을 송신할 수 없고 최초 작성자로부터 새로운 지시가 없는 경우에도 수신자는 당해 메시지를 근거로 일을 추진해서는 아니 된다고 규정하였고, 제3.2.3조에서는 작성자가 적합하게 전송한 메시지의 수신확인을 하지 않고 또한 새로운 지시도 하지 않으면 최초 작성자는 수신자에 대해 당해 메시지가 무효라는 취지의 통지를 할 수 있다고 규정하였다.

다. 국제상업회의소(ICC)의 규칙

본 규칙에 의하면 적절한 전자메시지로 규정되어 있지 않거나 또는 당사자간에 합의된 대로 규정되어 있지 않는 한 수신확인은 필요하지 않다고 규정하였고 수신확인은 메시지의 수신일과 함께 최초 전자메시지를 수신한 것만을 나타내는 전자메시지이며 이것은 수신자가 전자메시지를 수신하여 본 전자메시지의 내용을 확인하고 그 내용을 수락한다는 승낙의 의미를 나타내는 것은 아니다라고 규정하여 수신확인은 단지 그 내용을 받았다는 의미에 국한되지 그 내용을 확인하고 그 내용을 승낙한다는 의미가 없다는 것이다. 동 규정은 당사자간에 특약이 있는 경우를 제외하고 수신확인을 요구한 경우에 그러한 확인은 전자메시지의 수신시기로부터 다음 영업일의 업무종료 전에 송신되어야 한다고 규정하였고 만일 송신자가 다음 영업일의 업무종료시까지 또는 전자협정서에 규정되어 있는 최종기한까지 수신확인을 받을 수 없는 경우에는 송신자는 전자메시지를 송신하지 않은 것으로 간주할 수 있다고 규정하였다. 또한 당사자간의 특약으로 전자메시지를 받을 당사자를 지정한 경우 그가 전자메시지를 받으면 수신은 이루어진 것으로 간주한다.

라. 전자거래기본법

동법 제9조 제1항에서 수신확인을 조건으로 되어 있는 경우 작성자가 수신확인을 조건으로 하여 전자문서를 송신한 경우 작성자가 수신확인통지를 받기 전까지는 그 전자문서는 송신되지 아니한 것으로 본다. 이 경우 민법 제534조의 규정은 적용하지 아니한다고 규정하였다. 전자문서의 작성자가 수신확인을 요구하면 수신자는 전자문서를 받고 반드시 수신확인을 작성자가 충분히 알 수 있는 방법으로 통지해야 하며 이와 같이 작성자가 수신확인을 효력발생조건으로 하여 전자문서를 송신한 경우에는 수신확인통지가 작성자에게 도달하기 전까지는 그 전자문서는 송신되지 아니한 것으로 간주한다고 규정하였다.

작성자가 수신확인을 효력발생조건으로 명시하지 아니하고 수신확인통지를 요구한 경우 상당한 기간(작성자가 지정한 기간 또는 당사자가 약정한 기간이 있는 경우에는 그 기간을 말한다) 내에 작성자가 수신확인통지를 받지 못한 때에는 작성자는 그 전자문서의 송신을 철회할 수 있어 수신자는 약정된 기간에 전자문서를 수령하였다는 수신확인을 반드시 송신자에게 보내야 하며 송신자는 수신자로부터 약정된 기간에 수신확인을 받지 못하면 전자문서의 송신을 철회할 수 있다는 것이다.

(3) 전자무역계약의 성립시기

전자오퍼의 수신자는 자기의 승낙의사표시를 데이터메시지를 이용하여 발신자에게 보내는데 데이터메시지는 전자문서교환(EDI), 전자우편, 전보, 전신, 텔레카피 등을 포함하여 전자적·광학적 또는 이와 유사한 방식으로 생성, 송신, 수신 또는 저장된 정보를 의미한다.

전자오퍼를 전송한 발송자는 법적인 권리와 의무를 부담해야 되며 전자오퍼를 받은 수신자는 그에 대한 동의 여부를 전자메시지로 보낼 경우 전자메시지는 청약과 승낙의 법적인 구속력을 갖고 있기 때문에 정확하게 해야 한다. 전자문서가 발송되고 수신되는 전자방식에 따라 전자무역계약이 성립되는 서기가 다를 수 있기 때문에 전자방식과 전자무역계약의 체결시점에 대해서 구체적으로 살펴본다.

① 전자문서교환(EDI)방식에 의한 계약 성립시기

전자문서교환(EDI)방식으로 전자무역계약이 체결되는 경우 전자문서교환방식은 거래당사자들이 상호 의사전달방법에 대해서 기본 거래약정서를 체결하고 컴퓨터로 상호 의사표시를 전달하는 전자방식이다. 기본 거래약정서는 전자메시지를 전송하고, 받고, 저장하는 거래당사자들의 역할과 법적 책임이 포함되어 있으며 거래당사자들 외에 전자메시지기 전달되는 과정에 있는 다른 당사자들과 기타 계약에는 하등의 영향을 미치지 않는다. 전자무역계약은 발송된 전자오퍼를 수신자가 수락한다는 승낙의 의사표시를 발송자가 전자교환방식으로 받았을 때 체결된다.

② 전자우편에 의한 계약의 성립시기

전자우편(electronic mail)은 전자메시지를 발송하고 수신하는 데 필요한 특별한 양식이 없이 사용자가 전자메시지를 컴퓨터로 서로 주고받을 수 있는 통신방식으로 이루어지고 있기 때문에 구조화되지 않은 전자상거래에 속한다. 즉 전자우편은 사용자가 전자메시지를 자유롭게 작성하여 컴퓨터로 연결된 정보통신망을 이용하여 수신자의 컴퓨터로 송신하고 송신내용은 전자문서의 양식에 의해서 전달되지 않고 작성자가 작성한 상태로 전달되는 특성을 갖고 있다. 수출상이 전자우편을 이용하여 수입상에게 전자오퍼를 전송하였고 수입상은 전송된 전자오퍼를 확인하고 그 내용을 승낙한다는 전자문서를 전자우편으로 수출상에게 송부했을 때 전자무역계약은 언제 성립하는가이다.

Corinthian Pharmaceutical Systems V. Lederle Laboratories의 사례에서 법원은 자동응답기로 체결된 계약은 구매오퍼에 대한 승낙으로 볼 수 없기 때문에 계약이 성립되지 않는다고 판시하였다. 자동응답기는 상품을 판매하겠다는 계약에 대한 정확한 동의로 볼 수 없고 정확한 승낙으로 간주할 수 없다고 보았고 Mail Box사례에서 매수인이 서명한 구매주문서를 매도인에게 송부했고 매도인은 구매승인서에 자기가 서명하고 다시 전자우편으로 매수인에게 송부한 후 전화로 구매승인서에 대한 승낙을 철회한다고 통지하였다.

그러나 법원은 매도인과 매수인간의 구매계약은 매도인이 매수인의 청약에 대한 승낙의 의사표시를 전자방식으로 했을 때 성립되기 때문에 후에 전화로 승낙을 철회한 것은 법적으로 효력이 없다고 판시하여 전자우편(E-Mail)을 이용하여 전자무역계약이 체결되는 경우 전자우편은 컴퓨터 이용자들이 정보통신망을 통하여 컴퓨터로 상호 의사표시를 전달하는 것으로 상호간에 합의가 이루어지는 시점에서 전자무역계약이 체결된 것으로 본다. 즉 전자무역거래 당사자가 전자오퍼 내용을 수락한다는 승낙표시를 전자우편으로 발송할 때 전자무역계약이 성립된다고 보고 있다.

③ 전자무역사이트를 이용한 계약의 성립시기

전자무역사이트는 무역거래에서 필요한 모든 정보를 등록시켜 이러한 정보를 원하는 당사자에게 인터넷과 정보통신망을 통하여 제공해 주는 것을 의미한다. 전자무역거래 당사자들은 전자무역사이트를 이용하여 전자카탈로그를 작성하고 자사의 홈페이지를 링크시켜 수출상품을 홍보할 수 있고 더 나아가 수출상은 전자무역사이트에 상품명, 판매단가, 선적시기, 대금결제방법, 전자오퍼 발행자명이 기재된 전자오퍼를 등록할 수 있으며 수입상은 전자무역사이트에 들어와서 수출상이 발행한 전자오퍼의 거래조건을 세밀하게 분석한 다음에 이러한 거래조건으로 수입하겠다는 승낙의 의사표시를 전자무역사이트에 입력하여 수출상에게 전송할 수 있다.

이런 경우 전자무역계약은 수입상이 수출상이 등록한 전자오퍼의 거래조건을 수락하여 동 조건을 무조건 승낙한다는 의사표시를 전문무역사이트에 입력시키는 순간 성립된 것으로 보고 있다.

지금까지 살펴본 바와 같이 전자무역계약의 체결시기는 전자오퍼에 대한 전자승낙의 표시로 결정되며 전자방식의 종류에 따라 전자무역계약의 효력발생시기가 다르게 결정된다. 전자무역계약은 서류상의 거래와 다르게 거래당사자들의 의사전달시기에 대해서 분쟁의 소지가 많기 때문에 전자방식에 의한 의사표시는 정확하고 신속하게 하여 불필요한 분쟁을 예방해야 되겠다.

2. 무역정보통신시스템 사용계약

전자무역거래 당사자들은 무역업무를 전자방식으로 처리할 무역정보통신시스템을 결정해야 한다. 무역정보통신시스템은 전자무역거래 당사자들이 전자서류와 전자서명을 확인하는 데 필요한 모든 사항을 이행할 수 있어야 하고 은행이 무역정보통신시스템으로 전자신용장을 발행할 수 있어야 한다. 전자무역의 본질은 무역정보통신회사가 제공한 무역정보통신시스템을 이용하여 상품을 매매하는 것으로 법률적 관점에서 보면 무역정보통신시스템을 이용하여 체결된 전자무역계약이 전자무역거래의 핵심적인 역할을 한다. 전자무역은 여러 면에서 기존의 수출입매매계약에서 행하여지는 매매행위와는 구별된다.

전자무역거래는 전자무역계약이 중심이고 가장 중요한 부분을 차지하지만 동시에 운송계약, 보험계약, 대리인계약, 운송주선인, 검사기관, 은행 등 기타 많은 계약관계를 가져야 하며, 이러한 계약관계는 무역정보통신회사가 제공한 무역정보시스템에 의해서 이루어지고 있다. 전자무역거래는 전자무역계약과 별도로 수출상, 수입상, 운송회사, 보험회사, 검사회사, 운송주선인, 은행 등 수출입거래와 관련된 모든 당사자와 무역정보통신회사간에 무역정보통신시스템 사용

계약을 체결해야 한다.[6)]

전자무역기반시설은 정보통신망을 통하여 무역업자와 무역유관기관을 체계적으로 연계하여 전자무역문서의 중계 · 보관 및 증명 등의 업무를 수행하는 정보시스템을 말한다.

수출입거래 당사자들은 수출상이 합의한 포맷으로 전자기록을 제시할 수 있고 이 포맷이 전자신용장 거래와 관련이 있는 은행에게 적용될 수 있음을 전자무역계약을 체결하기 전에 확인해야 한다. 수출입거래 당사자들은 전자기록과 디지털 서명의 진위확인에 필요한 모든 사항을 이행할 수 있어야 하고, 은행이 서로 전자기록을 송·수신할 수 있는 포맷으로 전자신용장을 개설할 수 있는지 확인해야 한다.

전자무역거래 당사자들은 무역정보통신회사가 제정한 규칙에 동의한다는[7)] 계약을 체결하고 이러한 계약에 따라 무역정보통신회사가 제정한 규칙은 전자무역거래 당사자들에게 모두 적용된다.[8)] 무역정보통신회사는 무역정보통신시스템 사용자, 협회, 등록기관에 자기 자신 혹은 외부자원을 통하여 상업적 · 기술적 · 운영적 서비스를 제공하고, 협회는 무역정보통신시스템에 관련된 이슈를 사용자단체에게 제공하며, 무역정보통신 사용자는 규약집(Rule Book)을 통하여 무역정보통신회사와 계약을 체결하고 사용자간에도 계약을 체결한다. 등록기관은 무역정보통신시스템 사용자에게 등록 및 보안 서비스를 제공하기 위하여 무역정보통신회사와 접속한다.

3. 전자무역계약과 무역정보통신시스템 사용계약과의 관계

무역정보통신시스템 사용계약은 전자무역계약에 의해서 생성되어 전자무역계약과 밀접한 법적 관계를 갖고 있는 듯이 보이지만 전자무역계약과 하등의 관계가 없는 독립된 계약으로 보아야 한다. 전자무역계약은 전자무역거래 당사자인 수출상과 수입상간에 체결된 것이고 무역정보통신시스템 사용계약은 전자무역거래와 관련된 모든 당사자와 무역정보통신회사간에 체결된 것이다. 무역정

6) bolero.net, “Bolero Rulebook,” 1999.

7) 강원진, “전자무역거래 활성화를 위한 전자결제시스템의 요건과 과제,” 「국제상학」, 제17권 제 3 호, 한국국제상학회, 2002. 12, p.124.

8) bolero.net, “Bolero XML Guide to eUCP Version 2.0,” 2002.

보통신회사와 무역정보통신시스템 사용계약을 체결한 당사자들의 권리와 의무는 당사자들이 합의한 계약내용에 따라 발생되며, 본 계약은 다른 계약과 독립적으로 존재한다.9)

즉, 전자무역계약은 전자방식으로 상품을 판매하는 수출상과 수입상의 권리와 의무를 규정한 계약이고, 무역정보통신시스템 사용계약은 전자무역거래 당사자들이 전자무역계약을 전자방식으로 수행할 수 있도록 무역정보통신회사는 무역정보통신시스템과 서비스를 전자무역거래 당사자들에게 제공하고 전자무역거래 당사자들은 사용료를 무역정보통신회사에게 지불하고 그러한 시스템을 사용하겠다는 계약을 의미한다. 따라서 전자무역계약과 무역정보통신시스템 사용계약은 법적 관계가 없는 독립된 계약으로 보아야 한다.

전자무역거래 당사자인 수출상과 수입상, 개설은행, 확인은행(확인신용장의 경우)은 무역정보통신회사와 무역정보통신시스템 사용계약서를 체결하고 동 계약에 따라 무역정보통신회사는 전자무역거래에 필요한 정보통신시스템을 제공해야 하며 이러한 정보통신시스템을 이용하여 모든 전자무역거래 업무가 이루어질 수 있도록 관련서비스를 제공해야 한다. 무역정보통신회사가 제공한 무역정보통신시스템은 전자무역거래 당사자가 합의한 포맷과 진위확인방법, 전자서명을 처리할 수 있어야 한다. 수출상과 수입상, 개설은행, 확인은행(확인은행이 있는 경우)은 무역정보통신시스템을 이용함에 따른 모든 비용을 무역정보통신회사에게 지급해야 한다.

무역정보통신회사는 무역정보통신시스템을 보호하기 위하여 합리적인 주의를 기울여야 한다. 만약 그렇게 하지 못하여 무역정보통신시스템 사용자가 손해를 입으면 무역정보통신시스템 사용계약에 따라 손해를 배상해 주어야 한다. 즉 무역정보통신회사는 자사가 제공한 무역정보통신시스템의 작동불능, 보안, 안전 등 무역정보통신시스템 사용으로 인하여 전자무역계약을 이행하지 못하거나 이행함에 있어서 손실이 발생하면 전자무역계약이 아니라 무역정보통신시스템 사용계약에 따라 전자무역거래 당사자에게 손해배싱을 해 주어야 한다.

9) bolero.net, "Guide Bolero XML Version 3.1," 2003.

제 2 절 전자무역계약의 기본조건

전자무역계약의 합의사항은 전자무역계약을 체결할 때마다 계약당사자들이 합의해야 할 개별사항과 모든 거래에 공통으로 적용되는 일반거래조건으로 구분된다. 개별합의사항은 품질, 수량, 가격, 선적, 해상보험, 대금결제, 포장, 분쟁해결방안 등으로 개개의 거래내용을 구체적으로 합의한 것이며 일반거래조건은 무역거래의 일반적 기준을 약정한 것이다.

1. 품질조건

전자무역거래에서 수입상이 제기하는 클레임은 대부분 품질불량, 품질상이 등 주로 상품의 품질과 관련될 정도로 품질은 중요한 약정사항이다. 품질조건에서는 품질을 결정하는 방법과 그 시기에 대해서 약정한다.

1) 품질의 결정방법

(1) 견본매매(sales by sample)

전자무역거래의 당사자들은 전자카탈로그로 상품을 확인한 후에 견본을 받아 견본으로 상품의 품질을 결정하는 방법을 가장 많이 이용하고 있다. 견본매매에서는 대부분 수출상이 견본을 만들어 수입상에게 보내지만 수입상이 원하는 품질을 나타내기 위해 수입상이 만든 견본을 먼저 보내기도 한다. 그리고 상대방이 보낸 견본의 색상이나 부피, 디자인, 고객선호도 등을 분석하여 다시 만든 견본(counter sample)을 이용하기도 한다. 견본은 2종 또는 3종을 한 개의 조(set)로 하여 동일한 번호를 부여해서 사용하며, 수출상과 수입상이 각각 1개씩 보관하고 만약 수출물품을 제 3 자가 생산할 경우에는 생산자도 참조용으로 1개를 보관한다.

(2) **상품매매**(sales by brand or trade mark)

가방 베네통, 청량음료의 코카-콜라, 손목시계의 오메가(Omega), 만년필의 파커(Parker) 등은 오랫동안 고객으로부터 사랑을 받아왔기 때문에 이와 같은 유명상표는 상품의 품질을 대표한다고 볼 수 있다. 상품의 품질조건을 상표로 결정하는 것을 상표매매라 한다.

(3) **규격매매**(sales by type or goods)

상품의 규격이 국제적으로 정해져 있거나 수출국에서 공식적으로 인정하는 것일 경우 규격이나 등급으로 품질을 결정하는 방법이다. 예를 들어 국제표준화기구(International Organization for Standardization), 일본의 JIS(Japan Industrial Standard), 우리나라의 KS(Korean Standard) 등과 같은 규칙을 이용한다.

(4) **명세서매매**(sales by specification or dimensions)

상품의 원료, 구조, 성능, 작동 등을 자세히 설명한 명세서, 설명서, 청사진 등에 의해서 품질을 결정하는 방법이다. 주로 견본이 곤란한 특수자동차, 공장설비, 선박, 철도차량, 기계류, 의료기구 등 고가상품의 거래에서 많이 이용된다.

(5) **점검매매**(sales by inspection)

수입상이 실제로 수입된 상품을 살펴보고 품질을 확인한 후 수출입매매계약을 체결하는 방법으로 수입상의 대리인이 수출국에 상주할 경우 가능하다. 보세창고도거래(Bonded Warehouse Transaction)에서는 수입상이 보세창고에서 상품의 품질을 확인할 수 있다.

(6) **표준품매매**(sales by standard)

농·수산품 등과 같은 1차산품의 품질은 자연조건에 의해서 영향을 많이 받기 때문에 품질은 해당 연도의 표준품에 의해서 결정되는데, 이에는 평균중등품질조건, 판매적격품질조건, 보통품질조건이 있다.

① 평균중등품질조건(fair average quality: FAQ)

선적지에서 생산된 생산물 중에서 중간물품을 품질표준으로 결정하는 방법인데, 면화·곡물·차 등 농산물의 품질을 결정할 때 많이 사용된다.

② 판매적격품질조건(good merchantable quality: GMQ)

상품의 외관으로 품질을 결정하기 어려운 목재나 냉동물품의 품질은 수입지에서 판매될 것을 전제로 결정된다. 수입된 목재를 절단하여 보니 내부가 부패되어 있어 판매가 부적격하면 수입상에게 변상요구를 할 수 있다.

③ 보통품질조건(usual standard quality: USQ)

공인검사기관 또는 공인표준에 의해 정해진 보통품질을 표준품의 품질로 결정하는 방법인데 주로 원사거래에서 많이 이용된다.

2) 품질의 결정시기

일반적으로 무역상품의 운송은 장기간에 걸친 해상운송을 필요로 하는 경우가 많으므로 선적항에서의 선적시의 상품품질과 도착지에서의 양륙시점에서의 품질간에 차이가 생길 가능성이 있다. 그러므로 선적상품의 품질을 선적시에 결정하느냐 또는 양륙시에 결정하느냐 하는 것은 대단히 중요하다.

(1) 선적품질조건(shipped quality terms)

선적품질조건은 선적완료시점에서의 품질을 기준으로 하는 방법이며 일반공산품의 거래에 많이 이용된다. 수출업자는 운송도중의 변질에 대해서 책임지지 않는다. 곡물거래에서는 이 조건을 Tale Quale(T.Q)로 표시한다.[10)]

(2) 양륙품질조건(landed quality terms)

양륙품질조건은 양륙시점의 품질을 기준으로 하는 방법이며 운송과정에서 변질된 수출업자가 책임을 져야 한다. 이 조건은 호밀(rye)거래에 많이 사용되었다고 하여 Rye Terms(RT)이라 한다.

10) Tale Quale은 불어로, "as it is" 또는 "just as they com"이란 의미이다. 그리고 곡물거래에서 운송도중 해수에 의한 손해만을 수출업자가 부담하는 일종의 조건부 선적품질조건이 있는데 이를 Sea Damaged(S.D) 조건이라 한다.

CASE 연구

곶감보다 더 무서운 P.L.

대오사는 급히 미국의 유능한 변호사를 선정하여 억울함을 호소하고 가슴 깊숙히 박힌 독화살을 빼주기를 청하였다. 도무지 상식적으로 이해를 할 수 없었다. 운전 부주의로 인한 빗길 사고가 헬멧과 무슨 상관이 있단 말인가? 자신 있게 변호를 맡아 안심을 시켜 줄 것이라 기대했던 변호사의 대답은 의외였다. 대오사는 오토바이 헬멧을 제조하는 국내 중견업체로 현재는 상당한 시장점유율을 자랑하고 있다. 오늘의 대오사가 있기에는, 막연하게만 들리던 P.L.의 독화살이 대오사의 심장에 수없이 적중하여 한때는 죽음까지 맞이할 순간도 있었지만 마침내 그 해독제를 찾아 소생하였으니, 1984년 10월의 마지막 밤 경쟁사와의 가격경쟁으로 난항을 거듭하고 있던 대오사에게 하늘에서 내려온 듯한 TLX가 미국 유수의 DEALER로부터 전송되고 있었다.

URGENT! PLS INFM US IF YOU CAN SUPPLY 5000,000PCS OF HELMET BY USD 25 PER PCS ASAP 11월이 시작하는 날, 그날은 대오사에게 생애 최고의 날이었다. 새벽에 소집된 회의는 축제 분위기 속에서 진행되었고 드디어 출장자들이 결정되어 그날 오후 DELEGATION들의 몸과 마음은 이미 북태평양의 10,000피트 상공에 띄워져 있었다. 계약은 PCS당 USD 37로 엄청난 ORDER였다. 대오사는 PI요율을 PCS당 USD 37로 구득하고 보상한도를 USD 1,000,000로 정하였다. USD 1,000,000이면 당시 한화로 9억원 상당이었다. 헬멧의 품질에 자신이 있었을 뿐더러 설혹 불량품 몇 개가 나서 미국 친구머리 몇 개쯤 깨져 봐야 얼마나 되겠느냐는 개략적인 계산이 있었음은 물론이다. 제품이 선적되고 약 6개월 후, 모든 것이 완벽하다고 생각했던 대오사의 작은 심장에 P.L.의 독화살은 정확히 명중되었다.

USD 10M의 배상청구소송, 그것도 빗길에 오토바이가 트럭과 충돌하여 식물인간이 된 한 TEXAS 청년에 대한 배상이었으니, 사고와 직접 연관이 없는 헬멧 제조회사인 대오사로써는 망연자실할 수밖에 없었다. 그렇다면 대오사가 피소된 근거는 무엇인가? 헬멧에 "비오는 날은 시야를 흐트릴 위험이 있으니 착용하지 마시오"라는 문구가 없었다는 논지, 황당하기 그지 없었다. 협상을 통한 화해가 최선책이라고 펄펄 뛰는 대오사를 초로의 변호사는 차분히 설득시켰다. 미국의 소송제도란 참 우스운 것이죠. 법에 대해 무지한 동네 주민들이 배심원이 되어 사안을 결정합니다. 생각해 보십시오. 원고는 전도양양한 TEXAS 주민들 앞에 서 있습니다. 반면 피고는 외국의 기업으로 미국 내 시장점유율도 상당합니다. 이럴 때 사람들은 로빈훗이 되고 싶어하죠. 그리고 소송이 계속 진행될 경우 귀사의 기업 이미지에 끼칠 영향을 생각해 보시죠. 대오사는 결국 USD 2.5M에 화해를 하였다. 그나마 P.L.I.에 부보함으로써 큰 손해는 막았으나 보험보상한도가 USD 1M이니 USD 1.5M은 H사의 주머니에서 지불된 셈이다. 대오사로서는 P.L의 산 경험을 한 셈이었다. 우리는 대오사의 쓰라린 경험을 타산지석으로 삼아야 할 것이다.

[질문] **위 사례를 통해 얻을 수 있는 교훈은 무엇입니까?**

3) 품질에 관한 주의사항

(1) 클레임의 제기 기한사항

클레임 발생시에는 계약서상에 명시된 클레임 제기기간을 준수하여야 하며 제기기간의 명시가 없는 경우라도 무한정 연장하여 아무 때라도 클레임을 청구할 수 있는 것은 아니다. 즉, 청구권 자체의 법적 소멸시효기간을 준수하여야 한다. 또한 구두합의는 후일 입증하기가 곤란한 경우가 많기 때문에 반드시 서면으로 증거를 남겨야 한다.

(2) 품질불량의 사증기관 및 증명사항

검정기관에 따라 검사 결과가 다르게 나올 가능성이 있는 물품거래시에는 제조업체 및 수입상사와의 각 계약서상에 품질검사 또는 클레임조항의 내용을 동일하게 해야 하며 특히 검정기관을 동일하게 특정해야 한다.

(3) 불량품의 처리사항

제조업체가 아닌 무역상사도 별도의 특약이 없는 한 제조업체와 똑같이 품질에 대한 담보책임이 있으므로, 제조업체가 제시한 품질 및 클레임 제기방법, 기간 등 제조건을 그대로 수입상에게 전가하든지 수입상이 요구하는 조건을 그대로 제조업체에게 요구해야 한다.

2. 수량조건

계약서 작성시 단위나 계산착오 또는 miss-typing으로 인한 큰 손실을 초래할 수 있으므로 각별히 주의하여야 한다.

1) 수량의 단위

수량단위는 상품의 성질과 관습에 따라 중량(weight), 용적(measurement), 개수(piece), 포장단위(package), 길이(length), 면적(square)으로 분류한다.

(1) 중량(weight)

중량의 단위는 국가마다 다소 차이가 있는데 무역거래에서는 주로 lb(pound), kg, Ton 등이 광범위하게 사용되는데, Ton에는 다음의 3가지 종류가 있다. Long Ton(English Ton; Gross Ton)=2,240 lbs, Short Ton(American Ton; Net Ton)=2,000lbs, Metric Ton(French Ton; Kilo Ton)=2,204lbs. 중량의 측정방법에는 총중량, 순중량 및 법적 중량 등이 있다. ㉠ 총중량(gross weight): 상품을 포장한 채로의 중량, 즉 상품의 무게와 포장의 무게(ware and tare)를 합한 총무게를 말한다. ㉡ 순중량(net weight): 포장무게를 제외한 순상품의 무게를 말한다. ㉢ 법적 중량(legal weight): 상품의 무게와 법적으로 인정되는 포장무게를 합한 중량을 말한다.

(2) 길이(Lenght)

전선, 생사 · 직물, 동관 등의 수량은 meter, yard, foot, inch 등의 길이단위가 사용된다.

(3) 용적(Measurement)

용적을 단위로 하는 경우는 Cubic Meter(m^3), Cubic Feet(cft), Barrel(31.5 American Galon), Bushel(8 English Galon; 36.367cft)이 사용되고 있으며 목재에는 Cubic Meter(M^3; CBM) · Cubic Feet(cft) · Super Feet(SF), 석유 등 액체에는 barrel · gallon · liter, 곡물에는 Bushel이 거래단위로 사용되고 있다.

(4) 개수(Number)

개수는 잡화 및 기계류의 거래의 수량단위로 사용되며 단위는 다음과 같다.

- Piece=1 개
- Dozen=12개
- Gross=144개
- Great Gross=12개×12개×12개=1,782개
- Small Gross=12개×10개=120개

(5) 포장단위

면화, 밀가루, 시멘트, 비료, 통조림, 유제품 등은 포장단위로 거래하며 포장단위로는 Keg, Bag, Case, Bale, Bundle, Drum, Can 등이 사용된다.

2) 과부족 용인조건(More or Less Clause: MOL Clause)

화물의 성질상 계약 수량에 정확히 일치시키기가 곤란한 경우가 있다. 이때에는 계약에 과부족을 용인하는 조항이 삽입되어 있지 아니하면 안 되며 여기에는 다음의 두 가지 방식이 있다.

첫째, 물품의 수량에 About, Circa 또는 Approximately 등 이와 유사한 효력을 가지는 용어를 추가하여 과부족이 용인되도록 하는 방식으로 신용장 통일규칙 제43조 a항에서 이러한 용어가 선적품의 수량에 관련되어 사용되었다면 10%의 과부족을 용인하는 것으로 간주한다고 하였다. 그러나 이러한 용어가 사용되지 않았다 하더라도 별도의 금지조항이 사용되지 아니하는 한 5%의 과부족이 용인되는 것이다. 단, bulk 화물로써 PCS나 포장단위로 셀 수 있는 화물에 대해서는 5%의 과부족이 용인되지 아니한다. 둘째, About와 같은 불분명한 용어를 피하고 확정적 수량의 과부족을 용인할 필요가 있을 경우에 이러한 때에는 More or less clause에 5% More or less at seller option 등으로 문언을 삽입하여 이를 확실히 하여야 한다.

3. 가격조건

전자무역거래에서 상품의 가격을 결정할 때는 운송비, 보험료, 통관비 등

부대비용과 위험, 책임, 소유권의 분기점을 결정해야 한다. 이에 따라 전자무역계약서에는 매매 당사자간의 비용, 책임, 소유권, 위험의 분기점을 나타내는 FOB, CIF 등과 같은 가격조건이 금액과 함께 표시된다. 오늘날에는 Incoterms 2000에서 규정하고 있는 13가지 가격조건이 많이 이용되고 있다. 수출국 통화와 수입국 통화의 종류가 다를 때는 하나로 통일하는 것이 리스크헤지면에서 유리하다. 그러나 상호간에 자국 통화를 고집할 경우 미국통화로 하는 것이 최선의 방법이며 이때 선물환거래를 통해서 환율변동에 따른 위험부담을 감안해야 한다. 가격조건의 경우 수량단위를 명시하는 것이 중요하며 수량단위 착오로 인한 문제가 발생하지 않도록 주의하여야 한다.

4. 선적조건

대부분의 화물은 해상운송으로 운송되지만 소량의 고가제품, 유행성 제품 등은 항공으로 운송된다. 그리고 컨테이너를 이용하여 수출상의 공장에서 수입상의 창고(door to door)까지 일괄적으로 운송하는 복합운송도 많이 이용되고 있다. 따라서 오늘날 선적(shipment)의 의미는 계약물품을 선적항의 지정 선박에 적재하는 것뿐만 아니라 항공기에 적재하거나 운송인(carrier)에게 인도하는 것까지를 포함한다. 선적조건에서는 선박명, 선적기간, 분할선적 및 환적, 선적지연에 따른 면책조항 등에 관하여 약정한다.

1) 선적시기

선적시기를 결정할 때는 선적일을 확정하지 않고 보통 최종선적일 또는 선적월을 정한다. 선적일을 정할 경우에는 수출업자가 임의로 선적시기를 선택해서 정해진 달 내에 선적을 하면 된다.[11] 그러나 선적시기를 표시할 때 신속히(prompt), 즉시(immediately), 가능한 한 빨리(as soon as possible) 등과 같은 막연한 표현을 사용해서는 안 되며 이러한 표현이 사용되었을 경우 은행은 이를 무시한다.

11) 선적이 완료되면 선하증권 등과 같은 운송서류가 발급되기 때문에 운송서류의 발급일자를 선적일자를 기준으로 한다.

2) 선적일의 표시방법

① 특정 기간월 또는 연속월 중 선적

선적시기를 Shipment during January 20×× 등으로 표시하였을 경우에는 그 지정월의 초일부터 말일까지 사이에 선적을 완료해야 한다.

② 특정 연속월 중의 인도 또는 선적

선적시기를 Shipment during From May To July 20××와 같이 특정월이 계속적으로 표시되어 있을 경우 5월 초일부터 7월 말일의 3개월간에 선적을 완료해야 한다.

③ 선적일이 신용장에 표시되어 있지 않은 경우 선적일을 E/D(Expiry date)로 간주한다.

④ 선적일이 1st Half of July인 경우 선적일을 7월 1일부터 15일 사이로 간주한다.

⑤ 선적일이 2st Half of July인 경우 선적일을 7월 16일부터 7월 30일까지로 간주한다.

⑥ 선적일이 Promptly, Immediately 등으로 표시된 경우 선적일을 L/C 발행일로부터 30일 이내로 간주한다.

3) 분할선적 및 환적

분할선적(partial shipment)은 계약물품을 전량 선적하지 않고 2회 이상 나누어서 선적하는 경우를 말한다. 신용장에 분할선적을 금지하는 partial shipment are prohibited와 같은 문언이 삽입되어 있지 않을 때에는 분할선적이 허용되는 것으로 간주되므로 수출상은 선적기간에 걸쳐 분할선적을 할 수 있다. 따라서 1회에 전량을 선적토록 할 때에는 분할선적금지를 계약서와 신용장에 분명히 명시하도록 해야 한다. 또한, 분할선적을 허용하거나 또는 특별히 분할선적을 규정하고 있는 경우에는 특정월별로 선적수량을 결정하여 일시에 또는 부적기에 선적되지 않도록 하는 것이 바람직하다.

환적(transshipment)은 신용장에 명시된 선적항으로부터 양륙항까지 해상운송 도중에 한 선박에서 다른 선박으로 화물을 풀어 다시 적재하는 것을 의미하며 수송수단이 바뀌는 경우 또한 환적에 포함된다. 환적을 하게 되면 그 만큼

운송시간이 많이 소요되고 파손, 분실 등의 위험이 발생할 수 있다. 따라서 목적항까지 직접 가는 선편이 없을 경우나 여러 운송수단을 동시에 사용하는 복합운송인 경우에만 환적을 허용한다. 따라서 환적을 금지할 경우에 이러한 사실을 계약서와 신용장에 정확히 기재해야 한다.

4) 선적지연에 관한 면책조항

수출상의 고의, 과실 또는 태만 등으로 인한 선적지연에 대해서는 수출상이 책임을 져야 하나 천재지변, 전쟁, 파업 등과 같은 불가항력에 의한 선적지연은 면책될 수 있다는 조항을 계약서에 명시해야 한다.

5. 보험조건

국제운송보험은 해상보험, 육상보험 및 항공보험으로 구분되지만 전자무역거래에서 주로 이용되는 보험은 해상보험이다. 해상보험계약은 가격조건에 따라 수출상과 수입상이 체결하는데 CIF 및 CIP 조건을 제외하면 해상보험에 대한 약정은 별도로 필요 없다. CIF조건과 CIP조건에서는 수출상이 수입상을 위해서 해상보험계약을 체결해 주므로 해상보험계약조건, 보험가액, 보험금액 등에 관한 약정이 필요하지만 나머지 가격조건에서는 모두 자신들을 위해 해상보험계약을 체결하므로 보험에 대한 약정이 없다.

CIF조건일 경우에 수출상은 Incoterms의 의무규정에 따라 상품가액의 110%만큼을 최저보험조건으로 해상보험계약을 체결하면 된다. 만약 수입상이 그 이상의 보험조건을 요구하면 이러한 사항을 계약서에 명시하고 추가로 예상되는 보험료를 수입상으로부터 받도록 한다. 그리고 CIP조건은 복합운송에서 사용되므로 매매 당사자들이 구체적인 보험조건을 합의해 둔다.

6. 대금결제조건

1) 대금결제방식의 종류

(1) 전자신용장에 의한 결제방식

전자신용장(electronic letter of credit)은 종이신용장에서 개설은행의 수출대금지급확약과 같은 신용장의 특성을 동일하게 갖고 있으며 신용장에 전자방식으로 개설되고 신용장에서 요구한 모든 서류가 전자방식으로 발행되며 신용장의 모든 거래업무가 전자방식으로 이루어지는 것을 말한다. 개설은행은 수출상이 개설은행과 제 3 의 은행을 지급인으로 발행한 전자환어음과 선적서류를 전자방식으로 제시하면 제시된 서류를 검사하고 제시된 서류가 신용장의 요건을 충족시키면 무조건 수출대금을 지급해야 한다. 전자화환신용장은 전자신용장에 전자환어음과 전자선적서류가 첨부된 신용장이라고 할 수 있다.

(2) TradeCard 결제방식

TradeCard는 인터넷과 TradeCard 시스템을 이용하여 수출상과 수입상의 무역대금을 결제해 주는 것을 말한다. TradeCard 시스템은 수출상과 수입상이 인터넷으로 무역거래를 하고 무역대금결제를 할 수 있도록 지원하는 인프라이며 수출상과 수입상간의 복잡한 무역거래업무를 인터넷을 이용하여 자동화시키고 복잡한 서류를 간소화시킴으로써 국가간 전자상거래를 활성화시키기 위해서 만들어진 솔류션이다.

(3) boleroSURF 결제방식

SURF는 볼레로시스템상에서 전자서류대금결제를 완벽하게 실행하기 위하여 세계 주요은행들과 함께 개발된 것으로 볼레로시스템에서 전자무역서류의 결제과정을 완전하게 자동화시켰다. SURF는 볼레로시스템(Core Messaging Platform: CMP)에서 제공되는 서비스를 이용하여 수출상과 수입상이 합의한 내용과 제시된 서류내용을 점검하는 시스템이기 때문에 수출상이 제시한 모든 서류를 자동적으로 점검한다. 수출상이 선하증권을 비롯한 모든 선적서류를 SURF 시스템으로 전송하면 SURF 시스템은 전송된 모든 서류를 검사하고 이상이 없으면 보증은행 또는 수입상에게 결제를 요구한다.

2) 대금결제시기

(1) 선불(cash in advance, cash with order: CWO)

주문과 동시에 대금 전부를 송금하는 방식으로 소량의 견본대금을 지급할 경우나 특별 주문시 이용된다. 그리고 수입상이 주문과 동시에 대금의 20~

30%를 지급하고 나머지 잔금은 선적이 끝난 후에 지급하는 일부 선불방식도 있다.

(2) 선적서류상환불(cash against documents: CAD)

수출상이 물품의 선적을 증명하는 운송서류를 수출지에 있는 수입상의 대리점이나 거래은행에 제시하여 운송서류와 상환으로 수출대금을 찾는 방법이다.

(3) 현금결제(cash on delivery: COD)

수입지에서 상품과 대금을 서로 교환하는 현금 결제방식으로 수입지에 수출상의 대리인이 있는 경우 이용될 수 있다.

(4) 연지급(deferred payment)

물품이 선적된 후 또는 목적지에 도착한 후 일정기간이 지나서 대금을 결제하는 후불방식이다. 기한부신용장, 인수도조건 등은 모두 후불방식이다.

(5) 장부결제(open account)

물품을 선적할 때마다 대금을 결제하지 않고 장부에 기입하여 일정 기간 후 서로 상쇄하고 남는 차액만을 결제하는 방법이다. 장부결제는 연지급방식에 속하며 상품거래 관계가 빈번할 경우 이용될 수 있다.

(6) 분할지급(progressive payment, installment payment)

대금을 계약시, 선적시, 도착시 등 일정 기간으로 나누어 분할지급하는 방식으로 기자재, 플랜트 등 중·장기 연불수출시에 많이 이용된다.

7. 무역정보처리시스템의 사용조건

전자무역거래는 매우 복잡한 상거래이다. 전자무역거래 당사자들은 무역업무를 전자방식으로 처리할 무역정보처리시스템을 결정해야 한다. 무역정보처리시스템은 전자무역거래 당사자들이 전자무역문서로 처리되는 모든 무역업무와 전자서명을 확인하는 데 필요한 모든 사항을 이행할 수 있어야 한다.

8. 포장조건

개품화물의 경우 물품을 안전하게 보관하고 상품으로서의 가치를 유지하기 위해 포장(packing)은 반드시 필요하다. 수출화물의 포장은 가볍고 튼튼해야 하며 포장비용도 저렴해야 한다. 그리고 계약물품임을 쉽게 확인할 수 있도록 외관상 식별이 명확해야 한다. 포장조건에서는 포장방법, 포장의 종류, 화인 등을 약정해야 한다.

[표 5-2] 포장의 종류

구분	포장종류	재질	포장명	약호	포장대상물품
용기포장	상자	나 무	wooden box; case; chest	W/B;	식료품, 손상하기 쉬운 잡화, 홍차, 가벼운 일
		종 이	carton	C/S; CST	반잡화
		금 속 지	tin-lined case	C/ ; CTN	통조림
		투시상자	crate; skelton case	CRT	자동차
	베일 (bale)	마	burlap; hessian cloth	-	면사, 원모
		압축베일	pressed bale	BL	원면
		가 마 니	straw mat	-	쌀
	부대 (bag)	마 대	gunny bag	BG	미곡, 잡곡
		면 대	sack	SK	소맥
		지 대	paper made bag	BT	시멘트, 석회
		폴리에틸렌	polyethylene bag	BG	소금, 사료, 분말약품
	통	나무통(대)	barrel	BRL	술, 간장
		나무통(중)	cask	CSK	염료
		나무통(소)	keg	KG	못, 볼트
	특수용기	드럼관	drum	DR	화공약품, 유지
		양철관	tin; can	-	석유, 통조림
		용기, 유리	jar; pot; carboy	-	유산, 음료수
		대나무	basket; hamper	BKT	과일
		철제원통	cylinder; iron flask	-	탄소
무용기포장	두루마리		roll; coil	BL; CL	철판, 신문지, 철사
	다 발		bundle	BDL	철근
	궤		ingot	-	철강, 알미늄

운송관계자나 수입업자가 쉽게 식별할 수 있도록 포장의 외장에 기호, 번호 등으로 계약물품을 표시하는데, 이를 통틀어 화인(Shipping Marks)이라 한다. 대부분 수입업자가 화인의 모양을 지시하며 수출업자는 지시내용대로 화인을 표시해야 한다. 그러나 수입업자의 별도 요청이 없을 경우에는 수출업자의 임의대로 화인을 하면 된다.

9. 분쟁해결조건

이 조건에서는 매매계약체결 후 발생할지 모르는 당사자간의 분쟁에 관한 사항을 약정한다. 클레임은 거래상품이 목적지에 도착하여 검사 후 일정기일(보통 14일) 이내 제기하도록 한다. 그리고 클레임은 타협, 조정 등과 같이 가능한 한 우호적으로 해결하고 이것이 실패할 경우에는 중재기관의 중재에 의해서 해결하도록 한다. 중재에 관해서는 중재지역, 중재기관, 중재법 등을 약정한 별도의 중재조항을 계약서에 명시해 두는 것이 바람직하다.

제 6 장
전자선하증권

제 1 절　전자선하증권의 정의

제 2 절　전자선하증권의 기능

제 3 절　볼레로선하증권

국제운송에 전자선하증권이 도입됨에 따라 전자선하증권의 법적 성격을 고찰한다.

제1절 전자선하증권의 정의

1. 전자선하증권의 개념

전자선하증권의 정의에 관련된 견해는 크게 세 가지로 분류할 수 있다. 전자선하증권은 서면선하증권의 기능을 그대로 유지하면서 단순히 전자문서의 형태로 발행된 선하증권으로 보는 견해와 서면선하증권을 발행하지 않고 선하증권에 기재될 내용을 전자시스템에 저장해 놓고 화물의 소유권과 처분권 등을 전자방식으로 운송인, 송하인, 수하인, 은행 등 선하증권 거래당사자들의 약정에 따라 전자시스템에 저장된 정보의 권리내용을 인정하는 것으로 보는 견해, 그리고 선하증권이 갖고 있는 기능을 전자매체로 하여 계약거래에 의한 권리, 의무관계의 설정을 통하여 실현되는 견해로 분류된다.

이들 견해는 계약법적 원리에 따라 전자선하증권의 정의를 도출했다는 점에서 공통점이 있다. 따라서 전자선하증권의 정의는 전자선하증권이 발행될 수 있도록 전자시스템을 제공해 주는 회사와의 계약법적 효력을 중심으로 정의될 필요가 있다.

전자선하증권은 실물증권을 대신한다는 점, 전자시스템의 기록에 의해서 권리관계가 나타난다는 점, 전자시스템의 기록에 의한 권리관계 변동의 계약관계를 의제하는 등 법적 효력을 부여한다는 특성을 가지고 있다. 전자선하증권은 서면선하증권을 직접 발행하는 대신에 그 권리의 성립, 이전, 담보설정 등의 권리관계를 전자방식으로 전자시스템에 공시하고 전자시스템에 저장된 전자기록에 권리관계 변동의 법적 효력을 부여하거나 계약관계를 의제함으로써 서면선하증권이 갖고 있는 권리유통을 보장하는 제도로 정의할 수 있다.

2. 선하증권의 전자화

1) 씨닥스등록사의 전자선하증권

해상운송관련 기술이 급격히 발전함에 따라 선박이 항공으로 전달하는 선하증권보다 먼저 목적지에 도착하는 경우가 발생하여 선하증권의 기능이 점차

축소되었다. 따라서 1980년대에 들어서 선하증권의 기능을 회복시키기 위하여 선하증권을 전자식으로 전환시키는 방안을 강구하기 시작하였다.

1986년 미국의 체이스 맨하튼(Chase Manhattan)은행이 국제개인유조선소유자협회(International Association of Independent Tanker Owners: Intertanko)와 공동으로 설립한 씨닥스등록사(SeaDocs Registry Limited)에 의해 원유 및 원유제품의 운송에 관련된 선하증권을 전자방식으로 관리하려고 하였다. 씨닥스등록사가 만든 전자선하증권을 이용할 경우 수출상과 수입상간의 거래내역이 등록기관에 남겨져 세무당국의 간사를 받거나 경쟁자에게 정보가 누설될 우려가 있어서 결국 실패로 끝났다.

2) CMI Rules

1990년에 들어서 미국무역증진전국위원회(The National Council on International Trade Development: NCITD)는 행정, 무역 및 운송을 위한 전자문서교환에 관한 유엔규칙(Untied Nations/Electronics Data Interchange For Administration, Commerce Transport: UN/EDIFACT)에 따른 전자선하증권 운용지침과 절차 등을 제안하여 전자선하증권이 상용화될 수 있는 국제규칙을 제시하였다. 같은 해에 파리에서 개최된 국제해법회(Committee Maritime International: CMI)는 종이선하증권을 대체할 전자선하증권의 도입을 위한 최소한의 요건을 제시한 전자선하증권에 관한 CMI규칙을 제정하였다.

국제해사위원회는 전자선하증권은 종이문서를 근간으로 구성된 기존의 선하증권을 대체하는 개념으로서 서류의 배서나 양도로 물품의 소유권이 이전되는 기존의 방법과 다르게 Electronic Data Interchange 방식으로 정보를 전송하고 물품의 전매는 개인키를 이용한 통지, 확인시스템을 활용하여 이루어지거나 권리등록의 데이터베이스를 통하여 이루어지는 새로운 해상운송거래의 한 방법으로서 무서류방식에 의한 선하증권이라고 정의하였다.

국제해시위원회는 기존의 선하증권을 발행하지 않고 운송중에 있는 물품의 소유권을 전자식으로 이전하는 방식을 채택하였으며 본 방식에서 운송인이 운송중에 있는 물품의 주된 관리인이 되는 개인키(Private Key)개념을 도입하여 화주 또는 이 개인키의 유효한 소지인이 운송인에게 지시하여 운송중에 있는 물품에 대한 인도청구권과 지배, 처분권을 행사할 수 있도록 함으로써 유통가능선하증권의 기능을 할 수 있도록 한 것이며 본 개인키는 기존의 종이선하증권의 역할을 하며 본 운송인의 개인키 부여는 종이선하증권에서 배서 또는 인도에 의해서 운송중에 있는 물품의 소유권이 제 3 자에게 이전되는 것과 같은 역할을 하며 본 운송인은 최초 화주에게 유일한 개인키를 부여하고 물품의 소유권이 제 3 자로 이전되는 경우 운송인은 최초의 화주에게 부여한 개인키를 취소하고 새로운 소지인인 제 3 자에게 완전한 새로운 개인키를 발행하여 전자선하증권을 양도하며 본 개인키는 각각의 연속적인 소지인에게 유일한 것으로 소지인이 양도할 수 없고 오직 운송인만이 발행하고 취소할 수 있으며 본 운송인은 개인키에 관한 정보를 관리하고 새로운 개인키를 발행함으로써 물품의 권리에 관한 정보를 등록하여 관리하는 역할을 한다.

개인키는 선하증권이 전자식으로 발행됨에 따른 유통성 문제를 해결하기 위한 하나의 방법이다. 즉 화주 또는 개인키의 유효한 소지인이 운송인에게 지시하여 상품에 대한 인도청구권과 운송상태에 있는 상품에 대한 판매권을 행사할 수 있게 함으로써 유통가능한 선하증권의 기능을 부여하고자 한 것이다. 이러한 개인키에 의한 전자선하증권의 이전은 반드시 운송인을 통하여 이행된다는 측면에서 발행된 후에는 운송인의 개입 없이 유통되는 서류선하증권과는 상이하게 다르다. 수출입매매계약의 당사자는 수출상과 수입상이며 이러한 매매계약을 이행하기 위해서 존재하는 것이 운송계약이다. 개인키에 의한 전자선하증권의 이전은 수출입매매계약에서 매매계약의 당사자인 수출상과 수입상보다 제 3 자인 운송인이 수출입매매계약에서 핵심적인 역할을 한다는 점이다. 따라서 개인키로 전자선하증권의 이전을 이행하면 운송인이 매매계약의 핵심적인 역할을 수행하는 당사자로 되어 수출입매매계약의 이행에 따른 책임과 의무를 부담하게 되는 문제점을 안고 있다. 또한 전자신용장거래에서의 관련 은행이 개인키 방식을 수용하면 개인키의 취득으로 상품에 대한 담보의 문제를 해결할 수 있으므로 관련 은행이 전자선하증권을 수용하는 데 어려움이 없는 것처럼 보이지만 실제 운영에 있어서는 개인키의 보안문제, 안정성 확보문제가 해결되지 않으면 관련 은행은 이러한 개인키를 수용하지 않을 것이며 따라서 운영상의 한계를 지니고 있다.

제2절 전자선하증권의 기능

1. 운송계약체결의 증거

화주와 운송인은 전자송신으로 CMI규칙에 따라 종이선하증권 대신 전자선하증권을 사용하기로 합의하고 선적요청서를 작성하여 운송인에게 전자방식으로 송부하고 운송인이 송부된 선적요청서를 검토하고 이것을 토대로 선복예약서를 작성한다. 화주는 운송인이 작성한 선복예약서의 기재사항을 검토하고 운송인에게 물품을 인도하며 운송인은 물품이 선복예약서에 기재된 사항과 일치하는지 검토한 후에 이상이 없으면 물품수취메시지(Receipt Message)와 개인키를 화주가 명시한 전자주소로 화주에게 부여하면 운송계약이 체결된 것으로 본다.1)

2. 물품의 수취증

전자선하증권은 선적된 화물의 수취증이면서, 선적화물의 수량과 상태에 관한 명세서의 역할을 하는데 물품수취메시지가 그 역할을 한다. 물품수취메시지에는 물품명, 물품의 수량, 품질, 상태와 화주의 성명, 종이선하증권이 발행되는 경우에 요구되는 것과 같은 내용으로 표시 및 유보가 있는 물품의 기재, 물품의 인수일자 및 장소, 운송인의 운송조건에 대한 참조, 다음의 전송에 사용될 개인키 등이 기재되어 있다.2) 화주는 운송인에게 이 물품수취메시지를 확인하여야 하며 이러한 확인으로 화주는 소지인이 된다. 선주는 물품수취메시지에 기재된 명세의 내용 그대로 물품을 개인키의 소지인에게 인도할 의무가 있다.

3. 권리증권

전자선하증권은 화물에 대한 권리를 주장할 수 있는 권리증권이다. 운송인

1) CMI규칙 제4조 a항.
2) CMI규칙 제4조 b항.

은 최초의 화주에게 개인키를 부여하고 최초의 화주가 운송중에 있는 물품을 제 3 자로 매도하여 소유권이 제 3 자로 이전되면 최초의 화주가 운송인에게 물품의 소유권변동사실을 통보하고 운송인은 최초의 운송인에게 부여한 개인키를 취소함과 동시에 물품의 권리를 새로 취득한 제 3 자에게 새로운 개인키를 부여하여 제 3 자는 물품의 소유권을 취득한다. 운송인이 마지막으로 부여한 개인키를 소지한 화주가 운송인에게 최종적으로 물품의 인도를 청구할 수 있으며 운송인이 이 화주에게 물품을 인도하면 개인키가 취소되고 운송인의 물품인도가 완료되는 것이다. 이것은 종이선하증권에서 선하증권이 배서와 양도됨으로써 물품의 소유권이 제 3 자에게 이전되면 운송인은 선하증권의 소지인에게 선하증권과 상환으로 물품을 인도하는 것과 같은 것이다. 전자선하증권에서 개인키의 소지인은 곧 화물을 소유할 수 있는 법적 권리를 갖게 되며, 선주도 반드시 개인키와 상환하여 물품을 인도하게 된다.

제 3 절 볼레로선하증권

1. 볼레로선하증권의 운영체계

1993년 CMI규칙의 실패를 보완하여 새로운 형식의 전자선하증권을 만들려는 노력이 있었다. 유럽연합(European Union)은 1993년 자료를 안전하게 전자방식으로 전송하기 위하여 통신정보보안시스템 프로그램(Security of Telecommunications and Information System Programme: INFOSEC)의 일부로 볼레로 프로젝트의 개발에 착수하였다. 볼레로 프로젝트는 선하증권을 전자방식으로 안전하게 양도할 수 있는 전자시스템을 개발하려는 목적으로 시작하여 전자시스템을 개발하였다. 1995년에 유럽과 미국 및 홍콩에 소재한 8개 무역회사와 26개의 이용자가 참가하여 기술적인 테스트를 실시하였다. 그 후 유럽연합은 볼레로 프로젝트를 상업화시키기 위하여 이것을 전 세계은행간금융전산망협회(Society for Worldwide Interbank Financial Telecommunication: SWIFT)와 세계적인 물류상호보험조합인통운송클럽(Through Transport Club: TTClub, Through Transport Mutual Insurance Association Ltd.)으로 넘겼고 이들은 볼레로 프로젝트를 상용화시키기 위하여 합작투자를 설립하여 선적서류의 전자화를 범세계적으로 추진하고 있다.

SWFT와 TTClub은 1998년 4월 볼레로인터내셔널(Bolero International Ltd.)를 설립하였으며, 1999년 9월 볼레로 닷넷(Bolero. net)의 이름으로 인터넷에 기반을 둔 볼레로 운영시스템(Bolero System)을 통해 전자선하증권을 상업적으로 서비스를 하고 있다.

볼레로 운영시스템은 규약집과 운영규정 및 볼레로인터내셔널사가 메시지와 서류의 교환 및 국제거래가 원활하게 추진되게 하기 위하여 디지털정보체계를 비롯한 운영과정 및 방법을 말하는 것으로 운송인과 볼레로 운영시스템은 서로 독립된 당사자이다. 볼레로 운영체계는 송하인, 수하인, 운송인, 은행 등 여러 거래당사자들이 전자방식으로 국제해상운송거래를 수행하는 데 필요한 기술적·법적 하부구조를 제공한다. 볼레로선하증권은 운송인이 직접 발행하는 것이 아니고 볼레로인터내셔널사가 제공하는 볼레로 운영시스템을 이용하여 발행하기 때문에 운송인과 볼레로 운영시스템회사는 서로 다른 독립된 전자선하증권의 거래당사자임이 분명하다.

2. 볼레로선하증권의 운영

1) 볼레로선하증권의 전체 운영절차

① 수출상은 수입상과 화물을 CIF가격조건으로 수출하고 수출대금은 신용장으로 결제하고, 선적조건은 볼레로인터내셔널사가 제공하는 볼레로선하증권으로 하기로 수출입매매계약에서 약정한다. 은행 을은 신용장개설은행이고 은행 갑은 확인은행이다.

② 수출상은 볼레로인터내셔널사와 볼레로 시스템 사용계약을 체결하고 운송인과 선하증권을 볼레로인터내셔널사가 제공하는 볼레로 시스템으로 발행하기로 약정한다.

③ 운송인은 볼레로인터내셔널사와 볼레로 시스템 사용계약을 체결한다.

④ 수출상은 화물을 운송인에게 인도하고 운송인은 볼레로 시스템으로 볼레로선하증권을 발행하면서 수출상을 송하인겸 소지인으로 지명하고 수입상을 지시할 자로 지명한다.

⑤ 수출상은 은행 갑을 선하증권의 질권자겸 소지인으로 지명하고 디지털

로 서명된 볼레로 메시지를 통하여 은행 갑에게 전송한다.

⑥ 은행 갑은 볼레로선하증권이 정상임을 확인하고 수출상의 계좌에 대금을 지급하고 은행 을을 새로운 질권자겸 소지인으로 지명한다.

⑦ 은행 을은 서류들을 검토하고 수입상의 계좌에서 대금을 인출하면서 질권설정을 취소하고 수입상을 볼레로선하증권의 소지인으로 지명한다. 수입상은 이미 증권상에 지시할 자였으며 다시 소지인이 되었으므로 증권을 양도할 수 있게 된다. 운송인을 대리하여, 볼레로 시스템은 수입상에게 운송인이 수입상을 위하여 운송물을 점유하고 있음을 통지한다.

⑧ 수입상은 운송중인 물건을 또 다른 매수인에게 매각한다. 수입상은 매수인을 볼레로선하증권의 소지인겸 지시할 자로 지명한다. 운송인을 대리하여, 볼레로 시스템은 새로운 소지인에게 운송인이 그를 위하여 물건을 점유하고 있다고 통지한다.

⑨ 물건이 양륙항에 도착하고 수입상은 볼레로선하증권을 제시하면 볼레로선하증권의 거래는 여기서 종결되어 볼레로 시스템은 선하증권제시가 있었다는 통지를 운송인에게 하고, 수입상에게 제시확인통지를 송부한다.

⑩ 수입상은 자신을 입증함에 필요한 서류를 수입항에서 운송인에게 제시하면 운송인은 화물을 수입상에게 인도한다.

2) 선하증권의 발행

① 발행자(운송인)가 볼레로 시스템에 메시지를 만들어주면 발행자가 볼레로 헤더에 볼레로선하증권을 발행하라는 지시를 포함시킨다. 그러면 발행자가 메시지 안에 선하증권의 전자서식을 생성시킨다.

② 발행자는 전자서식에 서명(개인키 사용)을 하고 메시지를 중앙신호 처리소에 보내면 볼레로 시스템이 메시지를 확인한다.

③ 메시지가 서명되었는지(공개키 사용)를 확인한 다음 볼레로 시스템은 선하증권의 전자서식을 저장한다.

④ 권리등록장치는 새로운 기록장을 만들고 이니셜 룰(initial roles), 서류번호(Doc ID)를 기록하고, 볼레로 확인통지를 송신자에게 보낸다.

⑤ 권리등록장치는 선하증권상 지명된 가입자(사용자)에게 통지를 한다. 이 통지는 새로운 선하증권의 발행통지이며 사용자로부터의 지명을 받는 것이 된

다. 통지된 사용자가 수령확인통지를 보낸다.

⑥ 볼레로 시스템이 발행자에게 인도확인통지(delivery notification)을 보낸다.

3) 선하증권의 이전

① 사용자(양도인)가 메시지를 볼레로 시스템에 만들어 주면 사용자가 새로운 소지인의 RID(Root Identifier: 볼레로 내부에서의 사용자의 인식기호)를 권리등록장치지시에 포함시킨다.

② 사용자가 서명(개인키 사용)을 하고 메시지를 볼레로 시스템에 보내면 볼레로 시스템은 메시지와 지시를 확인(공개키 사용)하고 기술적으로 적합한 형식인지를 확인한다.

③ 권리등록장치는 새로운 소지인(양수인)의 RID를 소지인란(holder role field)에 기입한 후에 볼레로 시스템은 볼레로 확인통지를 송신자에게 전송한다.

④ 권리등록장치는 새로운 소지인에게 전달된 메시지를 전송한다. 점유이전(attornment)의 통지와 배서연속의 기록이 포함된 내용을 전송한다. 소지인은 사용자 확인통지를 보낸다.

⑤ 볼레로 시스템은 인도확인통지를 송신자에게 보낸다.

4) 질권설정

질권자는 언제나 선하증권 소지인이므로 질권자의 지명은 항상 소지인의 지명을 포함한다. 새로운 질권자가 질권설정란에 기입될 때 권리저장소는 그 RID를 소지인란에 또 기입하게 된다.

① 사용자(질권설정자겸 소지인)가 볼레로 시스템에 메시지를 만들면 사용자는 질권자의 RID를 권리저장소 지시에 삽입한다.

② 사용자는 서명을 하고 메시지를 지시와 함께 볼레로 시스템에 보내면 볼레로 시스템은 메시지와 지시를 확인하고 기술적으로 적합한 형식인지 확인힌다.

③ 권리저장소가 새로운 질권자의 RID를 질권자 및 소지인란에 기입하면 볼레로 시스템은 볼레로 확인보고를 송신자에게 보낸다.

④ 권리저장소는 새로운 질권자겸 소지인에게 통지를 한다. 이 통지에는 점유이전(attornment)통지와 연속된 배서에 대한 기록이 포함된다. 질권자는 사용

자 확인통지를 보낸다.

⑤ 볼레로 시스템은 송신자에게 인도통지를 보낸다.

5) 운송물의 인도절차

① 사용자(최종 선하증권의 소지인)가 볼레로 시스템에 메시지를 만들어 주면 사용자는 메시지에 특정 선하증권을 제시하라(surrender)는 지시를 포함시킨다.

② 사용자는 서명(개인키 사용)을 하고 메시지를 볼레로 시스템에 보내면 볼레로 시스템은 메시지와 지시를 확인(공개키 사용)하고 형태가 정확한지를 확인한다.

③ 권리등록장치가 선하증권의 기능을 종결되도록 변경하면 볼레로 시스템은 송신자에게 볼레로 확인통지를 한다.

④ 볼레로 시스템은 발행자인 운송인에게 선하증권이 제시되었음을 통지한다. 운송인은 사용자 확인통지를 볼레로에게 보내면 볼레로 시스템은 송신자에게 메시지 인도통지를 보낸다.

제 7 장

전자무역결제방식

제 1 절 전자무역결제방식
제 2 절 전자신용장
제 3 절 eUCP

전자무역거래의 당사자들이 혼신을 다하여 노력을 하는 것은 돈을 벌기 위해서이다. 전자무역결제방식은 수출입상사의 이해관계에 밀접한 영향을 주기 때문에 신중을 기하여 결정해야 한다. 최근 전자무역이 활성화됨에 따라 무역대금을 결정하는 방식에 큰 변화가 일고 있다. 그 동안 경험하지 못한 전자신용장을 비롯한 전자결제방식이 도입되고 있기 때문에 본 장에서는 전자결제방식을 살펴본다.

제1절 전자무역결제방식

전자무역의 급격한 발전으로 대금결제방식에 있어서 새롭고 다양한 방법이 개발되어 사용되고 있다. 전자무역의 대금지급방법에는 정보통신망을 이용한 전자신용장, 인터넷환경을 이용한 TradeCard 시스템 등이 있다.

1. TradeCard

1) TradeCard의 개요

TradeCard는 인터넷과 TradeCard 시스템을 이용하여 수출상과 수입상의 무역대금을 결제해 주는 것을 말한다.

세계무역센터협회(WTCA)는 1997년에 TradeCard Inc.(www.tradecard. com)를 설립하고 TradeCard 시스템을 개발하여 1998년에 미국특허 및 상품관리국으로부터 특허를 획득하였으며, 현재 400여 개의 무역회사와 41개의 물류회사, 물품검사 업체의 80%, 신용정보회사, 보험회사가 회원사로 가입되어 TradeCard 시스템을 이용하고 있다.

TradeCard 시스템은 수출상과 수입상이 인터넷으로 무역거래를 하고 무역대금결제를 할 수 있도록 지원하는 인프라이며 수출상과 수입상간의 복잡한 무역거래업무를 인터넷을 이용하여 자동화시키고 복잡한 서류를 간소화시킴으로써 국가간 전자상거래를 활성화시키기 위해서 만들어진 솔류션이다.

TradeCard 시스템은 인터넷상에서 완벽한 온라인 거래가 가능한 솔류션을 제공하고 있으며 인터넷으로 발행되고 전송된 전자문서가 일치하는지 자동으로 검색할 수 있는 자동검색엔진의 특허를 갖고 있다. 따라서 물류업체, 검사회사, 적하보험회사, 신용자금조달 및 외환 서비스와 연계하여 TradeCard 시스템이 온라인상에서 수출상과 수입상이 TradeCard사가 승인한 서류를 제시하고, 전체 무역거래업무의 진행상황을 점검할 수 있고 무역거래에 필요한 각종 무역서류와 자료를 정확하게 적기에 제시하게 함으로써 무역거래의 효율성을 극대화시킬 수 있다.

2) TradeCard의 종류

(1) 자동승인 지급방식

① 자동승인 지급방식의 개념

자동승인 지급방식(Auto Approved Payment: AAP)은 TradeCard사가 업무관계를 갖고 있는 Coface사에게 수입상의 신용조사를 의뢰하고 Coface사의 수입상의 신용조사 결과에 따라 수출상에게 Coface사가 수출대금의 지급을 보증하는 것을 말한다.

TradeCard사의 요청에 따라 Coface사는 수입상을 대신하여 수출상에게 수출대금의 지급을 보증하고 수출대금지급보증은 Coface사의 수입상에 대한 신용조사결과에 따라 결정된다. Coface사는 자사의 신용조사결과에 의한 범위 내에서만 지급보증을 하지만 수입업체로부터 지급보증 수수료를 받고 신용조사결과를 초과하여 지급보증을 할 수 있다.

그림 7-1 자동승인 지급방식의 거래절차

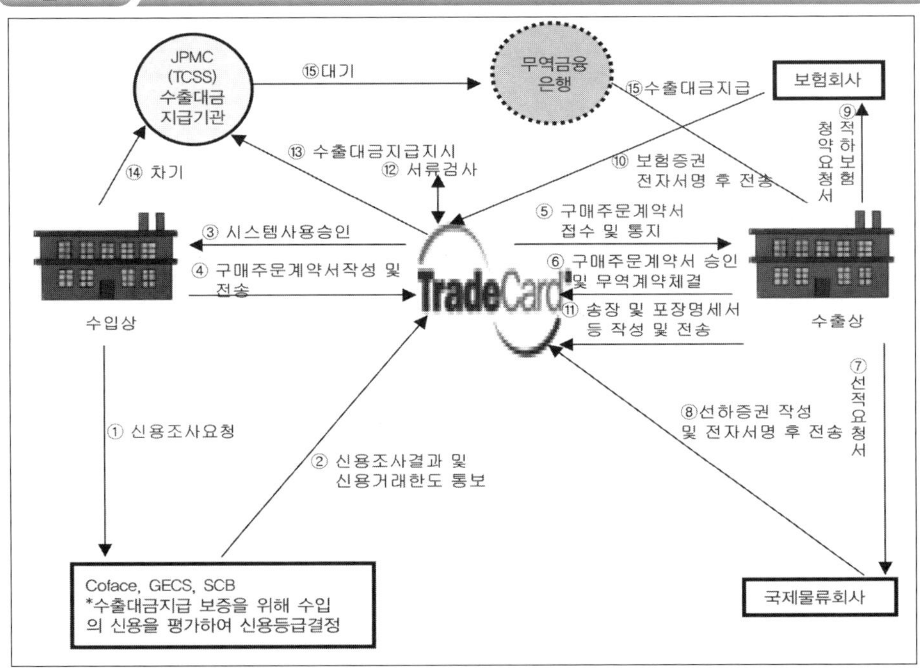

② 자동승인 지급방식의 거래절차

수출상과 수입상은 수출입매매계약을 체결하기로 약정하고 수입상이 수출상과 합의한 내용에 따라 수입계약서를 작성하여 TradeCard사에게 전송하고 수출상이 TradeCard사의 시스템을 통하여 수입상이 전송한 수입계약서 내용을 검토하여 계약내용을 승인하면 수출입매매계약이 체결되어 수출상은 수출거래에 필요한 모든 서류를 작성하여 TradeCard 시스템을 이용하여 TradeCard사에게 전송하여야 하며 수출거래가 종료될 때까지 모든 수출거래업무와 서류는 TradeCade 시스템을 통하여 이루어진다(<그림 7-1 참조>).

(2) 수입상 승인지급방식

① 수입상 승인지급방식의 개념

수입상 승인지급방식(Buyer Approved Payment: BAP)은 신용보증기관의 수출대금지급확약이 없이 수출상이 수입상의 신용을 근거로 수출대금을 지급받는 것을 말한다. 수출상은 수출상품을 선적하고 필요한 모든 선적서류를 TradeCard사로 전송하고 TradeCard사는 전송된 서류를 검사한 후 수입상의 대금지급 승인이 있고 수입상으로부터 대금이 결제되면 수출대금결제은행을 통하여 수출상에게 수출대금을 지급한다.

② 수입상 승인지급방식의 거래절차

수입상은 TradeCard사에게 TradeCard 시스템의 사용신청을 하여 승인을 받는 후에 구매주문계약서를 작성하여 TradeCard 시스템으로 전송한다. TradeCard사는 전송된 구매주문계약서를 검토한 후에 수출상에게 구매주문계약서를 받은 사실과 동 구매주문계약서를 수출상에게 전송한다. 이를 그림으로 설명하면 <그림 7-2>와 같다.

(3) 송장제시방식

송장제시방식(Invoice Presentation: IP)은 신용기관의 수출대금지급확약이 없고 TradeCard사가 전송된 선적서류를 검사하지 않는 거래방식이다. 수출상은 상업송장을 TradeCard 시스템을 이용하여 수입상에게 전송하고 수입상은 전송된 상업송장을 근거로 수입대금결제시점을 결정하여 지급하는 결제방식이다.

그림 7-2 수입상 승인지급방식의 거래절차

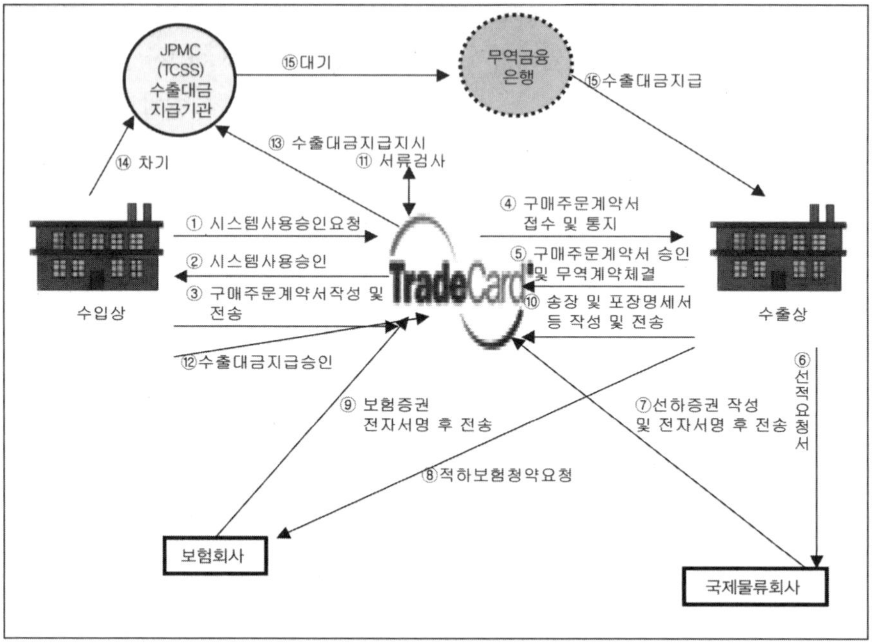

3) TradeCard의 이용절차

(1) 구매주문계약서의 입력과 승인

수입상은 수출상과 합의한 구매주문계약서를 작성하여 TradeCard 시스템을 통하여 TradeCard사에게 전송하여야 한다. 수입상은 TradeCard 시스템에 접속하여 시스템에 있는 구매주문계약서 화면을 클릭하면 구매주문계약서 서식의 창이 만들어지고 이것을 작성하여 입력하면 된다. TradeCard사는 수입상으로부터 전송된 구매주문계약서를 저장하고 동시에 구매주문계약서 내용과 수입상의 신용한도내용을 검토한 후에 구매주문계약서가 작성되었음을 수출상에게 전신으로 통지하여야 한다.

(2) 선적관련 사항 입력 및 승인

수입상이 구매주문계약서를 작성하여 TradeCard사의 시스템에 입력하면 TradeCard 시스템에서는 전자선적서류가 자동으로 만들어지며 Incoterms의

거래조건에 따라 수입상은 수입상이 부담하는 전자선적서류에 필요한 내용들을 기재하여 입력해야 한다.

(3) 대금지급사항 확인

수입상이 전자선적서류를 작성하여 TradeCard 시스템에 입력하면 시스템에서 자동으로 수입상의 구매인출계좌와 수출상의 수출대금 입금계좌를 확인할 수 있는 문서가 만들어진다. 수입상과 수출상은 시스템에서 생성된 인출계좌와 입금계좌가 정확한지 확인하여야 한다.

(4) 수입계약서 승인 및 전자선적서류의 작성

TradeCard사는 TradeCard 시스템으로부터 새로운 전자선적서류가 작성되었음을 전신으로 수출상에게 통보한다. TradeCard사로부터 수입계약서를 전신으로 받은 수출상은 수입계약서가 수입상과 합의한 내용대로 작성되었는지 검토한 후에 계약내용이 상이한 경우 수입상에게 전신으로 상이한 계약내용을 통지하여 온라인 상에서 계약내용을 서로 조정하여 결정할 수 있으며 최종적으로 전자무역계약은 수출상이 수입상이 전송한 수입계약서에 전자서명을 하고 동 계약서를 TradeCard 사에게 전신으로 전송함으로써 체결된다. 전자무역계약에 체결된 후에 전자무역계약내용을 변경하는 경우에는 변경된 계약내용에 관하여 TradeCard사와 Coface사의 전자승인을 받아야 한다. 수출상은 전자선적서류를 기재하여야 한다.

(5) 상업송장 입력 및 승인

수출상은 수입상이 전송한 수입계약서를 승인한 후에 수출물품을 생산하여 운송회사에 인도하여 선적지시를 한다. 계약서에 합의한 내용에 따라 검사회사, 보험회사 등에게 검사와 보험계약체결을 지시하여야 한다. TradeCard 시스템을 이용하여 수출거래에 필요한 모든 전자문서와 신용보증기관으로부터 지급보증을 받기 위하여 상업송장을 작성하여 TradeCard사로 전송한다. 수출상은 Coface사로부터 지급보증을 받는 경우 모든 선적서류에 지급보증 금액 및 기간을 입력하여 한다.

(6) 포장명세서 작성

상업송장이 작성되면 TradeCard 시스템에서 자동으로 포장명세서(Packing

List Draft)가 만들어지며 수출상은 포장명세서에 필요한 사항을 기재하여 TradeCard 시스템으로 전송한다.

(7) 검사증명서와 선적증명서 작성

상업송장이 작성되면 TradeCard 시스템에서 자동으로 검사증명서(Proof of Inspection)와 선적증명서(Proof of Delivery)가 만들어진다. 검사회사와 운송회사는 검사증명서와 선적증명서에 필요한 사항을 기재하여 TradeCard 시스템으로 전송하면 수출상과 수입상, 검사회사, 운송회사는 검사증명서와 선적증명서의 기재내용을 동시에 확인할 수 있다.

(8) 지급보증문서의 확인

수출상이 상업송장을 작성할 때 Coface사의 지급보증을 받기로 신청한 경우에는 TradeCard 시스템에서 지급보증증명서(Proof of Protection)가 자동으로 만들어진다. 수출상은 TradeCard 시스템에서 자동으로 만들어진 지급보증증명서의 내용을 확인하여야 한다.

(9) 검사증명서 작성

검사회사는 TradeCard 시스템에서 자동으로 생성된 검사증명서를 확인하고 검사결과를 검사증명서에 기재하여 TradeCard 시스템에 전송하면 검사증명서가 작성된다.

(10) 인도증명서 작성

운송회사는 TradeCard 시스템에 자동으로 생성된 인도증명서를 확인하고 인도증명서에 선적사항을 포함해서 필요한 사항을 기재하여 TradeCard 시스템으로 전송한다.

(11) 무역금융요청서 작성 및 승인

수출상이 자기 거래은행으로부터 무역금융을 받고자 하면 상업송장을 작성한 후에 TradeCard 시스템에서 무역금융신청서(Financing Request)가 만들어진다. 수출상은 무역금융신청서를 작성하여 입력하면 자동적으로 수출상이 무역금융을 요청한 은행으로 전송된다. 은행은 무역금융요청서의 기재사항을 확인한 후 무역금융을 승인할 경우 무역금융을 허용하는 금액을 입력하여 TradeCard 사로 전송한다.

(12) 전송된 서류의 검토 및 하자통보

수출상과 검사회사, 보험회사, 운송회사 등이 작성한 계약서, 상업송장, 포장명세서, 운송서류, 보험서류, 검사증명서 등과 같은 전자문서가 TradeCard사로 전송된다. TradeCard사는 전송된 전자문서들이 상호 일치하는가를 자동서류검토 프로그램을 이용하여 검토한 후에 전송된 서류가 상호 불일치하면 TradeCard 시스템에서 자동으로 불일치통지서(Discrepancy Notice)가 만들어져 수출상과 수입상에게 통지되며 수입상은 이러한 불일치 서류를 인수할 것인지 거부할 것인지 결정할 수 있고 하자사항에 대하여 TradeCard 시스템을 이용하여 수출상과 협의할 수 있다. 전송된 서류가 일치하거나 하자사항에 대하여 수출상과 수입상이 합의하면 TradeCard 시스템에서 대금지급지시서(Payment Presentation)가 만들어진다.

(13) 대금지급지시서의 확인

전송된 제반 서류가 계약서에 명시된 내용과 일치하면 TradeCard 시스템에서는 대금지급지시서가 자동으로 생성되어 결제기관인 Thomas Cook에 통보된다. Thomas Cook은 수출상에게 수출대금을 지급해야 한다.

(14) 인출 및 입금

Thomas Cook은 수입상이 사전에 자기거래은행에 입금한 금액을 인출(Debit)하여 수출상의 거래은행에 입금(Credit)한다. 수출상은 자기거래은행을 통하여 수출대금을 지급받는다. Coface사의 대금지급보증의 경우 수입상을 대신하여 대금을 입금하며 통상 결제기간은 서류일치 여부를 검사한 후에 5~6일 정도가 된다.

(15) 물품의 수령

수입상은 이러한 절차가 끝나면 수출상으로부터 전달받은 서류를 가지고 운송회사로부터 물품을 수령한다.

2. boleroSURF

1) boleroSURF의 개요

세계의 무역상사, 운송회사, 은행, 통신회사가 참여하여 1994년에 선하증권전자등록기구(Bill of Lading Electronic Registry Organization)를 설립하였다. 선하증권전자등록기구는 국가간 전자무역을 활성화시키기 위하여 전자선하증권을 이용한 물품의 소유권을 용이하게 이전시킬 수 있는 전자서식과 전자서식을 교환할 수 있는 볼레로시스템(Bolero System)을 개발하였다. 볼레로시스템은 웹상에서 구현되는 개방적이고 중립적인 시스템으로써 기능적인 표준을 확립하고 전세계에 무역체인의 솔루션을 제한하는 보안과 전자무역서류의 법적 문제를 해결하는 완전한 전자적 네트워크로써 볼레로인터내셔널(Bolero International Ltd.)에 의해서 판매되고 있다.

볼레로인터내셔널은 세계은행금융통신망(The Society for Worldwide Interbank Financial Telecommunications: SWIFT)와 운송상호보험협회에 의해서 1998년 4월 설립된 법인으로서 볼레로서비스를 제공하고 있다. 볼레로인터내셔널이 제공하는 bolero.net의 솔루션은 국가간 전자무역거래에 참여한 모든 당사자가 전자방식으로 전자문서와 자료를 안전하게 교환할 수 있기 때문에 전자무역거래에서 중요한 역할을 할 것이다.

SURF는 볼레로시스템상에서 전자문서대금결제를 완벽하게 실행하기 위하여 세계 주요 은행들과 함께 개발된 것으로 볼레로시스템에서 전자무역서류의 결제과정을 완전하게 자동화시켰다. SURF는 볼레로시스템(Core Messaging Platform: CMP)에서 제공되는 서비스를 이용하여 수출상과 수입상이 합의한 내용과 제시된 서류내용을 점검하는 시스템이기 때문에 수출상이 제시한 모든 서류를 자동적으로 점검한다. 수출상이 선하증권을 비롯한 모든 선적서류를 SURF시스템으로 전송하면 SURF시스템은 전송된 모든 서류를 검사하고 이상이 없으면 보증은행 또는 수입상에게 결제를 요구한다. 수출대금의 결제가 이루어지면 선적서류가 SURF시스템으로 수입상에게 전송되고 은행과 수출, 수입상사간 또는 은행과 은행간의 수출입대금의 이체는 기존의 거래방식으로 이루어진다. 전자무역시대에는 전자문서의 신속한 확인과 전송이 무엇보다도 중요하기 때문에 이를 각 은행이 수행하기보다는 볼레로회사가 대행한다.

2) SURF의 대금결제방식과 이용절차

(1) SURF신용장결제방식

SURF신용장결제방식은 신용장개설은행이 수입상을 대신하여 수출상에게 수출상이 제시한 모든 서류가 신용장의 제 조건을 충족시키면 수출대금을 지급하겠다는 약정서로 기존의 신용장과 큰 차이는 없지만 신용장에서 요구한 모든 서류가 볼레로시스템을 통하여 전송되고 전자문서 제시를 위한 신용장통일규칙의 보칙(Supplement to the Uniform Customs and Practice for Documentary Credits for Electronic Presentation, Version 1.1; eUCP)이 적용된다.

그림 7-3 SURF신용장결제방식의 거래절차

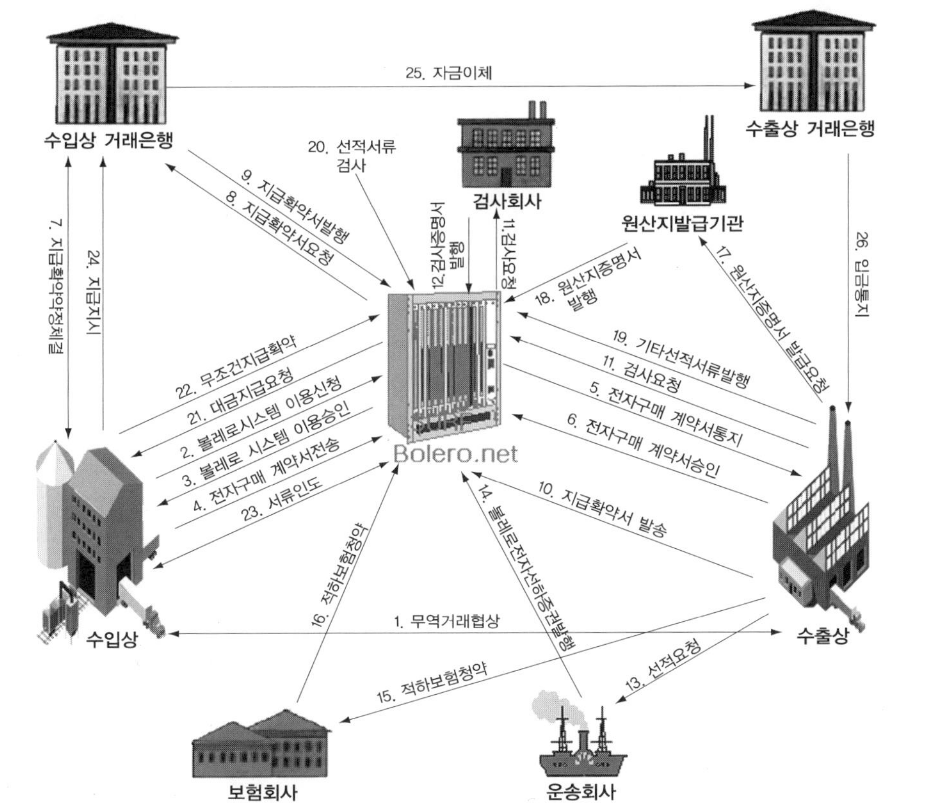

수출상과 수입상은 무역거래를 하기 위하여 상거래조건과 볼레로시스템을 이용할 것에 합의를 한다. 수입상은 볼레로시스템의 이용신청과 승낙을 통해 볼레로시스템에 자동으로 생성된 전자구매계약서에 필요한 사항을 기재하여 볼레로시스템으로 전송한다. 볼레로시스템은 수출상에게 수입상이 전송한 전자구매계약서를 통지하고 수출상은 전자구매계약서의 내용을 검토한 후 전자구매계약서의 승인서를 볼레로시스템에게 전송한다. 전자무역계약은 수출상이 수입상이 전송한 전자구매계약서를 승낙한다는 승인서를 볼레로시스템에 전송하는 순간 체결된다. 볼레로인터내셔널은 수입상의 거래은행에게 지급확약을 요청하고 은행은 수입상에 대한 신용조사와 수입담보금의 예치를 통하여 조건부 지급확약서를 발급한다. 볼레로인터내셔널은 은행이 발행한 지급확약서를 수출상에게 전송하고 수출상은 은행의 수출대금 지급확약서를 근거로 수출상품을 생산하여 선적한다. 구체적인 거래절차는 <그림 7-3>과 같다.

(2) SURF추심결제방식

SURF추심결제방식은 수출상이 수입상의 여신을 믿고 거래하는 것으로 수출대금지급에 대한 은행의 약정이 없는 것을 말하며 수출상과 수입상간에 필요한 모든 선적서류와 자료는 볼레로시스템을 통하여 전송된다.

수입상은 볼레로인터내셔널의 지급요청이 있으면 무조건 대금을 지급할 것을 약정하고 볼레로인터내셔널의 지급요청이 있으면 무조건 지급확약서를 볼레로인터내셔널에게 발행하며 볼레로인터내셔널은 수입상이 발행한 무조건 지급확약서를 근거로 선적서류를 수입상에게 인도한다. 수입상은 선적서류를 받고 수입상거래은행에 대금지급을 지시하고 이러한 지시를 받은 은행은 수입상의 은행계좌에서 대금을 인출하여 수출상거래은행으로 이체시킨다. 수출상은 수입상의 여신을 믿고 본 거래를 수행하기 때문에 수입상이 수출물품의 인수를 거부하면 전적으로 수출상이 책임을 부담해야 하며 본 거래로 발생되는 모든 수출대금결제위험에 대해서 수출상이 부담해야 한다.

그림 7-4 SURF추심결제방식의 거래절차

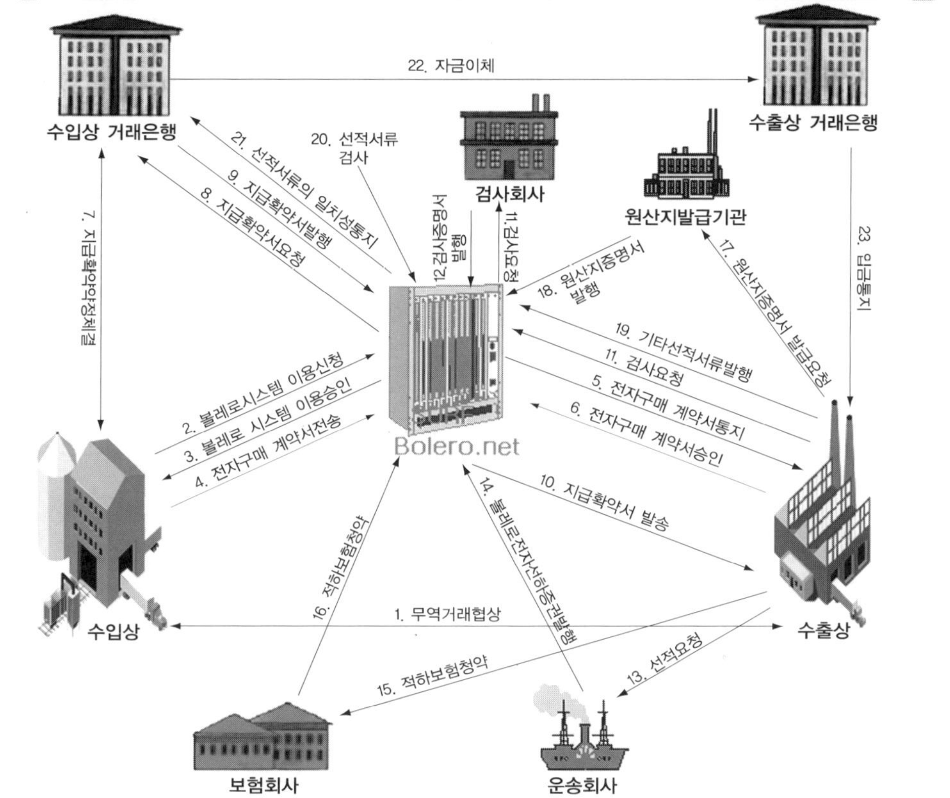

(3) 서류인도결제방식

서류인도결제방식(Open Account)은 수출상이 수출거래에 필요한 모든 선적서류를 볼레로시스템을 이용하여 수입상에게 인도하고 수입상에게 수출대금의 지급을 요청하는 결제방식으로써 수출상에게 발생할 수 있는 수출대금미회수 위험과 수입상에게 발생할 수 있는 수입상품의 품질문제에 관하여 수출거래 당사자인 수출상과 수입상이 부담해야 한다. 수출상과 수입상은 사전에 볼레로시스템을 이용하여 서류인도결제방식으로 수출대금을 결제한다는 것에 합의한다. 수입상은 볼레로인터내셔널 회사에게 볼레로시스템의 이용신청을 하여 승인을 받은 후에 볼레로시스템으로 전자구매계약서를 전송하여 무역거래를 시작한다. 수입상은 볼레로인터내셔널에게 대금지급확약을 하지 않으며 볼레로인터내셔널은 수출상으로부터 받은 선적서류를 수입상에게 인도하면 된다(<그림 7-5 참조>).

그림 7-5 서류인도조건의 거래절차

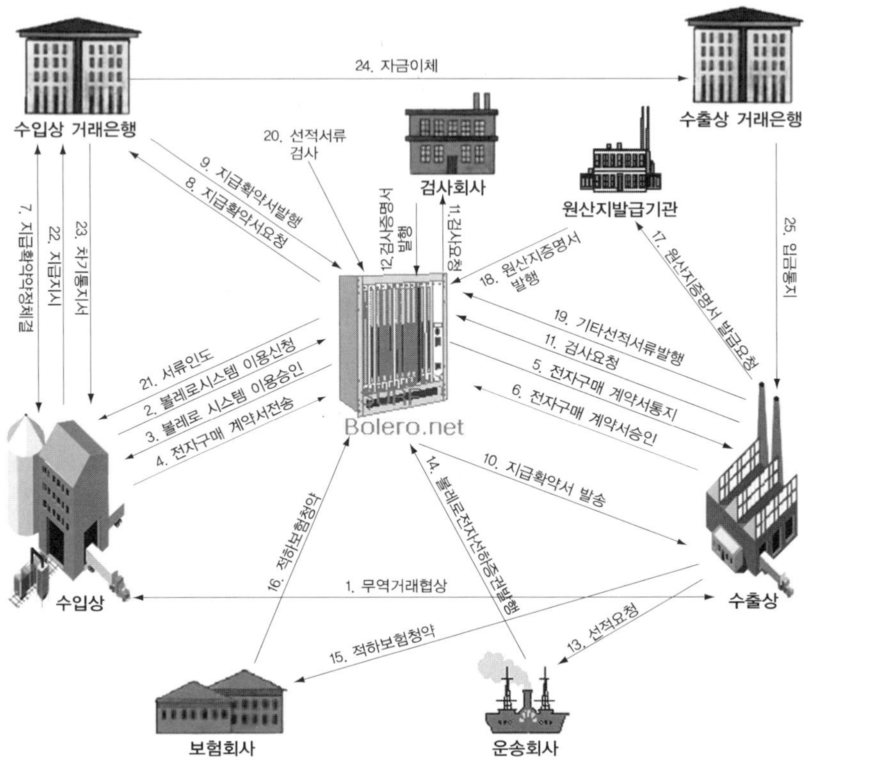

제 2 절 전자신용장

1. 전자신용장의 특성

1) 전자신용장의 정의

전자신용장(Electronic Letter of Credit)은 전자무역거래의 대금지급과 상품수입을 원활하게 하기 위하여 수입상의 요청과 지시에 따라 수입상의 거래은행이 수출상 또는 그의 지시인으로 하여금 일정기간 및 일정조건 아래 전자선적서류를 담보로 하여 개설은행 또는 개설은행이 지정하는 제 3 의 은행을 지시인으로 하는 전자화환어음을 발행하도록 하여 이 전자환어음이 제시될 때에는 지급, 인

수 또는 매입할 것을 전자어음 발행인(수출상) 또는 전자어음 수취인(전자어음 매입은행)에 대해서 약정하는 증서이다. 이와 같이 전자신용장은 종이신용장에서 개설은행의 수출대금지급확약과 같은 신용장의 특성을 동일하게 갖고 있으며 신용장이 전자방식으로 개설되고 신용장에서 요구한 모든 서류가 전자방식으로 발행되며 신용장의 모든 거래업무가 전자방식으로 이루어지는 것을 말한다. 개설은행은 수출상이 개설은행과 제 3 의 은행을 지급인으로 발행한 전자환어음과 선적서류를 전자방식으로 제시하면 제시된 서류를 검사하고 제시된 서류가 신용장의 요건을 충족시키면 무조건 수출대금을 지급해야 한다. 전자화환신용장은 전자신용장에 전자환어음과 전자선적서류가 첨부된 신용장으로써 신용장통일규칙의 보칙(Supplement to the Uniform Customs and Practice for Documentary Credits for Electronic Presentation, Version 1.1: eUCP)이 적용된다.

2) 전자신용장의 거래절차

전자신용장결제방식은 신용장개설은행이 수입상을 대신하여 수출상에게 수출상이 제시한 모든 전자무역문서가 전자신용장의 제 조건을 충족시키면 수출대금을 지급하겠다는 약정서로 기존의 신용장과 큰 차이는 없지만 신용장에서 요구한 모든 서류가 무역정보통신회사가 제공하는 시스템을 통하여 전송된다. 수출상과 수입상은 무역거래를 하기 위하여 상거래조건과 무역정보통신회사와 무역정보통신회사가 제공하는 시스템을 이용할 것에 합의를 하여야 한다.

수입상은 무역정보통신회사의 시스템 이용신청과 승낙을 통해 무역정보통신회사의 시스템에 자동으로 생성된 전자구매계약서에 필요한 사항을 기재하여 무역정보통신회사의 시스템으로 전송한다. 무역정보통신회사의 시스템은 수출상에게 수입상이 전송한 전자구매계약서를 통지하고 수출상은 전자구매계약서의 내용을 검토한 후 전자구매계약서의 승인서를 무역정보통신회사의 시스템에게 전송한다.

전자무역계약은 수출상이 수입상이 전송한 전자구매계약서를 승낙한다는 승인서를 무역정보통신회사의 시스템에 전송하는 순간 체결된다. 무역정보통신회사는 수입상의 거래은행에게 지급확약을 요청하고 은행은 수입상에 대한 신용조사와 수입담보금의 예치를 통하여 조건부 지급확약서를 발급한다. 무역정보통신회사는 은행이 발행한 지급확약서를 수출상에게 전송하고 수출상은 은행의 수출대금 지급확약서를 근거로 수출상품을 생산하여 선적하고, 전자신용장에서 요구한 전자무역문서를 합의한 무역정보통신 시스템으로 개설은행에게 전송하며, 개설은행은 전송된 전자무역문서와 전자무역문서가 전송된 무역정보통신시스템을 검사한 후 수출대금을 수출상에게 지급한다.

2. 전자신용장과 전자무역계약, 무역정보통신시스템 사용계약과의 법률관계

전자신용장은 정보처리능력을 갖춘 정보통신망을 이용하여 추진되기 때문에 정보통신망을 제공하는 무역정보통신회사가 전자신용장거래에서 중요한 역할을 한다. 이와 같이 전자신용장거래에서 전자신용장거래 당사자와 무역정보통신회사간에 새로운 법률관계가 존재하게 되었다. 법률적 관점에서 본다면 전자무역은 전자무역계약이 중심이고 가장 중요한 부분을 차지하지만 동시에 무역정보통신 사용계약, 운송계약, 신용장계약, 보험계약 등과 같은 많은 전자계약에 의하여 뒷받침되고 있기 때문에 전자신용장거래와 전자무역계약, 무역정보통신 사용계약과의 상호관계를 파악하는 일은 실무상 매우 중요하게 되어 전자신용장거래 당사자와 무역정보통신회사간에 체결된 계약이 전자무역계약과 전자신용장거래와 관련이 있는지 또는 없는지 법리적 분석을 할 필요가 있다.

1) 전자신용장과 전자무역계약과의 관계

수출상과 수입상은 전자무역계약에서 대금결제조건을 전자신용장거래방식으로 결정한 경우 수출상과 수입상은 어느 회사의 무역정보처리시스템을 이용할 것인지에 대해서 전자무역계약에서 합의를 하여야 한다. 전자신용장이란 전자어음과 같이 그 자체가 하나의 지불수단이 될 수 없으며 그 자체가 특정한 계약을 대신하는 것도 아니다. 전자신용장은 어떤 질서정연하게 만들어진 법이론이라기보다는 상인간에 이용되어 온 하나의 상관습에 그 기본을 둔 독특한 하나의 상업수단으로 볼 수 있다. 전자무역거래에서는 어디까지나 전자무역계약이 위주가 되며, 전자무역계약을 이행하는 과정에서 전자무역계약 당사자들을 돕기 위해서 존재하게 된 것이 전자신용장이다.

전자신용장은 전자무역계약의 당사자인 수출상과 수입상이 합의하여 만들어지기 때문에 전자무역계약과 밀접한 관계를 가지고 있지만 일단 전자신용장이 개설되면 전자무역계약과 전자신용장거래의 당사자는 서로 독립적으로 존재하게 된다. 전자무역계약은 전자무역거래 당사자인 수출상과 수입상의 권리와 의무에 관하여 규정된 계약이고, 전자신용장거래는 전자신용장거래 당사자인 수익자, 개설의뢰인, 개설은행, 확인은행(확인신용장의 경우)의 권리와 의무에 관하여 규정한 것으로 서로 독립된 법적 관계가 존재한다. 따라서 전자신용장거래는 그 자체로서 독립적으로 유효한 것이며 어떤 전자무역계약에 영향을 받아 전자신용장내용을 수정하거나 변경할 수 없다.

전자신용장 자체는 어떤 특정한 전자무역계약에 의해 생성되었다 할지라도 일단 전자신용장이 존재하게 되면 그 전의 모든 전자계약에 의해서는 하등의 구애를 받지 않고 독자적인 법률성을 갖게 되며, 전자신용장거래의 당사자인 은행과 수출상 및 수입상은 전자신용장거래에서 야기된 어떤 문제를 전자무역계약의 내용을 들어 영향을 미치게 할 수 없다.

2) 전자신용장과 무역정보처리시스템 사용계약과의 법률관계

(1) 전자신용장의 독립성과 추상성의 변화

전자신용장거래에서 개설은행은 수익자가 합의한 무역정보처리시스템으로 전송한 전자무역문서, 전송된 하이퍼링크, 전자무역문서의 전송경로, 전자무역문서의 발송과 수신의 확인을 검사하도록 요구하고 있다. 즉 개설은행은 수익자가 전송한 전자무역문서만 검사하는 것이 아니라 전자무역문서가 전송된 무역정보처리시스템까지 검사하도록 요구하고 있어 UCP에서 강조한 신용장의 독립성과 추상성을 전자신용장에서 그대로 적용하기가 어렵게 되었다.1)

전자신용장거래에서 핵심적인 역할을 하는 것은 전자무역문서가 전송되는 무역정보처리시스템이다. 무역정보처리시스템이 정확하게 제 역할을 하지 못하면 무역정보처리시스템으로 이루어지는 전자신용장거래는 무역실무에서 이용될 수 없기 때문에 무역정보처리시스템이 정확히 작동했는지의 확인 의무를 개설은행에게 부담시키고 있다.

수익자가 합의한 무역정보처리시스템으로 전자무역문서를 개설은행에게 전

1) James E. Byme and Dan Taylor, “Introduction to ICC Guide to the eUCP,” *DCINSIGHT*, 2002. 6, p.4.

송하고, 개설은행은 전송된 전자무역문서를 확인해야 하고 합의한 무역정보처리시스템의 결함으로 전송된 전자무역문서를 확인하지 못하면 비록 전자무역문서가 개설은행에게 제시되었지만 전자무역문서가 제시되지 않은 것으로 간주하며, 개설은행은 전자무역문서를 검사하는 데 있어서 전자무역문서 자체뿐만 아니라 전자무역문서에 포함되어 있는 외부의 하이퍼링크의 내용까지도 전자신용장의 제 조건과 일치하는지 검사해야 한다. 하이퍼링크의 내용이 무역정보처리시스템의 하자로 인하여 신용장의 제 조건과 일치하지 않거나 하이퍼링크에 접속할 수 없는 경우에는 모든 서류상의 하자로 인정하여 전자무역문서 인수를 거부할 수 있도록 하여 개설은행의 무역정보처리시스템 확인의무를 강조하고 있다.

(2) 전자신용장과 무역정보처리시스템 사용계약과의 관계

전자신용장과 무역정보처리시스템 사용계약은 전자무역계약에 의해서 생성되었기 때문에 전자신용장과 무역정보처리시스템 사용계약은 밀접한 법적 관계가 있는 것으로 보아야 한다. 즉 전자신용장은 무역정보처리시스템을 통하여 이루어지고 있기 때문에 전자신용장과 무역정보처리시스템 사용계약과 밀접한 법률관계가 존재하고 있다.

전자신용장거래 당사자는 수익자와 개설의뢰인, 개설은행, 확인은행(확인신용장의 경우)이며, 이들 거래당사자들이 무역정보통신회사와 무역정보처리시스템 사용계약을 체결하기 때문에 무역정보처리시스템 사용계약의 당사자들은 전자신용장 거래당사자들과 같다. 그들은 무역정보처리시스템 사용계약을 통하여 전자신용장이 어떻게 무역정보처리시스템으로 개설되고, 전자신용장 업무가 무역정보처리시스템으로 어떻게 이루어지는지 사전에 알고 있기 때문에 전자신용장과 무역정보처리시스템 사용계약은 밀접한 관계를 갖고 있다. 전자신용장 업무가 무역정보통신회사가 제공한 무역정보처리시스템으로 어떻게 이루어지는지 무역정보처리시스템 사용계약에서 구체적으로 명시하고, 전자신용장거래 당사자들은 합의한 무역정보처리시스템으로 합의한 방법에 따라 전자신용장 업무를 수행해야 한다.

전자신용장은 서류상의 거래이지만 전자무역문서가 합의한 무역정보처리시스템으로 제시되고, 개설은행이 제시된 전자무역문서를 합의한 무역정보처리시스템으로 확인할 수 있어야 하고, 수익자가 전송한 전자무역문서가 전자신용장의 내용과 일치되었는지의 여부에 따라 결정되는 것이다. 따라서 무역정보처리시스템 사용계약은 전자신용장 거래당사자들이 전자신용장의 업무를 전자방식으로 진행하는 데 필요한 무역정보처리시스템과 서비스를 무역정보통신회사가 전자신용장 거래당사자들에게 제공하겠다는 계약으로써 전자신용장과 밀접한 관련이 있어 무역정보처리시스템 사용계약은 전자신용장의 일부로 보아야 한다.

3. 전자신용장 거래당사자간의 법률관계

전자신용장이 전자방식으로 발행되기 때문에 전자신용장거래 절차가 매우 단순화되고 은행의 역할에 커다란 변화가 발생할 것이다. 전자신용장 거래절차는 개설은행이 전자신용장을 전자방식으로 개설하여 직접 수출상에게 전신으로 통지하고, 수출상은 전자무역문서를 직접 개설은행에게 제시하여 수출대금이 수출상에게 지급되는 형태로 매우 간소화되어 전자신용장거래 당사자는 수출상, 수입상, 개설은행, 확인은행(확인신용장의 경우)으로 한정될 것으로 보이며, 개설은행은 수출상에게 수출대금의 지급을 약정한 개설은행과 통지은행, 매입은행, 양도은행(양도가능신용장의 경우)의 역할을 동시에 하게 될 것이다. 개설은행이 동시에 여러 가지 역할을 함에 따라 전자신용장거래에서 어떠한 법률관계가 발생되는지, 전자신용장거래 절차의 간소화와 전자신용장거래 당사자의 역할 변화가 신용장거래 당사자간의 법률관계에 어떠한 영향을 미치고 있는지 분석할 필요가 있게 되었다.

1) 개설의뢰인과 수익자의 관계

(1) 전자신용장의 개설

개설의뢰인과 수익자의 법적 관계는 전자무역계약에 약정한 사항에 따라 결정된다. 전자무역계약에 수출대금지급조건을 전자신용장으로 약정하면 전자신용장거래에 따른 법적 관계가 성립된다. 따라서 개설의뢰인은 전자무역계약에서 합의한 무역정보처리시스템을 이용하여 약정한 종류의 전자신용장을 약정된 기간 내에 수익자 앞으로 개설해야 한다. 이와 같이 개설의뢰인의 전자신용장개설은 수익자 입장에서 보면 전자무역계약을 이행하기 위한 선행조건이 된다.

즉 전자신용장이 개설되어야만 수익자는 수출상품을 생산할 수 있다. 개설의뢰인은 전자무역계약에서 명시된 전자신용장을 약정된 기일 내에 수익자 앞으로 개설해야 한다. 개설의뢰인이 전자무역계약에 명시된 전자신용장을 개설하지 않으면 전자무역계약을 위반하게 된다. 전자무역계약에서 합의한 전자신용장이 약정된 무역정보통신망을 이용하여 개설되지 않거나 지연되면 수익자는 전자무역계약을 해제할 수 있다.

(2) 전자신용장거래에서 수익자의 권리와 의무의 발생시기

개설의뢰인의 거래은행인 개설은행이 개설의뢰인의 지시와 요청에 따라 전자신용장을 개설하여 수익자에게 전자신용장에 명시된 무역정보처리시스템으로 전송하면 수익자는 전송된 전자신용장의 내용과 전자무역계약 내용을 검토한 후 전자신용장을 인수하면 전자신용장거래에 따른 법률관계가 성립되어 수익자는 전자신용장에 명시된 전자무역문서를 전자신용장에 명시된 무역정보처리시스템을 이용하여 개설은행에게 전자무역문서를 제시해야 할 의무와 제시된 전자무역문서가 전자신용장의 내용과 일치하면 개설은행으로부터 수출대금을 지급받을 권리가 발생한다.

수익자의 권리와 의무는 개설은행이 합의한 무역정보처리시스템으로 전자신용장을 개설하여 전송하고 수익자가 전송된 전자신용장의 내용을 검토한 후에 전자신용장을 인수한다는 의사표시를 합의한 무역정보처리시스템으로 개설은행에게 전송하면 그 시점에서 발행한다고 보고 있다.

2) 개설의뢰인과 개설은행

(1) 개설의뢰인의 의무

① 전자신용장의 개설지시

개설의뢰인은 자기 거래은행에게 약정된 무역정보처리시스템을 이용하여 전자신용장의 개설을 의뢰한다. 이때 전자신용장 개설신청서와 수입거래약정서가 개설의뢰인과 개설은행간에 체결되어 양자간의 법적 관계가 성립된다. 개설의뢰인은 전자신용장 개설신청서를 완전하고 명확하게 작성하여 반드시 약정된 무역정보처리시스템으로 개설은행에게 전자신용장개설을 요청해야 한다. 개설의뢰인의 전자신용장 개설요청과 지시가 합의한 무역정보처리시스템에 입력되어 개설은행에게 전송되고 개설은행이 전송된 전자신용장 개설신청서를 확인할 수 있어야 개설의뢰인의 전자신용장 개설요청과 지시가 정당하게 이루어진 것으로 간주된다. 즉 개설의뢰인의 전자신용장 개설요청과 지시가 합의한 무역정보처리시스템으로 개설은행에게 전송되고 개설은행이 합의한 무역정보처리시스템으로 전송된 개설의뢰인의 전자신용장 개설요청과 지시를 확인할 수 있어야 개설은행의 전자신용장 개설의무가 발생한다는 것이다.

② 전자무역문서 인수와 상환의무

개설의뢰인은 개설은행이 지급, 인수 또는 매입한 전자무역문서를 인수하고 개설은행에 대해 전자신용장 개설약정서에 따라 그 대금을 상환하여야 한다. 이것은 실제로 수입된 상품과는 독립·추상적으로 이루어진다. 개설은행은 반드시 전자무역문서를 합의한 무역정보처리시스템으로 개설의뢰인에게 전송해야 하고 개설의뢰인은 전송된 전자무역문서가 전자신용장의 조건과 문면상 일치하면 개설의뢰인은 그 전자무역문서를 거부할 수 없다.

(2) 개설은행의 의무

① 지시의 준수의무

전자신용장의 개설은 개설은행이 하지만 개설의뢰인의 요청과 지시 및 비용부담으로 하게 되므로 개설은행은 어디까지나 개설의뢰인의 지시와 요청에 따라 전자신용장을 합의한 무역정보처리시스템으로 개설해야지 개설은행이 임의로 전자신용장을 개설할 수 없다. 개설은행이 개설의뢰인의 지시와 요청을 제대로 지키지 못하여 개설의뢰인에게 손해를 발생시키면 그에 대한 책임을 져야 하며 귀책사항은 전자신용장 개설신청서에 기재된 내용에 따라 결정된다.

② 통지의무

취소불능신용장의 경우 개설은행은 수익자에게 반드시 합의한 무역정보처리시스템으로 전자신용장을 통지해 줄 의무가 있다. 이러한 의무는 전자무역계약에서 개설의뢰인이 수익자에게 부담하는 의무이며 전자신용장 개설신청서에 명시된 내용에 따라 개설은행이 개설의뢰인에게 부담하는 의무이다. 개설은행의 통지의무는 개설은행이 개설된 전자신용장을 반드시 합의한 무역정보처리시스템으로 수익자에게 통지해야 하고 수익자는 합의한 무역정보처리시스템으로 개설은행이 전송한 전자신용장을 확인하면 이루어진 것으로 본다.

③ 전자무역문서의 심사의무

개설은행은 수익자로부터 전송된 전자무역문서와, 전자무역문서와 연관된 외부의 hyperlink의 내용을 심사해야 할 의무가 있다. 개설은행은 제시되어야 하는 전자무역문서의 포맷을 전자신용장에 명시해야 하며, 개설은행은 전자신용장에서 명시된 포맷에 따라 발행된 전자무역문서를 검사해야 할 의무가 있다. 만약 포맷이 전자신용장에 명시되지 않은 경우에 제시된 전자무역문서의 포맷대로 서류를 검사해야 하며 제시된 포맷으로는 전자무역문서를 검사할 수 없다고 하더라도 전자무역문서의 인수를 거절할 사유가 되지 못한다.[2] 전자무역문서가 외부시스템에 대한 hyperlink를 포함하거나 전자무역문서가 외부시스템에 대한 참조에 의해서 검사될 수 있다는 것을 표기한 경우 hyperlink나 참조된 시스템에서의 전자무역문서는 검사되어야 하는 전자무역문서로 간주되어야 하고 그 표기된 시스템이 검사시에 요구된 전자무역문서에 대한 접속을 제공하지 못하는 것은 전자무역문서의 불일치로 간주한다. 따라서 개설은행은 전자무역문서를 검사하는 데 있어서 전자무역문서에 포함되어 있는 hyperlink까지도 검사해야 한다.

UCP에서 개설은행은 제시된 서류만을 가지고 신용장의 제 조건과 일치하는가를 검사해야 하지만, 전자신용장의 거래에서 개설은행은 전자무역문서 자체뿐만 아니라 전자무역문서에 포함되어 있는 외부의 hyperlink의 내용까지도 신용장의 제 조건과 일치하는지를 검사해야 한다. 즉, 이것은 전자무역문서뿐만이 아니라 전자무역문서에 포함되어 있는 hyperlink의 내용까지도 신용장의 제 서류에 포함되게 되어 이와 같은 hyperlink의 내용이 신용장의 제 조건과 일치하지 않거나 hyperlink에 접속할 수 없는 경우에는 모든 서류상의 하자로 인정하여 개설의뢰인은 전자무역문서인수를 거부할 수 있다.

3) 수익자와 개설은행

(1) 수익자와 개설은행간의 법률관계

전자신용장거래에서 가장 중요한 것이 수익자와 개설은행간의 법적 관계이며 이러한 법적 관계는 수출상과 수입상이 체결한 전자무역계약에서 비롯된 것

2) John Worthy and Charles Morrison, “Trade Finance Enter the Digital Age with the New eUCP,” *Draft*, 2002. 3, p.2.

이 아니라 개설은행이 개설한 전자신용장에 의해서 성립된다.

개설은행의 약정은 절대적이며, 수출상과 수입상이 체결한 전자무역계약에 명시된 특정내용과 전혀 관계없이 존속한다. 개설은행이 합의한 무역정보처리시스템으로 전자무역계약에서 합의한 전자신용장을 개설하여 수익자에게 전송하고 수익자는 전송된 전자신용장을 인수하면 개설은행과 수익자간의 전자신용장 거래에서 발생하는 권리와 의무가 존재하게 된다. 수출상의 입장에서 보면 수출상의 권리는 무역정보통신회사와 무역정보처리시스템 사용계약을 체결하고 그 계약에 따라 전자신용장을 무역정보처리시스템으로 인수한 후에 수익자가 전송된 전자신용장을 인수하겠다는 의사표시를 합의한 무역정보처리시스템으로 개설은행에게 전송하면 발생하게 되므로 수익자가 전자신용장을 받지 않으면 전자신용장이 개설되지 않았기 때문에 개설은행과 수익자간의 법적 관계가 성립되지 않는 것으로 간주한다. 따라서 개설은행은 합의한 무역정보처리시스템으로 개설된 전자신용장을 정확하게 수익자에게 통지해 주어야 한다. 개설은행은 수출상과 수입상이 체결한 전자무역계약의 내용이나 수입상의 파산 등과 같은 이유를 들어 수익자에게 수출대금의 지급을 거절할 수 없다.

(2) 수익자의 권리와 의무

① 수익자의 의무

가. 전자무역문서 제시의 의무

수익자는 전자신용장 내용과 일치하는 전자무역문서를 개설은행에게 전자방식으로 전자신용장에 명시된 전자주소로 유효기일 이내에 제시해야 한다. 수익자는 전자무역문서를 한꺼번에 제시할 필요는 없고 여러 번에 걸쳐 나누어 제시할 수 있다.[3] 또한 이와 관련하여 한꺼번에 제시하도록 하지 않고 수 회에 걸쳐 제시할 수 있도록 함으로써 은행의 입장에서는 언제 전자무역문서의 제시가 완료되었는지에 대한 정의가 있어야 하는데 이러한 전자무역문서의 제시완료를 전자무역문서를 제시하는 당사자, 즉 수익자가 은행에 전자무역문서 제시의 완료통지(the notice of completeness)를 합의한 무역정보처리시스템으로 개설은행에게 반드시 전송해야 한다.

3) 채진익, "eUCP와 국제표준은행관습상 전자기록의 심사기준에 관한 연구," 「국제상학」, 제17권 제 2 호, 한국국제상학회, 2002. 8, p.149.

나. 합의한 무역정보처리시스템 사용의무

수익자는 반드시 전자신용장거래 당사자간에 합의한 무역정보처리시스템을 이용하여 전자신용장에서 요구한 전자무역문서를 개설은행에게 전송해야 한다. 은행은 전자무역문서가 제시되어야 하는 무역정보처리시스템을 명시해야 한다. 개설은행 또는 확인은행은 전자신용장에서 명시된 무역정보처리시스템에 따라 발행된 전자무역문서를 검사해야 할 의무가 있다. 전자서류가 제시되었다 하더라도 제시된 전자무역문서를 확인(identification)할 수 없으면 비록 제시되었다고 하더라도 수령하지 않은 것으로 간주한다. 이것은 종이서류와는 달리 전자신용장의 경우에는 기술적인 조작만을 통해서 전자무역문서를 위조할 수 있는 가능성이 높기 때문에 전자무역문서의 진위성을 확인할 수 없는 전자무역문서는 아예 수령되지 않은 전자무역문서로 간주하여 사실상 은행으로 하여금 검사의 의무를 면제시켜 주고 있는 것이다. 따라서 수익자는 합의한 무역정보처리시스템을 이용하여 전자무역문서를 개설은행에게 전송할 의무가 있다.

(3) 개설은행의 권리와 의무

① 개설은행의 전자무역문서의 심사의무

가. 엄격이행의 원칙에 따른 전자무역문서의 심사의무

eUCP규칙에서는 전자무역문서 심사기준에 대해서 정확하게 명시되어 있지 않지만 UCP조항에 구현되어 있는 엄격일치주의를 적용하여 전자무역문서를 심사해야 한다. 전자신용장거래에서 가장 중요한 비중을 차지하고 있는 것은 전자무역문서이며 이 모든 전자무역문서가 전자방식으로 작성되고 정보통신망을 통해서 송부되기 때문에 정확한 전자무역문서 작성이 가능하고 제시된 전자무역문서를 표준화된 전자 메시지를 통해 전자무역문서상의 차이와 사기서류를 쉽게 발견할 수 있기 때문에 전자신용장거래 당사자들의 전자무역문서의 검사의무와 책임을 상당히 강화시켜야 한다.

전자신용장거래에서 전자무역문서가 차지하고 있는 비중이 매우 크고 전자상거래가 정착되기 위해서는 전자무역문서에 대한 심사가 강화되어 허위전자무역문서의 사용이 불가능하도록 만들어야 한다. 따라서 전자신용장거래의 당사자들은 엄격일치주의에 따라 제시된 전자무역문서를 심사해야 되며 심사은행에게 전자무역문서 심사의 재량권을 인정해서는 안 된다. 은행은 제시된 전자무역문서가 전자신용장에 명시된 내용과 일치하는지 상당한 주의를 기울여 제시된 전자무역문서의 기술항목까지 심사하여야 한다.

나. 전자무역문서의 정규성과 상태성에 따른 전자무역문서 심사의무

개설은행은 수익자가 작성한 전자무역문서를 정규성과 상태성에 따라 심사해야 한다. 전자무역문서가 다음과 같은 사항을 충족시키면 정규성과 상태성을 충족시킨 것으로 판단해야 한다.

첫째, 전자무역문서는 전자수단에 의해서 생성되고, 만들어지고, 발송되고, 수신되거나 저장되어 있어야 한다.

둘째, 전자무역문서는 전자신용장에 명시된 무역정보처리시스템으로 전송되어야 한다.

전자신용장거래 당사자들이 사용하는 전자무역문서가 당사자간에 전송되기 위해서는 사전에 전자무역문서가 전산시스템에 상호호환이 되는지 확인해야 하고 상호호환이 되지 않으면 상호호환이 될 수 있는 무역정보처리시스템을 지정해야 한다.

eUCP 신용장은 전자무역문서가 제시되는 전자서식을 명시해야 하는데 eUCP신용장에서 요구하는 전자서식으로 전자무역문서를 제시해야 하고, 전자신용장에 명시된 전자서식으로 제시되지 않은 전자무역문서는 불일치한 전자무역문서로 간주한다. 전자무역문서에 전자서식이 그렇게 명시되지 않는 경우 전자무역문서는 어떤 전자서식으로 제시될 수 있다고 규정하고 있고 이것은 각 은행이 사용하고 있는 전자서식이 서로 다르기 때문에 한 은행에서는 사용 가능한 전자무역문서의 서식이라 할지라도 다른 은행에서는 호환이 되지 않는 경우가 있기 때문에 이에 대한 분쟁의 소지를 미연에 방지하기 위한 것으로 보이지만 전자제시를 위해서는 공통서식으로 전자무역문서가 제시될 필요가 있다.

셋째, 개설은행이 전자무역문서가 완전하고 변경되지 않은 상태로 있는지 확인할 수 있어야 한다. 개설은행은 수익자가 전송한 전자무역문서를 전자무역문서가 전송된 전자시스템으로 확인할 수 있어야 한다. 개설은행이 전자무역문서가 전송된 시스템으로 확인할 수 없으면 전자무역문서가 개설은행에 제시되지 않은 것으로 간주한다는 것이다. 수익자는 개설은행이 수익자가 전송한 전자무역문서를 확인할 수 있도록 사전에 합의한 무역정보처리시스템으로 전자무역문서를 전송하고 무역정보처리시스템 회사는 개설은행이 전자무역문서의 전송을 무역정보처리시스템으로 확인할 수 있도록 하여야 한다.

넷째, 개설은행이 전자무역문서를 eUCP신용장의 제 조건과 일치하는지 심사할 수 있어야 한다.

② 개설은행의 전자무역문서 심사범위와 면책

가. 개설은행의 전자무역문서의 심사범위

전자신용장거래에서 무역정보처리시스템이 차지하는 역할이 매우 중요하기 때문에 전자신용장거래 당사자들은 사전에 전자신용장이 발행되고 전자신용장 업무가 전자방식으로 처리될 무역정보처리시스템을 지정하며, 모든 신용장 업무는 지정된 무역정보처리시스템으로 처리되어야 한다. 개설은행은 수익자가 전송한 전자무역문서가 전자신용장에서 명시된 무역정보처리시스템으로 전송되었는지 확인하고 전송된 전자무역문서를 심사해야 한다.[4]

개설은행은 전자신용장거래 당사자들이 무역정보통신 회사가 무역정보처리시스템 사용계약에 따라 무역정보처리시스템을 심사해야 한다. 수익자가 합의한 무역정보처리시스템으로 전자무역문서를 전송하면 개설은행은 합의한 무역정보처리시스템에 접속하여 전송된 전자무역문서가 합의한 무역정보처리시스템으로 전송되었는지 확인해야 하고, 개설은행이 합의한 무역정보처리시스템에 접속하지 못하면 수익자가 전송한 전자무역문서는 합의한 무역정보처리시스템으로 전송되지 않는 것으로 간주하여 전자신용장에서 요구한 전자무역문서가 개설은행에게 전송되지 않는 것으로 간주한다.

따라서 개설은행은 수익자가 전송한 전자무역문서와 전자무역문서가 전송되어 온 무역정보처리시스템을 심사하여 이상이 없으면 수익자에게 수출대금을 지급해야 한다.

나. 개설은행의 면책

전자무역문서의 외견상 진정성을 검사함으로써 개설은행은 전자무역문서의 수취, 진정성 그리고 확인을 위해 상업적으로 수용할 수 있는 자료처리를 사용함으로써 수취한 전자무역문서에 명확히 명시된 경우를 제외하고 발송자의 신원, 정보의 출처, 그 완전성과 무변조성에 대한 책임을 부담하지 않는다.[5] 개설

---

4) 최정호 · 이제현, "전자무역서류 활성화를 위한 eUCP에 관한 연구," 「무역학회지」, 제28권 제 1 호, 한국무역학회, 2003. 2, p.231.

5) eUCP 제12조.

은행은 모든 전자무역문서의 발송자 신원, 정보의 출처, 완전성과 무변조성에 대하여 하등의 책임을 지지 않는다. 개설은행은 전자무역문서의 외관상 전자신용장 조건의 일치여부를 조사할 형식적 심사의무는 있으나 전자무역문서의 진정성여부에 대한 실질적인 심사의무는 없다.

③ 개설은행의 상환청구권

수익자는 상품을 선적한 후 전자화환어음과 전자선적서류를 합의한 무역정보처리시스템으로 개설은행에 전송하여 전자무역문서의 매입을 의뢰하게 되며 이때 수익자와 개설은행과의 법적 관계는 전자신용장거래와 전자어음법에 의한 관계가 발생한다. 개설의뢰인이 발행된 전자환어음을 전자선적서류의 하자를 이유로 인수하지 않거나 어음만기일에 지급하지 않으면 개설은행은 전자환어음 발행인에게 상환청구를 할 수 없다.

④ 개설은행이 전자신용장의 양도요청을 받을 경우

양도가능전자신용장 거래에서 수익자가 합의한 무역정보처리시스템으로 전자신용장의 양도를 개설은행에게 요청하면 개설은행은 이러한 수익자의 양도요청을 이행할 의무가 있는가이다. 양도가능전자신용장 거래에서 수익자는 합의한 무역정보처리시스템으로 개설은행에게 전자신용장을 제 2 수익자에게 양도할 수 있도록 요청할 권한을 갖고 있으며 이러한 요청을 받은 개설은행은 그 개설은행이 명백히 동의한 범위와 방법에 의하여 양도할 의무가 있다. 여기서 명백히 동의한 범위와 방법은 전자신용장을 개설한 내용과 개설방법을 의미한다. 개설은행이 취소불능 양도가능전자신용장을 개설하였다면 사전에 명백히 신용장이 양도될 것임을 동의한 것으로 보아야 되며 따라서 수익자의 양도요청을 개설은행은 거부할 수 없으며 개설은행이 수익자의 양도요청을 이행하지 못함으로써 발생되는 손실에 대하여 보상할 책임이 있다. 개설은행의 신용장양도의무를 인정하지 않으면 양도가능신용장의 효용성이 크게 감소할 것이다.[6)]

4. 전자무역문서의 심사기준

매입은행은 신용장에 명시된 모든 서류가 문면상 신용장의 제 조건과 일치하는지 여부를 확인하기 위하여 상당한 주의를 기울여 서류를 검토하여야 한다.

6) Schmitthoff, Clive M., *Export Trade*, 9th ed., London Stevens & Sons, 1990, p.439.

그런데 은행이 어느 정도 주의를 기울여야 상당한 주의(reasonable care)의무를 다하는 것인지 분명하지 않다. 이러한 불분명한 점을 해결하기 위해서 엄격일치의 원칙(principle of strict compliance)과 상당이행의 원칙(principle od substantial compliance)이 만들어졌고 이 원칙이 신용장거래에서 서류를 검토하는 기준이 되었기 때문에 전자문서도 이러한 원칙으로 검사되어야 한다.

1) 엄격이행의 원칙

(1) 엄격이행의 정의

엄격이행의 원칙이란 신용장거래는 서류에 의한 거래이므로 매입은행은 제시된 서류가 신용장의 조건과 엄격하게 일치하는가를 검사하여 신용장의 조건과 문면상 일치함이 판명되면 대금을 지급해야 한다는 것을 의미한다. 이 원칙에 따르면 은행에 제시된 서류는 신용장에 명시된 내용과 자구하나 틀리지 않게 꼭 일치하여야 한다는 것으로 UCP600 제 7 조에 그 근거를 두고 있다. 그러므로 신용장에 의한 거래에 있어서 매입, 인수, 지급, 연지급, 은행은 신용장에 명기된 조항 및 조건을 엄격히 일치하게 준수하여야 할 의무가 있으며, 그 의무를 준수하여야 비로소 지급 등을 받을 권리를 주장할 수 있다.

결국 신용장거래에서 대금지급을 받기 위한 수익자는 반드시 신용장의 조건에 일치하는 서류를 제출할 의무가 있고 은행은 자신에게 제시된 서류를 엄격히 검토해야만 비로소 당해 신용장거래는 그 의미를 가지는 것이다. 신용장 자체는 어떤 특정한 매매계약에 의해서 생성되었다 할지라도 일단 신용장이 존재하게 되면 그 전의 모든 계약에 의하여 하등의 구애를 받지 않고 독자적인 법률성을 갖게 되며 신용장의 당사자인 은행과 매도인 및 매수인은 신용장거래에서 야기된 어떤 문제를 매매계약의 내용을 들어 영향을 미치게 할 수 없다. 수출대금의 지급에 관한 결정은 매매계약을 근거로 하는 것이 아니라 신용장에 명시된 내용을 근거로 판단하게 된다. 또한 신용장거래는 상품이나 용역 또는 의무이행의 거래가 아니라 서류상의 거래이다. 즉 거래의 목적이 상품이나 용역 또는 의무이행이 아니라 서류인 것이다. 따라서 은행은 신용장에 명시된 조건과 엄격히 일치하는 서류만을 근거로 수출대금의 지급여부를 결정할 수 있으며 거래상품이나 용역 또는 의무이행을 근거로 수출대금지급을 결정할 수 없다. 은행은 수출입매매계약에서 수출상과 수입상이 합의한 상품이 선적되지 않았거나 다른 상품이 선적되었더라도 제시된 서류가 신용장에서 요구한 서류와 엄격히 일치하면 서류를 수리하여야 하며 반대의 경우에는 서류를 수리하지 못한다는 것이다.

엄격일치의 원칙에 대해서는 1927년의 Equitable Trust 사건 이후 수많은 판례를 통해서 입증되었고 신용장통일규칙 및 미국통일 상법전에도 구체화되어 있다. 이와 같이 엄격일치를 다수결로 지지하는 이유는 상당일치의 원칙을 허용하게 될 경우 오히려 서류만을 근거로 이루어져야 할 신용장 거래관습이 와해될 수 있다는 가능성도 배제할 수 없기 때문으로 볼 수 있다.[7] Harfild 교수는 엄격일치원칙에서의 이탈은 그 자체가 신용장 거래관습의 개념적 오염을 불러일으킬 수 있다고 하면서 당해 원칙의 신용장거래에 있어서의 중요성을 강조하고 있다.

이러한 관점에서 법원은 신용장통일규칙이 제정되기 전, 그리고 신용장을 상거래관습법 형태인 미국의 통일상법전 제정 전에 이미 서류의 엄격일치원칙을 확립해 놓고 있었으며 상기 규칙과 법전의 제정 후에도 압도적으로 엄격일치의 원칙을 지지하고 있다고 하겠다. 일반적으로 무역관례상 신용장거래에서 제시된 서류가 실질적으로 신용장과 일치한다면 대금지급이 이루어지는 것이 바람직할 수도 있으나 법원은 엄격이행의 원칙을 지배적으로 채택하고 있다.[8]

(2) 서류의 엄격일치의 구성요건

① 서류의 정규성과 상태성

신용장에 명시된 내용과 제시된 서류가 일치하기 위해서는 법률적·사실적 요건을 구비하고 있어야 되며 또한 문면상으로도 정규성을 구비하고 있어야 한다. 정규성과 관련해서는 증권이나 서류의 발행자 또는 작성자의 서명 혹은 날인이 누락되어 있는지 여부가 주된 판단기준이 되며 상태성과 관련해서는 서류가 통상적으로 동종의 거래에 사용되고 있는 것과 동일한 형식을 갖추고 있는지 여부가 그 주된 판단기준이 된다. 정규성과 상태성이 존재하는지에 대한 구

7) Carolyn Hothkiss, "Strict Compliance in Letter of Credit Law: How Uniform Commercial Code Uniform?," *UCCLJ*, vol. 23, 1991.

8) James E. Byrne, "Letter of Credit," *The Business Lawyer*, vol. 43, Aug. 1988, p.354.; Matti Kurkella, *Letter of Credit Under International Trade under International Trade Law*, Oceana Publication Inc., 1985, p.298.

체적인 기준으로는 첫째, 서류는 유효하고 합법적이어야 하며 둘째, 서류는 일반적으로 동업계에 통용되는 유형이어야 하며, 셋째, 신용장이 요구하는 서류가 제시되어야 하며, 여러 서류로 구성된 한통의 서류들이 서로 불일치나 모순이 없어야 한다는 것 등이 있다.

② 문면상 일치성

서류의 상품명세서는 신용장에 명시된 상품명세서와 일치하게 작성되어야 한다. Bank of Italy v. Merchants National Bank사례에서 신용장에서 요구한 상품명은 "Dried Grapes"였는데 제시된 상업송장의 상품명은 "Raisin"이라고 표기하여 은행은 서류인수를 거부하였다. 신용장에 명시된 선하증권, 상업송장, 보험증권의 상품명세서는 신용장에 명시된 상품명세서와 자구하나 틀리지 않게 완전히 일치해야만 된다. Bank Melli Iran v. Barclays Bank사례에서 신용장에 명시된 상품명은 "American government certificate to the effect that the goods were new"라고 요구하였는데 실제로 제출된 서류에는 "100 new, good, Chevrolet M. 6.4x 4trucks"로 표기되어 있어 대금지급이 거절되었다. "new"와 "new, good"은 분명히 같은 것이 아니며 또한 신용장은 특정한 트럭을 명시하지 않았는데 제시된 서류에는 특정한, 즉 제한된 트럭을 언급하였으므로 신용장의 조건을 엄격히 이행하지 않았다고 보았다.

③ 서류제시기일의 준수

모든 신용장은 지급, 인수 또는 매입은행에 서류를 제시해야 할 유효기일과 장소를 반드시 기재해야 하며 이러한 기재가 없는 신용장은 UCP600 제14조에 따라 불완전 신용장으로 간주한다. 신용장 유효기일은 지급, 인수 또는 매입은행에 서류가 제시될 마지막 날을 말하는 것이지 지급, 인수 또는 매입을 위한 최종일이 아니라는 것을 의미한다. 또한 신용장은 서류제시를 위한 유효기일 이외의 모든 서류가 발행된 후 며칠 이내에 지급, 인수 또는 매입을 위해 은행에 제시되어야 하는 서류제시기일을 명시해야 한다. 이러한 신용장에 서류제시기일이 명시되어 있지 않으면 상품이 선박에 선적된 날로부터 21일을 서류제시기간으로 간주하기 때문에 은행은 21일이 경과한 후에 제시되는 모든 서류를 거절한다. 신용장에 명시된 모든 서류는 신용장에 명시된 유효기일과 서류제시기일 이내에 신용장에 명시된 은행으로 제시되어야만 은행은 수리할 수 있다. 제 규정을 준수하지 못하면 신용장의 제 조건을 엄격히 이행하지 않은 것으로 간주하여 은행은 서류인수를 거부할 수 있다. 따라서 엄격이행의 원칙에는 신용장에 명시된 서류뿐만 아니라 모든 서류가 신용장에 명시된 신용장 유효기일과 서류 제시기일 내에 신용장에 명시된 장소에 제시되어야 함이 포함되어 있다.

2) 상당일치의 원칙

상당일치의 원칙이란 수익자가 제시한 서류가 신용장에 명시된 내용과 서로 상반되지 않는 한 자구하나 틀리지 않고 엄격하게 일치하지 않아도 은행은 이러한 서류를 수리할 수 있다는 것을 의미한다. 수익자가 제시한 모든 서류가 상호간에 모순이 없고 또 특정서류에 기재사항이 빠졌다 하더라도 제시된 모든 서류내용이 신용장 내용을 충족시키고 있다면 이것은 유효하게 제시된 서류로 간주한다는 것이다. 이 원칙에 따르면 신용장에 명시된 내용과 자구는 똑같지 않으나 제시된 서류상호간에 모순이 없고 또 서류상의 표기들이 전체적으로 보아 신용장의 조건을 충족시키고 있으면 일단 정당한 서류로 보고 은행은 대금결제를 해 준다는 원칙이다. 신용장에서 “Letter Credit No. 86-122-s.”를 표시한 어음을 요구하였는데 제시된 어음에는 “Letter Credit No. 86-122-5,로 기재되어 있었고 이것은 불일치가 아니라고 재판부는 인정하였다.

우리나라 대법원에서도 “서류가 신용장조건과 문언대로 엄격하게 합치하여야 한다고 하여 자구 하나 틀리지 않게 완전히 일치하여야 한다는 뜻은 아니며 자구에 약간의 차이가 있더라도 은행이 상당한 주의를 기울이면 그 차이가 경미한 것으로서 문언의 의미에 차이를 가져오는 것이 아니고 또 신용장 조건을 전혀 해하는 것이 아님을 문면상 알아차릴 수 있는 경우는 신용장조건과 합치하는 것으로 보고 있다.

따라서 상당이행의 원칙은 서류심사에 있어서 은행의 재량권을 상당히 인정하고 있으며 은행이 자유재량권을 신의성실에 입각하여 얼마나 합리적으로 행사하였는지가 서류심사의 판단기준이 되고 있다.

3) 은행의 전자무역문서 심사

(1) 엄격이행의 원칙에 따른 전자무역문서 심사의무

eUCP규칙에서는 전자무역문서 심사기준에 대해서 정확하게 명시되어 있지 않지만 UCP조항에 구현되어 있는 엄격일치주의를 적용하여 서류를 심사해야 한다. 전자신용장거래에서 가장 중요한 비중을 차지하고 있는 것은 전자무역문서이며 이 모든 전자무역문서가 전자방식으로 작성되고 정보통신망을 통해서 송부되기 때문에 정확한 서류작성이 가능하고 제시된 서류를 표준화된 전자 메시지를 통해 서류상의 차이와 사기서류를 쉽게 발견할 수 있기 때문에 전자신용장거래 당사자들의 서류심사 의무와 책임을 상당히 강화시켜야 한다.

(2) 은행의 전자무역문서 심사기준

① 전자무역문서의 정규성과 상태성

전자신용장에 명시된 내용과 제시된 전자무역문서가 일치하기 위해서는 법률적·사실적 요건을 구비하고 있어야 되며 또한 문면상으로도 정규성을 구비하고 있어야 한다. 전자무역문서는 유효하고 합법적이어야 하며, 전자무역문서는 일반적으로 동업계에 통용되는 유형이어야 하며, 전자신용장이 요구하는 전자무역문서가 제시되어야 하며, 여러 전자무역문서로 구성된 한 통의 서류들이 서로 불일치나 모순이 없어야 한다. 또한 전자서식의 내용은 전자신용장에서 요구한 내용과 일치하여야 하며 전자신용장 내용과 검토가 불가능한 전자무역문서는 전자신용장의 제 조건을 충족시키지 못한 것으로 간주한다.

② 전자무역문서의 일치성

eUCP 신용장은 전자무역문서가 제시되는 전자서식을 명시해야 하는데 eUCP신용장에서 요구하는 전자서식으로 전자무역문서를 제시해야 한다. 전자신용장에 명시된 전자서식으로 제시되지 않은 전자무역문서는 불일치한 전자무역문서로 간주한다. 전자무역문서에 전자서식이 그렇게 명시되지 않는 경우 전자무역문서는 어떤 전자서식으로 제시될 수 있다고 규정하고 있고 이것은 각 은행이 사용하고 있는 전자서식이 서로 다르기 때문에 한 은행에서는 사용 가능한 전자무역문서의 서식이라 할지라도 다른 은행에서는 호환이 되지 않는 경우가 있기 때문에 이에 대한 분쟁의 소지를 미연에 방지하기 위한 것으로 보이지만 전자제시를 위해서는 공통서식으로 전자무역문서가 제시될 필요가 있다.

은행은 모든 전자무역문서와 전자서식, 하이퍼링크 등을 상당한 주의를 기울여 그들이 전자신용장의 조건과 문면상 일치하는지 여부를 확인하기 위하여 전자무역문서 등을 검토하여야 한다. 은행은 모든 전자무역문서의 형식, 충분성, 정확성, 진정성, 위조 또는 법률의 효력에 대하여 또는 서류에 명기 또는 부기된 어떤 일반조건 및/또는 특정 조건에 대하여 하등의 책임이나 의무를 부담하지 않으며, 또한 전자무역문서에 표시된 상품의 명세, 수량, 중량, 품질상태, 포장, 인도, 가격, 실존여부에 대해서나 상품의 송하인, 운송인, 운송주선인, 수하인, 보험자, 기타 모든 관계자의 성실성 또는 행위 및 부작위, 지급능력, 이행능력, 신용상태 등에 대하여도 하등의 책임이나 의무를 부담하지 않는다고 해석하여야 한다.

③ 전자무역문서의 제시요건의 준수여부

eUCP에서는 종이서류(paper document)로 제출하는 경우와 전자무역문서(electronic records)로 제시하는 경우를 모두 인정하고 있으며 두 경우 모두 제시장소를 명시하도록 규정하고 있다. 종이서류의 경우에는 UCP에서 명시된 것처럼 물리적인 장소를 명시하면 되고 전자무역문서의 경우에는 eUCP 제 3 조 a. iii에서 규정하고 있는 것처럼 전자주소를 표기하면 된다고 규정하여 전자무역문서는 반드시 신용장에 명시된 전자주소로 제시하여야만 정당한 전자무역문서의 제시로 인정한다는 것이다.

eUCP에서는 전자무역문서가 제시되었다 하더라도 제시된 전자무역문서를 확인(identification)할 수 없으면 비록 제시되었다고 하더라도 수령하지 않은 것으로 간주한다. 이것은 종이서류와는 달리 전자신용장의 경우에는 기술적인 조작만을 통해서 전자무역문서를 위조할 수 있는 가능성이 높기 때문에 전자무역문서의 진위성을 확인할 수 없는 전자무역문서는 아예 수령되지 않은 서류로 간주하여 사실상 은행으로 하여금 검사의 의무를 면제시켜주고 있는 것이기 때문에 전자무역문서의 확인이 가능하여야 유효한 전자무역문서로 간주한다. 전자무역문서는 인증된 것이어야 하며 인증되지 않는 전자서식은 불일치한 서류로 간주한다.

eUCP에서의 서류검사 의무는 전자무역문서 자체뿐만 아니라 연관된 외부의 hyperlink의 내용까지 심사하는 것으로 확대되었다. 전자무역문서가 외부시스템에 대한 hyperlink를 포함하거나 전자무역문서가 외부시스템에 대한 참조에 의해서 검사될 수 있다는 것을 표기한 경우 hyperlink나 참조된 시스템에서의 전자무역문서는 심사되어야 하는 전자무역문서로 간주되어야 하고 그 표기된 시스템이 심사시에 요구된 전자무역문서에 대한 접속을 제공하지 못하는 것은 전자무역문서의 불일치로 간주한다. 지정은행의 전자무역문서의 제시는 전자무역문서의 명백한 진정성을 심사한 것으로 인정한다.

(3) 은행의 전자무역문서 심사의 범위

은행은 전자무역문서를 심사하는 데 있어서 전자무역문서에 포함되어 있는 hyperlink까지도 심사해야 한다. UCP에서는 은행은 수익자가 제시해야 하는 서류만을 가지고 신용장의 제 조건과 일치하는가를 심사하는 것과는 달리, 전자무역문서의 경우 전자무역문서 자체뿐만 아니라 전자무역문서에 포함되어 있는 외부의 hyperlink의 내용까지도 신용장의 제 조건과 일치하는지를 심사해야 하는 의무가 추가되었다. 즉, 이것은 전자무역문서뿐만이 아니라 전자무역문서에 포함되어 있는 hyperlink의 내용까지도 신용장의 제 서류에 포함되게 되어 이와 같은 hyperlink의 내용이 신용장의 제 조건과 일치하지 않거나 hyperlink에 접속할 수 없는 경우에는 모든 서류상의 하자로 인정하여 서류인수를 거부할 수 있다고 규정하고 있다.

(4) 전자무역문서 심사기간

신용장거래의 당사자들은 상당한 기간(reasonable) 내에 제시된 서류를 인수할 것인지 아니면 거부할 것인지 결정을 해야 한다. 여기서 상당한 기간이 얼마나 되는지 논란이 끊임없이 발생하여 UCP600에서는 상당한 기간이 5은행영업일을 의미하는 것으로 규정하였다. 따라서 매입은행, 개설은행 및 확인은행, 개설의뢰인의 서류심사기간은 서류를 접수한 다음 날을 기산일로 하여 5은행영업일 이내에 서류인수여부를 결정해야 하며 5은행영업일에 은행공휴일은 포함되지 않는 것으로 보고 있다.[9)]

한편 eUCP Article e11에 의하면 제시된 전자무역문서가 훼손된 경우에는 은행은 당해 전자무역문서를 다시 제출하도록 요청할 수 있으며 만일 재제출을 요청한 경우에는 은행의 서류검토일은 중지되고 서류제출이 다시 완료된 시점에서부터 서류검토일은 다시 시작된다고 규정하였다. 전자무역문서가 다시 제출되면 이전의 서류검토기간은 다시 제출된 서류를 검토하는 기간에 포함되어 재제출된 서류의 검토기일은 이전의 서류검토기간이 제외된 기간이 서류검토기일인지 아니면 처음부터 서류검토기일이 시작되는지 분명하지 않다.

---

9) UCP500 Article 13 b.

이와 같이 본 전자신용장통일규칙에서는 서류검토기간에 대해서 명확하게 정의를 내리지 않았기 때문에 UCP600의 제 7 조 b항이 전자신용장 거래에서의 서류검토기간에 적용되는 것으로 볼 때 서류검토기간이 너무 길다는 점을 지적하지 않을 수 없다. 수출입매매계약의 당사자들이 전자신용장 및 전자무역문서를 이용하는 주된 목적은 신용장거래에서 발생되는 비용과 업무를 단축시켜 수출입거래를 신속하게 처리하고자 함에 있다. 따라서 전자신용장거래에서 전자신용장거래의 당사자인 매입은행, 개설은행, 확인은행, 개설의뢰인이 수익자가 전자방식으로 제시한 전자무역문서를 신속하게 검토하여 동 전자무역문서의 인수여부를 가능한 한 신속하게 결정하게 함으로써 전자무역거래가 신속하게 진행될 수 있도록 하여야 할 것이다. 또한 전자신용장에서 명시한 제반서류가 전자식으로 제시될 수 있기 때문에 서류심사작업의 자동화가 가능하게 되었다. 즉 제반 서류가 전자식으로 제시됨으로써 제시된 서류가 신용장에 명시된 요건을 충족시키는지, 그리고 제시된 서류상호간에 일치되는지에 대한 검사를 자동 점검할 수 있는 프로그램을 활용함으로써 서류심사기간을 단축시킬 수 있다. 따라서 전자신용장거래에서의 전자무역문서 검토기간은 서류문서 검토기간인 5은행 영업일보다 단축된 기간을 명시할 필요가 있다.

제 3 절 eUCP

1. eUCP의 내용

UCP600이 등장함에 따라 eUCP(Version 1.0)가 eUCP(Version 1.1)로 변경되어 내용이 일부 수정되었다. eUCP는 UCP를 보충하는 규정으로써 신용장 거래에 있어 서류제시 등에 관해 전자무역문서를 사용하는 경우 이에 대한 내용을 규정하고 있다. Version 1.1은 UCP600에서 변경된 용어와 서류제서방법을 반영하기 위해서 그에 관련된 내용을 수정하였다. 전반적으로 보면 eUCP는 신용장에서 전자무역문서를 이용하여 서류를 제시할 수 있도록 하는 경우(eUCP 신용장을 사용하는 경우)에 적용되며, 그 내용은 주로 전자무역문서의 제시와 검토, 서류인수의 거절 사유 등에 관련된 내용을 규정하고 있다. 한 가지 미흡한 것은 eUCP 신용장과 관련된 서류만을 그 내용으로 하고 있지, 신용장 자체가 전자무역문서의 형식을 이용하여 발행될 수 있도록 하는 내용에 관한 규정이 전혀 없다는 것이다. 이에 대한 보완이 이루어져야 할 것으로 생각된다. 그럼 UCP와 비교하여 eUCP가 어떻게 전자무역문서에 대해 규정하고 있는지 살펴보도록 한다.

(1) eUCP의 적용범위

eUCP는 전자무역문서 또는 종이서류와 전자무역문서를 동시에 제시할 경우 이를 이용하기 위하여 기존의 UCP를 보완하는 내용으로서 전자신용장 자체의 형식에 관한 내용보다는 기존의 신용장거래에서 전자방식으로 서류를 제시할 수 있도록 허용하는 경우에[10] 적용되는 것으로 eUCP는 신용장에 eUCP가 적용된다고 기재되어 있는 경우에 UCP를 보완하여 적용된다.[11]

전자신용장거래의 당사자인 수출상과 수입상이 전자신용장에 eUCP가 적용된다고 합의하여 동 내용을 기재한 경우에 적용된다. 또한 전자신용장거래의 당사자들은 신용장에 eUCP규칙과 더불어 적용가능한 eUCP의 판(Version)을 기재해야 되고 eUCP의 판은 신용장이 발행된 시기에 효력이 있는 것이어야 하며 eUCP가 변경된 경우에는 변경된 시점에 효력이 있는 eUCP판이 적용된다.[12] 따라서 전자신용장거래 당사자들은 전자신용장을 이용하기 위해서는 발행된 신용장에 eUCP의 준거문언과 eUCP의 적용가능한 판을 기재해야만 된다

Article e1: Scope of the eUCP

a. The Supplement to the Uniform Customs and Practice for Documentary Credits for Electronic presentation("eUCP") supplements the Uniform Customs and Practice for Documentary Credits(2007 Revision ICC Publication No. 600,) ("UCP") in order to accommodate presentation of electronic records alone or in combination with paper documents.

---

10) 제e1조 a.
11) 제e1조 b.
12) 제e1조 c.

b. The eUCP shall apply as a supplement to the UCP where the Credit indicates that it is subject to eUCP.

c. This version is Version 1.1. A Credit must indicate the applicable version of the eUCP. If it does not do so, it is subject to the version in effect on the date the Credit is issued or, if made subject to eUCP by an amendment accepted by the Beneficiary, on the date of that amendment.

(2) eUCP와 UCP와의 관계

eUCP가 적용되는 신용장은 신용장에 UCP가 적용된다고 기재를 하지 않아도 UCP가 적용되며[13] eUCP와 UCP가 적용된 결과가 다른 경우에 eUCP가 우선적으로 적용된다고 규정하였다.[14] 이는 기존의 UCP가 전자무역문서 제시에 대한 내용을 수용하고 있지만 불충분하기 때문에 eUCP를 통해 불충분한 서류를 보완하고 그 적용결과가 상충되는 경우에 이에 대한 명확한 우선순위를 부여하고 있다.

eUCP신용장이 수익자가 종이서류와 전자무역문서를 선택하여 제시하도록 허용하고 수익자가 종이서류만을 제시하기로 결정한 경우 UCP만이 서류제시에 적용되며 eUCP신용장에서 단지 종이서류의 제시만 허용되는 경우 UCP만 단지 적용된다.[15]

Article e2: Relationship of the eUCP to the UCP

a. A Credit subject to the eUCP("eUCP Credit") is also subject to the UCP without express incorporation of the UCP.

b. Where the eUCP applies, its provisions shall prevail to the extent that they would produce a result different from the application of the UCP.

c. If an eUCP Credit allows the Beneficiary to choose between

---

13) 제e2조 a.
14) 제e2조 b.
15) 제e2조 c.

presentation of paper documents or electronic records and it chooses to present only paper documents, the UCP alone shall apply to that presentation. If only paper documents are permitted under an eUCP Credit, the UCP alone shall apply.

(3) 용어정의

전자신용장거래의 혼돈과 혼란을 방지하기 위하여 UCP에서 적용된 용어와 eUCP에서 적용한 용어를 명확히 구분하였다. eUCP신용장 거래에서 제시된 전자무역문서에 UCP를 적용하기 위하여 UCP에서 사용한 용어를 다음과 같이 정의하였다.16)

"문면상으로 보이는(appears on its face)" 용어는 전자무역문서에 기재된 내용을 심사할 때 적용된다고 규정하였다. 따라서 동 용어는 전자무역문서에 기재되어 있는 문언을 읽어보고 전자신용장의 조건과 일치하는지 여부를 판단하는 것으로 해석한다는 것이다. 발행된 전자무역문서에 "The vessel is below 15 years of age."라고 기재되어 있으면 이 기재된 내용이 전자신용장에서 요구한 조건과 일치하는지 여부를 심사하는 것이지 그 선박의 선령이 실제로 15년 이하인지를 확인하는 것은 아니다.

"서류(documents)"라는 용어는 전자무역문서를 포함하는 것으로 정의하고 있고 전자무역문서를 제시하기 위한 장소(place for presentation)는 전자주소(electronic address)를 의미한다고 정의하였다. 또한 서명(sigin)의 용어는 전자서명을 포함한다고 규정하였다.

서류상의 "부기된(super imposed)," "표기(notation)" 또는 "소인이 찍힌(Stamped)"의 용어는 보완적인 특성이 전자무역문서에서 명백한 자료내용을 의미한다고 규정하고 있다.

eUCP에서 사용된 용어는 다음과 같이 정의하고 있다.17) 전자무역문서(electronic record)는 전자수단에 의해서 생성되고, 만들어지고, 발송되고, 전송되고, 수취되거나 저장된 자료를 의미하며 발송자의 정확한 신원확인과 전자무역문서에 포함된 자료의 분명한 출처, 그리고 전자무역문서가 완전하고 변경되지

16) 제e3조 a.
17) 제e3조 b.

않은 상태로 있는지 등의 여부에 관하여 확인될 수 있어야 하고, eUCP신용장의 제 조건과 일치하는지 심사할 수 있어야만이 유효한 전자무역문서로 간주한다고 규정하였다.

"전자서명(electronic signature)"은 전자무역문서에 첨부되거나 이와 논리적으로 관련되고 어떠한 사람을 확인하기 위하여 그리고 전자무역문서에 어떤 사람의 확인을 나타내기 위하여 어떠한 사람에 의하여 실행되거나 채택된 자료처리를 의미한다고 정의하였다.

"서식(format)"은 전자무역문서가 표시되거나 전자무역문서가 언급된 자료의 구성을 의미하는 것으로 정하였고, "종이서류(paper document)"는 기존의 종이서식으로 된 서류를 의미하며 "수취된(received)"은 전자무역문서가 정보시스템에 의해서 받을 수 있는 서식으로 적용가능한 수취인의 정보시스템에 입력되는 시점을 의미하며 어떤 수신확인도 eUCP신용장에 의거하여 전자무역문서의 수리나 거절을 의미하지 않는다고 정의하였다.

Article e3: Definition

a. Where the following terms are used in the UCP, for the purposes of applying the UCP to an electronic record presented under an eUCP Credit, the term:

i. "appears on its face" and the like shall apply to examination of the date content of an electronic record.

ii. "document" shall include an electronic record.

iii. "place for presentation" of electronic records means an electronic address.

iv. "sign" and the like shall include an electronic signature.

v. "superimposed," "notation" or "stamped" means data content whose supplementary character is apparent in an electronic record.

b. The following terms used in the eUCP shall have the following meanings:

i. "electronic record" means

- data created, generated, sent, communicated, received, or stored by electronic means
- that is capable of being authenticated as to the apparent identity of a sender and the apparent source the data contained in it, and as to whether it has remained complete and unaltered, and
- is capable of being examined for compliance with the terms and conditions of the eUCP Credit.

ii. "electronic signature" means a data process attached to or logically associated with an electronic record and executed or adopted by a person in order to identify that person and to indicate that person's authentication of the electronic record.

iii. "format" means the data organization in which the electronic record is expressed or to which it refers.

iv. "paper document" means a document in a traditional paper form.

v. "received" means the time when an electronic record enters the information system of the applicable recipient in a form capable of being accepted by that system. Any acknowledgement of receipt does not imply acceptance or refusal of the electronic record under an eUCP Credit.

(4) 전자무역문서의 제시와 심사

① 서 식

eUCP 신용장은 전자무역문서가 제시되는 전자서식을 명시해야 하며 전자무역문서에 전자서식이 그렇게 명시되지 않는 경우 전자무역문서는 어떤 전자서식으로 제시될 수 있다고 규정하고 있다.[18] 이것은 각 은행이 사용하고 있는 전자서식이 서로 다르기 때문에 한 은행에서는 사용 가능한 전자무역문서의 서식이라 할지라도 다른 은행에서는 호환이 되지 않는 경우가 있기 때문에 이에 대한 분쟁의 소지를 미연에 방지하기 위한 것으로 보인다.

18) 제e4조.

Article e4: Format

An eUCP Credit must specify the formats in which electronic records are to be presented. If the format of the electronic record is not so specified, it may be presented in any format.

② 서류의 제시

가. 서류제시의 장소

eUCP에서는 종이서류(paper document)로 제출하는 경우와 전자무역문서(electronic records)로 제시하는 경우를 모두 인정하고 있으며 두 경우 모두 제시장소를 명시하도록 규정하고 있다. 종이서류의 경우에는 UCP에서 명시된 것처럼 물리적인 장소를 명시하면 되고 전자무역문서의 경우에는 eUCP 제 3 조 a iii에서 규정하고 있는 것처럼 전자주소를 표기하면 된다.[19)]

나. 서류제시의 완료통지

전자무역문서는 한꺼번에 제시될 필요는 없고 여러 번에 걸쳐 나누어 제시될 수 있도록 규정하고 있다.[20)] 또한 이와 관련하여 한꺼번에 제시하도록 하지 않고 수회에 걸쳐 제시할 수 있도록 함으로써 은행의 입장에서는 언제 전자무역문서의 제시가 완료되었는지에 대한 정의가 있어야 하는데 이러한 전자무역문서의 제시완료를 서류를 제시하는 당사자, 즉 수익자가 은행에 서류제시의 완료통지(the notice of completeness)를 하도록 하여 이에 대한 분쟁의 소지를 미연에 방지하도록 했다.[21)] 이러한 서류제시의 완료통지는 서면 혹은 전자무역문서를 이용하여 할 수 있다.

이와 같은 내용은 UCP와는 정반대되는 내용이다. UCP하에서는 수익자가 신용장에서 요구하고 있는 서류를 은행에 제시하는 즉시 서류제시가 완료되고 은행은 이렇게 제시된 서류를 검토하여 서류인수 혹은 거절의 의사를 통보하여야 한다. 즉, UCP하에서는 수익자가 신용장에서 요구하는 서류를 한꺼번에 제시해야지 그렇지 않은 경우에는 무조건 하자 사항이 되는 것이다. 이런 측면에 있어서 수익자의 입장에서는 paper document를 이용하는 것보다 더 융통성을 보일 수 있다. 즉, 서류제시의 완료통지를 하지 않으면 서류제시 만료일

19) 제e5조 a.
20) 제e5조 b.
21) 제e5조 c.

전에는 언제라도 은행으로부터 서류인수거절통보를 받지 않고 서류를 보완 혹은 추가할 수 있는 여유를 가질 수 있기 때문이다. 만일 수익자가 서류제시의 완료통지를 하지 않으면 서류제시가 이루어지지 않은 것으로 간주하여 부도사유가 된다.

전자신용장거래에서 전자무역문서와 종이서류가 각각 제시될 경우 전자신용장이 확인되어야 하고 전자신용장이 확인되지 않으면 서류제시가 이루어지지 않은 것으로 간주한다.22)

다. 전자무역문서의 확인(identification)

eUCP에서는 전자무역문서가 제시되었다 하더라도 제시된 전자무역문서를 확인(identification)할 수 없으면 비록 제시되었다고 하더라도 수령하지 않은 것으로 간주한다. 이것은 종이서류와는 달리 전자신용장의 경우에는 기술적인 조작만을 통해서 전자무역문서를 위조할 수 있는 가능성이 높기 때문에 전자무역문서의 진위성을 확인할 수 없는 전자무역문서는 아예 수령되지 않은 서류로 간주하여 사실상 은행으로 하여금 검사의 의무를 면제시켜주고 있는 것이다. 이와 유사하게 UCP600 제34조에서는 은행에 대해 제시된 서류의 유효성에 대한 면책을 규정하고 있다. 즉, 은행은 제시된 서류의 형식, 충분성, 정확성, 진정성, 위조 또는 법적 효력 등에 관해서 아무런 책임이 없다. 그러나 이 조항은 서류자체에 대한 효력의 문제이지 은행이 이러한 서류를 검사하지 않아도 된다는 것은 아니다. 다시 말하면 은행은 서류의 진정성 등에 대한 충분한 의심이 가지 않는 이상 제시된 서류를 검사할 의무를 진다. 즉, 종이서류의 경우에는 제시된 서류의 진위성을 의심할 만한 여지가 없고 신용장에서 요구하고 있는 조건과 일치하면 이의 인수를 거절할 수 없는 것이다. 반면에 전자신용장의 경우에는 전자무역문서에 대한 identification을 할 수 없는 경우에는 아예 전자무역문서가 수령되지 않은 것으로 간주하여 설령 은행이 이러한 전자무역문서에 대해 검사를 하지 않고 전자무역문서의 인수를 거절한다고 해도 수익자의 입장에서는 이에 대해 은행에 항변할 수 없도록 하고 있다.

22) 제e5조 d.

라. 서류제시기일 또는 유효기일의 자동 연장

만일 전자무역문서가 제시될 때에 은행이 영업을 하고 있지만, 은행의 시스템이 작동하지 않아 전자무역문서를 수령할 수 없는 경우에는 은행이 영업을 하지 않는 것으로 간주하고 은행이 전자무역문서를 수령할 수 있는 날의 첫 영업일까지 유효기일이나 서류제시기일이 자동적으로 연장된다.[23] 이 조항은 UCP600 제36조에서 규정하고 있는 불가항력 조항과 모순되는 것처럼 보인다. 즉, 제36조에서는 불가항력의 조항에 은행 내의 파업이나 직장폐쇄 등을 포함하여 이에 대한 은행의 면책을 허용하고 이 기간 동안에 신용장의 유효기일이 만료된 경우에는 신용장의 조건변경을 하지 않는 이상 유효기일이 자동 연장되지 않고 그대로 신용장이 만료되는 것이다. 이와 같은 내용을 기초로 하여 본다면, 은행의 전산시스템의 장애는 은행 내의 문제로 은행의 불가항력조항으로 포함하여 신용장의 유효기일의 자동연장을 허용하는 eUCP 제 5 조 e항은 UCP600 제36조와 모순되는 것처럼 생각될 수 있는 것이다. 그러나 UCP600 제36조는 은행의 파업이 비록 은행 내의 문제이긴 하지만, 은행의 파업은 갑작스럽게 이루어지는 것이 아니라 충분한 시간을 두고 이루어지며, 은행이 아닌 제 3 자도 인지할 수 있는 경우가 많으므로 이런 상황에서 은행의 파업 등이 예상되는 상황에서도 동 은행을 이용하겠다는 신용장 당사자의 결정에 대해서 은행에 그 책임을 부담시키는 것은 무리가 있고 이는 당연히 동 은행을 이용하겠다는 신용장 당사자에게 그 책임을 지우려는 취지인 것이다. 그러나 은행의 파업이 아니라 은행은 영업을 하고 있지만 내부의 전산시스템의 오류는 누구도 예상할 수 없는 갑작스러운 사건이기 때문에 이러한 전산시스템의 오류는 은행의 입장에서도 불가항력이 되는 것이다.

따라서 이러한 경우까지 은행을 면책시켜 주는 것, 즉 신용장의 유효기일의 연장을 인정해 주지 않는 것은 수익자에게 일방적으로 불리한 것이기 때문에 이에 대한 배려가 이루어진 것으로 보인다.

UCP 조항을 잘 살펴보면 eUCP 제 5 조 e항의 내용은 UCP의 내용과도 논리적으로 모순되지는 않는다. UCP600 제36조에서 규정하고 있는 이외의 사유로 인해 은행의 휴업일이 된 경우에는 신용장의 유효기일이 은행의 첫 영업개시일까지 자동연장된다고 규정하고 있다. 이 조항을 고려해 보면 eUCP 제 5 조

23) 제e5조.

e항은 UCP600 제29조와 모순되지 않는다. 즉, eUCP 제 5 조 e항에서는 은행이 비록 영업을 하고 있지만, 은행의 전산시스템이 오류를 보인 경우에는 은행이 영업을 하지 않는, 즉 휴업을 하는 것으로 간주한다(Bank will be deemed to be closed)고 하였다. 이것은 UCP600 제29조와 제14조에서 규정하고 있는 이외의 사유로 인한 은행의 휴업으로 간주될 수 있어서, 은행의 전산시스템의 오류로 인해 신용장의 서류제시기일이나 유효기일이 자동연장되는 것은 UCP600 제29조와 논리적으로 일치하는 것이라고 할 수 있다. 그리고 전자무역문서의 제시가 모두 이루어지고 서류제시의 완료통지만 이루어지지 않고 있는 상황에서 은행의 전산시스템이 오류를 보인 경우에는 서류제시의 완료통지를 서면으로 대체할 수 있도록 하고 있다. 이것은 eUCP상에서 전자무역문서의 제시에 대한 완료의 통지에 관한 규정을 신설함으로써 새로이 만들은 규정으로 볼 수 있다.

마. 전자무역문서의 진위증명

eUCP 제 5 조 f항에서 보면 제시된 전자무역문서의 진위확인이 안 된 경우 전자무역문서가 제시되지 않은 것으로 간주한다. 전자무역문서의 진위를 판명할 수 없는 경우에(cannot be authenticated)는 서류의 제시가 완료되지 않은 것으로 간주하여 UCP600 제34조에서 규정하고 있는 은행의 면책과 상반되는 규정으로 볼 수 있다.

Article e5: Presentation

a. An eUCP Credit allowing presentation of:

i. electronic records must state a place for presentation of the electronic records.

ii. both electronic records and paper documents must also state a place for presentation of the paper documents.

b. Electronic records may be presented separately and need not be presented at the same time.

c. If an eUCP Credit allows for presentation of one or more electronic records, the Beneficiary is responsible for providing a notice to the Bank to which presentation is made signifying when the presentation is complete. The notice of completeness may be given as an electronic record or paper document and must identify the eUCP Credit to which it relates. Presentation is deemed not to have been made if the Beneficiary's notice is not received.

d.

i. Each presentation of an electronic record and the presentation of paper documents under an eUCP Credit must identify the eUCP Credit under which it is presented.

ii. A presentation not so identified may be treated as not received.

e. If the Bank to which presentation is to be made is open but its system is unable to receive a transmitted electronic record on the stipulated expiry date and/or the last day of the period of time after the date of shipment for presentation, as the case may be, the Bank will be deemed to be closed and the date for presentation and/or the expiry date shall be extended to the first following banking day on which such Bank is able to receive an electronic record. If the only electronic record remaining to be presented is the notice of completeness, it may be given by telecommunications or by paper document and will be deemed timely, provided that it is sent before the bank is able to receive an electronic record.

f. An electronic record that cannot be authenticated is deemed not to have been presented.

(5) 서류의 검토

① hyperlink의 검토

eUCP에서의 서류검사 의무는 전자무역문서와 연관된 외부의 hyperlink의 내용까지 검사하는 것으로 확대되었다. 전자무역문서가 외부시스템에 대한 hyperlink를 포함하거나 전자무역문서가 외부시스템에 대한 참조에 의해서 검사될 수 있다는 것을 표기한 경우 hyperlink나 참조된 시스템에서의 전자무역문서는 검사되어야 하는 전자무역문서로 간주되어야 하고 그 표기된 시스템이 검사시에 요구된 전자무역문서에 대한 접속을 제공하지 못하는 것은 전자무역문서의 불일치로 간주한다.

지정은행의 전자무역문서 제시는 전자무역문서의 명백한 진정성을 검사한 것으로 인정한다. 은행은 전자무역문서를 검사하는 데 있어서 전자무역문서에 포함되어 있는 hyperlink까지도 검사해야 한다. UCP에서는 은행은 수익자가 제시해야 하는 서류만을 가지고 신용장의 제 조건과 일치하는가를 검사하는 것과는 달리, 전자무역문서의 경우 전자무역문서 자체뿐만 아니라 전자무역문서에 포함되어 있는 외부의 hyperlink의 내용까지도 신용장의 제 조건과 일치하는지를 검사해야 하는 의무가 추가되었다. 즉, 이것은 전자무역문서뿐만이 아니라 전자무역문서에 포함되어 있는 hyperlink의 내용까지도 신용장의 제 서류에 포함되게 되어 이와 같은 hyperlink의 내용이 신용장의 제 조건과 일치하지 않거나 hyperlink에 접속할 수 없는 경우에는 모든 서류상의 하자로 인정하여 서류인수를 거부할 수 있다고 규정하고 있다.

② 전자무역문서의 서식

은행은 제시되어야 하는 전자무역문서의 서식을 명시해야 한다. 개설은행 또는 확인은행은 전자신용장에서 명시된 전자서식에 따라 발행된 전자무역문서를 검사해야 할 의무가 있으며 만약 이 전자서식이 명시되지 않은 경우에 제시된 전자무역문서의 서식대로 서류를 검사해야 하며 제시된 서식으로는 검사할 수 없는 경우라고 하더라도 서류인수를 거절할 사유가 되지 못한다.24)

Article e6: Examination

a. If an electronic record contains a hyperlink to an external system or presentation indicates that the electronic record may be examined by reference to an external system, the electronic record at the hyperlink or the referenced system shall be deemed to be the electronic record to be examined. The failure of the indicated system to provide access to the required electronic record at the time of examination shall constitute a discrepancy.

---

24) 제6e조 c.

b. The forwarding of electronic records by a nominated bank pursuant to its nomination signifies that it has checked the apparent authenticity of electronic records.

c. The inability of the issuing bank, or confirming bank, if any, to examine an electronic record in a format required by the eUCP Credit or, if no format is required, to examine it in the format presented is not a basis for refusal.

③ 서류인수의 거절

서류검토를 위한 기간은 수익자로부터 서류제시 완료통지를 받은 날로부터 다음 은행영업일에 시작되고 서류제시 또는 완료통지를 위한 기간이 연장되는 경우 서류검토기간은 제시가 이루어져야 하는 은행이 서류제시 완료통지를 받을 수 있는 첫 번째 은행영업일에 시작된다.25)

서류인수를 거절한 은행은 서류인수의 거절을 통보받은 당사자로부터 서류인수의 거절을 통보한지 30일(30 calenda days)이 지난 후에도 당해 서류의 처분에 대한 통지가 없는 경우에 은행은 아무런 책임 없이 당해 전자무역문서를 임의대로 처분할 수 있다.26) 이 조항은 UCP와 매우 다른 것으로 UCP600 제16조 e항 iii에서는 은행이 서류의 인수를 거절하는 경우에 이를 서류제시자에게 통보하고 해당 당사자로부터 당해 서류의 처분에 대한 지시를 기다려야 한다는 내용을 규정하고 있지만 일정한 기간을 정한 후에 이러한 기간이 지난 후에 은행이 아무런 책임 없이 서류를 임의대로 처분할 수 있다는 내용은 규정하고 있지 않다. 이것은 수익자가 제시한 전자무역문서가 무역정보처리시스템에서 일정량의 용량을 차지하게 되기 때문에 많은 전자신용장과 전자서류를 취급하는 은행의 입장에서 과다한 전자무역문서를 자신의 전산시스템에 보관하고 있는 것은 무역정보처리시스템에 과부하를 줄 수 있다는 우려에서 동 조항이 만들어진 것으로 볼 수 있다.

25) 제e7조 a.
26) 제e7조 b.

Article e7: Notice of Refusal

a.

i. The time period for the examination of documents commences on the banking day following the banking day on which the beneficiary's notice of completeness is received.

ii. If the time for presentation of documents or the notice of completeness is extended, the time for the examination of documents commences on the first following banking day on which the bank to which presentation is to be made is able to receive the notice of completeness.

b. If an issuing bank, the confirming bank, if any, or a nominated bank acting on its nomination, provides a notice of refusal of a presentation which includes electronic records and does not receive instructions from the party to which notice of refusal is given within 30 calendar days from the date the notice of refusal is given for the disposition of the electronic records, the bank shall return any paper documents not preciously returned to the presenter but may dispose of the electronic records in any manner deemed appropriate without any responsibility.

(6) 원본과 사본

eUCP에서는 전자신용장에 원본과 사본을 모두 복본으로 제시하도록 명시되어 있더라도 하나의 전자무역문서 원본만을 제시하면 된다고 규정하고 있다.[27] 종이서류로 신용장 거래가 이루어지는 경우에는 원본서류와 사본서류를 명확하게 구분하고 원본 또는 사본을 복본으로 요구하는 경우에는 신용장의 조건에 일치하게 원본 또는 사본의 통수를 제시해야 한다. UCP600 제17조 a항과 d항에서 복본의 서류를 요구하고 있는 신용장의 경우에는 원본 1부와 나머지를 사본으로 제시함으로써 충족된다고 규정하고 있다. 즉, 규정된 수만큼의 복본을 제시해야 신용장의 조건을 충족하게 되지만 eUCP하에서는 비록 복본의 서류를

27) 제e8조.

요구하고 있다고 하더라도 한 통의 전자무역문서 원본만을 제시하면 신용장의 제 조건을 충족시킨다고 규정하고 있다.

이는 eUCP상에서 전자서류로 서류 거래가 이루어지는 경우라면 원본과 사본의 구별을 하지 않고 동일하게 취급한다는 것을 추정할 수 있다. UCP600 제17조 d항에서는 원본서류와 사본서류를 규정하고 있지 않고, 또한 원본과 사본의 구별이 없음을 볼 때 원본 전자무역문서가 사본 전자무역문서의 역할까지도 겸하고 있다고 볼 것이다. 이는 전자무역문서의 특성상 전자무역문서의 복사가 용이하다는 점을 감안하여 원본이 사본까지 대체할 수 있다고 규정한 것처럼 보인다.

Article e8: Originals and Copies

Any requirement of the UCP or an eUCP Credit for presentation of one or more originals or copies of an electronic record is satisfied by the presentation of one electronic record.

(7) 서류발행일과 선적일

전자무역문서에 있어서 전자무역문서에 당해 서류의 발행일이 명시되어 있지 않은 경우에는 전자무역문서의 발송일을 전자무역문서의 발행일로 간주하며 수취일자는 다른 일자가 명시되지 않은 경우 서류의 발송일로 한다고 규정하고 있다.[28)]

Article e9: Date of Issuance

Unless an electronic record contains a specific date of issuance, the date on which it appears to have been sent by the issuer is deemed to be the date it was sent if no other date is apparent.

운송을 입증하는 전자운송서류에 선적 또는 적송일자가 명시되지 않은 경우 전자무역문서의 발행일을 선적 또는 적송일로 간주한다고 규정하고 있다.[29)]

---

28) 제e9조.
29) 제e10조.

또한 전자무역문서에 별도의 선적 또는 적송일자를 증명하는 부기일자가 있는 경우 이러한 부기일자를 선적 또는 적송일로 간주하며 부기일자에 추가 기재된 내용은 별도로 서명이나 확인이 필요 없다고 규정하였다. 여기서 부기된 일자는 수취식 선하증권의 경우에는 반드시 화물이 실제로 본선에 적재된 날짜를 부기하고 이렇게 부기된 일자를 선적일로 간주하도록 규정하고 있는데 이와 같은 규정을 전자운송서류에도 동일하게 적용하고 있는 것으로 보인다.

Article e10: Transport

If an electronic record evidencing transport does not indicate a date of shipment or dispatch, the date of issuance of the electronic record will be deemed to be the date of shipment or dispatch. However, if the electronic record bears a notation that evidences the date of shipment or dispatch, the date of the notation will be deemed to be the date of shipment or dispatch. A notation showing additional data content need not be separately signed or otherwise authenticated.

(8) eUCP에 따라 전자무역문서 제시를 위한 책임의 추가적인 면책

전자무역문서의 외견상 진정성을 검사함으로써 은행은 전자무역문서의 수취, 진정성 그리고 확인을 위해 상업적으로 수용할 수 있는 자료처리를 사용함으로써 수취한 전자서류에 명확히 명시된 경우를 제외하고 발송자의 신원, 정보의 출처, 그 완전성과 무변조성에 대한 책임을 부담하지 않는다고 규정하고 있다.30)

(9) 전자무역문서의 훼손

이 조항은 UCP에서는 없는 조항으로 제시된 전자무역문서가 훼손된 경우에 은행이 취할 조치에 대해서 규정한 내용이다.

① 전자무역문서 재제시의 요구

개설은행이나 확인은행 또는 다른 지정된 은행이 제시된 전자무역문서가

30) 제e12조.

훼손된 경우에는 해당은행은 서류제시자에게 당해 전자무역문서의 재제시를 요구할 수 있다(may request)고 규정하고 있다.[31]

② 서류 재제시시 서류검사기일의 연장

eUCP 제12조 a항에 의해 은행이 전자무역무서의 재제시를 요구한 경우에는 서류검사기일의 시작일이 전자무역문서가 다시 제시된 일자가 된다. 이러한 경우 확인은행이 아닌 지정은행(Nominated Bank)인 경우에는 반드시 이러한 사실을 개설은행과 확인은행(확인은행이 있는 경우)에 통지해야 한다. 또한 전자무역문서의 재제시를 요구하였으나 당해 전자무역문서가 30일(30 calenda days)이 지나도 재제시되지 않는 경우에는 전자무역문서가 이루어지지 않은 것으로 간주된다. 어떠한 경우에는 제 마감일 등은 연장되지 않는다.

UCP600 제14조 b항에서는 은행의 서류검사기일을 5영업일로 제한하고 있으며, 동 기일 내에 은행은 서류검사를 완료해야 하며 5영업일 이내에 서류인수 혹은 서류인수 거절의 통지를 완료해야 한다. 그런데 UCP상에서는 수익자가 제시된 서류가 은행에 접수된 다음 날로부터 서류검사일자가 시작되며 서류의 훼손의 사유로 은행의 서류검사를 중지하고 다시 제시를 요구할 수 없으며, 이런 경우에는 당연히 서류상의 하자로 인정하여 은행은 당해 서류제시자에게 서류인수를 거절할 수 있을 것이다.

그러나 eUCP 제11조에 의하면 만일 제시된 전자무역문서가 훼손된 경우에는 은행은 당해 전자무역문서를 다시 제시하도록 요청할 수 있으며, 만일 전자무역문서의 재제시를 요청한 경우에는 은행의 전자무역문서의 검사는 중지되고 서류제시가 다시 완료된 시점에서부터 서류검사는 다시 시작된다. 그러나 어떠한 경우에도 신용장의 조건을 변경하지 않는 이상 신용장과 관련된 전자무역문서의 제시기일이 연장되는 것은 아니다.

Article e11: Corruption of an Electronic Record after Presentation

a. If an electronic record that has been received by the issuing bank, confirming bank or another nominated bank appears to have been corrupted, the bank may inform the presenter and may request that the electronic record be re-presented.

---

31) 제e12조 a.

b. If the bank requests that an electronic record be represented:

i. the time for examination is suspended and resumes when the presenter re-presents the electronic record; and

ii. if the nominated bank is not the confirming Bank, it must provide the issuing bank and any confirming bank with notice of the request for representation and inform it of the suspension; but

iii. if the same electronic record is not re-presented within thirty(30) calendar days, the bank may treat the electronic record as not presented, and

iv. any deadlines are not extended.

Article e12: Additional Disclaimer of Liability for Presentation of Electronic Records under eUCP

By satisfying itself as to the apparent authenticity of an electronic record, Banks assume no liability for the identity of the sender, source of the information, or its complete and unaltered character other than that which is apparent in the electronic record received by the use of a commercially acceptable data process for the receipt, authentication, and identification of electronic records.

2. eUCP의 보완사항

1) 서류심사에 관한 보완사항

(1) 서류심사기간

신용장거래의 당사자들은 상당한 기간(reasonable) 내에 제시된 서류를 인수할 것인지 아니면 거부할 것인지 결정을 해야 한다. 여기서 상당한 기간이 얼마나 되는지 논란이 끈임 없이 발생하여 제 6 차 개정에서 상당한 기간은 5은행영업일을 의미하는 것으로 규정하였다. 따라서 매입은행, 개설은행 및 확인은행, 개설의뢰인의 서류심사기간은 서류를 접수한 다음 날을 기산일로 하여 5은행영업일 이내에 서류인수여부를 결정해야 하며 5은행영업일에 은행공휴일은 포함되지 않는 것으로 보고 있다.

A nominated bank acting on its nomination, a confirming bank, if any, and the issuing bank shall each have a maximum of five banking days following the day of presentation to determine if a presentation is complying. This period does not depend on any upcoming expiry date or last day for presentation.

eUCP규칙 제11조에서 제시된 전자무역문서가 훼손된 경우에는 은행은 당해 전자무역문서를 다시 제시하도록 요청할 수 있으며 만일 재제시를 요청한 경우에는 은행의 전자무역문서의 검사는 중지되고 전자무역문서가 다시 완료된 시점에서부터 전자무역문서의 검사는 다시 시작된다고 규정하였다. 전자무역문서가 다시 제시되면 이전의 서류검사기간은 다시 제시된 전자무역문서를 검토하는 기간에 포함되어 재제시된 전자무역문서의 검토기일은 이전의 서류검토기간이 제외된 기간이 서류검토기일인지 아니면 처음부터 서류검토기일이 시작되는지 분명하지 않다.

이와 같이 본 전자신용장통일규칙에서는 서류검사기간에 대해서 명확하게 정의를 내리지 않았기 때문에 UCP600의 제14조 b항이 전자신용장 거래에서의 서류검사기간에 적용되는 것으로 볼 때 서류검토기간이 너무 길다는 점을 지적하지 않을 수 없다. 수출입매매계약의 당사자들이 전자신용장을 이용하는 주된 목적은 신용장거래에서 발생되는 비용과 업무를 단축시켜 수출입거래를 신속하게 처리하고자 함에 있다.

따라서 전자신용장거래에서 전자신용장거래의 당사자인 매입은행, 개설은행, 확인은행, 개설의뢰인이 수익자가 전자방식으로 제시한 전자무역문서를 신속하게 검사하여 동 전자무역문서를 인수할 것인지 아니면 거부할 것인지 빨리 결정해야 전자무역거래가 신속하게 진행될 수 있다.

또한 전자신용장에서 명시한 제반서류가 전자식으로 제시되기 때문에 서류심사작업의 자동화가 가능하다. 즉 제반서류가 전자식으로 제시됨으로써 제시된 서류가 신용장에 명시된 요건을 충족시키는지, 제시된 서류가 서로 상호간에 일치되는지에 대한 검사를 자동 점검할 수 있는 프로그램으로 검사하기 때문에 서류심사기간을 단축시킬 수 있다. 전자신용장거래에서의 전자무역문서 심사기간을 종이서류 검사기간인 5은행영업일보다 단축된 기간을 명시할 필요가 있다.

(2) 전자무역문서의 검사범위와 심사기준

eUCP에서의 서류검사 의무는 전자무역문서 자체뿐만 아니라 전자무역문서와 연관된 외부의 hyperlink의 내용까지 검사하는 것으로 확대되었다. 전자무역문서가 외부시스템에 대한 hyperlink를 포함하거나 전자무역문서가 외부시스템에 대한 참조에 의해서 검사될 수 있다는 것을 표기한 경우 hyperlink나 참조된 시스템에서의 전자무역문서는 검사되어야 하는 전자무역문서로 간주되어야 하고 그 표기된 시스템이 검사기에 요구된 전자무역문서에 대한 접속을 제공하지 못하는 것은 전자무역문서의 불일치로 간주한다.

은행은 전자무역문서를 검토하는 데 있어서 전자무역문서 내에 포함되어 있는 하이퍼링크(hyperlink)까지도 검토해야 한다. UCP에서는 은행은 수익자가 제출한 서류만을 갖고 신용장의 제 조건과 일치하는가를 검토하는 것과는 달리 전자무역문서의 경우 전자무역문서 자체뿐만 아니라 전자무역문서에 포함되어 있는 외부의 하이퍼링크의 내용까지도 신용장의 제 조건과 일치하는지를 검토해야 하는 의무가 추가되었다. 즉 이것은 전자무역문서뿐만이 아니라 전자무역문서에 포함되어 있는 하이퍼링크의 내용까지도 신용장에서 요구한 서류에 포함되어 이와 같은 하이퍼링크의 내용이 신용장의 제 조건과 일치하지 않거나 하이퍼링크에 접속할 수 없는 경우에는 모두 서류상의 하자로 인정하여 서류인수를 거부할 수 있다고 규정하였고 동 규정은 UCP에는 없는 조항으로 전자무역문서의 제출과 관련된 내용을 규정하면서 새로이 생겨난 조항이다.

신용장거래는 상품의 거래가 아니라 서류상의 거래이다. 따라서 신용장거래의 당사자들은 제시된 서류가 신용장의 제 조건과 일치하는지 상당한 주의를 기울여 검사해야 한다. 제시된 서류가 문면상 신용장의 제 조건과 일치하는지 심사기준에는 엄격일치주의(strict compliance)와 실질적 일치주의(substantial compliance)가 있으나 구체적으로 어느 범위까지를 의미하는지 그 기준이 명확하게 제시되지 못하였기 때문에 이러한 모호한 점을 해소하기 위하여 제5차

개정에서는 국제표준은행관행(international standard banking practice)을 서류심사기준으로 따라야 하도록 규정하였다. 제시된 서류가 상호 일치하지 않으면 결국 신용장조건대로 제시되지 않은 것으로 간주하도록 되어 있다. 엄격일치주의는 제시된 서류가 신용장에서 명시된 내용과 자구 하나까지도 정확히 일치해야 된다는 것이고 반면에 실질적 일치주의는 제시된 서류가 신용장에서 요구한 내용과 표기는 다르지만 제시된 서류 상호간에 모순이 없고 기재된 내용들이 전체적으로 신용장의 제 조건을 충족시키고 있으면 일단 정당한 서류로 보고 신용장거래의 당사자들은 서류를 인수해야 한다는 것을 의미하는 것으로 심사은행의 재량권을 인정하고 있다.

신용장통일규칙은 엄격일치주의를 반영하여[32] 제출된 서류가 개별로는 신용장 내용과 일치하나 서류상호간에 모순이 있으면 이것은 신용장의 조건에 부합되지 않은 것으로 간주하여 은행이 이러한 서류의 인수를 거절할 수 있다. 은행은 신용장에서 요구한 서류들만 심사하면 되고 신용장에서 요구하지 않은 서류가 제시되면 이러한 서류를 심사하지 않고 수익자에게 돌려주거나 책임 없이 타 은행으로 발송하여 신용장에서 명시된 서류와 명시되지 않은 서류간의 불일치에 대한 문제에 대해서 무시하기로 하였다.

eUCP규칙에서는 전자무역문서 심사기준에 대해서 정확하게 명시되어 있지 않지만 UCP조항에 구현되어 있는 엄격일치주의를 적용하여 서류를 심사해야 한다. 전자신용장거래에서 가장 중요한 비중을 차지하고 있는 것은 전자무역문서이며 이 모든 전자무역문서가 전자방식으로 작성되고 정보통신망을 통해서 송부되기 때문에 정확한 전자무역문서의 작성이 가능하고 제시된 전자무역문서를 표준화된 전자 메시지를 통해 전자무역문서상의 차이와 사기서류를 쉽게 발견할 수 있기 때문에 전자신용장거래 당사자들의 전자무역문서의 검사 의무와 책임을 상당히 강화시켜야 한다. 따라서 전자신용장거래의 당사자들은 엄격일치주의에 따라 제시된 전자무역문서를 심사해야 되며 심사은행에게 전자무역문서 심사의 재량권을 인정해서는 안 된다.

32)UCP 제37조 c.

2) 규정상의 보완사항

(1) 전자신용장의 형식

eUCP는 UCP를 보충하는 규정으로써 신용장거래에 있어 서류제시 등에 관해 전자무역문서를 사용하는 경우 이에 대한 내용을 규정하고 있는 것으로 신용장거래에서 전자무역문서를 이용하여 전자무역문서를 제시하는 경우에 적용되며 동 규칙은 주로 전자무역문서의 제시와 검토, 전자무역문서 인수의 거절 사유에 관련된 내용을 규정하고 있다.

신용장의 형식은 국제적으로 통일된 양식이 없기 때문에 서로 다른 양식으로 만들어진 신용장이 사용되어 왔다. 이러한 신용장은 신용장의 개설은행의 거래관습에 따라 다양하게 발행되었으나 전자신용장거래에서는 전자신용장을 국제적으로 규격화시켜 동일한 신용장을 사용할 수 있도록 전자신용장통일규칙에서 전자신용장의 형식을 제시해야 한다. 전자신용장의 형식이 국제적으로 규격화됨에 따라 전자신용장의 내용을 자동으로 검사할 수 있는 검사프로그램의 도입이 가능하다. 따라서 전자신용장통일규칙에서는 신용장 자체가 국제적으로 규격화된 전자무역문서의 형식을 이용하여 발행될 수 있도록 하는 내용에 관한 규정이 전혀 없기 때문에 이에 대한 보완이 이루어져야 한다.

(2) eUCP 제 4 조

eUCP 제 4 조에서 전자신용장은 전자무역문서가 제시된 전자서식을 명시해야 한다고 규정하였다.[33] 여기서 "must specify"는 강제규정으로써 반드시 이행해야 된다고 보아야 한다. 그러나 전자무역문서의 전자서식이 명시되지 않으면 어떠한 전자서식으로도 제시될 수 있다고 규정되어[34] eUCP 제 4 조에서는 상호 모순되는 규정이 포함되어 있는 것처럼 보인다. "may be presented는 강제규정이 아니라 선택사항으로 해석되어야 한다. 따라서 "must specify"와 may be presented는 상호 모순된 내용으로 볼 수 있다.

---

33) An eUCP Credit must specify the formats in which electronic records are to be presented.

34) If the format of the electronic record is not so specified, it may be presented in any format.

(3) eUCP 제11조 a항

개설은행, 확인은행 또는 다른 지정은행이 접수한 전자무역문서가 훼손된 것으로 나타났을 경우 해당은행은 서류제시자에게 전자무역문서의 훼손을 알릴 수 있고 전자무역문서의 재제시를 요구할 수 있다고 규정하였다.[35] "may inform, may request"는 은행의 강제규정이 아니라 선택사항으로 볼 수 있다. 따라서 제시된 전자무역문서가 훼손되었다면 은행은 전자무역문서의 재제시를 반드시 요구해야 된다고 "must inform, must request"로 규정하고 있지 않아서 제시된 전자무역문서가 훼손되었을 경우 은행이 전자무역문서의 재제시를 요구하지 않았다면 이것은 누가 책임을 부담해야 되는지 명확하지 않다. 따라서 관련은행들이 조금만 주의를 기울이면 이러한 전자무역문서상의 하자를 쉽게 찾을 수 있기 때문에 전자무역문서의 훼손을 수출상에게 통지하게 함으로써 전자수출거래를 활성화시킬 수 있도록 규정을 보다 명확하게 정의할 필요가 있다. 또한 전자무역문서 훼손의 범위를 정확하게 명시하여야 한다.

(4) eUCP 제11조 b항

전자무역문서가 훼손된 경우 동 서류가 30일 이내에 동일한 전자무역문서가 재제시되지 않을 경우 은행은 전자무역문서가 제시되지 않은 것으로 처리하고 어떠한 최종기일도 연장되지 않는다고 규정하였다.[36] 본 조항에 의하면 은행의 서류검사기간은 서류제시가 다시 완료된 기일에 시작되지만 어떠한 최종기한은 연장되지 않는다고 명시하여 은행의 서류검사기간을 산정하는 기산일을 명시하였다. 신용장의 유효기일과 서류 제시기일은 연장되지 않기 때문에 훼손된 전자무역문서는 반드시 신용장의 유효기일과 서류제시 기일 내에 재제시되어야 되며 동 기일 내에 제시된 전자무역문서를 은행이 검사할 경우 은행의 서류검사기간은 재제시된 서류를 접수한 날부터 서류검사기간은 시작된다는 것이다. 즉 신용장의 유효기일과 서류제시기일 내에 훼손된 전자무역문서가 전자신

35) If an electronic record that has been received by the Issuing Bank, Confirming Bank, or another Nominated Bank appears to have been corrupted, the Bank may inform the presenter and may request that the electronic record be re-presented.

36) If the same electronic record is not re presented within thirty(30) calender days, the Bank may treat the electronic record as not presented, and. iv. any deadlines are not extended.

용장에 명시된 제시장소에 재제시되어야만 은행의 서류검토기일이 연장된다. 이러한 동 규정에 비추어 볼 때 서류의 재제시기간을 30일로 규정한 것은 불합리한 규정으로 볼 수 있다. 신용장의 유효기일과 서류제시기일이 경과한 후에 제시된 전자무역문서는 은행은 검토할 의무가 없으며 동 기일을 경과하여 제시된 전자무역문서는 신용장거래에서 무효로 간주한다. 즉 은행은 신용장유효기일과 서류제시기일 내에 제시된 전자무역문서에 대해서 검토할 의무가 있다. 따라서 30일로 규정된 서류의 재제시기간을 신용장유효기일과 서류제시기일로 변경해야 한다.

제 8 장

전자거래제의 전자무역문서 및 수출계약서 작성

제 1 절 전자거래제의 전자무역문서
제 2 절 전자조회 전자무역문서
제 3 절 전자오퍼 전자무역문서
제 4 절 수출보험청약 전자무역문서
제 5 절 수출계약 전자무역문서

인터넷 시장조사를 통하여 신규 거래선이 선정되면 자기의 회사와 상품을 소개하는 전자무역문서를 전송하여 거래를 제의한다. 거래제의서를 전송하여 수출계약을 체결할 때까지 필요한 전자무역문서를 살펴보고 전자무역문서를 작성하는 방법을 습득하여 전자무역문서를 직접 작성하는 실습을 통하여 전자무역실무능력을 향상시킨다.

제 1 절 전자거래제의 전자무역문서

1. 전자거래제의 전자무역문서의 정의와 작성방법

인터넷 해외시장조사를 통해 장차 거래관계를 맺을 수 있는 거래선이 결정되면 자기 회사와 상품을 소개하는 전자무역문서를 전송하여 거래를 제의하는 것이 전자거래제의 전자무역문서이다.

항상 받는 사람의 입장에서 거래제의서를 작성하여야 한다. 모르는 사람으로부터 메일을 받으면 "내 메일 번호를 어떻게 알았을까?"라는 생각이 먼저 든다. 따라서 메일 내용을 작성할 때 제목은 제품명 또는 메일발송 목적을 표기하여 전송된 내용이 스팸으로 처리되지 않도록 하고, 상대방을 어떻게 알았는지의 경위, 제품의 특성과 차별성, 거래조건, 신용조회처, 성명과 직책 등을 포함시켜 간결·명확하게 작성하여야 한다.

첨부파일로 보내는 거래제의서는 회사개요, 거래제의 목적, 전송목적, 상세한 제품 설명이 포함된 내용으로 A4 한 장 내지 두 장 정도로 작성한다. 추상적인 단어의 사용을 피하여 내용이 간결·명확하게 전달될 수 있도록 하고 각국의 인터넷 환경을 고려하여 이미지 그림을 사용하며 상세한 내용은 홈페이지나 전자카탈로그를 방문하도록 유도한다.

2. 전자거래제의 전자무역문서의 작성방법과 실습

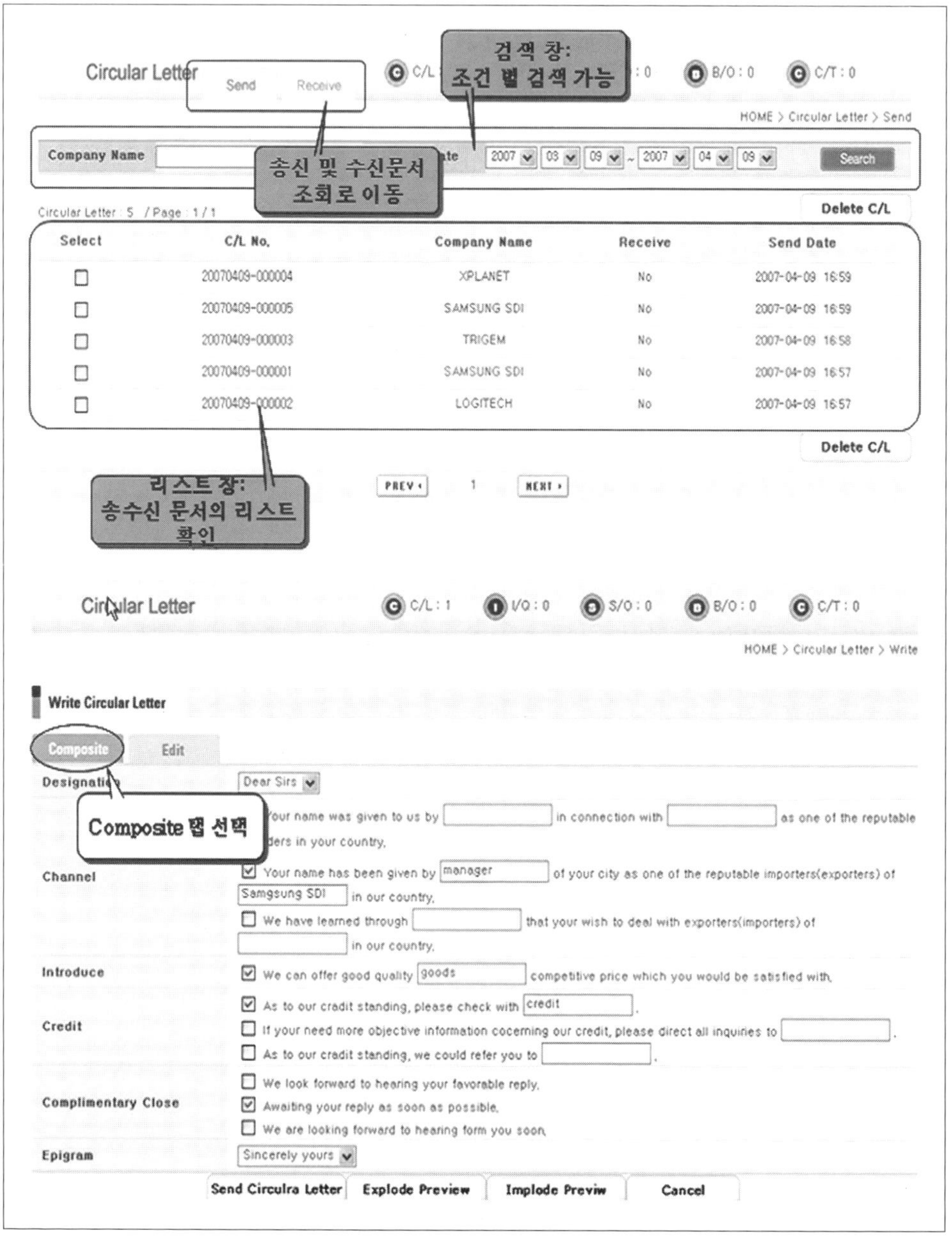

① Designation: 거래상대방의 호칭을 기재한다.

② Channel: 거래제의서를 전송하게 된 경위 및 거래상대방을 알게 된 경위를 기재한다.

③ Introduce: 자기 회사 소개를 간략하게 한다.

④ Credit: 자기 회사의 신용조회처를 기재한다.

⑤ Complimentary: 거래제의서 맺음말을 기재한다.

⑥ Epigram: 거래제의서 덧붙임 글을 간략히 기재한다.

제 2 절 전자조회 전자무역문서

1. 전자조회 전자무역문서

해외의 수출상이 전송한 거래제의 전자무역문서에 관심이 있어 물품을 구매하고 싶은 수입상은 가격, 공급능력, 선적시기, 결제방법 등에 대해서 수출상에게 문의를 한다. 거래제의 전자무역문서를 수신한 자가 전자무역문서에 기재된 물품에 관심이 있거나 물품을 구매할 의사가 있을 때, 이에 대해서 전자무역문서로 문의하는 것을 전자조회라 한다. 따라서 전자조회는 수입상이 최초로 물품의 구매와 관련하여 전자무역문서로 자기의 의사를 나타내는 것이라 할 수 있다.

전자조회를 할 때에는 가격표(price list), 오퍼 또는 견본 등을 동시에 요청하는 경우가 많다. 전자조회를 전송한 상대방은 앞으로 거래관계를 맺을 수 있는 거래선이기 때문에 성의를 갖고 신속하게 최선을 다해 대응하여야 한다. 전자조회에서 견본을 요청한 경우 견본금액과 운송비용의 부담여부를 문의하고 상대방이 견본금액과 운송비용을 부담한다고 하면 거래가 성사될 가능성이 높은 바이어로 볼 수 있다. 전자회신을 받으면 전송한 국가, 메일계정, 제품내역, 신용조사를 통하여 상대방의 신뢰도를 판단하여야 한다. 필요한 양의 소량 샘플만 요구, 샘플의 사양을 구체적으로 명시, 샘플의 용도를 명시, 샘플비용을 송장으로 명시, 특송비의 부담 등의 전자조회를 전송한 상대방은 구매의사가 있는 바이어로 판단할 수 있다.

2. 전자조회 전자무역문서의 작성방법과 실습

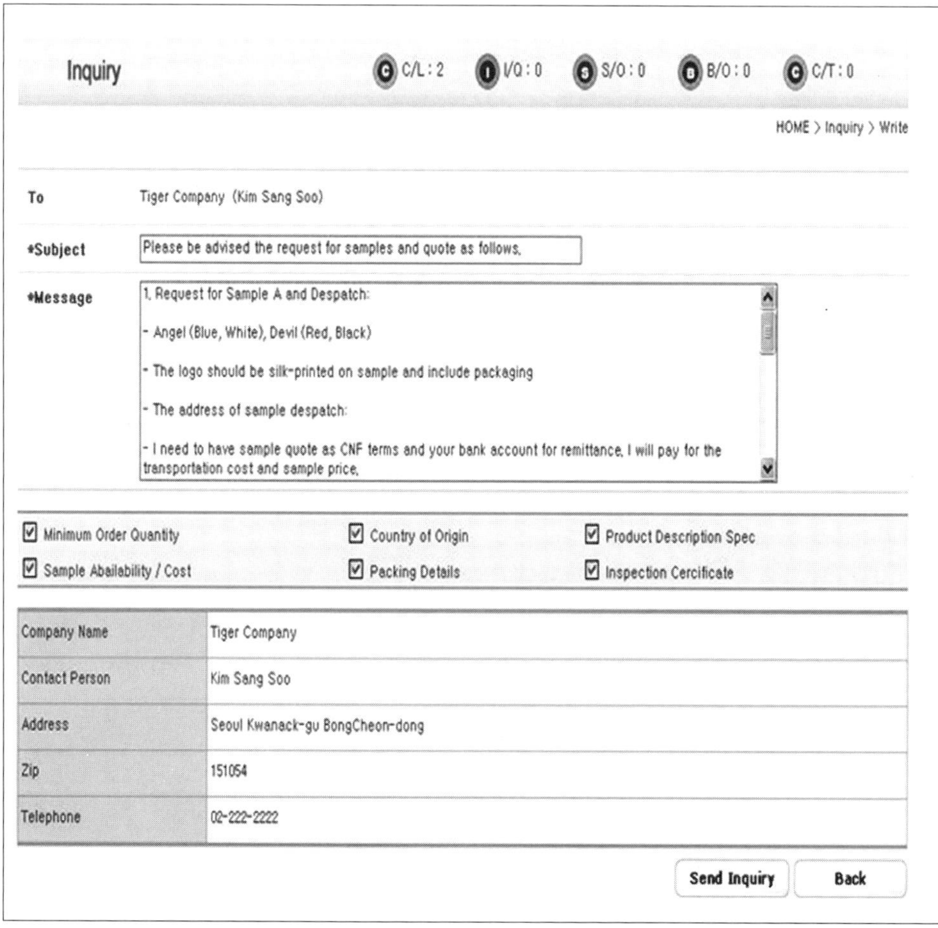

① To: 수출상의 회사 영문상호 및 영문 대표자명을 기재한다.

② Subject: Inquiry를 보내게 된 목적을 기재한다.

③ Message: 상품매매에 대한 제반사항을 기재한다.

④ Minimum Order Quantity: 상품매매에 대한 최소 수량 정보를 필요시 선택한다.

⑤ Country of Origin: 원산지 정보를 필요시 선택한다.

⑥ Product Description Spec: 상품사양 정보를 필요시 선택한다.

⑦ Sample Abailability Cost: 샘플정보를 필요시 선택한다.

⑧ Packing Details: 포장명세서 정보를 필요시 선택한다.

제 3 절 전자오퍼 전자무역문서

1. 전자오퍼 전자무역문서

수출상의 전자조회 무역문서에 기재된 내용에 대해서 수입상이 관심을 가지고 구체적인 거래조건을 문의해 오면 수출상은 대부분 전자오퍼(Electronic offer)를 발행한다. 전자오퍼는 전자청약자(Electronic offerer)가 전자피청약자(Electronic offeree)와 일정한 조건으로 무역계약을 체결하고 싶다는 전자적 의사표시를 말한다. 즉 수출상이 수입상에게 특정 물품을 일정한 조건으로 판매하겠다는 전자적 의사표시 또는 반대로 수입상이 수출상에게 일정한 조건으로 물품을 구매하고 싶다고 전자적으로 의사표시하는 것을 전자오퍼라 한다.

2. 전자오퍼 전자무역문서의 작성방법과 실습

전자오퍼는 매매조건을 구체적으로 제시하는 것이기 때문에 특정 상품의 매매와 관련되는 모든 사항이 전자오퍼에 기재된다. 일반적인 무역거래에서 전자오퍼에 품명(Commodity Name), 규격(Grade or Specification), 수량(Quantity), 단가(Unit Price), 원산지(Origin), 포장방법(Packing Method), 대금결제방법(Payment Condition), 보험(Insurance), 선적일자(Shipdate), 발행일자(Offer Date), 유효기간(Validity), 주의사항(Remarks) 등이 기재된다.

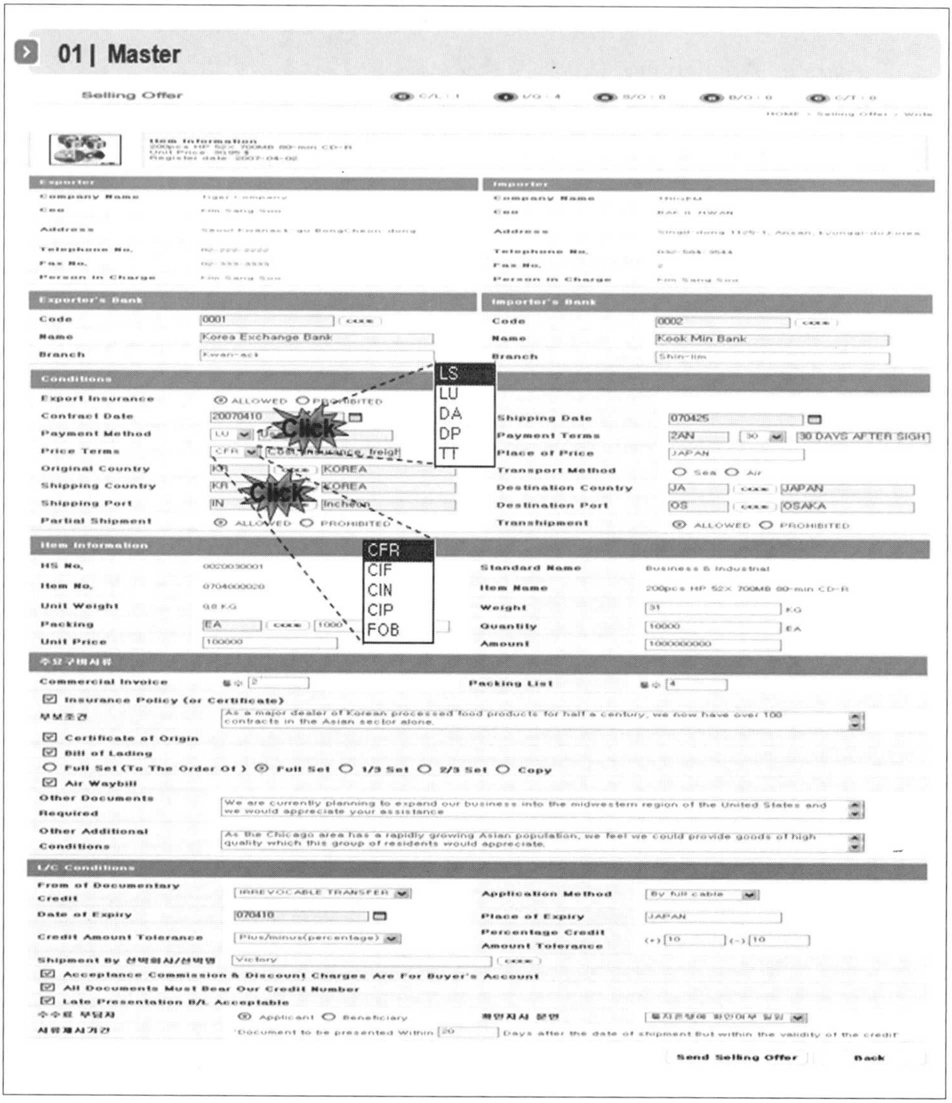

제 4 절 수출보험청약 전자무역문서

1. 수출보험의 정의

수출보험은 수출거래상에게 수반되는 여러 가지 수출위험 중에서 해상보험 등 통상의 보험제도로서 담보될 수 없는 위험을 담보한다. 즉 수입국에서의 전쟁, 내란, 환거래의 제한 및 금지 등의 예상위험과 수출계약 상대방의 파산 또는 대금지급과 지연 및 거절 등의 신용위험으로 인하여 수출업자, 생산업자 또는 수출자금을 융자해 준 금융기관이 입게 되는 손실을 보상해 줌으로써 수출진흥을 도모하도록 만들어진 비영리 정책보험이다.

일반적으로 수출기업이 수출거래에서 직면하게 될 수출위험은 상품을 운송하는 과정에서 발생할 수 있는 위험과 수출대금을 결제하는 과정에서 발생하는 위험으로 나누어진다. 전자는 수출상품을 운송하는 선박의 침몰, 화재, 해상고유의 위험으로 인해 수출물품이 멸실, 손상되는 것으로 이에 대한 위험은 통상적으로 해상보험을 통해 담보될 수 있다.

후자는 수출물품을 안전하게 인수한 수입기업이 수출대금을 결제하지 않을 때 발생한다. 또한 수출계약에 따라 수출기업이 수출상품을 생산하였으나 수입기업 또는 수입국 사정으로 수출이 불가능하게 되어 발생한다. 이러한 위험은 전적으로 수출기업이 부담하게 된다. 신용위험과 비상위험은 측정이 불가능하고 불확실하며 위험 단위간 독립성이 낮아 동시다발적인 성격을 갖고 있고 손실강도가 매우 크기 때문에 일반 민영보험으로 담보하기가 어려워 대부분의 국가에서는 공영보험으로 담보된다.

2. 수출보험청약 전자무역문서의 작성방법과 실습

수출보험은 정부가 최종적으로 보상을 책임지는 비영리 정책보험이므로 수출보험의 보험자는 정부이다. 우리나라도 수출보험사업에서 보험사고로 인하여 보험금을 지급함으로써 막대한 손실이 발생할 경우에는 정부에서 이를 보전하도록 되어 있다. 현재 수출보험업무는 한국수출보험공사를 통해 이루어지며 지식경제부가 감독권을 행사하고 있다.

수출보험계약자는 보험종목에 따라 수출업자, 금융기관, 해외건설업자, 해외투자자 등이 되며 수출보험청약 전자무역문서를 작성하여 한국수출보험공사에 전송하고 한국수출보험공사는 수출보험청약 전자무역문서에 기재된 내용을 심사하고 신용등급을 결정하여 수출보험청약의 승낙 또는 거부를 결정하게 된다. 수출보험계약자는 수출보험청약 전자무역문서에 기재할 내용을 정확하게 기재하고 허위로 기재하여서는 아니 된다. 한국수출보험공사는 수입상의 신용등급에 따라 결정된 수출보험 승낙 또는 거부를 나타내는 수출보험결과 통지서를 전자무역문서로 수출보험계약자에게 전송한다.

1) 입력화면 및 설명

(1) 기본정보

▣ 항목 설명

- 수신자 ID: 해당 수출보험청약신청서를 EDI로 전송할 경우 수신받는 해당 기관(한국수출보험공사)을 조회하여 선택한다.
- 신청일자: 해당 수출보험청약신청서 신청일자를 입력한다.
- 청약인 정보: 시스템에 등록된 수출자(자사) 정보의 코드, 상호, 대표자명, 주소가 기본값으로 표현된다.
- 수입자 정보
  - 해당 제품의 수입자를 조회하여 선택한다. 선택시 코드, 상호, 대표자명, 주소가 표현된다.
  - 수입자의 소재국 코드를 조회하여 선택한다. 대행수입 무신용장거래인

경우 명의상 수입자의 소재국가 코드를 선택한다.

- 은행 및 지급보증인 정보
  - 해당 건이 L/C 혹은 지급보증이 있는 경우에 은행 혹은 지급보증인을 선택한 후, 해당 정보를 입력한다.
  - 일반 L/C 및 STANDBY L/C인 경우 개설은행, L/G인 경우 발급은행, CONFIRMED L/C인 경우 확인은행, 관계회사 지급보증인 경우 해당 관계회사를 입력한다.

(2) 보험정보

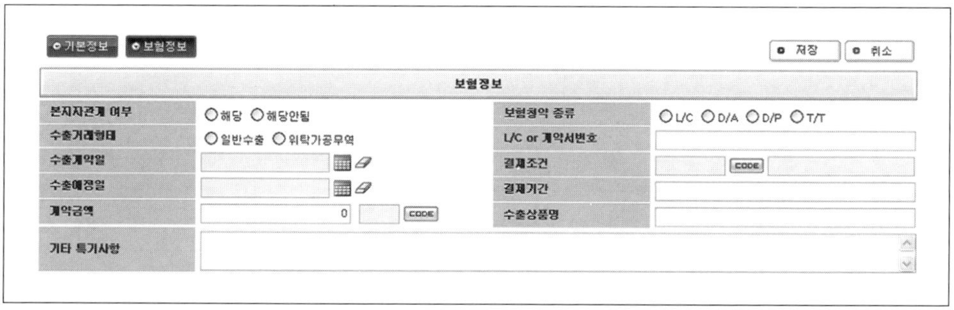

▣ 항목 설명

- 본지사 관계여부: 무신용장 거래에 있어서 수입자와 수출자와의 관계가 본지사 관계인지를 판단할 수 있는 항목으로 본지사 관계 해당(비상위험) 혹은 해당 안 됨을 선택한다.
- 보험청약 종류: 해당 보험의 수출계약 형태를 선택한다.
- 수출거래 형태: 국내에서 생산·가공하여 수출하는 경우에는 '일반수출', 국내기업의 해외현지법인이 생산·가공한 물품 또는 해외에 위탁하여 가공한 물품을 수출하는 경우에는 '위탁가공무역'을 선택한다.
- LC 또는 계약서 번호: 해당 보험의 계약조건에 따라 L/C인 경우에는 L/C번호를, 그 외인 경우에는 계약서 번호를 입력한다.
- 수출계약일: 해당 보험 제품의 수출 계약일자를 입력한다.
- 수출예정일: 해당 보험 제품의 선적 예정일자를 입력한다.
- 결제조건: 해당 보험 제품이 L/C인 경우 결제조건을 입력한다.

- **결제기간**: 해당 보험 제품의 결제 기간을 숫자 5자리로 입력한다(예, 90days의 경우 '00090')
- **계약금액**: 해당 보험 제품의 수출 계약금액을 입력하고, 통화단위를 조회하여 선택한다.
- **기타 특기사항**: 기타 보험청약시 필요한 사항들을 입력한다.

2) 출력서식

단기수출보험(선적전 - 일반수출 및 위탁가공) 청약서

한국수출보험공사 귀중 2009-03-05

단기수출보험(선적전) 약관을 충분히 숙지하고 다음과 같이 청약합니다.

청약인 (수출자)	상 호 : 동국대3 주 소 : 서울 중구 필동1가 550 대표자 : 동국대3 (인)
	담당자 성명 : Lee 전화번호 : 02-949-3949

1. 수입자 관련사항

상 호	(주)드림무역	대표자	Will Smith
주 소	115 FREEDOM COURT ROCKWALL TEXAS 75032		
소재국	US 미국		
수출자와 수입자의 관계가 약관 제3조 2항의 본지사 관계에 해당하는지 여부		해당없음	

2. L/C 또는 지급보증 관련사항 (L/C 또는 지급보증이 있는 경우에만 기재)

종 류	L/C			
개설은행 또는 지급보증인	상 호	㈜한국외환은행	대표자	리처드 웨커
	주 소	서울특별시 중구 을지로 2가 181		
	소재국	KR 한국		

3. 수출계약 관련사항

수출거래 형태[1]	일반수출	L/C 또는 계약서 번호	APP700-039
계약금액	USD 5000000.0	수출계약일	2009-03-02
결제조건[2]	2AA At Sight L/C	수출예정일	2009-03-07
수출상품명	FLATRON L1720B Plus		

1) 국내에서 생산.가공하여 수출하는 경우에는 '일반수출'로, 국내기업의 해외현지법인이 생산.가공한 물품 또는 해외에 위탁하여 가공한 물품을 수출하는 경우에는 '위탁가공'으로 기재하여 주시기 바랍니다.

2) 'D/A 30Days After Sight'와 같이 구체적으로 기재하여 주시기 바랍니다.

4. 기타 특기사항[3]

3) 최근 수입자의 신용상태 악화 등, 수출보험 인수에 영향을 미치는 사항이 있는 경우 반드시 기재하여 주시기 바랍니다.

※ 첨부서류 : 수출거래실적 증명서 (전년도 또는 최근 1년간 거래실적이 있는 경우에만 첨부)

※ 청약서는 수출계약 체결일로부터 10영업일 이내에 제출하여 주시기 바랍니다.

제5절 수출계약 전자무역문서

1. 문서설명

전자청약과 전자승낙을 거쳐 최종적으로 수출계약이 전자무역문서로 체결된다. 전자청약에 기재된 내용에 대해 피청약자가 승낙을 하게 되면 수출계약이 체결되어 수출계약서가 전자무역문서로 생성되어 출력화면을 누르면 생성된 수출계약 전자무역문서가 종이문서로 출력된다.

2. 조회화면

3) 출력화면

01 | Master

Contract C/L : 1 I/O : 4 S/O : 0 B/O : 4 C/T : 0

HOME > Contract > View

Item Information
200pcs HP 52X 700MB 80-min CD-R
Unit Price: 31.0 USD($)
Register date: 2007-04-02

Exporter		Importer	
Company Name	Tiger Company	Company Name	TRIGEM
Ceo	Kim Sang Soo	Ceo	BAK IL HWAN
Address	Seoul Kwanack-gu BongCheon-dong	Address	Singil-dong 1125-1, Ansan, kyunggi-do,Korea
Telephone No.	02-222-2222	Telephone No.	032-584-3544
Fax No.	02-333-3333	Fax No.	2
Person in Charge	Kim Sang Soo	Person in Charge	Kim Sang Soo

Exporter's Bank		Importer's Bank	
Code	0001	Code	0002
Name	Korea Exchange Bank	Name	Kook Min Bank
Branch	Kwan-ack	Branch	Shin-lim

Conditions			
Contract Date	2007-04-10	Shipping Date	07-04-25
Payment Method	LU Usance L/C	Payment Terms	Usance L/C
Price Terms	Cost, insurance, freight to named destination	Place of Price	JAPAN
Original Country	KOREA	Transport Method	
Shipping Country	KOREA	Destination Country	JAPAN
Shipping Port	Incheon	Destination Port	OSAKA
Partial Shipment	ALLOWED	Transhipment	ALLOWED

Item Information			
HS No.	0020030001	Standard Name	Business & Industrial
Item No.	0704000020	Item Name	200pcs HP 52X 700MB 80-min CD-R
Unit Weight	0.8 KG	Weight	31.0 KG
Packing	1000.0 EA	Quantity	10000.0 EA
Unit Price	100000.0 $	Amount	1000000.0 $

주요구비서류			
Commercial Invoice	2 통	Packing List	4 통
Insurance Policy (or Certificate)			
부보조건	As a major dealer of Korean processed food products for half a century, we now have over 100 contracts in the Asian sector alone.		
Certificate of Origin			
Bill of Lading			
Full Set			
Air Waybill			
Other Documents Required	We are currently planning to expand our business into the midwestern region of the United States and we would appreciate your assistance		
Other Additional Conditions	As the Chicago area has a rapidly growing Asian population, we feel we could provide goods.		

L/C Conditions			
From of Documentary Credit	IRREVOCABLE TRANSFER	Application Method	By full cable
Date of Expiry	07-04-10	Place of Expiry	JAPAN
Credit Amount Tolerance	Plus/minus(percentage)	Percentage Credit Amount Tolerance	(+) 10 ~ (-) 10
Shipment By 선박회사/선박명 Victory			
Acceptance Commission & Discount Charges Are For Buyer's Account			
All Documents Must Bear Our Credit Number			
Late Presentation B/L Acceptable			
수수료 부담자	Applicant	확인지시 문언	통지은행에 확인여부 일임
서류제시기간	"Document to be presented Within 20 Days after the date of shipment But within the validity of the credit"		

Back

02 | Local

Contract C/L : 1 I/Q : 4 S/O : 0 B/O : 4 C/T : 0

HOME > Contract > View

Item Information
SyncMaster 950NF
Register date: 2007-02-27

Exporter		Importer	
Company Name	삼성SDI	Company Name	타이거 컴퍼니
Ceo	김순택	Ceo	김상수
Address	서울특별시 중구 태평로 2가 150 삼성생명빌딩	Address	서울 관악구 봉천4동
Telephone No.	02-727-3100	Telephone No.	02-222-2222
Fax No.	2	Fax No.	02-333-3333
Person in Charge	김상수	Person in Charge	김상수

Exporter's Bank		Importer's Bank	
Code	0001	Code	0002
Name	외환은행	Name	국민은행
Branch	관악점	Branch	신림점

Conditions			
Contract Date	2007-04-10	Delivery Date	07-04-30
Payment Method	내국신용장	Partial Shipment	ALLOWED

Item Information			
HS No.	0060030001	Standard Name	Computers & Networking
Item No.	0702000005	Item Name	SyncMaster 950NF
Unit Weight	3.0 KG	Weight	3.8 KG
Packing	1000.0 EA	Quantity	100000.0 EA
Unit Price	10000.0	Amount	1000000.0

Main Document & Effective Date			
Effective Date	07-04-12	Receipt Certificate	2 통수
Vatbil	2 통수	Commercial Invoice	5 통수
Locapp Copy	1 통수	Domofor	1 통수
Document Period	"Document to be presented Within 20 Days after the date of shipment But within the validity of the credit"		
Other Documents Required	As the Chicago area has a rapidly growing Asian population, we feel we could provide goods of high quality		

Back

제 9 장

수출입승인 전자무역문서

제 1 절 수입승인신청서
제 2 절 신용장개설신청서
제 3 절 신용장 통지
제 4 절 수출승인신청서
제 5 절 전략물자포괄 수출허가신청서

무역은 한 나라의 경제발전에 많은 영향을 미치기 때문에 대부분의 국가들은 대외무역을 관리하고 있다. 특정 국가와의 수출입이나 특정 물품의 수출입을 금지하고, 수출입을 할 수 있는 자에 대해서 일정한 자격을 요구하거나 개별 수출입거래에 대해서 별도의 수출입승인을 받도록 하여 대외무역을 관리하고 있다. 정부의 수출입승인에 대한 전자무역문서를 살펴보고 작성실습을 통해 무역실무능력을 향상시킨다.

제1절 수입승인신청서

1. 수입승인의 개요

수출입공고란 개별적인 수출 또는 수입물품에 대하여 수출·수입이 제한되는지의 여부와 이에 따른 추천 또는 확인사항 등을 지식경제부장관이 종합적으로 정리하여 공고하는 것을 말한다.

지식경제부장관은 필요하다고 인정하는 경우에는 수출입 승인대상 물품의 품목별 수량·금액·규격 및 수출 또는 수입지역 등을 한정할 수 있다. 그리고 지식경제부장관은 수출 또는 수입의 제한 및 절차를 정한 경우에는 이를 공고해야 한다.

수출입공고에는 승인대상품목을 게기한다. 따라서 수출입공고상의 수출승인대상품목과 수입승인대상품목으로 게기되지 않은 품목은 원칙적으로 수출입자유화 품목이다. 승인대상품목을 수출입하려면 동 공고상의 품목별 수출입요령에 따라 수출입승인을 받아야 한다. 그리고 수출승인대상품목 또는 수입승인대상품목의 수출 또는 수입요령에서 정하는 승인기관의 장 또는 관련단체의 장은 사전에 지식경제부장관과 합의(승인)하여 승인요령을 공고하여야 한다.

2. 업무흐름도

수입자가 수입승인신청서 문서를 작성하여 수입승인을 해 주는 관련 협회, 단체, 조합 등의 수입승인기관에 송신하면 관련기관은 수입승인서를 발급해 준다.

그림 9-1 수입승인신청 업무흐름도

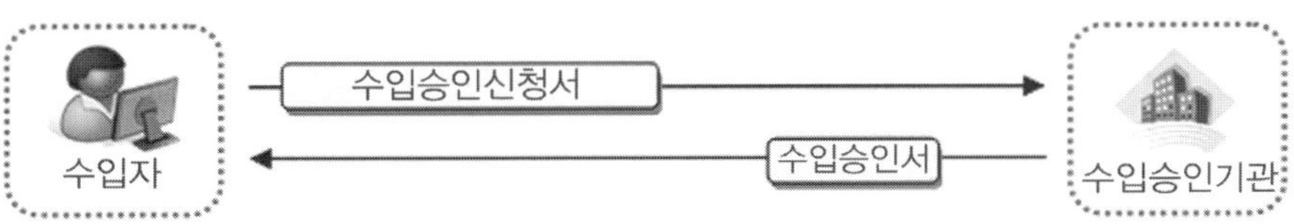

3. 입력화면 및 설명

1) 공통사항

■ **항목 설명**

- 수신자 ID: 해당 수입승인신청서를 EDI로 전송할 경우 수신받는 해당 기관(승인기관)을 조회하여 선택한다.
- 수입자 정보
  - 수입자의 상호, 무역허가번호, 대표자명, 주소를 입력한다.
  - 수입자는 무역업고유번호를 반드시 받은자라야 한다.
  - 수입자 정보는 회원가입시 등록된 기본값으로 표현(자동등록)된다.
- 위탁업체 정보
  - 위탁업체 상호, 사업자번호, 대표자명, 주소를 코드값을 이용하여 입력한다.
  - 무역업고유번호를 받은 자라도 특수한 제품이나 특정한 거래로서 전문적인 지식과 경험이 있는 자에게 대행시키는 것이 유리할 경우에는 대행을 위탁할 수 있다.

- **수출자 정보**: 수출자의 상호, 대표자명, 주소를 코드값을 이용하여 입력한다.
- **결제기간**: 신용장 및 계약서상에 언급된 결제기간을 코드값을 이용하여 입력한다.
- **결제금액**: 신용장 및 계약서상에 언급된 결제금액을 입력하고 코드값을 이용하여 통화단위를 선택한다.
- **인도조건 및 인도장소**: 해당 수출건에 대한 인도조건을 코드값을 이용하여 입력한다.

  ※ 영어로 Incoterms라고 하며, Incoterms는 무역거래 계약에 있어서 화물거래의 일시 및 장소, 위험의 이전, 소유권의 이전, 운송계약 및 운임의 지급, 보험계약 및 보험료지급, 통관절차 및 관세지급, 기타의 경비부담에 대하여 매도인 및 매수인이 어떻게 부담하는가를 국제적으로 통일한 규칙이다.
- **원산지국가코드 및 국가명**
  - 당해 수입물품의 원산지 정보를 입력한다.
  - 원산지국가코드를 이용하여 국가코드와 국가명을 입력한다.
- **선적국가 및 선적항**: 수입물품의 선적국가 및 선정항 정보를 코드값을 이용하여 입력한다.
- **총수량**: 물품내역의 총 합계수량을 입력한다(자동계산 항목).
- **총금액**: 물품내역의 총 합계금액을 입력한다(자동계산 항목).

2) 물품내역

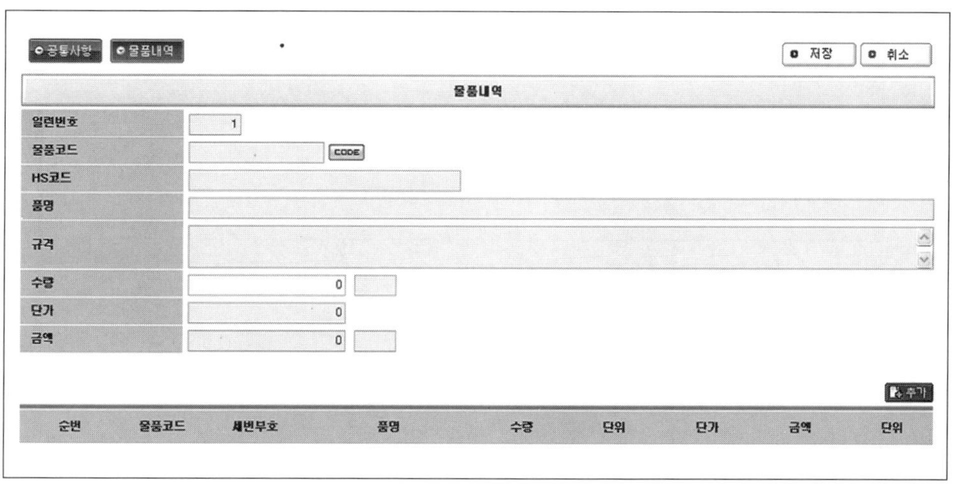

▣ 항목 설명

• 제품코드

- 해당 물품의 제품코드 HS부호, 품명, 규격, 수량, 단가, 금액을 입력한다.
- 제품코드를 이용하여 물품내역 정보를 입력하며 수량을 넣으면 금액은 자동계산 된다(수량×단가=금액).

4. 출력서식

수입승인(요건확인)(신청)서
Import License(Application)

(1) 수입자(Importer) :
상호 : 동국대4
대표자명 : 동국대4
주소 : 서울 강남구 대치동 40
무역업신고번호 : 10987253

(2) 위탁자(Requester) :
상호 : (주)ABC Mart (HongKong)
대표자명 : Linda Hilphi
주소 : House88 Cedam Drive 18 Pak Pat SHAN Rd Red hill
사업자등록번호 : 448-71-02985

(3) 수출자(Exporter) :
상호 : (주)드림무역
대표자명 : Will Smith
주소 : 115 FREEDOM COURT ROCKWALL TEXAS 75032

(4) 결제기간(Period of Payment) : 2AB Usance
(5) 결제금액(Total Amount) : USD 452,449

(6) 인도조건(Terms of Payment) : EXW Ex works(...named place)
(7) 인도장소 : ABC Mart Warehouse

세번부호	품명	규격	수량	단가	금액
0000.00-0029	NIKE AIR MAX 360 SHOES	US Size: 12 Width: Medium (D, M) Type: Athletic Condition: New	5,000 EA	89.99 USD	449,950
0000.00-0048	Paul Brodie Saxophone	Genre: Classical	100 EA	24.99 USD	2,499
합계			5,100		452,449

(8) 원산지 : JP 일본
(9) 선적항(Port of dispatch) : HKVIC VICTORIA

위의 신청사항을 대외무역법 제14조 제2항 및 동법시행령 제26조 제1항의 규정에 의하여 승인합니다.
(위의 신청사항을 통합 공고에 의한 관련규정에 의하여 요건확인 합니다.)

제 2 절 신용장개설신청서

1. 신용장개설

수입상은 수출입매매계약에서 대금지급방법을 신용장으로 하기로 약정한 경우 약정된 기간 내에 약정된 신용장을 수출상 앞으로 개설해야 한다. 수입상은 수출입매매계약에서 합의한 종류의 신용장을 약정된 기간 내에 수출상 앞으로 개설해야 된다. 이와 같이 수입상의 신용장개설은 수출상 입장에서 보면 수출입매매계약을 이행하기 위한 선행조건이 된다. 수입상은 통상 자기 주거래 은행에 신용장의 개설을 신청하게 된다. 신용장개설신청서를 받은 은행은 신용장 개설 신청서에 기재된 대로 신용장을 발행해야 한다. 개설은행은 신용장을 임의로 발행하는 것이 아니고 반드시 수입상의 지시와 요청에 따라 신용장을 발행한다. 발행된 신용장이 수입상의 지시와 요청에 반한 경우 모든 책임은 개설은행에게 있다. 따라서 신용장개설신청서는 개설은행이 수입상의 지시와 요청을 잘 준수하였는지 근거 자료가 된다. 또한 신용장개설신청서의 기재사항은 매매계약서에서 약정한 내용과 동일해야 한다. 왜냐하면 수출입매매계약서에서 수출입상이 약정한 내용과 다른 신용장이 개설될 수 있기 때문이다.

2. 입력화면 및 설명

1) 개설의뢰업체 정보

▣ 항목 설명

- 수신자 ID: 해당 수입신용장개설신청서를 EDI로 전송할 경우 수신받는 해당 기관(개설은행)을 조회하여 선택한다.
- 개설의뢰인 정보
  - 수출입매매계약서에서 명시된 수입자의 상호, 대표자명, 주소, 전화번호 등을 입력하며 상호를 입력할 때는 가급적 약자는 사용하지 않는 것이 좋다. 개설의뢰인은 수입자, Applicant 등으로도 표시된다.
  - 개설의뢰인에 대한 정보는 회원가입시 등록된 기본값으로 표현(자동등록)된다.
- 수익자 정보: 수출입매매계약서에서 명시된 수익자의 상호, 주소, 계좌번호 등을 입력하며 상호를 입력할 때에는 가급적 약자는 사용하지 않는 것이 좋다. 수익자는 수출자, Beneficiary 등으로도 표시된다.
- 명의인 정보
  - 통상 개설의뢰인과 동일한 정보를 입력하지만 틀릴 경우 명의인 정보를 입력한다.
  - 명의인에 대한 정보는 개설의뢰인의 정보와 동일한 내용이 표현(자동등록)된다.
- 개설은행 정보
  - 개설은행과 관련된 은행명, 은행지점명, 전화번호를 입력한다.
  - 개설은행 정보는 은행코드 값을 선택하여 입력한다.
- 통지은행 정보
  - 통지은행과 관련된 은행명, 은행지점명을 입력한다.
  - 통지은행 정보는 은행코드 값을 선택하여 입력한다.

2) 신용장개설 정보

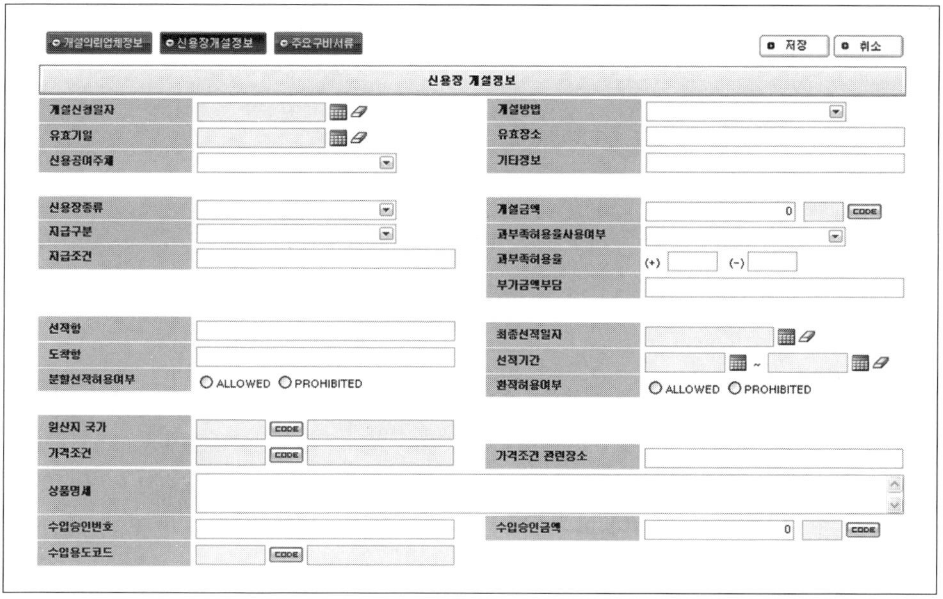

▣ 항목 설명

- 개설 신청일자: 신용장을 개설(open)하는 신청일자를 입력한다.
- 개설방법
  - 신용장 개설방법을 By air mail, By full cable, By short cable 중에서 선택하여 입력한다.
  - 신용장의 개설방법은 선적기일, 시황, 자금사정 등을 고려하여 우편에 의한 개설(mail credit)과 전신에 의한 개설(cable credit)의 두 가지 방법이 있으며 전신에 의한 개설은 전문통지방식(full cable)과 사전통지방식(short cable)으로 나뉜다.
  - 우편에 의한 개설은 "By Air Mail"값을 선택한다.
  - 전신(전문통지)에 의한 개설은 "By Full Cable"값을 선택한다.
  - 전신(사전통지)에 의한 개설은 "By Short Cable"값을 선택한다.
- 유효기일: 신용장 개설 후 유효한 기일을 입력한다. 수익자가 매입은행 또는 지급은행에 대하여 어음의 지급·인수 또는 매입을 요구하기 위하

여 서류를 제시하여야 할 최종 유효기일을 말하며 수출입매매계약에 명시된 신용장 유효기일을 입력해야 하고 신용장 유효기일은 개설은행이 보증하는 기간을 의미하므로 유효기간을 완전하게 입력해야 한다. 신용장을 사용할 수 있는 기한(환어음을 네고할 수 있는 기한)으로 보통 선적기일에 21일을 더하여 정한다. 이 유효기일에 따라 은행에서 Term Charge가 발생되니 너무 오래 주면 수수료가 많이 나온다는 점을 주의해야 한다.

- 신용공여주체
  - 기한부신용장의 신용공여에 대한 주체를 입력한다. usance 신용장인 경우에 그 자금부담과 이자를 누가 내느냐에 따라서 종류가 나누어진다.
    - ·국내 개설은행에 의한 신용공여를 할 때에는 "Banker's"값을 선택한다.
    - ·해외 수출업자에 의한 신용공여를 할 때에는 "Shipper's"값을 선택한다.
    - ·국내 수입업자에 의한 신용공여를 할 때에는 "Domestic"값을 선택한다.
- 기타 정보: 신용장거래에서 특별히 필요한 사항과 요구조건을 입력한다. 즉, 운송서류의 발송 지시사항, 선하증권의 특별입력사항, 신용장의 양도조건과 내용 등을 입력하면 된다.
- 신용장 종류
  - 신용장의 종류를 선택하여 입력한다. 통상 취소불능화환신용장(Irrevocable L/C)을 많이 선택하나 양도가능의 여부와 보증을 위해 발행되는 경우에는 취소불능양도가능화환신용장(Irrevocable transfer L/C) 혹은 취소불능양도가능보증신용장(Irrevocable Transfer standby L/C)을 선택하여 입력한다.
    - ·신용장에 Revocable이라는 문구가 있으면 취소가능신용장이 되나, 아무표시가 없거나 Irrevocable이라는 문구가 있으면 취소불능신용장으로 취급한다. 취소불능신용장인 경우에는 기본 관계당사자 전원의 서면합의가 없으면 조건변경 및 취소를 할 수 없으며, 취소가능신용장인 경우 취소권의 행사는 매입은행의 매입통지가 개설은행에 도착할 때까지만 가능하다.
    - ·신용장상에 transferable이라는 문구가 있는 경우에 한하여 양도가 가능하고, 양도는 1회에 한하여 가능하며 분할선적이 가능한 경우에만

분할양도가 가능하다.

· 신용장상에 Standby라는 문구가 있는 경우는 무화환신용장(Clean L/C)의 일종으로 상품의 대금결제를 목적으로 하는 화환신용장이 아니고 주로 금융이나 보증을 위해 발행되는 특수한 신용장이다. 보증신용장은 주로 현지금융을 보증하거나 국제입찰시 계약보증금, 이행보증금 등이 도달할 때 이용된다.

- **개설금액**: 본 신용장의 총 금액을 거래통화단위(USD, EUR, JPY, CNY 등)와 금액을 숫자로 입력한다.
- **지급구분 및 지급조건**
  - 대금지급에 대한 구분방법과 내용을 입력한다.
    - · 화환어음조건은 결제조건으로서 화환어음에 의한 결제를 가리키는 경우와 화환어음 그 자체의 조건을 가리키는 경우가 있다. 후자의 경우에는 어음의 만기일, 어음금액, 첨부서류의 종류, 신용장 첨부의 유무, 신용장이 첨부되는 경우에는 신용장의 종류나 발행은행, 신용장이 첨부되지 않은 경우에는 D/A로 하느냐 D/P로 하느냐 등이 이 조건에 포함된다.
    - · 혼합지급조건은 선지급, 동시지급, 후지급 중 2가지 이상을 혼합한 결제방식으로 Progressive Payment(누진지급조건)가 대표적인 혼합방식이며 중장기연불 수출입방식 플랜트, 조선 등 대형거래에 쓰여진다.
    - · 연지급조건은 지정된 연지급은행에 서류를 제시하면 연지금은행은 서류심사 후 수익자에게 지급확약서를 발급해 주고 만기에 지급을 이행하는 방식
- **과부족허용률 사용여부 및 허용률**: 신용장 총액에서 벗어날 수 있는 허용치 등을 표시하며 선적물품의 정확한 금액 산정이 불가능할 경우(예, 벌크화물-곡류 등) 사용한다. 과부족허용률 사용여부 항목에서 Plus/Minus 코드를 선택하였을 경우, 허용률 항목에 ± 형태로 입력하며, Not exceeding 코드는 최대신용장금액을 명기하였을 경우에 사용한다.
- **부가금액 부담**: 운임(Freight Costs), 검사비(Inspection Costs), 보험료(Insurance Costs), 이자(Interest) 등이 추가 부가된 경우, 해당 추가 부담항목 및 금액이 발생하였을 경우 입력한다.

- 선적 및 도착항
  - 선적항 및 도착항을 평문형태로 입력한다.
  - 수입승인서에 표시된 도착항과 일치하여야 한다. 승인서상의 선적항이 European Ports 등으로 표시되어 있을 경우에는 London port 또는 Hamburg 등으로 I/L 범위 내에서 지명으로 표시할 수 있다.
- 선적일자 및 선적기간
  - 선적일자와 선적기간을 입력한다.
  - 선적기간이란 그 신용장에 의해 거래되는 화물의 최종 유효선적기일을 말한다.
  - 선적기간을 정함에 있어 지정된 선적일자에 From, To가 사용된 경우는 해당일이 포함되고, After, Before가 사용된 경우는 해당일이 포함되지 않는다. 그리고 On or About라는 용어가 지정일자와 함께 표시된 경우에는 ±5일 이내의 기간(끝 날짜 포함)을 선적일자로 본다.
- 분할선적 허용여부
  - 분할선적에 대한 허용여부를 허용(allowed), 금지(prohibited) 중에서 선택하여 입력한다.
  - 분할선적 금지(prohibited)의 경우, 나누어 선적해도 안 되지만 과부족 허욜률에서 인정하는 범위 ±~%를 벗어나면 분할선적으로 인정되므로 주의해야 한다.
  - 분할선적에 대해 신용장에 표시가 없으면 분할선적을 허용하는 것으로 간주하게 되므로 분할선적이 곤란한 거래에서는 반드시 금지한다는 내용을 신용장상에 포함시켜야 한다.
  - 분할선적을 허용할 때에는 "ALLOWED"값을 선택한다.
  - 분할선적을 금지할 경우에는 "PROHIBITED"값을 선택한다.
- 환적 허용여부
  - 환적에 대한 허용여부를 허용(allowed), 금지(prohibited) 중에서 선택하여 입력한다.
  - 환적이란 운송수단을 바꾸거나 배를 바꾸는 것을 말하며 직항노선이 없거나 배, 기차, 트럭 등을 섞어서 운송해야 할 상황이 아니면 운송수단을 바꾼다는 것은 분실 혹인 망실의 위험이 높기 때문에 조심해

야 된다.

· 환적을 허용할 때에는 "ALLOWED"값을 선택한다.

· 환적을 금지할 경우에는 "PROHIBITED"값을 선택한다.

- **원산지 국가**: 거래할 상품의 원산지 국가를 선택하여 입력한다.
- **가격조건**(인도조건) **및 관련장소**: 가격조건을 선택하여 입력하고 가격조건 관련장소를 평문으로 입력한다.
- **상품명세**: 거래할 상품이나 용역 등의 명세를 Free Text 형태로 자유롭게 입력한다. 상품에 대한 과다한 명세는 지양하고 명세가 복잡한 경우에는 대표적인 상품명세만 적고 Details as per Offer No~ 등으로 표시한다.
- **수입용도내용 및 수입승인번호**: 해당조합 및 협회에서 수입승인을 받은 품목에 대한 수입승인번호와 승인금액을 입력하고 수입용도내용을 선택하여 입력한다(단, 수입승인을 받지 않은 품목은 입력할 필요는 없음).

3) 주요 구비서류

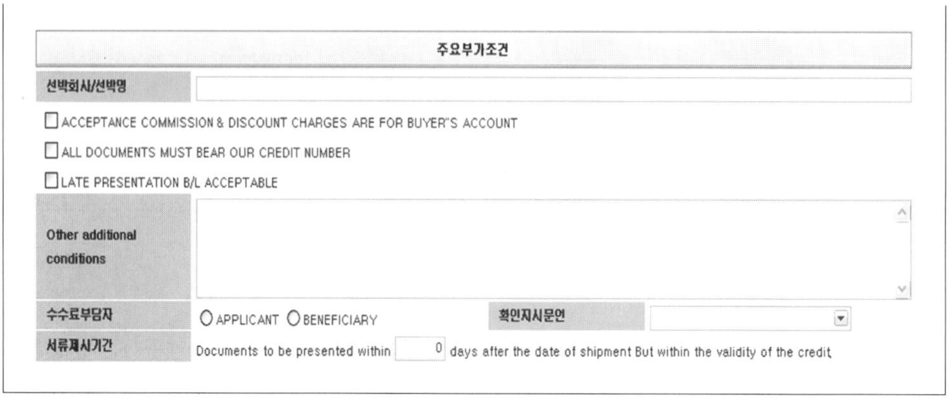

주요부가조건

선박회사/선박명

ACCEPTANCE COMMISSION & DISCOUNT CHARGES ARE FOR BUYER'S ACCOUNT

ALL DOCUMENTS MUST BEAR OUR CREDIT NUMBER

LATE PRESENTATION B/L ACCEPTABLE

Other additional conditions

수수료부담자 APPLICANT BENEFICIARY 확인지시문언

서류제시기간 Documents to be presented within 0 days after the date of shipment But within the validity of the credit

▣ 항목 설명

• 주요 구비서류

– 운송서류의 종류와 통수 및 요구하는 선적서류의 조건을 입력한다. 기본서류는 상업송장(Invoice), 선하증권(B/L), 보험증권(Insurance Policy)이 있으며, 그 외 부속서류에는 원산지증명서(Certificate of Origin), 포장명세서(Packing List), 영사송장(Consular Invoice), 검사증명서(Inspection Certificate) 등이 있다.

· 상업송장(Commercial Invoice)은 당해 상품의 명세서인 동시에 대금청구의 역할도 겸하고 있다. 수입자가 필요한 통수를 표시하면 된다.

· 포장명세서(Packing List)에는 필요한 포장명세서 통수를 표시하고 특별한 포장방법을 요구할 때는 이 난에 표시하거나 별도 지시사항을 표시하기도 한다.

· 보험증권의 경우, 가격조건이 c조건(cip, cif)이 아닌 경우에는 이 보험증권을 삭제하고 여백에 buyer insurance 또는 insurance to be covered by buyer 등과 같은 문언을 입력하여 보험의 부보의무가 수입자에게 있음을 명기한다. 그러나 CIP, CIF인 경우에는 보험증권의 제시가 필수적이므로 수출입매매계약서에서 약정한 적하보험 부보조건을 정확히 입력해야 한다.

• 주요 부가조건

– 본 신용장에 해당되는 주요 부가조건을 선택한다.

- "SHIPMENT BY", "ACCEPTANCE COMMISSION & DISCOUNT CHARGES ARE FOR BUYER'S ACCOUNT," "ALL DOCUMENTS MUST BEAR OUR CREDIT NUMBER," "LATE PRESENTATION B/L ACCEPTABLE" 중에서 하나를 선택한다.

• 수수료부담자
- 수출상이 부담하는 경우에는 "Beneficiary"를 선택하고 수입상이 부담하는 경우에는 "Applicant"로 입력한다.
- 수입지역 외에서 발생한 모든 은행비용과 수수료 기타 비용을 누가 부담할 것인지를 명시하지 않으면 후에 비용부담의 문제로 신용장거래 당사자간에 분쟁이 발생할 수 있다. 따라서 이러한 비용을 누가 부담할 것인지 사전에 명확하게 하여야 한다.

• 확인지시문언
- 본 전송항목 내의 지시사항을 수행하는 기관을 나타내는 코드를 선택하여 입력한다.
  · 신용장 확인지시 없이 통지할 경우에는 "WITHOUT"값을 선택한다.
  · 통지은행에 일임할 경우에는 "MAY ADD"값을 선택한다.
  · 신용장 확인요구를 할 경우에는 "CONFIRM"값을 선택한다.

• 서류제시기간
- 서류제시기간을 입력한다.
- 모든 신용장은 선적일 이후부터 매입을 위하여 선적서류가 제시되어야 하는 기간을 표시하여야 하나 만약 입력하지 않았을 때에는 선적일 이후 21일 이내에 제시하여야 한다.
- 서류제시기간의 최종일이 은행휴업일인 경우에는 유효기일과 마찬가지로 다음 최초의 영업일까지 연장된다.

3. 출력서식

취 소 불 능 화 환 신 용 장 개 설 신 청 서
(Irrevocable Documentary Credit Application)

Except so far as otherwise expressly stated, this documentary credit is subject to the "Uniform Customs and Practice for documentary Credits"
(ICC Publication No 500) and "Uniform Rules for Bank-to-Bank Reimbursements under Documentary Credits" (ICC Publication No.525

문서/전자문서번호 : 20090305000001

------------------------------- < 일 반 정 보 > -------------------------------

개설신청일자 : 09-03-05
개설방법 : By Full Cable
개설(의뢰)은행 : 0005
Woori Bank
[Tel No.] Sinchun BR
(희망)통지은행 : 0026
HSBC Bank
Hongkong BR
신용공여주체 : Banker`s
수입승인번호(금액) : import5500 USD 500,000
기타정보 :

------------------------------- < 스 위 프 트 > -------------------------------

40A Form of Documentary Credit : 09-03-05
31D Date and Place of Expiry : (date) 09-03-12
(place) ANY BANK BY NEGOTIATION
50 Applicant : Donggul4
40 Daechi-dong Kangnam-gu Seoul
59 Beneficiary : Dream Trading CO.
115 FREEDOM COURT ROCKWALL TEXAS 75032
32B Currency Code,Amount : USD 500,000
*39A Percentage Credit Amount Tolerance : (±).(%)
42C Drafts at... :
43P Partial Shipments : ALLOWED
43T Transhipments : PROHIBITED
44A Loading on Board/Dispatch/Taking in Charge at/from ... :
Incheon
44B For Transportation to... : Chaiwan
44C Latest Date of Shipment : 09-03-08
[Terms of price] Free alongside ship-named port
[Place of terms of price] Incheon
[Country of origin] AU
AUSTRALIA
46A Document Requird :
380 SIGNED COMMERCIAL INVOICE IN 3 COPIES
706 FULL SET OF CLEAN ON BOARD OCEAN BILLS OF LADING MADE OUT TO

MARKED FREIGHT COLLECT AND
NOTIFY
530 FULL SET OF INSURANCE POLICIES OR CERTIFICATES, ENDORSED IN BLANK FOR 110% OF THE INVOICE VALUE, EXPRESSLY STIPULATING THAT CLAIMS ARE PAYABLE IN KOREA AND IT MUST INCLUDE : INSTITUTE CARGO CLAUSE
ALL RISK
271 PACKING LIST IN 3 COPIES
861 CERTIFICATE OF ORIGIN
71B Charges : ALL BANKING COMMISSIONS AND CHARGES
INCLUDING REIMBURSEMENT CHARGES
OUTSIDE KOREA ARE FOR ACCOUNT OF
APPLICANT

제 3 절 신용장 통지

1. 신용장 통지의무

개설은행은 개설된 신용장을 정확하게 수출상에게 통지해 주어야 한다. 통상 신용장이 개설되면 개설은행이 지정한 수출지역에 있는 제 3 의 은행(개설은행과의 환거래 취결은행)을 통하여 신용장이 수출상에게 통지된다. 이와 같이 통지은행이 개설은행의 지시와 요청을 받아들이고 그렇게 행동함으로써 개설은행과 대리 또는 위임관계가 성립된다. 통지은행은 개설은행의 대리인 자격으로 수익자에게 신용장의 개설 및 조건변경사항을 신속하고 정확하게 알려주어야 하며 통지은행은 개설은행의 지시만 따른다.

2. 조회화면

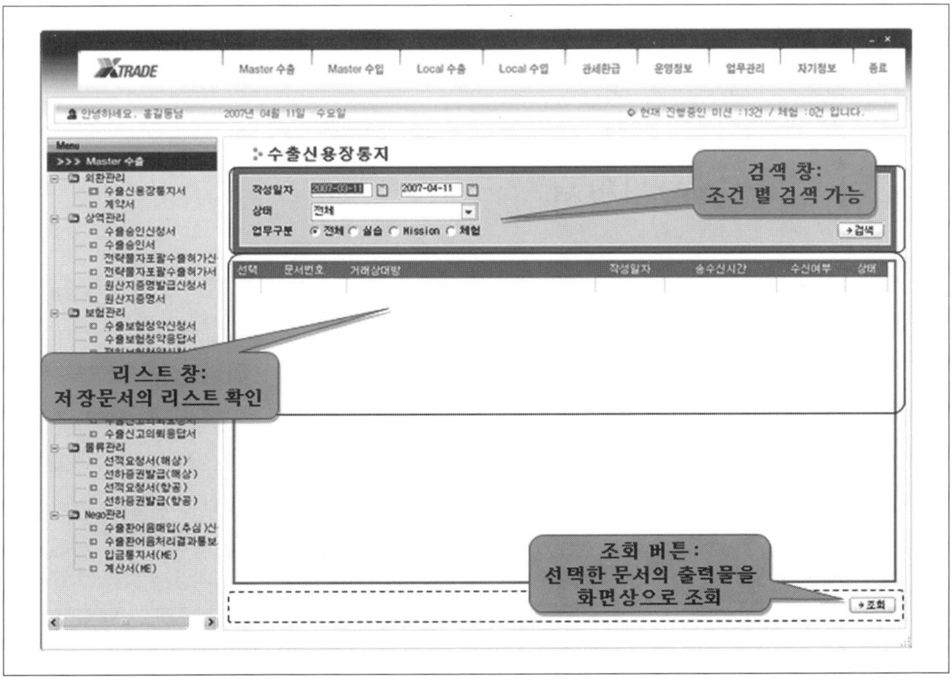

3. 출력화면

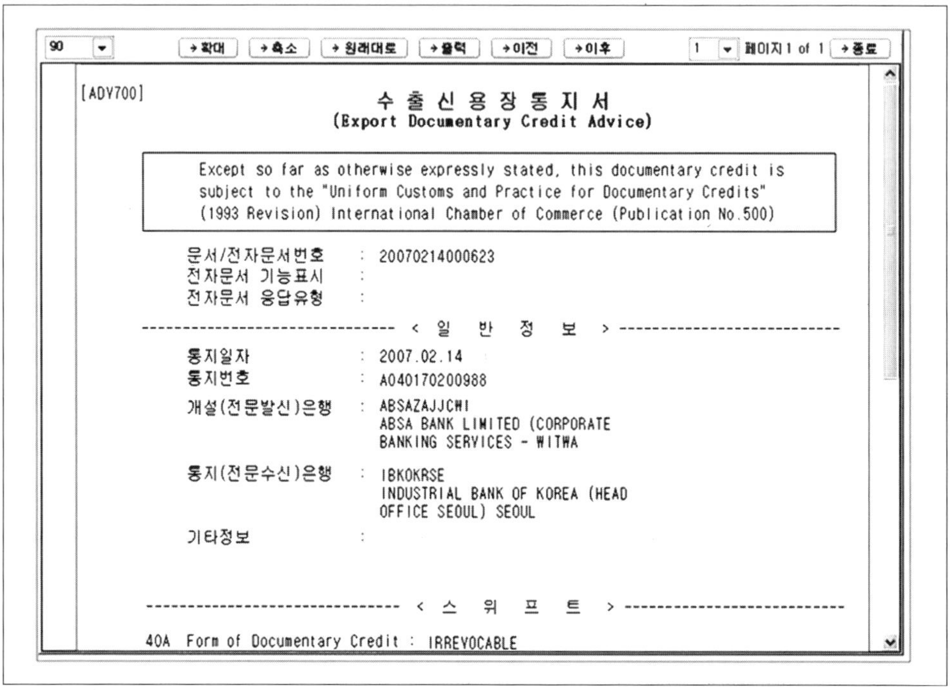

[ADV700]

수 출 신 용 장 통 지 서
(Export Documentary Credit Advice)

Except so far as otherwise expressly stated, this documentary credit is subject to the "Uniform Customs and Practice for Documentary Credits" (1993 Revision) International Chamber of Commerce (Publication No.500)

문서/전자문서번호 : 20070214000623
전자문서 기능표시 :
전자문서 응답유형 :

------------------------------ < 일 반 정 보 > ---------------------------

통지일자 : 2007.02.14
통지번호 : A040170200988
개설(전문발신)은행 : ABSAZAJJCWI
ABSA BANK LIMITED (CORPORATE
BANKING SERVICES - WITWA

통지(전문수신)은행 : IBKOKRSE
INDUSTRIAL BANK OF KOREA (HEAD
OFFICE SEOUL) SEOUL

기타정보 :

------------------------------ < 스 위 프 트 > ---------------------------

40A Form of Documentary Credit : IRREVOCABLE

제 4 절 수출승인신청서

1. 수출입의 의의

무역업 및 무역대리업의 신고제도가 폐지됨에 따라 무역업고유번호를 부여받고자 하는 자는 우편, 팩시밀리, 전자메일, 전자문서교환관리체제(EDI) 등의 방법으로 한국무역협회장에게 신청하여야 하며 한국무역협회장은 접수 즉시 신청자에게 고유번호를 부여하여야 한다. 상품의 수출입은 한국무역협회에 무역업고유번호를 신청하고 동 협회로부터 무역업고유번호를 받은 경우 자유롭게 할 수 있다.

그러나 대외무역법에서 정하고 있는 특정한 상품의 경우에는 상품의 수출입에 대한 사전허가를 받은 후에 수출입을 할 수 있는데 이것을 수출입승인이라 한다. 즉 대외무역법상 수출입공고, 별도공고에 의해 수출입이 제한되는 상품을 수출입하고자 하는 경우에는 당해 상품을 관장하는 기관에서 수출입승인을 받아 수출입을 이행하여야 한다. 다만 대외무역법 이외의 법령에 의해 수출입이 금지되거나 제한되는 상품을 수출입하고자 하는 경우에는 수출입승인과는 관계 없은 당해 법령에서 정하고 있는 요건을 충족시켜야 한다.

2. 수출입승인기관

수출입승인대상상품을 수출입하고자 하는 자는 원칙적으로 지식경제부장관으로부터 수출입승인을 받아야 한다. 그러나 실제로는 무역업무의 효율화 등을 위해 당해 상품을 관장하는 기관이나 단체에 위임되어 있다.

[표 9-1] 수출입승인기관

기 관 명	대 상 품 목
대한어망공업협회	어망, 끈류
농림수산식품부	채소종자
한국농림수산식품수출조합	배, 사과(대만)
한국골재협회	모래, 자갈 등
한국생사수출조합	견사(일본)
한국자동차공업협회	승용차(대만)
한국의약품수출입협회	의약품
한국섬유직물 수출조합	직물류(미국, EU 등)
한국의류산업협회	의류(미국, EU 등)
한국기계산업진흥회	산업설비수출
한국수출입은행	산업설비수출(연불금융대상)

3. 입력화면 및 설명

1) 공통사항

▣ 항목 설명

- 수신자 ID: 해당 수출승인신청서를 EDI로 전송할 경우 수신받는 해당 기관(승인기관)을 조회하여 선택한다.
- 신청일자: 해당 수출승인신청서를 신청하는 날짜를 입력한다.
- 수출자 정보
  - 시스템에 등록된 수출자(자사) 정보의 상호, 무역업등록번호, 대표자명, 주소를 기재한다.
  - 무역업등록번호는 회원가입시 8자리로 작성한다.
- 위탁업체 정보
  - 해당 승인건이 수출자가 직접 신청하는 것이 아니라 위탁하여 신청하는 것일 경우 해당 위탁업체 정보를 입력한다.
  - 사업자번호는 숫자 10자로 구성되며 회원가입시 작성한다.

- **구매 · 계약자 정보**
  - 해당 수출건에 대한 계약자(구매자) 정보(상호, 대표자명, 주소)를 입력한다.
  - 수출승인신청의 근거서류인 수출신용장상의 개설의뢰인 또는 기타 거래인 경우, 계약당사자(수입자)를 기재하되 수출승인서 발급 근거서류인 수출신용장 또는 계약서와 일치해야 한다.
- **신용장 · 계약서 번호**: 신용장 방식의 거래조건일 때는 신용장 번호를 기재하고, 기타 무신용장방식의 거래일 경우에는 계약서 번호를 기재하며 동 번호는 수출승인 신청시 첨부되는 신용장 또는 계약서 번호와 일치하여야 한다.
- **L/C상의 금액**: 신용장 혹은 계약서상의 계약금액 및 통화단위를 입력한다(통화단위는 조회하여 선택한다).
- **결제기간**: 계약조건에 의한 결제기간을 조회하여 선택한다. 신용장방식(At Sight L/C, Usnace L/C 등), 추심방식(D/P, D/A 등), 송금방식(COD, CAD 등)의 결제기간 코드를 기재한다.
- **인도장소**: 해당 수출건의 제품에 대해 인도조건에 따른 인도장소를 입력한다.
- **인도조건**
  - 국제무역에 있어서 가격조건은 두 가지 의미로 해석할 수 있는데, 계약물품의 인도장소 그리고 비용 및 위험부담의 범위에 따라 인도장소 기준조건과 가격구성요소 기준조건으로 대별된다. 통상적으로 Incoterms에서 정하고 있는 정형조건들을 기재하게 되는데 만약 다르게 계약하는 경우에는 계약내용으로 기재한다.
  - 해당 수출건에 대한 인도조건을 조회하여 선택한다.
- **원산지 국가코드/명**: 해당 수출 제품의 원산지 국가코드를 조회하여 선택하며, 이때의 국가 명은 자동으로 입력된다.
- **도착국가**: 해당 수출 제품의 도착 국가를 조회하여 선택한다.
- **도착항 코드/명**: 해당 수출 제품의 도착 국가에 해당하는 도착항명만이 조회되며, 이중 해당하는 도착항 코드를 선택한다. 이때 도착항명은 자동으로 입력된다.
- **총 수 량**: 수출 제품의 총수량이며, 제품내역의 합계가 자동으로 입력된다(입력불가).

• **총 금 액**: 수출 제품의 총금액이며, 제품내역의 합계가 자동으로 입력된다(입력불가).

2) 물품내역

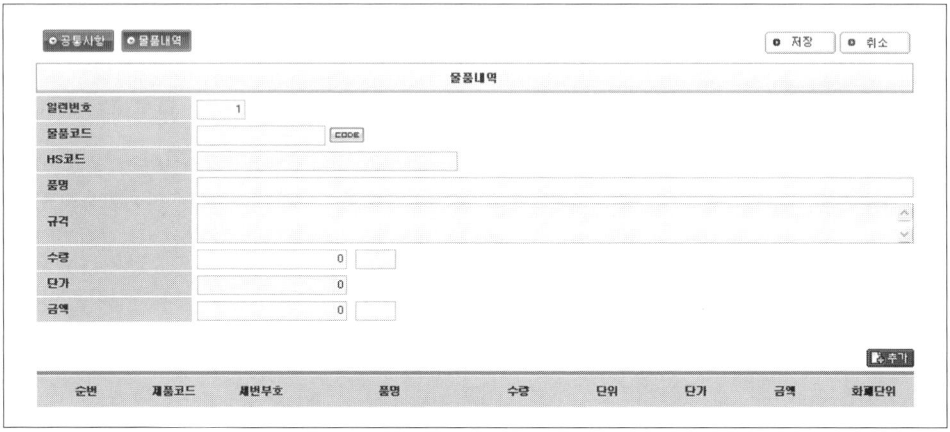

▣ 항목 설명

• **물품코드**
  - 수출물품의 물품코드를 입력한다.
  - 물품코드 값 선택시 HS코드, 품명, 규격, 단가항목은 자동으로 입력된다.

• **HS부호**: 수출품목의 HS분류는 HS상품 분류상의 분류(10단위)와 일치하여야 한다.

• **품명 및 규격**: 수출신용장(또는 계약서)상의 품목명세와 일치하도록 기재한다. 다만, 소요량증명서발급, 관세환급 등을 위하여 신용장상의 상품명세 이상으로 기재하는 것은 무방하다.

• **수 량**
  - 수량의 계산단위는 상품의 종류에 따라 분류되는데, 일반적으로 상품의 수량은 다음과 같이 개수 혹은 도량형에 의하여 표시된다.

    ㉮ <개수> 상품수: 개수(Piece), 조(Set), 다스(Doz) 등
    포장수: 상자(Case), 표(Bale), 부대(Bag) 등

    ㉯ <도량형> 중량: 톤(Ton), 파운드(Lb), kg
    용적: 입방피트(Cft, cubic feet)

용적톤(M/T, Measurement Ton)

길이: 야드(Yard), 미터(Meter)

면적: 평방피트(SF : Square Feet)

- 단가 · 금액
  - 해당 수출물품의 단가와 금액을 기재한다.
  - 단가항목에 값을 넣으면 금액은 시스템에서 자동으로 계산된다.

4. 출력서식

Export License(Application)

(1) 수출자(Exporter) :
상호 : 동국대3
대표자명 : 동국대3
주소 : 서울 중구 필동1가 550
무역업신고번호 : 09876543

(2) 위탁자(Requester) :
상호 : (주)지머스제조
대표자명 : 김연동
주소 : 서울시 강동구 성내1동 551번지 강동빌딩 4층 400호
사업자등록번호 : 070-40-00003

(3) 구매자 또는 계약상대자(Buyer or Principal of Contract) :
상호 : (주)지머스차이나
대표자명 : 조위
주소 : 중국 상하이 연안서로 104 중회빌딩 6층

(4) 결제기간(Period of Payment) : 2AA At Sight L/C
(5) 결제금액(Total Amount) : USD 500,000
(6) 인도조건(Terms of Payment) : CIF Cost, insurance, freight to named destination
(7) 인도장소 : Busan

세번부호	품명	규격	수량	단가	금액
0000-00.0007	HP 1050 Inkjet Fax Machine	What' s in the box *HP 1050 Fax ? HP 20 Black Inkjet Print Cartridge ? User's guide ? Power supply ? Power cord ? Phone cord	500 EA	519 USD	259,500
0000-00.0037	HP Laserjet 5 SI-MX Printer	Output Type: Black & White Model: HP 5 SI-MX Print Speed (PPM): 20-29 ppm	1,000 EA	199 USD	199,000
합계			1,500		458,500

(8) 신용장/계약서번호 : APP700
(9) 원산지 : JP 일본
(10) 도착항(Port of dispatch) : CNCGQ CHANGCHUN

위의 신청사항을 대외무역법 제14조 제2항 및 동법시행령 제26조 제1항의 규정에 의하여 승인합니다.
(위의 신청사항을 통합 공고에 의한 관련규정에 의하여 요건확인 합니다.)

제 5 절 전략물자포괄 수출허가신청서

1. 전략물자포괄 수출허가의 개요

전략물자의 수출허가에 관한 사항은 전략물자기술수출입통합고시에 잘 명시되어 있으며 전략물자에 관한 허가기관은 품목 및 기술에 따라 지식경제부, 교육과학기술부, 국방부(방위사업청), 통일부 등이며 전략물자 및 이중용도로 우려되는 Catch-all 품목을 수출하고자 하는 수출업체는 반드시 허가기관에 수출허가를 받아야 한다.

수출허가 기관은 다음과 같다.

- WA관련 품목: 일반산업용물자(지식경제부), 군용물자(국방부)
- NSG관련 품목: 일반산업용물자(지식경제부), 원자력전용품목(교육과학기술)
- MTCR관련 품목: 민수용(지식경제부), 군사용(국방부)
- AG 및 CWC관련 품목: 민수용(지식경제부), 군사용(국방부)
- Catch-all 통제품목: 지식경제부. 단, 원자로 관련품목은 교육과학기술부이며, 소요처리 기간 허가신청서 접수일로부터 15일 이내에 처리한다.

2. 입력화면 및 설명

1) 기본정보

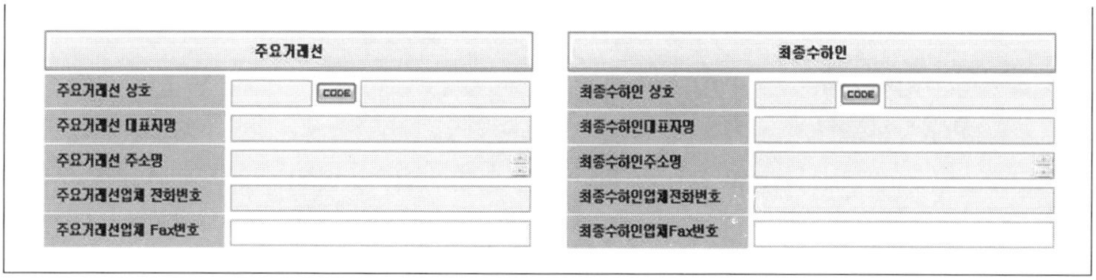

▣ 항목 설명

- **수신자 ID**: 해당 전략물자포괄 수출허가신청서를 EDI로 전송할 경우 수신받는 해당 기관(승인기관)을 조회하여 선택한다.
- **신청일자**: 해당 전략물자포괄 수출허가신청서 신청일자를 입력한다.
- **신청인코드**: 신청서를 신청하는 당사자(일반적으로 수출자가 신청인이 되나, 위임 혹은 대리 신청인 경우 해당 신청인 정보)의 회사코드를 입력한다(시스템에서는 자사정보가 기본값으로 표현된다).
- **대표자명**: 신청자 대표자명을 입력한다.
- **전자서명**: 전자문서로 송수신할 때 필요한 전자서명값(숫자 10자리)을 입력한다.
- **사업자등록번호**: 신청인의 사업자등록번호(숫자 10자리)를 입력한다.
- **수출자 정보**
  - 시스템에 등록된 수출자(자사) 정보의 코드, 상호, 대표자명, 주소, 무역업등록번호, 전화번호, 팩스번호가 기본값으로 표현된다.
  - 수정이 필요할 경우 직접 수정이 가능하다.
  - 무역업등록번호는 8자리로 회원가입시 작성한다.
- **수입자 정보**
  - 해당 전략물자 수출 제품의 수입자(구매자)를 조회하여 선택한다. 선택시 코드, 상호, 대표자명, 주소, 전화번호, 팩스번호가 표현된다.
  - 수정이 필요할 경우 직접 수정이 가능하다.
  - 국가코드의 경우 별도로 조회하여 선택한다.
- **주요 거래선 정보**
  - 해당 전략물자 수출제품의 주요 거래선 정보를 조회하여 선택한다. 선택시 코드, 상호, 대표자명, 주소, 전화번호, 팩스번호가 표현된다.

- 수정이 필요할 경우 직접 수정이 가능하다.

• 최종수하인 정보
- 해당 전략물자 수출 제품의 최종수하인(제품을 받는 자) 정보를 조회하여 선택한다. 일반적으로 수입자(구매자)와 동일한 경우가 많다. 선택 시 코드, 상호, 대표자명, 주소, 전화번호, 팩스번호가 표현된다.
- 수정이 필요할 경우 직접 수정이 가능하다.

2) 수출정보

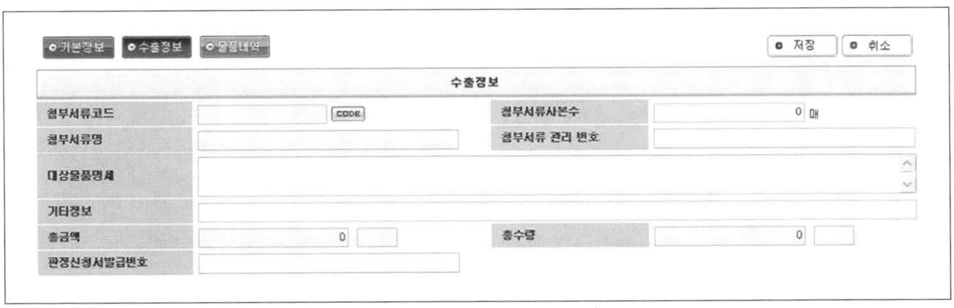

▣ 항목 설명

• **첨부서류 사본 수**: 해당 전략물자 수출 제품의 허가신청 후 허가를 위하여 첨부되는 서류의 사본 수를 입력한다.
• **첨부서류명**: 첨부서류의 명칭(매뉴얼, 카다로그, 사양서 등)을 입력한다.
• **첨부서류 관리번호**: 해당 첨부서류의 관리번호를 입력한다.
• **대상 물품명세**: 해당 전략물자 수출 제품의 대표 품명을 입력한다.
• **기타 정보**: 허가신청에 필요한 기타 사항을 입력한다.
• **총 수 량**: 수출 제품의 총수량이며, 제품내역의 합계가 자동으로 입력된다(입력불가).
• **총 금 액**: 수출 제품의 총금액이며, 제품내역의 합계가 자동으로 입력된다(입력불가).
• **판정신청서 발급번호**: 해당 전략물자 수출 제품의 허가신청 이전에 판정신청을 한 경우 판정신청시 발급받은 발급번호를 입력한다.

3) 물품정보

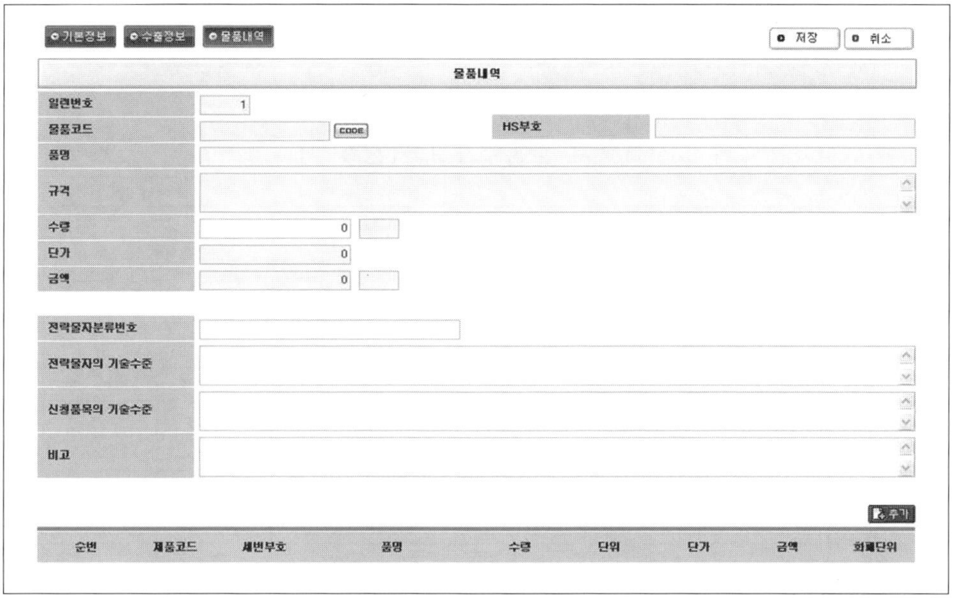

▣ 항목 설명

- **순번**: 수출 제품이 여러 개일 경우 각각의 일련번호가 자동으로 입력된다(입력불가).
- **제품코드**: 미리 등록한 제품코드를 조회하여 선택한다. 이때 해당 제품의 HS부호, 품명, 규격, 수량단위, 단가, 통화단위가 자동으로 입력된다(직접 입력불가).
- **HS부호**: 제품코드 선택시 자동으로 입력된다(직접 입력불가).
- **품명**: 제품코드 선택시 자동으로 입력된다(직접 입력불가).
- **규격**: 제품코드 선택시 자동으로 입력된다(직접 입력불가).
- **수량**: 해당 제품의 수출수량을 입력한다.
- **단가**: 제품코드 선택시 자동으로 입력된다(직접 입력불가).
- **금액**: 해당 제품의 수출금액을 입력한다.
- **통화단위**: 제품코드 선택시 자동으로 입력된다(직접 입력불가).
- **전략물자 분류번호 · 기술수준 · 신청수준**: 허가기관에서 제정한 해당 물품의 분류번호, 기술수준, 신청수준을 입력한다.

3. 출력서식

전략물자 포괄수출허가(신청)서

처리기간 : 15일

1. 신청인(상호, 주소, 성명, 전화)			무역업허가번호 09876543		
동국대3 동국대3 서울 중구 필동1가 550 02-949-3949					
2. 포괄수출허가 대상물품 명세					
3. HS번호	4.전략물자분류번호	5. 품명 및 규격		6. 금 액	7. 비 고
0000.00-0004		DELL M5200 TONER CARTRIDGE	DELL M5200 TONER CARTRIDGE	299,950	
0000.00-0026		Dell Axim X5 Pocket PC PDA MP3	Dell Axim X5 Pocket PC PDA MP3	382,990	
8. 주요 거래선					
9. 수입자 (주)지머스차이나 조위 중국 상하이 연안서로 104 중회빌딩 6층 021-6854-2288			10. 최종수하인 (주)지머스차이나 조위 중국 상하이 연안서로 104 중회빌딩 6층 021-6854-2288		
전략물자·기술수출입통합공고 제33조의 규정에 의하여 위와 같이 포괄수출허가를 신청합니다. 2009-03-05 서명 또는 날인					
11. 허가 유효기간			12. 허가번호		
전략물자·기술수출입통합공고 제34조제1항의 규정에 의하여 위와 같이 포괄수출을 허가합니다. 지 식 경 제 부 인					
구비서류 : 1. 포괄수출허가신청 품목의 수출실적 및 계획서 2. 포괄수출허가신청자, 신청품목의 수입자 또는 최종수하인의 개요 3. 자율준수무역거래자증명서 4. 신청품목의 수입자와 최종수하인의 진술서 5. 포괄수출허가 신청품목의 명세서 및 용도 설명서 6. 특정 포괄수출허가시에는 최근 1년간의 거래실적					

제 10 장

수출물품 생산에 필요한 전자무역문서

제 1 절 물품매도확약서
제 2 절 내국신용장
제 3 절 외화획득용 원료 구매승인서

수출상은 수출계약에서 합의한 상품을 내국신용장과 양도가능신용장, 외화획득용 원료 구매승인서를 이용하여 매입한다. 수출상품 생산에 필요한 전자무역문서를 살펴본다.

제 1 절 물품매도확약서

1. 물품매도확약서

수출상은 수출계약에서 합의한 상품을 자체 생산하거나 제 3 자가 생산한 상품을 구매 또는 위탁생산을 요청하여야 한다. 수출상은 수출상품 제조업자에게 주문서를 전송하여 수출상품의 판매나 생산을 요청하게 되는데 요청을 받은 상대방은 주문서의 기재내용을 검토하여 주문서를 승낙하면 물매도확약서가 수출상과 수출상품 판매자와 제조업체간에 체결된다. 물품매도확약서에 물품대금 지급은 내국신용장 또는 외화획득용 원료 구매승인서로 하기로 약정하면 약정한 방법에 따라 물품대금지급이 이루어진다.

2. 물품매도확약 전자무역문서 작성방법

1) 주문전자무역문서

(1) 조회화면

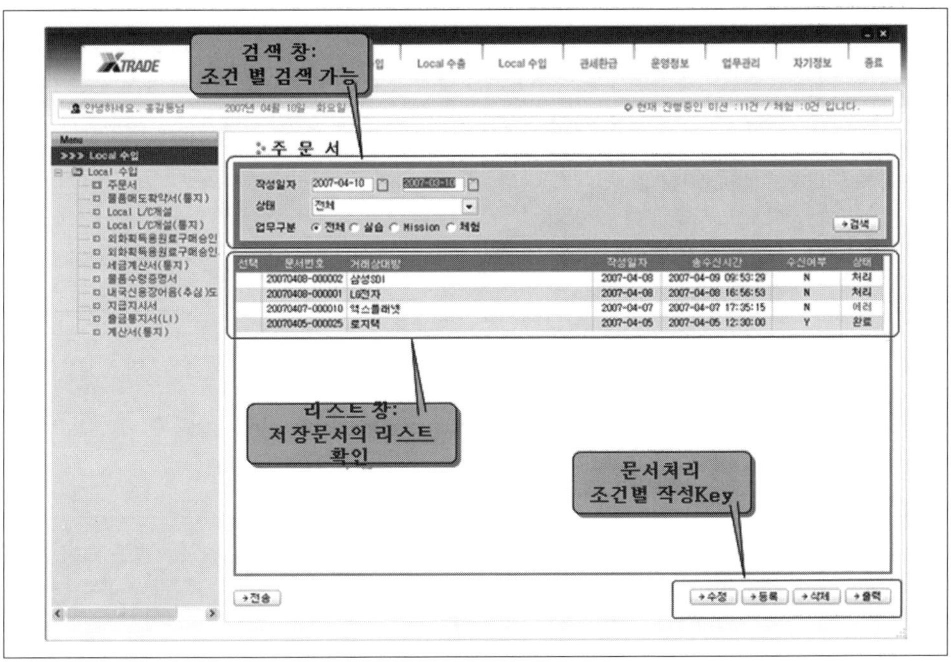

(2) 입력화면

공 통 사 항 | 물 품 내 역 | → Mission조회 | →저장 | →종료

기본정보

수신자ID	SYSTEM CODE SYSTEM	계약번호	계약번호-001
유효기간	2007-04-08 ~ 2007-04-30	주문일자	2007-04-08
포장유형	포장유형	결제조건	결제조건

구매업체정보

코드	0000000004 TG삼보컴퓨터
사업자번호	1169070953
대표자명	박일환
주소	경기도 안산시 신길동 1125-1
업태	사업서비스업
종목	사업서비스업

공급업체정보

코드	SYS00000 CODE 액스플래닛
사업자번호	1160120953
대표자명	김순택
주소	서울특별시 중구 태평로 2가 150 삼성생명
업태	사업서비스업
종목	소프트웨어 자문, 개발 및 공급업

금액정보

합계수량	4,500 EA	합계금액	465,500 USD

공 통 사 항 | 물 품 내 역 | → Mission조회 | →저장 | →종료

물품내역

→등록 | →삭제

일련번호	2
물품코드	0703000013 CODE
HS부호	0010-04-0001
품명	1911 GUIDE BOOK TO COLORADO
규격	- Cover measures 7¾ x 5¼", 390pp.
수량	2500 EA
단가	75 USD
금액	137,500
비고	

순번	구매물품코드	세번부호	품명	규격	수량	단위	단가	화폐단위	금액	비고
1	0703000011	0010-03-0001	1925 ROME ANTIQUE PI	This beauti	2,000	EA	139	USD	278,000	
2	0703000013	0010-04-0001	1911 GUIDE BOOK TO	- Cover meas	2,500	EA	75	USD	137,500	

(3) 출력화면

90 | →확대 | →축소 | →원래대로 | →출력 | →이전 | →이후 | 1 | 페이지 1 of 1 | →종료

주 문 서(PURCHASE ORDER)

2007-04-10 출력일자 : PAGE : 1

구매업체정보(BUYER)

상호 : TG삼보컴퓨터

주소 : 경기도 안산시 신길동 1125-1

대표자 : 박일환

공급업체정보(SELLER)

상호 : 삼성SDI

주소 : 서울특별시 중구 태평로 2가 150

대표자 : 김순택

문서번호 : 2007-0408-000002

계약번호 : 계약번호-001

주문일자 : 2007-04-05

유효기간 : 2007-04-08 ~ 2007-04-30

결제조건 : 결제조건

포장유형 : 포장유형

순번	물품코드	세번부호	품명	규격	수량	단가	금액
1	0703000016	0010050001	1st Edition Civil War Book	With	C EA	35.0E USD	0
2	0704000008	0020030001	200pcs HP 52X 700MB 80-	Capacity:	C EA	30.9E USD	0
3	0703000011	0010030001	1925 ROME ANTIQUE	This beautiful	C EA	13E USD	0
4	0703000016	0010050001	1st Edition Civil War Book	With	C EA	35.0E USD	0
합계					0		0

이 전자문서는 "무역업무자동화촉진에관한법률"에 의거 전자문서교환방식으로 발행된 물품매도확약서로서 업체는 동 법률 시행규정 제 12조의 별표2제1장 제7조에서 정한 바에 따라 적색고무인을 날인하여야 합니다. 본 전자문서는 교육으로 제작된 문서이므로 실무에 적용할 수 없습니다.

(4) 구매주문서 통지

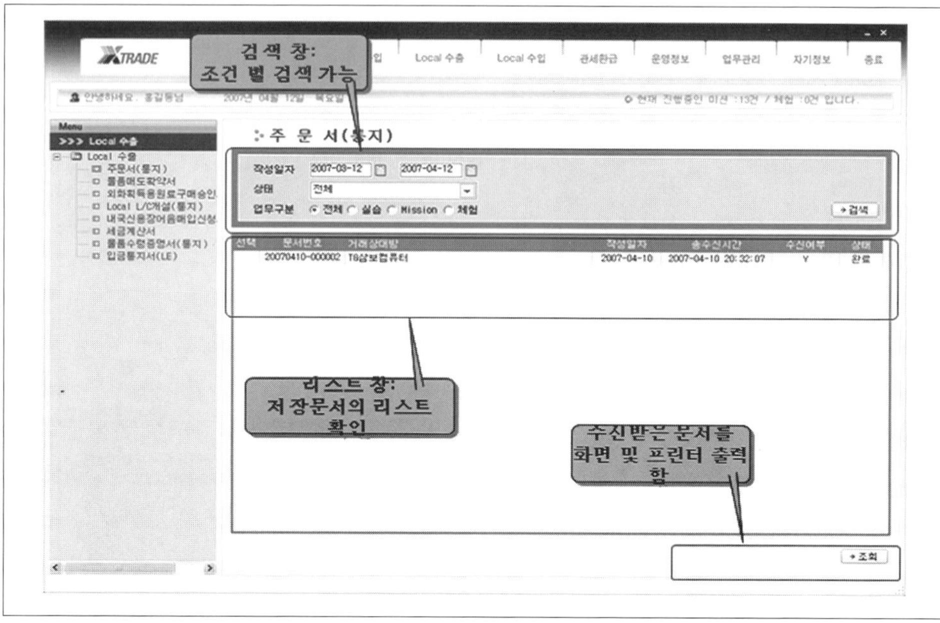

2) 물품매도확약서

(1) 조회화면

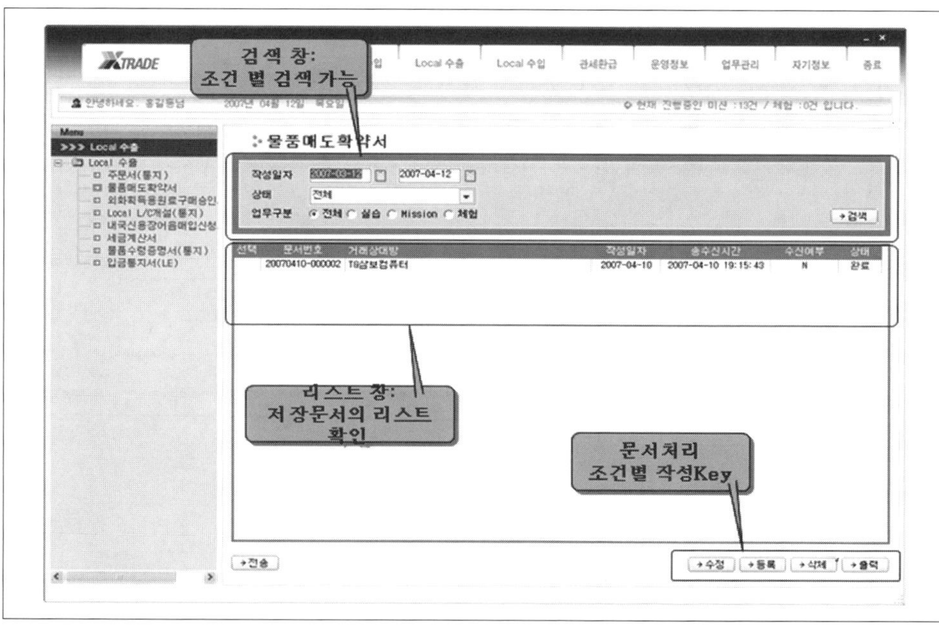

(2) 입력화면

01 | 공통사항
공 통 사 항
물 품 내 역
→ Mission조회
→저장
→종료
기본정보
수신자ID
SYSTEM
CODE
SYSTEM
발행번호
YJ329887-298
발행일자
07-04-12
대금결제방법
At Sight
유효기간
포장방법
원산지명
검사방법
발행업체정보
코드
0000000004
T6삼보컴퓨터
무역업등록번호
trdreg2
대표자명
박일환
주소
경기도 안산시 신길동 1125-1
전자서명
9078657410
공급업체정보
코드
영진산업(주)
사업자번호
2843748494
대표자명
박제성
주소
충남 예산 고덕 호음 361-26
전자서명
9078657410
선적지/도착지 정보
운송수단
기타참조사항
선적지국가코드
KR
한국
도착지국가코드
KR
한국
선적지
도착지
선적시기
도착시기
합계수량
0
합계금액
0
공 통 사 항
물 품 내 역
→ Mission조회
→저장
→종료
물품내역
→등록
→삭제
일련번호
물품코드
CODE
HS부호
품명
규격
수량
단가
금액
순번 구매물품코드 세번부호 품명 규격 수량 단위 단가 화폐단위 금액 비고

(3) 출력화면

내국신용장 물품매도 확약서

발행자	: 동국제강 장세주 1234567890 등록번호* : 071037 서울중구수하동50
수요자	: 태평양자원 주계환 사업자번호* : 2038161828 서울 중구 남산3이 남산빌딩 414호
발행번호	: DK-J2006110145
발행일자	: 06.11.29

--<물품 내역>--

품명/규격	SIZE	중량	단가	금액
- D/O NO. : J2006110145 - BUYER : ETA - SPEC : S275JR AR/EN10025-2 - DESTINATION : DUBAI	16X2000X6000	36.168 MT	800	USD 28934.4
	20X2000X6000	7.536 MT	800	USD 6028.8
	40X2000X6000	41.448 MT	800	USD 33158.4
SUB TOTAL *		85.152 MT		USD 68121.6
TOTAL		85.152 MT		USD 68121.6

원산지*	: KOREA(ROK)
결제조건	:
유효기간*	: 2006-11-29- 2006-12-25
검사방법*	: MILL SHEET FINAL
포장방법*	: BARE AND LOOSE
운송방법*	: SHIP
선적지*	: KR KPO
도착지*	: AE DXB
기타참조사항*	: 인도허용차: PCS GUARANTEE 인도 조건: CFR * 단, 해상작업이 있을경우 발생하는 추가비용은 (갑)의 부담으로 한다.

이 전자문서는 "무역업무자동화촉진에관한법률"에 의거 전자문서교환방식으로 발행된 물품매도확약서로서 업체는 동 법률 시행규정 제 12조의 별표2 제1장 제7조에서 정한 바에 따라 적색고무인을 날인하여야 합니다.

제 2 절 내국신용장

1. 내국신용장의 정의

국내의 수출상이 국내에서 생산되는 수출용 완제품 및 수출용 원자재를 국내의 다른 업체로부터 구매하게 될 때 국내수출상의 신용이 낮으면 수출상품을 구매하기가 어려울 수도 있다. 내국신용장은 국내은행이 국내수출상을 대신해서 국내제조업체에게 물품대금의 지급을 보증하는 것이다. 따라서 국내제조업체는 국내은행의 보증을 믿고 제품을 국내수출상에게 판매하게 된다. 국내 수출상이 개설의뢰인이 되고 수출물품생산업체를 수익자로 하여 외국환은행이 물품대금지급에 대하여 책임을 진 지급보증확약서로 국내업체간에 이용되는 신용장을 말한다. 내국신용장의 개설의뢰인은 무역금융 수혜와 결제자금의 편의, 수출물품의 안정적 확보 등의 이점이 있고 국내제조업체는 무역금융의 활용, 수출실적 인정, 관세환급, 부가가치세 영세율 적용, 물품대금 회수의 보장 등과 같은 이점이 있다.

2. 내국신용장개설신청서

1) 조회화면

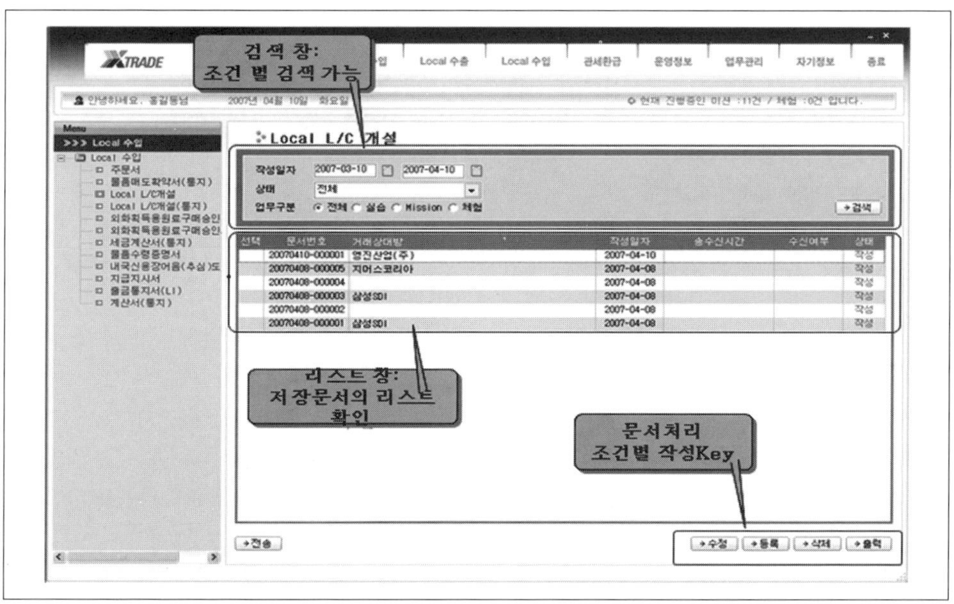

2) 입력화면

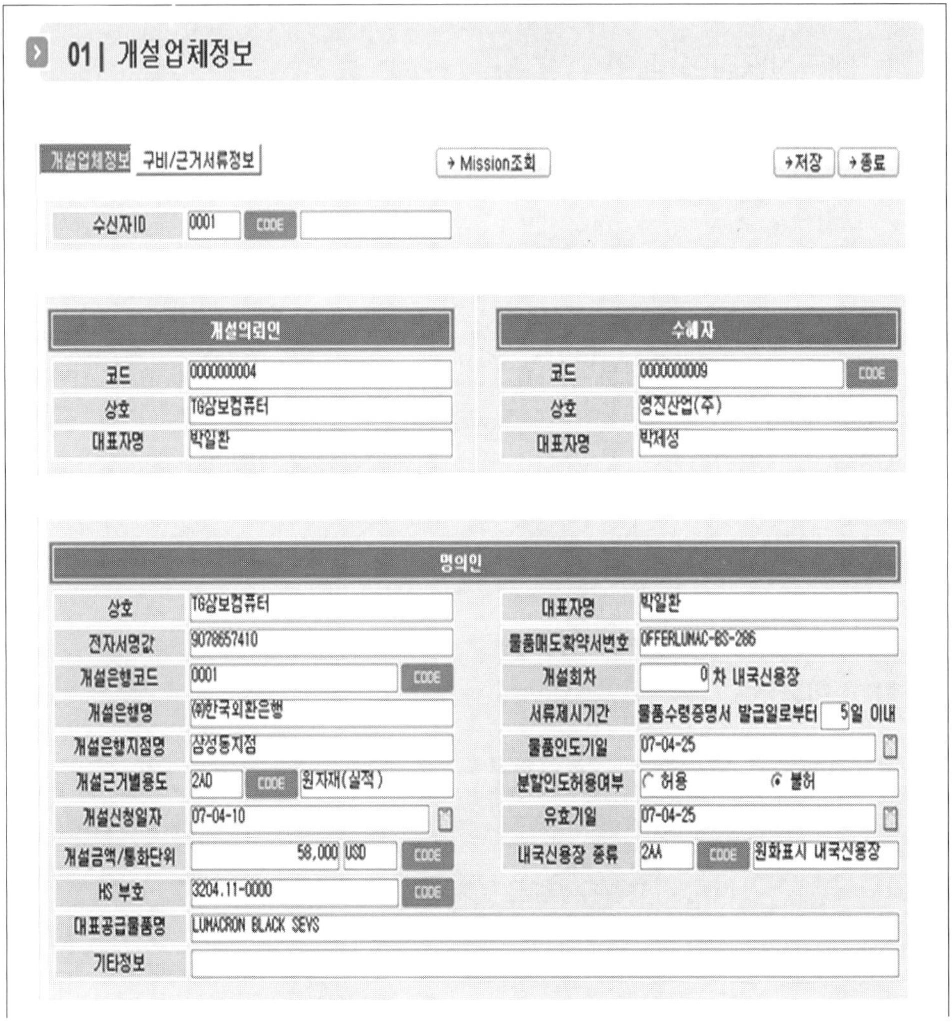

01 | 개설업체정보

개설업체정보 | 구비/근거서류정보 | → Mission조회 | →저장 | →종료

수신자ID	0001	CODE

개설의뢰인	
코드	0000000004
상호	TG삼보컴퓨터
대표자명	박일환

수혜자	
코드	0000000009 CODE
상호	영진산업(주)
대표자명	박제성

명의인			
상호	TG삼보컴퓨터	대표자명	박일환
전자서명값	9078657410	물품매도확약서번호	OFFERLUMAC-BS-286
개설은행코드	0001 CODE	개설회차	0 차 내국신용장
개설은행명	㈜한국외환은행	서류제시기간	물품수령증명서 발급일로부터 5일 이내
개설은행지점명	삼성동지점	물품인도기일	07-04-25
개설근거별용도	2AD CODE 원자재(실적)	분할인도허용여부	○ 허용 ● 불허
개설신청일자	07-04-10	유효기일	07-04-25
개설금액/통화단위	58,000 USD CODE	내국신용장 종류	2AA CODE 원화표시 내국신용장
HS 부호	3204.11-0000 CODE		
대표공급물품명	LUMACRON BLACK SEVS		
기타정보			

02 | 구비/근거서류정보

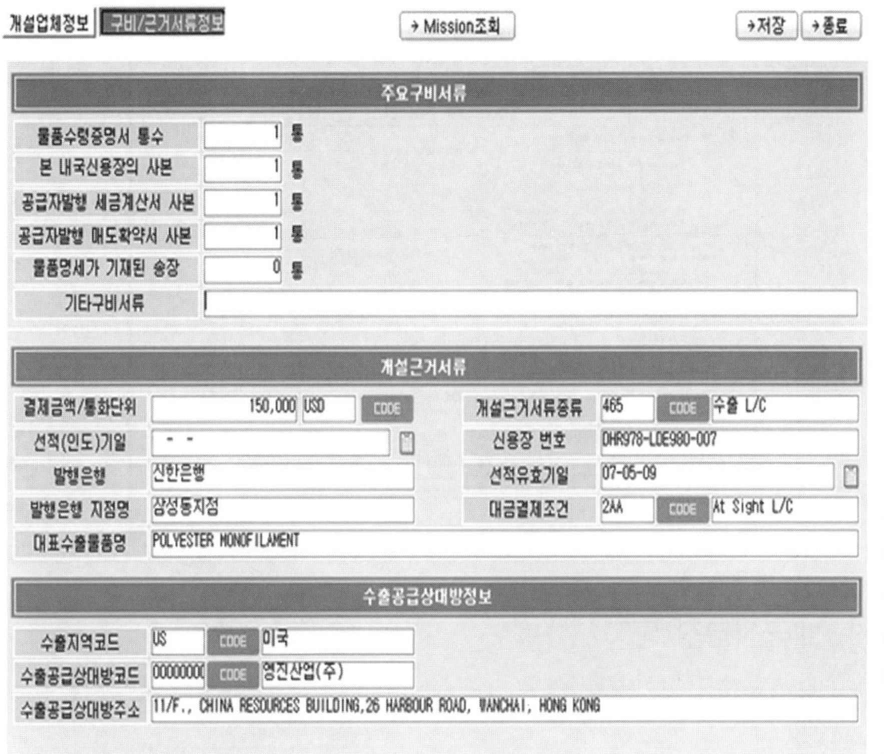

2AA	원자재
2AB	원자재임가공
2AC	완제품임가공
2AD	원자재(실적)
2AE	원자재임가공(실적)
2AF	완제품임가공(실적)
2AG	용자대상외
2AH	용자대상외(실적)
2AJ	완제품
2AK	완제품(수출대행)
2AL	완제품(실적)
2AM	완제품(수출대행)(실적)
2AN	(수입)원자재
2AP	원자재 유통업자

2AQ	(수입)원자재 유통업자
2AR	(수입)원자재(실적)
2AS	원자재(실적) 유통업자
2AS	원자재(실적)유통업자
2AT	(수입)원자재(실적)유통업자
2AT	(수입)원자재(실적) 유통업자
2AU	(수입)용자대상외
2AV	용자대상외 유통업자
2AW	(수입)용자대상외 유통업자
2AX	(수입)용자대상외(실적)
2AY	용자대상외(실적)유통업자
2AY	용자대상외(실적) 유통업자
2AZ	(수입)용자대상외(실적)유통업자
2AZ	(수입)용자대상외(실적) 유통업자

3) 출력화면

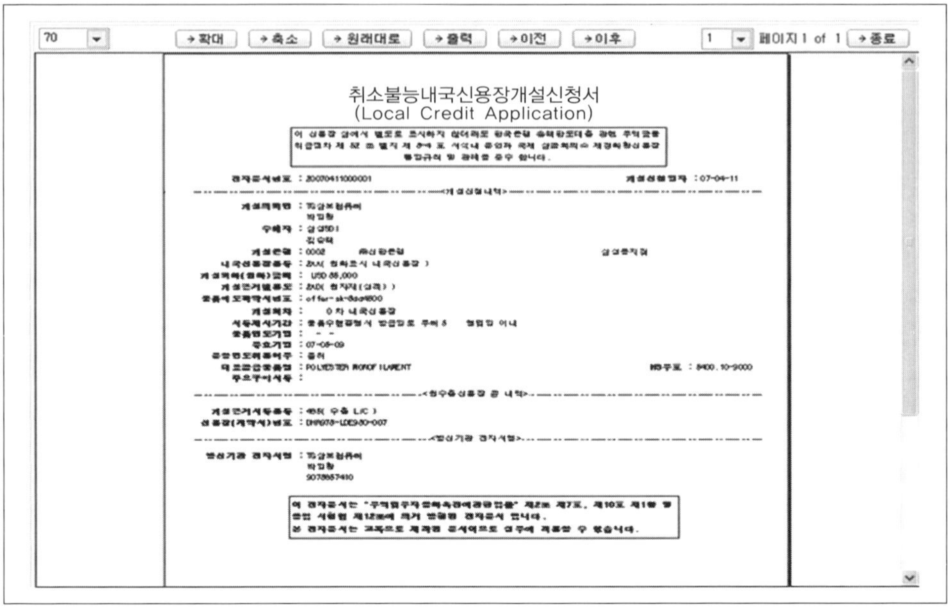

3. 내국신용장 통지

1) 조회화면

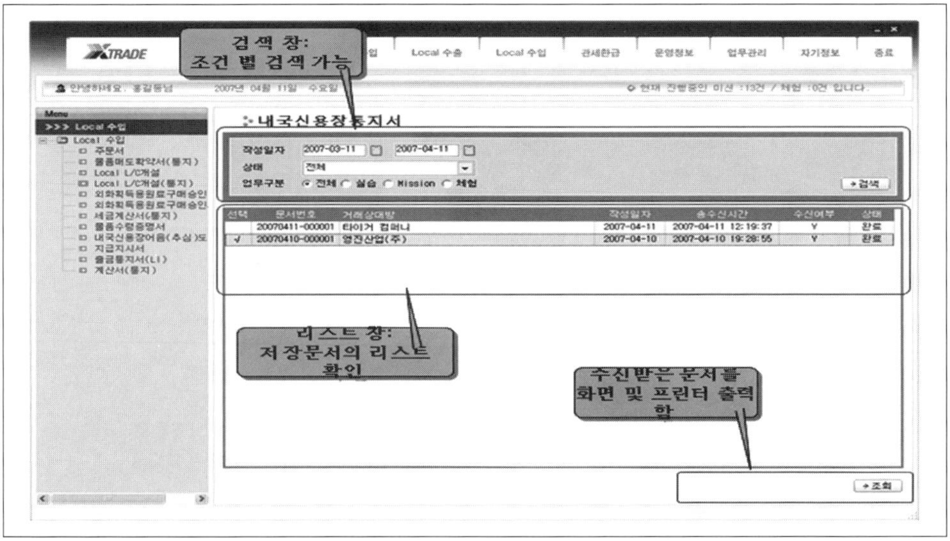

2) 출력화면

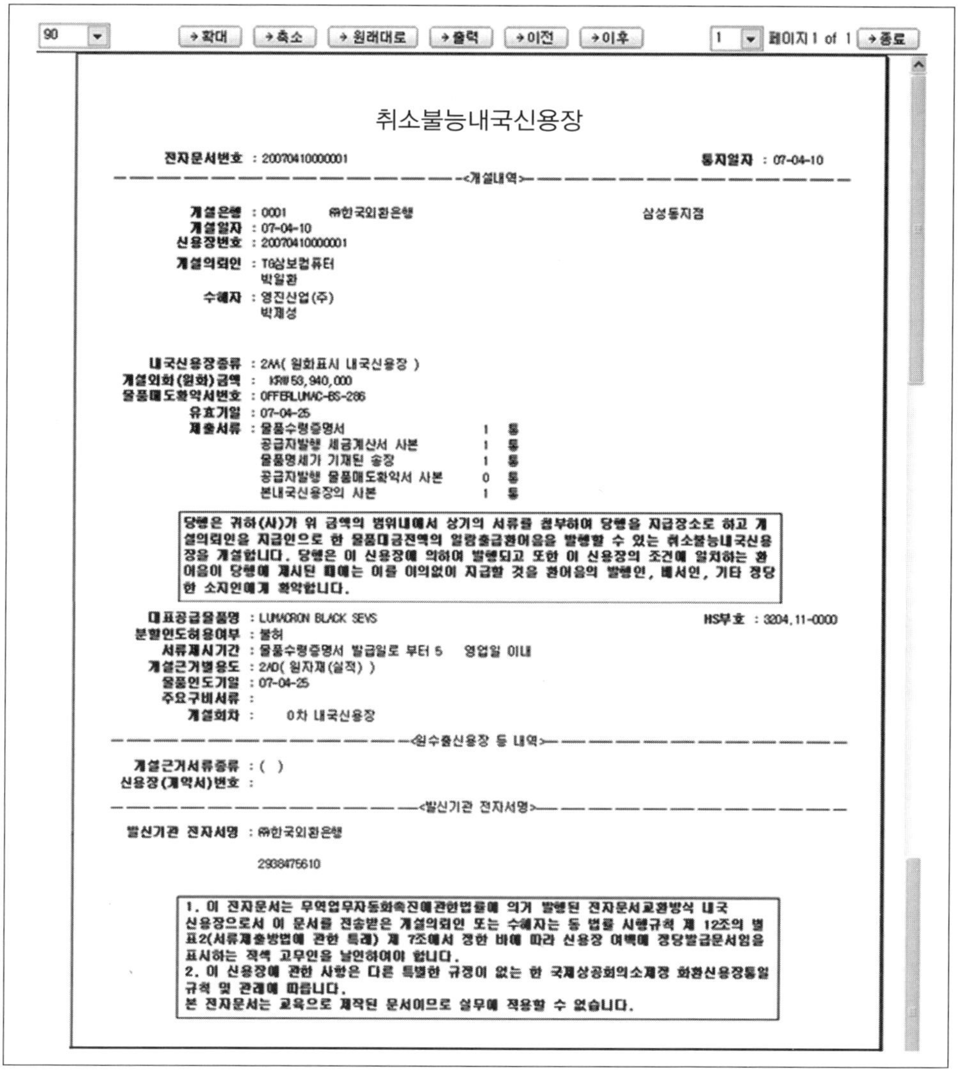

90 | →확대 | →축소 | →원래대로 | →출력 | →이전 | →이후 | 1 페이지 1 of 1 | →종료

취소불능내국신용장

전자문서번호 : 20070410000001 **통지일자** : 07-04-10

<개설내역>

개설은행 : 0001 ㈜한국외환은행 삼성동지점
개설일자 : 07-04-10
신용장번호 : 20070410000001
개설의뢰인 : TG삼보컴퓨터
박일환
수혜자 : 영진산업(주)
박제성

내국신용장종류 : 2AA(원화표시 내국신용장)
개설외화(원화)금액 : KRW53,940,000
물품매도확약서번호 : OFFERLUMAC-BS-286
유효기일 : 07-04-25
제출서류 : 물품수령증명서 1 통
공급자발행 세금계산서 사본 1 통
물품명세가 기재된 송장 1 통
공급자발행 물품매도확약서 사본 0 통
본내국신용장의 사본 1 통

당행은 귀하(사)가 위 금액의 범위내에서 상기의 서류를 첨부하여 당행을 지급장소로 하고 개설의뢰인을 지급인으로 한 물품대금전액의 일람출급환어음을 발행할 수 있는 취소불능내국신용장을 개설합니다. 당행은 이 신용장에 의하여 발행되고 또한 이 신용장의 조건에 일치하는 환어음이 당행에 제시된 때에는 이를 이의없이 지급할 것을 환어음의 발행인, 배서인, 기타 정당한 소지인에게 확약합니다.

대표공급물품명 : LUMACRON BLACK SEVS **HS부호** : 3204,11-0000
분할인도허용여부 : 불허
서류제시기간 : 물품수령증명서 발급일로 부터 5 영업일 이내
개설근거별용도 : 2AD(원자재(실적))
물품인도기일 : 07-04-25
주요구비서류 :
개설회차 : 0차 내국신용장

<원수출신용장 등 내역>

개설근거서류종류 : ( )
신용장(계약서)번호 :

<발신기관 전자서명>

발신기관 전자서명 : ㈜한국외환은행

2938475610

1. 이 전자문서는 무역업무자동화촉진에관한법률에 의거 발행된 전자문서교환방식 내국신용장으로서 이 문서를 전송받은 개설의뢰인 또는 수혜자는 동 법률 시행규칙 제 12조의 별표2(서류제출방법에 관한 특례) 제 7조에서 정한 바에 따라 신용장 여백에 정당발급문서임을 표시하는 직책 고무인을 날인하여야 합니다.
2. 이 신용장에 관한 사항은 다른 특별한 규정이 없는 한 국제상공회의소제정 화환신용장통일규칙 및 관례에 따릅니다.
본 전자문서는 교육으로 제작된 문서이므로 실무에 적용할 수 없습니다.

3) 세금계산서 발행

판매업체나 제조업체가 수출상에게 상품을 납품하고 수출상이 상품을 인수하면 세금계산서를 판매업체나 제조업체 앞으로 발행하여야 한다.

(1) 조회화면

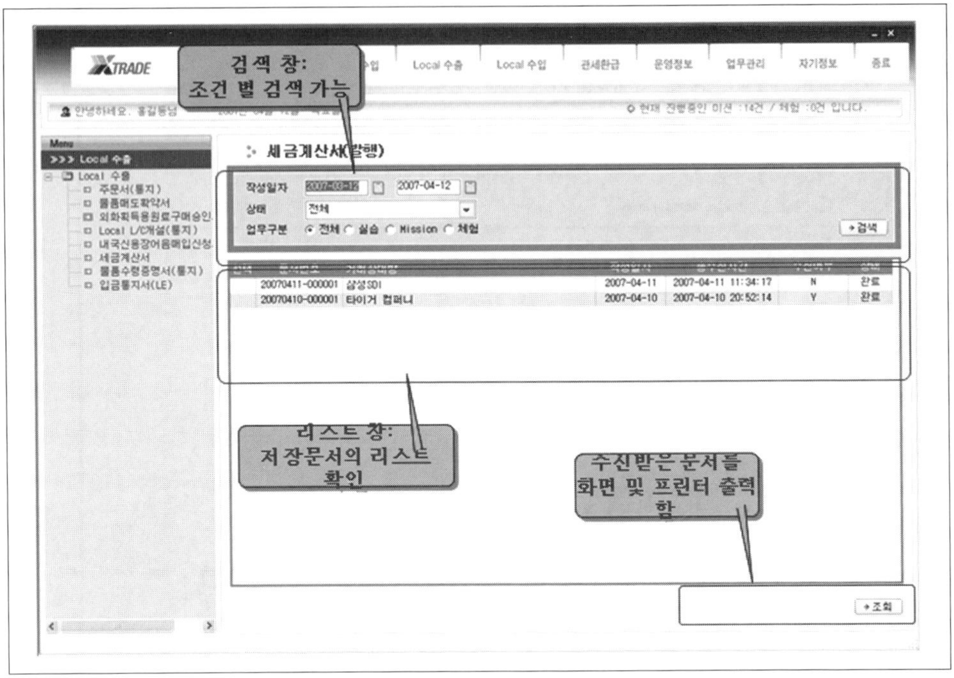
검색 창:
조건 별 검색 가능
리스트 창:
저장문서의 리스트 확인
수진받은 문서를 화면 및 프린터 출력 함

(2) 출력화면

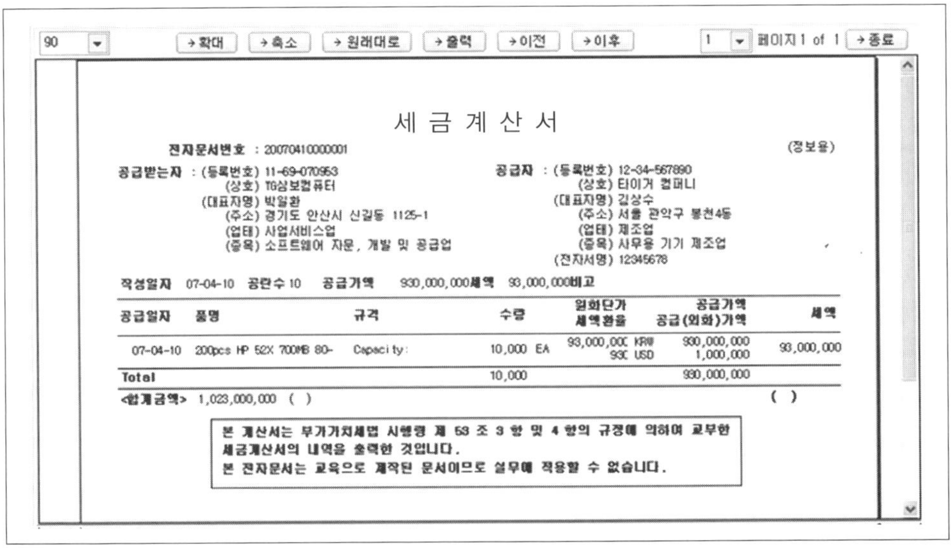
세 금 계 산 서
본 계산서는 부가가치세법 시행령 제 53 조 3 항 및 4 항의 규정에 의하여 교부한 세금계산서의 내역을 출력한 것입니다.
본 전자문서는 교육으로 제작된 문서이므로 실무에 적용할 수 없습니다.

4) 물품수령증명서

내국신용장 개설의뢰인은 특별한 사유가 없는 한 판매업체나 제조업체에게 세금계산서를 발행한 날로부터 10일 이내에 물품수령증명서를 발급하여야 한다.

(1) 조회화면

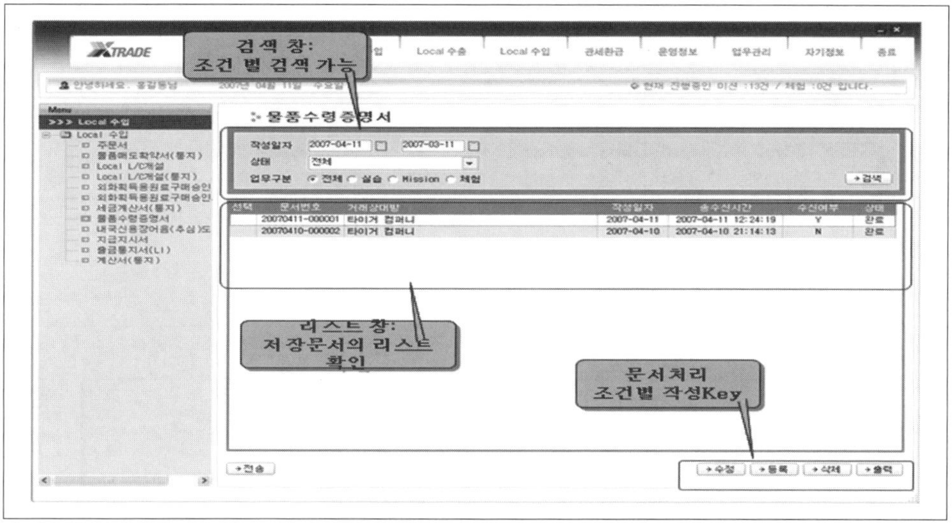

(2) 입력화면

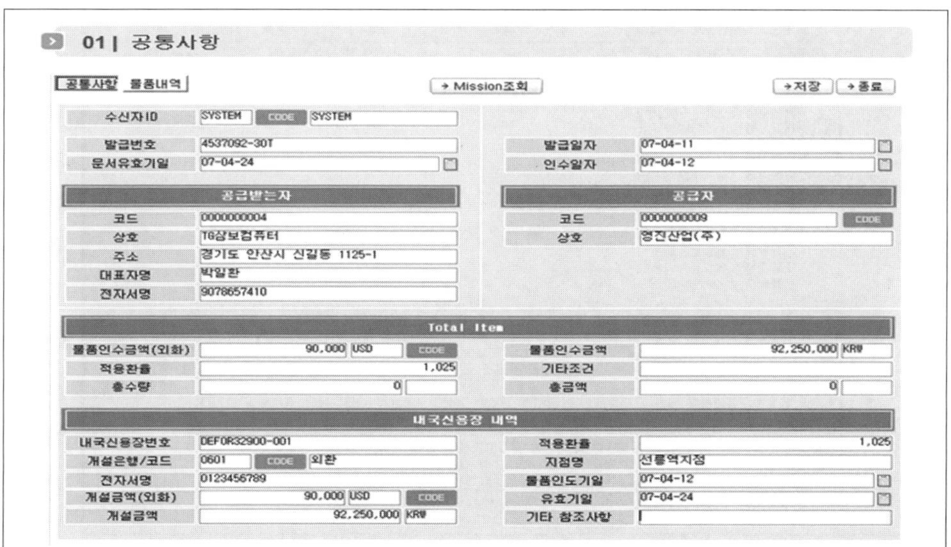

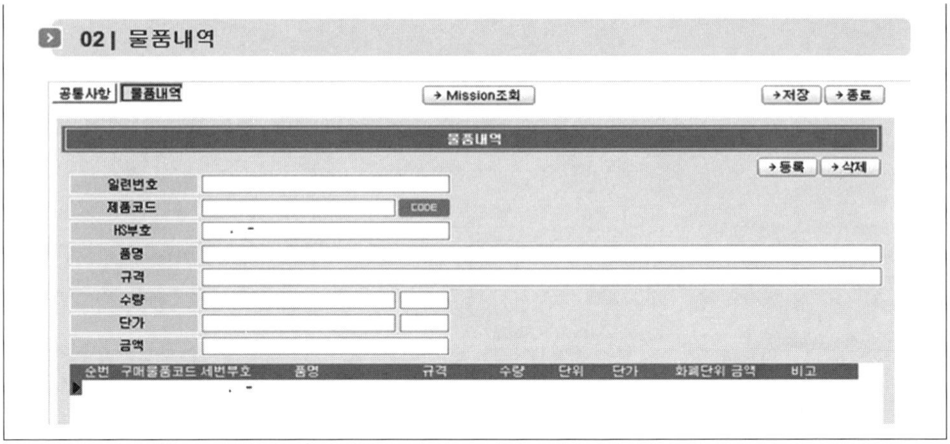

(3) 출력화면

내국신용장 물품수령증명서

2007-04-11 출력일자 : PAGE : 1

발급번호 : 20070411000001
발급일자 : 07-04-11
공급자 : 타이거 컴퍼니
인수일자 : 07-04-11
인수금액 : USD 1,000,000 0
문서유효기일 : - -
기타조건 :

<인 수 물 품 내 역>

순번	물품코드	세번부호	품명	규격	수량	단가	금액
1	0704000020	0020030001	200pcs HP 52X 700MB 80-	Capacity:	10,000 EA	100,00C USD	1,000,000
합계					10,000		1,000,000

<관련 내국신용장 내역>

개설은행 : 0002 ㈜신한은행 Shin-lim
개설은행전자서명 : 1827396050
신용장번호 : 2007
신용장금액 : USD 1,000,000 0
인도기일 : 07-05-01
유효기일 : - -
참조사항 :

<물 품 수 령 인>

기관명 : TG삼보컴퓨터
대표자명 : 박일환
전자서명 : 9078657410

1. 이 물품수령증명서의 발급일은 관련 내국신용장의 물품 인도기일 이전이어야 합니다.
2. 이 물품수령증명서는 공급자의 세금계산서 발행일로 부터 10일 이내에 발급하여야 합니다.
3. 이 물품수령증명서의 물품명세는 관련 내국신용장의 물품명세와 일치하여야 합니다.
4. 이 물품수령증명서의 물품 수령인의 인감 또는 서명은 관련 내국신용장의 개설의뢰시 신고한 인감 또는 서명(물품매도확약서상의 인감 또는 서명을 기준으로 함)과 일치하여야 합니다.
5. 이 물품수령증명서의 물품 인수일자는 공급자가 교부한 세금계산서상의 공급일자와 일치해야 합니다.

이 전자문서는 "무역업무자동화촉진에 관한 법률"에 의거 전자문서교환 방식으로 발행된 물품수령증명서로서 수혜업체는 동 법률 시행 규정 제12조의 별표2 제1장 제7조에서 정한 바에 따라 적색고무인을 날인하여야 합니다.
본 전자문서는 교육으로 제작된 문서이므로 실무에 적용할 수 없습니다.

5) 내국신용장어음매입신청서

(1) 조회화면

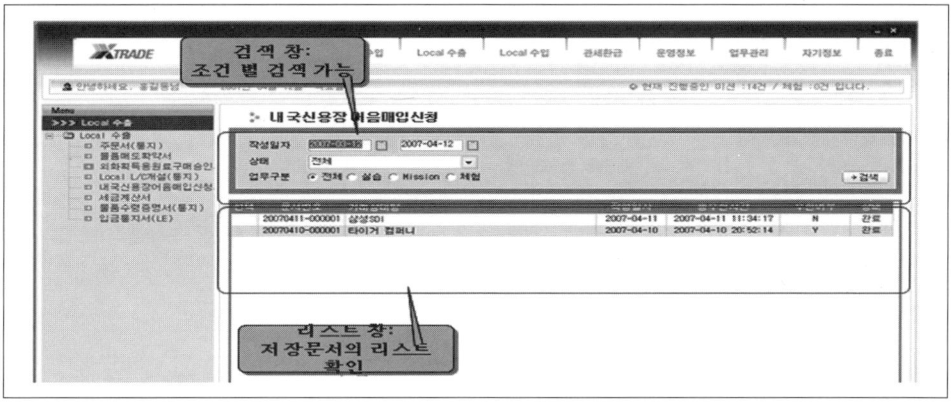

(2) 출력화면

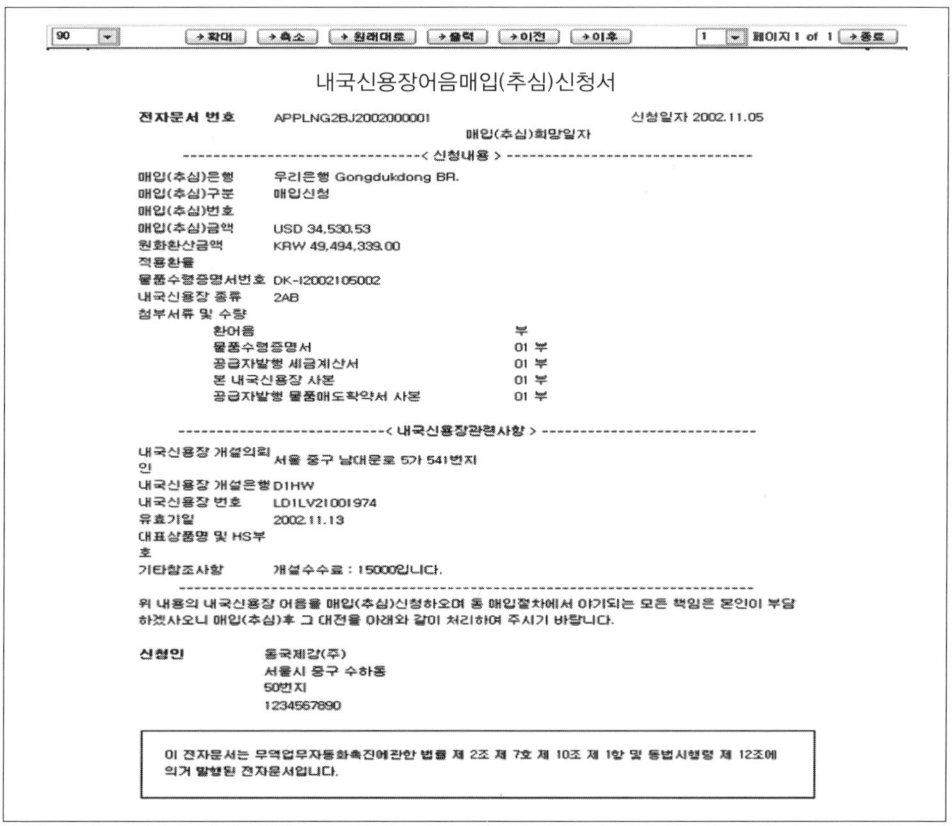

내국신용장어음매입(추심)신청서

전자문서 번호 APPLNG2BJ2002000001 신청일자 2002.11.05
매입(추심)희망일자

---------------------------------< 신청내용 >---------------------------------

매입(추심)은행 우리은행 Gongdukdong BR.
매입(추심)구분 매입신청
매입(추심)번호
매입(추심)금액 USD 34,530.53
원화환산금액 KRW 49,494,339.00
적용환율
물품수령증명서번호 DK-I2002105002
내국신용장 종류 2AB
첨부서류 및 수량
환어음 부
물품수령증명서 01 부
공급자발행 세금계산서 01 부
본 내국신용장 사본 01 부
공급자발행 물품매도확약서 사본 01 부

----------------------------< 내국신용장관련사항 >----------------------------

내국신용장 개설의뢰인 서울 중구 남대문로 5가 541번지
내국신용장 개설은행 D1HW
내국신용장 번호 LD1LV21001974
유효기일 2002.11.13
대표상품명 및 HS부호
기타참조사항 개설수수료 : 15000입니다.

위 내용의 내국신용장 어음을 매입(추심)신청하오며 동 매입절차에서 야기되는 모든 책임은 본인이 부담하겠사오니 매입(추심)후 그 대전을 아래와 같이 처리하여 주시기 바랍니다.

신청인 동국제강(주)
서울시 중구 수하동
50번지
1234567890

이 전자문서는 무역업무자동화촉진에관한 법률 제 2조 제 7호 제 10조 제 1항 및 동법시행령 제 12조에 의거 발행된 전자문서입니다.

(3) 내국신용장어음(추심)도착통보서

① 조회화면

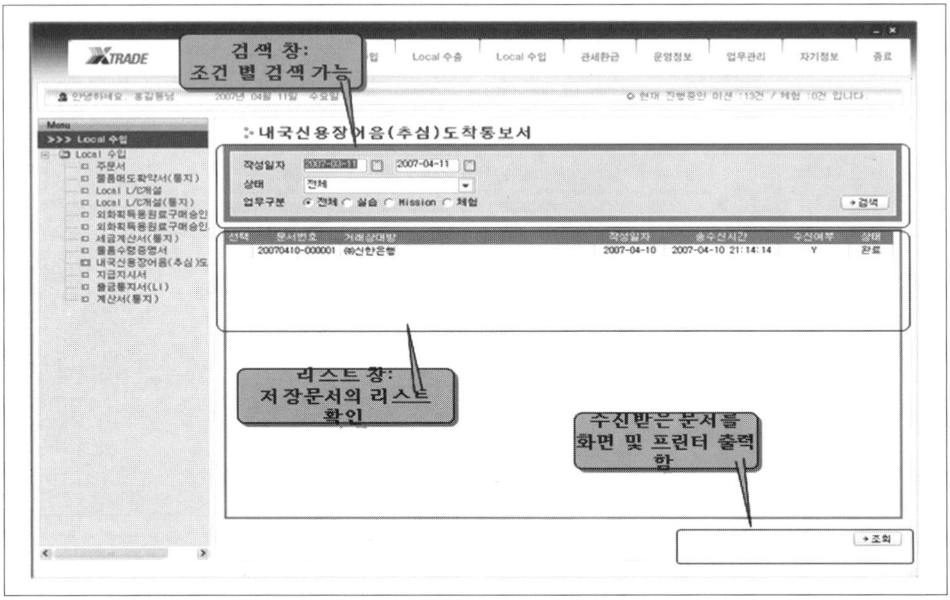

② 출력화면

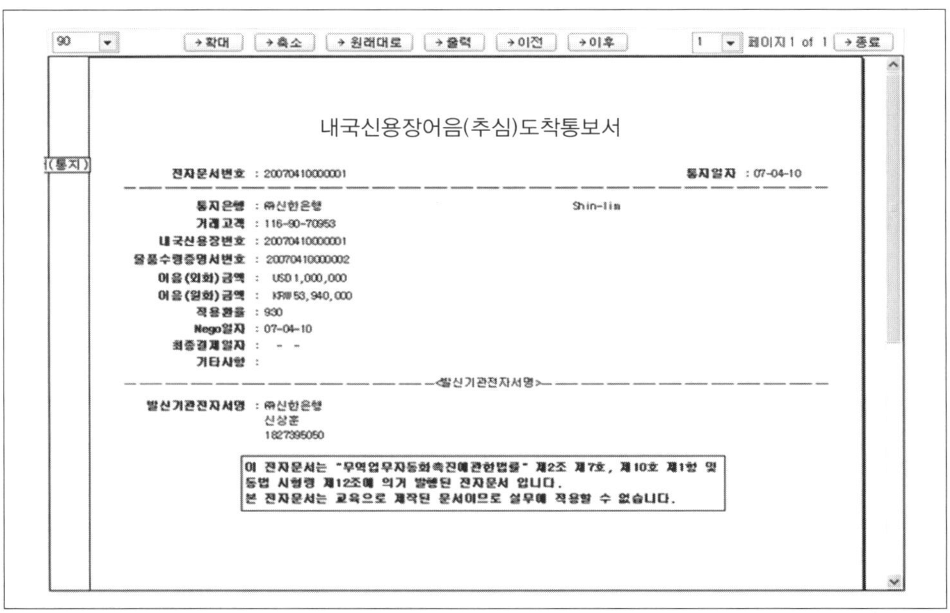

(4) 입금통지서

① 조회화면

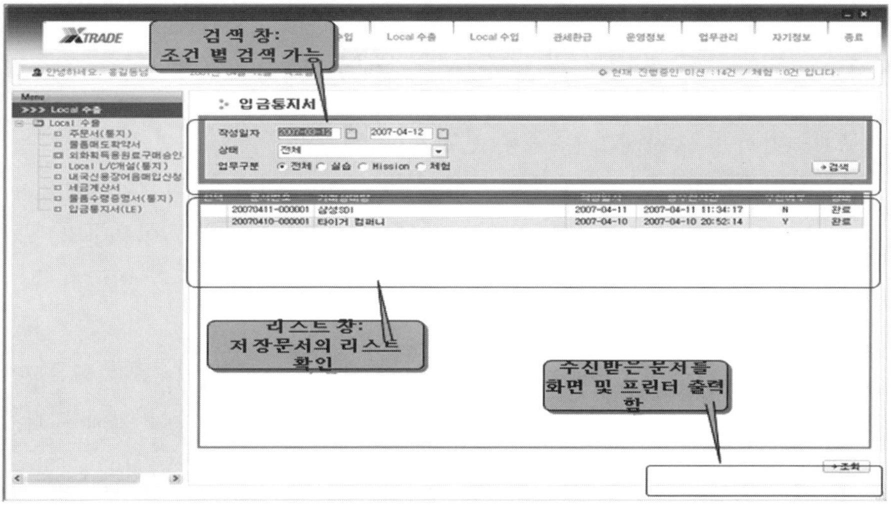

② 출력화면

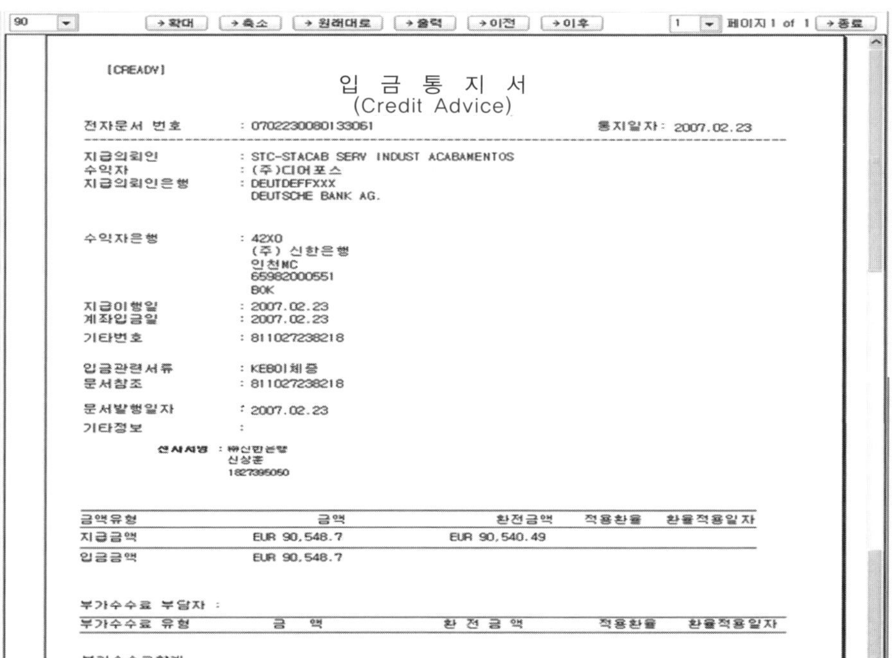

[CREADY]

입 금 통 지 서
(Credit Advice)

전자문서 번호 : 0702230080133061 통지일자: 2007.02.23

지급의뢰인 : STC-STACAB SERV INDUST ACABAMENTOS
수익자 : (주)디어포스
지급의뢰인은행 : DEUTDEFFXXX
DEUTSCHE BANK AG.

수익자은행 : 42X0
(주) 신한은행
인천NC
65982000551
BOK

지급이행일 : 2007.02.23
계좌입금일 : 2007.02.23
기타번호 : 811027238218

입금관련서류 : KEB이체증
문서참조 : 811027238218

문서발행일자 : 2007.02.23
기타정보 :

금액유형	금액	환전금액	적용환율	환율적용일자
지급금액	EUR 90,548.7	EUR 90,540.49		
입금금액	EUR 90,548.7			

부가수수료 부담자 :

부가수수료 유형	금 액	환 전 금 액	적용환율	환율적용일자

부가수수료합계

제 3 절 외화획득용 원료 구매승인서

1. 외화획득용 원료 구매승인서의 개념

구매승인서는 수출상이 수출용 원자재나 완제품을 국내 생산업자 또는 공급업자로부터 구매하는 경우 내국신용장취급규정에 의하여 외국환은행장이 발급하는 승인서이다. 내국신용장 취급규정에 의거 내국신용장을 이용하지 못하는 국내수출품 생산업자를 지원하여 수출상사가 원자재나 완제품을 원활히 확보할 수 있도록 하기 위한 제도이다.

구매승인서의 사후발급을 인정하고 있다. 상품공급당시에는 외화획득용으로 사용될 목적이 아니거나 개설대상이었지만 거래당사자의 무지로 인해 구매승인서를 개설하지 못하는 경우 사후의 발급을 인정하였다. 구매승인서에 의한 수출실적확인기관을 명확히 했다. 은행을 통한 대금결제시에는 확인기관으로 결제은행을 지정하였고 거래당사자간에 대금지급이 직접 이루어지는 경우에는 구매승인서를 발급한 은행을 수출실적 확인기관으로 지정하였다. 또한 무역EDI를 통한 구매승인서의 신청과 발급시 절차를 간소화하였다. 은행이 구매승인서를 발급할 때는 상품을 공급한 자와 구매승인서 발급신청자 모두에게 구매승인서 발급과 관련된 모든 정보를 통지한다. 따라서 구매승인서의 발급을 무역EDI로 신청하는 경우 상품을 공급한 자와 구매승인서의 발급신청자에게 양자가 알고 있는 동일한 내용을 무역EDI를 통하여 전송되기 때문에 불필요한 무역EDI 사용료를 부담하게 되는 비효율성이 발생하여 무역EDI로 구매승인서의 발급을 신청한 업체에게는 승인번호 등 최소사항만 전송할 수 있도록 대외무역법이 개정되었다.

2. 외화획득용 원료 구매승인신청서 작성방법

1) 외화획득용 원료 구매승인서

(1) 조회화면

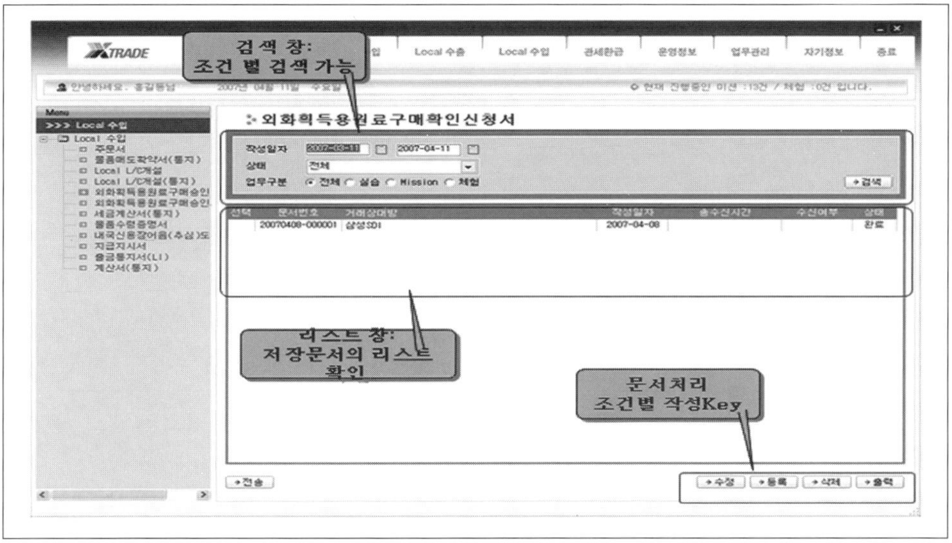

(2) 입력화면

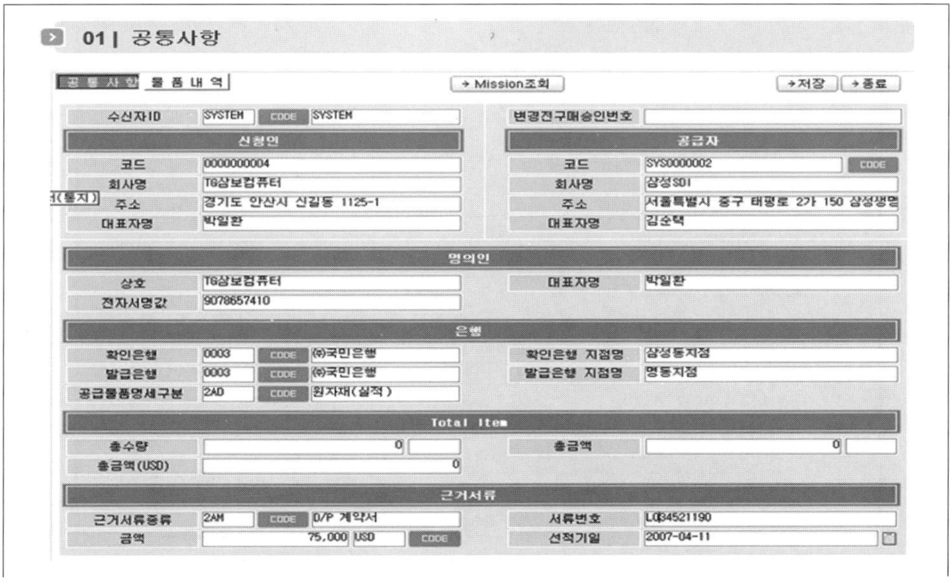

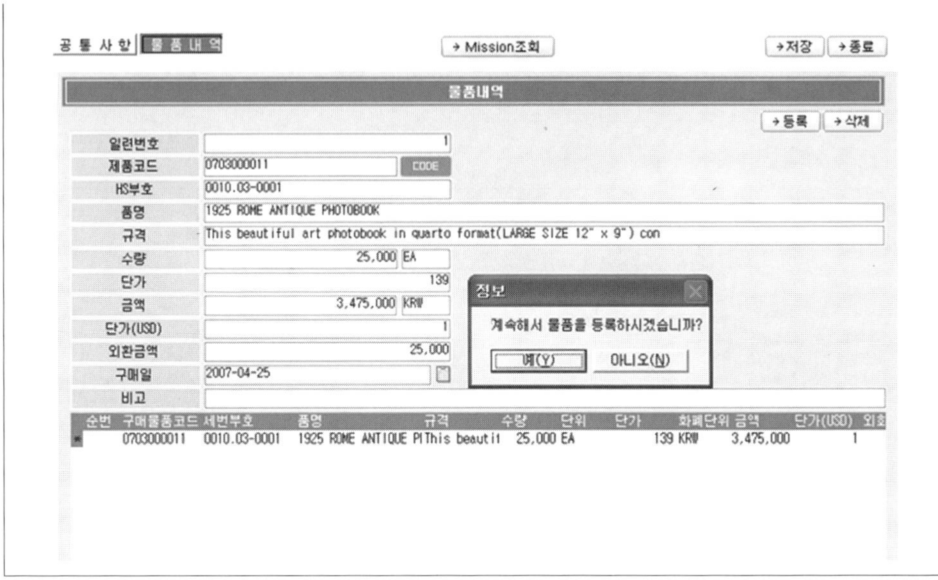
공 통 사 항
물 품 내 역
→ Mission조회
→저장
→종료
물품내역
→등록
→삭제
일련번호 1
제품코드 0703000011 CODE
HS부호 0010.03-0001
품명 1925 ROME ANTIQUE PHOTOBOOK
규격 This beautiful art photobook in quarto format(LARGE SIZE 12" x 9") con
수량 25,000 EA
단가 139
금액 3,475,000 KRW
단가(USD) 1
외환금액 25,000
구매일 2007-04-25
비고
정보
계속해서 물품을 등록하시겠습니까?
예(Y)
아니오(N)
순번 구매물품코드 세번부호 품명 규격 수량 단위 단가 화폐단위 금액 단가(USD) 외화
0703000011 0010.03-0001 1925 ROME ANTIQUE PIThis beautil 25,000 EA 139 KRW 3,475,000 1

(3) 출력화면

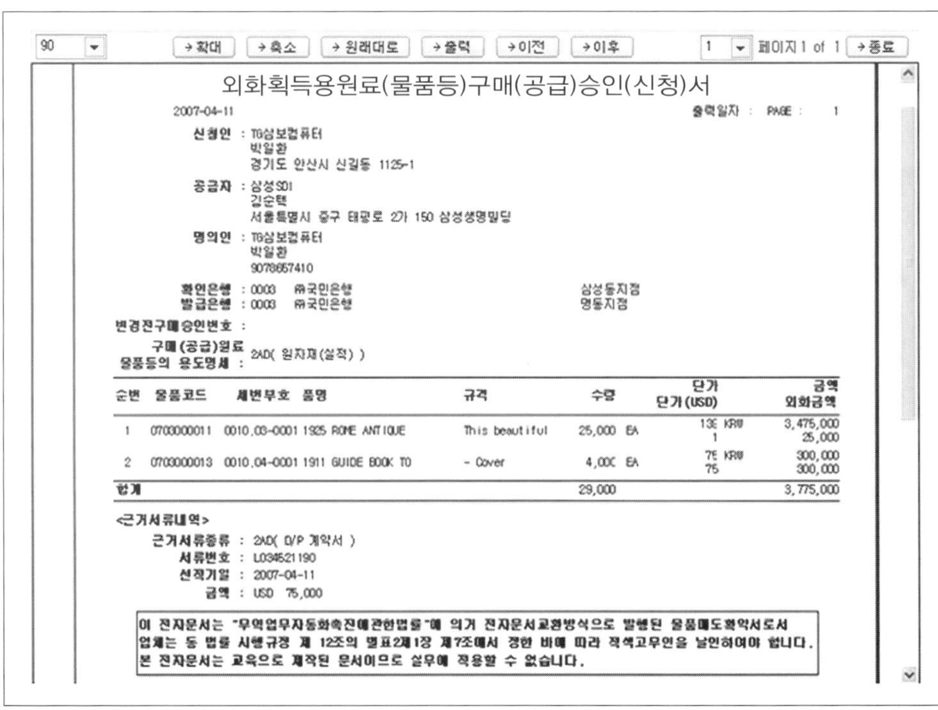
90
→확대
→축소
→원래대로
→출력
→이전
→이후
1 페이지 1 of 1
→종료
외화획득용원료(물품등)구매(공급)승인(신청)서
2007-04-11
출력일자 : PAGE : 1
신청인 : TG삼보컴퓨터
박일환
경기도 안산시 신길동 1125-1
공급자 : 삼성SDI
김순택
서울특별시 중구 태평로 2가 150 삼성생명빌딩
명의인 : TG삼보컴퓨터
박일환
9078657410
확인은행 : 0003 ㈜국민은행 삼성동지점
발급은행 : 0003 ㈜국민은행 명동지점
변경전구매승인번호 :
구매(공급)원료 물품등의 용도명세 : 2AD(원자재(실적))
순번 물품코드 세번부호 품명 규격 수량 단가 단가(USD) 금액 외화금액
1 0703000011 0010.03-0001 1925 ROME ANTIQUE This beautiful 25,000 EA 139 KRW 1 3,475,000 25,000
2 0703000013 0010.04-0001 1911 GUIDE BOOK TO - Cover 4,000 EA 75 KRW 75 300,000 300,000
합계 29,000 3,775,000
<근거서류내역>
근거서류종류 : 2AD(D/P 계약서)
서류번호 : L034521190
선적기일 : 2007-04-11
금액 : USD 75,000
이 전자문서는 "무역업무자동화촉진에관한법률"에 의거 전자문서교환방식으로 발행된 물품매도확약서로서
업체는 동 법률 시행규정 제 12조의 별표2제1장 제7조에서 정한 바에 따라 직책고무인을 날인하여야 합니다.
본 전자문서는 교육으로 제작된 문서이므로 실무에 적용할 수 없습니다.

2) 외화획득용 원료 구매승인서

(1) 조회화면

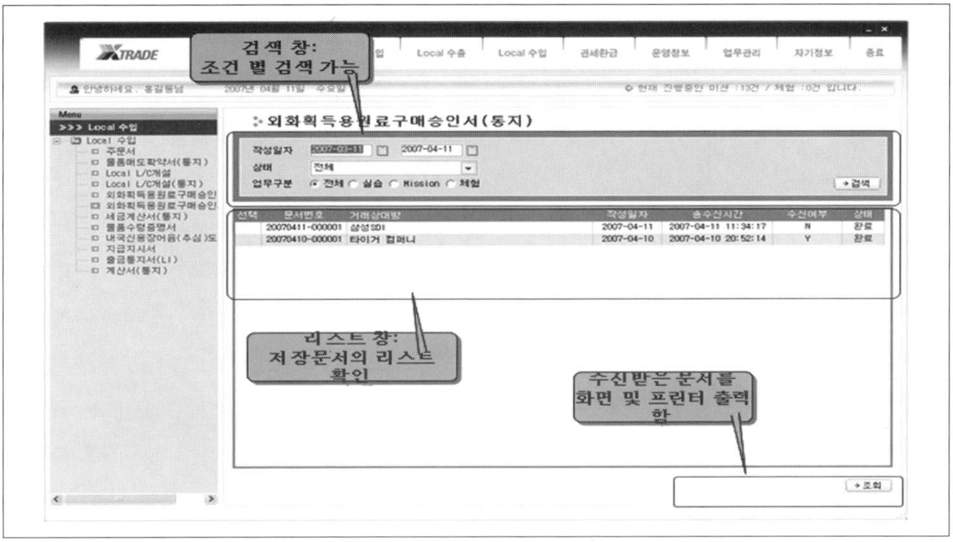

(2) 출력화면

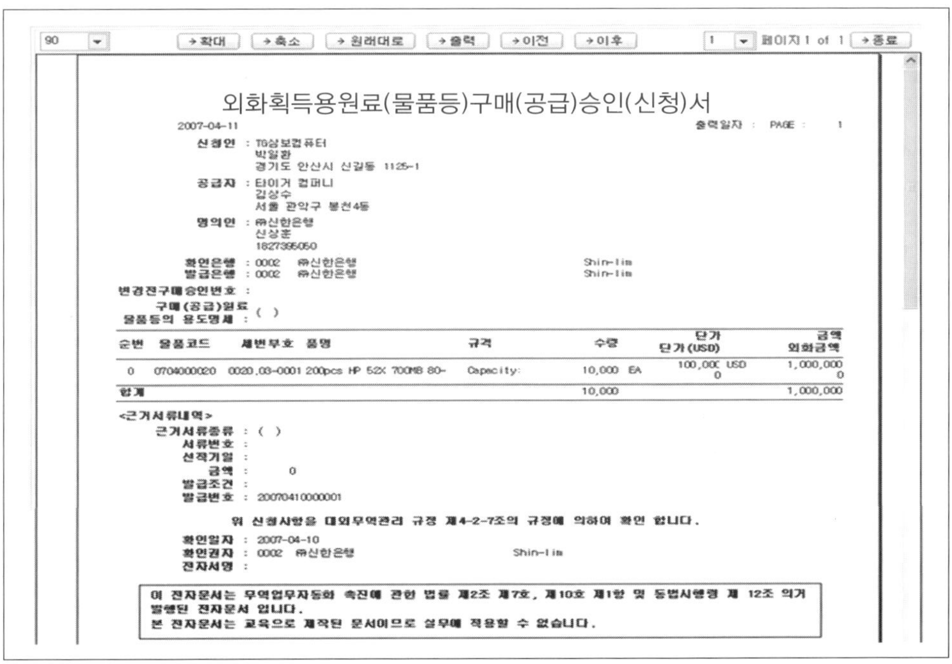

제 11 장

수출통관 전자무역문서

제 1 절　인터넷 수출통관의 개요
제 2 절　무역EDI를 이용한 수출통관업무
제 3 절　수출신고 전자무역문서 작성 실습

무역계약이 체결되고 무역계약에서 명시된 신용장이 발행되어 수출상에게 통지되면 수출상은 수출물품을 생산하여 수출통관을 하여야 한다. 수출통관에 관련된 업무의 흐름을 살펴보고 전자무역문서로 수출신고서를 작성하여 본다.

제1절 인터넷 수출통관의 개요

1. 인터넷과 무역EDI의 수출통관 개요

관세법 제1조에서 이 법은 관세의 부과, 징수 및 수출입물품의 통관을 적정하게 하고 관세수입을 확보함으로써 국민경제의 발전에 이바지함을 목적으로 한다고 규정하여 관세법상의 수출통관은 관세법에서 규정한 절차를 준수하여 수출하는 것을 의미하며 수출은 내국물품을 외국으로 반출하는 것을 말한다. 따라서 수출상은 수출상품이 대외무역법과 관세법령에 의거 수출자동승인품목에 포함되어 있는지 여부와 수출대금영수방법에 관하여 외국환관리법령에 제약이 없는지를 사전에 확인하여야 한다.

수출하고자 하는 모든 상품은 세관에 수출신고를 하고 수출신고필증을 받아 상품을 선박과 항공기에 적재하기까지의 수출통관절차를 따라야 한다. 수출상은 수출상품을 선적하기 전까지 수출상품의 소재지 관할 세관장에게 수출신고를 하고 수출신고필증을 교부받아야 한다. 수출제한품목을 수출하려는 수출상은 관련조합과 협회, 지식경제부장관으로부터 수출승인을 받은 후에 세관장에게 수출신고를 해야 한다.

현재 수출통관은 인터넷 또는 전자문서교환(EDI: Electronic Data Interchange) 방식으로 처리되고 있기 때문에 수출상품은 간단하고 신속하게 통관되고 있다. 수출상품은 원칙적으로 감사가 생략된다. 그러나 부정수출, 원산지표시 위반, 지적재산권위반 등이 발생할 가능성이 있는 상품에 대해서는 전산에 의한 발췌검사가 예외적으로 실시된다. 수출신고가 수리된 상품은 수출신고일로부터 30일 이내에 외국무역선 또는 외국무역기에 선적되어야 한다. 다만 선적시기가 부득이하게 변경된 경우 통관지 세관장에게 선적기간 연장승인을 받아야 하며 30일 범위 내에서 연장이 가능하다. 수출신고일로부터 30일 이내에 수출상품이 외항선박이나 항공기에 선적되지 않으면 수출신고수리가 취소되어 과태료가 부과되고 관세환급도 불가능하기 때문에 수출상은 선적기간 내에 수출상품을 외항선박에 선적해야 한다.

2. 무역EDI의 수출통관절차

1) 무역EDI의 수출신고

수출상은 선적시기 등을 감안하여 수출상품을 선박 또는 항공기에 적재하기까지 수출품이 장치된 지역을 관할하는 세관장에게 수출신고를 해야 한다. 수출신고는 원칙적으로 당해상품을 외국으로 반출하고자 하는 외국무역선과 외국무역기의 적재단위별로 하여야 한다. 다만, 부득이한 경우 분할 또는 동시포장을 할 수 있다.

수출상품의 화주(완제품공급자 포함)와 관세사, 관세사법인, 통관취급법인은 전자교환방식에 의한 수출통관시스템을 이용하여 전자문서로 수출신고서를 작성하여 관세청통관시스템에 전송해야 한다. 화주가 직접 수출신고를 하는 경우에는 본인이 화주(수출상품의 소유자)인 경우에만 수출신고가 가능하므로 수출위탁대행계약에 의하여 소유권 이전 없이 수출만을 대행하는 경우에는 자기가 직접 신고할 수 없다. 다만 완제품공급자의 경우에는 화주가 아니라도 수출신고가 가능하다.

발송한 수출신고서 내용에 대해서 전자교환방식으로 수정사항을 받거나 신고내용을 변경하고자 하는 경우에는 수출신고번호가 부여되기 전까지는 변경사항을 포함한 신고 자료를 최초의 제출번호로 다시 전송하면 되고 수출신고번호가 부여된 후에 변경사항이 발생하면 수출신고정정승인신청서를 작성하여 신고한 세관장에게 제출하면 된다. 수출신고서를 전자교환방식으로 접수한 세관은 수출신고서내용을 검토한 후에 관세청통관시스템에 신고서번호를 입력하여 신고서번호를 부여하는데, 이 시점에서 수출신고의 효력이 발생한다.

2) 수출신고서 처리 및 심사

수출신고된 상품은 자동수리대상, 즉시수리대상, 검사대상으로 구분하여 처리되고 있다. 자동수리대상은 서류제출대상이 아닌 상품으로서 별도의 상품검사나 심사절차 없이 전산에 의해 자동으로 수리되는 것을 말하며, 해당요건은 수출신고금액이 미화 10,000달러 이내에서 세관장이 정하는 금액 이하인 경우, 다만 미화 5,000달러를 초과하는 무환수출물품은 자동수리대상에서 제외하고 있다.

즉시수리대상이란 자동수리대상이 아닌 물품 중 검사가 생략되는 물품에 대하여 세관직원이 컴퓨터 화면을 통하여 다음의 형식적인 요건을 심사하고 수리하는 방법으로서 대부분의 수출신고서가 이 방법에 의하여 처리되고 있다.

① 신고내용은 수출신고서 작성요령에 따라 정확하게 작성하였는가?

② 서류제출대상 물품은 아닌가?

③ 수출신고한 물품의 세번(HS)은 정확한가?

④ 기타 수출물품 통관을 위하여 필요한 사항

검사대상이란 수출심사시 현품의 확인이 필요한 경우와 우범물품으로 선별된 물품 중 세관장이 검사가 필요하다고 판단한 물품에 대하여 수출물품을 실제로 검사하고 수출신고를 수리하는 방법이다.

3) 수출신고서 수리

수출신고서의 수리는 수출신고서 처리방법에 따라 자동수리대상은 통관시스템에서 자동으로, 즉시수리대상은 심사 후 즉시 수리되며, 검사대상은 검사 후 수리하고 있다.

수출신고물품에 대하여 수출신고를 수리하면 세관장 또는 관세사 등은 수출신고필증을 교부하게 된다. 서류제출대상물품은 세관장이 수출신고필증에 수출신고수리인과 신고서 처리담당자인을 날인한 후 신고인에게 하며, 관세사가 종이서류 없는(P/L) 신고를 한 경우는 관세사가 세관장으로부터 신고수리의 사실을 전산통보받아 수출화주에게 신고필증에 P/L 신고수리확인 고무인과 관세사인을 날인하여 교부하고 있다. 화주 등이 직접 전자문서에 의하여 신고한 경우에 화주는 세관장으로부터 신고수리의 사실을 통보받아 수출신고필증을 출력한 후 세관기재란에 “본 신고필증은 직접신고에 의거 세관장으로부터 신고수리된 것임”을 기록하고 화주 등의 인장을 날인하여야 한다.

수출신고내용의 정정은 수출신고번호가 부여된 후의 정정과 신고수리 후의 정정으로 구분할 수 있는데, 신고번호가 부여된 후에 정정하고자 할 때에는 수출신고정정승인신청서를 세관장에게 제출하고 승인을 받아야 하고 수출신고수리 후에 세관장이 정정승인한 경우에는 관세 등의 환급금액과 관련이 있는지 확인하여 환급금액과 관련이 있는 때에는 해당 환급기관에 이를 통보하도록 하고 있다.

수출신고인은 수출신고 후 또는 신고수리 후 수출계약취소 등 정당한 사유로 수출신고를 취하하고자 할 때에는 세관장에게 수출신고취하승인신청서를 제출하고 승인을 얻어야 한다.

제 2 절 무역EDI를 이용한 수출통관업무

1. 수출신고신청

1) 작성 · 수신 문서 리스트 조회

초기 화면에 나타나는 데이터는 사용자와 관련되어 수신된 전자문서의 전체 리스트를 보여준다.

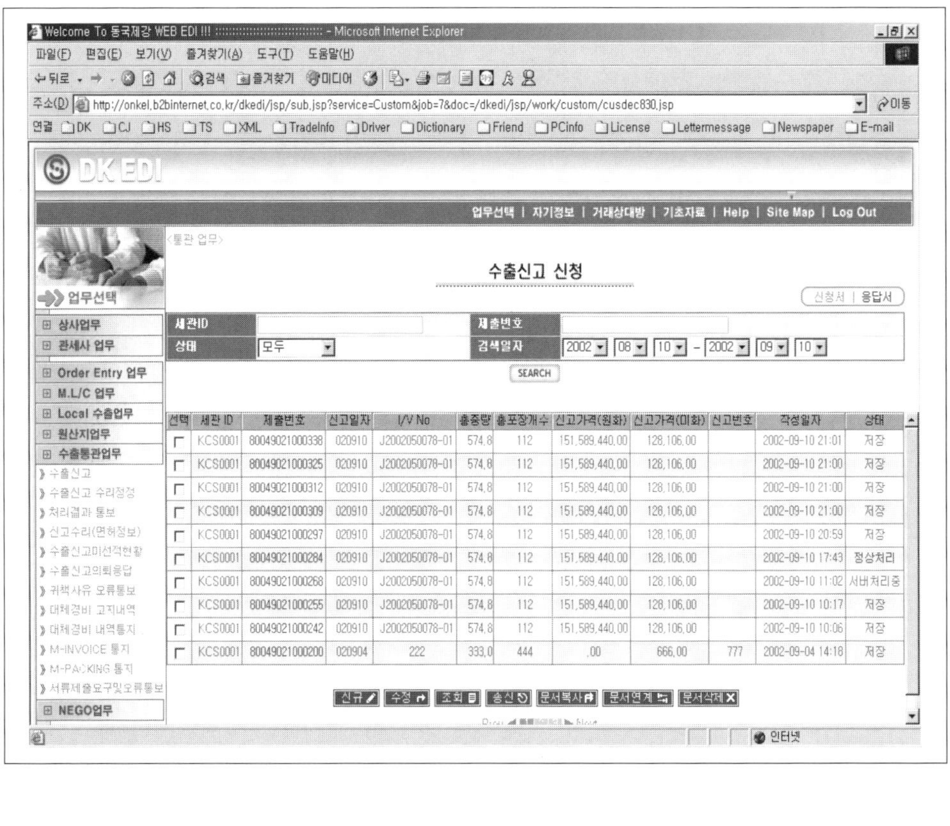

검색창에는 제출번호, 진행관리번호, 검색일자로 구성되어 있으며, 제출번호는 제출번호로 검색하는 기능을 하고, 진행관리번호는 문서상태로 검색하는 기능을 하며, 검색일자는 검색일자로 검색하는 기능을 한다.

리스트창은 신규, 수정, 조회, 송신, 문서복사, 문서연계, 문서삭제, 보관용으로 구성되어 있다. 신규는 신규문서를 작성할 때 사용하며, 수정은 선택된 문서를 수정할 때 사용한다.

조회는 선택된 문서를 조회할 때, 송신은 선택된 문서를 송신할 때, 문서복사는 선택된 문서를 복사할 때, 문서연계는 선택된 문서를 이용하여 수출신고정정문서를 사용할 때, 문서삭제는 선택된 문서를 삭제할 때, 보관용은 선택된 문서를 보관하거나 보관용 출력물을 조회할 때 사용한다.

2) 수출신고서의 업무절차

(1) Paper less 방식의 처리절차

수출자는 EDI방식, FAX, 인편 등을 통하여 수출신고서류를 관세사 등에 전달하고, 신고인(관세사 등)은 수출신고서류를 참조하여 수출신고서(CUSDEC)를 작성한 후 EDI방식으로 세관에 전송하며, 세관시스템은 수신된 수출신고를 검증하여 오류가 발생한 신고건에 대해서 오류통보(CUSRES) 전자문서를 신고인에게 전송, 신고인은 오류사항을 정정 후 동일 제출번호로 최초전송과 동일하게 전송한다.

세관원이 단말기에서 신고건을 조회 · 확인 후 수리 key를 입력하면, 세관

그림 11-1 Paper less 방식의 처리절차

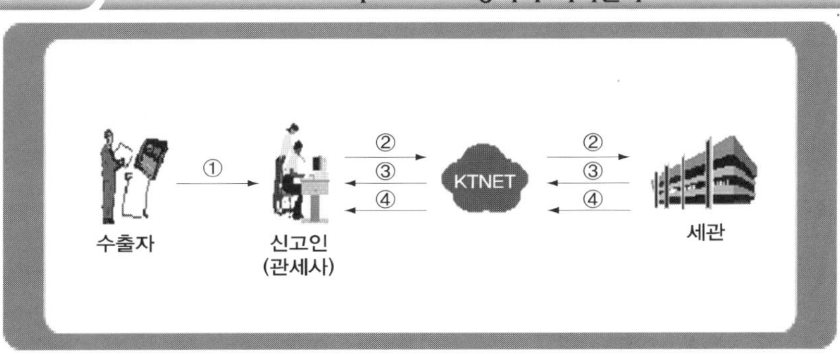

시스템에서 자동으로 수리통보(CUSRES)를 신고인에게 전송하고, 신고인은 수출신고필증을 출력하여 신고인의 확인도장을 날인 후 수출신고필증으로 사용한다.

(2) 서류제출 방식의 처리절차

수출자는 EDI방식, FAX, 인편 등을 통하여 수출신고서류를 관세사 등에 전달하고, 신고인(관세사 등)은 수출신고서류를 참조하여 수출신고서(CUSDEC)를 작성한 후 세관에 전송하며, 세관시스템은 수신된 수출신고를 검증하여 오류가 발생한 신고건에 대해서 오류통보(CUSRES) 전자문서를 신고인에게 전송, 신고인은 오류사항을 정정 후 동일 제출번호로 최초전송과 동일하게 전송한다. 신고인은 수출신고서와 첨부서류를 준비하여 세관에 제출하고, 세관은 접수받아 심사·검사 등 제반 행정처리 후 수리요건에 해당이 되면 수출신고필증을 교부한다.

관세법 제145조의 규정에 의한 세관장 확인물품, 전략물자 수출허가 대상물품, 위약으로 인한 재수출물품 및 수입시 재수출조건 이행물품, 화주 또는 완제품 공급자가 직접 신고하는 경우로 수출신고필증을 발급받고자 하는 경우에 해당된다.

그림 11-2 서류제출 방식의 처리절차

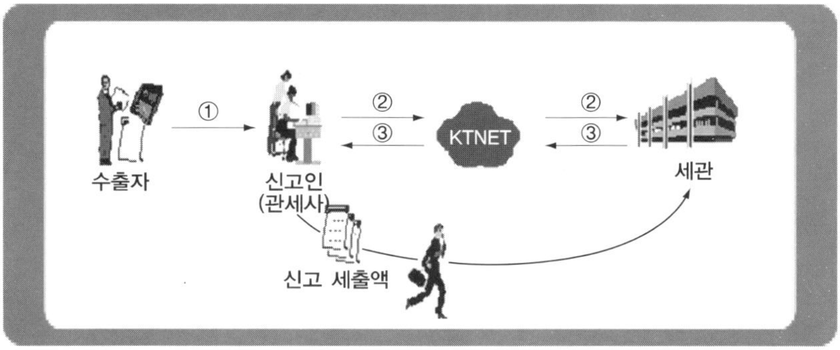

3) 수출신고서의 입력

수출신고서(CUSDEC830)

*는 필수항목입니다.

*수신자 ID	KCS0001 code	수신자명	관세청(수출통관)
*문서번호			
전송	최초전송	*응답	필요

신고자		수출자	
상호	(주)동국제강	상호	(주)동국제강 선 택
부호	80049	무역업등록번호	071037

제조자			
상호	동국제강(주)포항공장 선 택	대표자	장세주
우편번호	790	번호구분	⦿ 사업자 ○ 주민 ○ 여권
주소	포항시 남구 장흥동 1867	사업자등록번호	6068503346
		통관고유번호	동국제강1541043

구매자			
상호	STEEL TRADERS	부호	

*신고일자	020910 (YYMMDD) Today	*신고구분	H code
*세관부호	122 code	*거래구분	11 code
*과부호	10 code	*수출종류	A code
*수출자구분	A : 제조자와 동일	*결제방법	LS code

환급신청인구분	○ 해당없음 ○ 수출자 ⦿ 제조자	*운송수단	10 code
환급기관명	122 code 포항세관	*운송용기	ETC code
*물품소재지부호	790 code	*적재항명	KPO code 포항항 139
*물품소재지주소	경북 포항시 남구 장흥동 1867	*목적국	AU code AUSTRAL
*검사희망일자 (제조완료일자)	020910 (YYMMDD)	지역구분	○ 일본 ○ 동남아 ○ 기타
		*중고여부	⦿ 신품 ○ 중고

*사전임시개청 통보여부	⦿ 임시개청대상 아님 ○ 임시개청대상임		
반송사유	code	화물관리번호 전송구분	

*결제(인도)조건	CIF code	*결제통화환율	1159.41
*결제금액	178287.99 EUR code	*미국환율	1183.31
		운임보험 자동계산	⦿ 자동 ○ 안분 ○ 직접입력

운임통화	code	보험통화	code
운임통화환율		보험통화환율	
운임통화금액		보험통화금액	
운임원화금액	13431765 KRW	보험원화금액	1213513 KRW
총포장갯수	112	*총중량(kg)	574.8 MT

보세운송인상호		Invoic No.	
보세운송기간	~ (YYMMDD)	File No 1.	
업체참조번호	J2002050078-01	File No 2.	
L/C번호	20429447300005A		

관련서류

수출승인번호		발급일자	(YYMMDD)
수출추천서번호		발급일자	(YYMMDD)
검사증번호		발급일자	(YYMMDD)
검역증번호		발급일자	(YYMMDD)
전략물자번호		허가일자	(YYMMDD)

총란수	4	세관기재란	수출물품을 선적하고자 할때에는 이 신고필증 (또는 사본) 을 선사, 항공사 또는 포워더에 인도하셔야 선적이 가능합니다!
총신고금액($)	128106.00		
총감정가격(₩)	151589440		

화물관리번호		확인
	화물관리번호	

차대관리번호		차대번호		확인
차대관리번호		차대번호		

총합계 계산 **Line List** 확인

*세번부호	7208510000	란번호	001
*순중량	45.216 MT code	제품코드	
수량	10 PC code	*신고가격($)	12524
*결제금액	14016.96	*신고가격(₩)	14819654
*포장개수	1000 PG code	수입신고번호	
		수입신고란번호	

*영문품명및규격
HOT ROLLED PLATES
S355J2G3/EN10025
11111 X 40 X 3000 X 12000 MM UPCE
45.216 MT EUR310.00 / MT EUR 14016.96

	세번부호	순중량	포장개수	신고가격($)	신고가격(₩)
001	7208510000	45.216 MT	1000 PG	12524	14819654
002	7208520000	141.761 MT	2000 PG	39265	46462515
003	7208530000	157.785 MT	3000 PG	43703	51714420
004	7208540000	117.75 MT	5000 PG	32614	38592851

저장 송신 출력

4) 수출신고서 항목설명

- **문서(제출)번호**(수정불가): 제출번호는 자동으로 1씩 증가한다. 관세사부호(5)+연도(2)+제출번호(6)+체크디지트(1)가 자동으로 입력된다.
- **전송구분**: 최초전송(공백)은 작성된 문서를 최초로 전송하는 것을 의미하고, 재전송(35)은 최초로 작성한 문서가 부적절하여 다시 전송되는 것을 말한다. 취소전송(1)은 작성한 문서의 취소전송을 말한다.
- **응답형태**: 응답필요(AB)는 응답용 전자문서를 요구할 경우, 응답불필요(NA)는 응답용 전자문서를 요구하지 않을 경우를 말한다.
- **신고자 상호**: 신고자 상호, 대표자명을 기재한다.
- **신고자 부호**: 관세청에서 부여한 신고자 부호를 기재한다.
- **수출자**: 수출자 상호와 무역업고유번호부호를 기재한다. 영문은 사용할 수 없다.
- **제조자**(수정불가): 상호, 대표자, 주소, 통관고유부호, 사업자등록번호, 우편번호를 기재한다. 개인일 경우는 사업자등록번호대신 주민등록번호를 기재한다. 외국인일 경우는 여권번호를 입력하고 첫 자는 반드시 F로 시작한다.
- **구매자**(수정불가): 구매자 상호와 관세청에서 부여한 부호 10자리를 기재한다(결제방법이 GN일 경우는 구매자부호는 입력을 하지 않아도 된다).
- **신고일자**: 신고일자를 기재한다. 신고일자 옆에 있는 Today 버튼을 클릭하면 당일 날짜가 표시된다.
- **세관부호**: 신고할 관할지 세관부호를 기재한다.
- **과 부 호**: 관할지 세관부호의 관련부서의 과부호를 기재한다.
- **수출자 구분**: 수출자와 제조자가 동일한지 동일하지 않은지 부호를 선택한다. A: 수출자와 제조자가 동일, B: 수출자와 제조자가 같지 않은 때, C: 수출자가 완제품 공급을 받아 수출한 경우
- **신고구분**: 신고구분 부호를 반드시 기재한다.
- **거래구분**: 거래구분 부호를 반드시 기재한다.
- **수출종류**: 수출종류 부호를 반드시 기재한다.
- **결제방법**(수정불가): 결제방법 부호를 반드시 기재한다.

- **환급신청인 구분**(수정불가): 환급신청인 구분부호를 선택한다. 1: 수출자, 2: 제조자공백: 해당 없음.
- **환급기관명**(수정불가): 코드버튼을 클릭하여 환급기관을 선택한다. 환급신청인구분이 수출자와 제조자일 때는 반드시 기재한다.
- **운송수단**: 운송수단을 기재한다.
- **운송용기**(수정불가): 운송용기를 기재한다.
- **물품소재지 부호, 주소**: 물품소재지의 우편번호와 주소를 기재한다.
- **적재항명**(수정불가): 적재항부호, 적재항명 및 해상/항공 구분부호를 기재한다.
- **목적국**(수정불가): 목적국가부호와 국가명을 기재한다.
- **지역구분**: 목적국의 지역구분이 일본인지 동남아인지 기타인지의 여부를 기재한다. FOB 요율값을 알기 위하여 반드시 입력해야 한다.
- **검사희망일자**: 검사희망일자를 기재한다. 단, 신고일자보다 크면 오류이다.
- **사전임시개청통보 여부**: 신고하고자 하는 문서가 임시개청(세관 업무시간 이후에 신청하는 경우)할 문서인지 정상적인 처리를 할 문서인지 선택한다.
- **반송사유**: 수입물품을 반송할 경우 해당되는 사유를 코드버튼을 클릭하여 선택한다.
- **화물관리번호 전송구분**: 반송하는 물품의 화물관리번호를 어떤 방식으로 전송할 것인지 선택한다. A: 화물전량반송, B: 화물분할반송, C: 여러 건 화물 동시반송
- **결제(인도)조건**(수정불가): 결제(인도)조건을 기재한다.
- **결제금액**: 결제금액을 기재한다.
- **결제통화환율**(수정불가): 결제통화환율을 기재한다. 기초자료상의 환율은 반드시 입력되어 있어야 한다.
- **미국환율**(수정불가): 미국환율을 기재한다.
- **운임·보험자동계산 여부**: 자동계산 여부가 자동이면 FOB 요율표에 의거해서 자동으로 운임·보험료가 산출되며, 직접 입력이면 운임·보험료를 직접 입력한 것이 반영되며, 안분일 때는 운임·보험료를 입력하여 결제금액과 입력금액을 자동 안분하여 FOB 금액을 산출한다.
- **운 임**: 운임이 있을 때 운임통화부호와 운임금액을 기재한다.

- **보　　험**: 보험이 있을 때 보험통화부호와 보험금액을 기재한다.
- **총포장개수**: 포장개수를 기재한다.
- **총 중 량**: 총중량을 반드시 기재한다.
- **보세운송 상호 · 기간**: 보세운송인 상호나 주소를 입력하고, 운송 시작일자와 종료일자를 기재한다. 수출종류가 B 또는 D 또는 신고구분이 M일 때만 입력해야 한다.
- **업체참조번호**: 무역업체의 참조번호를 기재한다.
- **L/C번호**: L/C번호를 기재한다.
- **Invoice 번호**(수정불가): Invoice 번호를 기재한다.
- **File No1 · File No2**: 내부관리번호를 기재한다.
- **수출승인서번호 · 발급일자**: 수출승인서번호와 발급일자를 기재한다.
- **수출추천서번호 · 발급일자**: 수출추천서번호와 발급일자를 기재한다.
- **검역증번호 · 발급일자**: 검역증번호와 발급일자를 기재한다.
- **검사증번호 · 발급일자**: 검사증번호와 발급일자를 기재한다.
- **전략물자번호 · 발급일자**: 전략물자번호와 발급일자를 기재한다.
- **세관기재란**: 세관에서 요구한 사항을 기재한다.
- **총 란 수**: 총란수는 자동으로 입력된다.
- **총신고금액**($) · **총감정가격**(원): 총신고금액과 총감정가격은 자동으로 계산된다.
- **화물관리번호 · 차대관리번호**: 화물관리번호와 차대관리번호, 차대번호를 입력한다.
- **란 번 호**: 추가 버튼을 클릭할 때마다 1씩 자동 증가한다.
- **세번부호**(수정불가): 세번부호를 기재한다.
- **순중량 · 단위**(수정불가): 순중량과 단위를 기재한다.
- **수량 · 단위**(수정불가): 수량과 단위를 기재한다.
- **제품코드**(수정불가): 제품코드를 기재한다.
- **포장개수 · 단위**(수정불가): 포장개수와 포장단위를 기재한다.
- **결제금액**(수정불가): 품목별 금액을 해당 통화 금액으로 기재한다.
- **신고가격**($) · **신고가격**(원): 결제금액을 입력하면 자동계산 항목이다.
- **수입신고번호 · 란번호**: 수출거래구분이 86 또는 89인 경우 [재수출조건면

세 승인등록]을 기재한다.

• 영문품명 · 규격(수정불가): 품명 및 규격사항을 기재한다.

5) 조회화면 및 수출신고서 출력

USD 1,183.31
EUR 1,159.41

수 출 신 고 필 증

계약번호1:
계약번호2:
※ 처리기간 : 즉시

신고자상호	(주)동국제강 / 제출번호 80049-02-1000284	신고번호	
수출자상호	이 영 관 (주)동국제강 / 부호 071037 A	신고일자	02-09-10
		신고구분	H
		C/S구분	
제조자주소	포항시 남구 장흥동 1867	거래구분	11
상 호	동국제강(주)포항공장	종 류	A
성 명	장세주	결제방법	LS
통관고유부호	동국제강1541043	목적국	AUSTRAL AU
사업자등록번호	606-85-03346	적재항	포항항 KPO
구매자상호	STEEL TRADERS / 부호	운송형태	10-ETC
환급신청	수출자 제조자 O	제조완료일(검사희망일)	02-09-10
환급기관	포항세관 / 부호 122	물품소재지	790 경북 포항시 남구 장흥동 1867
		L/C번호	20429447300005A
		물품상태	N
		사전임시개청통보여부	A

품 명 . 규 격	항목	내용	단위
	반송사유		
(001란) HOT ROLLED PLATES S355J2G3/EN10025 11111 X 40 X 3000 X 12000 MM UPCE 45.216 MT EUR310.00 / MT EUR 14016.96 Total = NaN PCE 45.216 MT CIF - EUR 14016.96	세번부호	7208.51-0000	
	제품코드		
	신고가격(FOB)	KRW 14,819,654 ($ 12,524)	
	순중량	45.216	MT
	수량	10	PC
	포장갯수/종류	1,000	PG
(002란) HOT ROLLED PLATES S355J2G3/EN10025 22222 X 45 X 3000 X 12000 MM UPCE 38.145 MT EUR310.00/MT EUR 11824.95 33333 X 50 X 3000 X 11000 MM UPCE 103.616 MT EUR310.00/MT EUR 32120.96 Total = NaN PCE 141.761 MT CIF - EUR 43945.91	세번부호	7208.52-0000	
	제품코드		
	신고가격(FOB)	KRW 46,462,515 ($ 39,265)	
	순중량	141.761	MT
	수량	20	PC
	포장갯수/종류	2,000	PG

총란수	총중량	단위	총포장갯수	총신고가격(FOB)	
(4)란	574.8	KG	112	₩	151,589,440
				$	128,106.00

관련서류				
수출승인서			결제금액	CIF- EUR- 178,287.99
수출추천서			운 임(₩)	13,431,765 / 보험료(₩) 1,213,513
검 사 증			세관기재란	세관기재란
검 역 증				
전략물자수출허가서				
수입물품관리번호				
보세운송	운송신고인		신고수리일자 ( )	
	기 간		선적의무기한 ( )	

(1) 수출신고수리일로부터 30일내에 선(기)적하지 아니한 때에는 수출신고수리가 취소됨과 아울러 과태료가 부과될 수 있으므로
선(기)적 사실을 확인하시기 바랍니다. (관세법 제66조, 제142조의3, 제192조의2)
(2) 수출신고필증의 진위여부는 수출입통관정보시스템에 조회하여 확인하시기 바랍니다.(http://kcis,ktnet,co,kr)

2. 수출신고서 응답

1) 작성 · 수신 문서 리스트 조회

아래 화면에 나타나는 데이터는 사용자와 관련하여 수신된 문서의 전체 리스트를 보여준다.

검색창은 세관 ID, 통지번호, 제출번호, 세관처리일, 문서명, 검색일자로 구성되어 있으며, 이들 번호로 조회가 가능하다.

2) 수출신고 수리 통보문서

수출신고 한 건이 정상적으로 세관시스템 검증을 통과하여 관세청에서 신고인에게 수리통보를 전송하면, 신고인은 수신하여 수리결과를 조회하는 문서이다. 전자문서는 세관에서 신고인 또는 관세사로 전송된다. 아래 화면은 수출신고가 수리되어 통보된 수리통보조회 화면이다.

수출신고 수리통보	
제출번호	80560020001240
접수일자	2002-05-22 10:02:44
수리일자	2002-05-22 10:02
적재의무기한	2002-06-21
신고번호	121100200642360
신고금액($)	USD 33,741
신고가격(원)	KRW 42,561,570

3) 수출신고 오류통보

본 전자문서는 수출(임시개청)신고한 건을 관세청시스템에서 기계적·논리적으로 검증하여 오류가 발생한 건에 대해서는 오류사항을 신고인(관세사)에게 전송하면, 신고인(관세사)은 이를 수신하여 오류사항을 조회하는 문서이며, 신고인(관세사)은 오류사항을 수정 후 동일 제출번호로 최초전송과 동일하게 전송한다. 아래 화면은 수출신고 오류통보 조회화면이다.

제출번호 :110010083448		
오류란번호	오류발생위치	오류내역
0	1:Heading section	수출자와 제조자가 같으면 상호도 같아야 함

3. 수출신고 수리 정정신청

1) 작성 · 수신 문서 리스트 조회

아래 화면에 나타나는 데이터는 사용자와 관련된 수신된 문서의 전체 리스트를 보여준다. 검색창은 세관 ID, 진행관리번호, 상태, 검색일자로 구성되어 있으며 동 번호로 검색이 가능하다. 리스트창은 수정, 조회, 송신, 문서삭제로 구성되어 있다. 본 전자문서는 수출(임시개청)신고한 건을 관세청시스템에서 기계적 · 논리적으로 검증하여 오류가 발생한 건에 대해서는 오류사항을 신고인(관세사)에게 전송하면, 신고인(관세사)은 이를 수신하여 오류사항을 조회하는 문서이며, 신고인(관세사)은 오류사항을 수정 후 동일 제출번호로 최초전송과 동일하게 전송한다. 아래 화면은 수출신고 오류통보 조회화면이다.

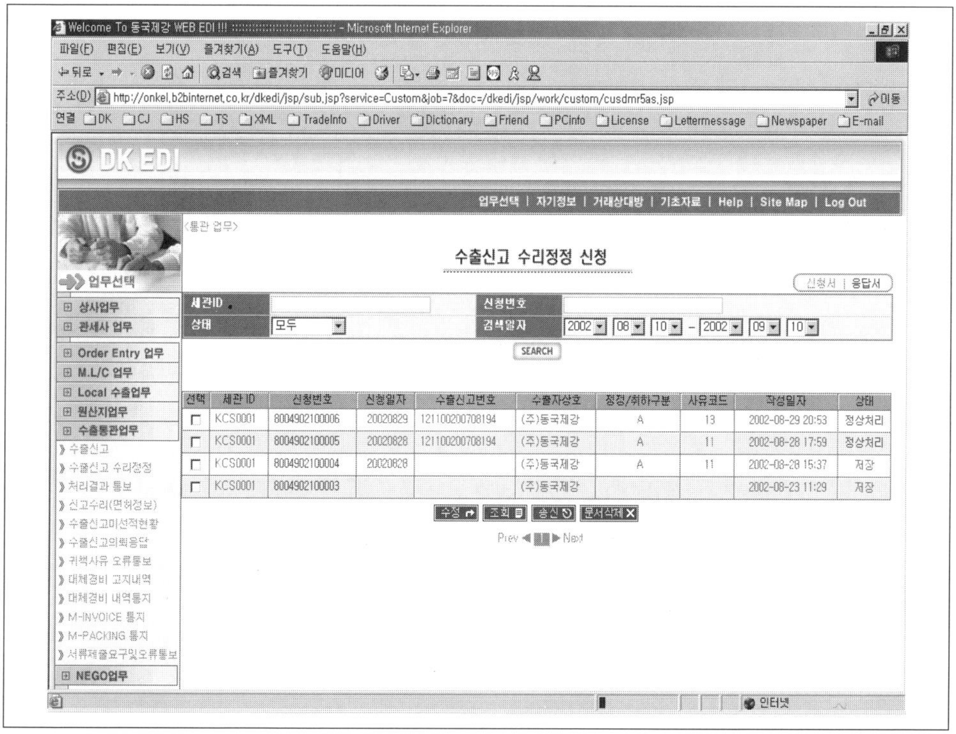

2) 수출신고 수리정정 신청문서

수출신고 수리 후 수출신고 내역에 일부 잘못 기재하여 정정을 하고자 할 때나, 신고취하를 하고자 할 때, 그리고 기간을 연장하고자 할 때 사용하는 업무를 말한다. 수출신고 수리 후 수출신고내역을 정정·취하하고자 하는 경우는 신청서를 작성하여 세관에 전송한다. 세관은 수출정정·취하신청을 받은 후 세관시스템에서 오류인지, 접수인지를 관세사(신고인)에게 EDI로 통보한다. 수신된 접수내역이 서류심사 후 승인인 경우는 정정신청서를 출력하여 증빙서류와 함께 세관에 제출한다. 신청인은 정정·취하승인서를 자체 출력하여 화주에게 교부할 수 있다. 다만, 서류심사 후 승인건은 승인(신청)서에 세관처리담당자의 인장을 날인한 승인서를 교부하여야 한다.

3) 수출정정 신청서 입력화면

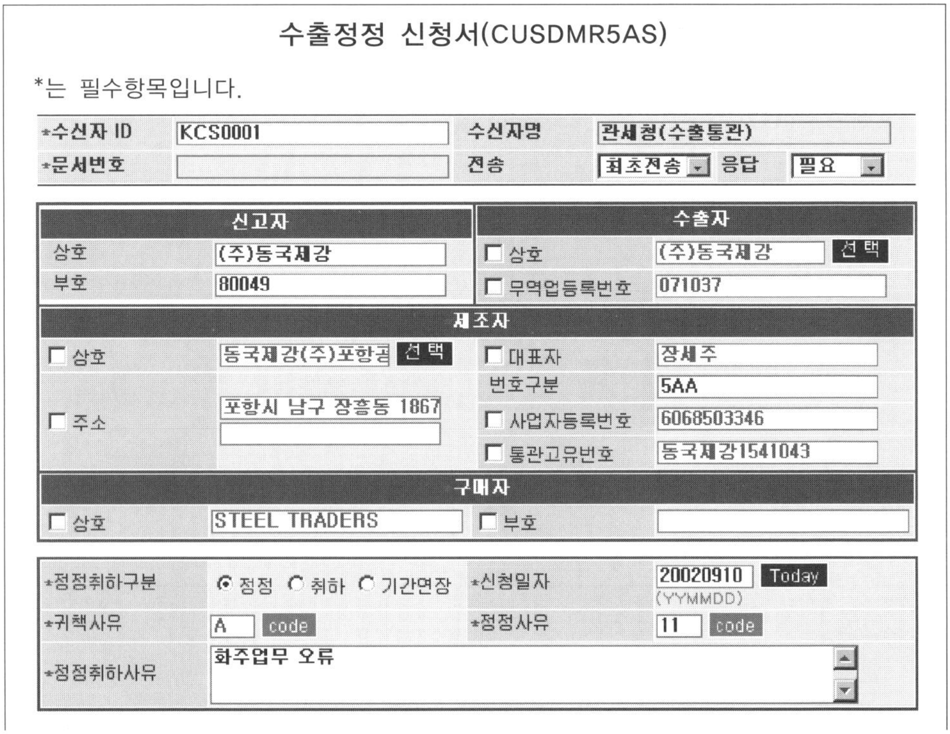

수출정정 신청서(CUSDMR5AS)

*는 필수항목입니다.

*수신자 ID	KCS0001	수신자명	관세청(수출통관)
*문서번호		전송	최초전송 응답 필요

신고자		수출자	
상호	(주)동국제강	상호	(주)동국제강 선택
부호	80049	무역업등록번호	071037

제조자			
상호	동국제강(주)포항공 선택	대표자	장세주
주소	포항시 남구 장흥동 1867	번호구분	5AA
		사업자등록번호	6068503346
		통관고유번호	동국제강1541043

구매자			
상호	STEEL TRADERS	부호	

*정정취하구분	⦿ 정정 ○ 취하 ○ 기간연장	*신청일자	20020910 Today (YYMMDD)
*귀책사유	A code	*정정사유	11 code
*정정취하사유	화주업무 오류		

*신고일자	020910 (YYMMDD)	*신고구분	H code
*정정/취하 신청 세관	122	*거래구분	11 code
*정정/취하 신청과	10	*수출종류	A code
*수출자구분	A : 제조자와 동일	*결제방법	LS code

환급신청인구분	제조자	*운송수단	10 code
환급기관부호	122 code	*운송용기	ETC code
환급기관명	포항세관 code	*적재항명	KPO code 포항항 139
*물품소재지부호	790 code	*목적국	AU code AUSTRAL
*물품소재지주소	경북 포항시 남구 장흥동 186	지역구분	일본 동남아 기타
*검사희망일자 (제조완료일자)	020910 (YYMMDD)	적재의무기간	(CCYYMMDD)

사전임시개청 통보여부	◉ 임시개청대상 아님 ○ 임시개청대상임	*중고여부	◉ 신품 ○ 중고
반송사유	code	화물관리번호 전송구분	--------------------

*결제(인도)조건	CIF code	*결제통화환율	1159.41
*결제통화	EUR code	*미국환율	1183.31
*결제금액	178287.99	운임보험자동계산	1

운임통화		보험통화	
운임통화환율	1159.41	보험통화환율	
운임통화금액		보험통화금액	
운임원화금액	13431765 KRW	보험원화금액	1213513 KRW
총포장갯수	112	*총중량(kg)	574.8 MT

보세운송인상호		Invoic No.	
보세운송기간	~ (YYMMDD)	File No 1.	
업체참조번호	J2002050078-01	File No 2.	
L/C번호	20429447300005A		

관련서류

수출승인번호		발급일자	(YYMMDD)
수출추천서번호		발급일자	(YYMMDD)
검사증번호		발급일자	(YYMMDD)
검역증번호		발급일자	(YYMMDD)
전략물자번호		허가일자	(YYMMDD)

총란수	4	세관기재란	세관기재
총신고금액($)	128106.00		
총감정가격(₩)	151589440 총합계 계산		

물품내역 (삭제)

*세번부호	7208510000		란번호	001
*순중량	45.216	MT	제품코드	
수량	10	PC	신고가격($)	12524
*결제금액	14016.96		*신고가격(₩)	14819654
*포장개수	1000	PG	수입신고번호	
			수입신고란번호	

영문품명및규격:
HOT ROLLED PLATES
S355J2G3/EN10025
11111 X 40 X 3000 X 12000 MM UPCE
45.216 MT EUR310.00 / MT EUR 14016.96

물품내역 (삭제)

*세번부호	7208520000		란번호	002
*순중량	141.761	MT	제품코드	
수량	20	PC	신고가격($)	39265
*결제금액	43945.91		*신고가격(₩)	46462515
*포장개수	2000	PG	수입신고번호	
			수입신고란번호	

영문품명및규격:
HOT ROLLED PLATES
S355J2G3/EN10025
22222 X 45 X 3000 X 12000 MM UPCE
38.145 MT EUR310.00/MT EUR 11824.95

물품내역 (삭제)

*세번부호	7208530000		란번호	003
*순중량	157.785	MT	제품코드	
수량	30	PC	신고가격($)	43703
*결제금액	48913.35		*신고가격(₩)	51714420
*포장개수	3000	PG	수입신고번호	
			수입신고란번호	

영문품명및규격:
HOT ROLLED PLATES
S355J2G3/EN10025
44444 X 50 X 2500 X 12000 MM UPCE
70.650 MT EUR310.00/MT EUR 21901.50

물품내역 (삭제)

*세번부호	7208540000		란번호	004
*순중량	117.75	MT	제품코드	
수량	40	PC	신고가격($)	32614
*결제금액	36502.5		*신고가격(₩)	38592851
*포장개수	5000	PG	수입신고번호	
			수입신고란번호	

영문품명및규격:
HOT ROLLED PLATES
KS D3560 SB410
Total = NaN PCE 117.75 MT CIF - EUR 36502.5
= DETAIL AS PET ATTACHED SHEET =

저장 송신 출력

4) 수출정정 신청서 항목 설명

- **문서(제출)번호:** 제출번호는 자동으로 1씩 증가한다. 관세사부호(5)+연도(2)+제출번호(6)가 자동으로 입력된다.
- **정정 · 취하 구분:** 정정인지 취하인지의 여부를 선택 입력한다. 신청일자는 Today 버튼을 클릭하면 당일 일자가 표시된다. 사용자는 신청일자가 맞는지의 여부를 반드시 재확인하여야 한다.
- **귀책사유:** 귀책사유부호를 입력한다. 정정사유는 정정사유부호를 입력한다.
- **정정 · 취하 사유:** 정정사유부호가 기타일 경우 사유를 입력한다.
- **정정항목 작성:** 정정을 하고자 할 때는 해당 항목의 체크박스를 선택하면 정정을 할 수가 있으며 최대 정정할 수 있는 항목 개수는 8개이다.

5) 수출정정 신청서 출력

수출신고 정정/취하 승인(신청)서

①신청번호 : 80049-02-100006　②세관-과 : 122 - 10　③구분 : A (A:정정, B:취하, C:연장)
④신청일자 : 2002년 08월 29일
⑤신고번호 : 121-10-02-00708194　⑥신고일자 : 2002-06-21　⑦신고수리일자 : 2002-08-20

⑧신 청 인 : 대표자 장 세 주　상 호 동국제강(주)
⑨수 출 자 : 주소 포항시장흥동1867　상 호 (주)동국제강
무역업허가번호
⑩정정/취하부호 : 13　⑪귀책사유 : B
⑫정정/취하사유 : aaa

공통사항 정정
⑬항목명　⑭정정전 내역　⑮정정후 내역

란사항 정정
구분 란　정정전 내역　정정후 내역
항목명

수출통관사무처리에 관한고시 제2-5-1(2-5-2)조 제1항의 규정에 의하여 수출신고자료를
정정 / 취하하고자 위와 같이 정정 / 취하승인을 신청합니다.
2002년 08월 29일
신청인 : 동국제강(주)　(인)

※ 승인번호 :
위와 같이 정정 / 취하를 승인합니다.

장

4. 수출신고 수리 정정응답

1) 작성 · 수신 문서 리스트 조회

아래 화면에 나타난 데이터는 사용자와 관련되어 수신된 문서의 전체 리스트를 보여준다. 검색창은 세관 ID, 문서번호, 통보일시, 문서명, 검색일자로 구성되어 있다.

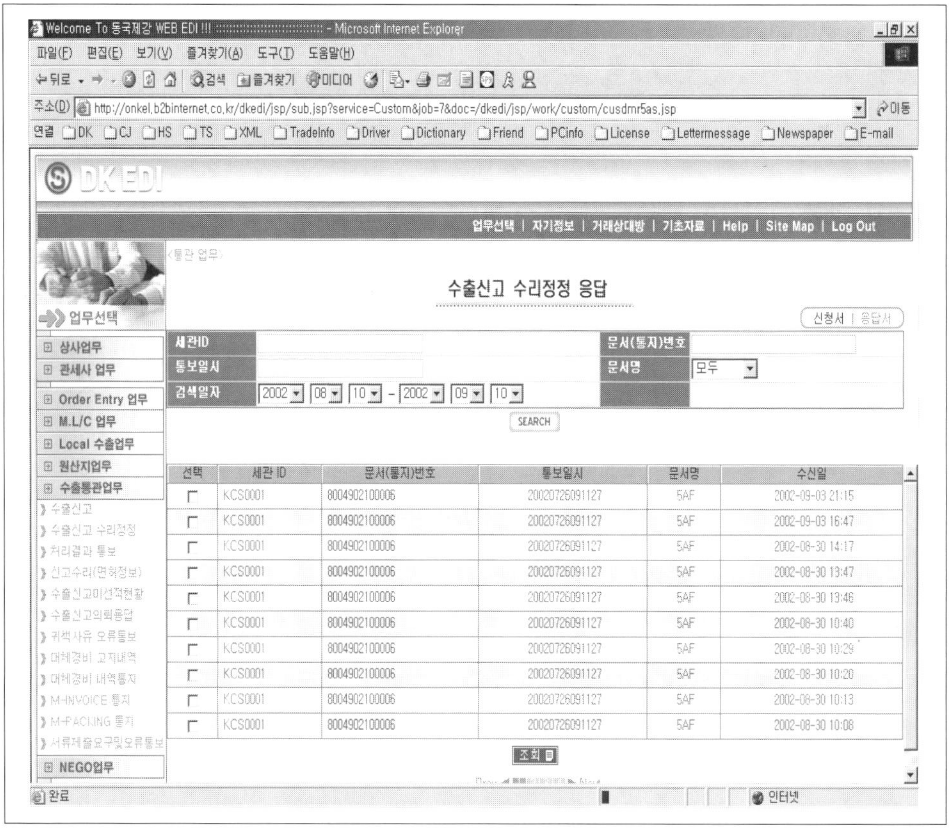

2) 수출정정 접수통보 문서

수출정정 · 취하 신고한 건이 정상적으로 세관시스템 검증을 통과하여 관세청에서 신고인에게 접수통보를 전송하면 신고인은 수신하여 접수결과를 조회한다. 다음 화면은 수출정정 접수통보 조회화면이다.

수출정정신청 접수통보	
문서번호	8056002000033
신청번호	8056002000033
세관	121
과	10
접수일자	2002-05-21
담당자부호	990158
담당자명	김진선
서류제출생략/대상여부	즉시심사대상
접수결과 통보사항	
문서종류	5AS

3) 수출정정 오류통보 조회화면

수출정정 · 취하 신고한 건을 관세청시스템에서 기계적 · 논리적으로 검증하여 오류가 발생한 건에 대해서는 오류사항을 신고인(관세사)에게 전송하면, 신고인(관세사)은 이를 수신하여 오류사항을 조회하는 문서이며, 신고인(관세사)은 오류사항을 수정 후 동일 제출번호로 최초전송과 동일하게 전송한다. 아래 화면은 수출정정 오류통보 조회화면이다.

신청번호 : 8026301006454		문서종류 : 5AS
오류란번호	오류발생위치	오류내역
	1:Heading section	해당건은 기각된 건입니다

5. 처리결과 통보

1) 작성 · 수신 문서 리스트 조회

다음 화면에 나타난 데이터는 사용자와 관련되어 수신된 문서의 전체 리스트를 보여준다. 검색창은 세관 ID, 제출번호, 접수번호, 통보일시, 검색일자로 구성되어 있다.

2) 수출정정 처리결과 통보

수출정정·취소 신고한 건 중 정상적으로 접수되어 처리된 건에 한하여 관세청에서 승인일자와 승인번호를 신고인에게 처리결과 통보로 전송하면 신고인은 수신하여 처리결과를 조회한다. 다음 화면은 수출정정을 처리한 결과를 통보한 조회화면이다.

수출정정신청 접수통보	
문서번호	8056002000033
신청번호	8056002000033
세관	121
과	10
접수일자	2002-05-21
담당자부호	990158
담당자명	김진선
서류제출생략/대상여부	즉시심사대상
접수결과 통보사항	
문서종류	5AS

6. 수출신고 미선적 현황

1) 작성 · 수신 문서 리스트 조회

아래 화면에 나타난 데이터는 사용자와 관련되어 수신된 문서의 전체 리스를 보여주며 검색창은 세관 ID, 통지번호, 검색일자로 구성되어 있다.

2) 수출신고 미선적 현황

수출신고한 물품은 신고 후 30일 이내에 선적하여야 하는데, 수출신고 후 20여일 후까지 선적이 이루어지지 않은 경우 신고한 업체에 미선적된 물품의 내역을 통지하는 전자문서이다. 다음 화면은 수출신고 미선적 현황을 조회한 화면이다.

수출신고미선적 내역(CUSINF5FS)

수리일자	2020-01-08	수출신고번호	19199182882
수출자명	제일제당	신고자부호	11111
총포장갯수/단위	11111/CT	중량	1329
품명 및 규격	공급물품명		

7. 수출신고의뢰응답

1) 작성 · 수신 문서 리스트 조회

아래 화면에 나타난 데이터는 사용자와 관련되어 수신된 문서의 전체 리스트를 보여주며, 검색창은 세관 ID, 제출(신청)번호, 검색일자로 구성되어 있다.

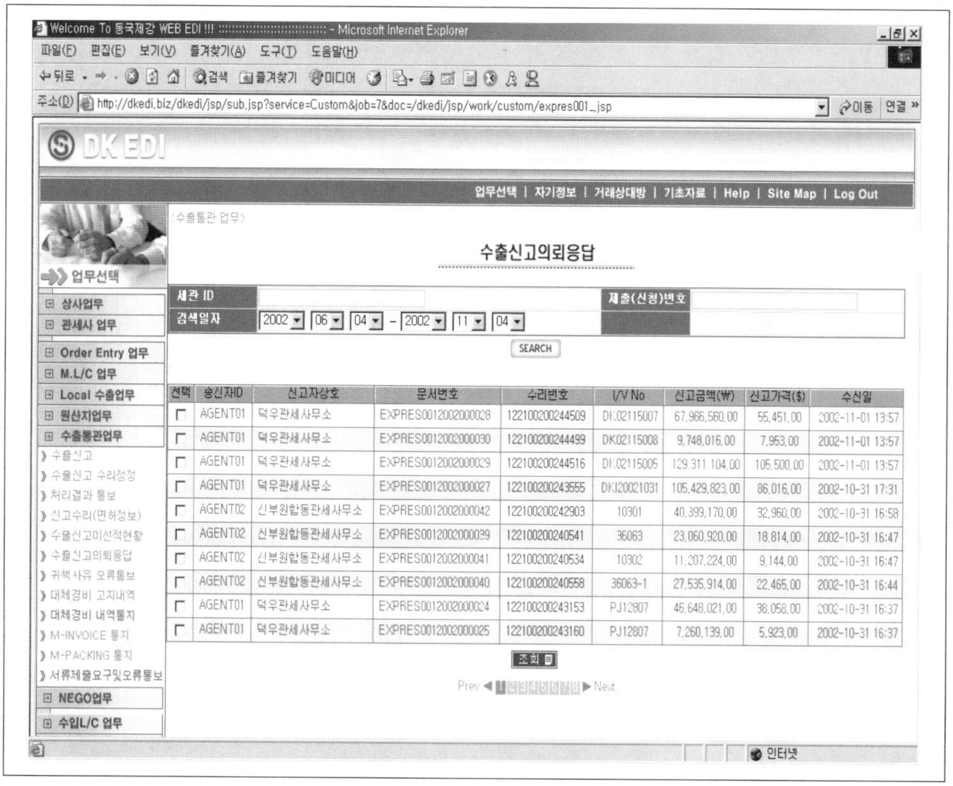

2) 수출신고의뢰응답

세관 업무시간 이후에 신고된 수출신고에 대해 업체가 해당일에 신고한 모든 문서의 요금과 내역을 통지하는 전자문서이다. 아래 화면은 수출신고의뢰 통지문서를 나타낸다.

수출신고의뢰 통지 문서

신고자상호	덕우관세사무소	수출자상호	DAEWOO INTERNATIONAL CORPORATION
신고담당자	서세환	수출담당자	TAE-YONG LEE
수리번호	1234567890	수리일자	02.09.16 15:15
신고금액(KRW)	10,000.00	I/V NO	I20020806_TEST1
신고금액(USD)	300,000.00		

8. 귀책사유 오류통보

1) 작성 · 수신 문서 리스트 조회

다음 화면에 나타난 데이터는 사용자와 관련되어 수신된 문서의 전체 리스트를 보여주며, 검색창은 세관 ID, 문서번호, 정정연월, 검색일자로 구성되어 있다.

2) 귀책사유 총괄오류통보

신고서류의 작성오류를 방지하여 통관업무가 신속·정확하게 이루어지게 하기 위하여, 관할 세관에서는 수출입정정 및 취하건 등 기타 오류내역에 대한 귀책사유자별 오류점수를 집계하여 신고인에게 통보하는 업무이다. 신고인은 매월 5일에 EDI방식을 통하여 귀책사유자별 오류총괄통보문서를 받은 후 관세사 및 화주별 오류총괄점수를 확인한다. 수신된 총괄내역에 대한 상세내역은 KCIS(수출입통관정보서비스)를 통해 화면으로 조회한 후, 필요한 경우에는 자료를 다운로드받아서 관세사별·화주별 내역을 출력할 수 있다. 오류내역을 확인한 후 이의가 있는 경우, 신고인은 통보받은 날로부터 10일 이내에 통관지 세관에 이의 신청을 할 수 있다.

3) 귀책사유 총괄오류통보 조회

(별지 제1-8호 서식)

귀책사유자별(화주) 오류현황총괄 통보서

(2001년 09월)

수출입신고오류방지에관한고시 제6조의 규정에 의거 귀책사유자별 오류현황을 통보하오니 이의가 있는 경우 통관지세장관에게 이의신청하시기 바랍니다.

업체명: (주)종근당반월공장　　대표자명: 김용규　　출력일자:

구분	총 신고건수	항목정정 건수			총 오류점수	비율
		신고수리전	신고수리후	합 계		
수 출	0	0	6	6	20	NaN
수 입	0	0	0	0	0	NaN
합 계	0	0	6	6	20	NaN

☞ 관세사 개인별 또는 화주별 상세내역은 KTNET DB에 생성되어 있는 상세자료를 확인하고, 필요시 출력하여 화주 통보 등에 사용하시기 바랍니다.

______ 세 관 장

2000. 8.　　210×297cm

제 3 절 수출신고 전자무역문서 작성 실습

1. 입력화면 및 설명

1) 공통사항 1

▣ 항목 설명

<공통사항 1>

- 수신자 ID
  - 해당 수출신고서를 EDI로 전송할 경우 수신받는 해당 기관(관할지 세관)을 조회하여 선택한다.
- 수출 · 위탁자
  - 문서를 작성하고 있는 담당자의 자사 정보가 기본값으로 표현된다.
  - 수정이 필요할 경우 직접 수정할 수 있다.
  - 수출자 구분이 "위탁수출대행"일 경우에만 위탁자상호를 입력한다.
- 신고자 · 제조자
  - 문서를 작성하고 있는 담당자의 자사 정보가 기본값으로 표현된다.

- 만약 수출자와 상이할 경우 해당 거래처를 조회하여 선택한다.

• 구 매 자
- 수출통관하는 물품의 구매자(수입자) 정보를 조회하여 선택한다.

2) 공통사항 2

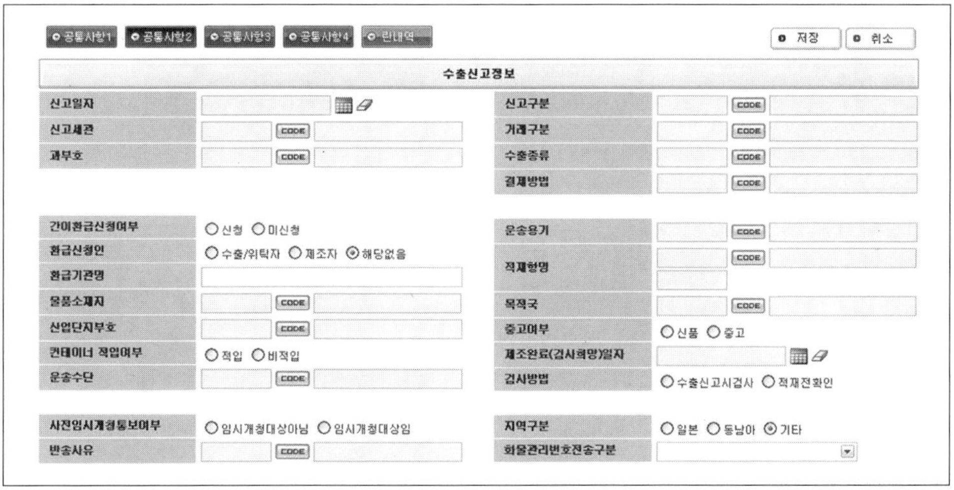

▣ 항목 설명

• 신고일자
- 수출 신고하는 날짜를 입력한다.

• 세관부호 · 과부호
- 관할지 세관 및 신청 과를 조회하여 선택한다.

• 신고구분
- 수출신고의 유형을 선택한다.
  · H: Paperless 수출(95% 이상)
  · J: 일반 수출 신고
  · L: 선(기)상(출항 후) 신고
  · M: 반송신고
  · O: 기타
  · S: 간이통관 수출 신고

• 거래구분

- 수출 거래 구분부호를 입력한다. 일반적으로 부호 [11-일반형태 수출]을 입력한다.

• 수출종류

- 수출의 종류를 입력한다.
  - · A: 일반수출
  - · B: 보세 공장으로부터 수출
  - · D: 수출자유지역으로 수출
  - · F: 공해상에서 수산물의 현지수출(원양어선협회 통보분)
  - · P: 우편수출(국제우체국 면허분)

• 결제방법

- 수출 대상 물품의 송장에 기재되어 있는 결제방법을 입력한다.

• 환급기관명

- 환급 대상일 경우 환급받는 관할지 환급 세관명을 입력한다.

• 물품소재지

- 수출 대상 물품의 소재지 우편번호 앞 3자리와 소재지 주소 동까지 입력한다.

• 산업단지부호

- 수출 대상 물품의 산업단지 우편번호 앞 3자리와 산업단지 명을 입력한다.

• 운송수단 · 운송용기

- 수출 대상 물품의 운송수단 및 운송용기를 조회하여 선택한다.

• 적재항명

- 수출물품이 적재되는 항구 혹은 공항명을 조회하여 선택한다.

• 목 적 국

- 수출물품의 최종 도착 국가에 대한 ISO코드를 조회하여 선택한다.

• 검사희망일자 · 검사방법

- 희망하는 세관 검사방법과 희망일자를 입력한다(수출신고 시점에는 수출물품의 신고한 장소에 장치되어 있어야 함).

- 사전임시개청통보 여부
  - 야간 또는 공휴일에 전송하는 경우 사전에 임시개청을 통보한 신고서인지 아닌지 여부를 입력한다.
- 반송사유
  - 반송절차에 관한 고시의 규정에 의한 반송물품의 경우에는 반송사유부호를 입력한다.
- 화물관리번호전송구분
  - 전량, 분할, 여러 건 반송 등의 구분을 입력한다.
    - · A: 화물 전량을 반송
    - · B: 화물을 분할하여 반송
    - · C: 여러 건의 화물을 동시에 반송

3) 공통사항 3

▣ 항목 설명

- 결제(인도)조건 · 결제금액
  - 송장의 내용을 근거로 하여 인도조건, 통화종류, 금액(실제 결제금액) 순으로 입력한다.
  - 인도조건은 Incoterms 2000 코드를 입력한다.
- 결제통화환율
  - 해당일자에 해당하는 관세청 고시환율을 입력한다.

- 운임 · 보험료
  - 운임 및 보험료의 통화단위, 해당 통화금액, 환산원화금액을 입력한다.
- 총포장개수 · 총중량
  - 수출 신고 물품의 총포장개수 및 총 중량이 표현된다(Line List에서 물품별로 등록되면 자동 계산됨).
- 운송(신고)인
  - 보세운송대상물품(보세공장물품, 자유무역지역 등)인 경우 해당 보세운송 신고인의 상호와 성명을 입력한다.
  - 일반 수출물품인 경우 복합운송주선업자 등 당해 수출물품의 운송인의 상호와 성명을 입력한다.

    ※ 기재방법

    · 운송(신고)인이 신고자인 경우: "신고자와 동일"
    · 운송(신고)인이 수출자인 경우: "수출자와 동일"
    · 운송(신고)인이 제조자인 경우: "제조자와 동일"
    · 운송(신고)인이 일반업체인 경우: "상호와 성명을 기재"
- 보세운송기간
  - 보세운송대상물품인 경우 보세운송 신고수리일자 및 종료일자를 YYYY-MM-DD로 입력한다.
  - 일반 수출물품인 경우 운송 예정기간을 YYYY-MM-DD로 입력한다.
- L/C 번호
  - 신용장거래방식에 의한 수출인 경우에는 L/C 번호를 입력하고, 그 외의 경우에는 은행참조번호 또는 계약서번호를 입력한다.
- INVOICE 번호
  - 수출물품의 송장(Invoice) 번호를 입력한다.

4) 공통사항 4

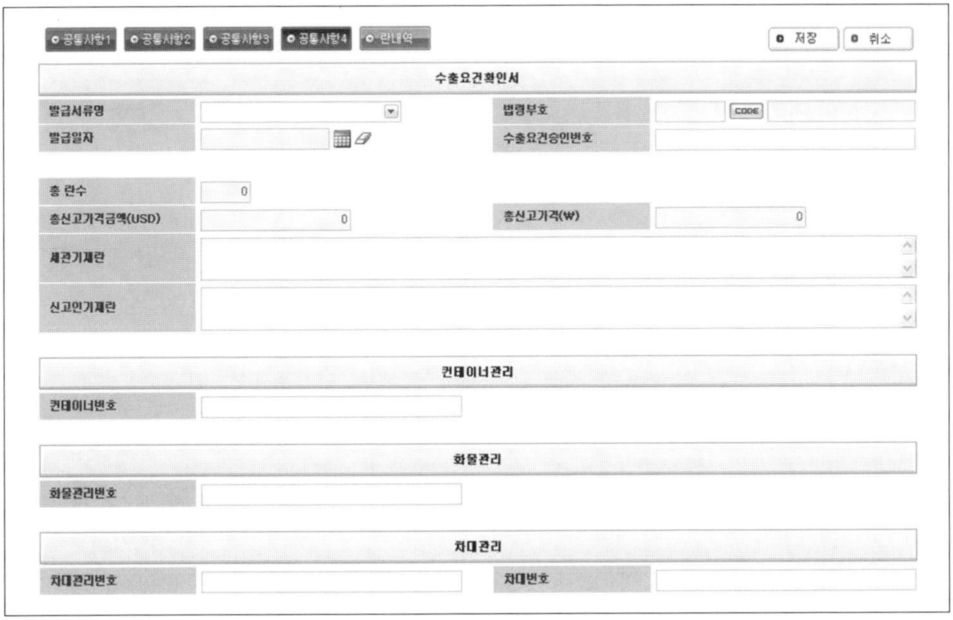

▣ 항목 설명

- 수출요건확인서
  - 수출요건별 구분코드를 선택하고 이에 따른 법령구분, 발급일자, 승인번호를 입력한다.
    - · A: 수출승인서
    - · B: 수출추천서
    - · C: 검사증
    - · D: 검역증
    - · E: 전략물자수출허가서
- 총 란 수
  - 수출물품의 HS 번호 별로 분리된 총란수를 입력한다.
- 총신고금액($) · 총신고금액(₩)
  - 미화: 총신고가격을 미화($)로 환산하여 입력한다(소수점 이하는 반올림).

- 원화: 수출신고가격의 합계를 원단위까지 입력한다(원단위 이하는 절사).

• 세관기재란
- 세관에서 사용하는 특기사항(예, 선적확인사항 등) 기재란으로 신고시 입력할 필요가 없다.

• 신고인기재란
- 신고인이 수출신고시 세관에 제공하는 정보를 입력한다.

• 컨테이너번호
- 수출신고시점에서 컨테이너에 적입되어 있고 컨테이너번호가 확인된 경우 해당 컨테이너 번호를 한다.

※ 실제 전자무역 업무시에는 최대 10개까지 입력 가능하다.

• 화물관리번호
- 반송절차에 관한 고시의 규정에 의한 반송물품의 경우에 당해 수입화물관리번호를 입력한다.
- 무적화물은 “NO”를 입력한다.
- 화물관리번호가 여러 개인 경우에는 모두 기재하여 전송하되 수출신고서에는 최초 입력한 번호만 출력된다.

• 차대번호
- 중고차량(임시운행차량 포함)을 수출하는 경우 해당 차대번호를 입력한다.

• 차대관리번호
- 차대번호의 일련번호를 입력한다.

5) 란 내 역

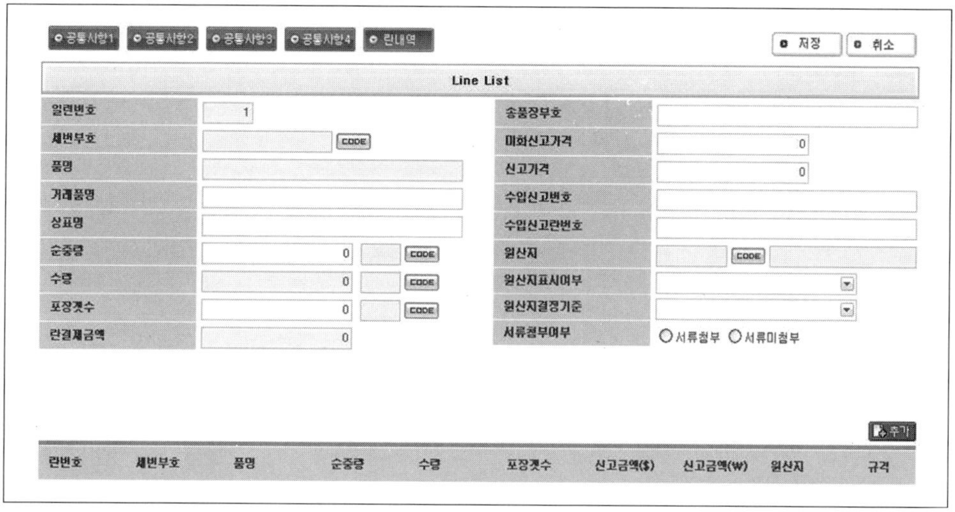

▣ 항목 설명

• 란 번 호

- 수출물품을 HS 번호(세번부호)별로 분리하여 각각 란번호를 부여, 입력한다.

• 송품장부호

- 상업송품장 부호를 입력한다.
- 수출물품에 원상태 수출물품이 일부 포함되어 수출되는 경우 맨 앞에 "72-"를 기재한 후 입력한다.

• 세번부호 · 품명

- 수출물품의 세번부호를 조회하여 선택하면, 세번부호와 품명(관세율표의 품명)이 자동으로 입력된다.

• 거래품명

- 실제 상거래시 상업송품장 등 무역서류에 기재하는 품명을 입력한다.
- 영어 이외의 외국어는 단순히 발음을 영자로 입력한다.

• 상 표 명

- 상표가 있는 경우 실제 사용하는 하나의 상표명을 입력한다.

- 상표가 없는 경우에는 'NO'를 입력한다.

• 순 중 량
- 물품의 포장용기를 제외한 순중량을 소수점 이하 둘째 자리에서 반올림하여 입력한다.
- 단위는 'KG'으로 입력한다.

• 수 량
- HS별 표준수량 · 중량단위 표에 있는 단위로 환산하여 입력한다.
- HS별 중량단위만 있고 수량단위 부호가 없는 것은 입력하지 않는다(중량만 입력).
- 소수점 이하는 반올림하여 입력한다.

• 포장개수
- 수출물품의 포장개수 및 포장단위를 입력한다.

• 결제금액
- 수출물품의 송장상의 결제금액을 입력한다.

• 신고가격($) · 신고가격(₩)
- 수출물품의 란별 신고가격 미화, 원화를 입력한다.

• 수입신고번호 · 수입신고란번호
- 재수출조건부 수입물품의 수출신고시 해당 수입신고서 번호 및 란번호를 입력한다.

• 원 산 지
- 수출물품의 원산지 국가코드를 조회하여 선택한다.
- 원산지 표시여부를 선택한다.

  N: 원산지 미표시

  Y: 현품 및 포장에 원산지 표시

  B: 포장에만 원산지 표시

  G: 현품에만 원산지 표시
- 원산지 결정기준을 선택한다.

  A: 완전생산기준

  B: 부가가치기준(직접생산비기준)

  C: 부가가치기준(타국원재료비공제기준)

D: 가공공정기준

2: 세번변경기준(HS 2단위)

4: 세번변경기준(HS 4단위)

6: 세번변경기준(HS 6단위)

8: 세번변경기준(HS 6단위에서 세분)

6) 규격내역

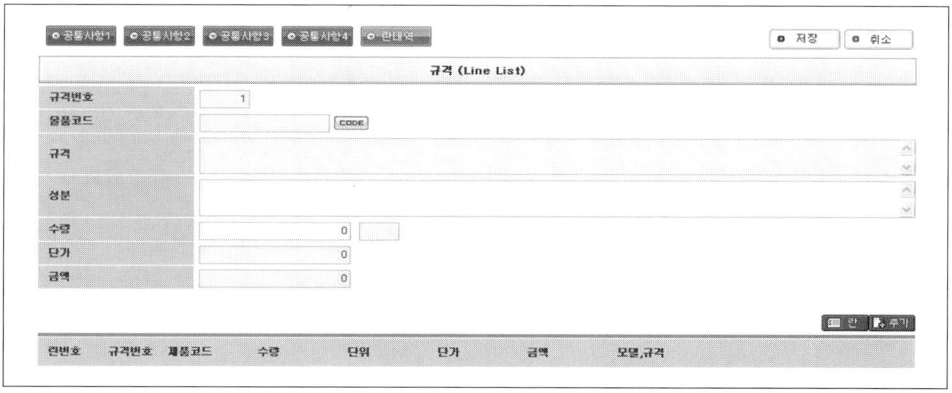

▣ 항목 설명

• 규격(Line List)

- 제품코드를 조회하면 해당 세번부호로 등록된 제품만이 조회되며, 해당 제품을 선택하면 제품코드, 모델규격, 수량단위, 단가가 자동으로 입력된다.
- 성분의 경우 품목분류법 제226조의 규정에 의한 세관장확인대상물품, 관세환급 심사에 영향을 미치는 성분 및 함량을 입력한다. 농산물, 혼합물 및 실·직물의 경우는 성분 및 함량을 모두 입력한다.
- 수량을 입력하면 단가에 의해 금액은 자동 계산된다.

2. 출력서식

UNI-PASS

수 출 신 고 필 증 (보 관 용)

(갑 지)

※처리기간 : 즉시

문 서 번 호 20090305000001	5.신고번호	6.신고일자	7.신고구분	8.C/S구분
1. 신 고 자 동국대3 동국대3	122-07	2009-03-05	H	

2.수 출 자 동국대3 부호 0000000 수출자구분 A	9.거래구분 11	10.종류 A	11.결제방법 LU
위 탁 자	12.목적국 일본	13.적재항 139	
(주 소) 서울 중구 필동1가 550	14.운송형태 10 FC	15.검사방법선택 A	
(대 표 자) 동국대3		검사희망일 20090305	
(통관고유번호) 동국대대1234567	16.물품소재지		
(사업자등록번호) 395-85-84938	790 경북 포항시		
3.제 조 자 동국대3	17.L/C번호 APP700	18.물품상태	
(통관고유번호) 동국대대1234567			
제조장소 산업단지부호 101	19.사전임시개청통보여부 A	20.반송사유	
4.구 매 자 (주)지머스차이나	21.환급신청인 (1:수출/위탁자 2:제조자) 간이환급 N		
(구매자부호) SYS0000005	22.환급기관		

품명 ·규격 (001/1)

23.품 명 Monitors	25.상표명
24.거래품명 LCD Monotors 17	Samsung

26.모델.규격	27.성분	28.수량	29.단가( )	30.금액 ( )
	<을 지 참 조>			

31.세번부호	0000.00-0032	32.순중량	500KG	33.수량	1,000EA	34.신고 가격 (FOB)	201,094,876 218,377
35.송품장 부호		36.수입신고 번호		37.원산지 A - -		38.포장 갯수 (종류)	50 CS

39.총 중 량	500KG	40.총 포 장 갯수	50CS	41.총 신 고 가 격 (FOB)	201,094,876 218,377
42.운 임(₩)	17,818,255	43.보험료₩	1,609,817	44.결 제 금 액	CIF - USD - 239,475

45.수입화물관리번호		46.컨테이너 번호	Y

47.수출 요건 확인 (발급서류명)	A	수출승인서	EL5500	20090228

※신고인기재란	48.세관기재란

49.운송(신고)인 50.기 간	51.신고수리일자		52.적재의무기한	

(1)수출신고수리일로부터 30일내에 적재하지 아니한 때에는 수출신고수리가 취소됨과 아울러 과태료가 부과될 수 있으므로 적재사실을 확인하시기 바랍니다 (관세법 제251조, 제277조) 또한 휴대탁송 반출시에는 반드시 출국심사(부두,초소,공항) 세관공무원에게 제시하여 확인을 받으시기 바랍니다.

(2)수출신고필증의 진위여부는 수출입통관정보시스템에 조회하여 확인하시기 바랍니다(http://kcis.ktnet.co.kr)

210mm X 297mm 일반용지 60g/m²

제 12 장

매입 전자무역문서

제 1 절 수출환어음 매입(추심)신청서
제 2 절 전자선하증권
제 3 절 상업송장과 포장명세서
제 4 절 원산지증명서
제 5 절 적하보험청약서
제 6 절 지급지시 전자무역문서

전자신용장의 내용을 정확히 파악하여 전자신용장에 명시된 조건대로 Nego서류를 작성할 수 있는 능력을 향상시키는데 본 장의 목적이 있다. 따라서 본 장에서는 매입전자서류문서의 작성방법에 대해 구체적으로 살펴본다.

송금방식의 경우 수입상은 수입대금을 은행에 입금하고 수출지역에 있는 수출상에게 지급하여 줄 것을 요청하면 은행은 수출지역에 있는 은행에 지급지시서를 전송한다. 지급지시전자무역문서를 살펴본다.

제1절 수출환어음 매입(추심)신청서

1. 수출환어음 매입

수출상이 매매계약에서 약정한 상품을 선적하고 전자화환어음과 전자무역문서로 작성된 선적서류와 수출환어음 매입신청서를 등록기관에 전송하여 전자매입을 요청하게 된다. 매입은행과 개설은행은 eUCP Version 1.1의 규칙에 따라 전자매입서류의 매입여부를 결정하게 된다.

2. 입력화면 및 설명

1) 신청업체정보

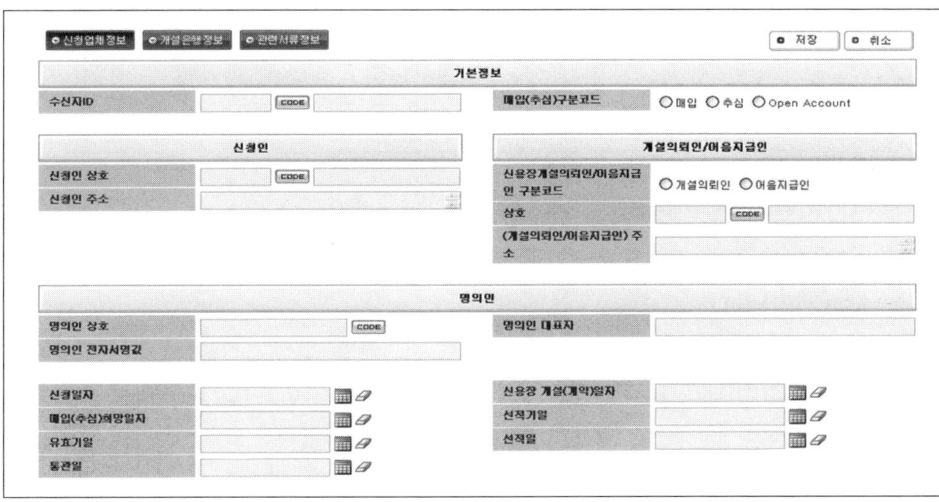

▣ 항목 설명

• 수신자 ID

- 해당 수출환어음 매입(추심)신청서를 EDI로 전송할 경우 수신받는 해당 기관(거래은행)을 조회하여 선택한다.

• 문서구분

- 해당 수출 계약조건이 L/C이면 "매입," D/A 혹은 D/P이면 "추심," 무

서류 방식이면 “Open Account”를 선택한다.

- 신청인 정보
  - 시스템에 등록된 수출자(자사) 정보의 코드, 상호, 주소가 기본값으로 표현된다.
- 개설의뢰인·어음지급인 정보
  - 해당 수출 대금을 지불할 주체자로 계약조건이 L/C이면 “개설의뢰인,” 그 외이면 “어음지급인”을 선택한다.
  - 시스템에 등록된 거래처 내역을 조회하여 선택한다. 선택시 코드, 상호, 주소가 표현된다.
  - 수정이 필요할 경우 직접 수정이 가능하다.
- 명의인 정보
  - 환어음의 명의인으로 시스템에 등록된 수출자(자사) 정보의 상호, 대표자명, 전자서명값이 기본값으로 표현된다.
  - 수정이 필요할 경우 직접 수정이 가능하다.
  - 전자서명값은 전자문서로 송·수신할시 필요한 인증값으로 숫자 10자리로 구성된다.
- 신청일자
  - 환어음매입(추심)을 신청한 날짜를 입력하며, 시스템 날짜가 기본값으로 표현된다.
- 개설(계약)일자
  - 계약조건이 신용장일 경우 개설일자, 그 외일 경우 계약일자를 입력한다.
- 매입(추심)희망일자
  - 환어음을 매입(추심)하고자 하는 희망일자를 입력한다.
- 유효기일
  - 계약조건이 신용장일 경우 신용장 유효기일을 입력한다.
- 선적기일
  - 계약상에 명기된 최종 선적기일을 입력한다.
- 선 적 일
  - 수출 제품의 실제 선적일을 입력한다.
- 통 관 일
  - 수출 제품의 통관일을 입력한다.

2) 개설은행정보

▣ 항목 설명

• 신용장 개설은행 정보

- 계약조건이 신용장일 경우 신용장을 개설한 은행정보를 조회하여 선택한다.
- 수정이 필요할 경우 직접 수정이 가능하다.

• 매입(추심의뢰)은행 정보

- 환어음을 매입(추심) 의뢰하는 은행정보를 조회하여 선택한다.
- 수정이 필요할 경우 직접 수정이 가능하다.

• 지급(추심)은행 정보

- 환어음에 대해 대금을 지불하는 은행정보를 조회하여 선택한다.
- 수정이 필요할 경우 직접 수정이 가능하다.

• 수출신고필증번호

- 수출통관 후 발급받은 수출신고필증 번호를 입력한다.

• E/L 번호

- Export License(수출승인)로 해당 환어음 대상 제품이 승인이 필요로 한 경우 해당 승인기관의 승인번호를 입력한다.

• 신용장(계약서) 구분·번호

- 환어음 신청에 필요한 첨부서류(신용장 혹은 계약서)의 종류를 선택하고,

그 번호를 입력한다.

• 기타 번호
  - 그 외 환어음 신청에 필요한 첨부서류가 더 있을 경우 해당 서류의 번호를 입력한다.

• 대금결제조건
  - 수출 대금의 결제조건을 선택한다.
    · 2AB: Usance
    · 2AC: D/A(인수인도조건)
    · 2AD: D/P(지급인도조건)

• 어음금액
  - 환어음을 신청할 금액 및 통화단위를 입력한다.

• 신용장 개설금액
  - 신용장 혹은 계약서상의 총 금액 및 통화단위를 입력한다.

• FOB 환산금액
  - 수출 통관시 기재한 FOB 환산 금액 및 통화단위를 입력한다.

3) 관련서류정보

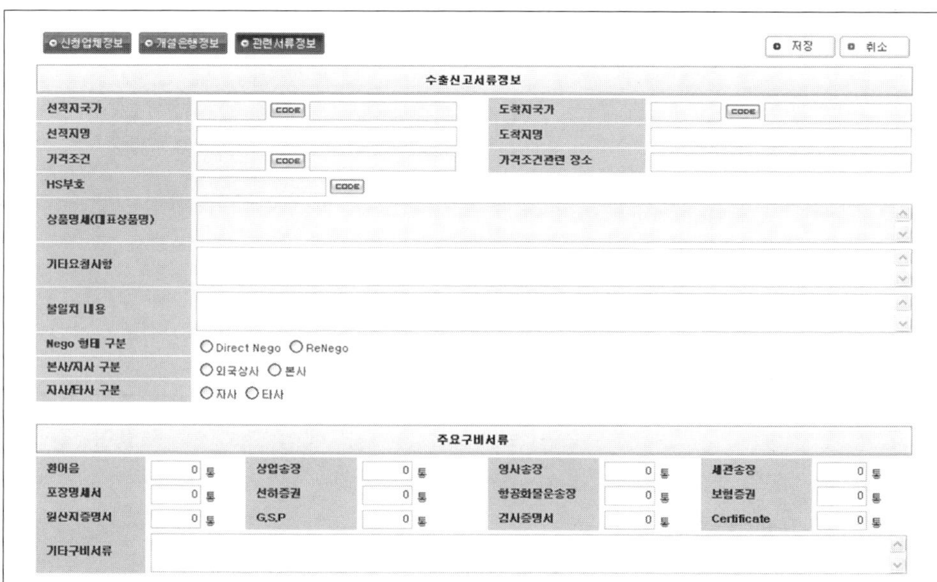

▣ 항목 설명

• 선적항(국가)코드·선적항(국가)명
  - 해당 제품의 선적지(출발지) 국가를 조회하여 선택한다.

• 도착항(국가)코드·도착항(국가)명
  - 해당 제품의 도착지 국가를 조회하여 선택한다.

• 가격조건·관련장소
  - 해당 제품의 인도조건 및 해당 장소를 입력한다.

• HS부호·상품명세
  - 해당 제품의 대표 HS부호를 조회하여 선택한다.
  - 필요시 상품명세를 수정할 수 있다.

• 기타 요청사항
  - 환어음 신청시 필요한 추가 사항들을 입력한다.

• 불일치내용
  - 계약상과 실제 선적상에 있어 불일치하는 내용이 있는 경우 해당 내역을 입력한다.

• Nego형태 구분
  - 신용장상 41D란에 "41D: Available with … By … Any Bank by negotiation"이라고 되어 있으면 Direct Nego, 41D란에 특정 은행이 표기되어 있으면 ReNego이다.
  - 일반적인 ReNego는 주거래은행과 상이한 관계로 환어음 신청시 주거래은행이 다시 특정은행에 서류를 보내야 하므로 환가료가 가중된다.

• 주요 구비서류
  - 환어음 매입(추심) 의뢰시 첨부하는 주요 구비서류를 선택하고 해당 서류의 제출 통수를 입력한다.

3. 출력서식

수출환어음매입(추심)신청서

전자문서번호 : 20090305000001　　　신청일자 : 09-03-05
매입추심은행 : ㈜한국외환은행
Samsung

< 신용장(계약서) 내용 >

신용장 개설은행 : HSBC Bank
Beijing
신용장(계약서)번호 : APP700
신용장개설일자 : 09-02-28
신용장개설금액 : USD 500,000
개설의뢰인 : (주)지머스차이나
중국 상하이 연안서로 104 중회빌딩 6층
선적기일 :
유효기일 : 09-03-15
가격조건 : CIF　Cost, insurance, freight to named destination
결제기간 : 2AA　At sight
선적항 : KR　Pohang
도착항 : CN　Changchun

< 신청내용 >

매입(추심)구분 : 매입신청
매입(추심)금액 : USD 500,000
FOB환산금액 :
네고형태 : Direct Nego
거래구분(본사/지사)거래 : 외국상사
거래구분(자사/타사)거래 : 자사
수출신고필증번호 : 03010081234567
E/L번호 : EL4980
대표상품명 및 HS부호 : 0000.00-0009
Funiture

< 첨부서류 및 수량 >

환어음 : 3부
상업송장 : 3부
영사송장 : 0부
세관송장 : 0부
포장명세서 : 3부
선하증권 : 3부
항공화물운송장 : 0부
보험증권 : 0부
원산지증명서 : 3부
G.S.P. : 0부
검사증명서 : 0부
CERTIFICATION : 0부

기타구비서류 :

위 내용의 수출환어음 또는 선적서류를 귀행에 매입(추심) 신청함에 있어 따로 제출한 외환거래약정서의 조항에 따를 것을 확약합니다.

제 2 절 전자선하증권

1. 선적요청서 작성

화주가 화물을 운송인에게 인도하고 선적요청서를 전자무역문서로 선박회사의 등록기관에 전송하여 전자선하증권 발급을 요청하면 선박회사는 전송된 선적요청서에 기재된 사항에 따라 전자선하증권을 발행하게 된다. 화주는 선적요청서를 정확하게 알기 쉬운 용어로 작성해야 한다. 전자선하증권의 기재사항이 정확하게 기재되었는지 선적요청서를 근거로 판단하게 되며, 선박회사가 선적요청서에 따라 전자선하증권을 발행하지 않아 화주에게 손실을 발생시키면 선박회사는 화주에게 배상책임을 져야 한다. 따라서 선박회사는 화주의 요청과 지시에 따라 선하증권을 발행한다.

전선선하증권은 화주와 선박회사간의 해상운송계약에 따라 선박회사가 발행하는 유가증권이다. 즉 선박회사가 화주로부터 운송상품을 수령하였으며 동 상품을 목적지까지 운송하겠다는 운송계약이 화주와 운송인간에 체결되었음을 입증하는 서류가 전자선하증권이다.

수출신고필증을 발급받은 후 수출자는 30일 이내에 수출물품을 선적해야 한다. 수출물품을 선적하기 위해서는 선사 및 포워더에게 선적요청문서를 전송하여 선하증권(B/L)을 발급받아야 한다. 선적요청서는 선하증권을 발급받기 위해 선사 및 포워더에게 전송하는 문서이다.

2. 입력화면 및 설명

1) 공통사항

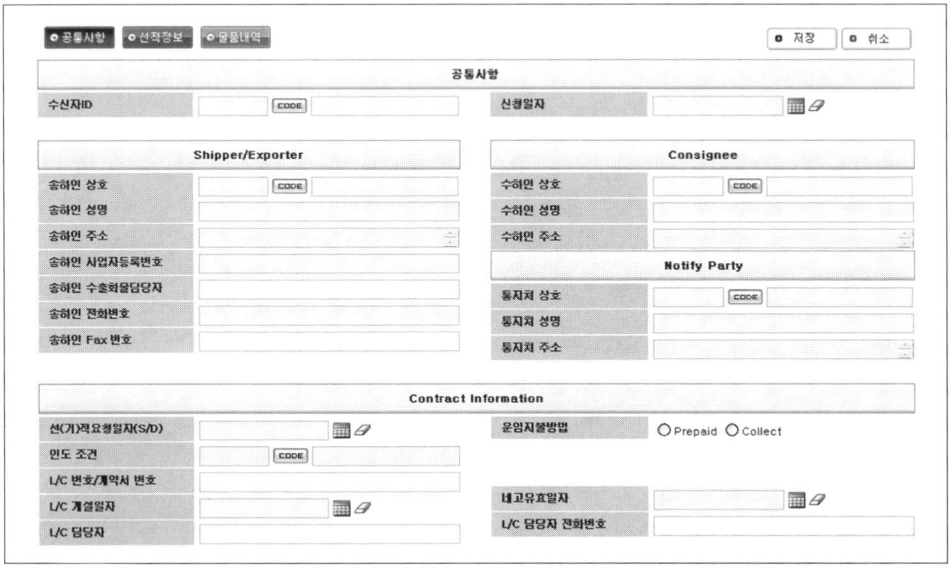

▣ 항목 설명

- Receiver ID(수신자 ID)
  - 해당 선적요청서를 EDI로 전송할 경우 수신받는 해당 기관(선사, 해운사, 항공사 등)을 조회하여 선택한다.
- Request Date(요청일자)
  - 해당 선적요청서를 전송하는 날짜를 입력한다.
- Shipper/Exporter(수출자 정보)
  - 시스템에 등록된 수출자(자사) 정보의 코드, 상호, 대표자명, 주소, 사업자등록번호, 선적담당자, 전화번호, 팩스번호가 기본값으로 표현된다.
  - 수정이 필요할 경우 직접 수정이 가능하다.
- Consignee(수하인 정보)
  - 해당 제품의 수출시 도착지에서 제품을 받는 수하인(일반적으로는 수입

자(매수인)와 동일)을 조회하여 선택한다. 선택시 코드, 상호, 대표자명, 주소가 표현된다.
- 수정이 필요할 경우 직접 수정이 가능하다.
- 신용장상에 "To our order"라고 지시된 경우, "our"는 신용장 개설은행을 지칭하는 것이므로 반드시 신용장 개설은행명을 입력하여야 한다.

• Notify Party(통지처 정보)
  - 해당 제품의 수입자(매수인) 정보를 조회하여 선택한다. 선택시 코드, 상호, 대표자명, 주소가 표현된다.
  - 수정이 필요할 경우 직접 수정이 가능하다.
  - 신용장상에 "To our order"라고 지시된 경우, "our"는 신용장 개설은행을 지칭하는 것이므로 이 경우 Consignee는 개설은행이 되고 Notify Party에 수입자(매수인) 정보를 입력한다.

• Shipping Req. Date(선적요청일자)
  - 해당 제품의 원하는 선적 날짜를 입력한다.

• Incoterms(인도조건)
  - Incoterms는 무역거래 계약에 있어서 화물거래의 일시 및 장소, 위험의 이전, 소유권의 이전, 운송계약 및 운임의 지급, 보험계약 및 보험료지급, 통관절차 및 관세지급 및 기타의 경비부담에 대하여 매도인 및 매수인이 어떻게 부담하는가를 국제적으로 통일한 규칙이다.
  - 해당 선적건에 대한 인도조건을 조회하여 선택한다.

• Freight Pay Condition(운임지불조건)
  - 인도조건에 따른 운임지불조건을 선택한다.
  - 인도조건이 CIF이면 "Prepaid," FOB이면 "Collect"를 선택한다.

• L/C(Contract) No.(신용장/계약서 번호)
  - 해당 수출건에 대한 계약조건에 따라 L/C인 경우 신용장 번호를, 그 외인 경우 계약서 번호를 입력한다.

• L/C Issue Date(신용장개설일자)
  - 해당 수출건에 대한 계약조건에 따라 L/C인 경우 개설일자를, 그 외인 경우 계약일자를 입력한다.

• L/C Manager(신용장담당자)
  - 계약 담당자명을 입력한다.
• Tel Number(전화번호)
  - 담당자 전화번호를 입력한다.

2) 선적정보

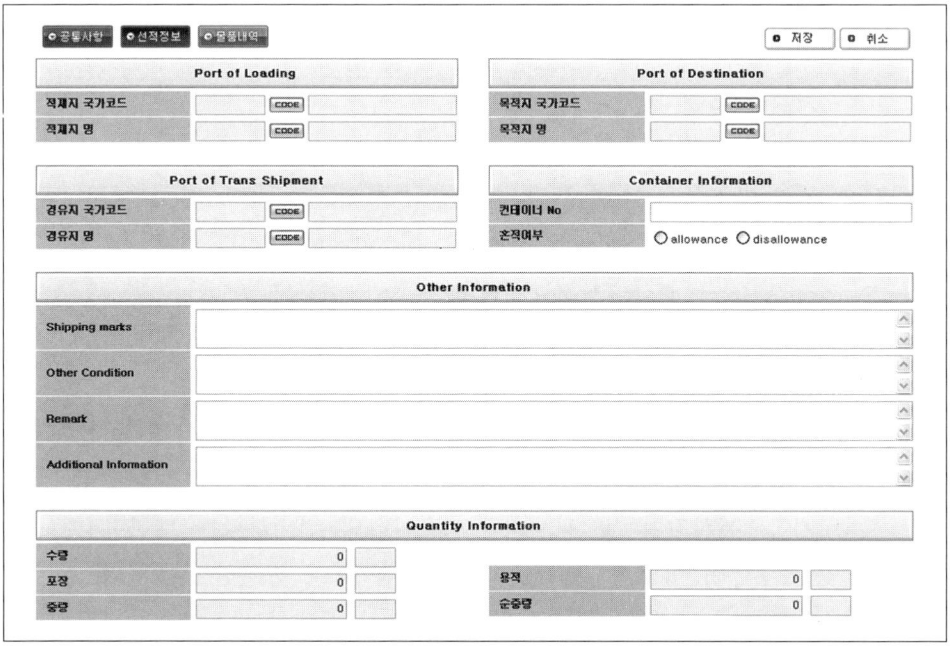

▣ 항목 설명

• Port of Loading(선적지 정보)
  - 해당 선적 제품의 선적지(출발지) 국가 및 항/항구 코드를 조회하여 선택하고, 선적지 명을 입력한다.
• Port of Destination(도착지 정보)
  - 해당 선적 제품의 도착지 국가 및 항/항구 코드를 조회하여 선택하고, 도착지 명을 입력한다.
• Port of Trans Shipment(경유지 정보)
  - 해당 선적 제품이 경유할 경우 경유지 국가 및 항/항구 코드를 조회하

여 선택하고, 경유지 명을 입력한다.

• Container Number(컨테이너 번호)
- 해당 선적 제품이 실린 컨테이너 번호를 입력한다.

• Consolidated Allowed(혼적허용여부)
- 컨테이너에 해당 제품 외의 다른 제품 혹은 타사 제품의 혼적 허용 여부를 선택한다.
- 허용시 "Allowance," 불가시 "Disallowance"이다.

• Shipping Mark
- 해당 화물의 포장표면 또는 용기 등에 표시된 화물 Mark 및 화물번호를 입력하며 Container 선적 등으로 특별한 Mark가 없을 경우에는 "In Container," 특수포장 없이 선적된 경우에는 "In Bulk" 또는 "No Mark(N/M)," 우편발송인 경우에는 "As Addressed"라고 입력하는 등 포장명세서(Packing List)에 기재된 내용과 동일하게 입력한다.

• Other Condition(부가조건)
- 선적시 필요한 부가 조건들이 있을 경우 입력한다.

• Remark(기타사항)
- 해당 문서를 수신받는 운송사(항공사, 해운사 등)에게 전달할 다른 내용이 있을 경우 입력한다.

• Additional Information(추가정보)
- 수출자와 운송사간의 선적시 필요한 추가 조건이 있을 경우 입력한다.

• Total Quantity/Total Packing/Total Volumn/Total Gross Weight/Total Net Weight
- 물품내역에 물품별로 등록한 수량, 포장, 용적, 중량, 순중량의 합계 내역이 자동으로 입력된다(입력불가).

3) 물품내역

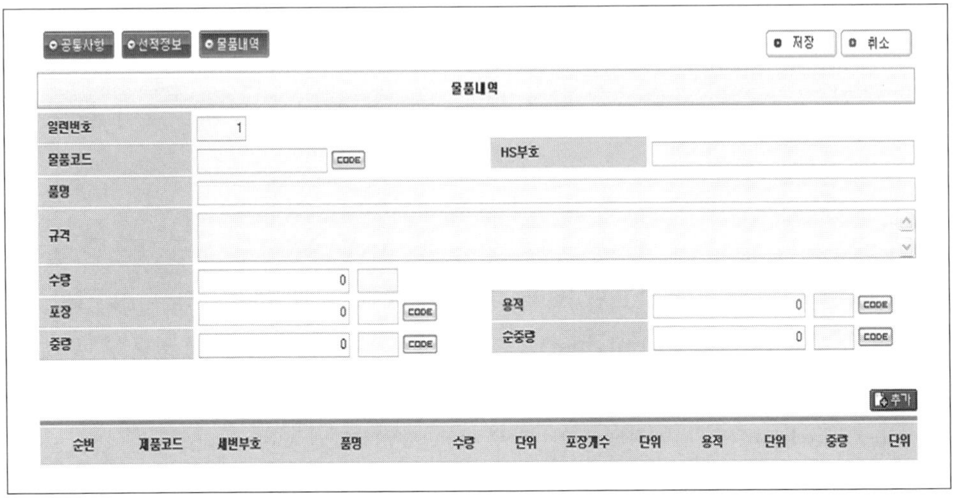

▣ 항목 설명

- No.(순번)
  - 선적 제품이 여러 개일 경우 각각의 일련번호가 자동으로 입력된다(입력불가).
- Item Code/HS Code/Item Name/Item Description
  - 미리 등록한 제품코드를 조회하여 선택한다. 이때 해당 제품의 제품코드, HS코드, 품명, 상품명세, 수량단위가 자동으로 입력된다.
  - 품명과 상품명세는 필요시 수정할 수 있다.
- Quantity(수량)
  - 수량을 입력하면 단가에 의해 금액은 자동 산출되어 표현된다.
- Packing/Volumn/Gross Weight/Net Weight
  - 해당 물품의 포장수, 용적, 중량, 순중량을 입력하며, 각각의 단위를 조회 또는 직접 입력한다.

3. 출력서식

SHIPPING REQUEST

SHIPPER / EXPORT Dongguk3 Dongguk3 550 1-ga Pil-dong Chung-gu Seoul	**SHIPPING REQUEST NO.& DATE** 20090305000001 2009-03-23
	REFERENCE NO. / **B/L TYPE**
CONSIGNEE Gmerce China Co.,Ltd. Zhou Wei 6F, ZhongHui Center, 104 YanAn Road South, Shanghai,	**L/C NO.& DATE** APP700 2009-03-02
	S/D 2009-03-05 / **E/D** 2009-03-10 / **NAME** / **TEL**
NOTIFY PARTY Dongguk3 Dongguk3 550 1-ga Pil-dong Chung-gu Seoul	**FREIGHT PAY CONDITION**
	INCOTERMS FOB Free on board-named port of shipment

PORT OF LOADING	PORT OF TRANS SHIPMENT	PORT OF DESTINATION
KR MOKPO	JP FUJIOKA	CN DATONG

ITEM NAME GOODS DESCRIPTION	QUANTITY	PACKING	VOLUMN	GROSS WEIGHT NET WEIGHT
IPOD NANO 4GB BLUE MP3 PLAYER - Model: Ipod Nano - Digital Storage Type: Built-in Memory - Storage Capacity: 1-9 GB	1,000 EA	100 BC		1 MT 1 MT
HOT PINK EARBUDS IPOD MP3 Condition: New	2,000 EA	200 BC		2 MT 2 MT
TOTAL	3,000	300		3 3

CONTAINER NO.	CONSOLIDATED ALLOWED
Con45980	disallowance

SHIPPING MARKS
REMARK
OTHER CONDITION
ADDITIONAL INFORMATION

제 3 절 상업송장과 포장명세서

1. 상업송장의 정의

상업송장(Commercial Invoice)은 수출상이 수입상 앞으로 작성해 보내는 수출상품의 계산서이며 내용명세서이다. 상업송장의 기능을 구체적으로 살펴보면 다음과 같다.

첫째, 상업송장은 구매서의 역할을 하므로 수출입상의 이름과 주소, 발행일자와 수입상의 참조번호, 상품의 규격 및 개수, 포장상태 및 하인 등이 표시되어야 한다.

둘째, 상업송장은 CFR의 경우에 수출상이 최종목적지까지 운송인과 운송계약을 체결하여 약정상품을 운반해야 한다. CIF는 수출상이 최종목적지까지 적하보험에 부보하여 보험계약을 체결하고 약정상품을 운송인과 운송계약을 체결하여 최종목적지까지 약정상품을 운송해야 할 책임을 부담한다. 이와 같은 수출상의 의무가 성실히 이행되었는지 상업송장을 근거로 판단할 수 있다.

셋째, 매매계약 상품의 순단가, 순톤수, 순중량, 부대비용, 할인료, 지불방식 등을 정확히 표기한 매매계산서 및 수출대금청구서 역할을 한다.

수출입상이 FOB거래조건으로 매매계약을 체결한 경우 비용의 분기점이 선박의 난간을 기준으로 해서 수출상에서 수입상으로 이전하게 된다. 따라서 수출상은 상품이 선박의 난간을 통과할 때까지의 비용을 부담하면 되고 그 이후의 비용은 수입상이 부담한다.

상업송장은 비용의 분기점을 기준으로 해서 수출상이 부담해야 할 비용을 계산해서 대금청구를 하게 된다. 즉 생산비용이나 상품이 선박의 난간을 통과할 때까지 발생한 물류 및 기타비용을 포함시킨 금액을 수입상에게 청구하게 된다.

넷째, 상업송장은 무역금융의 필수서류가 된다. 화환어음을 담보로 하며, 그 서류에는 상업송장이 반드시 포함되어야 한다.

다섯째, 상업송장은 수입시 화물수취안내서와 수입상품의 정확성 및 진실성을 입증하기 위한 세관 신고의 증명자료가 된다.

2. 포장명세서의 정의

포장명세서는 상업송장의 부속서류로서 화물의 외견상 구별하기 위해 사용되는 서류이다. 수출상이 운송화물의 명세서를 상세하게 작성하여 수입상에게 제시하고 수입상은 포장명세서에 명시된 내용으로 운송화물을 관리할 수 있다. 포장명세서에는 화인, 포장개수, 컨테이너 일련번호, 상품명세서, 수량, 순중량, 총톤수, 용적, 원산지 등이 기재된다.

포장명세서는 수출입통관 절차에서 수출입신고서를 심사할 때 활용되고, 수입지에서의 화물의 분류 및 관리, 판매단계에서도 이용되며, 선박회사와 운송계약을 체결할 때 운임산정의 기준이 된다.

3. 입력화면 및 설명

1) 공통사항

▣ 항목 설명

• 수신자 ID
- 해당 Invoice를 EDI로 전송할 경우 수신받는 운송기관을 조회하여 선택한다.

• Invoice 번호
- Invoice 번호를 입력한다.

• Invoice 작성일자
- Invoice를 작성하는 날짜를 달력버튼을 이용하여 입력한다.

• Shipper · Exporter
- 문서를 작성하고 있는 담당자의 자사 정보가 기본값으로 표현된다.
- 수정이 필요할 경우 직접 수정할 수 있다.

• Consignee
- 수입업체 상호코드를 이용하여 입력한다.

• L/C번호 · 계약서번호
- 계약방식이 신용장방식이면 L/C번호를 입력하고 무신용장 및 송금방식일 경우에는 계약서번호를 입력한다.

• L/C개설일자 · 계약일자
- 계약방식이 신용장방식이면 L/C개설일자를 입력하고 무신용장 및 송금방식일 경우에는 계약을 체결한 날짜를 입력한다.

• 가격조건명
- 인코텀스의 정형거래조건 13가지 중 해당되는 가격조건을 선택한다.

• 통지업체 상호 · 주소
- 통지업체 코드를 이용하여 상호 및 주소를 입력한다.

• 적재지국가명 · 적재지명
- 수출물품을 선적하는 국가와 선적지명을 코드값을 이용하여 입력한다.

• 선박회사 · 선박명
- 선박회사 또는 선박명을 입력한다.

• 도착지국가명 · 도착지명
- 수출물품이 도착하는 국가와 도착지명을 코드값을 이용하여 입력한다.

• 선적일자
- 수출물품이 선적되는 날짜를 입력한다.

• 총수량 · 총금액 · 총순중량 · 총중량 · 총용적 · 총포장개수

- 총합계정보는 물품내역의 합계를 시스템에서 자동으로 계산한다(입력불가).

• Shipping Mark

- 해당 화물의 포장표면 또는 용기 등에 표시된 화물 Mark 및 화물번호를 입력하며 Container 선적 등으로 특별한 Mark가 없을 경우에는 "In Container," 특수포장 없이 선적된 경우에는 "In Bulk" 또는 "No Mark(N/M)," 우편발송인 경우에는 "As Addressed"라고 입력하는 등 포장명세서(Packing List)에 기재된 내용과 동일하게 입력한다.

• Remark

- 기타 추가적인 비고사항을 입력한다.

2) 물품내역

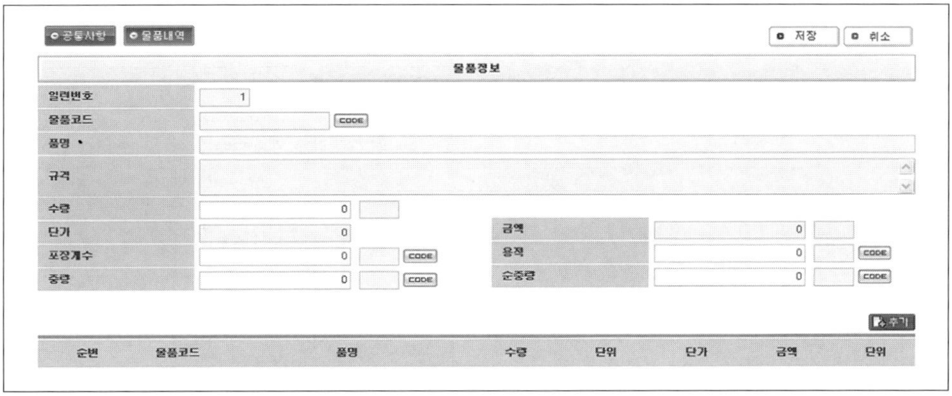

▣ 항목 설명

• 일련번호

- 선적제품이 여러 개일 경우 각각의 일련번호가 자동으로 입력된다(입력불가).

• 물품코드 · 품명 · 규격 · 단가

- 미리 등록한 물품코드를 조회하여 선택한다. 이때 해당 제품의 물품코드, 품명, 규격, 단가 항목이 자동으로 입력된다.

• Quantity(수량)

- 수량을 입력하면 금액은 자동 계산된다.

• 포장개수 · 중량 · 용적 · 순중량
  - 해당 물품의 포장개수, 중량, 용적, 순중량을 입력하며, 각각의 단위를 조회 또는 직접 입력한다.

4. 출력서식

INVOICE

SHIPPER / EXPORT	INVOICE NO.& DATE	
Dongguk3 550 1-ga Pil-dong Chung-gu Seoul 02-949-3949 02-494-1398	CI5800	2009-03-05
	L/C NO.& DATE APP700	2009-02-28
CONSIGNEE	TERMS OF PRICE FOB	Free on board-named port of shipment
Gmerce China Co.,Ltd. 6F, ZhongHui Center, 104 YanAn Road South, Shanghai, 021-6854-2288 021-6854-3399	Vessel / Flight	Departure Date 2009-02-28
NOTIFY PARTY	PORT OF LOADING KR	INCHON PORT
Gmerce China Co.,Ltd. 6F, ZhongHui Center, 104 YanAn Road South, Shanghai, China	PORT OF DESTINATION CN	DANDONG

ITEM NAME GOODS DESCRIPTION	QUANTITY	NET PRICE	PRICE
Canon PowerShot SD900 7.1-megapixel CCD captures enough detail for photo-quality 15 x 20-inch prints	2,000 EA	329.99	659,980USD
Canon LiDE 50 Color Image Scanner Model : Canon LiDE 50 USB Color Image Scanner USB	2,000 EA	124.99	249,980USD
TOTAL	4,000 EA		909,960 USD

SHIPPING MARKS
REMARK

제 4 절 원산지증명서

1. 원산지증명서의 정의

국제무역거래에서 수입국은 수입상품의 통계와 수입상품의 제한요건의 충족여부, 국별 쿼터량의 관리, 국별 양허세율 등을 관리하기 위해서 수입상품이 어느 국가에서 생산되었는지를 증명하는 서류를 요구하는데 이것이 원산지증명서이다. 원산지증명서는 수출상이 환어음과 서류를 매입할 때 제시해야 하는 부대서류로서 수입상품의 국적을 증명하는 문서로서 수출국의 정부기관에서 발행하며 우리나라는 대한상공회의소에서 발행한다. 수입상품의 원산지 판정기준은 다음과 같다(대외무역법 제6-3-1조).

① 당해국 영역에서 생산한 광산물, 농산물 및 식물성 생산물

② 당해국 영역에서 번식, 사육한 산동물과 이들로부터 채취한 상품

③ 당해국 영역에서 수렵, 어로로 체포한 상품

③ 당해국 선박에 의하여 체포한 어획물, 기타 상품

④ 당해국에서 제조, 가공공정 중에 발생한 것

⑤ 당해국 또는 당해국의 선박에서 제 1 호 내지 제 5 호의 물품을 원재료로 하여 제조·가공한 물품

2. 입력화면 및 설명

1) 기본정보

▣ 항목 설명

• 수신자 ID

- 해당 원산지증명발급신청서를 EDI로 전송할 경우 수신받는 해당 기관(승인기관)을 조회하여 선택한다.

• 상업송장번호

- 해당 원산지증명 발급의 근거가 되는 상업송장(Commercial Invoice) 번호를 입력한다.

• 상업송장발급일자

- 해당 원산지증명 발급의 근거가 되는 상업송장(Commercial Invoice)의 발행일자를 입력한다.

• 서명등록번호

- 원산지증명서 발급기관인 상공회의소와 원산지 증명 업무를 EDI로 처리하기 위해 약정시 상공회의소로부터 발급받은 서명등록번호를 입력한다.
- 서명등록번호는 숫자 10자리로 구성된다.

• 수출신고번호

- 해당 제품의 수출신고번호를 입력한다.
- 수출신고번호는 세관코드(3)+과부호(2)+연도(2)+일련번호(8)로 구성된다.

• 매도인 정보

- 시스템에 등록된 수출자(자사) 정보의 코드, 상호, 대표자명, 주소가 기본값으로 표현된다.
- 신청서상의 신청자와 수출자는 반드시 일치하여야 하나, 신용장 또는 계약서상에 Exporter(Seller, Shipper)를 별도로 지정한 경우에는 "on behalf of"를 사용하여 기재할 수 있으며 이 경우 관련 신용장 또는 계약서를 제출하여야 한다.

• 수하인 정보

- 해당 제품의 수출시 도착지에서 제품을 받는 수하인(일반적으로는 수입자(매수인)와 동일)을 조회하여 선택한다. 선택시 코드, 상호, 대표자명, 주소가 표현된다.
- 수정이 필요할 경우 직접 수정이 가능하다.

- 신용장상에 "To our order"라고 지시된 경우, "our"는 신용장 개설은행을 지칭하는 것이므로 반드시 신용장 개설은행 명을 입력하여야 한다.
- 신용장이나 선수출계약서(D/A, D/P)상에 수하인을 매수인(Buyer)으로 별도 명시하도록 요구하지 않았을 경우에는 운송서류인 선하증권(B/L)이나 항공화물상환증권(Air Way Bill)의 내용을 참조하여 입력한다.

• 매수인 정보
- 해당 제품의 수입자(매수인) 정보를 조회하여 선택한다. 선택시 코드, 상호, 대표자명, 주소가 표현된다.
- 수정이 필요할 경우 직접 수정이 가능하다.

• 신청인 정보
- 시스템에 등록된 수출자(자사) 정보의 코드, 상호, 대표자명, 주소, 전자서명값이 기본값으로 표현된다.
- 수정이 필요할 경우 직접 수정이 가능하다.
- 전자서명값은 전자문서로 송·수신할시 필요한 인증값으로 숫자 10자리로 구성된다.

2) 운송정보

■ 항목 설명

- 신청일자
  - 해당 제품의 원산지증명 발급 신청을 하는 날짜를 입력한다.
- 선적일자
  - 해당 제품의 실제 선적일자를 입력한다.
  - 선적일정이 결정되지 않았을 경우에는 선박명/기명 항목에 "On or about"라고 입력한 후 예상 선적일을 입력한다.
- 신청수량(원본) · (사본)
  - 발급받고자 하는 원산지증명서 원본 및 사본 수량을 입력한다.
  - 원산지증명서 용지는 상공회의소에서 구입하여 사용하는 것으로 그 수량을 상공회의소에서 관리하고 있다. 따라서 출력할 용지의 수량을 정확히 입력하여야 한다.
- 항해번호 · 비행편번호
  - 해당 제품의 운송수단이 선박일 경우 항해번호를, 항공일 경우 비행편번호를 입력한다.
  - 선적일정이 결정되지 않았을 경우에는 "By Seafreight" 또는 "By Airfreight" 등으로 입력한다.
- 선박명 · 기명
  - 해당 제품의 운송수단이 선박일 경우 선박 명칭을, 항공일 경우 항공기 명칭을 입력한다.
- 선적지코드 · 선적지명
  - 해당 제품의 선적지(출발지) 국가를 조회하여 선택하고, 선적지 명을 입력한다.
- 도착지코드 · 도착지명
  - 해당 제품의 도착지 국가를 조회하여 선택하고, 도착지 명을 입력한다.
- 경유지코드 · 경유지명
  - 해당 제품이 경유할 경우 경유지 국가를 조회하여 선택하고, 경유지 명을 입력한다.
- 원산지코드 · 원산지명
  - 해당 제품의 원산지 국가를 조회하여 선택하고, 원산지 명을 입력한다.

- 한국에서 생산 또는 제조된 물품인 경우(원산지: 한국)에는 "The Republic of Korea"라고 입력한다. 원산지를 명확하게 기재하지 않은 경우(예, R.O.K, South Korea, Korea, Republic of South Korea 등)에는 원산지증명서가 발급되지 않는다.
- 원산지가 한국이 아닌 경우에는 제 3 국의 원산지를 명확하게 입력하여야 한다.

• 참고사항
- 처음 신청수량과 실제 출력한 수량이 상이할 경우 기재한다.

※ 원칙적으로 실제 전자무역 업무시에는 70Byte씩 5행이 기재되며, 이때 기재는 아래와 같다.

1행: 발급번호
2행: 신청서에 기재했던 원본 수량
3행: 신청 후 실제 출력했던 원본 수량
4행: 신청서에 기재했던 사본 수량
5행: 신청 후 실제 출력했던 사본 수량

• 신용장내역
- 해당 제품의 계약조건이 신용장인 경우 신용장 번호를 입력한다.

• 특별요구사항
- 상공회의소에 요청할 사항을 입력한다.

• 포장정보
- 물품내역에 물품별로 등록한 수량 및 포장의 합계 내역이 자동으로 입력된다(입력불가).

3) 물품내역

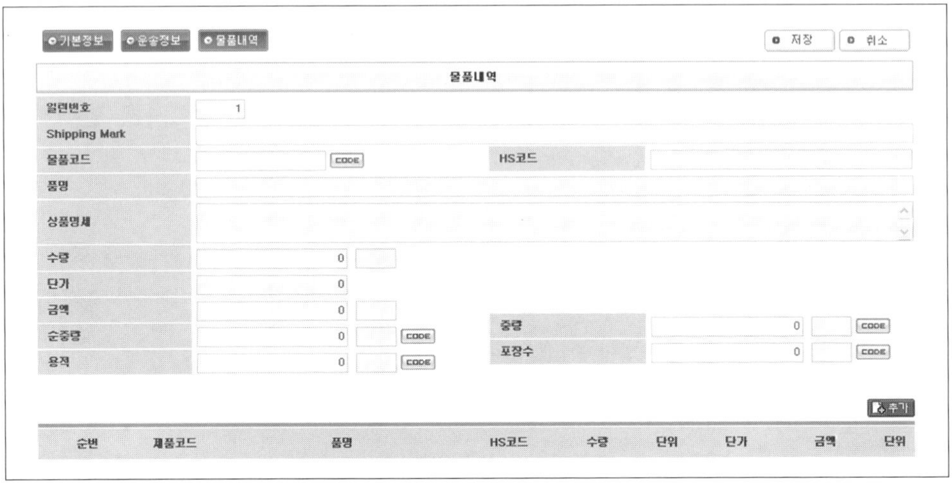

▣ 항목 설명

• 순　번

– 수출제품이 여러 개일 경우 각각의 일련번호가 자동으로 입력된다(입력불가).

• Shipping Mark

– 해당 화물의 포장표면 또는 용기 등에 표시된 화물 Mark 및 화물번호를 입력하며 Container 선적 등으로 특별한 Mark가 없을 경우에는 "In Container," 특수포장 없이 선적된 경우에는 "In Bulk" 또는 "No Mark(N/M)," 우편발송인 경우에는 "As Addressed"라고 입력하는 등 포장명세서(Packing List)에 기재된 내용과 동일하게 입력한다.

• 제품코드 · HS코드 · 품명 · 상품명세 · 단가 · 수량단위 · 금액단위

– 미리 등록한 제품코드를 조회하여 선택한다. 이때 해당 제품의 HS코드, 품명, 상품명세, 수량단위, 단가, 통화단위가 자동으로 입력된다.

– 필요시 수정할 수 있다.

– 상품명세는 정확하게 표기하여야 하며, 수출신고필증 등에 기재된 내용과 일치하여야 한다.

• 수량 · 금액
- 수량을 입력하면 단가에 의해 금액은 자동 산출되어 표현된다.

• 순중량 · 중량 · 용적 · 포장 수
- 해당 물품의 순중량, 중량, 용적, 포장 수를 입력하며, 각각의 단위를 조회 또는 직접 입력한다.

3. 출력서식

1. Exporter (Name, address, country)

Dongguk3
Dongguk3
550 1-ga Pil-dong Chung-gu Seoul

Reference No.
Reference Code.

ORIGINAL

CERTIFICATE OF ORIGIN

issued by
THE KOREA CHAMBER OF COMMERCE & INDUSTRY
Seoul, Republic of Korea

2. Consignee(Name, address, country)

Gmerce China Co.,Ltd.
Zhou Wei
6F, ZhongHui Center, 104 YanAn Road South, Shanghai,

3. Country of Origin

The Republic of Korea

4. Transport details

From : REPUBLIC OF Busan
To : CHINA Beijing
Via : HONG KONG Victoria

5. Remarks

6. Marks & numbers; number and kind of packages; description of goods					7. Quantity
1	0701000097	0000.00-0042	Tomtom 510 GPS CAR NAVIGATION	- Model: GO 510 - Display Type: Color	2,000 EA
2	0701000096	0000.00-0042	Garmin 2720 Navigation System	Type: Automotive Waterproof: Yes Display Type: Color Number of Channels: 12 channel	3,000 EA

//

8. Decaration by the Exporter

The undersigned, as an authorized signatory, hereby declares that the above-mentioned goods were produced or manufactured in the country shown in box 3.

(Signature)

(Name) Dongguk3

9. Certification

The undersigned authority hereby certifies that the goods described above originate in the country shown in box 3 to the best of its knowledge and belief

Authorized Signatory

제 5 절 적하보험청약서

1. 적하보험증권의 정의

적하보험이란 해상운송 도중에 발생할 수 있는 각종의 위험에 대해 보험자(Insurer, Assurer)가 그 손해를 보상할 것을 약속하고 보험계약자는 그 대가로서 보험료를 지불하는 의무를 부담하는 것을 내용으로 하는 계약이다. 적하보험 서류는 보험증권(Isurance Policy), 보험증명서(Certificate of Insurance), 확정통지서(Declaration) 등이 있으며 보험증권은 예정보험증권(Open Policy)과 확정보험증권(Definite Policy)으로 구분할 수 있다.

적하보험증권은 화주의 적하보험청약서를 근거로 보험회사가 발행하며 이 보험증권은 보험계약이 성립되었음을 증명하고, 배서에 의해서 피보험이익이 양도되는 유통증권이다.

2. 입력화면 및 설명

1) 기본정보

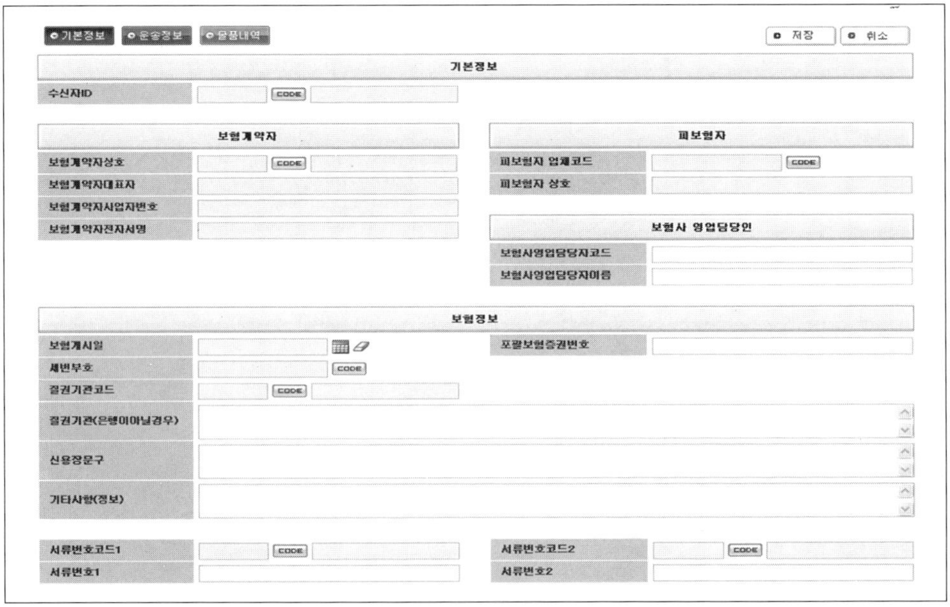

▣ 항목 설명

• 수신자 ID

- 해당 전략물자포괄 수출허가신청서를 EDI로 전송할 경우 수신받는 해당 기관(보험사)을 조회하여 선택한다.

• 보험계약자 정보

- 시스템에 등록된 수출자(자사) 정보의 코드, 상호, 대표자명, 사업자번호, 전자서명값이 기본값으로 표현된다.
- 수정이 필요할 경우 직접 수정이 가능하다.

• 피보험자 정보

- 보험사고가 발생시 손해를 입는 자로 일반적으로 보험계약자와 동일하나 반드시 보험계약자와 동일한 것은 아니다.

• 보험사 영업담당인

- 해당 보험사의 영업담당인 코드와 이름을 입력한다.

• 보험개시일

- 선적화물에 대한 보험 효력 개시일을 입력한다.

• 포괄보험 증권번호

- 포괄예정보험의 경우 해당 증권번호를 입력한다.

• 질권기관코드 및 기관명

- 보험사고의 발생으로 보험금을 지급할 때 직접 은행으로 지급할 경우 해당 질권은행을 입력한다.

• 서류코드 1, 2

- L/C와 Invoice 번호 등을 기재하여 사고 발생시 부보 물건과 사고물건과의 일치 여부 및 해약 또는 배서시 실제의 부보 사항을 확인하기 위한 것으로 이는 이중 부보, 관련서류의 일치에 대한 판단기준이 된다.

2) 운송정보

▣ 항목 설명

- 주운송수단 항차 · 선명
  - 선박 혹은 항공기의 항차 및 해당 이름을 입력한다.
- 선적지코드 · 선적지명
  - 해당 제품의 선적지(출발지) 국가를 조회하여 선택하고, 선적지명을 입력한다.
- 도착지코드 · 도착지명
  - 해당 제품의 도착지 국가를 조회하여 선택하고, 도착지명을 입력한다.
- 최종 목적지코드 · 최종 목적지명
  - 해당 제품의 최종 목적지 국가를 조회하여 선택하고, 최종 목적지명을 입력한다.
- 경유지코드 · 경유지명
  - 해당 제품이 경유할 경우 경유지 국가를 조회하여 선택하고, 경유지명을 입력한다.

• 출항일자

- 해당 제품이 선적되어 출항하는 날짜를 입력한다.

• 증권발급부수(원본) · 증권발급부수(사본)

- 적하보험증권의 희망 발급부수(원본 및 사본)를 입력한다.

• 송장금액

- 선적된 화물의 송장(Commercial Invoice)에 기재된 물품금액을 입력한다.

• 희망이익률 · 관세율

- 화물의 희망이익률(통상적으로 10%) 및 관세발생시 관세율을 입력한다. 이는 보험요율 산정에 반영된다.

• 기본조건

- 보험계약에 있어 그 보상범위를 말하는 것으로, 기본조건에는 구약관상 All Risk, All Risk(Air), W.A., FPA 조건이 있고 신약관상으로는 ICC, ICC(Air), ICC(B) 및 ICC(C)조건이 있다.
- 해당 조건을 조회하여 선택 후 조건내역을 입력한다.

• 부가조건

- 전위험담보조건(A/R, A/R(Air) 혹은 ICC(A), ICC(Air))조건으로 보험조건을 정한 경우에는 일반적으로 부가조건을 첨부할 필요가 없지만, 제한 조건인 W.A.나 FPA 혹은 ICC(B)나 ICC(C)를 보험조건으로 정한 경우에는 특정위험에 대하여 부가조건을 선택하여 추가로 부보할 수 있다.
- 또한 전위험담보조건으로 보험에 가입한 경우라 하더라도 화물의 특성에 따라 전위험담보조건에서 면제한 특정위험을 담보받고자 할 때는 부가조건에 대한 추가보험료를 납입하여야 한다.

  예를 들어 고체화공품을 Drum이나 Can 이외의 용기로 포장하여 운송할 경우의 부족손(Shortage)과 정밀기기류, 유리 및 요업제품의 파손(Breakage) 위험에 대한 담보요율은 A/R, A/R(Air)나 ICC(A), ICC(Air)조건의 요율에 포함되어 있지 않으므로 동 품목에 있어서 부족손이나 파손을 보상받기 위해서는 이에 따른 추가보험료가 납입되어야 한다.

- 필요한 경우에 해당 부가조건을 조회하여 선택한 후 조건내역을 입력한다.

3) 물품내역

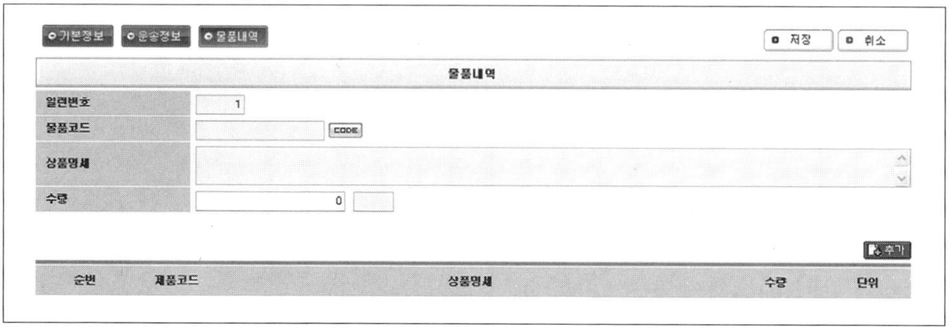

▣ 항목 설명

• 순 번

- 수출 제품이 여러 개일 경우 각각의 일련번호가 자동으로 입력된다(입력불가).

• 제품코드

- 미리 등록한 제품코드를 조회하여 선택한다. 이때 해당 제품의 HS부호, 상품명세, 수량단위가 자동으로 입력된다(직접 입력불가).

• 상품명세

- 제품코드 선택시 자동으로 입력된다(직접 입력불가).

• 수 량

- 해당 제품의 적하보험 가입 수량을 입력한다.

3. 출력서식

COPY

MARINE CARGO INSURANCE POLICY

Assured(s),etc Gmerce China Co.,Ltd.

Policy No. IP5909	Ref. No. Invoice No : IV4500 L/C No : LC4908
Claim, if any, payable at: Claim are payable in the	Amount insured INVOICE USD ********500,000.00 X **110.00%
Adjustment should be made by	Conditions Subject to the following Clauses as per back here of or as attached Special Replacement Cluase (applying to machinery) Replacement Clause for Secondhand Machinery (applying to used machinery) On-Deck Clause (applicable if not notice of on-deck shipment) Institute Extended Radioactive Contamination Exclusion Clause Institute Chemical, Biological, Bio-chemical, Electromagnetic Weapons and Cyber attack Exclusion Clause
Local Vessel or Conveyance | From(interior port of place of loading)	
Ship or Vessel called the Rainbow4509 | Sailing on about 09-03-08	
at and from JINJU | transhipped at	
arrived at TAI NO | thence to	

Goods and Merchandises
Video format: MiniDV
Audio: PCM Digital Stereo Audio
Maximum CCD resolution: 680,000 pixels
CCD size: 0.17 inches
300 EA

Depth 3.1 in.
Height 5.9 in.
Width 6.2 in.
200 EA

Phone Brand: Nokia
Phone Model: 6682
400 EA

Phone Brand: Sony, Ericsson
Phone Model: S710A
Technology: GSM
300 EA

Marks and Numbers as per Invoce No.specified above

Place and Date signed in NO.OF POLICIES ISSUED

제 6 절 지급지시 전자무역문서

1. 지급지시 전자무역문서

전신송금환이 우편송금환과 다른 점은 지급지시를 전신으로 한다는 점이다. 수입상이 수입대금을 거래은행에 위탁하여 수출상에게 지급해 줄 것을 요청하고 거래은행은 수출국에 있는 외국환은행에 수출대금을 수출상에게 지급할 것을 전신으로 전송하면 외국환은행은 수출상에게 수출대금을 즉시 지급한다. 전신송금환은 수입국은행에서 수출국은행으로 전신으로 전송되기 때문에 분실과 이자가 발생하지 않으므로 무역거래에서 주로 사용되고 있다.

2. 지급지시 전자무역문서의 작성방법

1) 조회화면

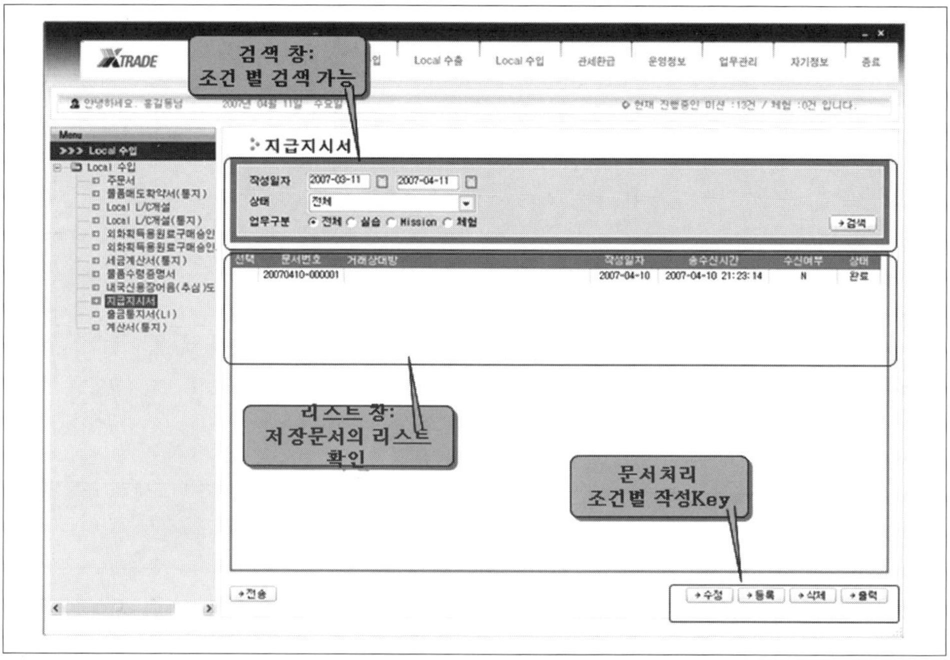

2) 입력화면

01 | 의뢰정보

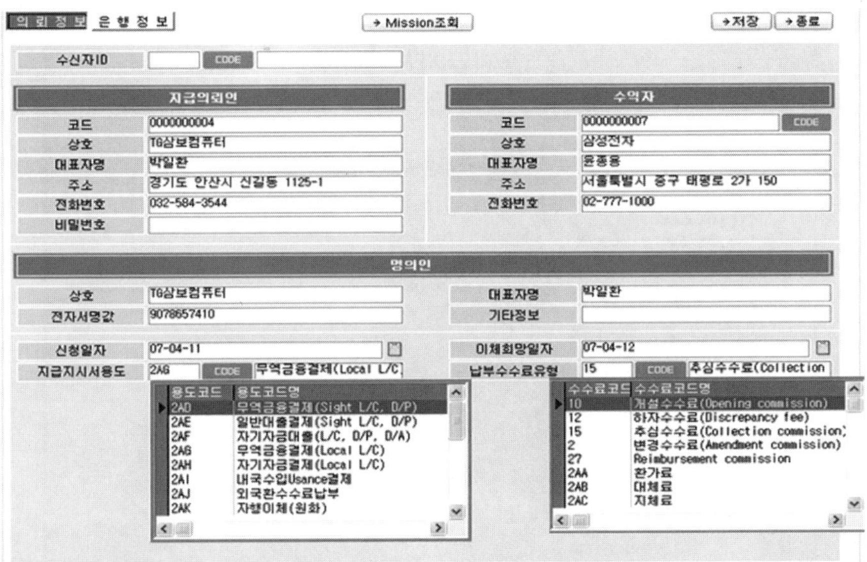

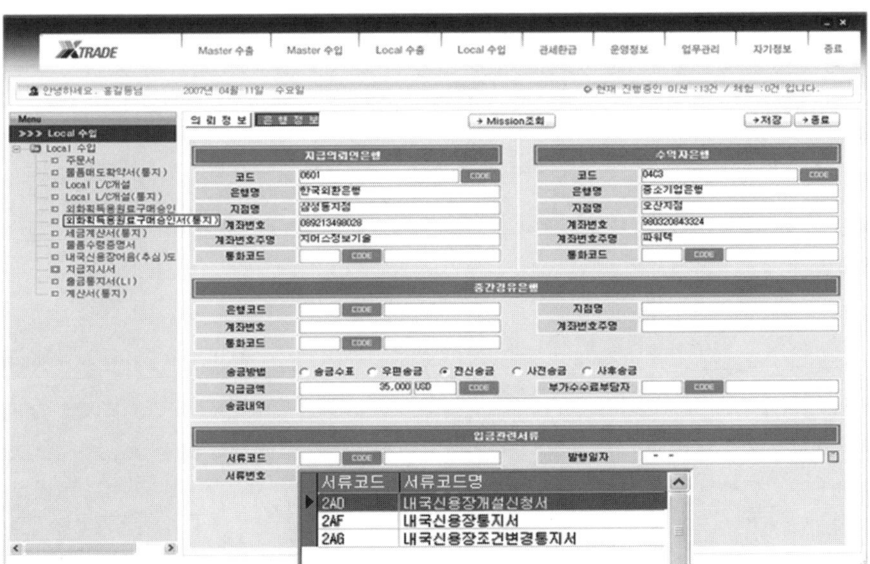

3) 출력화면

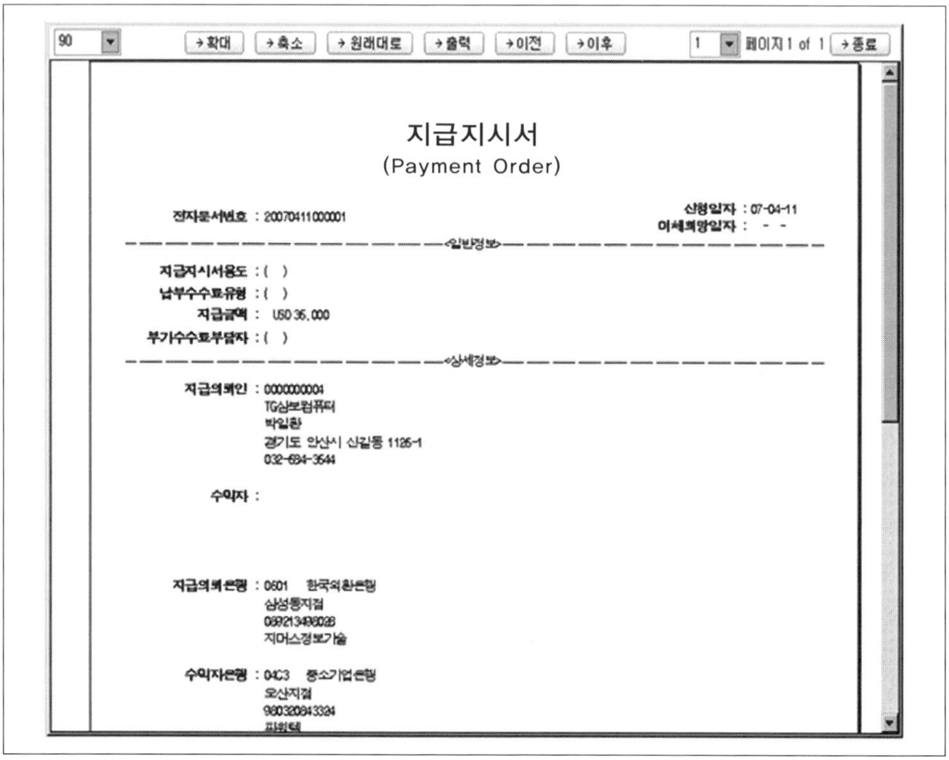
90 →확대 →축소 →원래대로 →출력 →이전 →이후 1 페이지 1 of 1 →종료

지급지시서
(Payment Order)

전자문서번호 : 2007041100001
신청일자 : 07-04-11
이체희망일자 : - -

<일반정보>

지급지시서용도 : ( )
납부수수료유형 : ( )
지급금액 : USD 35,000
부가수수료부담자 : ( )

<상세정보>

지급의뢰인 : 0000000004
TG삼보컴퓨터
박일환
경기도 안산시 신길동 1126-1
032-694-3644

수익자 :

지급의뢰은행 : 0601 한국외환은행
삼성동지점
06921349602B
지머스정보기술

수익자은행 : 04C3 중소기업은행
오산지점
980320943324
파워텍

제 13 장
수입통관 전자무역문서

제 1 절 인터넷 수입통관관리의 개요
제 2 절 무역EDI를 이용한 수입신고

우리나라로 들어오는 모든 외국물품은 관세법에서 규정하고 있는 수입절차를 거쳐야 하는데 이를 수입통관절차라고 한다. 외국물품은 곧 수입물품을 의미하지만 관세법에서는 우리나라에 도착된 물품으로 수입신고가 수리되지 않은 물품과 수출신고가 수리된 물품을 외국물품으로 간주하고 있다. 이러한 외국물품은 수입신고수리를 위한 통관절차를 필해야만 내국물품이 되어 국내로 들어 올 수 있다. 수입통관절차는 국제물류관리의 중요한 부분을 차지하고 있으며 대부분 수입통관업무는 무역EDI를 통하여 이루어지고 있다. 본 장에서는 무역EDI를 이용한 수입통관관리에 관하여 살펴본다.

제1절 인터넷 수입통관관리의 개요

1. 무역EDI의 수입통관개요

관세법상 수입은 외국물품을 우리나라에 반입(보세구역을 경유하는 것은 보세구역으로부터 반입한다는 것을 말한다)하거나 우리나라에서 소비 또는 사용하는 것이라고 정의하여 상품을 수입하고자 하는 수입상은 수입상품에 대하여 신고서류를 갖추어 세관에 신고를 하여야 한다. 수입신고는 출항 전 신고와 입항 전 신고로 우리나라에 물품이 도착되기 전에 할 수 있으며 수입신고인이 자기 사무실에서 무역EDI를 이용하여 수입신고서를 세관에 전송하여 세관으로부터 수입신고수리결과를 전신으로 통보받을 수 있는데, 이것은 서류 없는(paperless) 수입통관제도로 가능하게 되었다. 수입상은 관세, 세금의 부과기준이 되는 과세가격, 관세율 및 품목분류번호, 과세환율 등을 상세히 확인한 다음 수입신고서를 작성하여 수입신고를 해야 하며 이러한 사항을 잘 모르면 관세사와 관세청에 문의하여 정확하게 작성하여야 한다. 수입신고서를 접수한 세관에서는 신고한 물품의 검사여부를 결정하게 되는데, 대부분 물품은 검사하지 않고 제시된 수입신고서와 제반서류를 근거로 신고내용의 형식적·법률적 요건만 심사하고 수리하지만 의심이 가는 물품에 관하여는 세관공무원이 물품을 직접 검사를 한 후에 수입신고를 수리하고 있다.

세관의 수입심사결과 수입신고가 법의 규정에 따라 정당하게 이루어진 것으로 확인된 경우 세관은 수입신고필증을 수입상에게 교부한다. 즉 수입신고필증을 받아야만 수입상은 부두 또는 보세구역으로부터 수입상품을 반출할 수 있는데 이것을 수입통관이라고 하며 수입상품을 반출하기까지의 일련의 절차가 수입통관절차이다.

이와 같은 수입통관절차는 국제물류구조를 형성하게 되며 형성된 국제물류구조는 제품의 원가비용과 국제물류비용을 결정하게 되기 때문에 수입통관절차를 상세히 분석하고 제반제도를 정확히 숙지하여야 한다.

2. 무역EDI의 수입통관절차

1) 수입신고 전 확인사항

수입통관절차는 간단하지만 수입통관을 이행하는 과정에서 여러 가지 규정이 있기 때문에 이러한 규정을 잘 숙지하여야 수입통관을 효율적으로 할 수 있다.

(1) 품목분류

수입상은 수입상품의 품목분류를 정확히 알아야 한다. 품목분류가 정확하여야 정확한 관세율의 적용이 가능하다. 수입상이 수입상품의 품목을 잘못 분류하여 수입신고하면 품목분류변경에 따른 부족세와 가산세를 별도로 부담하여야 한다. 수입상이 상품을 수입할 때 상품의 품목분류를 정확히 알지 못하면 품목분류사전심사제도를 이용하여 품목분류를 정확하게 결정하는 것이 좋다.

(2) 수출입관련 법령에서 규정된 의무이행의 확인

① 수입요건확인서의 개념

수출입상사가 수출입통관단계에서 약사법 등 수출입관련 법령에서 정한 의무사항을 규정대로 준수하고 있는지 세관장이 확인하도록 하는 규정이 관세법 제226조에 명시되어 있다. 따라서 수입상이 수출입관련 법령에서 정한 의무사항을 이행하지 않으면 수입통관이 보류되거나 수입신고서류의 처리가 지연되어 적기에 수입통관이 이루어지지 않으므로 인해서 추가비용이 발생할 수 있다. 수입상은 수입하고자 하는 물품에 대하여 이러한 확인대상물품인지 여부를 확인하여 관련 요건확인 구비서류를 미리 준비해야 한다.

② 무역EDI를 이용한 수입요건확인서의 발급절차

수출입화주는 통관 전에 승인·추천·허가·검사 등 수입요건을 구비해야 하는 물품인 경우 관련기관(수출입요건승인, 추천기관, 검사·검역소)에 신청서류를 제출하거나 무역EDI 방식으로 신청한다. 수출입요건 승인기관의 담당자는 수출입요건 승인 후 승인내역을 해당기관의 시스템에 등록하고 수출입요건 승인내역(전자문서)을 관세청 사서함으로 전송한다.

그림 13-1 수입요건확인서의 발급절차

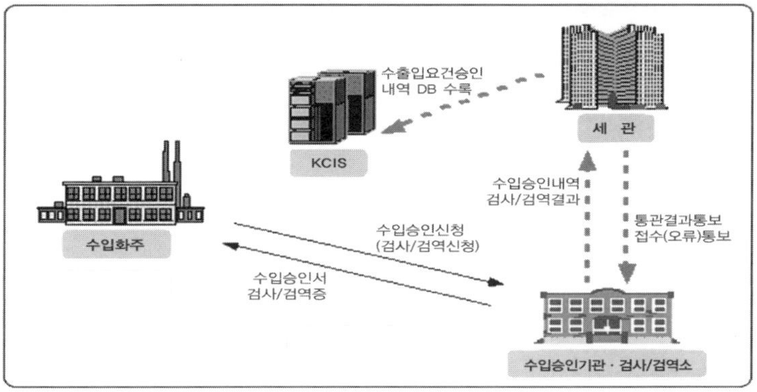

관세청 시스템은 수출입요건 승인 전자문서를 수신받아 오류 검증기준에 의하여 검증 후 오류가 없는 경우 수출입요건 승인내역 접수통지(전자문서)를 해당 수입요건 승인기관 사서함으로 전송한다. 관세청 시스템은 수출입요건 승인내역을 정상적으로 접수한 경우 수출입 화주, 신고인 등이 조회할 수 있도록 KCIS(수출입통관 정보조회시스템)에 수록한다.

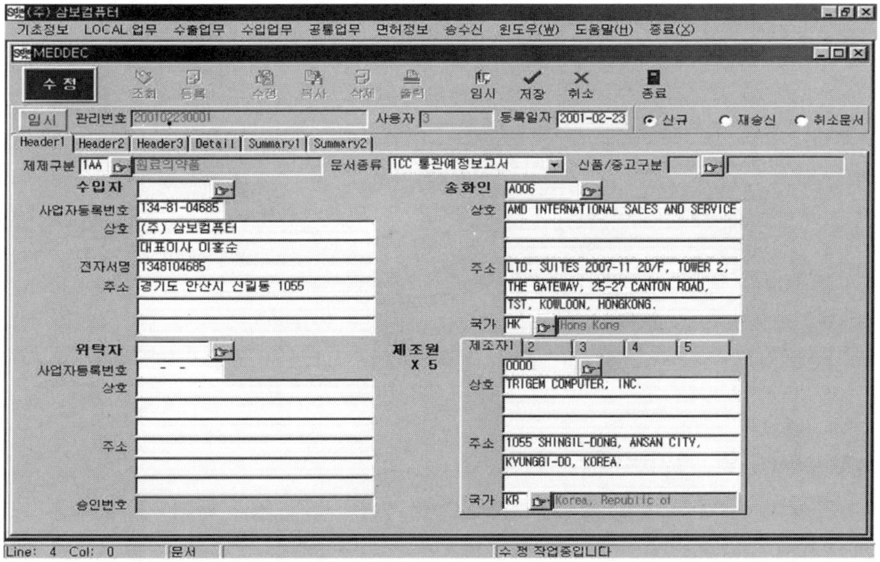

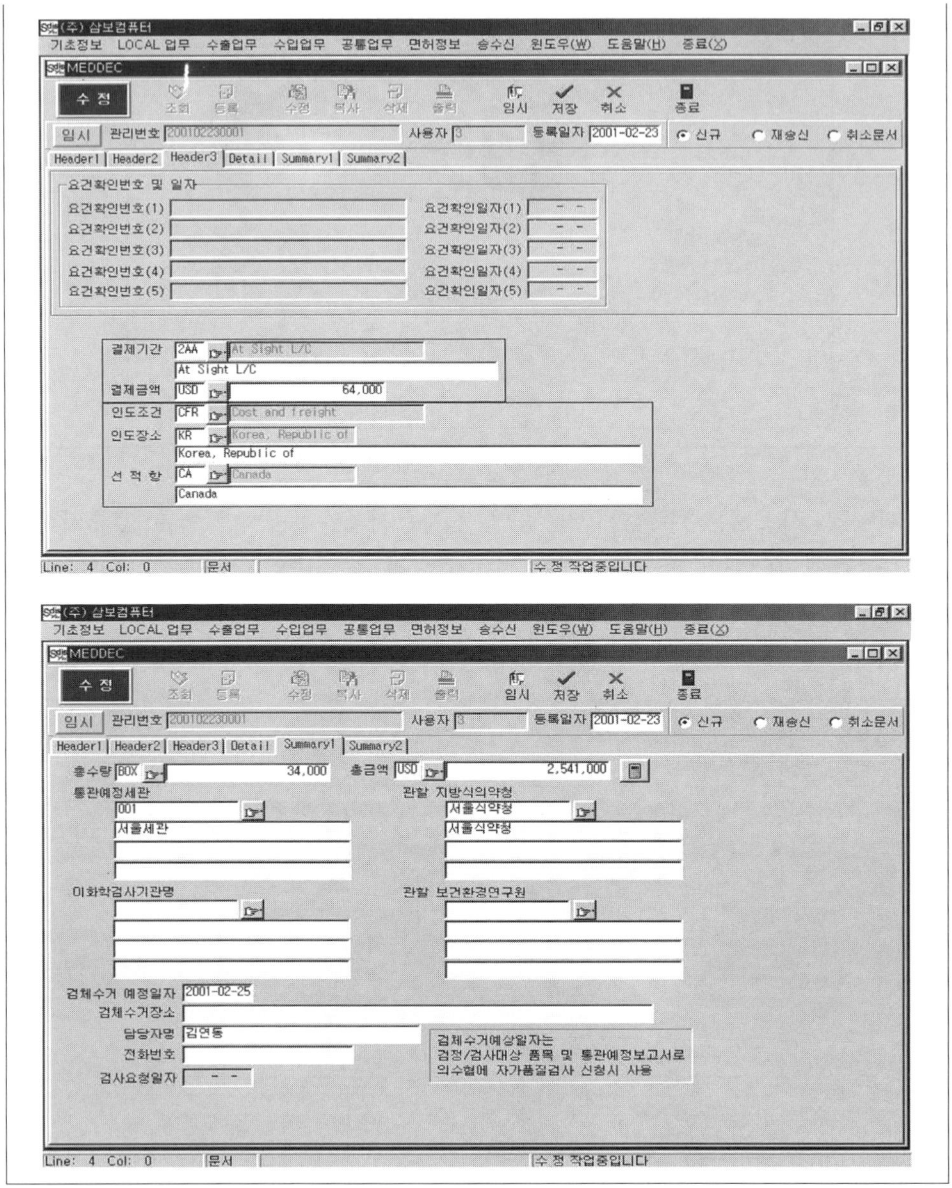

(3) 보세구역 반입여부의 확인

수입상이 자가창고를 보세구역으로 허가를 받은 경우와 그렇지 않은 경우로 구분하여 비용과 시간을 단축시킬 수 있는 방안을 모색해야 한다. 수입상이

창고를 소유하고 있으면 자기창고에 반입하면 되지만 자가창고가 없는 경우에는 항만과 공항에서 직접 통관할 것인지 아니면 통관희망지의 어느 보세창고를 이용할 것인지 등을 보관장소와 물량에 따라 창고별로 보관수수료와 할인율이 다르기 때문에 미리 결정해야 한다. 기계류와 중장비, 공장설비 등과 같이 중량이 많이 나가는 화물은 따로 보세구역 외 장치허가를 받아야 하는지를 결정해야 한다.

(4) 자가통관과 외부기관활용

수입신고는 수입자, 관세사, 관세사법인, 통관취급법인의 명의로 할 수 있으며 물류비용을 절감하기 위하여 화주가 직접 할 수도 있다. 화주가 직접 하기 위해서는 무역EDI를 이용하기 위한 장비와 인력이 필요하며 이러한 비용과 외부기관을 이용할 경우에 발생하는 비용을 비교하여 화주가 직접 할 것인지를 결정해야 한다.

(5) 컨테이너 운송방법

대부분의 수출입화물은 컨테이너로 운송되고 있다. 컨테이너화물은 FCL화물과 LCL화물로 구분되며 FCL컨테이너화물은 출항 전 신고, 입항 전 신고, 부두직통관제도 등 모든 제도를 활용하는 데 제한이 없지만 LCL컨테이너화물은 한 컨테이너에 여러 화주의 화물을 적입하였기 때문에 이러한 통관제도를 이용할 수 없고 수입신고서가 수리된 후에 CFS에서 컨테이너화물의 적출작업을 마치고 물품을 반출할 수 있는 제한이 있으므로 적입방법 등에 대하여 미리 검토해야 한다.

(6) 보세운송

수입상은 수입화물을 입항지에서 내륙지의 보세창고로 운송하기 위해서는 보세운송절차를 따라야 한다. 보세운송은 등록된 운송업체만 할 수 있으므로 보세운송업체를 선정해야 한다. 수입상이 수입물동량과 수입물품의 순환방식, 보세운송업자의 차량보유대수, 운송방법 등을 잘 활용하면 운송비용을 절감할 수 있다.

2) 수입신고

수입신고란 물품을 수입하려는 의사를 세관장에게 표시하는 것이다. 수입신고는 그 신고시점에서 과세물품이 확정되고 신고일에 시행되는 법령이 당해 수입물품에 적용된다는 점에서 대단히 중요한 의미를 갖는다. 수입물품에 적용되는 관세율, 과세환율, 감면규정 등은 수입신고일에 시행되는 법령에 의하여 결정되며 다만 보세건설장 반입물품은 수입신고 수리시의 법령이 적용된다. 관세는 원칙적으로 수입신고를 할 때의 수입물품의 성질과 그 수량에 의하여 부과되며 납세의무자는 수입물품에 대한 실질적인 화주로서 다음과 같다.

① 물품의 수입을 위탁받아 수입업자(무역업자)가 대행수입한 물품일 때에는 그 물품의 수입을 위탁한 자

② 수입신고 전에 양도(B/L양도: 선하증권양도)한 때에는 그 양수인

(1) 수입신고의 시기

수입신고는 우리나라에 수입물품이 도착되기 전이나, 물품이 적재된 선박(항공기)이 도착된 이후, 보세구역 도착 전, 보세구역 도착 후 등 수입자(회사)가 수입물품의 신속통관과 물류비용 등을 고려하여 어떠한 시점에서도 신고가 가능하다. 수입신고시 물품을 어디에 두고 신고하느냐에 따라 세관에서는 편의상 출항 전 신고, 입항 전 신고, 보세구역 도착 전 신고, 보세구역 도착 후 신고로 구분하고 있다.

출항 전 신고는 수입하고자 하는 물품이 수출국(외국)의 공항 또는 항구를 출항하기 전에 수입신고를 할 수 있는 것을 말하고, 출항부터 입항까지의 기간이 단기간인 경우에 해당되며 그 대상은 항공기로 수입되는 물품과 일본, 중국, 대만, 홍콩으로부터 선박으로 수입되는 물품이다. 수입신고는 수입물품을 적재한 선박 또는 항공기가 도착할 입항예정지 세관장에게 수입신고를 하여야 한다. 한 컨테이너에 여러 수입자(화주)의 화물이 실린 경우(혼재화물: LCL 화물)에는 부두에서 직반출될 물품과 장치장(보세구역)에 입고될 물품을 구분하는 작업이 곤란하므로 출항 전 신고는 허용되지 않는다.

입항 전 신고는 수입하고자 하는 물품을 적재한 선박 또는 항공기가 외국의 출항지에서 출발한 후 우리나라의 항구 또는 공항에 입항(도착)하기 전에 미

리 수입신고하는 것을 말한다. 출항 전 신고와 같이 수입물품을 적재한 선박, 또는 항공기가 도착할 입항예정지 세관장에게 수입신고를 하여야 하며 한 컨테이너에 여러 수입자의 화물이 혼재되어 있는 경우에는 입항 전 신고가 허용되지 않는다.

보세구역 도착 전 신고는 수입하고자 하는 물품이 우리나라 항구 또는 공항에 도착한 후 보세구역(장치장)에 입고하기 전에 수입신고하는 것을 말하는데, 이때의 장치장이란 부두 밖 컨테이너 보세장치장(CY), 컨테이너 내륙 통관기지(의왕 ICD 등) 및 수입자가 세관장으로부터 특허를 받는 자가용 보세장치장도 포함한다. 자가용 보세장치장이 있는 수입자는 외국으로부터 공항만에 도착된 물품에 대하여 보세운송신고를 하고 수입물품이 자가 보세장치장에 도착 전(입고 전)에 수입신고를 함으로써 수입통관 시간을 단축할 수 있다.

보세구역 도착 후 신고는 수입하고자 하는 물품이 보세장치장에 입고된 이후 수입신고하는 것을 말하는데, 관세법상 원칙적으로 모든 수입물품은 보세구역에 반입된 이후에만 수입신고가 가능하다. 그러나 최근에는 수입화주의 신속한 통관과 물류비용의 절감을 위해서 출항 전 신고 등을 허용하고 있다.

수입신고는 원칙적으로 수입물품을 통관하고자 하는 세관에 하여야 하는데 출항 전 신고 또는 입항 전 신고는 수입물품을 적재한 선박 또는 항공기의 입항예정지를 관할하는 세관장에게 하여야 하고, 보세구역 도착 전 신고는 당해물품이 도착될 보세구역을 관할하는 세관장에게 하여야 한다. 또한 보세구역 도착 후(보세장차장 입고 후) 신고는 당해물품이 장치된 보세구역 관할세관장에게 신고를 하여야 한다.

수입물품에 대한 수입신고는 통관업무에 대하여 전문지식을 가지고 있는 관세사(화주로부터 위임을 받아 화주를 대신하여 수출입통관업무를 업으로 하는 자), 관세사법인, 통관취급법인 또는 수입화주가 직접 자기명의로 할 수 있다.

외국으로부터 보세구역(보세장치장)에 도착(반입)된 물품은 보세구역 반입일로부터 30일 내에 수입 또는 반송의 신고를 하여야 한다. 이는 보세구역의 유통을 원활히 하여 체화를 방지하고, 수입물품의 국내유통을 신속화하고 관세를 조기에 징수할 목적으로 시행되는 제도이다. 다음으로 보세구역에 반입된 물품이 반입일로부터 30일 내에 수입 또는 반송신고를 하지 않을 때에는 관세법의 규정에 의하여 가산세를 징수하도록 되어 있으므로 수입업무를 담당하는 회사

직원은 이 점에 유의하여야 할 것이다.

① 김포공항과 김해공항의 하기장소 중 지정장치장 및 보세장치장

② 부산항과 인천항의 하선장소 중 부두 내와 부두 밖의 컨테이너 CY와 CFS(지정장치장과 보세장치장)

③ 부산항 및 인천항 재래부두 내 지정장치장(세관장이 지정한 통관물품 장치장)

(2) 수입신고서의 처리

① 수입신고서의 접수 및 처리담당자 지정

현재 수입통관절차는 EDI(전자자료 교환방식)방식으로 수입신고하도록 되어 있다. 수입신고인(관세사 또는 자기명의 통관업체)은 수입신고서를 작성하여 출력한 후 이상이 없을 경우 전자문서로 변환하여 세관의 통관시스템으로 전송하고 수입신고서는 첨부서류와 함께 세관에 제출하여야 한다. 접수된 수입신고서는 원칙적으로 전산에 의하여 자동으로 처리담당자가 지정되나, 처리담당직원의 미결사항, 검사여부 및 물품의 장치장소 등을 감안하여 수입담당과장이 수작업으로 처리담당자를 지정 또는 변경하고 있다.

② 신고서류 검토 및 처리방법 결정

처리담당자는 제출된 수입신고서 내용을 수입통관시스템에 조회하여 통관시 유의사항(물품검사시 유의사항, 신고서처리상 유의사항 등)이 있는지를 확인하여 심사주무 또는 과장에게 보고하여 처리방법(즉시수리, 심사대상, 물품검사 등)을 지시받아 처리한다. 즉시수리란 수입신고물품에 대하여 서류심사와 물품검사를 생략하고 제출된 수입신고서류의 구비요건만 확인하고 수리하는 제도이다. 즉시수리의 형식적 요건은 제출서류가 구비되었는지 여부, 신고서의 기재사항이 제출서류의 내용과 일치하는지 여부, 품명·규격이 신고서 기재요령에 의하여 작성되었는지 여부, 신고서상의 수량·중량 단위가 HS별 표준수량·중량단위와 일치하는지 여부 등이다.

심사대상이란 수입신고 물품의 세번, 세율과 과세가격의 적정여부, 수입승인물품인 경우 수입승인사항과 일치여부, 관계법령에 의한 수입요건의 충족여부 등을 검토·심사하여 수입신고서를 수리하는 것이다.

물품검사대상이란 세관직원이 수입신고서와 제출서류만으로는 각종 표시, 용도, 기능 등을 확인할 수 없거나 신고된 물품 이외의 물품의 은닉 여부와 수

입신고사항과 현품의 일치여부의 확인이 필요한 경우에는 수입물품을 직접 확인하는 경우를 말한다. 물품검사대상은 검사가 필요한 물품, 우범업체 등에 대한 정보를 수집하여 검사를 선별하는 수입물품선별검사(C/S)시스템에 의하여 자동으로 선별하고 있다. 이렇게 전산에 의하여 선별된 물품 중에서 수입담당과장이 검사대상물품과 검사할 세관직원을 지정하고 있다.

(3) 사전세액심사

사전세액심사란 수입신고인 또는 화주가 신고한 세액에 대하여 수입신고를 수리하기 전에 심사하는 것을 말한다. 원칙적으로 신고납부 대상물품은 수입신고대상의 기재사항과 관세법의 규정에 의한 확인사항 등을 심사하여 수리하고, 신고한 세액에 대해서는 수입신고를 수리한 후 심사하도록 되어 있다. 다만, 신고한 세액에 대하여 관세채권의 확보가 곤란하다고 인정되거나 수입신고를 수리한 후 세액심사를 하는 것이 부적당하다고 인정되는 경우에는 수입신고수리전에 세액심사를 하도록 하고 있다.

제 2 절 무역EDI를 이용한 수입신고

1. 수입신고

수입상은 수입신고를 직접 할 수도 있고 관세사와 관세사법인, 통관법인을 통하여 할 수 있다. 수입상이 관세사와 관세사법인 또는 통관법인을 이용하여 수입신고를 하는 경우 수입상은 무역EDI나, Fax로 수입신고서류를 신고인(관세사 등)에게 전달하여 수입신고를 의뢰해야 한다. 수입상과 신고인은 수입신고서를 작성한 후 무역EDI 방식으로 세관에 전송하며 이때 가격신고서 제출대상인 경우에는 가격신고서도 함께 전송한다. 세관시스템은 수신된 수입신고서를 기계적・논리적으로 검증하여 오류가 발생한 신고건에 대해서 오류통보 전자문서를 신고인에게 전송하고, 신고인은 오류사항을 정정한 후 동일 신고번호로 최초전송과 동일하게 세관에 전송한다. 정상적으로 세관시스템 검증을 통과한 수입신고에 대해서 C/S작업을 한 후에 그 결과에 대한 접수통보를 신고인에게 EDI로

그림 13-2 무역EDI를 이용한 수입신고절차

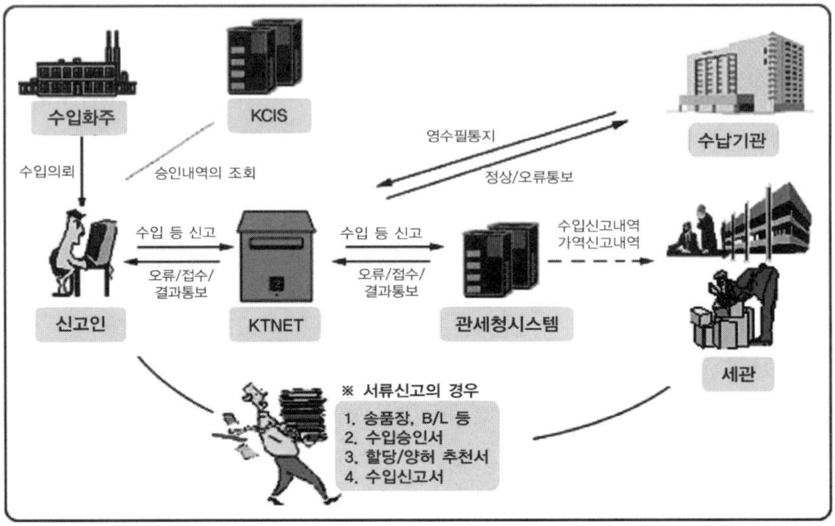

통보한다. 이때 정상수신여부와 함께 C/S결과, 납부고지번호, 심사자부호 등이 통보된다. 접수통보를 받은 신고인은 P/L건이 아닌 경우, 수입신고서를 출력하여 첨부서류와 함께 세관에 제출한다.

신고인은 해당 신고건의 납부고지서를 출력하여 국고수납기관에 관세 등을 납부하고 관세 등을 수납한 수납기관은 세관에 수납사실을 통보하는 영수필통지 전자문서를 전송하며 세관은 수납기관이 전송한 영수필통지를 검증하여 정상·오류여부를 수납기관에 통지한다. 세관은 심사·검사 등 내부처리절차를 한 후에 신고수리요건이 되면 관리자의 결재를 득한 후, 처리결과통보(결재완료)를 신고인에게 전송한다. 단, 사후납부건의 경우는 결재와 동시에 수리가 되므로 수리사실을 신고인에게 통보한다. 세관은 결재완료 후 해당건의 수납사실을 확인한 후 처리결과통보(수리완료) 전자문서를 신고인에게 전송한다.

1) 수입신고수리

수입신고수리란 수입자(수입신고인)가 신고한 내역에 대하여 세관에서 이를 적법으로 정당하게 이루어졌다고 인정하여 수입통관을 허용하는 행위를 말하며, 이때 신고인에게 수입신고필증을 교부하게 된다. 수입신고가 수리된 물품은 내국물품이므로 보세구역(장치장)에서 즉시 반출할 수 있다. 96. 7월 이후에는 적법・정당하게 이루어진 신고는 지체없이 수리하여 수출입신고 즉시 물품이 통관될 수 있도록 하는 수입신고수리제를 시행중에 있다. 따라서 세관장으로 수입신고가 관세법의 규정에 의하여 적법하고 정당하게 이루어진 경우에는 이를 지체없이 수리하고 신고인에게 신고필증을 교부하도록 규정하고 있다. 또한 신고수리한 출항 전 또는 입항 전 신고물품에 대해서는 관세법 제244조에 의하여 적하목록이 제출된 때에 신고수리 여부를 수입자에게 통보토록 하고 있다. 세관장이 신고를 수리할 때에는 납부하여야 할 관세에 상당하는 담보를 제공받은 후 또는 납부할 관세를 납부하였음을 확인하고 수리하고 있다.

2) 수입신고필증 교부

세관장은 수입물품에 대한 신고를 수리한 때에는 수입신고서에 "수입신고수리인"과 신고서 처리담당자의 인장을 날인한 후 교부하고 있다. 이때 교부한 수입신고필증과 통관시스템에 보관된 신고자료(내용)가 다른 경우에는 관세청 통관시스템에 보관된 전자문서의 내용을 원본으로 하고 있다. 수입신고필증은 수입자가 신고한 물품이 무엇인지, 세금은 얼마나 납부하였는지 알 수 있는 자료일 뿐만 아니라, 물품을 장치장에서 반출할 때에도 신고가 수리되었음을 장치장에 알려주는 증서이기도 하므로 물품을 양도하지 않는 한 타인에게 양도하지 않는 게 좋다. 또한 수입신고필증은 관세 등 세액의 납부를 증명하는 서류로서 수출 후 관세환급시 필요한 서류이기도 하다.

3) 신고수리 전 반출

신고수리 전 반출이란 수입물품에 대하여 신고가 수리되기 전에 일정한 사유가 있는 경우에 화주의 신청에 의하여 신고수리 전에 물품을 보세구역에서 반출할 수 있도록 허용하는 제도이다. 원칙적으로 수입물품은 수입신고가 수리되지 아니하면 보세구역으로부터 반출할 수 없고, 무단반출할 경우에는 관세법에 의하여 처벌을 받게 된다. 그러나 다음과 같은 사유에 해당될 때에는 세관장에게 신고수리 전 반출승인 신청을 하여 승인을 받아 신고수리 전이라도 보세구역에서 물품을 반출할 수 있으므로 잘 활용하면 회사에 많은 도움이 될 것이다. 신고수리 전 반출 사유는 완성품의 세번(HS품목분류번호)으로 수입신고수리를 받고자 하는 물품이 미조립상태로 분할선적 수입된 경우, 조달기금법에 의한 비축물자로 신고된 물품으로서 실수요자가 결정되지 아니한 경우, 사전세액심사 대상물품(부과고지물품을 포함한다)으로서 세액결정에 장시간이 소요되는 경우, 신제품으로서 품목분류 및 세율결정에 장시간이 소요되는 경우이며, 수리전 반출승인을 얻어 반출한 물품은 내국물품이 된다. 따라서 수리 전 반출승인 시에는 관세 등을 납부하여야 한다. 물품 반출 후에 과세요건이 확정되는 시점에 세관에서는 신고수리를 하게 되며, 신고세액에 부족이 있을 경우에는 부족세액을 추가로 징수하게 된다.

2. 무역EDI를 이용한 수입통관업무

수입통관업무는 첫째, 대외무역법 · 약사법 · 가축전염병예방법 등 각종 수입관련 법령상의 수입요건 이행여부를 확인하고, 둘째, 할당 · 양허세율 적용을 위한 수입물량 추천여부를 확인하고, 셋째, 관세, 부가가치세 등 각종 세법에서 정한 세금의 납부를 확인하여 외국물품이 국내로 반입되는 것을 허용하는 업무이다.

1) 수입신고서

(1) 작성 · 수신 문서 리스트 조회

다음 화면에 나타난 데이터는 사용자와 관련되어 수신된 문서의 전체 리스트를 보여준다. 검색창은 B/L번호, 제출번호, 문서상태, 신고일자로 구성되어 있으며 동 번호로 검색이 가능하다. 리스트창은 신규, 수정, 출력, 송신, 가격신고, 신고정정, 납세정정, 감면 · 분납, 문서복사, 문서삭제로 구성되어 있으며, 신규는 신규문서를 작성할 때 사용하며, 수정은 선택된 문서를 수정할 때, 출력은 선택된 문서를 출력할 때, 송신은 선택된 문서를 송신할 때, 가격신고는 선택된 문서를 가격신고 문서와 연계할 때, 신고정정은 선택된 문서를 신고정정 문서로 연계할 때, 납세정정은 선택된 문서를 납세정정 문서로 연계할 때, 감면 · 분납은 선택된 문서를 감면 · 분납 · 용도세율 신청문서와 연계할 때 사용한다.

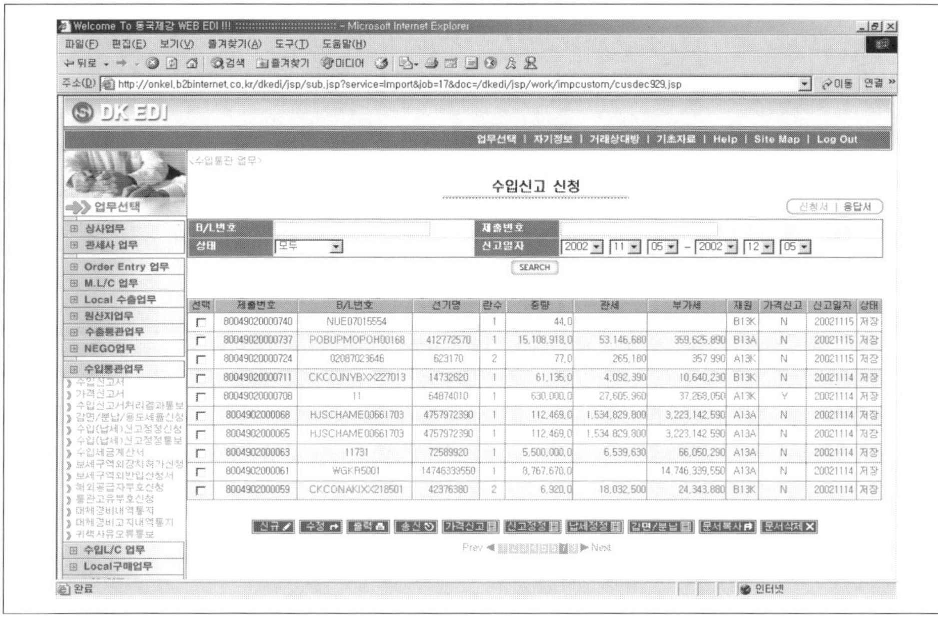

수입신고 신청

B/L번호		제출번호	
상태	모두	신고일자	2002 11 05 – 2002 12 05

선택	제출번호	B/L번호	선기명	란수	중량	관세	부가세	재원	가격신고	신고일자	상태
☐	80049020000740	NUE07015554		1	44.0			B13K	N	20021115	저장
☐	80049020000737	POBUPMOPOH00168	412772570	1	15,108,918.0	53,146,680	359,625,890	B13A	N	20021115	저장
☐	80049020000724	02087023646	623170	2	77.0	265,180	357,990	A13K	N	20021115	저장
☐	80049020000711	CKCOJNYBXX227013	14732620	1	61,135.0	4,092,390	10,640,230	B13K	N	20021114	저장
☐	80049020000708	11	64874010	1	630,000.0	27,605,960	37,268,050	A13K	Y	20021114	저장
☐	8004902000068	HJSCHAME00661703	4757972390	1	112,469.0	1,534,829,800	3,223,142,590	A13A	N	20021114	저장
☐	8004902000065	HJSCHAME00661703	4757972390	1	112,469.0	1,534,829,800	3,223,142,590	A13A	N	20021114	저장
☐	8004902000063	11731	72589920	1	5,500,000.0	6,539,630	66,050,290	A13A	N	20021114	저장
☐	8004902000061	WGKR5001	14746339550	1	8,767,670.0		14,746,339,550	A13A	N	20021114	저장
☐	8004902000059	CKCONAKIXX218501	42376380	2	6,920.0	18,032,500	24,343,880	B13K	N	20021114	저장

(2) 수입신고서 입력화면

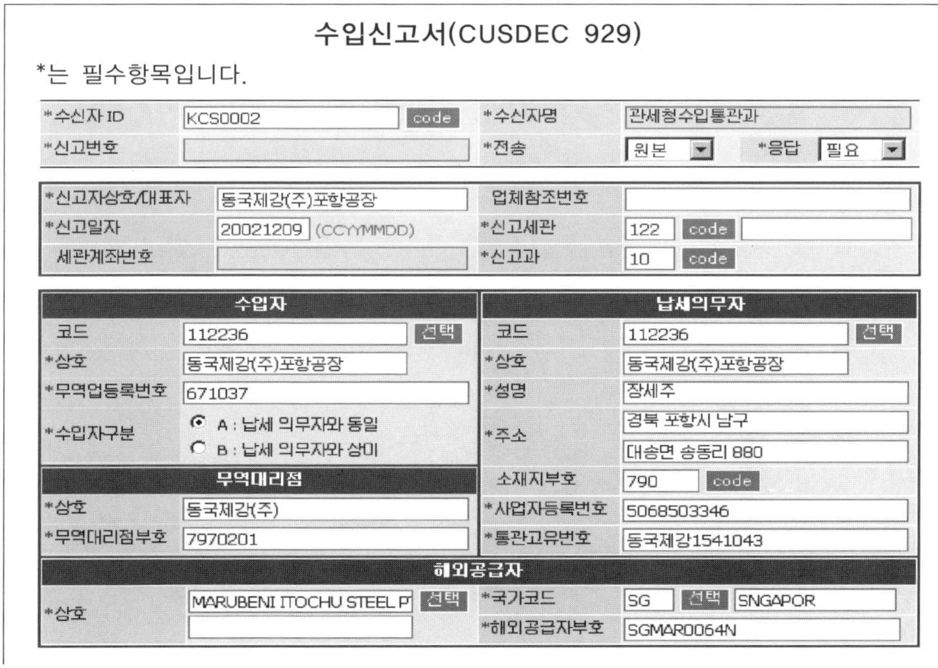

통관구분				화물내역	
신고구분	A	code	일반P/L신고	*반입일자	20021212 (CCYYMMDD)
*통관계획	B	code	입항전 신고	*B/L(AWB)번호	MZPH3 code
*거래구분	11	code	일반형태수입	*화물관리번호	02DKSOPH09C 0003 code
*수입종류	A	code	일반외확획득용	*B/L분할신고여부	○ Yes ◉ No
*결제방법	LU	code	기한부L/C	Master B/L No	code
*징수형태	33	code	사후정산일괄납부	*검사(반입)장소	12246000 code
남북교역물품	○ 비과세 ○ 과세 ◉ 표기안함				본선

운송형태				입항내역	
*운송수단	10	code	선박	*입항일자	20021212 (CCYYMMDD)
*운송용기	BU	code		*국내도착항	KPO code 포항항
*적출국	JP	code	JAPAN	*선(기)명	D.K 11
운수기관부호		code		*선(기)국적	BZ code BELIZE
특송업체		code		*원산지증명유무	○ Yes ◉ No ○ X
				*가격신고서유무	○ Yes ◉ No

결제금액/운임/보험/가산/공제						
*인도조건	FOB	code		보험료허가금액	code	
*총결제금액(외화)	EUR	code	420000	가산금액구분	code	
총결제금액(₩)	KRW	code	498376200	가산금액(외화)	code	
운임(외화)	KRW	code	2273736	가산금액(₩)	code	
운임(₩)	KRW	code	2273736	공제금액구분	code	
보험료(외화)	KRW	code	800660	공제금액(외화)	code	
보험료(₩)	KRW	code	800660	공제금액(₩)	code	

환율		환율가져오기	
*결제환율	1186.6100	가산금액환율	
환율(USD)	1186.7100	공제금액 환율	
보험 환율	1.0000	운임 환율	1.0000

총중량 / 총포장갯수 / 총란수 / 총세액합계					
*총중량	10830.0	KG	code	관세	22203820
*총포장갯수	9	GT	code	특소세	
총란수	1			주세	
과세가격				교통세	
총과세가격(₩)	462579625			교육세	
총과세가격($)	389800			농특세	2960500
부가세과세과표	487743956			부가세	48774390
부가세면세과표				신고지연가산세	
이행완료일자				합계	73938710

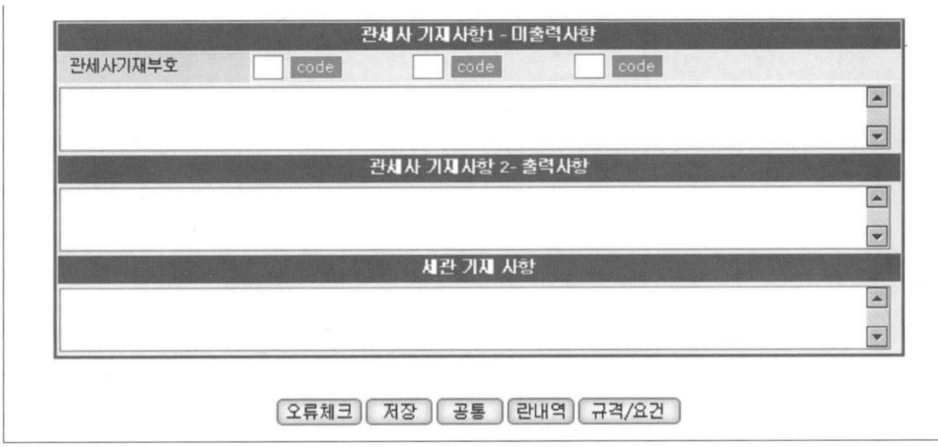

관세사 기재사항1 - 미출력사항			
관세사기재부호	code	code	code

관세사 기재사항 2- 출력사항

세관 기재 사항

오류체크 저장 공통 란내역 규격/요건

수입신고서(CUSDEC 929)

*는 필수항목입니다.

신고번호	80049020001057	란번호	001

품명-규격/모델-규격(LINE LIST) 수정 삭제

*세번부호	8424890000 code	*결제금액	387242.00 EUR
*품명	CARBON INJECTOR	결제금액(₩)	462579625 KRW
*거래품명	CARBON INJECTOR	가산비용(₩)	
상표코드	0000 code	공제비용(₩)	
상표명	상표없음	관과세가격(₩)	462579625 KRW
*상세내역별첨	○ Yes ◉ No	관과세가격($)	389800 USD

중량/수량/환급물량		C/S검사	
*순중량	10000.0 KG code	구분부호/설명	Y code 청CS기준검사
수량	2 U code	특송업체C/S	code
환급물량	code	총규격수	2 NMB 총요건수

관세		감면(5AB)/분납(5AA)	
*구분	A code 기가	구분	감면
*세율(%)	8.00	부호	A09500010402 code
단위당세액		감면/분납(율)	40.00
세액(₩)	22203822 KRW	감면액(₩)	14802548 KRW

내국세			
구분	code	부호	code
세율(%)		세액(₩)	
특소세면세부호	code	특소세공제액	

특수세액		교육세	
특수세액계산근거		구분	code
		세액(₩)	

농특세		검사방법	
구분	A code	부호	code
농특세(₩)	2960509 KRW	설명	

부가세			
구분	A code 과	감면부호	code
과세과표	487743956	면세과표	
부가세(₩)	KRW		

원산지				
국가부호	국가약어	표시유무	방법	형태
code		code	code	code

사후확인기관		
1. code	2. code	3. code

수정 삭제

결제금액 합계	8845981.22 USD	순중량 합계	36810100 KG
규격 수량합계	1090 MT	규격 금액 합계	263351 KRW

No.	세번부호	품명	과세가격원화	관세	부가세
1	7207121000	STEEL SLAB			
2	7207121000	STEEL SLAB			
3	7207121000	STEEL SLAB			
4	7207121000	STEEL SLAB			
5	7207121000	STEEL SLAB			
6	7207121000	STEEL SLAB			
7	7207121000	STEEL SLAB			
8	7207121000	STEEL SLAB			

오류체크 저장 공통 란내역 규격/요건

Source

(3) 수입신고서 항목설명

- **문서(제출)번호(수정불가)**: 제출번호는 자동으로 1씩 증가한다. 신고자부호(5)+연도(2)+제출번호(6)+체크디지트(1)가 자동으로 입력된다.
- **전송구분**: 최초전송(공백)은 작성된 문서를 최초로 전송하는 것을 의미하며, 재전송(35)은 최초로 작성한 문서가 부적절하여 다시 전송하는 것을 말한다.
- **응답형태**: 응답필요(AB)는 응답용 전자문서를 요구할 경우를 말하며, 응답불필요(NA)는 응답용 전자문서를 요구하지 않는 경우를 말한다.
- **수신자 ID**: 해당 수입신고서를 EDI로 전송할 경우 수신받는 해당 기관(세관)을 조회하여 선택한다.
- **신고자 정보**
  - 수입신고를 하는 신고자의 상호와 대표자 성명을 입력한다.
  - 자가통관업체인 경우 "회사㈜관세사" 형태로 입력, 관세사인 경우 신고자상호와 대표자성명을 입력, 기타 개인의 경우는 성명만 입력한다.
- **신고일자**: 신고일자를 입력한다.
- **신고세관 · 과부호**
  - 수입신고하는 통관지 세관과 과부호를 입력한다.
  - 세관 및 과부호는 관세청에서 제공되는 통계부호표(Ⅱ)의 (1)을 참조한다(예, 서울세관수입 1과인 경우 010-11).
- **무역업체 참조번호**: 무역업체 참조번호를 20자 이내로 입력한다.

  ※ 무역업체 참조번호란 무역업체가 내부관리를 위해 부여한 참조번호이다.
- **신고자 상호 · 대표자**: 신고자 상호, 대표자명을 기재한다.
- **업체참조번호**: 업체참조번호를 기재한다.
- **신고일자**: 신고일자를 CCYYMMDD형태로 기재한다.
- **신고세관, 과**: 통관지 세관 및 과부호를 기재한다. 수입신고 전 물품반출 신고 후 수입신고하는 경우에는 반출신고세관의 세관 및 과부호를 기재한다.
- **세관계좌번호**: 수리통보를 받았을 경우 세관계좌번호 값을 자동으로 넣어 준다.
- **수 입 자**: 수입자 상호, 무역업고유번호를 기재한다. 정부기관, 정부투자기관의 경우에는 관세청에서 부여한 번호를 기재(통계부호표 참조)하고, 무역을 업으로 하는 자는 한국무역협회장이 부여한 무역업고유번호(대외무역관리규정 제3-5-1조)를 기재한다. 남북교역물품은 무역업고유번호를 생

략할 수 없다.

- **수입자구분**: 수입자구분의 A: 납세의무자와 동일 값을 선택했을 경우 수입자의 정보를 찾아서 납세의무자 항목에 자동으로 데이터 값을 넣어 준다.
- **무역대리점**: 무역대리점 상호, 부호를 기재한다. 등록번호가 없는 경우 기재 생략한다. 가격신고대상물품으로서 수입관련 계약의 내용이 독점대리점계약인 경우에는 무역대리점상호 및 부호를 반드시 기재한다.
- **납세의무자**: 상호, 성명, 주소, 소재지부호, 사업자등록번호, 통관고유번호를 기재한다. 국세청장이 지정한 사업자등록번호를 기재하고, 사업자등록번호가 없는 개인의 경우는 주민등록번호 또는 여권번호(외국인인 경우)를 기재하고 여권번호 앞자리에 "F"를 기재(13자 이내)한다.
- **해외공급자**: 해외공급자 상호, 부호, 국가를 기재한다. 수입승인면제물품의 경우, 송품장(Invoice)상에 명시된 외국의 공급회사 이름을 영문으로 기재하고, 맨끝 2자리는 국가부호(ISO코드)를 기재하고 회사명 중 Corporation 등의 경우는 CORP와 같이 약어로 기재한다.

통관구분에 관한 기재사항은 다음과 같다.

- **신고구분**: 신고구분부호를 반드시 기재한다.
- **통관계획**: 통관계획부호를 반드시 기재한다. 특급탁송화물, 간이수입통관대상은 기재를 생략하고, 수입신고 전 물품반출신고 후 수입신고하는 경우 G(물품반출 후 수입신고)로 기재한다.
- **거래구분**: 거래구분부호를 반드시 기재한다.
- **수입종류**: 수입종류부호를 반드시 기재한다.
- **결제방법**: 결제방법부호를 반드시 기재한다.
- **징수형태**: 징수형태부호를 반드시 기재한다.
- **남북교역물품**: 해당 남북교역 물품의 라디오버튼을 선택한다.

화물내역에 관한 기재사항은 다음과 같다.

- **반입일자**: 장치장소 반입일자를 반드시 기재한다.
- **B/L(AWB)번호**: House 단위의 B/L(AWB)번호를 반드시 기재한다.

Master B/L(AWB)에 종속되어 있는 House B/L(AWB)이 있는 경우에는

House B/L(AWB)번호를 기재한다(적하목록상의 House 단위 B/L(AWB)번호와 일치하여야 한다). 국내로 반입되는 물품이 B/L번호가 없는 경우 공란으로 한다.

- **화물관리번호**: 적하목록상의 화물관리번호를 반드시 기재한다.
- **B/L분할 신고여부**: B/L분할 신고여부를 반드시 선택한다.
- **Master B/L No**: 선사 또는 항공사가 발행한 Master B/L(AWB)번호를 기재한다. 입항 전 신고물품으로서 화물관리번호를 확인할 수 없는 해상화물의 경우 필수적으로 기재해야 한다.
- **검사(반입)장소**: 수입물품을 검사 또는 반입할 장소의 부호 및 보세구역 명칭을 기재한다.
- **운송수단**: 운송수단부호를 반드시 기재한다.
- **운송용기**: 운송용기부호를 반드시 기재한다.
- **적 출 국**: 적출 국가부호와 국가명을 반드시 기재한다.
- **운수기관부호**: 세관에 신고된 운항 선사 또는 항공사 부호를 기재한다. 입항 전 신고물품으로서 화물관리번호를 확인할 수 없는 해상화물의 경우 필수적으로 기재한다.
- **특송업체**: 특송업체부호를 기재한다.
- **입항일자**: 입항일자를 CCYYMMDD 형태로 반드시 기재한다.
- **국내도착항**: 우리나라의 도착항(공항 및 항구) 부호를 반드시 기재한다.
- **선(기)명**: 수입물품을 적재한 선(기)명을 반드시 기재한다.
- **선(기)국적**: 수입물품을 적재한 선(기)국적을 반드시 기재한다.
- **원산지증명 유무**: 원산지증명 유무를 라디오버튼에서 반드시 선택한다.
- **가격신고서 유무**: 가격신고서 유무를 라디오버튼에서 반드시 선택한다.
- **인도조건**: 인도(가격)조건을 반드시 기재한다.
- **총결제금액(외화)**: 총결제금액(외화)을 반드시 기재한다. 총결제금액(외화)을 입력하면 원화는 저장 시점에 자동계산된다.
- **운 임**: 운임이 있을 때 운임통화부호와 운임금액을 기재한다. 운임(외화)을 기재하면 원화는 자동계산된다.
- **보 험 료**: 보험이 있을 때 보험통화부호와 보험금액을 기재한다. 보험(외화)을 기재하면 원화는 자동계산된다.
- **가산금액**: 가산금액이 있을 때 가산금액과 통화단위를 기재한다. 가산금

액(외화)을 기재하면 원화는 자동계산된다.

- **공제금액**: 공제금액이 있을 때 공제금액과 통화단위를 기재한다. 공제금액(외화)을 기재하면 원화는 자동계산된다.
- **결제 · 보험 · 가산금액 · 공제금액 · 운임 환율**: 환율가져오기 버튼을 클릭하면 해당하는 환율 값을 자동으로 넣어 준다. 결제금액이 없는 경우에도 해당 환율을 기재한다. 기초자료에서 환율을 우선 자동등록하고 화면에 있는 환율가져오기 버튼을 클릭해서 사용한다.
- **총중량 · 총포장개수 · 총란수 · 총세액합계**: 총중량에는 신고물품의 총중량을 반드시 기재한다. 신고물품의 총중량(용기포함)을 기재(소수점 이하 둘째 자리에서 반올림)한다. 단위는 KG으로 기재하고, 총포장개수는 신고물품의 총포장개수를 반드시 기재하고. 신고물품의 외포장 개수도 기재한다.
- **총 란 수**: 총란수는 자동으로 입력된다.
- **세액(합계)**: 세종별 세액합계 및 총세액 합계는 자동계산된다.
- **총과세가격**: 총과세가격 원화, 미화는 저장 시점에 자동계산된다.
- **부가세과세과표**: 부가세과세과표는 저장 시점에 자동계산된다.
- **부가세면세과표**: 부가세면세과표는 저장 시점에 자동계산된다.
- **이행완료일자**: 이행완료일자를 기재한다.
- **관세사기재란(출력)**: 신고서에 출력할 사항을 기재한다. 사전회시번호 및 시행일자, 컨테이너번호 및 수량 등을 기재한다.
- **관세사기재란(미출력)**: 신고서에 출력하지 아니할 사항을 자유롭게 기재한다.
- **세관기재사항**: 의무이행요구사항 등 세관에서 필요한 사항을 기재한다.
- **세번부호**: 관세율표에 기재된 H, S, K 10단위 품목번호를 기재한다. 세번부호는 기초자료에서 등록해서 사용한다.
- **품 명**: 품목번호 중 최종 4단위에도 관세율표상에 품명이 특게되지 않은 경우 일반적인 품명을 기재한다. 관세율표상에 특게된 품명이 당해 물품의 성질을 정확하게 표현하지 못하는 경우 일반적인 품명을 기재한다. 품명은 명사, 명사의 조합, 형용사+명사의 조합으로 된 것만 사용가능하며 4단어 이내로 기재(4단어를 초과할 경우 단순한 수식어는 빼고 4단어 이내로 기재)한다. 부분품 및 부속품의 경우에는 「~PART」 또는 「PART FOR ~」로 일괄 기재하고 구체적인 품명은 모델, 규격란에 기재한다.

- **거래품명**: 실제 상거래시 송품장 등 무역서류에 기재되는 품명을 기재한다.
- **상표코드**: 상표코드의 기재를 생략한다. 다만, 상표가 없는 물품에 대하여만 상표코드 ○○○○(상표 없음)을 기재한다.
- **상 표 명**: 상표가 있는 경우에는 실제 사용하는 상표명(한글 또는 영문)을 기재한다. 상표가 없는 경우에는 상표명을 없음으로 기재한다. 상표가 둘 이상인 경우 50자리 내에서 여러 개를 기재한다. 이때 각 상표 사이에는 세미콜론(;)을 기재하여 각 상표를 구분한다. 상표는 지적재산권 확인, 원산지 확인, 가격심사 등에 필수적인 기재요소로서 상표가 있는 물품을 없음으로 기재하는 것은 잘못 신고한 것이다.
- **상세내역별첨 여부**: 상세내역 별첨 여부를 라디오버튼에서 반드시 선택한다.
- **결제금액**: 결제금액(외화)을 입력하면 원화는 저장 시점에 자동계산된다.
- **가산비용**: 가산비용(₩)의 금액과 통화단위를 기재한다. 란별로 가산비용을 적용할 경우에 사용한다(단, 이때 공통내역에 있는 가산금액항목은 작성하지 아니한다).
- **공제비용**: 공제비용(₩)의 금액과 통화단위를 기재한다. 란별로 공제비용을 적용할 경우에 사용한다(단, 이때 공통내역에 있는 공제금액항목은 작성하지 아니한다).
- **란과세가격**: 란과세가격은 저장 시점에 자동으로 계산된다.
- **순 중 량**: 물품의 포장용기를 제외한 순중량을 반드시 기재한다. 관세율표에 게기된 당해 물품의 중량단위로 환산하고, 소수점 이하 둘째 자리에서 반올림하여 기재한다. 중량단위가 KG(I.C 등)인 경우에는 용기를 포함한 중량을 기재하고 단위는 KG으로 한다.
- **수 량**: 물품의 수량을 기재하며, 소수점 이하는 반올림하여 기재한다.
- **환급물량**: 환급에서 사용하는 물량을 입력하고 소수점 이하 셋째 자리까지 표시한다.
- **C/S 검사**: 접수통보를 받으면 해당 내용을 넣어 준다.
- **특송업체 C/S**: 특급탁송물품의 경우 특송업체 자체 C/S결과를 기재한다. Y는 검사를, N는 생략을 의미한다.
- **총규격 수**: 총규격 수는 자동으로 입력된다.
- **총요건 수**: 총요건 수는 자동으로 입력된다.

- **관세구분**: 관세율 구분부호를 기재한다(세번부호 코드버튼 선택시 자동으로 처리된다).
- **관 세 율**: 관세의 세율을 기재한다(세번부호 코드버튼 선택시 자동으로 처리된다).
- **단위당 세액**: 종량세인 경우 관세율 대신 단위당 세액을 기재한다.
- **관 세 액**: 관세액을 기재한다(문서 저장 시점에 자동계산된다).
- **관 세 율**: 관세의 세율을 기재한다(세번부호 코드버튼 선택시 자동으로 처리 된다).
- **단위당 세액**: 종량세인 경우 관세율 대신 단위당 세액을 기재한다.
- **관 세 액**: 관세액을 기재한다(문서 저장 시점에 자동계산된다).
- **감면 · 분납구분**: 선택창에서 감면 · 분납을 선택한다.
- **감면 · 분납부호**: 관세인 경우 감면 · 분납부호를 기재한다. 부가세 감면인 경우 부가세 감면부호를 기재한다. 감면 · 분납구분에서 선택하는 내용에 따라 해당 부호표를 보여준다.
- **감 면 액**: 관세감면액을 기재한다(문서 저장시점에 자동계산된다).
- **내국세구분**: 내국세 구분부호를 기재한다.
- **내국세율**: 내국세율을 기재한다.
- **내국세부호**: 내국세목부호를 기재한다.
- **내국세액**: 내국세액을 기재한다(문서 저장 시점에 자동계산된다).
- **특소세 면제부호**: 특소세 면세인 경우 특소세 면세부호를 기재한다.
- **특소세 공제액**: 특소세 공제액을 기재한다(문서 저장 시점에 자동계산된다).
- **특수세액 계산 근거**: 주정인 경우 알코올 도수를 기재한다. 비디오 테이프 등 분당으로 계산되는 종량세인 경우 란별 총분수를 기재한다. 내국세 4종 물품(귀금속, 모피, 양탄자, 고급가구 등)인 경우 기준가격 초과분 개수를 기재한다.
- **교육세구분**: 교육세구분을 기재한다.
- **교육세액**: 교육세액을 기재한다(문서가 저장될 시점에서 자동으로 계산된다).
- **농특세구분**: 농특세구분을 기재한다.
- **농특세액**: 농특세액을 기재한다(문서가 저장될 시점에서 자동으로 계산된다).
- **부가세구분**: 부가세구분을 기재한다.
- **부가세 과세과표**: 부가세 과세과표를 기재한다(문서가 저장될 시점에서 자동으로 계산된다).

• **부가세액**: 부가세액을 기재한다(문서가 저장될 시점에서 자동으로 계산된다).

• **부가세 감면부호**: 부가세 감면부호를 기재한다.

• **부가세 면세과표**: 부가세 면세과표를 기재한다(문서가 저장될 시점에서 자동으로 계산된다).

• **검사방법**: 검사방법부호를 기재한다.

• **원산지 국가부호**: 상품의 원산국(생산, 제조국) 국가부호를 기재한다.

• **원산지 표시유무**: 원산지 표시유무를 기재한다.

• **원산지 표시방법**: 원산지 표시방법을 기재한다(사용자의 요청에 따라 입력창을 ReadOnly 처리한다).

• **원산지 표시형태**: 원산지 표시형태를 기재한다(사용자의 요청에 따라 입력창을 ReadOnly 처리한다).

• **사후확인기관**: 수입물품이 사후확인대상인 경우 당해 수입요건확인기관의 부호를 3개까지 기재한다.

• **규격번호**: 규격번호를 기재한다(자동처리).

• **모델 · 규격**: 세관심사에 필요한 모델 및 규격을 기재한다. 하나의 모델에 규격이 여러 개인 경우에는 각 규격별로 규격 앞에 모델명을 기재한다.

• **성 분**: 세관심사에 필요한 성분 및 함량을 기재한다. [주의] 규격이나 성분 항목의 둘 중에 하나는 반드시 기재해야 한다.

• **수 량**: 해당 품목의 모델 · 규격별 수량을 기재한다. 모델 · 규격별 수량을 소수점 이하 4자리까지 기재한다.

• **단 가**: 해당 품목의 모델 · 규격별 단가를 결제통화 단위로 기재한다. 정수 12자리, 소수점 이하 6자리까지 기재한다.

• **금 액**: 해당 품목의 모델 · 규격별 금액을 기재한다. 정수 12자리, 소수점 이하 4자리까지 기재한다.

• **요건승인검사기관**: 요건승인검사기관을 기재한다. 요건승인검사기관 코드 선택시 구분 값은 자동으로 처리된다.

• **발급서류명**: 발급서류명을 기재한다.

• **발급일자**: 발급일자를 CCYYMMDD 형태로 기재한다.

• **법령코드**: 법령코드를 기재한다.

• **통관사용수량**: 통관사용수량을 기재한다.

(4) 조회화면

수 입 신 고 서 (보 관 용)

(갑 지)

①신고번호	②신고일	③세관.과	⑥입항일	
80049-02-000147	2002-12-05	122 - 10	2002-11-28	※처리기간 : 3일

④B/L(AWB)번호	⑤화물관리번호	⑦반입일	⑧징수형태
POBUPMOPOH20165	02TPSAPH233-9732-	2002-12-02	13

⑨신 고 자 동국제강(주)포항공장
⑩수 입 자 동국제강(주)포항공장 (671037 A)
⑪납세의무자 (동국제강-1-54-1-04-3 / 506-85-03346)
(주소) 경북 포항시 남구대송면 송동리 880
(상호) 동국제강(주)포항공장
(성명) 장세주
⑫무역대리점 AAAAAA (7970201)
⑬공 급 자 DONGKUK INTL INC
(US) / USDON0031C

⑭통관계획 D	⑱원산지증명서 유무 N	⑳총중량 5,764,945.0KG
보세구역장치후		
⑮신고구분 A 일반P/L신고	⑲가격신고서 유무 N	㉑총포장갯수 34CT
⑯거래구분 11 일반형태수입	㉒국내도착항 KPO	㉓운송형태 10-BU
⑰종류 K 일반수입 / 내수용	㉔적출국 US U.S.A	
	㉕선기명 VESSLL KR	
㉖MASTERB/L번호		㉗운수기관부호

㉘검사(반입)장소 122 13110 - 111111111 (동국제강보세창고)

● 품명 규격 (란번호/총란수: 1 /1)

㉙품 명 STEEL SLAB
㉚거래품명 STEEL SLAB
㉛상 표 상표없음

㉜모델·규격	㉝성분	㉞수량	㉟단가	㊱금액
JIS G3106 SM490A 200X1270/1550X7200/8050	LESS THAN C : 0.25%	3,687,831MT	239	881,391,609
JIS G3106 SM490A 220X1550X6500	LESS THAN C : 0.25%	2,077,114MT	244	506,815,816

㊲세번부호	7207.12-1000	㊳순중량	5,764,945.0KG	㊷C/S 검사	S 청CS검사생략	㊹사후확인기관
㊴과세가격(CIF)	$ 1,388,207	㊵수 량		㊸검사변경		
	₩ 1,674,830,618	㊶환급물량	5,764,945.0KG	㊻원산지표시	US-E	㊼특수세액
㊺수입요건확인 (발급서류명)						

㊽세종	㊾세율(구분)	㊿감면율	(51)세액	(52)감면분납유예부호	감면액	*내국세종부호
관	2.00(C협가)		33,496,612			
부	10.00(A)		170,832,723			

(53)결제금액 (인도조건-통화종류-금액-결제방법)	CIF-USD-2,269,599-TT			(55)환 율	1,206.4700
(54)총과세가격	$ 1,388,207	(56)운 임		(58)가산금액		(63)납부번호	122-10-02-1-031911-4
	₩ 1,674,830,618	(57)보험료		(59)공제금액		(64)부가가치세과표	1,708,327,230

(60)세종	(61)세액	※관세사기재란	(65)세관기재란
관 세	33,496,610		
특 소 세			
교 통 세			
주 세			
교 육 세			
농 특 세			
부 가 세	170,832,720		
신고지연가산세			
(62)총세액합계	204,329,330	(66)담당자 홍길동	(67)접수일시 2002-11-28 12:00 (68)수리일자

세관·과 : 122 - 10 신고번호: 80049-02-000147 Page : 1 / 1

* 수입신고필증의 진위 여부는 수출입통관정보시스템(KCIS)에 조회하여 확인하시기 바랍니다.(http://kcisktnet.co.kr)
* 본 수입신고필증은 세관에서 형식적 요건만을 심사한 것이므로 신고내용이 사실과 다른 때에는 신고인 또는 수입화주가 책임을 져야 합니다.

(5) 수입신고서 출력화면

수 입 신 고 서 (신고필증) (갑 지)

①신고번호	②신고일	③세관.과	⑥입항일	
80049-02-000147	2002-12-05	122 - 10	2002-11-28	※처리기간 : 3일

④B/L(AWB)번호	⑤화물관리번호	⑦반입일	⑧징수형태
POBUPMOPOH20165	02TPSAPH233-9732-	2002-12-02	13

⑨신 고 자 동국제강(주)포항공장 ⑩수 입 자 동국제강(주)포항공장 (671037 A)	⑭통관계획 D 보세구역장치후	⑱원산지증명서 유무 N	⑳총중량 5,764,945.0KG
⑪납세의무자 (동국제강-1-54-1-04-3 / 506-85-03346) (주소) 경북 포항시 남구대송면 송동리 880	⑮신고구분 A 일반P/L신고	⑲가격신고서 유무 N	㉑총포장갯수 34CT
(상호) 동국제강(주)포항공장 (성명) 장세주	⑯거래구분 11 일반형태수입	㉒국내도착항 KPO	㉓운송형태 10-BU
⑫무역대리점 AAAAAA (7970201)	⑰종류 K	㉔적출국 US U.S.A	
⑬공 급 자 DONGKUK INTL INC (US) / USDON0031C	일반수입 / 내수용	㉕선기명 VESSLL KR	
	㉖MASTERB/L번호		㉗운수기관부호

㉘검사(반입)장소 122 13110 - 111111111 (동국제강보세창고)

● 품명·규격 (란번호/총란수: 1 / 1)

㉙품 명 STEEL SLAB ㉚거래품명 STEEL SLAB			㉛상 표 상표없음	
㉜모델·규격	㉝성분	㉞수량	㉟단가	㊱금액
JIS G3106 SM490A 200X1270/1550X7200/8050	LESS THAN C : 0.25%	3,687.831MT	239	881,391.609
JIS G3106 SM490A 220X1550X6500	LESS THAN C : 0.25%	2,077.114MT	244	506,815.816

㊲세번부호	7207.12-1000	㊳순중량	5,764,945.0KG	㊷C/S검사	S 청CS검사생략	㊹사후확인기관
㊴과세가격(CIF)	$ 1,388,207	㊵수 량		㊸검사변경		

㊺수입요건확인 (발급서류명)				

㊻세종	㊼세율(구분)	㊽감면율	㊾세액	㊿감면분납유예부호	감면액	*내국세종부호
관	2.00(C협가)		33,496,612			
부	10.00(A)		170,832,723			

(53)결제금액 (인도조건-통화종류-금액-결제방법)	CIF-USD-2,269,599-TT			(55)환 율	1,206.4700
(54)총과세가격 $ 1,388,207	(56)운 임		(58)가산금액	(63)납부번호	122-10-02-1-031911-4
₩ 1,674,830,618	(57)보험료		(59)공제금액	(64)부가가치세과표	1,708,327,230

(60)세종	(61)세액	※관세사기재란	(65)세관기재란
관 세	33,496,610		
특 소 세			
교 통 세			
주 세			
교 육 세			
농 특 세			
부 가 세	170,832,720		
신고지연가산세			
(62)총세액합계	204,329,330	(66)담당자 홍길동	(67)접수일시 2002-11-28 12:00 (68)수리일자

세관·과 : 122 - 10 신고번호: 80049-02-000147 Page : 1 / 1

* 수입신고필증의 진위 여부는 수출입통관정보시스템(KCIS)에 조회하여 확인하시기 바랍니다.(http://kcisktnet.co.kr)
* 본 수입신고필증은 세관에서 형식적 요건만을 심사한 것이므로 신고내용이 사실과 다른 때에는 신고인 또는 수입화주가 책임을 져야 합니다.

납부영수증서(납부자용)

회계구분	관세청소관 일반회계	관 세: 부 가 세: 70,076,710	납부기한	2002-12-25
회계년도	2002		발행일자	2002-12-10

세입징수관 계좌번호	170202	납부자번호	122-10-02-1-007851-4	납기내 금액	70,076,710
수납기관에서는 위의 굵은 선안의 내용을 즉시 전산입력하며 세입징수관서에 EDI방식으로 통지될 수 있도록 하시기 바랍니다.				납기후 금액	73,580,540 2002-12-26 ~ 2003-01-25

수입신고번호		80049-02-1290049-	세입징수관서	포항세관
납부자	성명	장세주	상호	동국제강(주)포항공장
	주소	경북 포항시 남구 대송면 송동리 880		

납부시 별지 <안내말씀>을 참조하여 주시기 바랍니다.	위 금액을 정히 영수합니다. 영수일 년 월 일	영수인

절 취 선

영수필통지서(세관용)

회계구분	관세청소관 일반회계	관 세: 부 가 세: 70,076,710	납부기한	2002-12-25
회계년도	2002		발행일자	2002-12-10

세입징수관 계좌번호	170202	납부자번호	122-10-02-1-007851-4	납기내 금액	70,076,710
수납기관에서는 위의 굵은 선안의 내용을 즉시 전산입력하며 세입징수관서에 EDI방식으로 통지될 수 있도록 하시기 바랍니다.				납기후 금액	73,580,540 2002-12-26 ~ 2003-01-25

수입신고번호		80049-02-1290049-	세입징수관서	포항세관
납부자	성명	장세주	상호	동국제강(주)포항공장
	주소	경북 포항시 남구 대송면 송동리 880		

위 금액을 영수하였음을 통지합니다. 년 월 일 세입징수관 귀하	위 금액을 정히 영수합니다. 영수일 년 월 일	영수인

절 취 선

납부서(수납기관용)

회계구분	관세청소관 일반회계	관 세: 부 가 세: 70,076,710	납부기한	2002-12-25
회계년도	2002		발행일자	2002-12-10

세입징수관 계좌번호	170202	납부자번호	122-10-02-1-007851-4	납기내 금액	70,076,710
수납기관에서는 위의 굵은 선안의 내용을 즉시 전산입력하며 세입징수관서에 EDI방식으로 통지될 수 있도록 하시기 바랍니다.				납기후 금액	73,580,540 2002-12-26 ~ 2003-01-25

수입신고번호		80049-02-1290049-	세입징수관서	포항세관
납부자	성명	장세주	상호	동국제강(주)포항공장
	주소	경북 포항시 남구 대송면 송동리 880		

한국은행 귀하 위 금액을 영수하였음을 통지합니다. 년 월 일	위 금액을 정히 영수합니다. 영수일 년 월 일	영수인

검 사 실 적 서

재 원 : AK
신고자 : 동국제강(주)포항공장
납세자 : 동국제강(주)포항공장
신고일 : 2002-12-05

징수형태 : 13
B/L NO : POBUPMOPOH20165
화물관리번호 : 02TPSAPH2339732
수입신고번호 : 80049-02-000147 -

[총 과세 가격]
USD1,388,207.43 X 1,206.47 = 0====>CIF가 격
0 X 0 = 0====>운 임
0 X 0 = 0====>보 험
0 + 0 + 0 = 0====>CIF 가 격
1,674,830,618 / 0 = 1(1란 R A T E)

[1란] 7207.12-1000 관세율 :2 %
STEEL SLAB 5,764,945KG 0

1,388,207.43 + 0 + 0 = 1,674,830,618====> 과 세 가 격
1,674,830,618 X 2% = 33,496,612====> 관 세(종가세)
1,674,830,618 + 33,496,612 = 1,708,327,230====> 부가세과세과표
1,708,327,230 X 10% = 170,832,723====> 부 가 세(과세)

1,674,830,618====> 총과세가격원화
1,388,207====> 총과세가격미화
33,496,610====> 총 관 세 합 계
170,832,720====> 총 부가세 합계

2) 수입신고응답

(1) 작성 · 수신 문서 리스트 조회

다음 화면에 나타난 데이터는 사용자와 관련되어 수신된 문서의 전체리스트를 보여주며, 검색창은 세관 ID, 통지번호, 제출(신청)번호, 세관처리일자, 문서구분으로 구성되어 있으며 동 번호로 조회가 가능하다.

(2) 수입신고 접수통보 문서

정상적으로 세관시스템의 검증을 통과한 수입신고 건에 대해서 C/S작업을 실행한 후 그 결과에 대한 접수통보를 신고인에게 EDI로 통보한다. 아래 화면은 수입신고 접수통보 조회화면이다.

수입신고서 접수통보

문서번호	80049021290122	문서종류	929
통보일시	2002-12-12 14:03:04	제출번호	80049021290122
접수세관	020	세관과	11
세관담당자부호	872599	세관담당자명	최재규
특이사항1	020110212677809	특이사항2	

일련번호	란번호	C/S결과부호
0	1	S

(3) 수입신고 오류통보

세관시스템은 수신된 수입신고를 기계적·논리적으로 검증하여 오류가 발생한 신고건에 대해서 오류통보 전자문서를 신고인에게 전송하고, 신고인은 오류사항을 정정 후 동일 신고번호로 최초전송과 동일하게 전송한다. 아래 화면은 수입신고 오류통보 조회화면이다.

오류통보

신고번호	80049021290065		접수세관	020
통보일시	2002-12-11 15:54:46		접수세관과	10
문서종류	929			
오류위치	란번호	규격번호	오류내용	
1:Heading section	0		운임이 0인 경우의 수입종류가 아닙니다	

3) 처리결과 통보

(1) 작성 · 수신 문서 리스트 조회

아래 화면에 나타난 데이터는 사용자와 관련되어 수신된 문서의 전체 리스트를 보여부며, 검색창은 세관 ID, 제출(신청)번호, 통관심사결과, 상태, 통보일자로 구성되어 있고 동 번호로 조회가 가능하다.

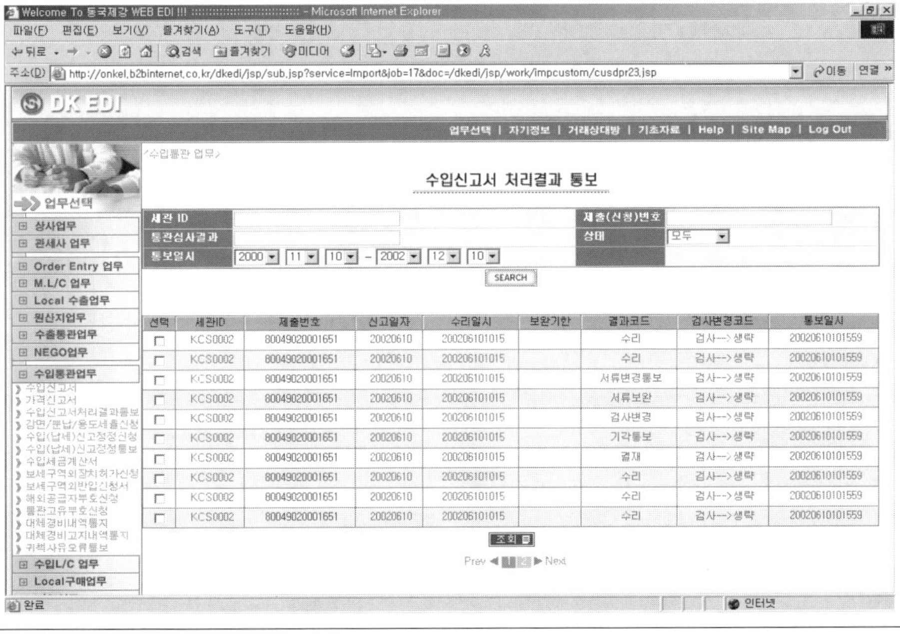

선택	세관ID	제출번호	신고일자	수리일시	보완기한	결과코드	검사변경코드	통보일시
□	KCS0002	80049020001651	20020610	200206101015		수리	검사-->생략	20020610101559
□	KCS0002	80049020001651	20020610	200206101015		수리	검사-->생략	20020610101559
□	KCS0002	80049020001651	20020610	200206101015		서류변경통보	검사-->생략	20020610101559
□	KCS0002	80049020001651	20020610	200206101015		서류보완	검사-->생략	20020610101559
□	KCS0002	80049020001651	20020610	200206101015		검사변경	검사-->생략	20020610101559
□	KCS0002	80049020001651	20020610	200206101015		기각통보	검사-->생략	20020610101559
□	KCS0002	80049020001651	20020610	200206101015		결재	검사-->생략	20020610101559
□	KCS0002	80049020001651	20020610	200206101015		수리	검사-->생략	20020610101559
□	KCS0002	80049020001651	20020610	200206101015		수리	검사-->생략	20020610101559
□	KCS0002	80049020001651	20020610	200206101015		수리	검사-->생략	20020610101559

(2) 수입신고 처리결과 통보

수입 신고한 건 중 정상적으로 접수되어 처리된 건에 한하여 관세청에서 승인일자와 승인번호를 신고인에게 처리결과 통보로 전송하면 신고인은 수신하여 처리결과를 조회한다. 아래 화면은 수입정정 처리결과통보 조회화면이다.

수입처리결과 세부사항화면

수리일자	2002-06-10 10:15		
수입신고번호	80049020001651		
통보일시	2002-06-10 10:15:59	검사변경코드	검사 -> 생략
수입신고일자	2002-06-10	보완기한	
담당자 부호	951034	담당자 성명	김시택
통보세관	122	통보세관과	10
과세가격원화	3,312,038,471.000	과세가격미화	2,676,157.000
무역업체참조번호		통관심사결과부호	4:수리
통보사유	7:사후심사결과에 따라 적용세율		
세관기재란	-이 물품은 사후심사결과에 따라 적용세율이 변경 될 수 있습니다		

일련번호	란번호	보완코드	보완사유

4) 수입신고 정정신청

(1) 작성 · 수신 문서 리스트 조회

위 화면에 나타난 데이터는 사용자와 관련되어 수신된 문서의 전체 리스트를 보여주며, 검색창은 신청구분, 제출번호, 상태, 신청일자로 구성되어 있다.

(2) 수입신고 정정신청 및 입력화면

수입신고수리 후 수입신고 내역을 일부 잘못 기재하여 정정을 하고자 할 때나, 신고취하를 하고자 할 때, 그리고 기간을 연장하고자 할 때 사용하는 업무를 말한다.

수입신고수리 후 수입신고내역을 정정·취하하고자 하는 경우 정정·취하신청서를 작성하여 세관에 전송한다. 수입정정·취하신청 후 시스템의 오류가 없는 경우, 세관은 접수통보를 신청인에게 EDI로 통보한다. 수신된 접수통보내역이 화면심사 후 승인인 경우는, 세관원이 화면으로 심사 후 승인내역을 신청인에게 EDI로 통보해 주며, 접수내역이 서류심사 후 승인인 경우는 정정신청서를 출력하여 증빙서류와 함께 세관에 제출한다. 신청인은 정정·취하승인서를 자체 출력하여 화주에게 교부할 수 있다. 다만, 서류심사 후 승인건은 승인(신청)서에 세관처리담당자의 인장을 날인한 승인서를 교부하여야 한다. 세관의 업무시간 이외에 수출입신고건이 발생할 경우는 임시개청신청 전자문서를 이용한다.

수입신고 정정신청서(CUSDMR 5FE)

*는 필수항목입니다.

*수신자 ID	KCS0002 code	*수신자명	관세청수입통관과
*신고번호	80049020001198	*전송	원본 *응답 필요

*신청일자	20021129 (CCYYMMDD)	*신청차수	1
*신청구분	D code A:보정 B:수정 C:경정 D:정정	*신청자구분	1 code 1:화주 2:관세사
*신청자상호	동국제강(주)포항공장	신청자성명	장세주
*귀책사유코드	A code 신고인	*정정사유코드	01 code 수입신고오류
정정사유	신고정정 테스트		
*정정 총항목수	8	정정 세종수	0

*신고자상호/대표자	동국제강(주)포항공장	업체참조번호	
*신고일자	20021128 (CCYYMMDD)	*신고세관	122 code 포항세관
세관계좌번호		*신고과	10 code

수입자	
코드	[선택]
*상호	동국제강(주)포항공장
*무역업등록번호	671037
*수입자구분	⊙ A : 납세 의무자와 동일 ○ B : 납세 의무자와 상이

납세의무자	
코드	[선택]
*상호	동국제강(주)포항공장
*성명	장세주
*주소	경북 포항시 남구 대송면 송동리 880
소재지부호	790 [code]
*사업자등록번호	5068503346
*통관고유번호	동국제강1541036

무역대리점	
*상호	동국제강(주)
*무역대리점부호	7970201

해외공급자			
*상호	MARUBENI ITOCHU STEEL P [선택] MARUBENI ITOCHU STEEL P	*국가코드	SG [선택] SNGAPOR
		*해외공급자부호	SGMAR0064N

통관구분			
신고구분	A	[code]	일반P/L신고
*통관계획	D	[code]	보세구역장치후
*거래구분	11	[code]	일반형태수입
*수입종류	K	[code]	일반수입(내수용)
*결제방법	TT	[code]	단순송금방식
*징수형태	14	[code]	신고,사후납부(무담보)
남북교역물품	○ 비과세 ○ 과세 ⊙ 표기안함		

화물내역	
*반입일자	20021128 (CCYYMMDD)
*B/L(AWB)번호	CKCOJNYBXX227013 [code]
*화물관리번호	02CKCOJN275 0013 [code]
*B/L분할신고여부	○ Yes ⊙ No
Master B/L No	[code]
*검사(반입)장소	12213221 [code] 동국제강 보세창고

운송형태			
*운송수단	20	[code]	철도
*운송용기	BU	[code]	
*적출국	JP	[code]	JAPAN
운수기관부호		[code]	
특송업체		[code]	

입항내역	
*입항일자	20021128 (CCYYMMDD)
*국내도착항	INC [code] 부산항
*선(기)명	CHUN JIN
*선(기)국적	KR [code] R.KOREA
*원산지증명유무	○ Yes ○ No ⊙ X
*가격신고서유무	⊙ Yes ○ No

결제금액/운임/보험/가산/공제							
*인도조건	FOB	[code]		보험료허가금액		[code]	
*총결제금액(외화)	JPY	[code]	9271500	가산금액구분	금액	[code]	
총결제금액(₩)	KRW	[code]	94089036	가산금액(외화)	KRW	[code]	5226323
운임(외화)	USD	[code]	2482.09	가산금액(₩)	KRW	[code]	5226323
운임(₩)	KRW	[code]	2994567	공제금액구분		[code]	
보험료(외화)		[code]		공제금액(외화)		[code]	
보험료(₩)		[code]		공제금액(₩)		[code]	

환율		[환율가져오기]	
*결제환율	10.1482	가산금액환율	1.0000
환율(USD)	1206.4700	공제금액 환율	
보험 환율		운임 환율	1206.4700

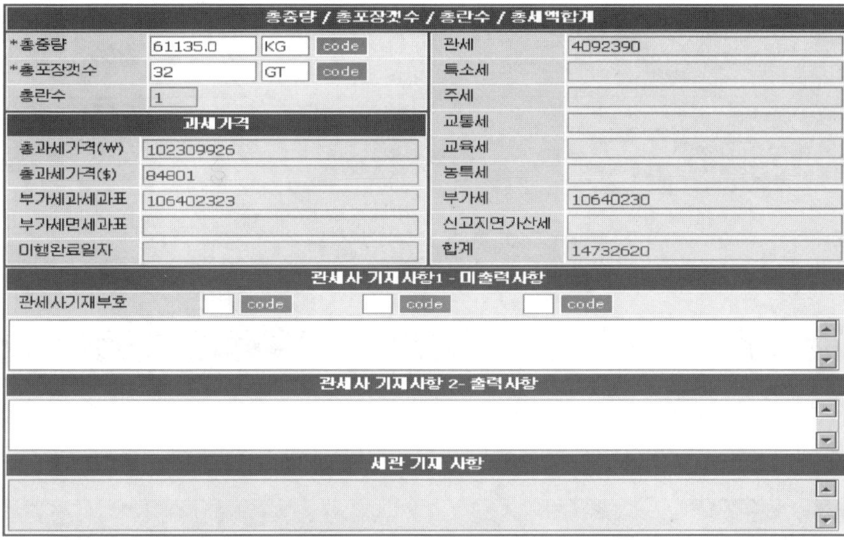

총중량 / 총포장갯수 / 총란수 / 총세액합계			
*총중량	61135.0 KG code	관세	4092390
*총포장갯수	32 GT code	특소세	
총란수	1	주세	
과세가격		교통세	
총과세가격(₩)	102309926	교육세	
총과세가격($)	84801	농특세	
부가세과세과표	106402323	부가세	10640230
부가세면세과표		신고지연가산세	
미행완료일자		합계	14732620

관세사 기재사항1 - 미출력사항
관세사기재부호 code code code

관세사 기재사항 2- 출력사항

세관 기재 사항

수입신고 정정신청서(CUSDMR 5FE)

*는 필수항목입니다.

신고번호	80049020001198	란번호	001

품명-규격/모델-규격(LINE LIST)			
*세번부호	7304310000 code	*결제금액	9271500.00 JPY
*품명	STEEL PIPE	결제금액(₩)	94089036 KRW
*거래품명	SKID & POST PIPE	가산비용(₩)	
상표코드	0000 code	공제비용(₩)	
상표명	상표없음	란과세가격(₩)	102309926 KRW
*상세내역별첨	Yes ◉ No	란과세가격($)	84801 USD
중량/수량/환급물량		**C/S검사**	
*순중량	61135.0 KG code	구분부호/설명	S code 청CS검사생략
수량	code	특송업체C/S	code
환급물량	code	총규격수	2 NMB 총요건수
관세		**감면(5AB)/분납(5AA)**	
*구분	C code 협가	구분	-----
*세율(%)	4.00	부호	code
단위당세액		감면/분납(율)	
세액(₩)	4092397 KRW	감면액(₩)	

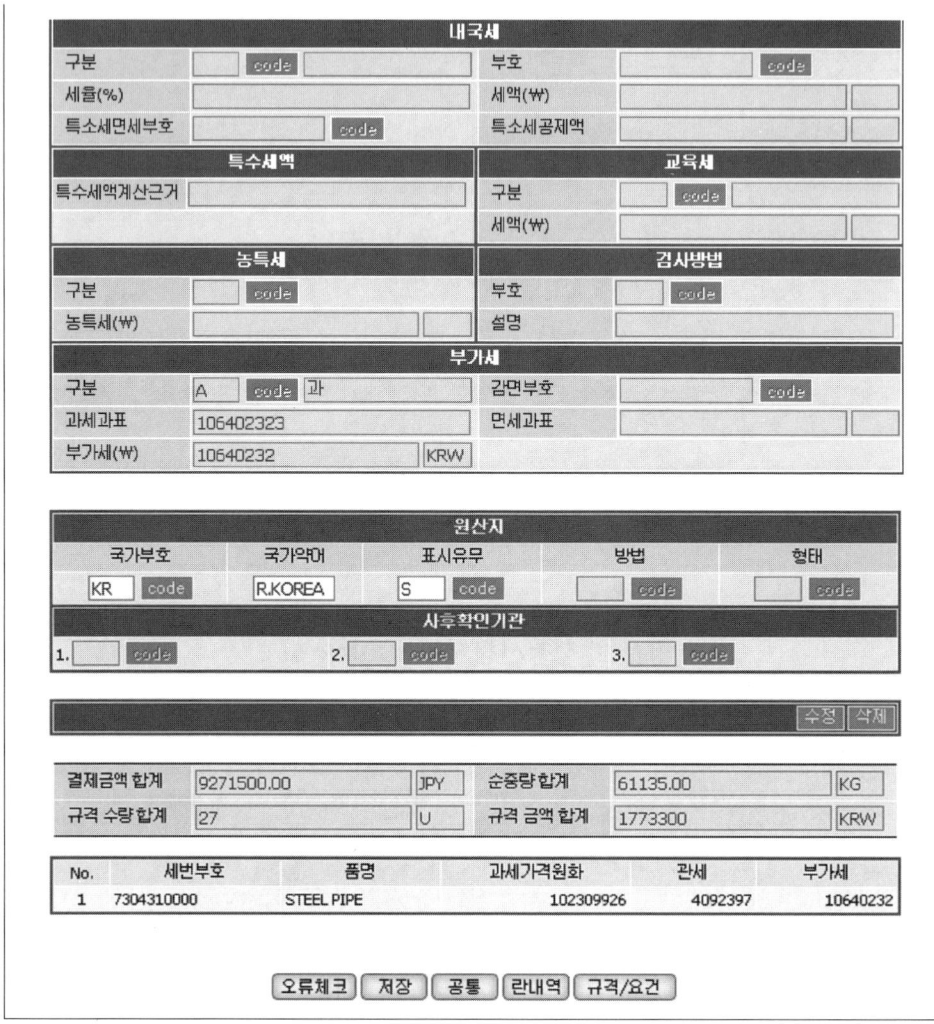

내국세

구분	code	부호	code
세율(%)		세액(₩)	
특소세면세부호	code	특소세공제액	

특수세액		교육세	
특수세액계산근거		구분	code
		세액(₩)	

농특세		검사방법	
구분	code	부호	code
농특세(₩)		설명	

부가세

구분	A code 과	감면부호	code
과세과표	106402323	면세과표	
부가세(₩)	10640232 KRW		

원산지

국가부호	국가약어	표시유무	방법	형태
KR code	R.KOREA	S code	code	code

사후확인기관

1. code 2. code 3. code

수정 삭제

결제금액 합계	9271500.00 JPY	순중량 합계	61135.00 KG
규격 수량 합계	27 U	규격 금액 합계	1773300 KRW

No.	세번부호	품명	과세가격원화	관세	부가세
1	7304310000	STEEL PIPE	102309926	4092397	10640232

오류체크 저장 공통 란내역 규격/요건

(3) 수입신고 정정항목 설명

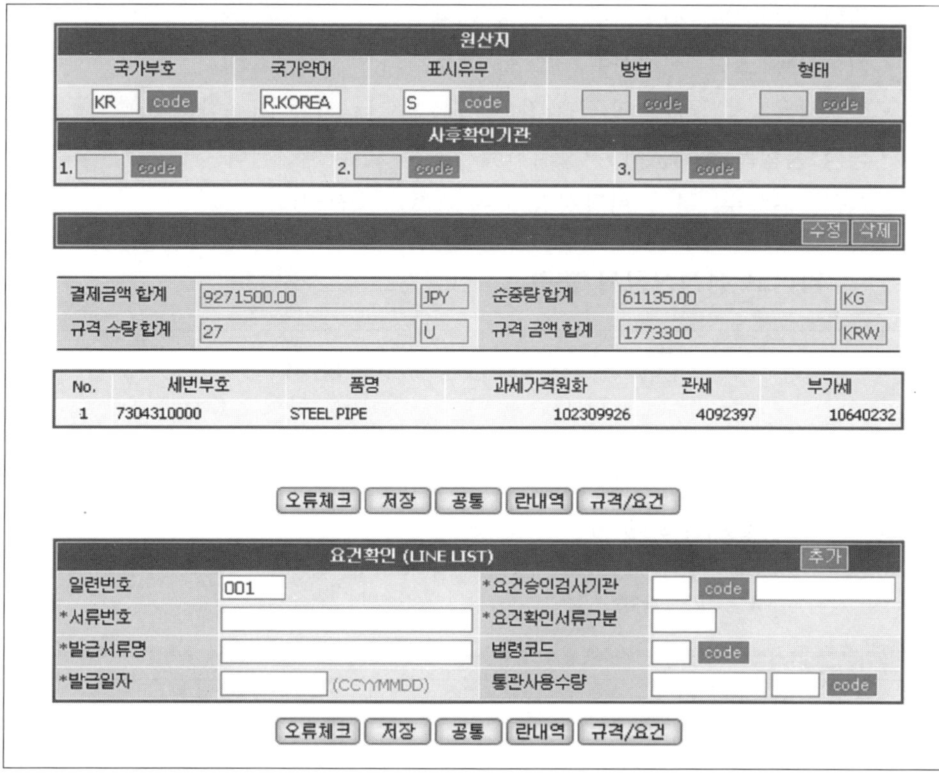

문서 화면의 ReadOnly 되어 있는 항목(음영으로 진하게 칠해진 부분)은 신고정정을 할 수 없는 항목이다.

- **신고번호**: 정정대상 수입신고 번호를 기재하는 것으로 수입신고문서와 연계된 항목이다.
- **신청일자**: 정정신고의 신청일자를 CCYYMMDD 형태로 기재한다.
- **신청차수**: 신청일자별 정정신청 차수를 기재한다.
- **신청구분**: 신청구분을 기재한다. 신청구분 값은 반드시 기재해야 한다. 기재하지 않았을 경우 문서를 저장할 수 없다.
- **신청자 구분**: 수입자(신청자) 구분을 기재한다. 자동으로 디폴트 값 1, 화주로 세팅된다.
- **신청자 상호**: 신청자 상호를 기재한다.

- 신청자 성명: 신청사 성명을 기재한다.
- 귀책사유 코드: 귀책사유 코드를 기재한다.
- 정정사유 코드: 정정사유 코드를 기재한다.
- 정정사유: 정정하게 된 구체적인 사유를 간략하게 기재한다.
- 정정 총항목 수: 문서 저장시점에서 자동으로 계산된다.
- 정정 세목 수: 문서 저장시점에 자동으로 계산된다.

5) 수입신고 정정신청서 출력

수입신고 정정승인(신청)서

(처리기간 : 즉시)

1. 신고 번호 : 80049-02-0001198- 2. 신고일자 : 2002-11-28

3. 신 청 자 :(상호) 동국제강(주)포항공장 (성명) 장세주 (구분) 1 (1.:화주, 2:관세사)

4. 납세의무자 :(상호) 동국제강(주)포항공장 (성명) 장세주

5. 신청일자 : 2002-12-02 6. 귀책사유 : A 신고인

7. 수입신고 정정사유: 신고정정 테스트..

8. 공통사항 정정내역

NO.	항 목 명	정 정 전	정 정 후
14	통관계획부호	D	B
15	신고구분	B	A
22	국내도착항	PUS	INC

9. 란별사항 정정내역

NO.	항 목 명	정 정 전	정 정 후
(란번호/총란수 : 001/1)			
29	품명	STEEL PIPE	STEEL PIPE TEST
30	거래품명	SKID & POST PIPE	SKID & POST PIPE TEST
39	순중량	61135.0	666666.0

10. 세관통지사항

담 당 자 : 승인일자:

6) 수입신고 수리정정 결과통보

(1) 작성 · 수신 문서 리스트 조회

아래 화면에 나타난 데이터는 사용자와 관련되어 수신된 문서의 전체 리스트를 보여주며, 검색창은 세관 ID, 문서번호, 상태, 정정통보일시로 구성되어 있다.

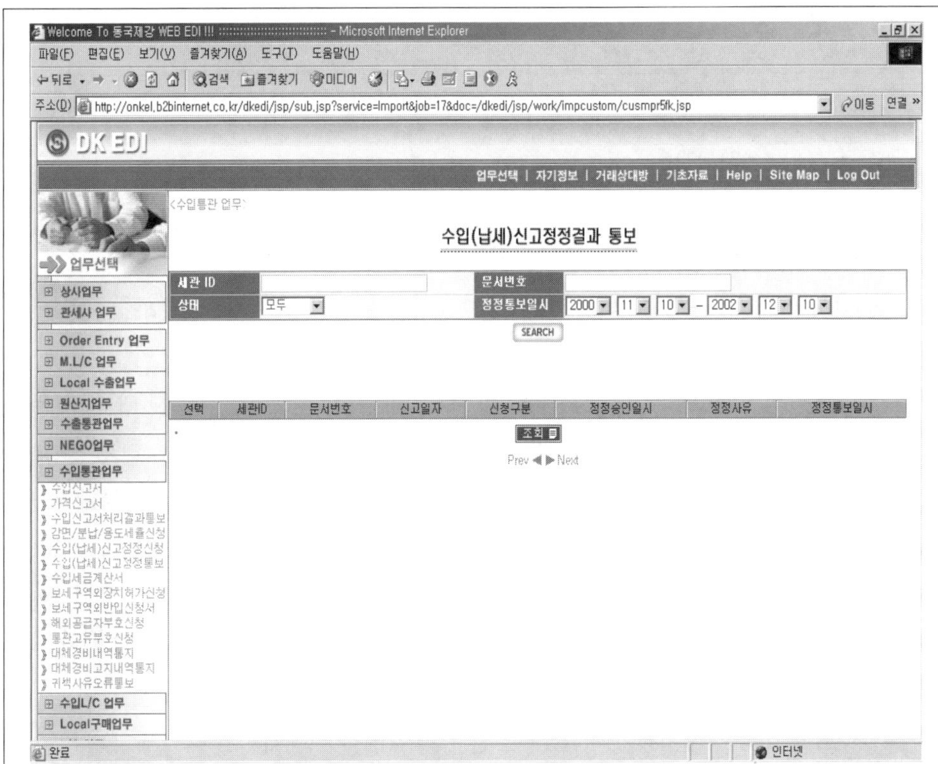

(2) 수입정정신고 처리결과 통보문서

수입정정을 신고한 신청서가 정상적으로 세관시스템 검증을 통과하여 관세청에서 신고인에게 처리결과를 전송하면 신고인은 수신하여 처리결과를 조회한다.

수입처리결과 세부사항화면

수리일자	2002-12-10 16:39		
수입신고번호	80049021290049		
통보일시	2002-12-10 16:39:34	검사변경코드	
수입신고일자	2002-12-10	보완기한	
담당자 부호	782779	담당자 성명	고영희
통보세관	122	통보세관과	10
과세가격원화	700,767,183.000	과세가격미화	570,597.000
무역업체참조번호	2002DA1002	통관심사결과부호	4:수리
통보사유			
세관기재란			

일련번호	란번호	보완코드	보완사유

3. 관세 등의 납부

1) 관세 등 징수결정 및 세액산출

"수입물품에는 관세를 부과한다"라고 관세법 제3조에서 규정하고 있어 원칙적으로 모든 수입물품은 관세를 납부하여야 하며 또한 내국세법의 규정에 따라 내국세를 납부하도록 하고 있다. 관세 등의 세액은 수입신고시 납세의무자(화주)가 계산하여 신고하여야 하나 현재 실무적으로는 수입통관을 대행해 주는 관세사가 세액을 계산하여 세관에 EDI방식으로 전송하여 신고하고 있다. 수입물품에 부과되는 제세는 관세와 부가가치세, 특별소비세, 주세, 교육세, 교통세, 농어촌특별세 등이다. 관세는 수입물품의 가격(원가)에 국내도착항까지의 운임 및 보험료(보험에 들지 않았을 경우는 제외)를 포함한 금액(도착가격)을 기준으로 세액을 산출한다. 세액은,

도착가격(실제지불가격: CIF 또는 C&F US$) × 과세환율 = 과세가격 × 관세율 = 관세

로 산출된다.

위와 같이 수입물품의 가격을 과세표준으로 하여 관세를 산출하는 것을 종가세 적용물품이라고도 한다. 반면, 수입물품의 수량을 과세표준으로 하는 경우를 종량세 적용물품이라고 한다. 종량세는,

수입물품의 수량(중량)×관세율표상의 일정액 = 관세

로 산출된다.

예) HS 370610.1000 영화필름 사운드트랙의 것 3,000M의 관세는 3,000M×₩1,180/M＝₩3,540,000(관세)

선택세란 한 수입물품에 대하여 종가세율과 종량세율을 적용하여, 산출한 관세가 높은 쪽의 관세율을 적용하는 것을 말하는데 현행 관세율표상 선택세가 적용되는 품목은 WTO 양허세율 적용대상인 은행 (HS 0802.90), 시장접근물량 초과의 밤(HS 0802.40) 및 대추 (HS0810.90) 등이 있다.

2) 내 국 세

부가가치세는 수입물품(재화)에 부과하는 것으로 부가가치세의 과세표준은 관세의 과세가격에 관세, 특별소비세, 주세, 교통세 및 농어촌특별세를 합한 금액을 말한다.

부가가치세 과세가격＝관세의 과세가격＋관세＋특별소비세＋주세
＋교통세＋농어촌특별세＋교육세
부가가치세＝부가가치세 과세가격×10%(세율)

○ 특별소비세: 특별소비세 과세물품은 특별소비세법 제 1 조 제 2 항 참조

특별소비세 과세가격＝관세과세가격＋관세
특별소비세＝특별소비세과세가격×특별소비세율

○ 주 세

(관세과세가격＋관세)×주세율＝주세
※ 주정은 종량세율 적용: 수량(중량)×세액(주세법상 수량당)

○ 교 육 세

특별소비세 교육세＝특별소비세액× 세율(30%)
주세교육세＝주세액× 세율(10%)

주세율이 80% 이상의 경우에는 세율이 30%

교통세교육세＝교통세액×세율(15%)

○ 교 통 세: 석유류 제품인 휘발유 등에 대하여 1994년 1월 1일부터 2003년까지 10년간 한시적으로 부과되는 목적세로 도로 및 지하철 등 사회간접시설의 건설을 위한 투자재원으로 사용되는 세종이다.

○ 농어촌특별세: 농특세는 우리나라 농어업의 경쟁력 강화, 농어촌 생활환경 개선 및 농어민 후생복지사업 등에 필요한 재원을 조달하기 위하여 도입되어 한시적(1994년 1월 1일부터 2004년 6월 30일까지 10년간)으로 부과되는 세종이다. 이 농어촌특별세 부과대상은 관세법 및 조세감면규제법에 의한 관세감면 대상품목 중 일부 품목과 특별소비세 과세대상품목 중 일부품목 등이다.

농어촌특별세＝관세의 감면액×20%, 특별소비세액×10%

3) 관세 등의 납부

납세신고를 받은 세관에서 수입신고서상의 기재사항과 관계법령의 규정에 의한 확인사항을 심사하여 제반 요건을 갖춘 경우에는 수입신고를 수리하고 신고한 세액에 대하여는 수입신고를 수리한 후에 심사를 하고 있으며, 관세 등 납부서는 세관에 출두할 필요 없이 관세사 사무실에서 전산으로 출력하여 수입자(납세의무자)가 편리한 국고수납 대리점인 금융기관(은행, 우체국 등)에 세액을 납부할 수 있다.

수입신고시 신고서상의 기재하여야 하는 징수형태는 신고납부, 부과고지 여부와 담보의 제공여부, 수출용원재료에 대한 일괄납부(환급특례법 제5조 제2항) 해당 부호를 선택하여 신고하여야 한다.

4) 납부세액의 정정

납세의무자가 세관에 납세신고를 하고 세액을 납부하기 전에 신고세액에 과부족이 있음을 알았을 때에 수입신고사항을 보정하여 신고하는 것을 세액보정신고라고 하며, 세액을 보정한 납부서는 관세사 사무실에서 재발행하면 되고 이때 납기는 당초의 납기와 동일하다. 다만, 가산세는 추가로 납부하지 않아도 된다. 납세의무자가 세금을 납부한 후에 신고한 세액에 부족이 있음을 알았을 경우에 세관에 수정신고를 하는 것을 말하는데 이때 납세의무자는 추가로 납부할 세액과 추가납부세액의 5%에 해당하는 가산세를 은행에 납부하여야 한다. 수정신고시에는 부족세액에 대하여 납부할 준비가 된 경우(자금이 확보된 경우)에 신고하여야 하고 수정신고만 하고 부족세액을 당일 은행에 납부하지 아니하면 수정신고사실은 취소되므로 이 점에 유의하여야 한다.

경정청구는 납세의무자가 세금을 납부한 후에 신고한 세액이 과다(납부할 세액보다 더 많이 납부한 경우)한 것을 알았을 때에는 통관지 세관장에게 경정청구를 할 수 있으며 경정청구를 받은 세관장은 2개월 이내에 심사하여 청구인에게 통지하도록 하고 있다.

세관장의 경정처분은 세관장이 납세의무자가 납부한 세액을 심사한 결과 부족납부한 사실을 확인한 때에 부족세액과 함께 부족세액의 10%에 상당하는 가산세를 납부하도록 고지하고 있다. 수입화주(납세의무자)는 부족하게 납부한 사실을 알았을 때에는 세관장의 경정처분이 있기 전에 미리 수정신고를 하면 가산세 5%를 감세(절감)할 수 있음을 유의하여야 한다.

5) 무역EDI를 이용한 납세정정 업무처리

(1) 수입납세 정정신청서

수입납세 정정신청서(CUSDMR 5FE)

*는 필수항목입니다.

*수신자 ID	KCS0002 code	*수신자명	관세청수입통관과
*신고번호	80049020001198	*전송	원본 *응답 필요

*신청일자	20021202 (CCYYMMDD)	*신청차수	1
*신청구분	A code A:보정 B:수정 C:경정 D:정정	*신청자구분	1 code 1:화주 2:관세사
*신청자상호	동국제강(주)포항공장	신청자성명	장세주
*귀책사유코드	A code 신고인	*정정사유코드	01 code 수입신고오류
정정사유	납세정정 테스트...		
*정정 총항목수	10	정정 세종수	2

*신고자상호/대표자	동국제강(주)포항공장	업체참조번호	
*신고일자	20021128 (CCYYMMDD)	*신고세관	122 code 포항세관
세관계좌번호		*신고과	10 code

수입자		납세의무자	
코드		코드	
*상호	동국제강(주)포항공장	*상호	동국제강(주)포항공장
*무역업등록번호	671037	*성명	장세주
*수입자구분	◉ A : 납세 의무자와 동일 ○ B : 납세 의무자와 상이	*주소	경북 포항시 남구 대송면 송동리 880
무역대리점		소재지부호	790
*상호	동국제강(주)	*사업자등록번호	5068503346
*무역대리점부호	7970201	*통관고유번호	동국제강1541036

해외공급자			
*상호	DONGKUK CORP DONGKUK CORP	*국가코드	JP JAPAN
		*해외공급자부호	JPDON0001T

통관구분			화물내역	
신고구분	B	일반서류신고	*반입일자	20021128 (CCYYMMDD)
*통관계획	D	보세구역장치후	*B/L(AWB)번호	CKCOJNYBXX227013
*거래구분	11	일반형태수입	*화물관리번호	02CKCOJN275 0013
*수입종류	K	일반수입(내수용)	*B/L분할신고여부	○ Yes ◉ No
*결제방법	TT	단순송금방식	Master B/L No	
*징수형태	13	신고,사후납부(신용담!	*검사(반입)장소	12213221
남북교역물품	○ 비과세 ○ 과세 ◉ 표기안함			동국제강 보세창고

운송형태			입항내역	
*운송수단	10	선박	*입항일자	20021128 (CCYYMMDD)
*운송용기	BU		*국내도착항	PUS 부산항
*적출국	JP	JAPAN	*선(기)명	CHUN JIN
운수기관부호			*선(기)국적	KR R.KOREA
특송업체			*원산지증명유무	○ Yes ○ No ◉ X
			*가격신고서유무	◉ Yes ○ No

결제금액/운임/보험/가산/공제					
*인도조건	FOB		보험료허가금액		
*총결제금액(외화)	JPY	5555555	가산금액구분	금액	
총결제금액(₩)	KRW	94089036	가산금액(외화)	KRW	5226323
운임(외화)	USD	2482.09	가산금액(₩)	KRW	5226323
운임(₩)	KRW	2994567	공제금액구분		
보험료(외화)			공제금액(외화)		
보험료(₩)			공제금액(₩)		

환율			환율가져오기
*결제환율	10.1482	가산금액환율	1.0000
환율(USD)	1206.4700	공제금액 환율	
보험 환율		운임 환율	1206.4700

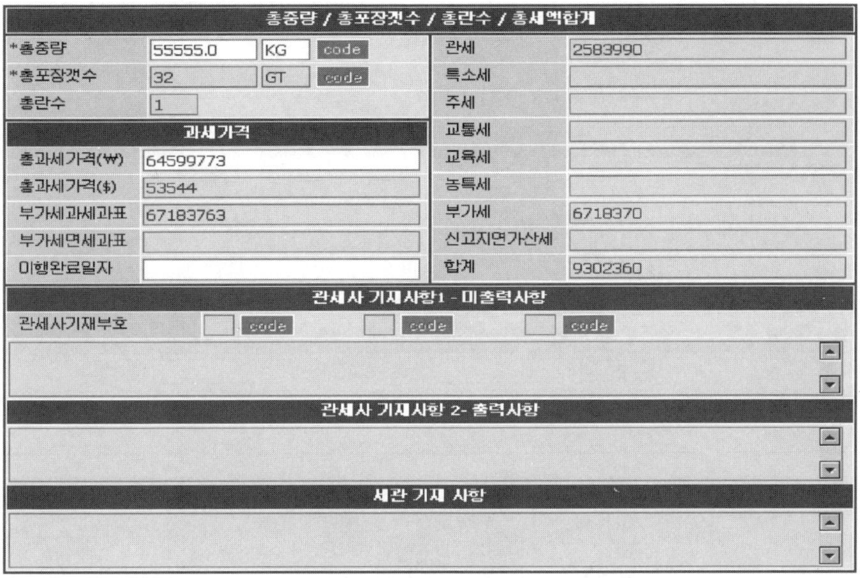

총중량 / 총포장갯수 / 총란수 / 총세액합계			
*총중량	55555.0 KG code	관세	2583990
*총포장갯수	32 GT code	특소세	
총란수	1	주세	
과세가격		교통세	
총과세가격(₩)	64599773	교육세	
총과세가격($)	53544	농특세	
부가세과세과표	67183763	부가세	6718370
부가세면세과표		신고지연가산세	
미행완료일자		합계	9302360

관세사 기재사항1 - 미출력사항

관세사기재부호 code code code

관세사 기재사항 2- 출력사항

세관 기재 사항

수입납세 정정신청서(CUSDMR 5FE)

*는 필수항목입니다.

신고번호	80049020001198	란번호	001

품명-규격/모델-규격(LINE LIST)			
*세번부호	7304310000 code	*결제금액	5555555.00 JPY
*품명	STEEL PIPE	결제금액(₩)	56378883 KRW
*거래품명	SKID & POST PIPE	가산비용(₩)	
상표코드	0000 code	공제비용(₩)	
상표명	상표없음	란과세가격(₩)	64599773 KRW
*상세내역별첨	○ Yes ◉ No	란과세가격($)	53544 USD
중량/수량/환급물량		C/S검사	
*순중량	55555.0 KG code	구분부호/설명	S code 청CS검사생략
수량	code	특송업체C/S	code
환급물량	code	총규격수	2 NMB 총요건수
관세		감면(5AB)/분납(5AA)	
*구분	C code 협가	구분	-----
*세율(%)	4.00	부호	code
단위당세액		감면/분납(율)	
세액(₩)	2583990 KRW	감면액(₩)	

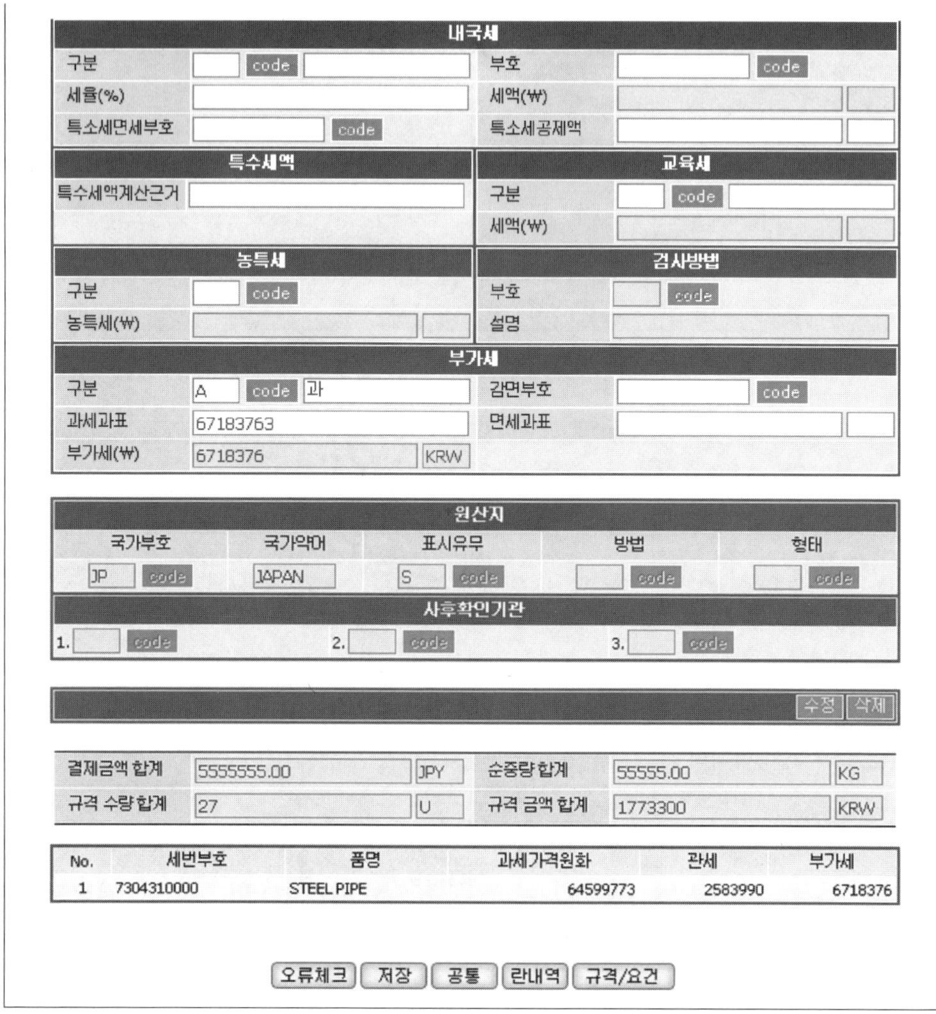
내국세
구분
code
부호
code
세율(%)
세액(₩)
특소세면세부호
code
특소세공제액
특수세액
특수세액계산근거
교육세
구분
code
세액(₩)
농특세
구분
code
농특세(₩)
검사방법
부호
code
설명
부가세
구분
A
code
과
감면부호
code
과세과표
67183763
면세과표
부가세(₩)
6718376
KRW
원산지
국가부호
국가약어
표시유무
방법
형태
JP
code
JAPAN
S
code
code
code
사후확인기관
1.
code
2.
code
3.
code
수정
삭제
결제금액 합계
5555555.00
JPY
순중량 합계
55555.00
KG
규격 수량 합계
27
U
규격 금액 합계
1773300
KRW
No.
세번부호
품명
과세가격원화
관세
부가세
1
7304310000
STEEL PIPE
64599773
2583990
6718376
오류체크
저장
공통
란내역
규격/요건

(2) 수입납세 정정항목 설명

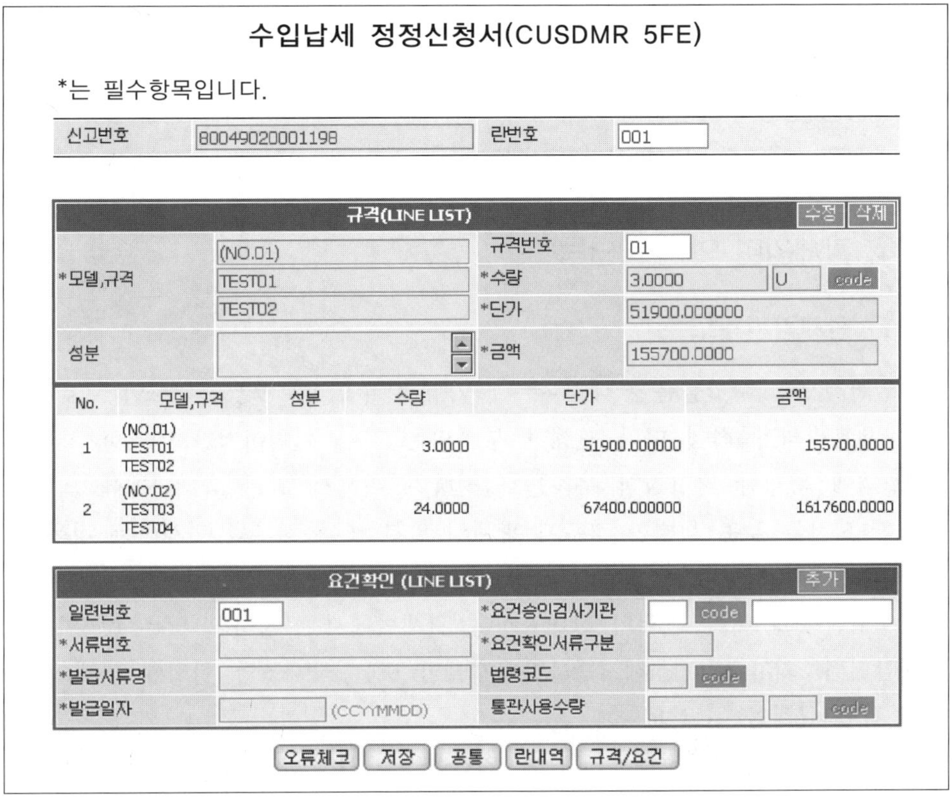

문서화면의 ReadOnly되어 있는 항목(음영으로 진하게 칠해진 부분)은 납세정정을 할 수 없는 항목이다.

- **신고번호**: 정정대상 수입신고 번호를 기재한다.
- **신청일자**: 정정신고의 신청일자를 CCYYMMDD 형태로 기재한다.
- **신청차수**: 신청일자별 정정신청 차수를 기재한다.
- **신청구분**: 신청구분을 기재한다. 신청구분 값은 반드시 기재해야 한다. 기재하지 않았을 경우 문서를 저장할 수 없다.
- **신청자 구분**: 수입자(신청자) 구분을 기재한다.
- **신청자 상호**: 신청자 상호를 기재한다.
- **신청자 성명**: 신청사 성명을 기재한다.

- 귀책사유 코드: 귀책사유 코드를 기재한다.
- 정정사유 코드: 정정사유 코드를 기재한다.
- 정정사유: 정정하게 된 구체적인 사유를 간략하게 기재한다.
- 정정 총항목 수: 문서 저장시점에서 자동으로 계산된다.
- 정정 세종 수: 문서 저장시점에서 자동으로 계산된다.

4. 관세감면 및 분할납부

1) 관세감면제도

일반적으로 수입물품에 대하여는 국가재정 수입확보 및 국내산업 보호육성 등 관세본래의 목적에 따라 관세가 부과되는 것이 원칙이지만 이러한 본래의 목적 외에 특정한 국가정책 목적을 달성하기 위해서 또는 국제관례에 의하여 일정한 요건을 갖춘 특별한 경우에 관세의 일부 또는 전부를 면제하는 것을 관세의 감면이라고 한다.

수입물품에 대한 관세의 감면규정은 관세법에서 규정하고 있는 것 외에도 조세감면법, 외자도입법, 해저광물자원개발법 또는 국제조약 협정에 관세의 감면에 관한 규정을 두고 있다.

관세감면의 주요목적은 외교관례, 기간산업의 육성, 자원개발의 촉진, 특정산업의 보호, 물가안정, 소비자보호 등이다. 동일 수입물품이라도 물품의 용도 및 상태, 수입신고시기, 적용법령에 따라 관세감면여부가 결정되므로 수입자는 해당 물품에 대하여 정확하게 수입신고를 하고 신고수리 전까지 반드시 감면하여야 한다.

2) 관세의 분할납부(관세법 제36조)

분할납부란 특정물품에 대하여 부과된 관세를 수입신고수리시에 전액을 납부하지 않고 일정기간 분할하여 납부하는 제도이다. 관세는 수입신고수리 전 또는 수리 후 15일 이내에 관세의 전액을 납부하여야 하나, 중요산업에 소요되는 시설기계류 등의 관세납부에 따른 수입자의 자금부담을 완화시켜 설비투자를 촉진하기 위하여 이 제도가 마련된 것이다.

분할납부승인신청은 관세의 감면과 같이 수입신고수리 전까지 세관장에게 제출하면 된다(관세법 시행령 제43조).

분할납부기간은 분할납부승인금액에 따라 최장 5년 이내에서 허용될 수 있으며 분할납부횟수는 분할납부기간을 6개월로 나누어서 정한다. 납부방법은 분할납부 승인한 관세액을 분할납부횟수로 등분하여 6월마다 납부하되 제 1 차분은 수입신고수리일부터 15일 이내에 납부하도록 하고 있다(관세법 시행규칙 제30조의3 별표 7 참조).

3) 무역EDI를 이용한 감면 · 분납 · 용도세율적용 신청

(1) 작성 · 수신 문서 리스트 조회

아래 화면에 나타난 데이터는 사용자와 관련되어 수신된 문서의 전체 리스트를 보여주며, 검색창은 감면분납부호, 제출번호, 상태, 신고일자로 구성되어 있으며 동 번호로 조회가 가능하다.

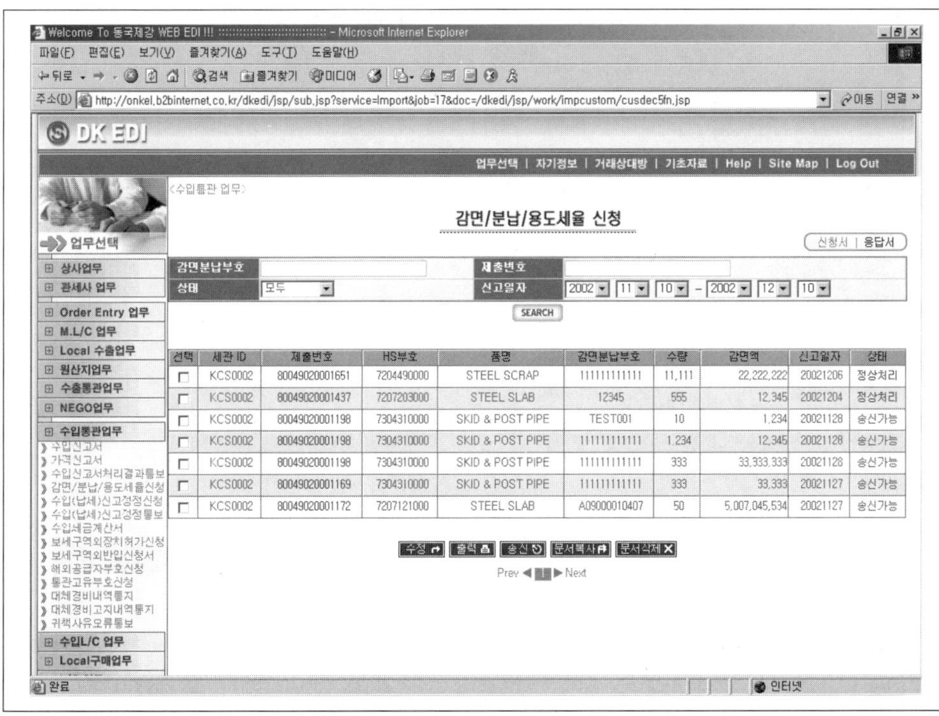

(2) 감면 · 분납 · 용도세율적용 신청문서

일반적으로 수입물품에 대하여는 국가재정 수입확보 및 국내산업 보호육성을 위하여 관세가 부과되는 것이 원칙이나 특정한 국가정책 목적을 달성하기 위하여 일정한 요건을 갖춘 특별한 경우에 관세의 일부 또는 전부를 면제, 분할납부, 용도에 따라 세율을 적용하는 건인 경우 감면 · 분납 · 용도세율적용 신청서를 사용한다.

(3) 감면 · 분납 · 용도세율적용 신청서 입력화면

관세감면(분납)/용도세율적용 신청서(CUSDEC)

*는 필수항목입니다.

*수신자 ID	KCS0002 [code]	*수신자명	관세청수입통관과

*수입신고번호	80049020001198	*란번호	001
*수입세관-과	122 [code] 10 [code]	*신고일자	20021128 (CCYYMMDD)

신청인			
상호	동국제강(주)포항공장 [선 택]	대표자	장세주
업종		사업자등록번호	5068503346
주소	경북 포항시 남구 대송면 송동리 880	통관고유번호	동국제강1541036

*신청구분	D A:관세면제 B:관세감면 C:분할납부 D:용도세율적용		
세번부호	7304310000	감면분납부호	TEST001
품명	SKID & POST PIPE		
규격			
모델명			
제조일련번호			
용도			
수량-단위	10 U [code]		
신고가격($)	84801	감면액(₩)	1234
사후관리 신청인			
*사후관리대상	○ Yes ⊙ No	사후관리세관	[code]
전화번호		우편번호	[code]
사용(설치)장소			
재수출조건부 감면신청의 경우 기재			
수출예정세관	[code]	수출지(국가)	[code]
수출예정일자	(CCYYMMDD)		
비고			

[저장] [출력]

(4) 감면 · 분납 · 용도세율적용 신청서 항목설명

본 기재사항은 공통으로 적용되는 것으로 수입신고문서와 연계된 항목이다.

- **수신자 ID**: 수신자 ID 코드를 선택해서 기재한다.
- **수입신고 번호**(수정불가): 수입신고한 신고번호를 기재한다.
- **란 번 호**: 수입신고의 해당 란번호를 기재한다.
- **수입세관, 과**: 수입신고의 해당 세관, 과를 기재한다.
- **신고일자**: 수입신고의 해당 신고일자를 CCYYMMDD 형태로 기재한다.

신청인에게만 적용되는 것으로 수입신고문서와 연계된 항목이다.

- **신 청 인**: 신청인의 상호, 업종, 주소, 대표자, 사업자등록번호, 통관고유번호를 기재한다.
- **신청구분**: 신청구분 항목을 기재한다. 수입신고서란 내역의 감면 · 분납 구분항목의 값이 감면일 경우에는, B: 관세감면 값을, 분납일 경우에는 C: 분할납부 값을, 감면율이 100%일 경우에는 A: 관세면제 값을, 선택하지 않았을 경우에는 D: 용도세율적용 값을 넣어준다.
- **세번부호**: 수입신고의 해당 세번부호를 기재한다.
- **감면분납부호**: 수입신고의 해당 감면분납부호를 기재한다.
- **품 명**: 해당 품명을 기재한다.
- **규 격**: 해당 규격을 기재한다.
- **모 델 명**: 해당 모델명을 기재한다.
- **제조일련번호**: 해당 제조일련번호를 기재한다.
- **용 도**: 해당 용도를 기재한다.
- **수량, 단위**: 수입신고의 해당 수량 및 단위를 기재한다.
- **신고가격($)**: 수입신고의 해당 신고가격($)을 기재한다.
- **감면액(₩)**: 수입신고의 해당 감면액(₩)을 기재한다.

사후관리신청인에게 해당되는 항목이다.

- **사후관리대상**: 사후관리대상 여부를 라디오버튼에서 선택한다.
- **사후관리세관**: 사후관리세관을 코드로 선택한다.
- **전화번호**: 전화번호를 기재한다.
- **우편번호**: 우편번호를 기재한다.
- **사용(설치)장소**: 사용(설치)장소를 기재한다.

재수출조건부 감면신청의 경우에 기재할 항목이다.

- 수출예정세관: 수출예정세관을 코드로 선택한다.
- 수출(국가): 수출(국가)를 코드를 선택해서 기재한다.
- 수출예정일자: 수출예정일자를 CCYYMMDD 형태로 기재한다.
- 비 고: 비고를 기재한다.

(5) 조회화면

관세감면(분납)/용도세율적용 신청서

(처리기간 : 즉시)

①수입신고번호 : 80049-02-0001198 001 ②신고일자 : 2002/11/28

③신 청 인 : (상호) 동국제강(주)포항공장 (성명) 장세주
(주소) 경북 포항시 남구 대송면 송동리 880
(통관고유번호) 동국제강-1-54-1-03-6 (사업자등록번호) 506-85-03346

④사업의 종류 :

● 신 청 내 용

1란 ⑤신 청 구 분 : [D] (A : 관세면제, B : 관세감면, C : 분할납부, D : 용도세율적용)
⑥감면분납부호 : [TEST001]
⑦H.S 부호 : 7304310000 ⑧품 명 : SKID & POST PIPE
⑨규 격 :
⑩모 델 명 :
⑪제조일련번호 :
⑫수 량 : 10 U ⑬신고가격 : $ 84,801 ⑭감면액 : ₩ 1,234
⑮사용(설치)장소 : (주소) (우편) (전화)
⑯용 도 : ⑰사후관리세관 :
재수출조건부 감면신청의 경우 기재
수출예정세관 : ⑱수출지(국가) : () ⑲수출예정시기 :
※비 고 :

1란 ⑤신 청 구 분 : [ ] (A : 관세면제, B : 관세감면, C : 분할납부, D : 용도세율적용)
⑥감면분납부호 : [ ]
⑦H.S 부호 : ⑧품 명 :
⑨규 격 :
⑩모 델 명 :
⑪제조일련번호 :
⑫수 량 : ⑬신고가격 : ⑭감면액 :
⑮사용(설치)장소 : (주소) (우편) (전화)
⑯용 도 : ⑰사후관리세관 :
재수출조건부 감면신청의 경우 기재
수출예정세관 : ⑱수출지(국가) : ⑲수출예정시기 :
※비 고 :

※ 승인 일자 :
※ 담 당 자 :

122 -10 80049-02-0001198

5. 수입통관제도

1) 부두직통관제도

부두직통관제도란 수입물품을 적재한 선박이 도착하는 항만의 하선장소인 부두통관장에서 즉시 수입신고하여 수입통관하는 것을 말한다. 부두직통관제도 이용의 장점은 통관소요시간 단축 및 기업물류비의 획기적 절감이라고 말할 수 있다. 부두직통관제 실시로 인한 기대효과는 입항 후 국내시장 유통단계까지의 소요시간이 종전 15일에서 3일로 단축되고 금융비용을 포함하여 연간 약 5천억 원 상당의 물류비용이 절감될 것으로 예상되고 있다.

부두직반출을 희망하는 화주 또는 관세사(보세운송업자)는 부두하선 요청서를 작성하여 하선신고 수리시까지 세관 화물과 선사에 제출하면 된다. 부두직통관 이용대상 화물은 컨테이너화물이어야 하고 한 컨테이너에 여러 수입화주의 화물이 혼재되어 있는 화물(LCL화물)은 이용이 제한된다. 현재 부두직통관제도가 시행중인 항구는 부산항의 자성대, 신선대, 감만부두 등 컨테이너 전용부두의 전 부두에서 가능하며 항구, 항만별 여건에 따라 점차 전국적으로 확대 시행할 예정이다.

2) 포괄적 즉시수리제도

98. 8. 1부터 시행된 이 제도는 성실한 제조업체 등이 수입하는 수출용원자재 및 시설재에 대하여 첨부서류 없이 전산으로 신고하면 즉시 수리되어, 신고물품을 바로 반출사용할 수 있는 제도로서 수입관련 서류는 물품반출 후 7일 내에 신고세관에 제출하면 된다. 포괄적 즉시수리제도는 성실한 수출물품제조업체 또는 외국인 투자기업이 반복적으로 수입하는 수출용원자재나 시설재에 대한 통관을 신속히 지원하여 수출업체의 경쟁력 강화에 크게 기여하고, 간소화한 절차에 익숙한 외국인 투자기업에 대한 통관행정 측면에서 실질적인 지원방안이 될 것이다.

3) 보세구역 외 장치허가

(1) 작성·수신 문서 리스트 조회

아래 화면에 나타난 데이터는 사용자와 관련되어 수신된 문서의 전체 리스트를 보여주며, 검색창은 세관 ID, 제출번호, 상태, 신청일자로 구성되어 있고 동 번호로 조회할 수 있다.

(2) 보세구역 외 장치허가신청서

보세구역은 효율적인 화물관리와 관세행정의 필요성에 의하여 세관장이 지정하거나 특허한 장소로서 수출입 및 반송 등 통관을 하고자 하는 외국물품을 장치하는 곳이나 거래중량 등의 이유로 보세구역 외에 장치허가 신청을 할 경우에 사용하는 문서이다.

(3) 입력화면

보세구역 외 장치허가 신청서(CUSCAR)

*는 필수항목입니다.

*수신자 ID	KCS0304 code	수신자명	부산세관
*전송	원본		

*제출번호	1221080049020001	*세관	122 code 포항세관
*신청자구분	2 1. 관세사 2. 화주	*과	10 code
*신청일자	20021128 (CCYYMMDD)	*입항예정세관	506 code 부산세관

신청인		수입자	
*상호	동국제강(주)포항공장 선택	*상호	동국제강(주)포항공장 선택
*성명	장세주	*성명	장세주
*주소	경북 포항시 남구 대송면 송동리 880	*주소	경북 포항시 남구 대송면 송동리 880
*전화	054)278-6111	*사업자번호	5068503346

*신고가격($)	84691	화물관리번호	01DJSCI0585
*납부세액(₩)	20627480	선박명	DONGJIN ACE
담보금액	20627480	항공기등록번호	
담보기한	20010820 ~ 20021020	*입항(예정)일	입항일자 2001081 (CCYYMMDD)
담보종류	담보생략	국가명	R.KOREA code
하선장소여부	하선장소가타장이아닌경우	*적재항	JPUKB code

*장치기간	20010820 부터 31 일간 20010920 까지 (당일부터 기간산정 ☐)
*주소	경북 포항시 남구 장흥동 1867번지 동국제강(주)포항공장
*사유	거대중량이므로

추 가

*B/L 번호		*포장개수/단위	code
HSN/HSN번호		*중량	code
*품명			

No.	B/L	M/B	H/B	품 명	포장갯수	종류	중량
1	DJSCKBBDIKN29008	5108		ROLL	2	GT	20300.0

저장 출력

(4) 보세구역 외 장치허가 신청항목 설명

공통적으로 적용되고 수입신고 문서와 연계된 항목이다.

- **수신자 ID**: 수신자 ID 코드를 선택해서 기재한다.
- **전 송**: 전자문서의 기능을 선택한다. 디폴트로 원본값이 자동으로 세팅된다.
- **제출번호**: 문서저장시 자동으로 부여된다.
- **화주신고시**: 사업자번호(10) + 연도(2) + 일련번호(5)
- **관세사신고시**: 세관(3) + 과(2) + 관세사부호(5) + 연도(2) + 일련번호
- **신청자 구분**: 신청자 구분값을 기재한다. 디폴트로 2: 화주값이 자동으로 세팅된다.
- **신청일자**: 신청일자를 CCYYMMDD 형태로 기재한다. 디폴트로 당일날 값이 자동으로 세팅된다.
- **세관 · 과**: 제출 세관 · 과를 기재한다.
- **입항예정세관**: 입항예정세관을 기재한다.
- **신 청 인**: 신청인의 상호, 성명, 주소를 기재한다.
- **수 입 자**: 수입자의 상호, 성명, 주소, 사업자등록번호를 기재한다.
- **신고가격($)**: 타소 장치장에 반입되는 화물의 수입 신고가격을 CIF 조건의 미화로 기재한다. 통화단위 값은 자동적으로 USD로 세팅된다.
- **납부세액(₩)**: 수입시 납부한 세액을 원화로 기재한다. 통화단위 값은 KRW로 자동세팅된다.
- **담보금액**: 타소 장치장에 반입되는 화물의 경우 담보액을 원화로 기재한다. 통화단위 값은 KRW로 자동적으로 세팅된다.
- **담보기한**: 담보기한을 From-To 형태로 기재한다.
- **담보종류**: 타소 장치장에 반입되는 화물의 담보종류를 기재한다.
- **하선장소여부**: 하선장소여부를 라디오버튼에서 선택한다.
- **화물관리번호**: 화물관리번호를 기재한다.
- **선 박 명**: 해상일 경우 선명을 기재한다.
- **항공기등록번호**: 항공일 경우 항공기 등록번호를 기재한다.
- **입항(예정)일**: 입항일자를 CCYYMMDD 형태로 기재한다.
- **국 가 명**: 국가명을 기재한다.
- **적 재 항**: 당해물품을 적재한 적재항을 기재한다.

- 장치기간: 장치기간을 기재한다.
- 주 소: 장치장소 주소를 기재한다.
- 사 유: 타소 장치신청 사유를 기재한다.
- B/L 번호: 타소 장치장에 반입되는 화물의 B/L번호(AWB번호)를 기재한다.
- MSN/HSN 번호: MSN, HSN을 기재한다.
- 포장개수 · 단위: 포장개수 및 단위를 기재한다.
- 중 량: 중량을 기재한다.
- 품 명: 품명을 기재한다.

(5) 보세구역 외 장치허가신청 출력화면

보세구역 외 장치허가(신청)서

처리기간
1 일

※ 표시는 신청자가 기입 입항세관 : 부산세관

※ 신청자 동국제강(주)포항공장 / 장세주 경북 포항시 남구 대송면 송동리 880	※ 수입승인(허가) 일자 - -	※ 신청번호 : 122-10-8004-90-200012
※ 수입(출)자 동국제강(주)포항공장 / 장세주 506-85-03346	※ 수입승인(허가) 번호	※ 신청일자 : 2002-11-28

※ 입(출) 항일자 2001.08.19	※ 선하증권번호(AMBNO)	※ 장치장소 : 경북 포항시 남구 장흥동 1867번지 동국제강(주)포항공장
※ 선(기)명 DONGJIN ACE	※ 국 적 R.KOREA	※ 장치기간 : 2001-08-20 부터 (31 일간) 2001-09-20 까지
※ 적재항 JPUKB	※ 목적국 R.KOREA	화물관리번호 : 01DJSCI0585

※ 신청사유
거대중량이므로

* 번호	* MSN * 품명 , 규격	* HSN	* B L 번호	* 포장개수/종류	* 중 량
1	5108 ROLL		DJSCKBBDIKN29008	2 GT	20,300.0

※ 신고가격(CIF-USD) : 84,691 ※ 납부세액 : 20,627,480

담보사항	금 전	국 채 증 권	은행지급 보 증	지 정 증 권	납세보증 보험증권	계	담 보 일 자	담 보 기 간	확 인
						20,627,480	2001-08-20	2001-08-20 ~ 2002-10-20	

관세법 제 156조 제 1항의 규정에 의하여
위와 같이 보세구역외장치하고자 신청합니다

2002-11-28

주 소 : 경북 포항시 남구
대송면 송동리 880
상 호 : 동국제강(주)포항공장
성 명 : 장세주

첨부서류 : 1. 송품장
2. B/L 사본
3. 약도

수수료	수입 18,000 원

위 신청사항을 관세법 제 156조 제1항의 규정에
의하여 (다음조건부로) 허가함.

허가조건 : 보세구역외장치된 물품에 대한
제세 및 제반비용 기타 일체의
책임을 신청인이 부담할 것.

포항세관 세 관 장 (인)

4) 보세구역 외 반입신청

(1) 작성 · 수신 문서 리스트 조회

아래 화면에 나타난 데이터는 사용자와 관련되어 수신된 문서의 전체 리스트를 보여주며, 검색창은 장치장, 제출번호, 상태, 반입일자로 구성되어 있고 동 번호로 조회가 가능하다.

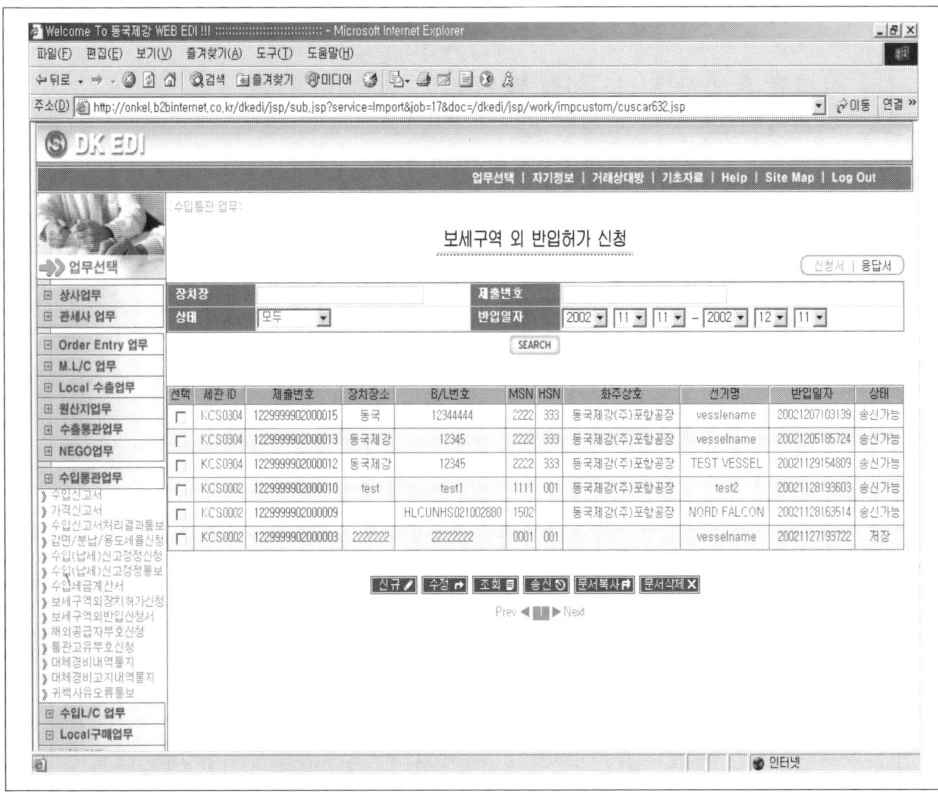

(2) 보세구역 외 반입신청

보세구역은 효율적인 화물관리와 관세행정의 필요성에 의하여 세관장이 지정하거나 특허한 장소로서 수출입 및 반송 등 통관을 하고자 하는 외국물품을 장치하는 곳이나 거래중량 등의 이유로 보세구역 외에 반입신청을 할 경우에 사용하는 문서이다.

(3) 입력화면

반입신고서(CUSCAR)

*는 필수항목입니다. 진한색은 자동계산항목입니다.

*수신자 ID	KCS0002 code	수신자명	관세청(수입통관)
*신청번호	1229999902000009	*전송구분	⊙ 최초전송 ○ 재전송
*반입일자시간	20021128163514 (CCYYMMDDHHMMSS)	*반입사고유형	OK code 이상없음
*신고세관	122 code	용도구분	○ 보세작업용 ○ 수입통관용
*신고과	10 code	반입근거번호	03010039008002026800
*반입구분	A 전량반출(입)	품목분류부호	02 code 육과 식용설육
*화물반입유형	10 code 입항 반입	CY/CFS구분	○ CY ○ CFS
*화물관리번호	02DNALI8738 1502	현도여부	○ YES ○ NO
B/L번호	HLCUNHS021002880	장치위치	
선(기)명	NORD FALCON	*해상항공구분	⊙ 해상 ○ 항공
입항세관	030 code 부산본부세관	입항일자	20021128 (CCYYMMDD)

반입차수		*반입중량	51636.0 KG
*반입 단위/개수	CS code 44	반입사고중량	KG
반입사고개수		**누계반입중량**	51636.0 KG
누계반입개수	44		

수하인		화주	
상호	TO ORDER OF 선택	상호	동국제강(주)포항공장 선택
주소		주소	경북 포항시 남구 대송면 송동리 880

영문품명	GRAPHITE

저장

(4) 보세구역 외 반입신청 항목설명

- **수신자 ID·수신자 명:** 문서를 받을 상대방의 EDI mail-box ID와 수신자명을 입력한다.
- **신청번호:** 신청번호는 문서 저장시점에 자동으로 넣어준다. 관세사부호(5)+연도(2)+일련번호(5)가 자동으로 입력된다.

- **전송구분**: 최초전송은 최초로 작성된 문서를 전송할 때 선택하고, 재전송은 최초로 작성한 문서가 부적절하여 다시 전송할 때 선택한다.
- **반입일자시간**: 문서 Onload시점에 시스템에서 자동으로 데이터 값을 뿌려준다. 사용자는 반입일자와 시간이 맞는지의 여부를 반드시 확인해야 한다.
- **신고세관**: 반입신고할 관할지 세관부호를 선택 입력한다.
- **신 고 과**: 관할지 세관부호의 관련부서의 과부호를 선택 입력한다.
- **반입구분**: 반입구분 코드를 반드시 선택 입력한다.
- **화물반입유형**: 화물반입유형 코드를 반드시 선택 입력한다.
- **화물관리번호**: 선사나 항공사에서 부여하는 적하목록상에 나와 있는 번호를 입력한다. 구성은 MRN(11자)+MSN(4자)+HSN(3자)로 한다.
- **B/L번호**: B/L번호를 입력한다.
- **반입사고유형**: 반입사고유형 코드를 선택 입력한다.
- **용도구분**: 반입의 용도구분을 선택 입력한다.
- **반입근거번호**: 보세운송신고번호를 입력한다.
- **품목분류부호**: 반입물품의 품목분류부호를 선택 입력한다.
- **CY/CFS구분**: 화물이 있는 장치장이 CY인지 CFS인지를 선택 입력한다.
- **현도 여부**: 현도 여부를 선택 입력한다.
- **장치위치**: 반입되는 장치장의 위치를 입력한다.
- **해상 · 항공구분**: 화물이 해상으로 운송했는지 또는 항공으로 운송했는지의 여부를 입력한다.
- **반입차수**: 반입된 화물의 반입차수를 입력한다.
- **반입단위 · 개수**: 반입되는 포장개수와 포장단위를 입력한다.
- **반입사고 개수**: 반입예정의 수량이 반입수량과 차이가 날 경우 사고개수를 입력한다.
- **누계반입 개수**: 반입의 누계 개수를 입력한다.
- **반입중량**: 반입되는 중량을 반드시 입력한다.
- **반입사고 중량**: 반입예정의 중량이 반입중량과 차이가 날 경우 사고중량을 입력한다.
- **누계반입 중량**: 누계반입 중량을 입력한다.

• 수 하 인: 수입화주는 향후 수입신고상에 기재할 예정 납세의무자를 의미하며, 입항반입인 경우 적하목록상의 수하인을 입력해야 하나 동 수하인이 은행 또는 To Order로 기재되어 있거나 실화주가 아닌 경우는 통지처를 입력, 일반 내국물품반입의 경우는 내국물품 반입허가서상의 화주명을 입력한다.
• 화　　주: 화주의 상호와 주소를 입력한다.

(5) 보세구역 외 반입신청 출력화면

반입신고서

수신자ID	KCS0002	수신자명	관세청(수입통관)
신청번호	1229999902000009	전송구분	최초전송
반입일자시간	2002-11-28 16:35:14	반입사고유형	OK
신고세관	122	용도구분	
신고과	10	반입근거번호	03010039008002026800
반입구분	A 전량반출(입)	품목분류부호	02
화물반입유형	10: 입항보고	CY/CFS구분	
화물관리번호	02DNALI8738 - 1502 -	현도여부	
B/L번호	HLCUNHS021002880	장치위치	
선(기)명	NORD FALCON	해상항공구분	해상
입항세관	부산본부세관		
반입차수		반입중량	51,636.0 KG
반입 단위/개수	CS 44	반입사고중량	KG
반입사고개수		누계반입중량	51,636.0 KG
누계반입개수	GT 44		
수하인 상호	TO ORDER OF	화주 상호	동국제강(주)포항공장
수하인 주소		화주 주소	경북 포항시 남구 대송면 송동리 880
영문품명	GRAPHITE		

5) 해외공급자부호신청

(1) 작성 · 수신 문서 리스트 조회

다음 화면에 나타난 데이터는 사용자와 관련되어 수신된 문서의 전체 리스트를 보여주며, 검색창은 국가, 제출번호, 상태, 신청일자로 구성되어 있고 동 번호로 조회가 가능하다.

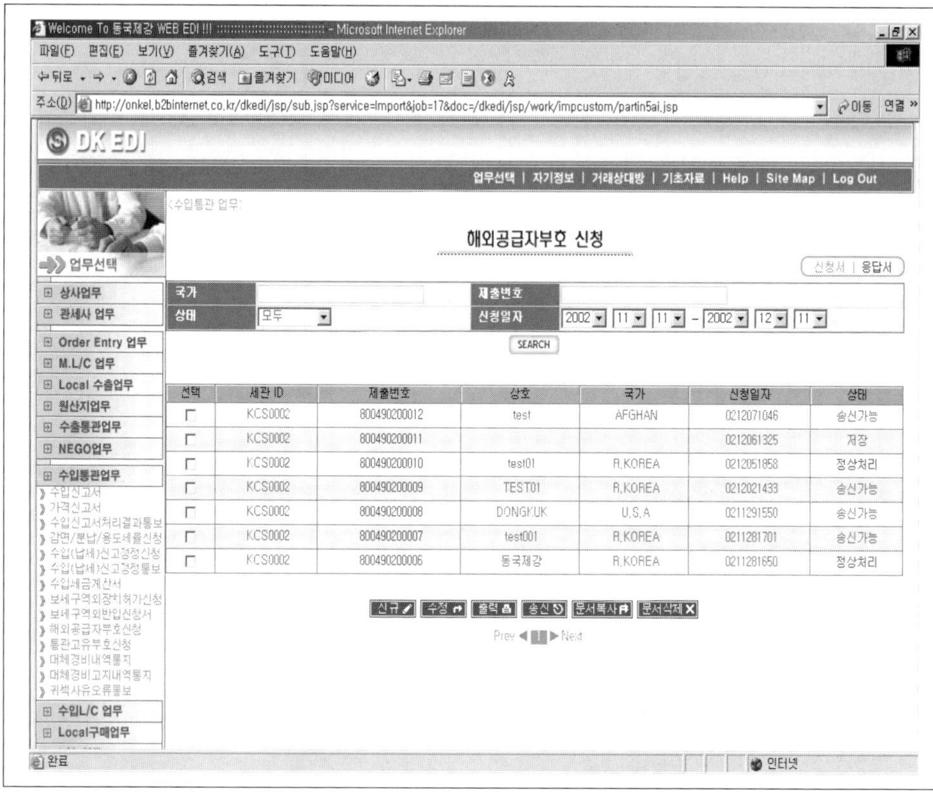

(2) 해외공급자부호 신청서

해외공급자부호는 외국에서 우리나라로 물품을 수출하는 해외거래선 업체들에 대한 효율적인 기업관리를 위해 관세청이 부여하는 부호로 새로운 해외거래선이 생겼을 경우 사용하는 문서이다.

(3) 입력화면

해외공급자부호 신청서(PARTIN)

*는 필수항목입니다.

*수신자 ID	KCS0002 [code]	*수신자명	관세청수입통관과
*문서번호	800490200008	전송	최초전송

*신청일자	0211291550 [today] (YYMMDDHHMM)

해외공급자			
*상호	DONGKUK CORP	*주소	TEST ABC
도시명			
*국가코드	US [code]	*국가약어	U.S.A

[저장] [출력]

(4) 해외공급자부호 신청 항목설명

- 수신자 ID: 수신자 ID 코드를 선택해서 기재한다.
- 문서번호: 문서저장시 자동으로 넣어준다.
- 신청일자: 신청일자를 YYMMDDHHMM 형태로 기재한다. 디폴트로 당일 날 값이 자동으로 세팅된다.
- 해외공급자: 해외공급자의 상호, 도시명, 주소, 국가코드, 국가약어명을 기재한다.

(5) 해외공급자부호 신청 출력화면

해외공급자부호 신청(PARTIN5AI)

수신자 ID	KCS0002	수신자명	관세청수입통관과
문서번호	800490200008	전송	최초전송

신고일자	02-11-29 15:50

해외공급자			
상호	DONGKUK CORP	국가코드	US
주소	TEST ABC	국가약어	U.S.A

6) 통관고유부호 신청

(1) 작성 · 수신 문서 리스트 조회

아래 화면에 나타난 데이터는 사용자와 관련되어 수신된 문서의 전체 리스트를 보여주며, 검색창은 본·지사구분, 제출번호, 상태, 신청일자로 구성되며 동 번호로 조회가 가능하다.

(2) 통관고유부호 신청서

통관고유부호란 관세행정상 효율적인 기업관리를 위해 관세청이 수출입화주에게 부여하는 번호로 수출입신고를 하기 위해서는 화주고유의 통관고유부호를 반드시 부여 받아야 한다.

(3) 입력화면

통관고유부호 신청서(PARTIN)

*는 필수항목입니다.

*수신자 ID	KCS0002	code	*수신자명	관세청수입통관과
*문서번호	800490200015		전송	최초전송

신고일자	200211281704 today (CCYYMMDDHHMM)	관할세관	122 code

신청인

*상호	동국제강(주)포항공장	*사업자등록번호	5068503346
*성명	장세주	*주민등록번호	4302091052311
법인등록번호		*설립일자	20021128 (CCYYMMDD)
*주소	포항시 남구 대송면	*우편번호	790123
	송동리 880	*전화번호	3171042
*업태	제강 및 압연	*본/지사구분	2 code 1.단일 2.본사 3.지사
*종목	제강 및 압연		
E-mail ID	jhlee @ dongkuk.co.kr		

본사

*대표자명	장세주	법인등록번호	
*사업자등록번호	5068503346	통관고유번호	
*주민등록번호	4302091052311		

(4) 통관고유부호 신청 항목설명

- 수신자 ID: 수신자 ID 코드를 선택해서 기재한다.
- 문서번호: 문서저장시 자동으로 넣어준다.
- 전　　송: 전송의 상태 여부를 선택한다.
- 신고일자: 신청일자를 CCYYMMDDHHMM형태로 기재한다. 디폴트로 당일 날 값이 자동으로 세팅된다.
- 관할세관: 관할세관을 기재한다.
- 상　　호: 신청인의 상호를 기재한다.
- 성　　명: 신청인의 성명을 기재한다.
- 사업자등록번호: 국세청에서 부여한 사업자등록번호를 기재한다.
- 주민등록번호: 신청업체 대표자의 주민등록번호를 기재한다.

- 법인등록번호: 신청업체의 법인등록번호를 기재한다.
- 설립일자: 신청업자의 설립일자를 CCYYMMDD 형태로 기재한다.
- 우편번호: 신청업체의 우편번호를 기재한다.
- 주　　소: 신청업체의 주소를 기재한다.
- 전화번호: 신청업체의 전화번호를 기재한다.
- 업　　태: 사업자등록증에 기재된 업태를 기재한다.
- 종　　목: 사업자등록증에 기재된 종목을 기재한다.
- 본·지사구분: 단일업체, 본사, 지사 구분부호를 기재한다.
- E-Mail ID: 신청업체의 E-Mail 정보를 기재한다.
- 대표자명: 본사의 대표자를 기재한다.
- 사업자등록번호: 본사의 사업자등록번호를 기재한다.
- 주민등록번호: 본사의 대표자 주민등록번호를 기재한다.
- 법인등록번호: 본사의 법인등록번호를 기재한다.
- 통관고유번호: 본사의 통관고유부호를 기재한다.

(5) 통관고유부호 신청 출력화면

통관고유부호 신청(PARTIN10)

수신자 ID	KCS0002	수신자명	관세청수입통관과
문서번호	800490200015	전송	최초전송
신고일자	2002-11-28 17:04	관할세관	122
신청인			
상호	동국제강(주)포항공장	사업자등록번호	5068503346
주소	포항시 남구 대송면 송동리 880	성명	장세주
		전화번호	3171042
본사			
대표자명	장세주	주소	5068503346
주민등록번호	4302091052311		

6. 관세환급제도

1) 관세환급제도의 개념

부존자원이 부족한 우리나라는 원자재를 대부분 해외에서 수입하여 이것을 가공하여 완제품으로 생산하여 다시 수출하고 있다. 우리나라는 수출상품의 수출경쟁력을 높이기 위해 수출용 원자재를 수입할 때 납부한 관세를 환급해 주는 관세환급제도를 실시하고 있다.

즉 관세환급제도는 수출상이 해외의 거래선과 수출계약을 체결하고 수출물품을 생산하기 위해서 필요한 원자재를 해외로부터 수입하게 되는데 수입할 때 납부한 관세 및 내국세를 당해 원자재를 사용하여 생산한 상품을 수출할 때 수출상에게 환급해 주는 제도를 말한다. 이 제도는 해외시장에서 외국제품과의 가격경쟁력이 떨어지는 상품을 생산하는 데 필요한 원자재를 해외로부터 수입할 경우 수입할 때 납부한 관세를 수출할 때 수출상에게 되돌려 줌으로써 수출을 촉진하기 위한 세제상의 지원제도라 할 수 있다.

2) 관세환급대상의 원재료 및 수출범위

(1) 환급대상의 원재료

관세 등의 환급을 받을 수 있는 수출용 원재료는 다음의 하나에 해당하는 것이어야 한다(관세환급특례법 213조).

첫째, 수출물품을 생산한 경우에는 생산시의 물리적·화학적 변화과정에서 당해 수출물품에 물리적으로 결합되거나 화학적 반응 등으로 수출물품을 형성하는 데 소요되는 원재료

둘째, 수입한 상태 그대로 수출한 경우에는 수출물품

만약 국내에서 생산된 원재료와 수입된 원재료가 동일한 질과 특성을 가지고 있고 상호 대체사용이 가능하여 수출물품을 생산할 때 이를 구분하지 않고 사용된 경우에는 수출용 원재료가 사용된 것으로 간주된다.

(2) 환급대상 수출범위

수출용 원재료에 대한 관세 등을 환급받을 수 있는 수출의 범위는 다음으

로 한정된다(관세환급특례법 제 4 조).

첫째, 관세법의 규정에 의하여 수출신고가 수리된 수출. 다만, 무상으로 수출하는 것에 대하여는 기획재정부령이 정하는 수출에 한한다.

둘째, 우리나라 안에서 대가를 외화로 받는 판매 또는 공사중 기획재정부령이 정하는 것

셋째, 관세법에 의한 보세구역 중 기획재정부령이 정하는 구역 또는 수출자유지역설치법에 의한 수출자유지역 안의 입주기업체에 대한 공급

넷째, 기타 수출로 인정되어 기획재정부령이 정하는 것

3) 관세환급의 방법

(1) 개별환급

개별환급은 정액환급률표(업종별 · 품목별 정액환급률표 및 간이정액환급률표)에 게기되어 있지 않은 수출물품 등에 소요된 원재료를 수입하였을 때 납부한 관세 등을 소요량계산서, 수입신고필증 등에 의해 일일이 환급액을 산정하여 환급하는 방법이다. 환급세액을 정확하게 산출하려면 수출물품의 제조에 소요된 원재료별로 납부세액을 확인하여 환급액을 산출하는 것이 합리적이지만 구비서류가 복잡하고 환급금 산출에 많은 시일이 소요된다.

(2) 정액환급

정액환급은 수출물품별로 환급해야 할 금액을 사전에 정하여 정액환급률표에 기재해 놓고 그러한 물품이 수출되었을 때 수출신고필증만 제시받아 정액환급률표에 기재된 환급금액을 그대로 환급해 주는 방법이다. 원재료 수입시 납부세액이 수시로 변동되어 정액환급률과 일치하지 않는 경우가 있지만 환급액 산출이 매우 간단하다.

4) 무역EDI를 이용한 관세환급

(1) 무역EDI를 이용한 관세환급의 개념

신청인은 관세환급 S/W를 이용하여 작성된 신청서 전자문서를 세관으로 송신하고 세관에서는 수신된 전자문서를 기계적 · 논리적으로 검증하여 오류사항 발생시 오류를 검증하여 보완통보를 하고, 오류검증에서 통과된 신청내역은

그림 13-3 무역EDI를 이용한 관세환급절차

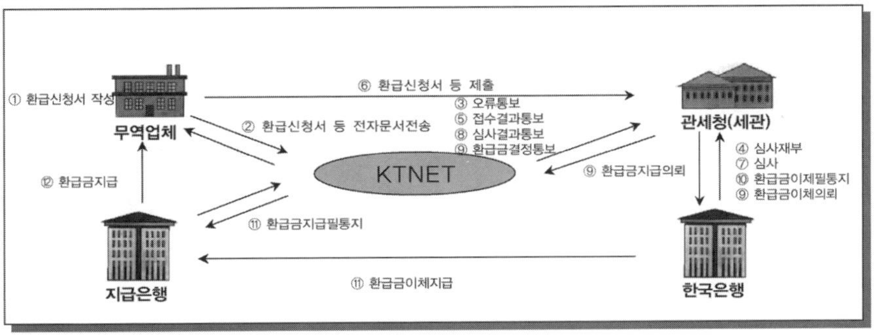

심사자에게 자동배부를 하며, 신청내역에 이상이 없는 경우 접수일자, 접수번호 등 접수결과를 통보한다. EDI로 신청서를 전송한 신청인은 세관으로부터 접수결과통보를 받은 후 신청서류를 세관에 제출하고 세관에서는 접수된 신청내역을 심사하고 결과통보(보완·완료)하며 심사가 완료된 환급신청건의 경우 지급결정내역을 전자문서로 지급은행에 전송하면 지급지시를 받은 은행은 필요한 절차를 완료한 후 환급신청인의 계좌번호로 지급하고 입금통지를 한다.

(2) 무역EDI를 이용한 관세환급

① 무역EDI의 관세환급 절차

무역업체(관세사)는 환급신청서 등의 전자문서(CUSDRW)를 KTNET를 경유하여 관세청에 전송한다. 관세청은 신청서를 수신한 뒤 기본적인 입력사항을 체크하여 오류가 발생되면 오류통보(CUSAPE)를, 정상이면 내용심사 후 접수통보(CUSRES)를 접수번호 및 심사담당자 등 내용과 함께 환급업체에 전송한다. 환급업체는 접수통보 수신 후 3일 내 신청관련 서류를 해당 세관 심사담당자에게 제출한다. 세관 심사담당자는 전산자료와 서류를 확인한 후 담당자 결재 처리가 진행된다. 신청건에 대한 주무 및 관리자 결재 후 환급금지급 결정통지(CUSRES) 또는 제증명 신청의 경우 완료통보(CUSRES) 전자문서를 신청업체에 전송하고 환급금지급이 결정되면 관세청은 즉시 지급은행에 KTNET을 통하여 지급의뢰(CREADV)통지를 전송하고 일 마감 후 한국은행에는 F/T방식으로 환급금이체의뢰 내역을 전송한다. 관세환급금은 1일 2회 지급되며 1차는 전일

15 : 00 이후~당일 11 : 00까지의 결정분에 대해서 2차는 11 : 00~15 : 00까지의 결정분에 대해서 각각 11 : 30분 이후, 15 : 30 이후에 지급된다. 토요일은 10시(전일 15 : 00 이후 결정분 포함)까지 결정분에 대해서 당일 12 : 00 이후에 지급된다. 지급은행은 환급업체 통장에 환급금을 지급한 후 관세청에 환급금지급필(DEBADV)통지를 전송하고 한국은행은 자금이체 후 이체필내역을 관세청에 전송하며 오류발송에 따른 자료 재전송시 오류부분에 대한 재전송이 가능하다(환급, 기납, 정산, 평세증 등).

② 관세환급에 필요한 전자서식 작성방법

ⓐ 관세환급 신청서 작성

- 시작연월: 환급할 수출신고서의 시작수리일자를 입력한다.
- 종료연월: 환급할 수출신고서의 종료수리일자를 입력한다.
- 신청번호: 환급신청한 수출신고서를 하나의 신청번호로 묶어서 작업할 번호를 등록하며 모든 작업은 신청번호를 기준으로 한다.

그림 13-4 무역EDI를 이용한 관세환급 흐름도

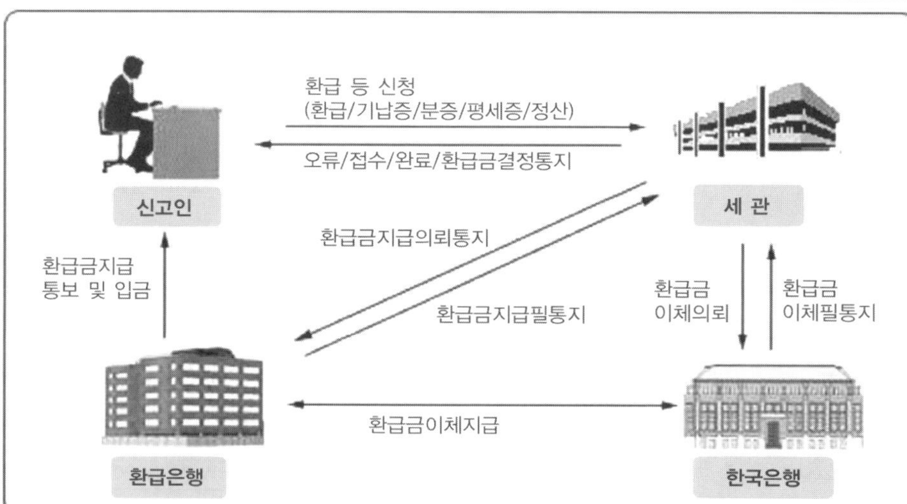

자료가져오기 창에서 Button Click하면 미환급된 수출신고서가 이동하여 Button Click을 할 때 미환급된 수출신고서가 환급자료 Browse에 나타난다.

- **자료집계**: Botton을 Click하면 환급계산이 수행된 자료가 화면에 나타나고 이것을 갑, 을, 병, 정으로 분류작업을 한다.
- **자료열기**: Botton을 Click하면 제조자별, 수출형태별, HS별, 월별로 분류되어 제출번호가 왼쪽에 나타난다.
- **조　　회**: 갑, 을, 병, 정 각 Botton을 누르면 해당 신청서의 출력물이 화면으로 나타난다.
- **출　　력**: 갑, 을, 병, 정 각 Botton을 누르면 해당 신청서의 출력물이 프린터로 인쇄된다.

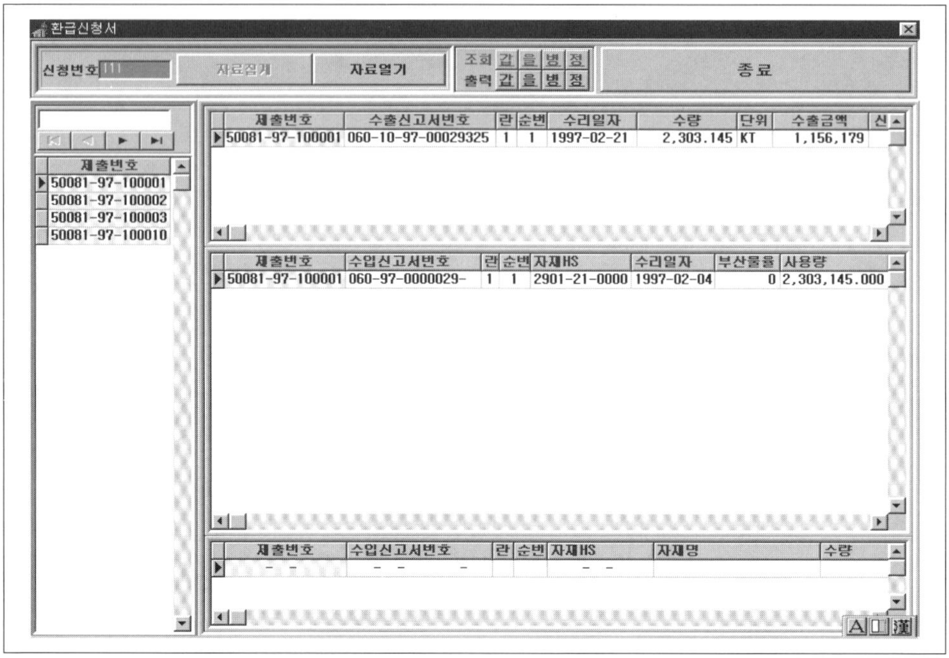

소요량계산서를 발행하는 경우 신청번호는 환급작업을 한 수출신고서가 연결된 번호가 되며 모든 작업은 신청번호를 기준으로 해야 하고 자료를 입력할 때 신청서 번호는 필수입력 항목이다. 수출신고수리일자는 인쇄조건을 선택하는 항목으로써 조건을 구분하여 프린트 항목을 선택하면 조건이 입력된다.

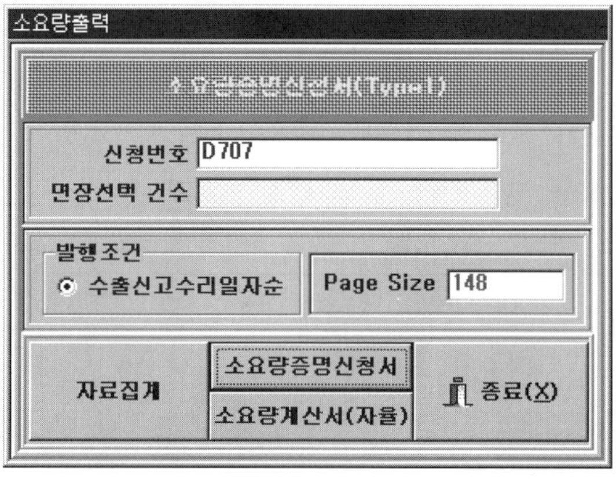

조견표발행의 경우 환급작업을 한 수출신고서가 연결된 번호가 신청번호가 되어 이 번호를 입력한다.

정산은 사후정산 대상 수입신고서와 환급수출신고서를 자료에서 동시에 가져와 정산신청서를 생성하며 수입신고서 수리일자가 범위지정대상이 된다. 신고자는 각 신고서를 추가, 수정, 삭제할 수 있다. 정산신청서는 세 가지로 만들어진다. 정산신청서(갑)는 정산대상 수입, 수출신고서를 합하여 차액으로 나타내며 정산신청서(을)는 정산대상 수입신고서의 수리일자 및 관세를 각각 나타낸다. 정산신청서(병)는 환급완료된 수출신고서를 각 전수번호별로 각각 나타낸다.

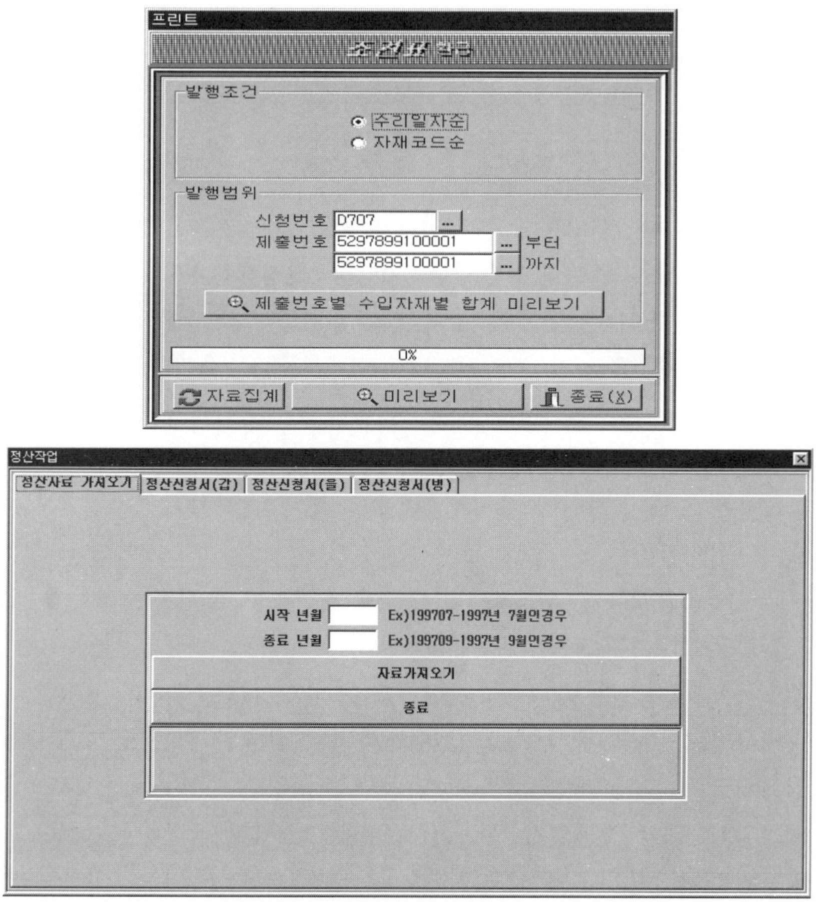

ⓑ 수입면장

- 신고서번호: 수입신고서의 신고번호를 A-B-C-D 순으로 입력한다. A는 세관번호와 수입신고서 통관세관, 기납증 신청세관 부호번호를 순서대로 기재하면 된다. B는 연도와 신고연도, 기납증 발급연도 순으로 기재하고 C는 일련번호 여섯 자리와 체크디지트 일자리로 표기하면 된다. D는 구분을 표기하는 것으로 구분 1자리가 있는 경우는 반드시 일련번호 7자리를 입력해야 한다.
- 관리번호: 보관, 관리에 필요한 번호를 입력하며 L/C No.는 해당 L/C No.를 입력한다.
- 구　　분: 원재료 구분으로 00은 수출용 원재료를, 01은 내수용 원재료를, 02는 기초원재료 납세증명서를, 03은 평균세액 증명서를, 04는 분할증명서를 의미한다.
- 관세사코드: 해당 관세사코드를 입력하고 기납증일 때는 필요 없다.
- 매입처코드: 해당 매입처코드를 입력하고 수입신고서일 때는 필요 없다.
- 수리일자: 해당 수리일자 또는 양도일자를 입력한다.
- 양도일자: 증일 경우에 양도일자를 검사일자로 하여 양도일자보다 선수출한 경우에는 해당 분증을 사용하지 못하도록 한다.

• 란 번 호: 해당 신고서상의 란을 입력한다.
• HS부호: 해당 신고서상의 란에 대한 HS부호를 입력한다.
• 수입금액: 해당 신고서상의 란 합계금액을 입력한다.
• CIF금액: 해당 신고서상의 란별 CIF금액을 입력한다.
• 란별관세: 해당 란별 관세금액을 입력한다.
• 자재코드: 수입될 자재코드를 입력한다.
• 환급구분: 미 환 급=Space ——→ 잔량 있음
  전량환급=* ——→ 잔량 없음
• 해당금액: 해당 자재에 대한 수입금액(순번금액)을 각각 입력한다. 수입금액과 동일한 화폐단위로 입력해야 한다.
• 수입수량: 해당 자재에 대한 수입수량을 입력한다.
• 납부관세: 해당 자재에 대한 납부관세를 입력한다.
• 잔여수량: 분할사용면장은 해당 자재에 대한 잔여수량를 입력한다.
• 잔여관세: 분할사용면장은 해당 자재에 대한 잔여관세를 입력한다.

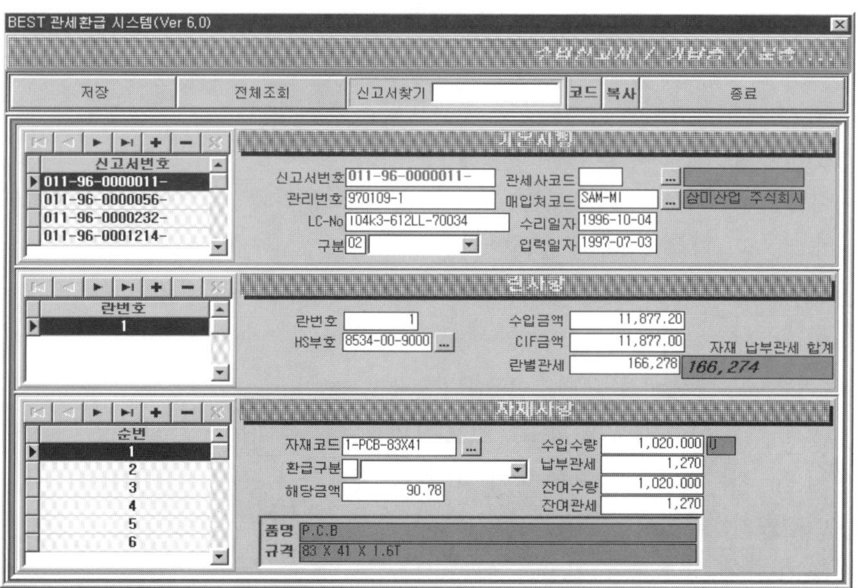

ⓒ 수출면장

- **신고서번호**: 수출신고서의 신고번호를 A-B-C-D 순으로 입력한다. A는 세관번호와 수출신고서 통관세관 번호를 의미하고 B는 과부호와 통관세관 과부호를, C는 연도와 신고연도를, D는 일련번호 여덟 자리를 의미하여 여덟 자리 일련번호를 반드시 입력하여야 한다.
- **관리번호**: 보관, 관리에 필요한 번호를 입력한다.
- **수출형태**: 무역관련 규정에 의하여 수출형태를 반드시 두 자리로 입력한다. 01은 수출신고서를, 02는 원상태수출을, 03은 물품반입확인서를, 04는 물품반입확인서 원상태수출을 의미한다.
- **수리일자**: 신고수리 일자를 입력한다.
- **입력일자**: 입력일자를 입력한다.
- **환급일자, 환급금액**: 환급작업 후 결산시 자동으로 표시된다.
- **란 번 호**: 해당 수출제품에 대한 란번호를 입력한다.
- **HS부호**: 해당 수출제품란에 대한 HS부호를 입력한다.
- **FOB 금액**: 해당 제품란별 FOB(₩) 금액을 입력한다.
- **제품코드**: 해당 제품코드를 입력한다.
- **BOM코드**: 해당 제품코드를 클릭하여 불러오면 자동으로 자료가 새롭게 수정되어 저장된다.
- **수출수량**: 제품의 실거래 수량을 입력한다.
- **수출금액**: 제품에 대한 금액은 소요량발행시 인쇄될 금액을 입력한다.
- **화폐단위**: 제품에 대한 금액단위는 소요량발행시 인쇄될 단위를 입력한다.

ⓓ 인 수 증

- **인수증번호**: 회사에서 기재된 고유의 발급번호를 입력한다.
- **L/C No.**: Local L/C번호를 입력한다.
- **HS부호**: 해당 제품의 HS부호 10단위를 입력한다.
- **거 래 처**: 해당 거래처(매출처) 번호를 입력한다.
- **인수일자**: 수입신고서와 시차검사에 필요한 일자로 반드시 입력한다.
- **NEGO 일자**: NEGO일자를 입력한다.
- **입력일자**: 입력일자를 입력한다.
- **적용환율**: NEGO 일자에 적용되는 매입환율을 입력한다.

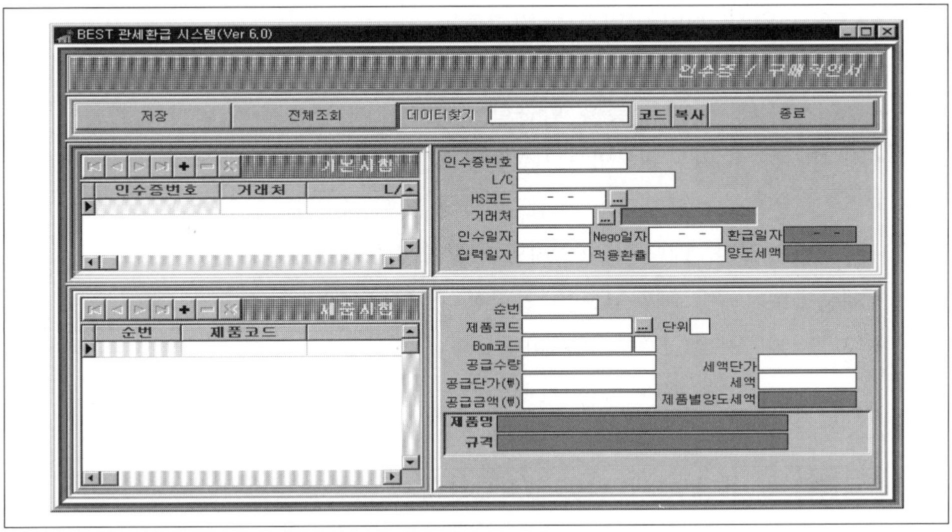

- 환급일자, 양도세액: 환급한 후에 결산할 때 자동으로 표시된다.
- 순　　번: 해당 제품에 대한 순번을 입력한다.
- 제품코드: 해당 제품코드를 입력한다.
- BOM코드: 해당 제품에 대한 BOM코드를 입력한다.
- 단　　위: 해당 제품에 대한 단위를 입력한다.
- 공급수량: 해당 제품에 대한 공급수량을 입력한다.
- 공급단가: 해당 제품에 대한 공급단가를 입력한다.
- 공급금액: 해당 제품에 대한 물품대금을 입력한다.
- 세액단가: TAX포함인 경우 세액단가($)를 입력한다.
- 세　　액: 세액은 자동계산되고, 수정입력이 가능하다.

ⓔ 분　　증

- 분증번호: 회사에서 기재된 고유의 발급번호를 입력한다.
- 매 출 처: 해당 매출처(거래처) 번호를 입력한다.
- L/C No.: 해당 Local L/C번호를 입력한다.
- 증명구분: 기납 - 1, 평세 - 2, 수입 - 3, 분증 - 4
- 양도일자: 해당 제품의 양도일자를 입력한다.
- 입력일자: 해당 입력일자를 입력한다.

- NEGO 일자: NEGO일자를 입력한다.
- NEGO 환율: NEGO 일자에 해당하는 적용환율을 입력한다.
- 수입신고서: 해당 분증을 발급할 수입신고서 번호를 입력한다.
- 란 번 호: 수입신고서의 해당 란번호를 입력한다.
- 순 번: 수입신고서의 해당 자재에 대한 순번을 입력한다.
- 신고수리일자: 해당 신고수리일자를 입력한다.
- 제품코드: 해당 제품코드를 입력한다.
- 구 분: SPACE ——→ 미환급,

  * ——→ 환급
- 수 량: 양도할 물량을 입력한다.
- 공급금액: 해당 금액(₩)을 입력한다.
- TAX단가: TAX포함인 경우 단가를 입력한다.
- TAX금액: TAX금액은 자동계산되며, 수정 또는 입력할 수 있다.
- 관 세: 해당 관세가 자동계산된다.
- HS · 제품명 · 규격: 제품등록 사항에 있는 항목들이 자동으로 나타난다.

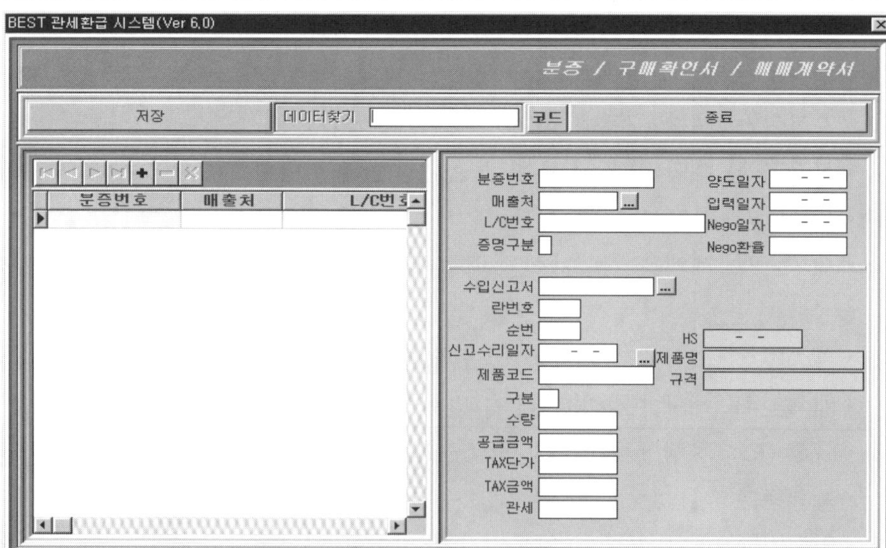

ⓕ 자재코드

- **자재코드:** 해당 자재코드를 15자리 이내로 입력한다.
- **HS부호:** 신고서에 기재된 자재의 HS부호 10단위를 입력한다.
- **품　　명:** 해당 코드에 대한 품명을 50자 이내로 입력하고 HS부호에 이미 등록된 품명은 대표되는 품명이므로 수정이 가능하다.
- **규　　격:** 해당 코드에 대한 규격을 50자 이내로 입력하고 품명이 짧은 경우에 품명에 이어 품명과 규격을 입력하여도 된다.
- **단　　위:** 단위는 해당 자재에 대한 수입단위이며, 소요량계산시 사용하는 단위로 두 자리 이하로 표기한다.
- **대체자재:** 특별한 업체에만 해당되며 일반적으로는 사용하지 않는다.
- **상세정보:** 선택사항으로 상품명이 간단하지 않은 경우 사용한다.

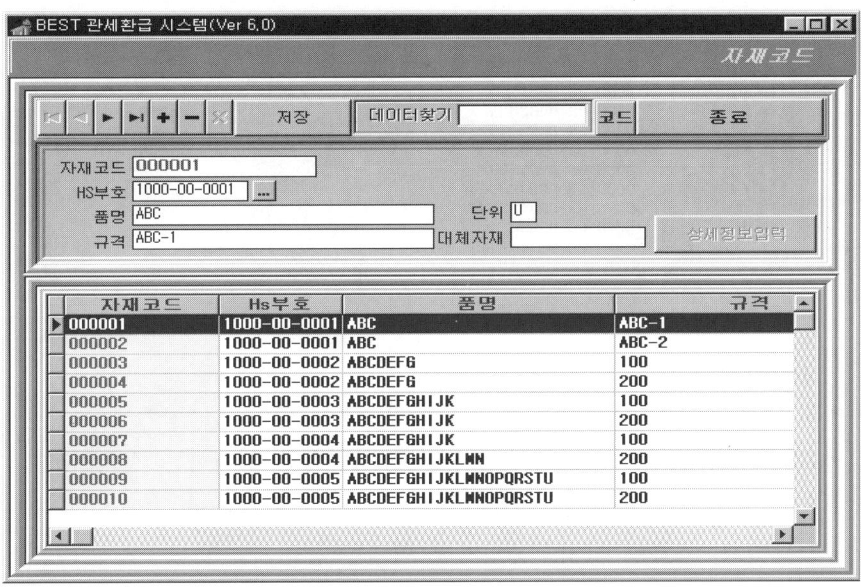

ⓖ 제품코드

- **제품코드:** 해당 제품코드를 15자리 이내로 입력한다.
- **HS부호:** 신고서에 기재된 제품의 HS부호 10단위를 입력한다.

- 품　　명: 해당 코드에 대한 품명을 50자 이내로 입력한다.
- 규　　격: 해당 코드에 대한 규격을 50자 이내로 입력한다.
- 단　　위: 해당제품에 대한 실거래단위로 2자리 이하로 표기한다.
- BOM코드: 해당 제품 Part List 코드를 입력한다.
- 상세정보: 선택항으로 상품명이 간단하지 않은 경우 사용한다.

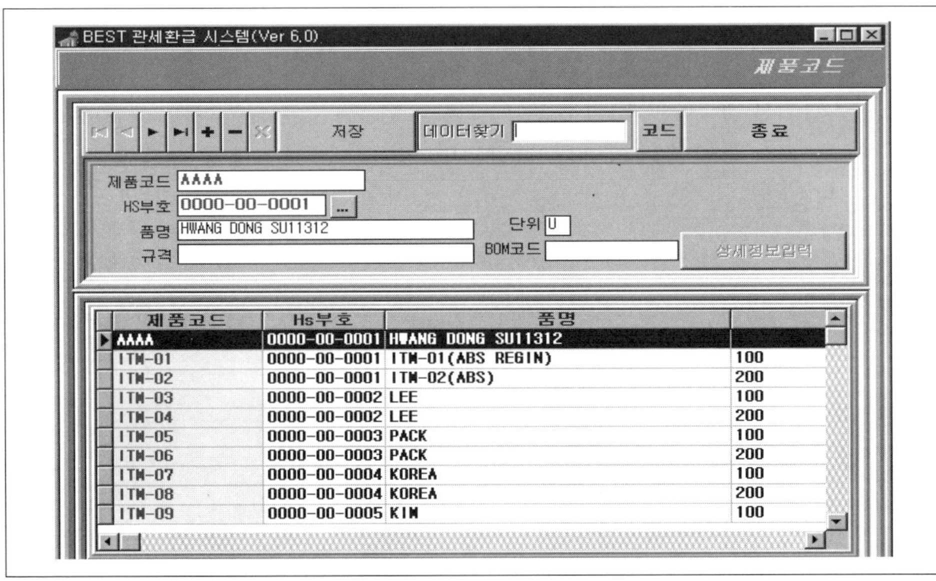

ⓗ BOM코드

- BOM코드: 해당 제품코드를 입력한다.
- 고시번호: 소요량 고시집에 나타난 고시번호를 입력하는 것으로서 고시집을 사용하는 업체만 입력한다.
- 적용일자: 소요량 고시적용일자를 입력한다.
- 자재순번: 해당 자재의 순번(Serial No.)을 입력한다.
- 자재코드: 해당 제품에 사용되는 수량을 입력한다.
- 기준소요량: 제품단위당 소요되는 수량을 입력한다.
- Loss 1, 2, 3: 제품 단위당 소요되는 Loss를 입력하며, 없을 때는 0을 입력한다.

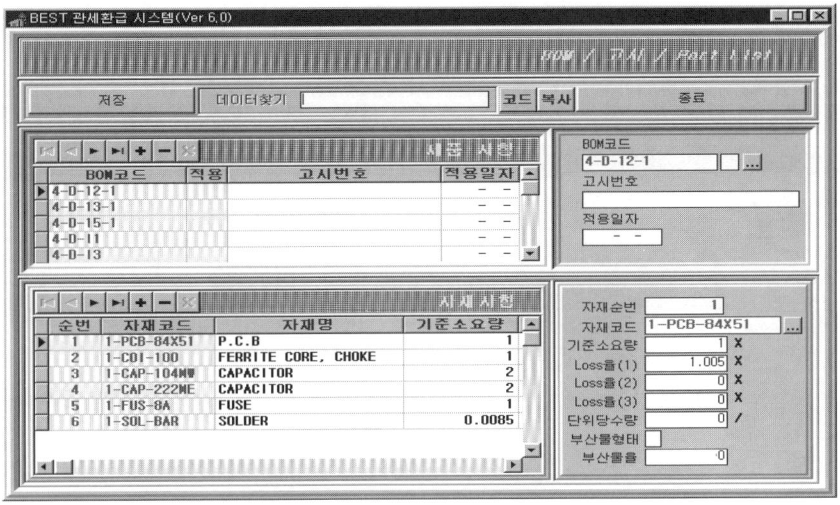

- 단위당 수량: 제품 개당 수량을 입력한다(예, 1,000: 1,000개당 소요량).
- 부산물형태: 부산물이 해당하는 자재에 대해 입력한다. A는 지급제한 품목인 경우, B는 수출에 재투입되는 자재일 경우, C는 수출에 재투입되지 않는 경우를 나타낸다.
- 부산물률: 해당 부산물 공제율을 입력한다.

7. 수입비용 처리업무

1) 수입세금계산서

(1) 작성 · 수신 문서 리스트 조회

다음 화면에 나타난 데이터는 사용자와 관련되어 수신된 문서의 전체 리스트를 보여주며, 검색창은 수입신고번호, 고지번호, 납부일자로 구성되어 있고 동 번호로 조회가 가능하다.

(2) 수입세금계산서

납세의무자로 등록된 사업자가 재화 또는 용역을 공급할 때 공급을 받는자에게 교부할 때 사용하는 문서이다.

No. 00007711

수 입 세 금 계 산 서 (수입자 보관용)

세관명			수입자				
등록 번호	506-83-00587		등록 번호	506-85-03346			
세 관 명	포항세관장		상 호	동국제강(주)포항공장			
세관 주소	경북 포항시 북구		성 명	장세주			
수입신고번호 또는 일괄발급기간(총건)	80049-02-1060039		사업장주소	포항시 남구			
			업 태		종 목		

납부 년	월	일	과세표준 공란수	천	백	십	억	천	백	십	만	천	백	십	일	세액 백	십	억	천	백	십	만	천	백	십	일	비고
02	10	21	03				4	5	9	4	8	6	3	2	3				3	2	3	6	8	4	9	0	122-10-02-1-006271- 로 납부

월	일	품 목	규 격	수 량	단 가	공 급 가 액	세 액	비 고
		수입신고필증참조						

※ 과세표준은 관세의 과세가격과 관세, 특별소비세, 주세, 교통세 및 농어촌특별세의 합계액으로 한다.

※ 본 수입세금계산서는 수입 세금계산서교부에 관한 고시 제6조의 규정에 의하여 교부한 수입계산서 전자문서의 내역을 출력한 것입니다.

189 X 138 mm

〈 절 취 선 〉

No. 00007712

수 입 세 금 계 산 서 (수입자 보관용)

세관명			수입자				
등록 번호	506-83-00587		등록 번호	506-85-03346			
세 관 명	포항세관장		상 호	동국제강(주)포항공장			
세관 주소	경북 포항시 북구		성 명	장세주			
수입신고번호 또는 일괄발급기간(총건)	80049-02-1060038		사업장주소	포항시 남구			
			업 태		종 목		

납부 년	월	일	과세표준 공란수	천	백	십	억	천	백	십	만	천	백	십	일	세액 백	십	억	천	백	십	만	천	백	십	일	비고
02	10	21	03				0	0	0	5	8	6	3	2	3				3	2	3	6	8	5	0	0	122-10-02-1-006270- 로 납부

월	일	품 목	규 격	수 량	단 가	공 급 가 액	세 액	비 고
		수입신고필증참조						

※ 과세표준은 관세의 과세가격과 관세, 특별소비세, 주세, 교통세 및 농어촌특별세의 합계액으로 한다.

※ 본 수입세금계산서는 수입 세금계산서교부에 관한 고시 제6조의 규정에 의하여 교부한 수입계산서 전자문서의 내역을 출력한 것입니다.

189 X 138 mm

2) 수입대체경비 고지내역

(1) 작성 · 수신 문서 리스트 조회

아래 화면에 나타난 데이터는 사용자와 관련되어 수신된 문서의 전체 리스트를 보여주며 검색창은 세관 ID, 통지번호, 검색일자로 구성되며 동 번호로 조회가 가능하다.

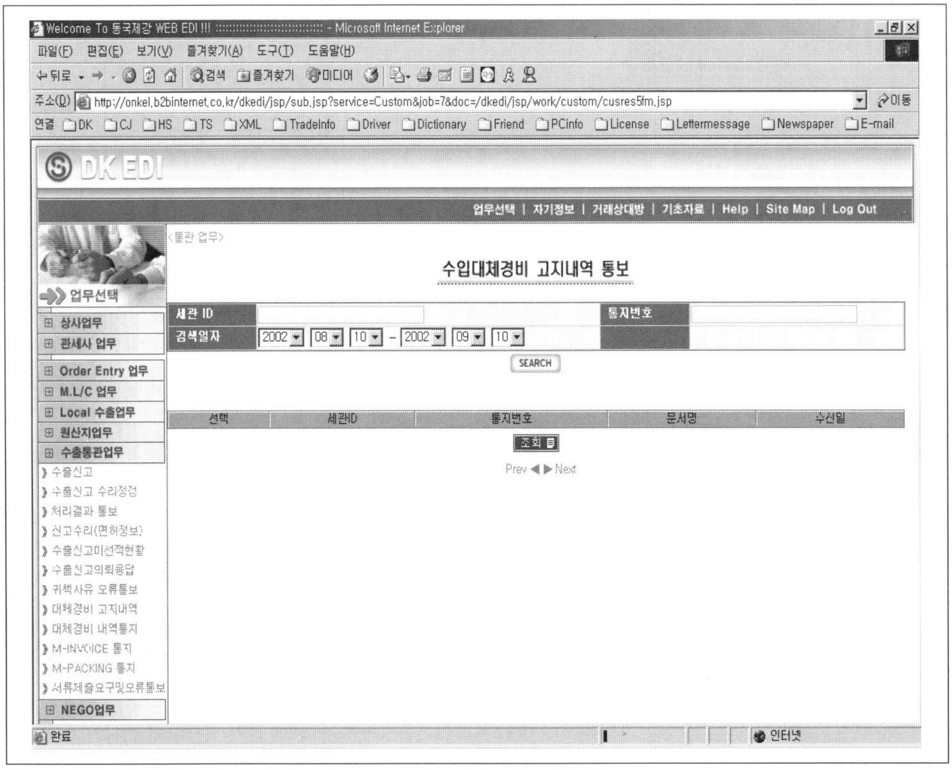

(2) 수입대체경비 고지내역

세관 업무시간 이후에 신고된 수출신고건에 대해 세관시스템 사용요금을 신고수리 후에 추징하게 되는데, 그 내역과 요금을 고지하는 업무이다.

수입대체경비 납부고지서겸 영수증서(납부자용)

계좌번호	818441	납부자번호	010-10-01-5004504-9	금 액	2,200

※ 수납기관에서는 위의 굵은 선안의 내용을 즉시 전산입력하여 세입징수관서에 EDI방식으로 통지될 수 있도록 하시기 바랍니다.

납부자	성 명	조정래	상 호	주식회사 제일제당
	주 소	서울시 마포구 공덕동 450 공덕빌딩		
고지일자		2001년 07월 27일	수입대체경비징수관서	서울세관

임시개청수수료	파출검사수수료	기 타	합 계
2,200	0		2,200

위 금액을 아래 지정 수납기관에 납부하시기 바랍니다
납부장소 : 외환은행 논현동
2001년 07월 28일 수입대체경비 출납공무원

위 금액을 정히 영수합니다.
영수일 년 월 일

영수인

〈 절 취 선 〉

수입대체경비 영수증필 통지서(세관용)

계좌번호	818441	납부자번호	010-10-01-5004504-9	금 액	2,200

※ 수납기관에서는 위의 굵은 선안의 내용을 즉시 전산입력하여 세입징수관서에 EDI방식으로 통지될 수 있도록 하시기 바랍니다.

납부자	성 명	조정래	상 호	주식회사 제일제당
	주 소	서울시 마포구 공덕동 450 공덕빌딩		
고지일자		2001년 07월 27일	수입대체경비징수관서	서울세관

임시개청수수료	파출검사수수료	기 타	합 계
2,200	0		2,200

위 금액을 정히 영수하였음을 통지합니다.
영수일 년 월 일
수입대체경비 출납공무원 귀하

영수인

〈 절 취 선 〉

수입대체경비 납부서(수납기관용)

계좌번호	818441	납부자번호	010-10-01-5004504-9	금 액	2,200

※ 수납기관에서는 위의 굵은 선안의 내용을 즉시 전산입력하여 세입징수관서에 EDI방식으로 통지될 수 있도록 하시기 바랍니다..

납부자	성 명	조정래	상 호	주식회사 제일제당
	주 소	서울시 마포구 공덕동 450 공덕빌딩		
고지일자		2001년 07월 27일	수입대체경비징수관서	서울세관

임시개청수수료	파출검사수수료	기 타	합 계
2,200	0		2,200

위 금액을 정히 영수합니다.
영수일 년 월 일
외환은행 논현동 지점

영수인

3) 수입대체경비내역

(1) 작성 · 수신 문서 리스트 조회

아래 화면에 나타난 데이터는 사용자와 관련되어 수신된 문서의 전체 리스트를 보여주며, 검색창은 세관 ID, 통지번호, 검색일자로 구성되어 있고 동 번호로 조회가 가능하다.

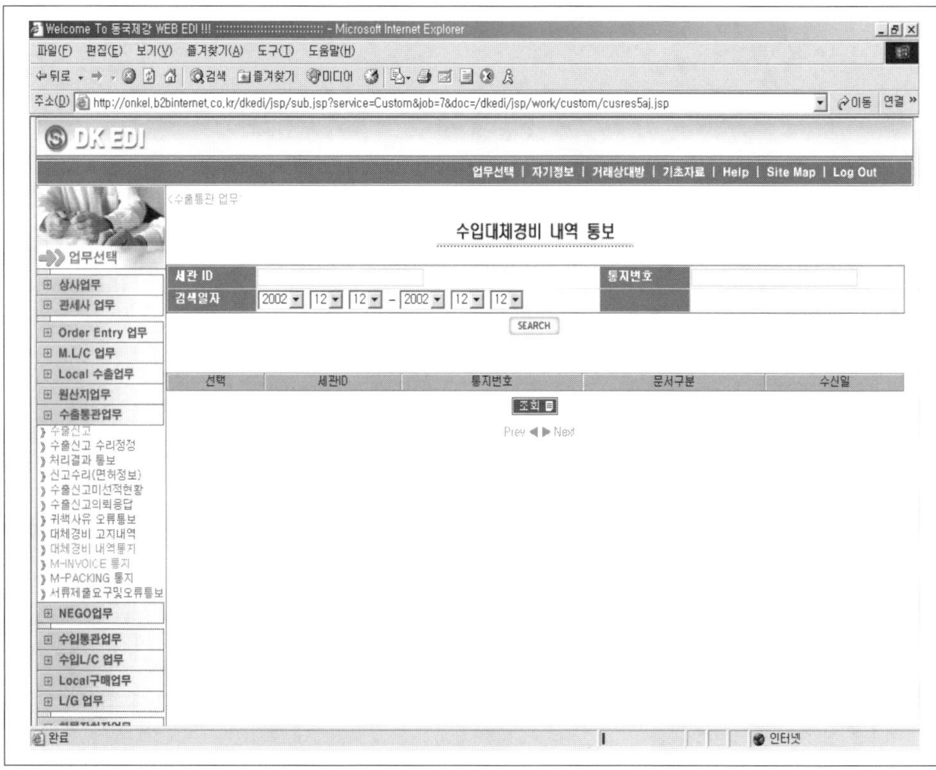

(2) 수입대체경비내역

세관 업무시간 이후에 신고된 수출신고에 대해 업체가 해당 일에 신고한 모든 문서의 요금과 내역을 통지하는 전자문서이다.

수입대체경비내역통지(CUSRES5AJ)

통지번호	111111111111
신고자	11111
화주	송하인
수출입구분	수출
임시개청번호	111111
1.	
신고번호	111111111111111
임시개청시간	11년11월11일11시11분 - 11년11월11일11시11분
임시개청수수료	2,200.00 원
파출검사수수료	0.00 원

제 14 장
전자무역수출 종합시뮬레이션

제 1 절 수출단가산정과 전자오퍼 작성
제 2 절 전자무역계약서 작성과 전자신용장 내용검토
제 3 절 수출품생산과 수출통관
제 4 절 매입서류 작성과 사후관리

지금까지 살펴본 전자무역의 전 과정을 직접 상황에 따라 실습함으로써 전자무역의 실무능력을 향상시키는 데 본 장의 목적이 있다. 본 장은 학습자가 전자수출상황을 모의적으로 실습해 보는 내용으로 구성되었다. 학습자는 수출상사역할을 하고 교수는 수출상사가 수출을 하기 위해 접촉해야 하는 모든 사람이나 기관의 역할을 하면서 시뮬레이션 상황을 진행해야 한다.

제1절 수출단가산정과 전자오퍼 작성

1. 수출단가산정

해외 수입상은 Ecplaza에 등록된 수출상사를 검색하여 한남상사를 알게 되어 한남상사에게 다음과 같은 전자견적요청서를 무역정보통신화사의 Internet.com 시스템을 이용하여 보내왔다. 한남상사는 수출상품을 제조하는 시설이 없기 때문에 삼성전자가 생산한 컬러TV를 구매하여 해외로 수출하고 있다. 한남상사가 해외 수입상이 전송한 견적요청서를 받을 시점에서 삼성전자는 한남상사에게 10,000SETS 컬러TV를 2010년 10월 31일과 11월 29일에 각각 5,000SETS씩

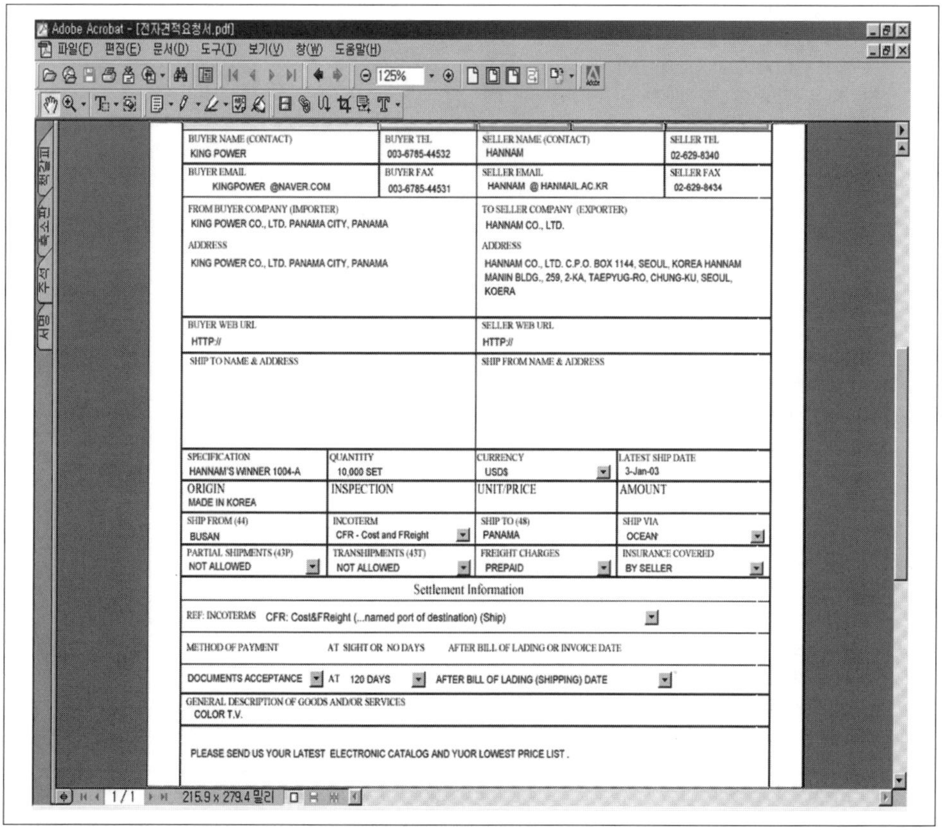

BUYER NAME (CONTACT)	BUYER TEL	SELLER NAME (CONTACT)	SELLER TEL
KING POWER	003-6785-44532	HANNAM	02-629-8340
BUYER EMAIL KINGPOWER @NAVER.COM	BUYER FAX 003-6785-44531	SELLER EMAIL HANNAM @ HANMAIL.AC.KR	SELLER FAX 02-629-8434

FROM BUYER COMPANY (IMPORTER)	TO SELLER COMPANY (EXPORTER)
KING POWER CO., LTD. PANAMA CITY, PANAMA	HANNAM CO., LTD.
ADDRESS KING POWER CO., LTD. PANAMA CITY, PANAMA	ADDRESS HANNAM CO., LTD. C.P.O. BOX 1144, SEOUL, KOREA HANNAM MANIN BLDG., 259, 2-KA, TAEPYUG-RO, CHUNG-KU, SEOUL, KOERA
BUYER WEB URL HTTP://	SELLER WEB URL HTTP://
SHIP TO NAME & ADDRESS	SHIP FROM NAME & ADDRESS

SPECIFICATION	QUANTITY	CURRENCY	LATEST SHIP DATE
HANNAM'S WINNER 1004-A	10,000 SET	USD$	3-Jan-03
ORIGIN MADE IN KOREA	INSPECTION	UNIT/PRICE	AMOUNT
SHIP FROM (44) BUSAN	INCOTERM CFR - Cost and FReight	SHIP TO (48) PANAMA	SHIP VIA OCEAN
PARTIAL SHIPMENTS (43P) NOT ALLOWED	TRANSHIPMENTS (43T) NOT ALLOWED	FREIGHT CHARGES PREPAID	INSURANCE COVERED BY SELLER

Settlement Information

REF: INCOTERMS CFR: Cost&FReight (...named port of destination) (Ship)

METHOD OF PAYMENT AT SIGHT OR NO DAYS AFTER BILL OF LADING OR INVOICE DATE

DOCUMENTS ACCEPTANCE AT 120 DAYS AFTER BILL OF LADING (SHIPPING) DATE

GENERAL DESCRIPTION OF GOODS AND/OR SERVICES
COLOR T.V.

PLEASE SEND US YOUR LATEST ELECTRONIC CATALOG AND YUOR LOWEST PRICE LIST .

선적하여 주고 물품구입대금은 선적한 날로부터 3일 이내에 내국신용장으로 지급하기로 약정하였다.

다음과 같은 조건으로 학습자는 한남상사의 수출담당자가 되어서 수출단가를 사전수출원가계산서를 이용하여 산정해야 한다.

매출이익 20%와 환율은 2/10은 1,100원으로 8/10은 1,200원으로
US$로된 비용항목은 1,200원으로 원화를 환산하여 최저U$단가를 산정하시오.
EXCHANGE RATE:
CASH B 1,100 원 /U$ CASH S 1,500 원/U$
TT/B 1,200 원/U$ TT/S 1,300 원/U$
*PAYMENT:20% BY CWO ,80%
*QUANTITY: 10,000 SETS
*ITEMS : COLOR TV
*LOADING PORT :BUSAN PORT
*DESTINATION :DUBAI PORT
*SHIPMENT:By FEU 1,000 cases is in a container
*PACKING:One Color T.V is in a case
*PURCHASED BY 300,000 원/SET EXE
*PACKING CHARGE 300,000 원 (원 /VAT)/CTN
*LOCAL TRUCKING 580,000 원 /TEU(원 /VAT) & 644,000 원 (원 /VAT)FEU
*CUSTOMS CLEARANCE 12,000 원
*STUFFING 220,000 원 /TEU & 280,000 원 /FEU
*CONTAINER FREIGHT U$ 1,900 ? /TEU & U$ 2,900 / FEU
*가격조건 CFR PANAMA
*THC 136,000 원 / FEU
*CAF 50$ / FEU BAF 25$ / FEU
*대사관 인증수수료 173$
*CY - 부두까지 운임 47,000 원 / FEU
*FREE IN 900$, FREE OUT 1,000$
*B/L DOC 9,000 원
*INSURANCE 23,000 원
*L/C ADVISING 25,000 원
*환가료 :년 환가요율 0.9%, 장부가격 1,200 원
*네고시 우편료 8,000 원
*CTNR TAX 20,000 원 /TEU & 40,000 원 / FEU
*내륙운송보험료 50,000 원
*검사비 300,000 원
*부두사용료 500,000 원
*EDI FEE 50,000 원
*무역사이트접속료 : 200,000원
*인터넷홍보비용 : 350,000원

전자수출 사전원가 계산서

오더번호/BUYER 도착지
작성일 가격조건
부서 결제조건
담당자 통관일자
수출단가 총수량 선적일자
품목 네고일자
CBM(선적전) CBM(선적후)
· 기타 필요한 사항은 하단에 명기 T/T BUYING: 순이익
T/T SELLING:
선 사:
국내 운송회사:

내역		사전원가				실제원가			
		단가US$	수 량	금액US$	금액(원)	단가US$	수 량	금액US$	금액(원)
기본원가									
기본원가합계									
구 분		비율	수 량	금액US$	금액(원)	비율	수 량	금액US$	금액(원)
부대원가									
부대원가합계									
총원가 합계									
판매비배분									
영업외수지									

2. 전자오퍼와 전자반대오퍼 작성

다음과 같은 조건으로 한남상사의 수출담당자는 전자오퍼를 작성하여 수입상에게 전신으로 송부해야 한다. 전자오퍼서식은 CD의 전자매매계약서 파일에 있다.

전자오퍼 작성조건은 Supplier는 SAMSUNG ELECTRONIC CO., LTD.이고 Item과 Model NO은 수입상의 전자견적요청서에 따르고 수량은 10,00SETS이고 선적은 5,000SETS씩 2010년 10월 31일과 11월 29일에 각각 하기로 하였다. 단위당 가격과 금액은 가격은 사전에 계산한 수출단가로 계산한 금액을 기재한다. 검사는 공급업자 공장에서 이루어져야 하고 오퍼유효기일은

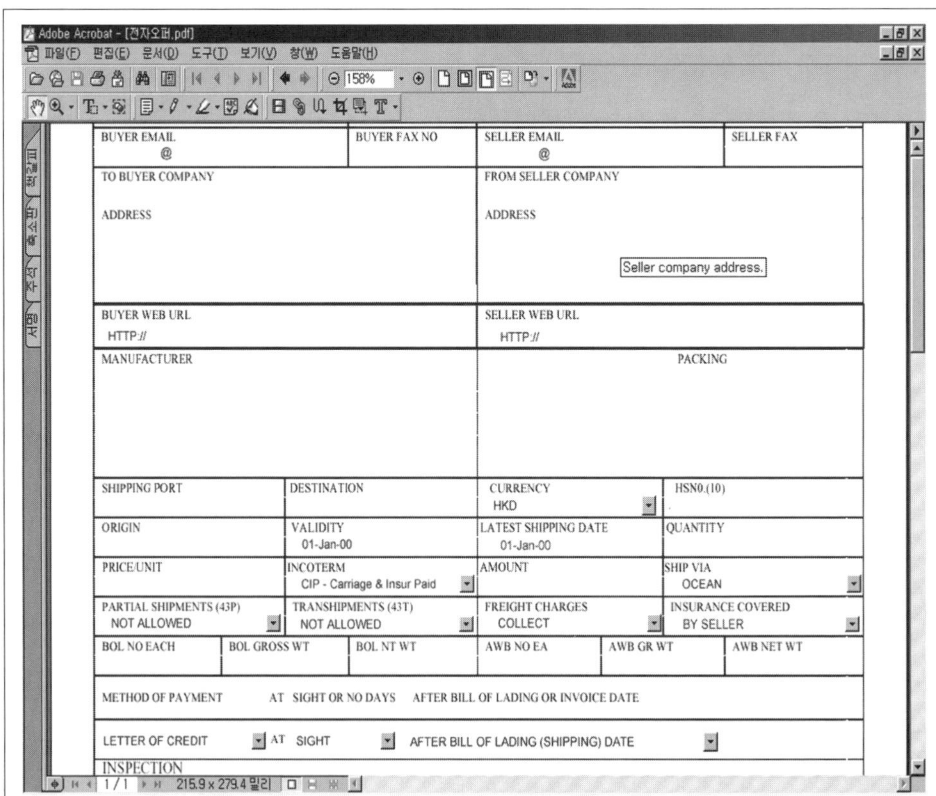

2010년 6월 30일이다. 한남상사는 이러한 조건으로 전자오퍼를 작성하여 파나마에 있는 수입상에게 전신으로 송부해야 한다.

수입상사는 한남상사가 전신으로 송부한 오퍼내용을 검토하고 다음과 같은 조건으로 수정된 전자오퍼를 한남상사에 보내왔다.

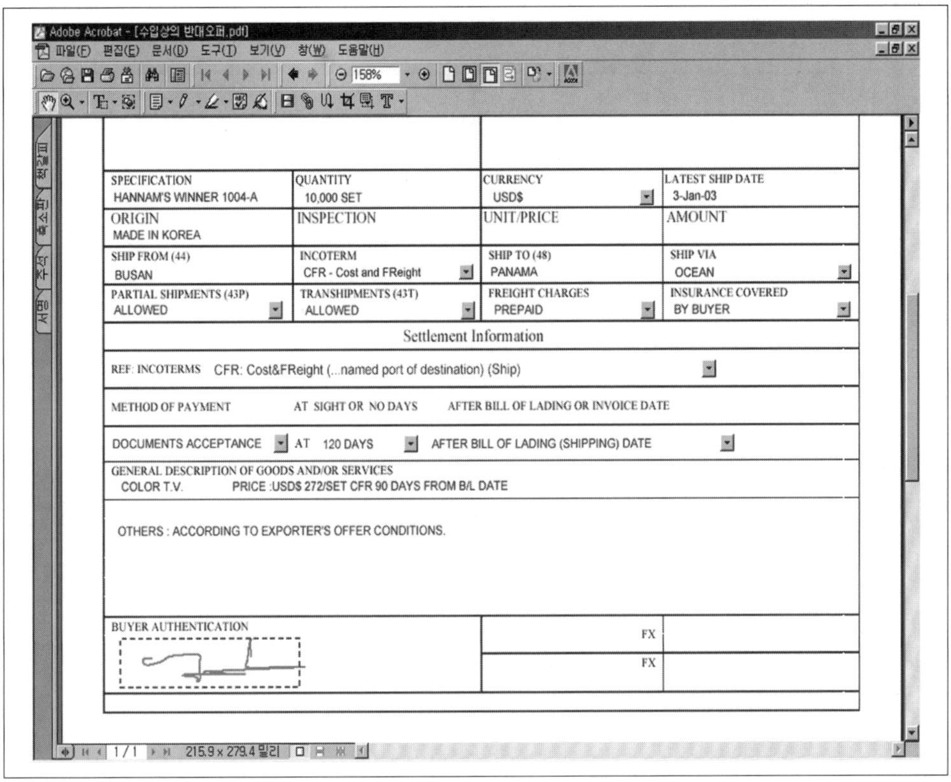

SPECIFICATION	QUANTITY	CURRENCY	LATEST SHIP DATE
HANNAM'S WINNER 1004-A	10,000 SET	USD$	3-Jan-03
ORIGIN	INSPECTION	UNIT/PRICE	AMOUNT
MADE IN KOREA			
SHIP FROM (44)	INCOTERM	SHIP TO (48)	SHIP VIA
BUSAN	CFR - Cost and FReight	PANAMA	OCEAN
PARTIAL SHIPMENTS (43P)	TRANSHIPMENTS (43T)	FREIGHT CHARGES	INSURANCE COVERED
ALLOWED	ALLOWED	PREPAID	BY BUYER

Settlement Information

REF: INCOTERMS CFR: Cost&FReight (...named port of destination) (Ship)

METHOD OF PAYMENT AT SIGHT OR NO DAYS AFTER BILL OF LADING OR INVOICE DATE

DOCUMENTS ACCEPTANCE AT 120 DAYS AFTER BILL OF LADING (SHIPPING) DATE

GENERAL DESCRIPTION OF GOODS AND/OR SERVICES
COLOR T.V. PRICE :USD$ 272/SET CFR 90 DAYS FROM B/L DATE

OTHERS : ACCORDING TO EXPORTER'S OFFER CONDITIONS.

BUYER AUTHENTICATION

FX

FX

한남상사는 수입상이 보내온 조건과 한남상사가 처음 오퍼한 가격에서 SET당 미화 7달러까지 가격인하가 가능하며 수입상사의 신용도가 불확실하여 일람불전자신용장으로 대금지급이 이루어져야 하고 가격조건은 CIF로 변경되고 해상운송운임이 FEU당 미화 3,500달러로 인상되고 내륙운송운임도 FEU당 800,000원으로 인상되었지만 수출상의 이익은 15%를 고수해야만 되는 상황하에서 전자 COUNTER OFFER를 작성하여 전신으로 수입상에게 보내야 하며 최종적으로 수출단가를 다시 계산해야 한다. 전자 COUNTER OFFER 서식은

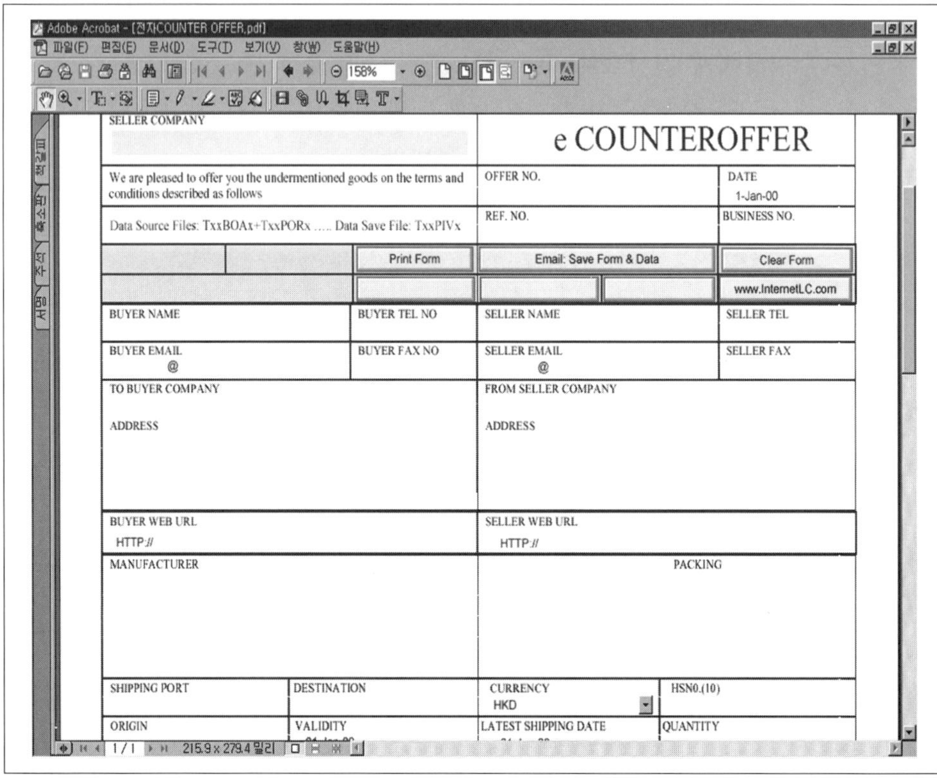

CD에 수록되어 있다.

제 2 절 전자무역계약서 작성과 전자신용장 내용검토

1. 전자무역계약서 작성

수입상사는 한남상사가 전신으로 발송한 전자 COUNTER OFFER의 조건으로 수입하기로 결정하였다. 학습자는 한남상사의 수출담당자가 되어서 CD에 수록된 전자무역계약서와 전자무역계약 일반조항을 작성하여 수입상에게 전신으로 송부해야 한다.

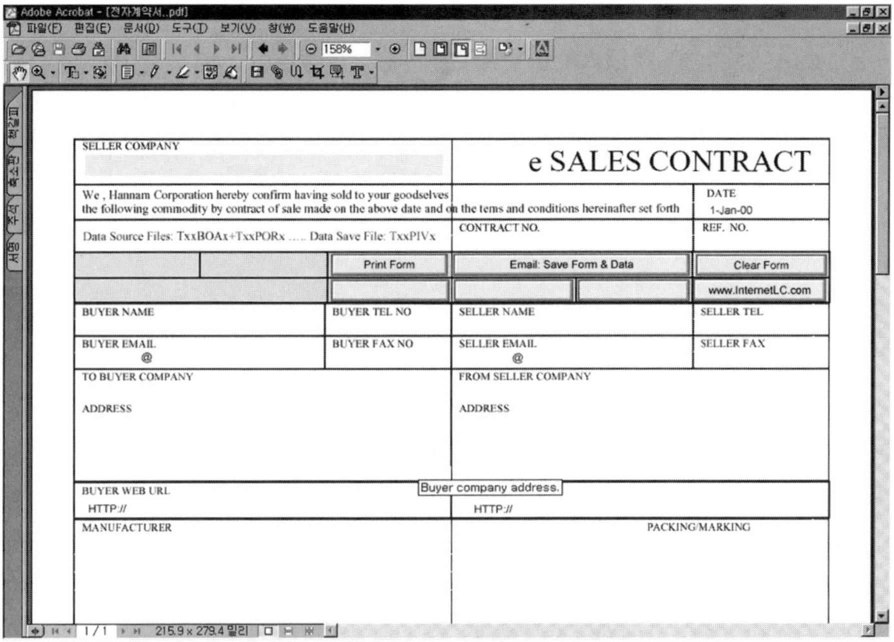
Adobe Acrobat - [전자계약서..pdf]

파일(F) 편집(E) 문서(D) 도구(T) 보기(V) 창(W) 도움말(H)

SELLER COMPANY			e SALES CONTRACT	
We , Hannam Corporation hereby confirm having sold to your goodselves the following commodity by contract of sale made on the above date and on the tems and conditions hereinafter set forth				DATE 1-Jan-00
Data Source Files: TxxBOAx+TxxPORx ….. Data Save File: TxxPIVx			CONTRACT NO.	REF. NO.
		Print Form	Email: Save Form & Data	Clear Form
				www.InternetLC.com
BUYER NAME		BUYER TEL NO	SELLER NAME	SELLER TEL
BUYER EMAIL @		BUYER FAX NO	SELLER EMAIL @	SELLER FAX
TO BUYER COMPANY ADDRESS			FROM SELLER COMPANY ADDRESS	
BUYER WEB URL HTTP://		Buyer company address.	HTTP://	
MANUFACTURER			PACKING/MARKING	

1 / 1 215.9 x 279.4 밀리

General Terms and Condition

The Parties hereto agree that General Terms and Conditions set forth on the Reverse side /or next sheet of this Sales Form shall be important part of this SALES CONTRACT.

2. 전자신용장 개설지시서 발행

한남상사는 수출입매매계약에서 합의한 사항이 기재된 전자신용장 개설지시서를 수입상에게 전신으로 발행하여야 한다. 전자신용장 개설지시서는 CD에 수록되어 있다.

3. 전자신용장 내용검토

한남상사는 수입상사가 전신으로 다음과 같은 전자신용장을 발행하여 왔다. 전자무역계약서에 합의한 내용과 전자신용장에 명시된 내용을 검토하여 전자무역매매계약내용과 전자신용장 내용이 일치하는지 확인하여야 한다.

한남상사는 수입상이 개설한 전자신용장 내용이 전자수출계약내용과 일치하는지 확인한 다음 전자신용장과 전자수출계약이 다르면 전자신용장 변경요청서를 작성하여 수입상에게 전신으로 전송해야 하며 전자신용장변경요청서는 CD에 수록되어 있다.

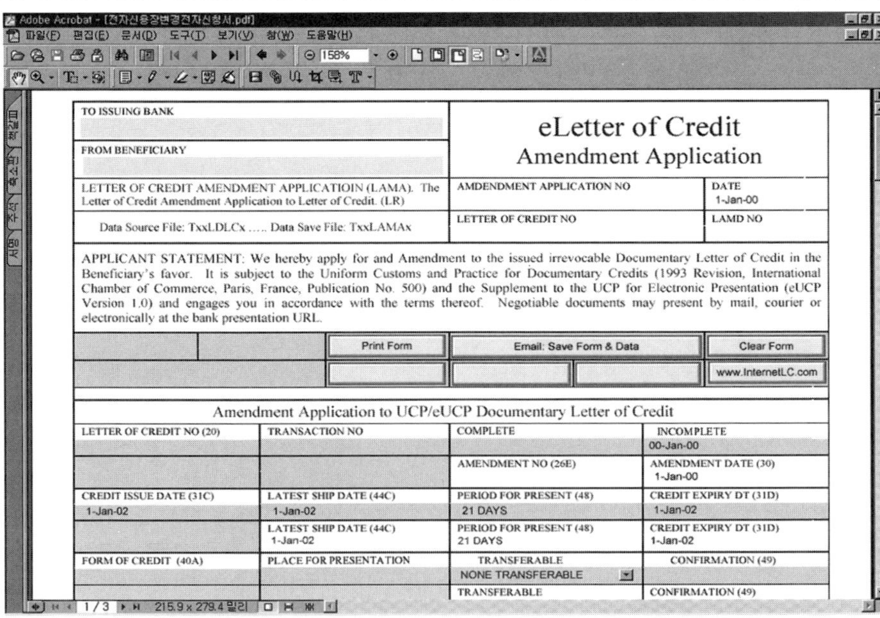

수입상은 한남상사의 전자신용장 변경요청을 받고 개설은행에게 변경된 신용장을 개설할 것을 요청하고 개설은행은 수입상의 변경지시에 따라 신용장을 다시 발행하여 한남상사에게 통지은행을 통하여 통지한다. 한남상사는 다시 개설된 전자신용장 내용이 전자수출계약내용과 일치하는지 다시 확인을 하고 불일치사항이 발견되지 않으면 수출물품이 자유승인품목인지 제한승인품목인지 조사하여 제한승인품목에 속하면 관련기관에 수출승인신청서를 작성하여 수출승인을 받아야 한다.

4. 수출승인

한남상사의 수출담당자는 인터넷을 이용하여 관세청 홈페이지에서 컬러 TV의 HS번호를 확인하여 수출입공고, 별도공고, 통합공고상의 수출승인을 받아야 되는 품목인지 자유승인품목인지를 확인한 후 수출승인을 신청할 것인지를 결정하여야 하며 수출승인신청서는 CD에 수록되어 있다.

제 3 절 수출품생산과 수출통관

1. 생산관리

한남상사의 수출담당자는 2010년 7월 2일 수입상사인 KING POWER사와 수출입매매계약을 체결하고 9일날 전자신용장을 받았다. 전자매매계약에 의해 발행된 전자신용장을 받은 시점에서부터 신용장에 명시된 선적일자를 준수하기 위해 수출상품의 생산관리를 다음과 같은 일정으로 하였다. 2010년 7월 10일에서 11일까지 삼성전자를 제조업체로 선정하여 삼성전자에게 내국신용장을 개설하여야 한다. 7월 15일에는 자재준비를 하여 수출상품을 생산하기 시작했고 8월 1일에 초두검사를 실시하였다. 1일 생산량과 납기준수 여부를 수시로 점검하여 문제점이 발견되면 즉시 대책을 수립하였고 9월 20일에 수출상품의 중간품질검사를 수행했다. 10월 10일에는 수출상품의 품질납기검사를 하고 10월 15일에 1차 선적상품에 대하여 최종 품질검사를 하여 10월 28일에 최종선적을 하고 11월 15일에 2차 선적상품에 대한 최종 품질검사를 실시하였다.

2. 선적관리

한남상사의 수출담당자는 인터넷을 이용하여 현대상선, 한진해운, SK해운, 조양상선 등이 제공하는 운항정보 및 해상운임, 부대비용 등을 면밀히 분석하여 다음과 같은 정보를 입수하였다.

VESSEL	ETA BUSAN	ETD BUSAN	T/S or NOT	ETA PANAMA	FREIGHT
	선적항			하역항	
LION EXPRESS	15-Oct	18-Oct	×	15-Nov	US$ 3,000/ CONTAINER
ASIAN APLE	23-Oct	28-Oct	×	20-Nov	US$ 2,980/ CONTAINER
GREEN GLORY	21-Oct	21-Oct	○	27-Nov	US$ 2,950/ CONTAINER

한남상사의 수출담당자는 수집된 정보와 다음과 같은 운송계약체결시 전제조건을 고려하여 가장 적절하다고 생각되는 선박을 선택하고 그 이유를 설명한 후 예상되는 문제점 및 해결방안을 강구해야 한다. 운송계약 체결시 전제조건은 첫째, 수입상은 상품이 2010년 11월 20일까지 목적지에 도착하길 원하고 있다. 둘째, 출고조건으로 10월 10일이 생산완료일이며 내륙운송가능시기는 10월 15일에서 19일과 21일에서 24일이고 제조업체의 출고요청 시기는 2010년 10월 18일로 결정되어 있다. 셋째, 계약조건을 보면 환적이 금지되고 예상운송비는 미화 3,800달러이다.

한남상사의 수출담당자는 결정된 선박회사에게 선적내역과 신용장내용을 참조하여 선적요청서를 작성, 인터넷을 이용하여 한진해운회사에게 선적요청을 해야 한다.

제 4 절 매입서류 작성과 사후관리

1. 매입서류 작성

한남상사의 수출담당자는 전자신용장 내용을 정확히 분석하여 전자신용장에서 요구한 서류를 정확하게 작성하여야 한다. 작성해야 할 전자서식은 CD에 수록되어 있다.

(1) 기본서류

전자신용장의 기본서류에는 전자환어음, 전자상업송장, 전자선하증권, 전자보험증권 등이 있으며 이러한 제반 기본서류를 전자신용장에서 명시한 대로 정확하게 작성하여야 한다.

(2) 보충서류

전자신용장의 보충서류에는 포장명세서 전자서식, 검사증명서 전자서식, 원산지증명서 전자서식, 영사송장 전자서식, 세관송장 전자서식, 비자 등이 있으며 이러한 제반 보충서류의 작성내용은 전자신용장에 명시되어 있기 때문에 전자신용장에서 명시된 내용과 일치하게 작성해야 한다.

(3) 기타 신용장에서 요구한 서류

기타 서류는 수출입계약 당사자들이 합의에 의하여 결정되는데 통상 선적통지서 전자서식, 선박회사증명서 전자서식, 수출상의 증명서 전자서식, 품질증명서 전자서식, 중량증명서 전자서식, 화주의 수출증명서 등이 있다.

(4) 매입서류 완료통지서

전자신용장 거래에서 매입서류는 전자신용장 유효기일 이내에 여러 번 제시될 수 있으며 마지막으로 수출상이 매입서류를 매입은행에 제시할 때는 반드시 서류제시완료 통지서를 작성하여 제시하도록 규정하고 있다. 서류제시완료 통지서를 제시하지 못하면 서류가 제시되지 않은 것으로 간주하기 때문에 반드시 서류제시완료 통지서를 작성하여 제시해야 한다.

2. 사후관리

(1) 입금사후관리

수출담당자는 전자환어음의 만기를 관리한다. 어음 만기일에 매입은행에 매입대금이 입금되었는지 입금여부를 확인하고 매입은행으로부터 미입금을 통보받으면 수입상에게 입금여부를 확인 의뢰하고 수입상으로부터 입금증빙서류를 받아 매입은행에 본 사실을 통보하고 매입은행으로부터 차후 입금사실을 통보받는다.

(2) 무역클레임 관리

수출상품의 도착여부, 품질상태 등을 수시로 관리하여 수입상으로부터 클레임이 제기되면 클레임의 원인을 즉시 분석하여 클레임을 처리한다.

(3) 거래선관리

거래지역의 시장동향, 경쟁사 동향, 신상품의 출시 등에 관한 정보를 수시로 제공하고 수입상사의 관심사항과 수입담당자 개인의 인적사항을 자세히 기록하여 결혼 기념일과 생일날 등에 선물을 보내 수입담당자와 관계를 지속시켜 나간다.

제 15 장

전자무역수입 종합시뮬레이션

제 1 절 거래제의 및 오퍼확정
제 2 절 수입계약서 작성
제 3 절 국제물류관리

본 장은 학습자가 시뮬레이션의 형식을 통해 제시된 모의 상황에 따라 수입절차를 진행하도록 구성하였다. 강사는 수입을 진행하기 위해서 수입상이 접촉해야 하는 수출상, 은행, 판매처 등의 역할을 하도록 하였다.

제1절 거래제의 및 오퍼확정

1. 종합실습상황

학습자는 한남상사의 무기화학파트의 수입담당자인 박 과장의 역할을 한다. 박 과장은 인터넷을 이용하여 화학제품인 VAM(VINYL ACETATE MONOMER)의 국내판매량과 산업재의 유통구조를 세밀하게 분석하였고 한국무역협회와 Ecpl.aza 등 무역전문사이트를 통해 해외 수출상사들을 조사하여 어느 정도 판매시장이 확보되어 있다고 판단하였다. 따라서 본격적으로 시장조사에 들어가 다음과 같은 결과를 얻었다.

VAM은 국내수요가 연간 500,000M/T인 화학중간원료로서 주요 수요처는 접착제, PVA수지 등을 만드는 회사들이고 향후 고급 수지산업의 전망에 비추어 2010년도에는 국내수요가 150,000,000M/T으로 급속히 성장할 것으로 예측하였다. 현재 국내생산은 이루어지지 않고 있으며 전량 수입품이 사용중이고 미국의 HOECHST사가 80% 이상의 시장을 점유하여 독자적으로 영업을 하고 있다. 현재 시장가격은 국내 수입가격으로 USD700/MT CIF KOREA이며 이전 5개년간 가격대는 USD650-980/MT이었다. 박 과장은 향후 시장전망에 비추어 볼 때 개발이 필요한 품목으로 생각했다.

수입품목에 대한 구체적인 내용을 살펴보았더니 다음과 같았다. 상품명은 VINYL ACETATE MONOMER이고 HS번호는 2915-320000DLAU 무색투명한 액체로서 본드냄새가 나고 접착제, 수지, GUM의 원료로 사용되고 있다. 운송은 TANKER(CHEMICAL CARRIER)로 벌크해야 하고 울산에 있는 SHORE TANK에 벌크상태로 보관하여 판매해야 한다. 세계 총수요는 150,000,000M/T이며 미국의 HOECHST사와 EXXON이 각각 45,000,000M/T와 30,000,000M/T을 생산하고 있고 그 다음으로 일본의 JP사가 20,000,000M/T를 생산하고 기타가 60,000,000M/T을 생산하고 있다. 국내에는 HOECHST사가 삼일무역상사를 통하여 독점적으로 영업중에 있으며 일본의 JP사는 금년도에 20,000,000M/T을 생산하여 충분한 공급능력이 있다고 판단되었다. 현재 국내 수요 중 30%는 동양화학이 차지하고 있으며 동 품목의 원활한 판매를 위해서는 동사에 먼저 판매를 해야 시장에서 인정받을 수 있다. 박 과장은 동양화학의 생산품 중 일부를 수출하여 주고 있으므로 동사와는 원만한 관계를 유지하고 있다. 학습자는 박 과장의 입장에서 전 세계 VAM시장에서 HOECHST사와 경쟁적 지위에 있는 일본 JP사를 공급처로 선정하여 수입을 추진해야 한다. 본격적인 수입에 앞서 먼저 시험주문으로 1,000M/T에 대한 Inquiry를 전자방식으로 수출상에게 보내고 수출상으로부터 전자오퍼를 받아 동 제품을 수입하여 국내의 동양화학에 판매하여야 한다.

2. Inquiry Letter발송 및 Offer확정

박 과장은 Electronic Inquiry Letter를 작성하여 수출상인 JP사에게 전신으로 발송해야 한다. 전자서식은 CD에 수록되어 있다.

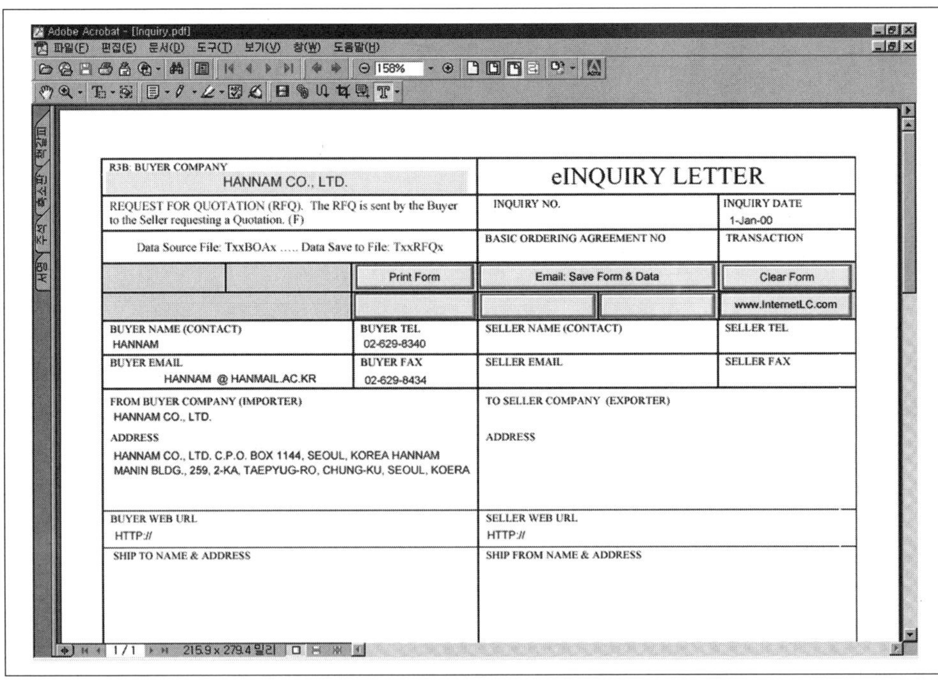

학습자가 박 과장이 되어 거래제안서를 전신으로 JP사에게 전송하면 수출상은 거래제의서를 검토하고 다음과 같은 전자오퍼를 박 과장에게 발송한다.

박 과장은 수입가격과 수입 제비용을 감안하여 판매가를 잠정적으로 판단해 보고 현재의 시장가격과 비교하여 필요하다면 COUNTER OFFER를 해야 한다. 전자수입 COUNTER OFFER서식은 CD에 있다.

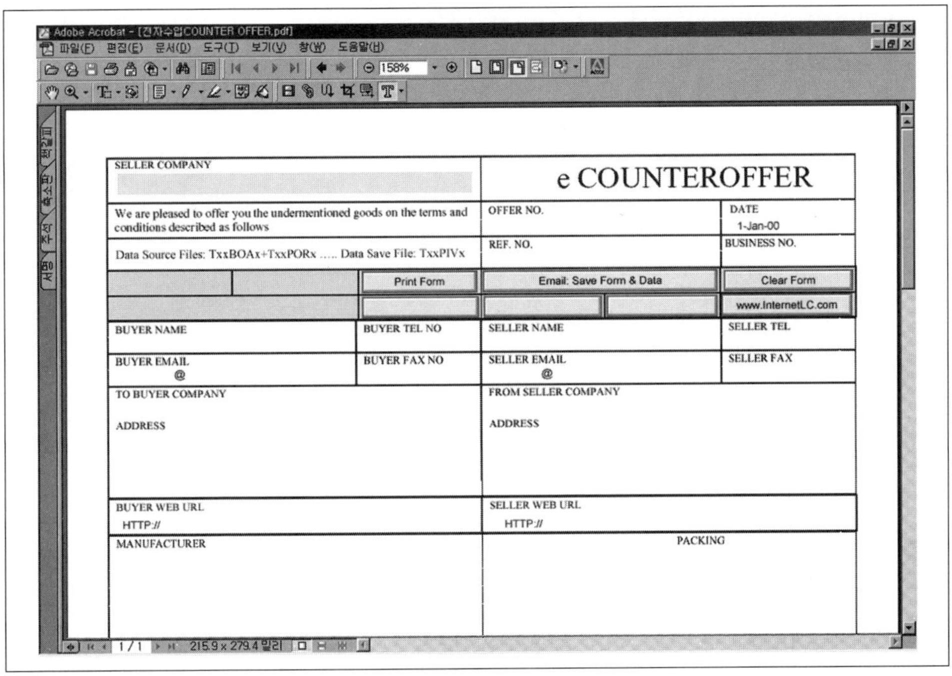

제 2 절　수입계약서 작성

1. 수입원가계산서와 발주품의서 작성

박 과장은 다음과 같은 조건을 참조하여 수입원가계산서를 작성해야 한다. 환율은 1,200원, 신용장개설수수료는 0.26%이고 보증기간은 2010년 9월 12일부터 2010년 10월 14일까지이다. 전신수수료는 45,800원이고 무역사이트 이용료는 340,000원이며 무역정보시스템 사용료는 500,000원이다. 관세율과 통관수수료는 각각 8%와 0.06%이고 이것은 FOB수입금액을 CIF금액으로 환산하여 비용을 산정해야 한다(CIF=CFR×1.0098).

해상운임과 기타 비용은 다음과 같다.

해상운임: US$ 55/MT, **하역료**: 600원/MT,
보험료: US$ 8/MT, **검사수수료**: 25,000원/LOT, 1LOT는 1,000MT,
내륙운송료: 25,000원/MT, 운용이자 13%

박 과장은 이러한 조건으로 아래에 있는 수입원가계산서와 발주품의서를 작성하여 예상수익률을 산정해야 한다.

수입원가계산서

ITEM	VAM	관 리 번 호	GI405CG001
QUANTITY	1,000	적 용 환 율	1,200 원
U/PRICE(OPEN)	620	예 상 환 율	1,200 원
AMOUNT (U$)	620,000		
구 입 조 건	FOB	사 내 금 리	13%

원 가 내 역			계 산 내 역			비 고
매 출 액						
	매 출 단 가		원 / KG	715원		
	OPEN CHARGE		%	0.26		
	CABLE CHARGE					
	B/L/결제금액					
	관세		%	8.0		
	통관수수료		%	0.06		
	해상운송료		U$ / MT	55		
	하역료		U$/MT	600		
	해상보험료		U$/MT	8		
	기타 비용					
		TANK STORAGE	원/MT	3,500,000		
		검사수수료	U$/MT	25,000		
		내륙운송료	원/MT	25,000		
매 출 원 가						
한 계 이 익			이익율 (%)			
운 용 이 자						
	재고이자		(일)			
	여신이자		(일) 90			
N.M.P			NMP (%)			

발주품의서

영업부서	담 당	팀 장	사업부장	부문장

발주번호 :GI405CG001 발주일자:

HS번호	품목 및 규격	단위	수량	단가	금액
합계					

공급선 : 지 점 : 원산지 : S/D: 도 착 : 도착지: E/D :	가격조건 : 운송: 수입용도 : 판 매 처 : 여신금리 : 13%

발주 한도 천불	재고현황 및 월별판매계획 단위:천불 재고 1월 2월 3월 4월 5월 6월 월 후	장 기 재 고 현 황 통관 후 6개월이상
통 관 미 통 관 발 주 본 건 합 계		발주번호 통관 수량 원가 (천)
한도여유	발주: 여신한도: 백만원 여신: 여신잔액: 백만원	계
최근5개월의 발 주 단 가(USD) 판 매 단 가 (천원)	월 월 월 월 월	정리대책
예상손익 (천원)	매 출 : 한계이익: 여신기간: 금 융: NMP :	영업부서 / 담 당 / 팀 장 / 사업부장 / 부문장 의견

발주 및 판매에 관한 특기사항

2. BUYER'S CONTRACT

박 과장은 다음과 같은 전자수입계약서를 작성하여 수출상에게 전신으로 전송하여야 한다. 전자수입계약서 서식은 CD에 수록되어 있다.

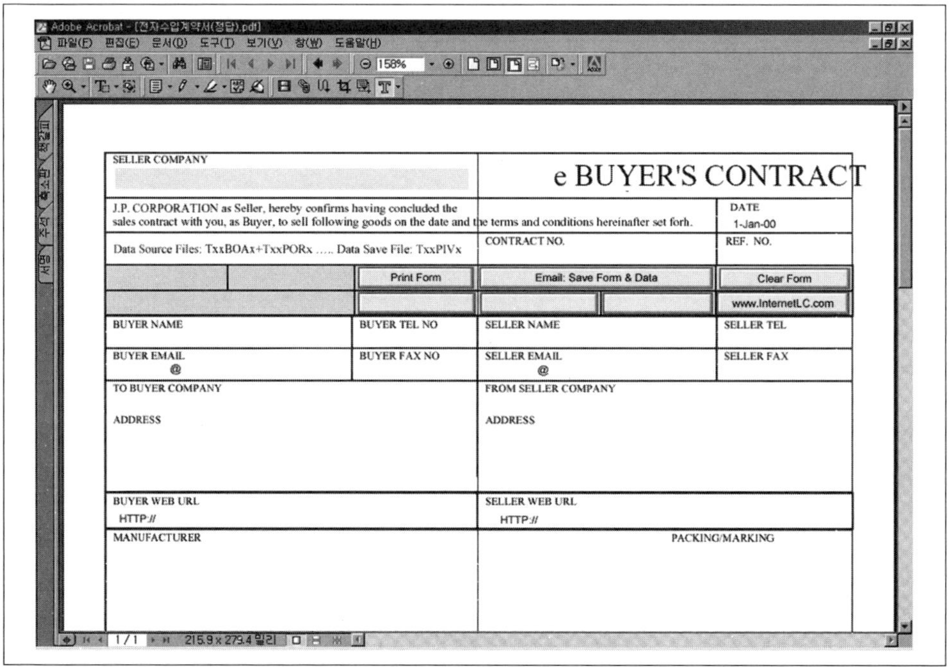
SELLER COMPANY

e BUYER'S CONTRACT

J.P. CORPORATION as Seller, hereby confirms having concluded the sales contract with you, as Buyer, to sell following goods on the date and the terms and conditions hereinafter set forh.

DATE 1-Jan-00

Data Source Files: TxxBOAx+TxxPORx ..... Data Save File: TxxPIVx

CONTRACT NO.

REF. NO.

Print Form | Email: Save Form & Data | Clear Form | www.InternetLC.com

BUYER NAME | BUYER TEL NO | SELLER NAME | SELLER TEL

BUYER EMAIL @ | BUYER FAX NO | SELLER EMAIL @ | SELLER FAX

TO BUYER COMPANY | FROM SELLER COMPANY

ADDRESS | ADDRESS

BUYER WEB URL HTTP:// | SELLER WEB URL HTTP://

MANUFACTURER | PACKING/MARKING

수출상은 박 과장이 작성하여 전신으로 전송한 전자수입계약서를 기존의 오퍼 내용과 비교하여 검토한 후 정확하게 작성되었다고 판단되면 전자수입계약서에 수출상이 전자서명을 하여 전자계약서 한 부를 박 과장에게 전신으로 전송할 것이다.

제 3 절 국제물류관리

1. 용선 및 부보

박 과장은 인터넷을 이용하여 한진해운, 현대상선, SK해운, 조양상선 등과 같은 운송회사의 선복임대와 선복임대조건 및 제비용을 분석하여 용선계약을 체결하여야 한다. 박 과장은 동양화재, 삼성화재, 현대해상 등과 같은 보험회사의 보험료와 상품의 특성에 따른 보험계약조건을 결정하여 보험계약을 체결해야 한다.

2. 수입승인신청 및 신용장개설

박 과장은 대외무역법에서 규정하고 있는 수입공고, 수입별도공고, 수입통합공고상에 본 상품이 수입자유품목인지 아니면 수입제한품목인지 확인하여 수입제한품목에 속하면 수입승인을 받아야 한다.

박 과장은 거래은행에 전자신용장 개설신청서를 작성하여 전자신용장의 개설을 의뢰해야 한다. 수출상이 전자신용장 발행지시서를 수입상에게 전신으로 전송한다.

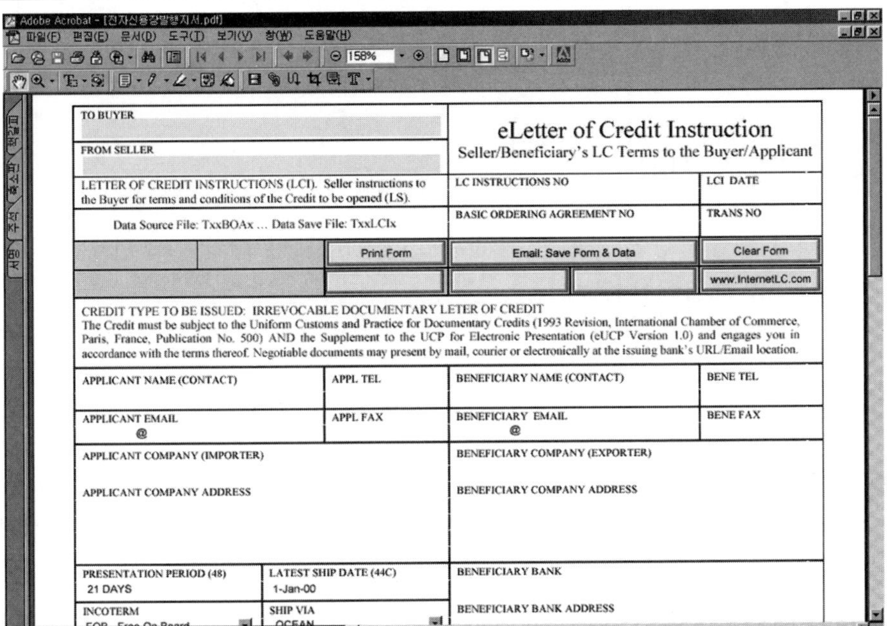
TO BUYER
FROM SELLER
eLetter of Credit Instruction
Seller/Beneficiary's LC Terms to the Buyer/Applicant
LETTER OF CREDIT INSTRUCTIONS (LCI). Seller instructions to the Buyer for terms and conditions of the Credit to be opened (LS).
LC INSTRUCTIONS NO
LCI DATE
Data Source File: TxxBOAx ... Data Save File: TxxLCIx
BASIC ORDERING AGREEMENT NO
TRANS NO
Print Form
Email: Save Form & Data
Clear Form
www.InternetLC.com
CREDIT TYPE TO BE ISSUED: IRREVOCABLE DOCUMENTARY LETER OF CREDIT
The Credit must be subject to the Uniform Customs and Practice for Documentary Credits (1993 Revision, International Chamber of Commerce, Paris, France, Publication No. 500) AND the Supplement to the UCP for Electronic Presentation (eUCP Version 1.0) and engages you in accordance with the terms thereof. Negotiable documents may present by mail, courier or electronically at the issuing bank's URL/Email location.
APPLICANT NAME (CONTACT)
APPL TEL
BENEFICIARY NAME (CONTACT)
BENE TEL
APPLICANT EMAIL @
APPL FAX
BENEFICIARY EMAIL @
BENE FAX
APPLICANT COMPANY (IMPORTER)
BENEFICIARY COMPANY (EXPORTER)
APPLICANT COMPANY ADDRESS
BENEFICIARY COMPANY ADDRESS
PRESENTATION PERIOD (48) 21 DAYS
LATEST SHIP DATE (44C) 1-Jan-00
BENEFICIARY BANK
INCOTERM
SHIP VIA OCEAN
BENEFICIARY BANK ADDRESS

본 지시서를 받은 후에 수입상은 다음과 같은 전자신용장 개설신청서를 작성하여 전자신용장 개설을 은행에 의뢰해야 한다.

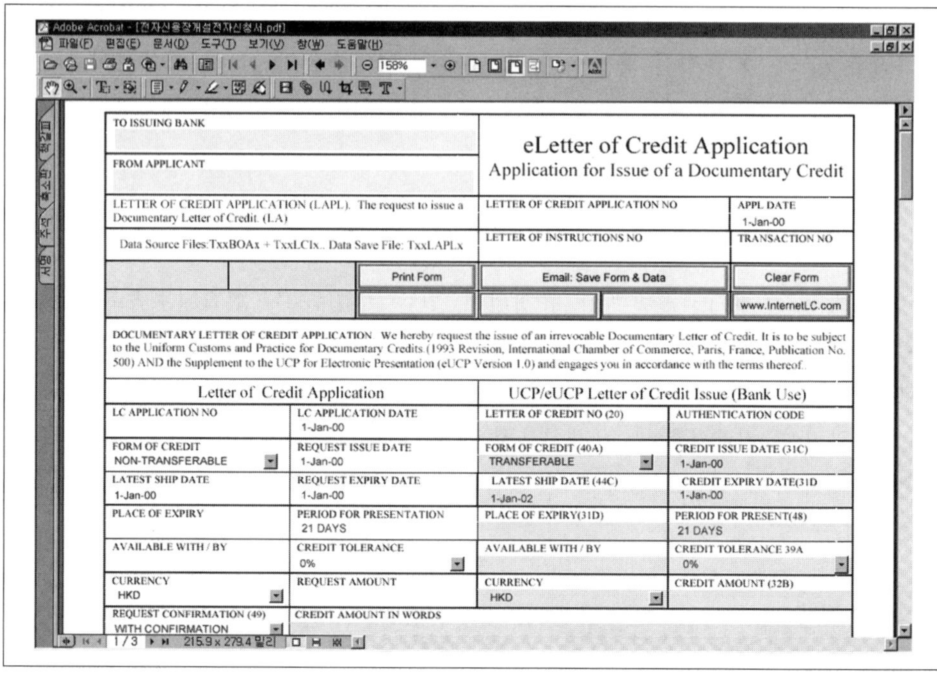
TO ISSUING BANK

FROM APPLICANT

eLetter of Credit Application

Application for Issue of a Documentary Credit

LETTER OF CREDIT APPLICATION (LAPL). The request to issue a Documentary Letter of Credit. (LA)	LETTER OF CREDIT APPLICATION NO	APPL DATE 1-Jan-00
Data Source Files:TxxBOAx + TxxLCIx.. Data Save File: TxxLAPLx	LETTER OF INSTRUCTIONS NO	TRANSACTION NO

Print Form | Email: Save Form & Data | Clear Form | www.InternetLC.com

DOCUMENTARY LETTER OF CREDIT APPLICATION. We hereby request the issue of an irrevocable Documentary Letter of Credit. It is to be subject to the Uniform Customs and Practice for Documentary Credits (1993 Revision, International Chamber of Commerce, Paris, France, Publication No. 500) AND the Supplement to the UCP for Electronic Presentation (eUCP Version 1.0) and engages you in accordance with the terms thereof.

Letter of Credit Application		UCP/eUCP Letter of Credit Issue (Bank Use)	
LC APPLICATION NO	LC APPLICATION DATE 1-Jan-00	LETTER OF CREDIT NO (20)	AUTHENTICATION CODE
FORM OF CREDIT NON-TRANSFERABLE	REQUEST ISSUE DATE 1-Jan-00	FORM OF CREDIT (40A) TRANSFERABLE	CREDIT ISSUE DATE (31C) 1-Jan-00
LATEST SHIP DATE 1-Jan-00	REQUEST EXPIRY DATE 1-Jan-00	LATEST SHIP DATE (44C) 1-Jan-02	CREDIT EXPIRY DATE(31D 1-Jan-00
PLACE OF EXPIRY	PERIOD FOR PRESENTATION 21 DAYS	PLACE OF EXPIRY(31D)	PERIOD FOR PRESENT(48) 21 DAYS
AVAILABLE WITH / BY	CREDIT TOLERANCE 0%	AVAILABLE WITH / BY	CREDIT TOLERANCE 39A 0%
CURRENCY HKD	REQUEST AMOUNT	CURRENCY HKD	CREDIT AMOUNT (32B)
REQUEST CONFIRMATION (49) WITH CONFIRMATION	CREDIT AMOUNT IN WORDS		

3. 수입대금지급

박 과장은 수출상이 제시한 제반 서류가 전자신용장의 제조건을 충족시키면 상품대금을 지급해야 한다.

4. 수입통관

박 과장은 수입통관절차를 완료하여 상품을 통관한 후 상품의 품질을 검사해야 한다. 수입통관시 구비서류에는 수입승인서(세관용 원본), 상업송장, 선하증권, 보험증서, 세무조정계산서, 거래사실신고서 등이 있다. 수입통관시 발생비용을 정확히 산출해야 한다. 수입상사가 신고하는 기준으로 과세가 부과되기 때문에 관세청이 사후에 조사하여 차이가 있을 경우 누락분에 대해서 세금을 추징한다.

참고문헌

1. 국내문헌

구종순, 무역실무, 박영사, 2008.

구종순, 해상보험, 박영사, 2006.

대한상공회의소, 인코텀즈 2000, 1999.

대한상공회의소 ICC한국위원회, ICC국제무역정보, 1998-2000.

박대위, 무역실무, 법문사, 2000.

박대위, 신용장, 제 3 개정판, 법문사, 1994.

박대위, 무역사례 I, 법문사, 1990.

박대위, 무역사례 II, 법문사, 1991.

이제현, UCP 600과 EUCP VERSION 1.1의 조문별 해설, 교우사, 2007.

최정호・이제현, 무역결제론, 박영사, 2006.

박복재, "중소기업의 전자무역시스템 도입방안과 경제적 효과분석-가치사슬 분석과 시뮬레이션 분석 방법론을 중심으로-," 통상정보연구, 한국통상정보학회, 제10권 제 3 호, 2008, 9.

서갑성, "RFID 시스템 환경하에서 무역업무의 접근에 관한 고찰," 통상정보연구, 한국통상정보학회, 제10권 제 4 호, 2008. 12.

신승만・정윤세, "전자무역 서비스 시스템의 사용자 만족요인에 관한 연구," 통상정보연구, 한국통상정보학회, 제10권, 제 3 호, 2008. 9.

심상렬・문희철・임성범, "중소기업의 무역단계별 e-무역상사 서비스 이용정도가 수출성과에 미치는 영향에 관한 연구," 통상정보연구, 한국통상정보학회, 제10권 제 4호, 2008. 12.

이상진, "글로벌 전자무역 확산을 위한 전자선하증권 도입과 구현전략에 관한 연구," 통상정보연구, 한국통상정보학회, 제10권 제 1 호, 2008. 3.

이병렬, "국제전자결제시스템으로서 ACH와 Fedwire의 비교연구," 통상정보연구, 한국통상정보학회, 제10권 제 1 호, 2008. 3.

이양우, "국내기업의 물류정보시스템 활용도에 관한 실증적 연구," 물류학회지, 한국물류학회, 제10호 제 1 권, 2000.

이제홍, "전자무역 결제유형의 제도적 상호 관계성에 따른 접근방안," 통상정보연구, 한국통상정보학회, 제 9 권 제 1 호, 2007. 3.

이제현, "전자문서교환방식(EDI)의 무역업무 개선효과에 관한 실증연구," 전자상거래학회지, 한국전자상거래학회, 2001.

이제현, "e-물류가 국제물류의 협력관계에 미치는 영향에 관한 실증연구," 국제상학, 한국국제상학회, 제18권 제 2 호, 2003. 6.

이제현 · 노동환, "전자신용장거래에서 은행의 전자서류검토 의무와 책임에 관한 연구," 전자상거래학회지, 한국전자상거래학회, 제 4 권 제 1 호, 2003. 6.

이충배 · 정용균 · 양재훈, "중소기업의 전자무역 활용요인에 관한 연구," 통상정보연구, 한국통상정보학회, 제10권 제 2 호, 2008. 6.

오원석, "전자식 선하증권의 유통성에 관한 연구," 한국해운학회지, 한국해운학회, 제32호, 2001. 6.

조상현 · 강원진, "전자무역거래에서 전자식 선하증권의 권리이전과 유통에 관한 고찰," 통상정보연구, 한국통상정보학회, 제10권 제 2 호, 2008. 6.

정분도 · 장기영, "전자무역의 물류/유통 개선에 대한 RFID/USN의 진보적인 활용방안 연구," 통상정보연구, 한국통상정보학회, 제10권 제 3 호, 2008. 9.

정분도 · 윤봉주 · 박영신, "전자해상보험의 개선방안 및 활성화에 관한 연구," 한국비즈니스리뷰, 조선대학교 지식경영연구원, 제 1 권 제 2 호, 2008. 12.

정완용, "개정 해상법상 전자선하증권 규정에 관한 고찰," 한국해법학회지, 한국해법학회, 제30권 제 1 호, 2008. 4.

채진익, "글로벌 전자무역의 활성화를 위한 전자신용장제도의 운용과 개선방향," 무역학회지, 한국무역학회, 제33권 제 1 호, 2008. 7.

최두수, "무역거래상 TradeCard방식의 활용전망에 관한 고찰," 무역학회지, 한국무역학회, 제28권 제 3 호, 2003. 6.

최석범, "전자식선하증권의 유통성의 법적효력에 관한 연구," 한국해운학회지, 한국해운학회, 제33호, 2001. 12.

최정호 · 이제현, "전자무역서류 활성화를 위한 eUCP에 관한 연구," 무역학회지, 한국무역학회, 제28권 제 1 호, 2003. 2.

한상현, "일본의 무역금융EDI에 있어 국제해상보험증권의 전자화현황과 향후과제," 통상정보연구, 한국통상정보학회, 제 9 권 제 1 호, 2007. 3.

2. 외국문헌

Boss Amelia H. & Ritter Jeffery B., *Electronic Data Interchange Agreements, ICC Publishing S.S. Carr Indira, Stone Peter, International Trade Law*, 3rd ed., Routledge Cavendish, 2005.

Brouther, L. E. and G. Nakos, "The Role of Systematic International Market Selection on Small Firms' Export Performance," *Journal of small Business Management*, October, vol. 43 Issue 4, 2005.

Davanmanirajan P., Kauffman R. J. and C.H. Kriebel, Mukho Padhyay Tridas, "System Design, Process Performance, and Economic Outcomes in International Banking," *Journal of Management Information System*, vol. 23 Issue 2, 2006.

Debabroto, C., Segars A. H. and R. T. Watson, "Realizing the Promise of E-Business: Developing and leveraging electronic partnering options," *California Management Review*, Summer, vol. 48 Issue 4, 2006.

Dubovec Marek, "The problems and possibilities for Using Electronic Bills of Lading as Collateral," *Arizona Journal of International and Comparative Law*, Spring, 2006.

Eid R., Elbeltagi L. and Zairi M., "Making Business to Business international internet marketing effective: A study of critical Factors Using a case-Study Approach," *Journal of International Marketing*, vol. 14 Issue 4, 2006.

Emmanew T. Laryea, "Paperless Trade, Opportunities, Challenges, and Solutions," *Kluwer Law International*, 2007.

Ivascanu Daniela, "Legal Issues in Electronic Commerce in the Western Hemisphere," *Arisona Journal of International and Comparative Law*, Winter, 2000.

Kalofolia Panagiota, "Electronic Bills of Lading: Legal Obstacles and Solutions," *Hertfordshire Law Journal* 2(1), 2004.

Kafka, S. J., "The Forrester Report: eMarketplaces Boost B2B Trade," *Forrester*, February, 2000.

Laryea Emmanuel T., "Paperless Trade Opportunities, Challenges, and Solution," *Kluwer Law International*, 2002.

Mary C. Green, "Letter of Credit and the Computerization of Maritime Trade," *Florida International Law Journal*, vol. 8, 2007.

Sorieul Renaud, Cliff Jennifer R., Angelo Jose, Faria Estrella, "Establishing a Legal Framework for Electronic Commerce: The work for The United Nations Commission on International Trade Law(UNCITRAL)," *International Lawyer*, Spring, 2001.

Wiseman, R. M., "Legal issues of EDI," *EDI and the law, land: Blenheim Online*, 2007.

Zekos Georgios I., "Electronic Bills of Lading and Negotiability," *Journal of World Intellectual Property*, vol. 4, No. 6, 2001.

국문색인

[ㄱ]
개별환급 470
개인정보 85
거래선조사 102
거래약정 21
검사비 127
견본매매 175
경유지 정보 378
공인인증기관 85, 86
공인인증서 85, 89
공인인증업무 85
공인전자문서보관 83
공인전자서명 85
과세가격의 결정 52
관세환급제도 469
구매대행인터넷쇼핑몰 48
국내내륙운송보험료 126
국내내륙운송비 126
국내인수운송비 125
규격매매 176

[ㄴ]
납세의무자 48
내국신용장 개설수수료 133
네트워크약정 21

[ㄷ]
담보한도 38
대상품목에 관한 조사 103
데이터메시지의 발송 165
데이터메시지의 수신시기 165
도착지 정보 378

[ㅁ]
매입비용 125
명세서매매 176
무역업자 61
무역유관기관 61
무역EDI 12, 21
무역EDI 시스템 사용약정 21
무역EDI 표준 17
문면상으로 보이는 238
물품매도확약서 305
미국주법통일위원회전국회의 166
미통관재고 37

[ㅂ]
발주재고 37
보관 및 터미널 화물취급비용 126
보세구역 도착 전 신고 411
보세구역 도착 후 신고 411
보세운송 409
보통품질조건 177
볼레로선하증권 195
볼레로시스템 210
부가가치통신망 20
부두직통관제도 455
분할선적 183
분할지급 186

[ㅅ]
사전세액심사 413
사후관리 30
상당일치의 원칙 231
상업송장 382

상역업무 6
상품매매 176
상환 수수료 128
서류 238
서류인도결제방식 213
서명자 85
서식 239
선불 185
선적관리 29
선적비용 126, 131
선적서류상환불 186
선적지 정보 378
선적품질조건 177
선적 하역비용 132
소프트웨어 51
송장제시방식 205
수입물품의 과세가격 53
수입물품의 원가계산 137
수입상 승인지급방식 205
수입상에 관한 조사 102
수입승인신청서 277
수입신고 405
수입신고수리 414
수입신고필증 415
수입원가의 구성 130
수입통관절차 405
수출단가산정 493
수출대금회수 30
수출보험 266
수출상에 관한 조사 102
수출승인신청서 292
수출원가의 구성요소 124
수출입승인기관 293
수출통관 29
신고수리 전 반출 415
신용장개설수수료 132
신용장 통지의무 291
신용한도 38

[ㅇ]
양륙품질조건 177
엄격이행의 원칙 228
업체신용조사 38
연지급 186
외화획득용 원료 · 기재 42
외화획득용 전자적 형태의 무체물 42
외환업무 6
운송업무 6
원산지증명서 386, 387
유류할증료 127
인수 수수료 128
인증서 85
인증업무 86
인터넷 10
인터넷 무역EDI 21
인터넷EDI시스템 20
입항 전 신고 410

[ㅈ]
자동승인 지급방식 204
장부결제 186
적하보험 394
전용표준 18
전자거래 79
전자등록방식 73
전자무역 3, 61
전자무역계약 163
전자무역계약서 498
전자무역기반사업자 65
전자무역기반시설 61
전자무역문서 61
전자무역문서 제시의 완료통지 223

전자무역문서의 심사기준 227
전자문서 13, 79, 85
전자문서교환 3, 329
전자문서방식 72
전자반대오퍼 496
전자서명 16, 85, 239
전자서명검증정보 85
전자서명법 84
전자서명생성정보 85
전자선하증권 73, 76, 191
전자선하증권의 권리자 74
전자선하증권의 보존 78
전자송달 57
전자승낙 163
전자신고 57
전자신용장 184, 214
전자신용장의 개설 219, 221
전자신용장의 거래절차 215
전자어음관리기관 93
전자오퍼 496
전자오퍼 전자무역문서 265
전자우편 171
전자인증 16
전자적 의사표시 163
전자적 형태의 무체물 41
전자조회 전자무역문서 263
전자청약 163
점검매매 176
정보처리시스템 14
정액환급 470
제3자 네트워크 20
직접 네트워크 20

[ㅊ]

체선료 127, 131
체선할증료 127, 131
출항 전 신고 410

[ㅋ]

컨테이너세 127
컴퓨터소프트웨어 53

[ㅌ]

타수한도 38
통관업무 6
통관재고 37
통일전자거래법 166
통지비용 128
통화할증료 127

[ㅍ]

판매적격품질조건 177
평균중등품질조건 176
포장명세서 383
포장비 125
표준품매매 176

[ㅎ]

하역비용 132
하자 수수료 128
하차비 126
항만이용료 128
해상보험료 127, 131
해상운임 126, 132
해외고객관리 30
해외시장조사 101
현금결제 186
환가료 128
환적 183

영문색인

[A]

AAP(Auto Approved Payment) 204
appears on its face 238, 239

[B]

BAF(bunker adjustment factor) 127
BAP(Buyer Approved Payment) 205
Berth Term 132
Bolero System 210
buying charge 125

[C]

Cable Charge 132
CAD(cash against documents) 186
CAF(currency adjustment factor) 127
carriage-in 125
carriage-out 126
cartage and shipping charges 126
CFS(container freight station) 132
CFS(container freight station)비용 128
COD(cash on delivery) 186
Commercial Invoice 382
CWQ(cash in advance, cash with order) 185

[D]

deferred payment 186
Delay Charge 128
detention charge 127, 131
document 238, 239

[E]

EDI(Electronic Date Interchange) 3, 12, 329
electronic acceptance 163
electronic letter of credit 184, 214
electronic mail 171
electronic offer 163
electronic record 239
electronic signature 16, 239, 240
e-Trade 3
eUCP 235

[F]

FAQ(fair average quality) 176
format 239, 240
free in and out 132

[G]

GMQ(good merchantable quality) 177

[I]

inland insurance premium 126
inspection fee 127
Internet 10
IP(Invoice Presentation) 205

[K]

keeping and terminal handling charge 126

[L]

L/G Charge 133
landed quality terms 177
Less Charge 129

[M]

marine insurance premium 127, 132

[N]

NEGO서류작성 29
notation 239
notice of completeness 223

[O]

ocean freight 126, 132
open account 186, 213

[P]

packing charge 125
paper document 240
partial shipment 183
place for presentation 239
port congestation surcharge 127, 131
Port of Destination 378
Port of Loading 378
Port of Trans Shipment 378
progressive payment, installment payment 186

[R]

received 240
Renego Delay Charge 129
RT(Rye Terms) 177

[S]

sales by brand or trade mark 176
sales by inspection 176
sales by sample 175
sales by specification or dimensions 176
sales by standard 176
sales by type or goods 176
shipped quality terms 177
sign 239
stamped 239
superimposed 239
SURF 185, 210
SURF신용장결제방식 211
SURF추심결제방식 212

[T]

tax 127
TradeCard 185
TradeCard 시스템 203
transshipment 183

[U]

UCCUSL(National Conference of Commissioners on Uniform State Laws) 166
Uniform Electronic Transactions Act 166
USQ(usual standard quality) 177

[저자 약력]

한남대학교 경상대학 무역학과 졸업(경영학 학사)
서강대학교 대학원 무역학과 졸업(상학 석사)
서강대학교 대학원 무역학과 졸업(경영학 박사)
관세청 관세평가분류원 관세평가위원(2004-2007)
현 서울세관 관세평가위원
한국무역학회 이사
한국해운물류학회 이사
한남대학교 경상대학 무역학과 교수

저 서

신용장실무론, 박영사, 2002
무역결제론, 박영사, 2007
전자무역, 도서출판 두남, 2007
무역학원론, 교우사, 2006

주요 논문

한국기업의 수출위험관리와 수출보험활용에 관한 실증연구
신용장거래의 무역사기유형분석과 예방에 관한 연구
양도가능신용장거래의 물품하자담보책임에 관한 연구
신용장통일규칙 제48조의 해석과 적용에 관한 연구
전자문서교환방식의 무역업무개선효과에 관한 실증연구
물류전자교환방식이 국제물류업무개선효과에 미치는 영향에 관한 실증연구
eUCP에 관한 연구
전자무역서류 활성화를 위한 eUCP에 관한 연구
e-물류가 국제물류의 협력관계에 미치는 영향에 관한 실증연구
전자신용장거래에서 은행의 전자서류검토 의무와 책임에 관한 연구
한국수출기업의 무역클레임관리에 관한 실증연구
전자신용장 거래당사자간의 법률관계에 관한 연구
연지급신용장 거래당사자간의 법률관계에 관한 연구
선하증권의 부지문언이 송하인, 운송인, 수하인에게 미치는 영향에 관한 연구 외 다수논문

전자무역실무

2010年 2月 20日 초판인쇄
2010年 2月 25日 초판발행

著 者 이 제 현
發行人 安 鍾 萬
發行處 (株)博英社
서울特別市 鍾路區 平洞 13-31番地
電話 (733) 6771 FAX (736) 4818
登錄 1959. 3. 11. 제300-1959-1호(倫)

www.pakyoungsa.co.kr e-mail: pys@pakyoungsa.co.kr

定 價 28,000원 ISBN 978-89-6454-002-2